U0710504

中华经典名著

全本全注全译丛书

何山石◎译注

潜书

中華書局

图书在版编目(CIP)数据

潜书/何山石译注. —北京:中华书局,2025. 3. —(中华经典名著全本全注全译丛书). —ISBN 978-7-101-17068-9

Ⅰ. B249. 41

中国国家版本馆 CIP 数据核字第 2025NL0790 号

书　　名	潜　书
译 注 者	何山石
丛 书 名	中华经典名著全本全注全译丛书
责任编辑	王守青
装帧设计	毛　淳
责任印制	韩馨雨
出版发行	中华书局
	(北京市丰台区太平桥西里 38 号　100073)
	http://www.zhbc.com.cn
	E-mail:zhbc@zhbc.com.cn
印　　刷	北京盛通印刷股份有限公司
版　　次	2025 年 3 月第 1 版
	2025 年 3 月第 1 次印刷
规　　格	开本/880×1230 毫米　1/32
	印张 26⅝　字数 580 千字
印　　数	1-8000 册
国际书号	ISBN 978-7-101-17068-9
定　　价	69.00 元

目录

前言

一

唐甄是与王夫之、黄宗羲、顾炎武同时代的思想巨人，四人并称为明末清初“四大著名启蒙思想家”，但是，世人对唐甄生平行事的了解，远不如其他三人清晰。

唐甄（1630—1704），字铸万，号圃亭，四川达州人。据后人考证，唐甄原名唐大陶，在其五十岁左右时，为了躲避清统治者“驱蜀人归蜀”的政策，遂改名为唐甄。

《清史稿》卷四百八十四《列传》二百七十一《文苑》对唐甄生平有简略记载。之中言及“甄性至孝”，塑造了唐甄恪守孝道这一传统美德的士人形象。但是，在唐甄行世的作品中，对父辈先世鲜有介绍。后人据其女婿王闻远《西蜀唐圃亭先生行略》这一文献，确定唐甄之父为唐阶泰。又据明末清初巴蜀遗民诗人费经虞《剑阁芳华集》节录的《唐阶泰墓表》的内容，将唐甄的先祖推定为唐瑜；并且指出，达州唐氏家族亦是显宦之家，诗书继世，为官者代不乏人。所以唐甄也是在诗礼簪缨之族中成长的唐氏后人，家族文化对唐甄的影响是巨大的。唐甄之父唐阶泰，是明末理学大师、抗清名臣黄道周的得意门生，有卓识亦有谋略，为当时士人所推崇。唐阶泰传世的诗文极少，但亦有佳句，如《饮杨怒飞小阁》中有:“好山此日何人管,收拾湖天下小楼。”有宋人空疏之致。又如《偶作》中有:“晚年学道无多得,贫贱于今不自惭。”又不失清新直白。唐阶泰为官有操守,不阿附权贵,后隐居不仕,这些都潜移默化地影响了唐甄的精神世界。

唐甄为顺治丁酉(1657)举人,为官经历较为简单,担任的最高职务为长子县令,而且任职时间极短,仅十月而终。据《清史稿》载:“选长子令,下车,即导民树桑凡八十万本,民利赖焉。”这是唐甄短暂但光耀照人的为官主政经历,他尽最大努力实践了一次“儒者计功”的理想;“未几,坐逃人诖误去官。僦居吴市,炊烟屡绝,至采枸杞叶为食,衣败絮,著述不辍”。唐甄去官、落魄、潦倒终生的情事,在《潜书》的《食难》诸篇中屡有描述。这样一位“志在权衡天下”的良知之士,襟抱难申,穷厄而著述:“作衡书,后以连蹇不遇,更名《潜书》。分上、下篇,上篇论学,始《辨儒》,终《博观》,凡五十篇;下篇论政,始《尚治》,终《潜存》,凡四十七篇。上观天道,下察人事,远正古迹,近度今宜,根于心而致之行,非虚言也。”

唐甄行世的著述以《潜书》为主,后人辑有少许诗文。诗如《清明上河图》《丹青引》等,诗情蕴藉,较为克制。如《广武山看月》:“广武山前月,悲凉万古情。山留百战地,月照一孤城。天远春星淡,沙明玉露清。书生何所事?徒作夜乌鸣。”文如《唐阶泰墓表》等,多为应酬之作。

唐甄最重要的著述《潜书》,是由九十七篇构成的巨制,依其内容,大致是以首篇《辨儒》为纲,论学、论政为两极,结构全书。唐甄在《辨儒》篇中,为全书预设了两条向前掘进的线路,一条是事功,一条是心性。在《辨儒》篇中,唐甄一方面指出“儒者计功”,儒家是追求实际治理效果的学问;另一方面,论及“正心诚意”这一传统命题,启端全书的心性之论。所以,唐甄论学,主要论儒学的经世致用特征与心性之学,这就是《潜书》上篇的主体内容;而在经世思想的统治下,论政构成《潜书》下篇的主体内容。在下篇四十七篇中,从《尚治》篇至《厚本》,涉及劝谏君主、宰相等官吏的任用、富民之术、官吏考核与吏治廉洁、废除太监制度、兵制等诸多国家治理方面的内容。

所以,《潜书》虽然内容繁多,但线索分明,以论实功为大端,次为心性,面目清晰,并无明显的驳杂之感。

唐甄身处明清易代之际,但明亡时唐甄还仅仅是十五六岁的青葱少年,充其量只能算"遗少",所以易代之变对唐甄的思想冲击并不太大。唐甄完全不像"遗老"一样,用消极避世来对抗易代之变,而是顺应时势,既兴实学,为民造福,又广泛结交明末遗民及民间学人,如沈麟生、顾祖禹、魏禧、钱澄之、朱鹤龄、杨宾、吕潜等;对仕清官员及文人学者,如尤侗尤珍父子、徐秉义、汪琬等,同样唱和交好。唐甄在其最重要的著述《潜书》中,也或多或少论及了与这些人的交往。

唐甄及其思想著述,得到了同时代人及后世的极高评价,魏僖、潘耒、张廷枢、杨宾,以及清末民初的梁启超、章太炎等,均称许推崇唐甄。如杨宾在《唐铸万传》中记载,魏僖在读《潜书》至《五行》篇时,惊呼:"五百年无此文矣!"而且"读竟付梓,而《衡书》始著",对《潜书》的刊布行世起了重要作用。梁启超认为:"《潜书》是数千年中历代圣人思想的一个总结,凝聚着东方哲人智慧的精华,实乃醒人之良药,逆耳之忠言。"评价不可谓不高。

当代对唐甄思想进行总结、研究的学人与成果也逐渐增多,特别是唐甄的社会治理思想,如"以实则治,以文则不治"等观念,被国家一再倡扬。这都表明,唐甄的治理思想在当代同样有着重要的价值。

二

唐甄服膺儒家学说,思接亚圣孟子,这在《辨儒》《尊孟》《宗孟》诸篇中,有全面的阐述。但是,唐甄对儒家思想的继承受晚明"经世"思潮的强烈影响,对儒家思想的理解带有鲜明的时代特征。

《潜书》的第一篇《辨儒》篇,唐甄对儒家思想重事功、重实绩的一面，进行了细腻的挖掘。唐甄明确指出，“儒者计功”，儒家学说重视有用于社会，儒者应承担必要的社会责任。从孔子开始，儒家的发展，就有两条并行不悖的主线，一为道德心性，一为经世事功。儒家经历宋明理学这一阶段的发展之后，过于强调心性修养的弊端，已经为明末士人所深恶。唐甄作为有深识的一代思想者，更对儒学发展的这一弊端深有洞察。所以，唐甄的纠偏之举，就是极度张扬儒学重事功、实用的一面，强化儒学的实际效用，这成为了唐甄思想的底色。唐甄认为：“儒之为贵者，能定乱，除暴，安百姓也。”唐甄反对简单、机械的心性修养，反对僵死、无用的对圣贤经典的阅读，他认为“树功”，才是儒家之道：“若儒者不言功，则舜不必服有苗，汤不必定夏，文、武不必定商，禹不必平水土，弃不必丰谷，益不必辟原隰，皋陶不必理兵刑，龙不必怀宾客远人，吕望不必奇谋，仲尼不必兴周，子舆不必王齐，荀况不必言兵。”如果圣人只追求“圣言”，只追求道德的自我完善，只追求自我保全，那圣人“何以异于匹夫匹妇乎”？

唐甄服膺孟子之学，这是因为，从内在肌理来说，孟子的思想深契唐甄“儒者计功”的主张。孟子之学，“计功”的特征极为鲜明。孟子的核心思想，如“仁政”，其主体内容，都关乎民生百业、国家治理这样的事功层面；《孟子》全书，几乎可视为儒者的“事功”教科书。如在《孟子·梁惠王上》中的一段千古名言，即能说明这一点：“五亩之宅，树之以桑，五十者可以衣帛矣。鸡豚狗彘之畜，无失其时，七十者可以食肉矣。百亩之田，勿夺其时，数口之家可以无饥矣。谨庠序之教，申之以孝悌之义，颁白者不负戴于道路矣。七十者衣帛食肉，黎民不饥不寒，然而不王者，未之有也。”相似的表述，《孟子》一书出现了三次，足见孟子对与老百姓日用生活相关的事，关注度有多高！不无暗合之处的是，在《潜书》中，唐甄将自己任长子县令时，推行种桑养蚕、改善百姓生活的亲身经历也作了详细描述，并且也在《潜书》中多次提及。

朱熹论及读《论语》《孟子》之法时曾言：“孔子言语句句是自然，孟子言语句句是事实。”所谓“事实”，作“事功”来理解并无不妥。唐甄服膺孟氏之学，完全可视为孟子的“事实”特征在他心中激起了回响，加以晚明经世风潮的熏染，唐甄便在《潜书》中将自己的经世情怀不遗余力加以彰显。所以，《潜书》的整体基调，便呈现出厚重的济世色彩。《潜书》上、下两篇，不管是论学，还是论政，都围绕着儒家治国平天下的事功理想而展开，这是《潜书》的核心思想。

《潜书》中论及儒家经世特征的篇目，随读随见。如在《潜书》的上篇中，《有为》篇，就论述了人要有作为、有事功的道理，并且批评二程与朱熹长于内心修养、忽于对外事功的不足。又如《良功》篇，明言：“专执身心，乃大失矣。”人如果只讲身心修养，而于社会治理一无所知，这样做是人生的大失误。再如《去名》篇，主张人要去除虚名，求实功，如果一个国家“无非窃名之人，无非败德之人”，“其害大矣”。正如前文已经言及，《潜书》下篇四十七篇，全为言实功之篇什，所以，完全可以说唐甄是“务实”的启蒙思想家。

唐甄的“儒者计功”思想，更应该置入明清思想史的广阔视野中来理解。明清思想史的研究者认为，明代中晚期社会形态已经发展成为“庶民社会”，“庶民社会”的重要特征是传统知识精英，即传统的“士”已经庶民化，士、庶之间的界线开始模糊，士人对庶民价值观念的认同度加深，特别是士人与商人之间的互动，成为新的时代风尚。唐甄在《潜书》中，不仅详细载述自己的经商经历，而且，当有人指责自己身为士人而从事商人渔利的行为时，唐甄坦言：“酒脯在厨，日得微利以活家人；妻奴相保，居于市廛，日食不匮，此救死之术也。”虽然唐甄并无过高的商业天赋，其经商活动均以失败告终，但唐甄在价值观念上认同商人获利的合理性。这种思想观念转变产生的巨大影响不能被低估，因为这种观念的转变，完全有可能成为推动社会经济形态发生转变的实质性力量。事实证明，晚明社会的经济形态确实发生了质的转变。这一点已成公论，但士人在精神世界对商人价值的认同，成为促成晚明经济形态发生新变的重要力量，并未得到有深度的关注。唐甄及其《潜书》，就是体现这种时代转变的最好标本。当代人阅读理解《潜书》，不仅仅要看到他对儒家思想中重功用因素的倡扬，更要看到这种倡扬背后深蕴的时代新变内涵。

三

唐甄主张“儒者计功”，追求儒家治国平天下的治理理想，同时对传统的心、性问题，也在《潜书》中作了阐发。例如，在首篇《辨儒》中，唐甄在“儒者计功”的论述之后，马上转入“正心诚意”的讨论，指出：“正心诚意，学之本也。古之人正心诚意，则为圣人；后之人正心诚意，则为拘儒。治心之道，曰毋利而思义，毋诈而主诚。”对“正心诚意”这一儒家的传统治心命题，从利、义、诈、诚等方面，作了传统的解释。

此处，须明言者，唐甄论心与性，同样服从、服务于他事功的理论立场，这是唐甄心性论的独特之处。正如在《宗孟》中，唐甄在论及人性、孟子的“四端说”之后说：“学由自得，则得为真得；良知可致，本心乃见。仁义礼智俱为实功，直探性体，总摄无外，更无疑误。”将仁、义、礼、智与实功等同，持论新异。

同时，也必须看到，唐甄心性论的论述思路，与孟子在性善论的基础上提出“仁政”这一政治思想的推演路径有相似之处。唐甄虽然不主张性善论，他主张万物具性，人性物性相通，然后以此为基础，再嫁接孟子的“四端”说，最后推进到具体的政事等“计功”层面。这样一来，为什么唐甄在《辨儒》篇之后，紧接着在结构上安排了《尊孟》《宗孟》两篇，就能理解了；为什么唐甄在《潜书》中，多次将孟子的尽性与“四德”进行关联，在人性、“四德”、人心之间，建立完美的联系，将人性至“四德”再到人心的论述逻辑一次又一次演绎，也能理解了。这不仅仅是因为唐甄对孟子的尊敬，也不仅仅是因为前述已经论及的孟子的思想深契唐甄“儒者计功”的主张，同时也是因为孟子心性论的推演思路，影响着唐甄本人对心性的论述。

唐甄论心性，大多数时候，都是将心、性分开而论之。当然，唐甄对宋明理学的心性论有参酌，所以，心性并论亦时时可见。所以心、性、心性在唐甄那里，没有作严格的区分，分而论之与合而论之，所指基本相同，均是唐甄的心性论。

在《辨儒》篇中，唐甄指出心的作用，在于对心的使用："心，灵物也；不用则常存，小用之则小成，大用之则大成，变用之则至神。不可使如止水，水止则不清；不可使如凝胶，胶凝则不并。"然后，唐甄将心之动，归向于儒家的忠信、忠恕等目标："心之动也，有爱恶是非之用，有忠信仁义之道。"

在《尊孟》篇中，唐甄对孟子"养气而不动心"的涵养功夫，作了阐释，指出："任天下之重亦然。气大则心定，心定则才足，固历险成功之道也。"依照唐甄的论述逻辑，"不动心"，也是心的使用方式，不动心则心定，心定然后可以任天下之重。唐甄从心的运用出发，又将论锋指向了实功这个方向。

在《潜书》中，唐甄有较多篇目论及王阳明及其心学，如《法王》《虚受》《知行》等篇。唐甄给予了王阳明极高的评价，认为："阳明子有圣人之学，有圣人之才，自孟子而后，无能及之者。"唐甄借助对阳明心学的评述，来表达自己有关"心"之用的看法。唐甄认为，忠、恕这样的品质，都是在"心"上用功，心才是本质，忠、恕是心之用的外化。而王阳明所倡扬的"良知"，究其实质，也是心之用的某种方式，只要是人，均可以让心做这样的运动。当然，唐甄对王阳明也有批评。在《虚受》篇中，他就指出王阳明"傲"，不虚心，究其实，傲，也是心的运用方式之一种。

唐甄对心的修养、心与欲望等，在《潜书》上篇的论学部分，有较多论及。如在《格定》篇中，唐甄指出："君失其道，听命于臣；心失其道，受役于物。"而心，总容易受制于外物，受役于欲望。在《格定》篇中，唐甄总结出心有十疾："尊则亢，卑则委，富则骄，贫则隘，乐则散，忧则结，平则懦，怒则溃，恶则狠，爱则溺。""十疾"之说，不是唐甄的高明之见，唐甄独具只眼的是，他认为世间最可怕的是君子之欲，这样的欲望，“挟理而处，挟义而行。岂惟人不能辨，亦且不能自辨。是学也者，藏欲之薮也。君子之欲，虽与小人之欲不同，以此治心，同归于灭心；以此治世，同归于乱世”。君子的欲望因披着合理的外衣而隐蔽，不要说一般人难于发现，就是君子本人，也认为这种欲望是正当的，而这正是君子之欲的可怕之处；这种欲望是可以堂而皇之地破坏正常的治理秩序的，是唐甄所倡举的“实功”的大敌。

修心是唐甄不可回避的主题，《居心》篇中的安居其心，《敬修》篇中的修养敬畏之心，《七十》篇中的“心归于寂”，《恒悦》篇中的保持内心的空明与愉悦，等等，都是修心主题。唐甄论修心的篇什不在少数，其修心之目的，最终均指向了国家治理这样的实功层面。

唐甄对人性的论述，在《宗孟》《性才》《性功》《充原》等篇中，较为集中，尤以《性才》《性功》篇为最。

《性才》与《性功》篇，其实讨论的是同一个主题，即人性的作用、功用。在《性才》篇的篇首，唐甄直言：“世知性德，不知性才。”唐甄对问题的看法，总有超拔于流俗之处。人性被人反复讨论，“人人言性，不见性功”，但到最后，空谈人性者居多，对人性的实际作用的关注却越来越少。《性才》篇矩步于孟子“四德”说之后，将尽性与尽“四德”完美对接：“古之能尽性者，我尽仁，必能育天下；我尽义，必能裁天下；我尽礼，必能匡天下；我尽智，必能照天下。四德无功，必其才不充；才不充，必其性未尽。”正因为唐甄是从仁、义、礼、智“四德”来论“尽性”的，所以，诸如管仲、子产、申不害、商鞅这样的人，虽然也有治国之能，但并非能尽性之人。唐甄认为：“人有性，性有才，如火有明，明有光。著火于烛，置之堂中，四隅上下，无在不彻，皆明所及，非别有所假而为光。”人人都有人性，人性都有功用，就像是火就能产生光明，照亮世界，这是如此自然的事情，尧、舜之所以能“庶职无旷，庶政无阙，乃可以成功”，就是因为尧、舜能尽人性，让人性的火光亮起来，才能实现天下大治的“实功”。

在《性功》篇中，唐甄更是补充、丰富了人性要发挥其功能的观点。唐甄将人性与其功能的关系，比喻成编织精美的丝带："修身治天下为一带，取修身割治天下，不成治天下，亦不成修身。"此处的修身即修性，用丝带割裂之喻，来说明人性与其功用浑然一体，极为生动。同时，唐甄分论儒、释、道三家："老养生，释明死，儒治世。"只有儒家具有治世的品质，能产生实际的功用："儒惟治世，故仁育，义安，礼顺，智周，天地山河，万物百姓，即所成性，离之无以尽性。"这与《辨儒》篇的宗旨，是前后一贯的。唐甄有强烈的事功意识与济世情怀，所以，他极反感空无的个人心性修养："但明己性，无救于世，可为学人，不可为大人；可为一职官，不可为天下官。"这可能就是唐甄的感人之处：一介书生，穷困一生但"有救于世"的初心从未有变，深重的家国意识从未有变！

四

《潜书》下篇论政，如《尚治》《富民》《考功》《为政》《格君》《任相》《省官》《制禄》《更币》《用贤》等篇，涉及君臣关系、官吏任用、俸禄制度等治理的传统命题，旧解出新意，唐甄独到的见解也不少。读者在阅读《潜书》的过程中，会随时遇见，此处不再赘引累述，仅择一二处独绝之论，以显唐甄识见之高。

唐甄在论政时，对太监这一丑陋的制度抨击甚力，从《贱奴》篇开始，历《丑奴》《去奴》《耻奴》诸篇，集中论述太监制度的危害，主张彻底废除。人所共识，太监之制，就其本质而论，摧残的是人性。唐甄就认为，太监有"四不似"：不似人身、不似人面、不似人声、不似人情。孟子曾与告子有著名的"性犹杞柳"之辩：

告子曰："性，犹杞柳也；义，犹桮棬也。以人性为仁义，犹以杞柳为桮棬。"

孟子曰："子能顺杞柳之性而以为桮棬乎？将戕贼杞柳而后以为桮棬也？如将戕贼杞柳而以为桮棬，则亦将戕贼人以为仁义与？

率天下之人而祸仁义者,必子之言夫!”

戕贼杞柳而为桮棬,与戕贼人而为太监,与戕贼人以为仁义,其实都是摧残本性之行,毁灭的是人自然而然的天性,非全性尽性之行。而唐甄一直主张,不能尽其性,便不能全其功,违性之行,则“小人必逞,君子必灾,家必内败,天下必亡”。唐甄对这种行为,是极为反感的。

唐甄喜言“用兵”,对用兵作战颇感兴趣,他在“论政”时,从《全学》篇开始,一直到《止杀》《厚本》诸篇,所谈论的主题,都与“用兵”有关。唐甄认为:“君子之为学也,不可以不知兵。”“夫兵者,国之大事,君子之急务也。”这既是对始自孙子的兵学思想的继承,又是唐甄“计功”理想的外显。在所有治国实务中,还有比军事更为“急务”的吗?所以,在《全学》篇中,唐甄说:“全学犹鼎也,鼎有三足,学亦有之:仁一也,义一也,兵一也。一足折,则二足不支,而鼎因以倾矣。不知兵,则仁义无用,而国因以亡矣。”他主张一个人的知识体系中,不可缺少“知兵”这一成分。在《审知》篇中,唐甄说:“若用兵之道,非身在军中,虽上智如隔障别色。故曰:‘百闻不如一见。’”主张要真正懂得用兵,得在军中淬炼用兵技能。在《两权》篇中,唐甄说:“自固之计有三:地、食、法是也。”指出要打好仗,得有巩固的根据地、充足的粮食、严明的法纪,等等。整体而言,唐甄言“用兵”,有书生意气的理想主义色彩;毕竟,唐甄并无治军经历,所言皆为间接经验,给人泛论之感。但唐甄在自己的著作中花大量篇幅来强调用军治兵的重要,是值得敬佩而且有价值的。

以上所述,是唐甄“论政”的特色处。

唐甄之文,质朴少文饰,这与其“务实”的思想追求密切相关。唐甄为文,胜在思辨;新见雄论,如珠如玉,时有迸现。唐甄之文,写的都是真性情,其实干精神、忧国情怀,成为其作品最打动人的内质,非徒饰华词的浅薄之什可比!

《潜书》今存版本有:一、康熙刻本。有《续修四库全书》《四库全书存目丛书》影印本,以前者为佳,后者无潘耒序及事略。二、清光绪九年中江李氏刻本。三、清光绪三十一年邓氏刻本。四、清光绪三十二年山东全省官印书局铃印本。五、清末大经纶书局石印本。其中康熙刻本为后来诸刻本、石印本之祖本。今人整理本有:一、中华书局1955年整理本,并搜集唐氏诗文作为附录,1963年增订第二版。此本以康熙刻本为底本,以清光绪李氏刻本为参校本。二、四川人民出版社1984年《潜书注》,并附录相关资料。此本以中华书局本为底本并改正个别误字等,附录有所补充。三、岳麓书社2011年《潜书校释》,并附录相关资料。此本以清光绪李氏刻本为底本,以中华增订本为校本。四、新疆青少年儿童出版社2005年《潜书》文白对照本。按照体例要求,此次整理以中华书局增订本为底本,并校以清康熙刻本等;注释、翻译部分对既有成果亦有借鉴,如对唐甄引述的《诗经》中诗句的翻译就参考程俊英的《诗经译注》的译文;引述的《老子》中的语句的翻译参考了陈鼓应《老子注释及评介》的译文,等等,在书中不再一一注明,此处一并致谢。限于本人学力与识见,本书定有错讹不当之处,恳望方家、读者批评指正。

何山石

2024年6月2日于武汉

上篇上

辨儒

【题解】

唐甄在《潜书》的开篇——“辨儒”篇中，对儒学两个层面的问题进行了分析。

第一个问题，是“儒者计功”的问题，即儒家与事功之间的关系。唐甄通过与大瓠沈麟生之间的对话，不仅指出儒家之学会“因时而变”“不模古而行”，目的是“救其失”“致其真”，即儒学会通过自我更新来纠正自己的偏失，以适应社会的需要；而且，唐甄通过指出冉求、子贡等人在实际事务处理中的能力不足，以及嘲讽宋儒在面对金人侵入时的无能，来说明自己最重要的观点：“儒之为贵者，能定乱，除暴，安百姓也。”儒学，是负有修身、齐家、治国、平天下这一深沉使命的学问，而非“若今之为学，将使刚者韦弱，通者圜拘，忠信者胶固，笃厚者痹滞，简直者丝棼。天实生才，学则败之矣”。儒学塑造的若是软弱无能的一代，那儒学一定是败人之学。

第二个问题，是“心”的运用问题。唐甄认为，心要不停地使用，才会变得强大：“心，灵物也，不用则常存，小用之则小成，大用之则大成，变用之则至神”，正如刀刃，越磨才越锋利。平时所说的“治心”，其实也就是如何使用心的意思。唐甄更有见地的地方，不仅认为“治心之道，曰毋利而思义，毋诈而主诚”，而且指出：“诚一也，然有分焉。毋以义与利辨，以义与义辨。毋以诚与诈辨，以诚与诚辨。”见利思义，正心诚意，这是儒家修身的常道，但是，诚、信也是有不同的种类的，尾生之信与季路之信、襄公之义与文王之义便各不一样。这一观点，发前人所未发。唐甄又说：“有用之信必不愚，有用之仁必不懦，有用之义必不固。”其实，这就是唐甄所标举的“用心”“治心”准则。

佛者大瓠过唐子之门而入问焉[①]。唐子喜，炊麦食之，而与之言终日。

【注释】

①大瓠（hù）：即沈麟生，字筇在，安徽宣城人。明故监司沈寿岳之子，后祝发为僧，居姚江，名大瓠。唐子：唐甄自称。

【译文】

佛家弟子大瓠经过我的家门，进来问候我。我很高兴，做了麦饭款待他，并与他谈论了一整天。

大瓠曰：“子，天下之明辨之士也，然而未学道也。”唐子曰：“学道何如？”曰：“儒者，世之宗也[①]；身者，人之表也[②]；心者，事之本也。君子欲易世[③]，必立其宗；欲正人，必端其表；欲善人，必务其本。讽诵三《诗》[④]，定卦[⑤]，索象[⑥]，秉《礼》[⑦]，道《书》[⑧]，合《春秋》之邪正，皆所以闲身也[⑨]，皆所以养心也；审人伦之则，探性命之微[⑩]，根于诚信之地，而往来仁义之涂。尧、舜虽远，趋焉如蹑其迹也[⑪]，立焉如合其影也。若斯之人，生为生民之师，死配先师之飨[⑫]，法言矩行[⑬]，流于无穷，岂非有道君子哉？此古之人所以日夜孳孳[14]，至于老死不倦也。”

【注释】

①宗：根本。

②表：外表，仪容。

③易：改变。

④三《诗》：这里指《诗经》风、雅、颂三种内容。

⑤定：确定。

⑥索：研索。象：卦象，指卦所象征的事物及其爻位等关系。术数家根据卦象来预测天理和人事。

⑦《礼》：依据文意，这里应该是指五经中的“礼经”，“礼经”在汉时指《仪礼》，后来多指《礼记》。

⑧道：遵行，实行。

⑨闲：防止，限制。

⑩性命：中国古代哲学范畴，指万物的天赋和禀受。

⑪趋：快步走。蹑（niè）：踩。

⑫先师：指孔子。飨：通“享”。祭祀，祭献。

⑬法言：合乎礼法的言论。矩行：行为合乎规矩。

⑭孳孳（zī）：勤勉、努力不懈的样子。孳，通“孜”。

【译文】

大郗说：“您是天底下能够明辨是非的人，但没有学习儒家之道。”我说：“学习儒家之道是怎样的呢？”大郗说：“儒家之道，是治世的根本；身体，是人的仪容；人心，是万事万物的根本。君子想要改变世界，必须确立根本；想要端正他人，必须先要端正他们的仪容；要想使人向善，必须使他们在确立根本上用功。讽咏吟诵《诗经》中的风、雅、颂，确定卦的名称，研索卦所象征的事物，秉持《礼》经中的礼仪规范，遵循《尚书》的观念，符合《春秋》中关于邪正的标准，这些都是用来防范身体的，都是用来修养心性的。仔细审察人伦规范，探索万物的天赋和禀受的精致微妙，根植于诚信之中，往来于仁义的大道上。尧、舜虽然离我们很遥远了，向前追赶他们就如同踩着他们的足迹前进一样，站立起来就如同与他们的影子合二为一。像这样的人，活着可以做老百姓的老师，死了以后可以与先师孔子一同享受祭祀。他们的言论合乎礼仪规范，行为合乎规矩，流传后世没有穷尽，这难道不是得道的君子吗？这就是古人为什么日夜勤勉、至死不倦的原因。”

唐子曰：“子之言信美矣[①]；虽然，圣贤之言，因时而变，所以救其失也；不模古而行[②]，所以致其真也。昔者先师既没，群言乖裂[③]。自宋以来，圣言大兴，乃从事端于昔[④]，树功则无闻焉。不此之辨，则子之美言，犹为虚言也夫！”大瓠曰：“自宋及明，圣言大兴，百家尽灭，不误于异闻；大贤先生，高世可法，功为不少矣；而子独以为无功者，是何说也？”

【注释】

①信：确实。

②模：模仿，因循。

③乖裂：分歧。

④端：端正。

【译文】

我说：“您的话确实是漂亮；虽然这样，圣贤的言论，会根据时代而变化，这是为了补救自己以前的不足；不因循古人而行事，这是为了探求真实。以前先师孔子去世后，各种不同的言论兴起，这些言论矛盾分歧。自宋代以来，圣人的言论又兴盛起来，从事学问研究的人比以往端正了，但是却没听说他们建立了什么功业。不辨明这一点，那么您的美言，也如同虚言罢了。”大瓠说：“从宋代到明代，圣人的言论大为兴盛，百家学说全部消亡了，人们不再被异端邪说误导；那些大贤先生们，高超出世，值得效法，功劳可不少；而您独独认为他们没有功劳，这是什么说法呢？”

曰：“吾闻鲁哀公之时[①]，齐人大兴师伐鲁；季孙立于朝[②]，属诸大夫谋帅焉[③]。诸大夫皆曰：‘冉求可使也[④]。’于是季孙举以为将[⑤]，与齐人战。冉求不能将，鲁师大败，丧其戎车三百乘[⑥]，甲士五千人。季孙欲诛冉求，冉求惧而奔楚。已而田常欲伐鲁[⑦]，子贡请出救鲁[⑧]。仲尼止之曰：‘吾道奚为此也！’子贡不听，往说吴、晋之君[⑨]，困齐以存鲁。吴、晋之君弗信也，而反私于田常[⑩]。田常大怒，以子贡来诛[⑪]。师薄于门[⑫]，鲁之君臣系颈请降[⑬]，献三邑以解伐，而后田常乃释之。当是之时也，鲁几亡。”大瓠惊曰：“吾于书传未闻此也[⑭]，子于何而闻之也？”

【注释】

①鲁哀公：名蒋，一作将。鲁定公之子，春秋末鲁国国君，公元前494—前467年在位。

②季孙：春秋后期鲁国掌权的贵族。

③属：嘱咐，托付。

④冉求：字子有，常称为“冉有”，春秋时鲁国人。孔子弟子。长于治理政事，曾为季孙氏家臣。

⑤举：推荐，选用。

⑥乘：四马一车为一乘。

⑦已而：不久，后来。田常：即田成子，春秋时齐国人，春秋末年实际掌握齐国政权。

⑧子贡：即端木赐，字子贡，春秋时期卫国人，孔子弟子。善辞令，曾经代表鲁国游说齐、吴、晋、越等国，最后促成了吴国伐齐救鲁。

⑨吴：春秋时期诸侯国，都吴（今江苏苏州）。晋：春秋时期诸侯国，初都绛（今山西翼城），后迁都新田（今山西侯马）。

⑩私：暗中，不公开。

⑪来：助词，相当于"是"，表示宾语前置。

⑫薄：逼近，靠近。

⑬系颈：系绳于颈，表示降服。

⑭书传：著作，典籍。

【译文】

我说："我听说鲁哀公的时候，齐国人大规模发动军队讨伐鲁国；季孙氏掌握朝政，吩咐大夫们谋划谁可以作为鲁国的将领。大夫们都说：'冉求可以作为将领。'于是季孙氏起用冉求为将领，与齐国人作战。冉求不会带兵，鲁军被打得大败，损失战车三百辆、士卒五千名。季孙氏打算处死冉求，冉求害怕了，逃到了楚国。后来田常想要讨伐鲁国，子贡请求出来解救鲁国。孔子阻止他说：'我的学说哪里是为了这个呢！'子贡不听，前去游说吴、晋两国的君主，让他们围困齐国以保存鲁国。吴、晋两国的君主不守信用，还反过来暗中向田常告密。田常大怒，将子贡抓来诛杀了。齐国军队逼近鲁国城门，鲁国君臣都系绳于颈请求投降，进献三座城邑来缓解齐国的讨伐，然后田常才放过他们。在这个时候，鲁国差点灭亡了。"大郝惊愕地说："我从史籍文献中从未听说过这些，您是从哪儿听说的？"

唐子曰："更有于此：昔者宋国日蹙[①]，窜于吴、越[②]。其后诸儒继起，以正心诚意之学匡其君[③]，变其俗。金人畏之[④]，不敢南侵。于是往征之，不戮一士，不伤一卒，不废一矢，不刺一矛。宋人卷甲而趋[5]，金人倒戈而走[6]。遂北取幽州[7]，西定西夏[8]，东西拓地数千里，加其先帝之境土十二三焉。子闻之乎？”于是大瓠乃大笑曰：“甚矣，子之为戏也！”

【注释】

①蹙（cù）：困窘，窘迫。宋国：指宋朝（960—1279）。

②窜于吴、越：指北宋被金所灭，赵构南逃，先于南京（今河南商丘）称帝，后都临安（今浙江杭州），史称南宋。吴、越，指春秋时期吴、越故地，今江、浙一带。

③匡：辅佐，辅助。

④金：朝代名，女真族完颜部领袖阿骨打创建，建都会宁（今黑龙江阿城南）。

⑤卷甲：卷起铠甲，形容轻装疾进。

⑥倒戈：倒拖武器，指军队败逃。

⑦幽州：宋、金时期的幽州地理范围大体包括今北京、天津及河北北部部分地区。

⑧西夏：我国古代少数民族党项族拓跋氏建立的政权，建都兴庆府（今宁夏银川），宋人称之为西夏。

【译文】

我说：“这儿还有呢：从前宋朝国势日益窘迫，被迫逃窜到吴、越一带。之后众多儒者相继兴起，用正心诚意这样的学说来匡扶君主，改易风俗。金人畏惧他们，不敢南下侵犯。于是宋朝北上征伐金国，没有杀戮一个士兵，也没有使一个士兵受伤，没有耗费一支箭，没有投刺一根矛。宋朝的军队轻装迅速前行，金国的军队倒拖着武器逃跑。于是在北边夺取了幽州，在西边平定了西夏，在东西方向之间拓展疆地数千里，给先帝留下的国土面积增加了十分之二三。您听说过吗？”于是大瓠大笑着说：“您太会开玩笑了！”

唐子曰："非戏也，请为子正言之可也：求、赐之学多疾[①]，宜若无功者；诸儒之学，如锡百火[②]，可为百世师，宜若有功者。然而得失相反，功业相远也！吾尝宦于长子矣[③]：闻上党之参[④]，天下之良药也；命医献之，其形槁然而长[⑤]，其色垩然而白[⑥]，曰：'是物之生，其变也久矣，食之虽亦有补，而不能起羸弱之疾[⑦]。'异哉！一山谷，一根叶，一雨露，昔为良药，今非美草。古之儒，昔之上党之参也；后之儒，今之上党之参也。"

【注释】

①疾：不足。

②锡：银白色金属，富有延展性，在空气中不易起变化。

③长（zhǎng）子：县名，在今山西东南部。唐甄在此地有短期为官的经历。

④上党：县名，即今山西长治。

⑤槁（gǎo）：枯槁，干枯。

⑥垩（è）：白色泥土，可用于粉饰墙壁。

⑦羸（léi）弱：瘦弱。

【译文】

我说："并不是开玩笑，请让我跟您严肃地讲讲这点：冉求、子贡的学问有很多不足，没有功业好像也是情理中的事；诸位儒家学者的学术，如同锡，经过上百次淬炼，可为百世师表，有功业好像也是情理中的事。但实际上，他们的得失正好相反，功业也相差很远！我曾经在长子县做官：听说上党出产的人参，是天底下的良药；命令行医之人呈献上来，发现人参的外形干枯细长，颜色像白色泥土一样白。行医之人说：'这种人参的生长，经历变化的时间太久了，食用它虽然对身体也有补益，但却无法使人瘦弱的毛病被治愈。’奇怪啊！一样生长在山谷中，一样长着同样的根叶，一样经受雨露的浇灌，以前出产的是良药，现在却不是什么好的药草。古代的儒者，就是以前上党的人参；后世的儒者，就是现今的上党人参。”

大瓠曰："吾闻儒者不计功。"曰："非也。儒之为贵者，能定乱、除暴、安百姓也。若儒者不言功，则舜不必服有苗①，汤不必定夏②，文、武不必定商③，禹不必平水土④，弃不必丰谷⑤，益不必辟原隰⑥，皋陶不必理兵刑⑦，龙不必怀宾客远人⑧，吕望不必奇谋⑨，仲尼不必兴周⑩，子舆不必王齐⑪，荀况不必言兵⑫。是诸圣贤者，但取自完⑬，何以异于匹夫匹妇乎？子曰‘心者事之本也’，请为贵本之譬：彼树木者，厚壅其根⑭，旦暮灌之，旬候粪之⑮。其不惮勤劳者，为其华之可悦也，为其实之可食也。使树矣不华，华矣不实，奚贵无用之根，不如掘其根而炀之⑯。惟心亦然。事不成，功不立，又奚贵无用之心，不如委其心而放之⑰。木之有根，无长不实；人之有心，无运不成。若今之为学，将使刚者韦弱⑱，通者圜拘⑲，忠信者胶固⑳，笃厚者痹滞㉑，简直者丝棼㉒。天实生才，学则败之矣。”

【注释】

①舜：名重华，史称虞舜或舜。五帝之一，传说中我国父系氏族社会后期部落联盟的贤明首领。其事迹可参阅《尚书·尧典》《史记·五帝本纪》中的相关记载。有苗：古国名，也称作三苗。

②汤：即成汤，商朝的开国国君。夏桀无道，汤伐之，遂有天下，国号

商，都于亳。

③文：周文王姬昌，周武王之父，为周王朝的奠基者。武：周武王姬发，西周王朝的开国君主。

④禹：名文命，鲧之子，又称大禹、夏禹。奉舜命治理洪水，三过家门不入，成为代代传诵的佳话。舜死后即位，建立夏朝。其事迹详见《尚书》之《大禹谟》《禹贡》等篇。

⑤弃：即后稷，为周族之先祖。相传后稷的母亲姜嫄践天帝足迹，感应怀孕而生下后稷。因为后稷一生下来就被弃养，所以又名为“弃”。舜任命弃为农官，教民耕稼，所以又称之为“后稷”。

⑥益：即伯益，舜时东夷部落的首领。曾担任虞官，掌管山林川泽。相传伯益助禹治水有功，禹想让位给伯益，伯益避居箕山之北。原隰（xí）：广平低湿之地。原，宽广平坦之地。隰，低湿之地。

⑦皋陶（gāo yáo）：相传是舜时掌管刑狱的官。《尚书·舜典》记载：“帝曰：‘皋陶，蛮夷猾夏，寇贼奸宄。汝作士，五刑有服，五服三就。五流有宅，五宅三居。惟明克允！’”兵：此处为“伤害”之意。

⑧龙：舜时为纳言之官，掌管传达王命。怀：安抚。远人：远方的人，关系疏远的人，指外族人或外国人。

⑨吕望：即姜尚，俗称姜太公。相传吕望曾隐居于渭水之滨垂钓，等待贤明的君主出现。后为文王赏识，曰：“吾太公望子久矣。”故号之曰太公望，后世亦称吕望。

⑩仲尼：即孔子，名丘，字仲尼，春秋时期鲁国人，儒家学派的创始人。

⑪子舆：即孟子，名轲，字子舆。

⑫荀况：荀子，名况，世称荀卿。荀子是继孔子之后儒家学派的重要代表人物，有《荀子》一书传世。

⑬自完：自保，自全。

⑭壅（yōng）：在植物根部培土或施肥。

⑮候：古代的计时单位，五天为一候。

⑯炀（yàng）：烘烤，烘干。

⑰委：舍弃。放：舍弃，废置。

⑱韦（wéi）弱：柔弱。韦，去毛熟治的兽皮，柔软的皮革。

⑲圜（huán）：环绕。拘：拘泥。

⑳胶固：固陋，固执。

㉑痹（bì）：蔽，阻塞。

㉒丝棼（fén）：形容纷繁紊乱。棼，纷乱。

【译文】

大鄗说："我听说儒者是不计较功利的。"我说："不对。儒者之所以可贵，在于能平定祸乱、铲除暴虐、安抚百姓。如果儒者不谈论功利，那么舜就不必使三苗降服，成汤就不必去平定夏，周文王、周武王就不必去平定商，禹就不必去平治水土，后稷就不必使粮食丰收，伯益就不必开辟宽广和低湿的土地，皋陶就不必去审理伤害他人这样的刑案，龙就不必去安抚宾客与外族人，吕望就不必施展奇异的谋略，孔子就不必复兴周代的礼制，孟子就不必辅助齐国称王，荀子就不必谈论军事。所以这些圣贤们如果只知道保全自己，那么他们与普通老百姓又有什么不同呢？您说'心性是事物的根本'，请允许我用比喻的方式谈一下何谓重视根本：那些种树的人，在树木根部培上厚土，早晚浇灌，每隔五天十天就施肥一次。之所以这样不辞劳苦，是因为它们的花可以悦人眼目，它们的果实可供人食用。假若种了树却不开花，开了花却不结果，为什么要看重这些无用的根呢，还不如挖掉它们的树根一把火烧了。心性也是这样。事情没有成功，功业没有建立，又为什么要重视这没用的心性呢？不如舍弃这样的心性而搁置它。树木有根，不成长就不会结果实；人有心性，不运用成就不了功业。像今天这样研究学问，将会使刚强的人变得柔弱，通达的人变得拘泥，忠信的人变得固执，笃厚的人变得麻木闭塞，率直的人变得纷乱。上天确实降生了这些人才，而这样的治学则毁坏了他们。"

大瓠，儒者也，好学多闻，善为《楚》《骚》之辞[1]。其父不得其死[2]，逋于佛以免难者也[3]。他日，唐子往见焉，欲有所言，使权之也，乃大瓠则病且死矣。

【注释】

①《楚》《骚》：指战国时期楚国屈原所作的《离骚》，后泛指《楚辞》。

②其父不得其死：大瓠之父沈寿岳于顺治十六年（1659）因反清被杀。

③逋（bū）：逃窜，逃亡。

【译文】

大瓠是一位儒者，他喜欢学习，见闻广博，擅长写作《楚辞》体诗赋。他的父亲未能善终，他自己逃避到佛门之中以免除祸难。有一天我去拜访他，有些话想对他说，让他权衡一下利弊得失，然而大瓠却已经生病去世了。

正心诚意，学之本也。古之人正心诚意，则为圣人；后之人正心诚意，则为拘儒[1]。治心之道，曰毋利而思义，毋诈而主诚。义则一义，诚则一诚。诚一也，然有分焉。毋以义与利辨，以义与义辨；毋以诚与诈辨，以诚与诚辨。鸡卵素[2]，雉卵文[3]，此易辨也。鸡卵与鸡卵则无辨；其方伏之时[4]，视之无象，揣之无形，岂有雌雄之分哉！然雌雄则已异矣。伏雄者为圣人，伏雌者为鄙儒。有宋襄之义[5]，有文王之义[6]；有尾生之信[7]，有季路之信[8]；奚必战于泓而后为襄公，战于崇而后为文王哉！其终日默坐，终日事事，终日读书，思之所注，心之所存，宋襄、文王之分已种于中矣[9]。未有伏雄成雌、伏雌成雄者也。

【注释】

①拘儒：固执守旧、目光短浅的儒生。

②素：白色，无色。

③雉：野鸡。文：花纹。

④伏（fù）：指禽鸟孵卵。

⑤宋襄之义：宋襄，指宋襄公，春秋时宋国国君。公元前638年，宋、楚两国战于泓水，司马子鱼建议趁楚军还没有完全渡过泓水发动进攻，但宋襄公觉得应该讲仁义，没有听从。楚军渡河后，还没有摆好阵势，司马子鱼又建议趁机攻击，宋襄公又不听。宋军丧失战机，被楚军打得大败，宋襄公也大腿受伤，第二年就死了。

⑥文王之义：周文王在攻伐崇国战前，要求军队进入崇都之后"毋杀人，毋坏室，毋填井，毋伐树木，毋动六畜"。

⑦尾生：传说中坚守信约的男子。《庄子·盗跖》篇言其与女子期于梁下，女子不来，水至不去，抱梁柱而死。

⑧季路：即子路，一字季路，春秋时鲁国卞人，孔子弟子。性情刚直，好勇力，《论语》中说"子路无宿诺"，足见其极讲诚信。

⑨中：指内心。

【译文】

正心诚意，是学问的根本。古人能够正心诚意，就成了圣人；后代人正心诚意，却成了固执守旧、目光短浅的儒生。修养心性的方法，讲的是不要追逐私利而要追求道义，不要巧诈而要注重诚信。道义就是那一种道义，诚信就是那一种诚信。诚信虽然只有一种，但具体却有不同的形式。不要拿道义去跟利益争辩，要拿道义与道义来争辩；不要拿诚信去跟巧诈争辩，要拿诚信与诚信争辩。家养鸡的蛋是白色的，野鸡蛋是有花纹的，这很容易分辨。但家养鸡蛋与家养鸡蛋之间却没有区别；在它们刚被孵化时，是看不到小鸡的形象，摸不到小鸡的形体的，哪里有雌与雄的区分呢？但雌、雄实际上已经不同了。孵化雄性的是圣人，孵化雌性的是鄙陋的儒者。有宋襄公那样的道义，也有周文王那样的道义；有尾生那样的诚信，也有子路那样的诚信；为何一定要在泓水作战以后宋襄公才成为宋襄公，在崇地战斗以后周文王才成为周文王啊！他们整天默默地坐着，或者一整天做事情，或者一整天读书，思虑所灌注的，内心所存想的，已经将宋襄公、周文王的区别播种在心中了。没有能将雄的孵化成雌的，也没有能将雌的孵化成雄的。

心之动也[①]，有爱恶是非之用，有忠信仁义之道。有用之信必不愚，有用之仁必不懦，有用之义必不固。别若黑白，人未之知，己自知之。阳者伏于穷亥[②]，萌于微子[③]，是震雷澍雨之根也[④]。信者不欺仆妾，不欺童稚，是驯暴服蛮之根也；仁者不忍庖厨[⑤]，不伤蛰宿[⑥]，是泽覆四海之根也；义者不贪利，不蔽爱，不徇恶[⑦]，是诛暴乱定天下之根也。君子既得其根，又善其养也。善养则根生，不善养则根腐。

【注释】

①心之动：即动心，谓思想、感情引起波动。动心是孟子论及的重要话题，《孟子·公孙丑上》中说："我四十不动心。"《孟子·告子下》中说："所以动心忍性，曾益其所不能。"

②穷亥：夏历十月建亥，亥为地支之终，故曰穷亥。

③微子：夏历十一月建子，子为地支之首，故曰微子。

④澍（shù）雨：降雨。

⑤仁者不忍庖厨：此句意出《孟子·梁惠王上》"是以君子远庖厨也"。君子不忍心看到牲畜死亡以及被宰杀的惨叫声，所以要远远地离开厨房。庖厨，厨房。

⑥蛰（zhé）：动物冬眠。

⑦徇（xùn）：顺从，依从。

【译文】

内心的运动，既有表达喜爱与厌恶、正确与错误的作用，也包含着忠诚、守信、仁义等根本原则。有意义的守信一定不是愚蠢的，有意义的仁德一定不是懦弱的，有意义的道义一定不是拘泥的。它们之间的区别就像黑与白一样，即使他人还不知道，自己却已经知道了。阳气伏藏于十月，萌发于十一月，这是打雷下雨的根本。守信的人不欺骗奴仆婢妾，不欺骗儿童弱小，这是驯化暴虐、降服蛮横的根本。仁爱的人不忍心听到厨房里牲畜被宰杀的惨叫声，不伤害冬眠蛰伏起来的动物，这是恩泽覆被四海的根本；重道义的人不贪恋利益，不掩饰喜爱，不顺从罪恶，这是诛灭暴虐、安定天下的根本。君子已经获得根本，又会好好地保养它。如果能好好地保养，根就会生长；不善于保养，根就会腐烂。

丹溪者[①]，昔之良医也；治不得前溲者[②]，助其阴，饵以黄檗、知母[③]，乌知其用桂三分也[④]！心，灵物也；不用则常存，小用之则小成，大用之则大成，变用之则至神。不可使如止水，水止则不清；不可使如凝胶，胶凝则不并[⑤]。

【注释】

①丹溪：元代名医朱震亨，人称丹溪先生。著有《格致余论》等。

②前溲（sǒu）：小便。

③黄檗（bò）：落叶乔木名，树皮可做中药，有清热、解毒等作用。知母：中药名，有清热泻火、滋阴润燥的功效。

④桂：即肉桂。肉桂为常绿乔木，皮叫桂皮，可入药，能温肾补火，祛寒止痛。

⑤并：黏合。

【译文】

丹溪是从前的一位名医。他治疗不能小便的患者，采取补阴的方法，给患者吃黄檗、知母这类性寒之药，哪里知道他还用了三分性热的肉桂呢！心是有灵性的东西。不用它的时候，也要常常存问它；小量地使用心灵就会有小的成功，大量地使用心灵就会有大的成功，灵活变通地使用心灵就会达到神的境界。不能让心像停止流动的水那样，水停止流动就不会清澈；不能让心像凝固的胶那样，胶凝固了就不能黏合东西。

昔者蜀之蒋里有善人焉①，善善而恶恶②，诚信而不欺人，乡人皆服之。有富者不取券而与之千金③，贾于陕、洛④，以其处乡里者处人，人皆不悦。三年，尽亡其赀而反⑤。斯人也，岂不诚善哉？为善而亡人之千金。何则？水止而胶凝，无桂以道之也，此所谓不出乡里之善也。

【注释】

①蒋里：蒋姓村落。

②善善：第一个善字是动词，赞美、褒扬之意；第二个善字是名词，善良的意思。恶（wù）恶（è）：第一个恶字为动词，憎恨之意；第二恶字是名词，罪恶、邪恶之意。

③券：契据。

④贾（gǔ）：做生意。

⑤赀（zī）：通“资”，货物，钱财。

【译文】

从前，四川一个蒋姓村落里有个善人。他赞美善良而憎恨罪恶，诚实守信而不欺骗别人，乡里人都信服他。有个富人不要借据就借给他千两黄金。他用这笔钱在陕、洛一带做生意，用他对待自己村里人的方式来对待别人，人们都不高兴。三年过去，他耗尽了所有的资财回到村里。这个人难道不诚实善良吗？他做好事却耗光了别人的千金巨款。这是为什么呢？水停止了流动、胶凝固了，没有像桂这样的性热之药来引导，这就是所说的走不出乡里的善。

昔者阳明子方少①，有后母而数行不善也②，阳明子忧之。女巫来，阳明子使告其母曰："今者有神与我言，母毋为不善！为善降之福，为不善降之祸。"于是遽改其行③，一朝而为贤母焉。是谓以狙待亲④，君子病之。乃他日用是道也⑤，以奇用兵，而成禽宁定浰之功⑥。治心之用，于斯可见矣。

【注释】

①阳明子：即王守仁，字伯安，号阳明。明代杰出思想家，心学的代表人物，提出"致良知"的哲学命题和"知行合一"的方法论。其著作《传习录》广为流传。

②数（shuò）：屡次。

③遽（jù）：立刻，马上。

④狙（jū）：狡猾，奸诈。

⑤乃：可是，然而。

⑥禽宁定浰（liàn）：禽，同"擒"，俘获，制伏。宁，宁王朱宸濠。明正德十四年，朱宸濠谋反，被王守仁生擒。浰，水名，在广东和平西北。明正德十三年，池仲容据浰水称王，被王守仁平定。

【译文】

从前，阳明先生还小，他的后母多次做不好的事，阳明先生对此很忧惧。有个女巫到他家里来，阳明先生让女巫告诉他的后母说："现在有神灵对我说，母亲你不要做不好的事！做好事就降给她福祉，做不好的事就降给她灾祸。”后母于是马上改变了自己的行为，很快就成了一位贤良的母亲。这就是所说的用狡诈对待自己的双亲，君子是痛恨这种行为的。然而此后他也使用了这种方法，以奇谋用兵，成就了生擒宁王朱宸濠、平定池仲容据浰水叛乱的功业。修养心性的作用，从这就可以看出。

尊孟

【题解】

从“尊孟”的标题即可见出，唐甄对孟子的历史地位、学术思想、人格涵养等，有高度的评价和发自内心的尊敬。唐甄尊敬孟子，是因为孟子思想是唐甄思想的直接来源，唐甄是在对孟子的心性论、“四德”说等重要思想推演的基础上，形成自己的人性论和儒者计功等思想观念的。所以，唐甄在结构《潜书》全书时，在首篇《辨儒》篇之后，紧接着就安排了《尊孟》《宗孟》二篇。这样的安排，正彰显了孟子在唐甄精神世界中位置的重要。

唐甄是从如下几个方面来表达自己对孟子的尊敬的。

第一，从程颐对孟子“非圣人”之论出发，引出孟子到底是不是圣人的讨论。虽然孟子以“夫圣，孔子不居”为理由，对公孙丑“夫子其圣矣乎”的提问作出了否定的回答，但是唐甄认为，孟子身处战国乱世，对齐国当时局势的判断，即“以齐王，犹反手也”之论，完全是圣人气概。所以唐甄浩叹：“呜呼，岂不神哉！非圣人而能若是乎？”对孟子的圣人品格予以肯定。

第二，从孟子“仁”“仁政”之角度，再次申述孟子的圣人品格。唐甄对孟子之“仁”“仁政”深切认同：“天下莫强于仁。”并且，对“仁”作出了小、大这种概括性的量化区分，指出：“仁能服人者也；其不能服人者，仁小也。仁之大者，无强不顺，无诈不附。”最后，唐甄认为：“圣人致心。”孟子的仁政、孟子之所以成圣，均在乎孟子的政治理念能顺乎民意，获民心。

第三，由对孟子“圣人之得人心”的判断进行延伸推论，指出圣人得人心，要“自贤才始”。唐甄指出，国家治理得好与坏，紧要处在乎使用好人才，要为人才发挥作用创设好的外部环境。

第四，对孟子“养气而不动心”的涵养功夫作了阐释，指出：“任天下之重亦然。气大则心定，心定则才足，固历险成功之道也。”气大、心定、才足与任天下之重，从这条逻辑链就明显看出，唐甄对孟子的养气说是作了丰富和发展的。

所以，在“尊孟”篇中，唐甄既抓住了孟子思想中的关键词，如成圣、仁政、养气等，又带着自己时代的独特性，对孟子的思想作出了新的阐发与理解。

固哉程颐①！孟子曰：“我，圣人也②。”而颐也以为非圣人也。

【注释】

①固哉程颐：句式仿《孟子·告子下》：“固哉，高叟之为诗也！”固，固执，固陋。程颐，字正叔，世称伊川先生，河南人，北宋理学家。与其兄程颢合称“二程”，同学于周敦颐，开创“洛学”，为理学发展奠定了基础。

②我，圣人也：今本《孟子》中无此语。但是孟子一直自命为儒家道统之继承者，《孟子·滕文公上》曰：“舜何人也？予何人也？有为者亦若是。”孟子以“有为者”自居，被后人称为“亚圣”，实际已经完成“成圣”理想。明清之人据孟子意及孟子实际的文化地位而出此语，亦为有据。

③而颐也以为非圣人也：程颐认为孟子非圣人，《二程集·遗书卷第二上·二先生语二上·元丰己未吕与叔东见二先生语》："孔孟之分，只要别个圣人贤人。如孟子若为孔子事业，则尽做得，只是难似圣人。"

【译文】

程颐是个固陋的人啊！孟子说："我是个圣人。"但是程颐认为孟子并非圣人。

古人多实，今人多妄；是故古人自知，今人不自知。子路之才千乘①，冉求之才七十②，其自许者，仲尼亦许之③。昔者公孙丑问于孟子曰④："夫子其圣矣乎⑤？"孟子曰："夫圣，孔子不居，是何言也⑥！"不自谓不圣，而谢之以孔子所不居也⑦，盖亦不敢自居焉云尔⑧。丑未之达也⑨，曰："然则夫子安于颜渊矣乎⑩？"曰："姑舍是⑪。"夫道之进也，舍其过迹⑫；阶之升也，舍其过级⑬；舍之者，过之也⑭。过乎颜渊，是何人也？

【注释】

①子路：即孔子学生仲由，见《辨儒》篇注。孔子很看重子路的政治才干，在《论语·公冶长》中说："由也，千乘之国，可使治其赋也。"

②冉求：字子有，又称冉有，孔子学生，见《辨儒》篇注。在《论语·先进》中，孔子让学生各言其志，冉求说："方六七十，如五六十，求也为之，比及三年，可使足民。如其礼乐，以俟君子。"

③仲尼亦许之：此谓孔子认可子路、冉求的才能。《论语·公冶长》载孔子曰："由也，千乘之国，可使治其赋也。"又曰："求也，千室之邑，百乘之家，可使为之宰也。"

④公孙丑：孟子的学生。在《孟子·公孙丑上》中，公孙丑就孟子是否可称圣人这个话题，与孟子进行了讨论。

⑤夫子其圣矣乎：《孟子·公孙丑上》载公孙丑问："宰我、子贡善为说辞，冉牛、闵子、颜渊善言德行。孔子兼之，曰：'我于辞命，则不能也。'然则夫子既圣矣乎？"公孙丑认为，孟子既善于分析别人的言辞，又有德行，与孔子一样两者兼具，故问孟子是否亦为圣人。

⑥"孟子曰"以下几句：《孟子·公孙丑上》载孟子言："恶！是何言也？昔者子贡问于孔子曰：'夫子圣矣乎？'孔子曰：'圣则吾不能。我学不厌而教不倦也。'子贡曰：'学不厌，智也；教不倦，仁也。仁且智，夫子既圣矣。'夫圣，孔子不居，是何言也？"孟子认为，孔子都不敢自居圣人，自己就更不敢了。

⑦谢：婉辞，推辞。

⑧盖：虚词，大概。

⑨丑未之达：公孙丑没明白孟子的意思。达，理解，明白。《孟子·公孙丑上》载公孙丑言曰："昔者窃闻之：子夏、子游、子张，皆有圣人之一体；冉牛、闵子、颜渊，则具体而微。敢问所安？"公孙丑没有明白孟子所说的话，故而又问：子夏等人有孔子的某些长处，冉牛等人不如孔子博大精深。孟子是哪一种人呢？孟子并没有正面回答，只是说："姑舍是。"意思是"暂且搁置这种讨论吧"。孟子自负极高，在《孟子·公孙丑下》中曾言："彼一时，此一时也。五百年必有王者兴，其间必有名世者。由周而来，七百有余岁矣，以其数则过矣，以其时考之则可矣。夫天未欲平治天下也；如欲平治天下，当今之世，舍我其谁也？吾何为不豫哉？"所以杨伯峻先生认为，孟子于颜渊等人皆不屑，平生所愿，"则学孔子也"，其"姑舍是"之论，是委婉地表明自己的心志。

⑩安：安于，处于某种境界。

⑪姑：暂且。舍：放弃。

⑫过迹：走过留下的足迹。

⑬过级：经过的台阶。

⑭过：超过。

【译文】

古人大多诚实，今人大多妄谈，所以古人有自知之明，而今人却没有。子路有治理千乘之国的才能，冉求认为自己胜任治理方圆六七十里的国家，他们的自我称许，孔子也表示认可。以前公孙丑问孟子说："先生您已经是位圣人了吗？"孟子回答说："圣人，就是孔子也不敢自居，你这是什么话呀！"不说自己不是圣人，而以孔子也不敢自居圣人这个理由来婉拒，大概孟子也不敢自居于圣人罢了。公孙丑还没理解孟子的话，接着说："那么先生您与颜渊是处于同一种境界吗？"孟子说："我们暂时放弃这个讨论吧。"人行进于大道上，他的足迹被抛在身后；人沿着台阶而上，他走过的台阶也留在身后。所谓"舍"，就是超过。能超过颜渊，这是个什么样的人呢？

猛虎在深山，百兽震恐，乌知其见麟则伏也[①]！麟，善兽也，可以手挽其角而指数其牙[②]。人之视之，谓是虎之肉也；而不知其能伏焉者，麟虎未相遇也。圣人，麟也；奸雄，虎也。世无圣人，或有圣人而不用，是以奸雄无所于伏而霸天下。

【注释】

①乌：疑问词，哪，何。

②指数：用手指点着数。

【译文】

猛虎在深山中出现，百兽都感到恐惧，哪知道猛虎见到麒麟就会被其制伏。麒麟是仁兽，人可以用手拉着它的角，用手指数它的牙齿。人们看到麒麟，都觉得它们是老虎的口中肉，却不知它们居然能降伏老虎，这是因为麒麟和老虎没有相遇。圣人是麒麟，奸雄是老虎。世间没有出现圣人，或者出现了圣人而不被重用，所以奸雄不能被降服才称霸天下。

昔者孟子之世，天下强国七[①]。秦孝公发愤于西陲[②]，布恩惠，振孤寡，招战士，明赏功[③]，西斩戎王[④]，南破强楚[⑤]，虎视六国，狙以济之[⑥]。六国之人，君臣危惧，异谋并进，西向以待秦。燕昭王笃于用贤[⑦]，韩昭侯明于治国[⑧]，赵武灵王以骑射雄北边[⑨]。苏代、陈轸之属[⑩]，奇计莫测；白起、赵奢、乐毅之属[⑪]，神于用兵，所向无敌。当是之时，人皆习兵而熟战，以甲胄为衽席[⑫]，以行阵为博弈[⑬]。智谋之士，率而用之，张军百万[⑭]，转战千里，伏尸满野，血流漂卤[⑮]。七雄并角[⑯]，其势不能相下。论者审当时之势，以为虽太公复生[⑰]，不易定也。乃孟子则曰："以齐王，犹反手也[⑱]。"王之者，必使秦孝、燕昭、赵武灵之属，籍其土地人民之数[⑲]，稽首为臣[⑳]，诛赏惟命；白起、赵奢、苏代、陈轸之属，杜口而不能谋[㉑]，投戈而不敢校[㉒]；化狙为良，柔雄为雌，而后天下可定，齐可王也。呜呼，岂不神哉！非圣人而能若是乎？

【注释】

①天下强国七：指战国时期的七大强国，即齐、楚、燕、韩、赵、魏、秦，又称"战国七雄"。

②秦孝公：名渠梁，战国时秦国杰出国君，秦国从西部崛起过程中的

关键人物。在位期间，求贤纳士，任用商鞅变法，奖励耕战，使秦国国力大增，为秦统一中国奠定了坚实的基础。事见《史记·秦本纪》《史记·商君列传》。西陲（chuí）：西部边疆。

③"布恩惠"以下几句：语出《史记·秦本纪》。振，救济。

④西斩戎王：《史记·秦本纪》载秦孝公"西斩戎之獂王"。

⑤南破强楚：非秦孝公时事。据《史记·秦本纪》载，秦昭襄王七年"拔新城"，张守节《史记正义》释此句曰："《楚世家》云：'怀王二十九年，秦复伐楚，大破楚军，楚军死二万，杀我将军景缺。'"之后秦国屡次用兵于楚，多有所获。

⑥济：帮助，辅助。

⑦燕昭王：名平，燕王哙庶子，公元前311—前279年在位。据《史记·燕召公世家》载，燕昭王于燕国国内混乱之际继位，在位期间任贤使能，重用郭隗等人。

⑧韩昭侯：名武，战国时期韩国的第六位国君。《史记·韩世家》记载，韩昭侯在位期间任用申不害"修术行道，国内以治，诸侯不来侵伐"。

⑨赵武灵王：名雍，战国时期赵国第六代君主，公元前340—前295年在位。赵武灵王在位期间推行"胡服骑射"的改革，大大加强了赵国的军事实力。依靠强大的军事实力，赵武灵王吞灭中山国，大败林胡、楼烦，开辟云中、雁门、代郡三郡，修筑长城，威震北方边塞。事见《史记·赵世家》等。

⑩苏代：苏秦之弟，战国时期纵横家。陈轸（zhěn）：战国时期齐国人，辩口利舌，为当时纵横家之代表。

⑪白起：战国时秦国名将，于秦赵长平之战中坑杀赵降卒四十余万。事见《史记·白起王翦列传》。赵奢：战国时赵国名将，被封为"马服君"，其子即"纸上谈兵"之赵括。事见《史记·廉颇蔺相如列传》。乐毅：战国名将，事燕昭王，曾率五国联军攻打齐国，

以弱胜强,击败强大的齐国。事见《史记·乐毅列传》。

⑫甲胄(zhòu):指战士穿的甲衣与戴的头盔。衽(rèn):古时睡觉用的席子。

⑬行阵:行军布阵。博弈(yì):指棋类游戏。

⑭张:摆开,展开。

⑮卤:通"橹",大盾。

⑯角(jué):竞争,较量。

⑰太公:见《辨儒》注。指姜子牙。姜姓,吕氏,名尚,字子牙,周王朝开国元勋。善用兵,相传著有《太公兵法》《六韬》。

⑱以齐王,犹反手也:《孟子·公孙丑上》载,公孙丑问孟子:"管仲以其君霸,晏子以其君显。管仲、晏子犹不足为与?"孟子回答说:"以齐王,由反手也。"孟子之意,凭借齐国的实力来统一天下,易如反掌,而管仲、晏子之功甚小。

⑲籍:用名册登记。

⑳稽(qǐ)首:古代的跪拜礼节。跪下并拱手至地,头也至地。

㉑杜口:闭嘴,闭口不说。

㉒校(jiào):较量。

【译文】

以前,在孟子的时代,天下有七大强国。秦孝公在西部边陲发愤图强,广布恩泽,赈济孤寡之人,招募善战之士,明确奖赏制度,向西斩杀西戎豲王,向南攻破强大的楚国,对其他六国虎视眈眈,以狡诈作为武力的补充。六国的国君与臣民都深感危险恐惧,各种奇异的谋略都被提出来,以应对西边的秦国。燕昭王坚决贯彻任贤使能的政策,韩昭侯长于治国理政,赵武灵王以骑射称雄于北部边塞。苏代、陈轸这样的纵横家使用奇谋巧计,高深莫测;白起、赵奢、乐毅这些名将用兵神鬼莫测,所到之处无人能敌。在这个时候,人们都练习用兵之法,熟悉行军作战,把铠甲当枕席,把行军布阵当成下棋游戏。那些有智慧谋略的人成为统帅,他们率领百万大军，千里征战，尸横遍野，血流成河，足以漂浮起大盾。齐、楚、燕、韩、赵、魏、秦七雄互相争夺，势均力敌，不相上下。后学之人审察当时的形势，认为即使姜太公重生，也不能轻易安定这种局面。而孟子则说："凭齐国的实力称王天下，易如反掌。"称王天下，必定要使秦孝公、燕昭王、赵武灵王这些人，用簿册登记好自己的土地和人民的数目，俯首称臣，听命等候惩罚与奖赏；使白起、赵奢、苏代、陈轸这些人，闭上嘴巴不再出谋划策，放下武器不敢再进行较量。使狡诈欺伪变为善良，雄猛柔化为雌弱，然后天下就可以平定了，齐国也就能称王了。啊，难道不神明吗！不是圣人，谁能做到这样呢？

天下莫强于仁①。有行仁而无功者，未充乎仁之量也②。水能载舟者也；其不能载舟者，水浅也。仁能服人者也；其不能服人者，仁小也。仁之大者，无强不顺，无诈不附③。谓仁胜天下，鄙人皆笑之。夫愚者见形，智者见心。礼揖不格刃④，儒服不御矢⑤，形也。刃不我刺，反为我操；矢不我伤，反为我发，心也。

【注释】

①莫：没有。

②充：足够。

③诈：奸诈，狡诈。

④揖：揖让。格刃：以刀格杀。

⑤儒服：儒生的服饰。

【译文】

天下没有任何东西比仁德强。有些人施行仁德却没有功效，那是因为仁德的量还不够的原因。水能够托起船只。如果水不能托起船只，说明水太浅了。仁德能使人归服。如果仁德不能使人归服，说明仁德太小了。有大仁大德者，没有强者不归顺他，没有奸诈者不依附他。说仁德能平定天下，鄙陋的人都觉得好笑。愚蠢的人只能看到事物的外表，智慧的人才能洞见本心。礼仪揖让不能抵挡刀刃，儒生的衣服不能抵御箭矢，这些都是外在的东西。刀刃刺不到我，反被我操控；箭矢伤不到我，反替我射出，这才是洞见本心了。

战国致形[①]，圣人致心。何以见其然也？天下有心至而身不能至者四辈[②]：孺子在幼[③]，妇人在内，黎民在土，三军之士在将。此四者，恃以为国者也；然心至而身不能至者也。贤才者，四者之舟车也；去之则四者皆去而国亡，归之则四者皆归而国兴。

【注释】

①战国：指战国列强。致形：带来外表的服从。

②四辈：四种人。

③在：处于。

【译文】

战国列强只能使人们外表服从，而圣人却能使人内心归顺。怎么看出来是这样的呢？普天之下心向往之而身体不能前往的人有四种：幼小的孺子、居家的妇女、安居土地的百姓、听命于将领的三军战士。这四种人是国家依恃的基础，但他们都是虽然内心向往而身体却不能前往的人。贤才是负载这四种人的船和车；赶走贤才这四种人就会离去，国家也就会灭亡；让贤才回归这四种人都会回来，国家就会兴旺发达。

是故圣人之得人心，自贤才始。请于一室之中设为两国之形：相彼之国[1]，君疑臣猜，征烦法峻[2]，老幼饥寒，夫妻离散。相此之国，君明臣忠，上下和易，老幼饱暖，养生送死无憾。彼白起、赵奢、苏代、陈轸之属，其从彼国乎[3]，其从此国乎？彼数子者，亦欲得君就功[4]，置田宅以遗子孙耳，岂乐处不测之朝，取难保之富贵哉！其来归恐后[5]，无疑矣。贤才既归，彼秦孝、燕昭、赵武灵之属，断臂折翼，不能自立。叛则为禽，归则为侯，岂待计哉！“反手”之言诚然也。

【注释】

①相（xiàng）：看。《说文解字》：“相，省视也。”

②征：赋敛征收。烦：繁多，此处指征收的赋税繁多。

③从：跟从，跟随。

④就：成就。

⑤恐后：担心后面的事。

【译文】

所以圣人想得到人心，要从使用贤才开始。请让我们假设在一间房子里存在两个国家：看看那个国家，君臣互相猜疑，赋敛征收烦苛，刑法峻酷，老幼饥寒交迫，夫妻被迫分离。再看看这个国家，国君明察大臣忠心，上下和睦平易，老幼能吃饱穿暖，抚养生者送别死者全无遗憾。白起、赵奢、苏代、陈轸这些人，是想跟随那个国家，还是想跟随这个国家呢？这几个人，也一样想得到君主的赏识来成就一番功业，购买田地、房产留给子孙后代，哪里会乐于身处前途莫测的朝廷，去求取毫无保障的富贵呢？他们归附之后担心自己的后路，是毫无疑问的。这样的贤才归附后，秦孝公、燕昭王、赵武灵王这些人就像是断了手臂，折了翅膀，无法自立自强。继续叛乱就会被抓起来，前来归附则不失封侯之位，难道这还需要盘算吗？孟子“易于反掌”的言论确实正确啊。

孟子之道，在养气而不动心[①]。今夫足之所履，衡不及二寸[②]，纵不及七寸；二寸七寸之外，皆余地也。彼度山之梁[③]，广若二三尺，岂不能措足哉[④]！然下临千仞不测之渊[⑤]，使怯者过之，则惊眩而欲坠。非足弱也，心不持足也[⑥]。冶人致风之器[⑦]，南方以椟[⑧]，北方以橐[⑨]。挈其橐而鼓之[⑩]，则风劲火烈，镕五金，铸百器，橐之利用大矣。若有容锥之隙[⑪]，则抑之中虚，鼓之无风，而器不成。非橐之不足用也，气不充橐也。心不持足，则不能历险；气不充橐，则不能成器。任天下之重亦然。气大则心定，心定则才足，固历险成功之道也。

【注释】

①养气而不动心：在《孟子·公孙丑上》中，孟子说"我四十不动心"，"我知言，我善养吾浩然之气"。并对动心、养气、知言都作出了解释。是篇中，公孙丑问孟子："不动心，有道乎？"孟子回答："有。"然后，孟子对养气与动心之关系进行论述，指出："不得于心，勿求于气，可。""今夫蹶者趋者，是气也，而反动其心。"正是唐甄所说的"养气而不动心"。

②衡：即"横"，宽度。

③度：测量。

④措：放置。

⑤仞（rèn）：古代长度单位。《说文解字》："仞，伸臂一寻八尺也。"周制八尺为一仞，汉制七尺为一仞。

⑥持：支持，支撑。

⑦冶人：冶炼工匠。

⑧椟：本义指盒子，此处指鼓风用的箱状工具。

⑨橐（tuó）：本义指口袋，此处指鼓风用的吹火器。

⑩挈（qiè）：用手提着。

⑪容锥之隙：容下尖利锥子的小缝隙。

【译文】

孟子之道，主张养浩然之气、不动心。现在人脚所踩的地方，宽不到两寸，长不到七寸；这脚踩的二寸、七寸之外的地方，都是多余的地方。到山梁上量出一块空地，宽两三尺的样子，难道放不下脚吗？但是如果这山梁下边是深不见底的千仞深渊，让胆小的人从这山梁经过，他就会吓得头晕目眩而觉得马上要掉下去。这并不是脚力小，而是因为内心的力量支持不了自己的脚。冶炼工匠用来鼓风的器具，南方人用风箱，北方人用袋状鼓风器。提着袋状鼓风器鼓风，风劲吹，火势烈，各种各样的金属都能被熔化，从而制造出多种多样的器具，鼓风工具的作用真是大啊。如果鼓风工具上有个锥子尖那么小的缝隙，那么推拉风箱杆就会感觉到风箱中间是空的，风鼓吹不出来，器具也就没法制造出来。并不是鼓风工具没有用，而是气充满不了风箱。心力不能支撑人的脚，则不能经过险要之地；空气不能鼓满风箱，就不能制造器具。承担天下重任也是这样。有浩然之气才能内心安定，内心安定才能学问充足，这本来就是历过险境、走向成功的必由之路。

宗孟

【题解】

“宗孟”之所宗，即唐甄认为要以孟子的人性论为宗。

《宗孟》篇首先指出，人性与万物具有相通的特性，人只有从物性中见到人性，使人性符合物性，才算是真正了解什么是人性。性具万物，人性与物性相通相合，是唐甄人性论思想的基础。

《宗孟》篇的论述思路，是从性具万物、人性与物性相通这一基础出发，结合四德、人心、良知诸说，向前延伸探析，最后落脚于政事。所以，唐甄论人性，力避凌虚蹈空，而是将对人性的探讨引入实功这样的层面，从而形成自己独特的人性论。

《宗孟》篇指出，像《系辞》《中庸》这样的典籍论人性，常人很难抓住要害，准确理解什么是人性。但孟子一针见血指出：“人性，就是仁、义、礼、智这四种品德。”除了这四种品德外，人性不是什么其他东西。人性是仁、义、礼、智四德，而这四德也是人心。唐甄指出，孟子认为人皆有人心，四德不是由谁给我们的，而是人心天生就有此四德。这样，人性、人心与仁、义、礼、智四德之间的关系，就非常清晰了。四德是人心，那人心又是什么呢？人心就是人生而具有的良知，就是恻隐、羞恶、辞让、是非之心。如此一来，人性、人心与良知，就具有了等同的关系。唐甄接着又指出，孟子认为人获得良知，贵在自我获得，而不能只依赖他人传授。

人性、人心、良知都已经具备了，如何治理天下？唐甄是通过孟子讲述的一个简单事实来作说明的。孟子认为，只有让老百姓的物质生活富足，才能谈教育、感化以及奖赏与惩罚等。所以，依唐甄之意，统治者如果讲人心、人性与良知，最终目标就是要让老百姓过上好日子；这个目标实现了，就是真正懂得了人性。唐甄就是以这样的逻辑，将论人性延引至论政事的。

在《宗孟》篇的最后，唐甄表达了自己的观点：只有将仁、义、礼、智四德推行于天下，天下才会成为有人心、人性与良知的天下，天下才会真正得到良好的治理。传心、传性就是传道，这是始自尧、舜时代的传统。

性具天地万物①，人莫不知焉，人莫不言焉；然必真见天地万物在我性中，必真能以性合于天地万物，如元首手趾②，皆如我所欲至。夫如是，乃谓之能尽性也。

【注释】

①性具天地万物：孟子高度关注人性，其“性善论”人所熟知，在《孟子·滕文公上》之开篇即言：“孟子道性善，言必称尧、舜。”在《孟子·告子上》中，孟子也说：“人无有不善，水无有不下。”《孟子·尽心上》曰：“万物皆备于我矣。”也就是说，一切事物的本性我都具备了。又《孟子·尽心上》曰：“尽其心者，知其性也。知其性，则知天矣。”尽心、知性、知天，这其实就是在人性与万物之间，架起了汇通的桥梁。

②元：首，头。《左传·僖公三十三年》：“（先轸）免胄入狄师，死焉。狄人归其元，面如生。”杜预注：“元，首。”此处“元”与“首”同，均指人的头。手、趾：代指人的四肢等身体部位。

【译文】

人性具有与天地万物相通的特性，人没有不知道这一点的，也没有人不这么说的。但是，一定要真正见到天地万物都体现在人性中，一定要真正使人性与天地万物的特性都相符合，就像人具有头、手、脚等部位一样，都能够随心所欲地支配调动。只有这样，才算是透彻理解人性了。

《系辞》《中庸》①，广大精微，入而求之，虽有其方，难得其枢②。性本在我，终日言性，而卒不识性之所在③，于是求性者罔知所措矣④。孟子则告之曰："性非他，仁义礼智是也⑤。"于是求性者乃有所据焉。

【注释】

①《系辞》：亦称《系辞传》，分为上、下两部分，是对《周易》进行阐释的"十翼"中最重要的两篇。《系辞》中论性曰："一阴一阳之谓道，继之者善也，成之者性也。"《中庸》：传为子思所作，原为《礼记》一书中的第三十一篇，南宋朱熹将其编入《四书章句集注》，成为"四书"之一。《中庸》言"性"者更多，诸如："天命之谓性，率性之谓道，修道之谓教。""自诚明谓之性。自明诚谓之教。""唯天下至诚，为能尽其性；能尽其性，则能尽人之性；能尽人之性，则能尽物之性；能尽物之性，则可以赞天地之化育；可以赞天地之化育，则可以与天地参矣。"

②枢：枢机，枢要。

③卒：最终。

④罔：不。

⑤性非他，仁、义、礼、智是也：唐甄此语，实为孟子思想之概述。《孟子·告子上》载孟子言："恻隐之心，人皆有之；羞恶之心，人皆有之；恭敬之心，人皆有之；是非之心，人皆有之。恻隐之心，仁也；羞恶之心，义也；恭敬之心，礼也；是非之心，智也。仁义礼智，非

由外铄我也，我固有之也，弗思耳矣。”唐甄之语承此而来，所以有“孟子则告之曰”的说法。

【译文】

《系辞》与《中庸》这样的典籍，包涵广大，精义入微，到这些典籍中寻求人性，虽然方向没错，但难以得其枢要。人性本来就在我们自己身上，我们整天都在谈论人性，但最终都不知道人性在什么地方，所以探求人性的人就不知所措了。而孟子就告诉我们：“人性并不是其他的，就是仁、义、礼、智四种品德。”因此，探求人性的人才找到了依据。

仁能济天下，以尧、舜为准；义能制天下，以汤、文为准；礼能范天下，以周公为准；智能周天下，以五圣人为准[①]。必若五圣人，而后四德乃全[②]。

【注释】

①五圣人：即指本段中提到的尧、舜、商汤、周文王、周公旦五人。

②四德：即仁、义、礼、智四德。

【译文】

仁德能帮助治理天下，可以尧和舜来衡量；道义能帮助宰制天下，可以商汤和周文王来衡量；礼制能帮助规范天下，可以周公来衡量；智慧能帮助周济天下，可以上面所说的五位圣人来衡量。必须要像这五位圣人一样，仁、义、礼、智“四德”才能完全具备。

守隅而不能遍[①]，具体而不能充[②]，虽有前言往行，遵而行之，皆为袭取，终非我有，而卒不能全其德，于是为仁义礼智者又罔知所措矣。孟子则告之曰：“仁义礼智非他，人心是也。天下岂有无心之人哉？四德我所自有，非由外铄[③]。”

于是为仁义礼智者乃知所从焉。

【注释】

①隅（yú）：角落。遍：普遍。

②充：扩充。

③“仁义礼智非他”几句：此处同为唐甄对孟子思想的概述，具体引文见上引孟子之语。

【译文】

固守着一个角落而不能周遍全备，局限于具体事物而不能扩而广之，即使有前贤的言行作为指引，遵照执行都是因袭获取，最终不能成为自己的东西，也最终不能使我们的德行变得圆满。因此，那些想加强仁、义、礼、智等人性修养的人，又不知道该怎么办了。孟子则告诉他们：“仁、义、礼、智并不是什么其他东西，就是人心。天底下怎么会有没有人心的人呢？仁、义、礼、智这四德本来就是我们固有的，并不是由外部环境塑造的。”因此那些探求仁、义、礼、智的人就有规可循了。

心之为物，显而至隐，微而至大。圣人之于四德也，神化无穷；众人之于四德也，致远则泥[①]。寂寂焉主静不动，屹屹焉屏欲如贼[②]；外专而内纷，外纯而内杂，真伪莫辨，而卒不知心之所在，于是求心者又罔知所措矣。孟子则告之曰：“人生所同有者，良知也；孩提知爱亲，稍长知敬长。恻隐，羞恶，辞让，是非，人皆有是心也。推此四端以求四德，毋违，毋作，因其自然，具备无缺[③]。”于是求心者乃知所从焉。

【注释】

①泥（nì）：阻滞，拘泥。

②屹（yì）：山势高耸，比喻坚固。

③“人生所同有者”几句：此为唐甄对孟子思想的概述。《孟子·尽心上》言：“人之所不学而能者，其良能也；所不虑而知者，其良知也。孩提之童无不知爱其亲者，及其长也，无不知敬其兄也。亲亲，仁也；敬长，义也；无他，达之天下也。”又《孟子·公孙丑上》言：“由是观之，无恻隐之心，非人也；无羞恶之心，非人也；无辞让之心，非人也；无是非之心，非人也。恻隐之心，仁之端也；羞恶之心，义之端也；辞让之心，礼之端也；是非之心，智之端也。人之有是四端也，犹其有四体也。有是四端而自谓不能者，自贼者也；谓其君不能者，贼其君者也。凡有四端于我者，知皆扩而充之矣，若火之始然，泉之始达。苟能充之，足以保四海；苟不充之，不足以事父母。”

【译文】

心这种东西，既明显又最隐蔽，既细微又至为广大。圣人对于仁、义、礼、智四德，可以运用得出神入化，无穷无尽；但普通人运用四德，走远一点就拘泥难行了。有人认为，心要安寂，注重静止不动；更要像山一样高耸坚固，摒弃欲望就如防止小偷一样。这种做法，表面上专一而内里纷扰，表面上单纯而内里杂乱，真假难辨，但最终不知道人心在哪里。所以探求人心的人又不知所措了。孟子就告诉这些人：“人天生都相同的地方，就是都有良知；小孩子知道爱自己的亲人，稍微长大一点知道尊敬长辈。恻隐之心、羞恶之心、辞让之心、是非之心，每个人都有这样的心。从这‘四端’推广开来去探求仁、义、礼、智四德，不违背，不造作，顺其自然，就能完全具备而没有缺失。”因此探求人心的人又找到依据了。

良知，在我者也，非若外物，求之不可得也。而不能致者，非不用力也；杂以嗜好，拘于礼义，虽为我所故有，如观景模形[①]，明见其为良而卒不得有其良，于是致良知者又罔知所措矣。孟子则告之曰："造道之方无他，贵其自得之也[2]。父之所得，不可以为子之得；师之所得，不可以为徒之得。疾病在己，饥渴在己，为治，为疗，宜饮，宜食，我自知之，未可专恃讲习也。"于是求致良知者乃知所从焉。

【注释】

①景：同"影"。模：照原件描画，摹写。

②造道之方无他，贵其自得之也：语本《孟子·离娄下》："君子深造之以道，欲其自得之也。自得之则居之安，居之安则资之深，资之深则取之左右逢其原，故君子欲其自得之也。"

【译文】

良知就在我们每个人身上，不像外物，努力追求也可能得不到。良知不能得到的原因，并不是不努力；将个人喜好掺入其中，又受礼义的束缚，因此即使良知原来就为我们本身所具有，也如同看见物体的影子而去描画它们原来的形状一样，明明看到事物的优良但又最终得不到这种优良，所以探求良知的人又不知所措了。孟子就告诉这些人："到达道没有其他方法，可贵之处就在于能够自我获得。父亲得到了，不能当作儿子也得到了；老师得到了，不能当作学生也得到了。疾病在自己身上，饥渴由自己感受，该医治，该疗养，该吃，该喝，只有自己知道，不能只依靠别人的讲述传授而得到。"因此探求良知的人就知道依据什么了。

心体性德[1]，既已自修，天地万物，何以并治？必措之政事而后达。昔者尧舜治天下，风之则动[2]，教之则率，不赏而劝，不刑而革。后世风之而多顽，教之而多犯，赏之罚之而不以为惩劝，于是为政者又罔知所措矣。孟子则告之曰："尧舜之治无他，耕耨是也，桑蚕是也，鸡豚狗彘是也。百姓既足，不思犯乱，而后风教可施，赏罚可行[3]。”于是求治者乃知所从焉。

【注释】

①体：谓生长成形。

②风（fèng）：教育，感化。

③“尧舜之治无他”几句：语本《孟子·梁惠王上》：“五亩之宅，树之以桑，五十者可以衣帛矣。鸡豚狗彘之畜，无失其时，七十者可以食肉矣。百亩之田，勿夺其时，数口之家可以无饥矣。谨庠序之教，申之以孝悌之义，颁白者不负戴于道路矣。七十者衣帛食肉，黎民不饥不寒，然而不王者，未之有也。”耕耨（nòu），指耕田除草，泛指耕种。耨，本义为小手锄，这里作动词，指用耨除草。彘（zhì），猪。

【译文】

人心生出人性、四德，既然这些都已经自我修养好了，那天地之间的万事万物，如何一并来治理呢？必定要与政事相结合才能达到。以前尧与舜治理天下，有所感化则天下都响应，有所教化则天下都遵从，不需要奖赏就能劝勉老百姓，不需要通过刑罚就能实现变革。但后世实行感化而顽劣的人更多，实行教化而犯法的人更多，无论是奖赏还是惩罚都不能达到惩劝的目的，于是那些治理国家的人又不知所措了。孟子就告诉这些人说：“尧与舜治理国家的方法没有其他的，就是重视耕作，重视种桑养蚕，重视饲养鸡、狗、猪这些动物。老百姓物质生活富足了，就不会想到犯上作乱，然后才可以施行感化、教化，奖赏与惩罚也就能实行了。”于是那些希望治理好国家的人又有据可依了。

学由自得，则得为真得；良知可致，本心乃见。仁义礼智俱为实功，直探性体，总摄无外，更无疑误。措之于天下，人我无隔，如处一室，各遂其恶欲矣[①]。夫阴阳顺逆，人气所感。百姓既安，沴戾消释[②]，则地无山崩水溢之变，天无恒旸恒雨之灾[③]。万物繁育，咸得其生。皆心之所贯[④]，非异事也。

【注释】

①恶欲：中国传统有“七情六欲”的说法，恶与欲是“七情”中的两种，如《礼记·礼运》中说：“何谓七情？喜、怒、哀、惧、爱、恶、欲，七者弗学而能。”

②沴戾（lì lì）：因气不和而生之灾害，引申为妖邪或瘟疫。沴，水流不畅，可引申为阻水的高地。戾，乖张，违逆。

③旸（yáng）：日出，晴天。

④贯：通，相通。

【译文】

学问如果由自我获得，那么这种得就是真正的获得；良知可以获得，人的本心才能显现。仁、义、礼、智四德都是实际功夫，都直达人性的本体，统摄全部人性，没有任何遗漏，更没有疑惑错误。将仁、义、礼、智四德推行于天下，则人与人之间没有隔阂，就像同处一室一样，各自的厌恶、需要等情感需求都能得到满足。阴与阳是平顺还是相逆，都是与人的气息相互感应的结果。老百姓都安定下来了，妖邪或瘟疫全部消散，那地上就没有山崩塌、水乱流的变故，天上就没有长旱、长雨这样的灾难。万物开始繁殖，都能顺利生长。这些都是与人心相通的，不是什么奇异的事。

尧、舜以来，传道皆以传心。人莫不知焉，人莫不言焉，而道卒不得明者，何也？以其虽知心而学之不一，求之不专，如天象全见而未执其枢也[①]。陆子静读《孟子》而自得，立其大而小不能夺[②]；阳明子专致良知，而定乱处谗[③]，无所不达。二子者，皆能执其枢者也。学问之道，必得所从入之门；若不得从入之门，误由外入，不由内出。圣人之道，广矣大矣。失其本心，徒睹其形象，如泛大海不见涯涘[④]，其如己之性何哉！其如人之性何哉！其如万物何哉！其如天地何哉！

【注释】

①枢：星名，指北极五星的纽星。也指中心、枢纽、关键，下文中“皆能执其枢者也”，即此意。

②陆子静读《孟子》而自得，立其大而小不能夺：陆九渊，字子静，号存斋。南宋哲学家，“陆王心学”的代表人物，因讲学于象山书院，人称“象山先生”。陆九渊主张“心即理”“发明本心”“尊德性”“践履工夫”等，认为“宇宙便是吾心，吾心即是宇宙”“学苟知本，六经皆我注脚”。在《陆九渊集》卷四十三“语录上”中，陆九渊说：“吾之学问与诸处异者，只是在我全无杜撰，虽千言万语，只是觉得他底在我不曾添一些。近有议吾者云：‘除了“先立乎其大者”一句，全无伎俩。’吾闻之曰：‘诚然。’”正为本句句意。

③阳明子专致良知，而定乱处谗：阳明子即王阳明，见《辨儒》注。“致良知”是王阳明的核心思想。“良知”语出《孟子·尽心上》：“所不虑而知者，其良知也。”本指一种天赋的道德意识。王阳明提出“致良知”的道德修养方法，认为良知即天理，存在于人的本体中。人们只要推极良知于客观事物，则一切行为活动就自然合乎理，即自然合乎封建伦理道德的标准。王阳明也将这种“致良知”的功夫叫做“致知格物”。定乱处谗，指王阳明平定宁王朱

宸濠的叛乱及后来遭人谗言。事见《明史·王守仁传》。

④涯涘（sì）：水边，喻指界限、范围。

【译文】

自尧、舜以来，传道就是传心。这一点没有人不知道，没有不这么说的，但道最终不能得到显明，是什么原因呢？是因为他们虽然了解人心但学习不能一以贯之，探求不能专心致志，就如同观察天象一样，全部天象都能看见，但没有把握住北极五星的纽星。陆九渊读《孟子》很有心得，在大的方面立起来小的方面就难以撼动了；王阳明专事致良知之说，平定叛乱处置谗言，没有不成功的。陆九渊与王阳明二人，都是能执道之枢纽的人。治学有法，必须找到进入学问的门径；如果找不到门径，错误地由外面进入，便不能从内部出来了。圣人之道，广博宏大。如果失去了圣人的本心，只看见圣人的外表，就如同泛舟大海，完全不见大海的边际，这对自己的本性有何作用！对他人的本性有何作用！对万物有何作用！对天地又有何作用！

法王

【题解】

《法王》篇的主题非常集中，就是对清初反王阳明学说的思潮予以反驳，肯定王阳明的历史地位与学术成就，主张取法王学，成就功业。所谓“法王”，即可理解为“师法王阳明”。

唐甄开篇就指出，王阳明有圣人之学与圣人之才，其历史地位仅次于孟子，这是对王阳明极高的评价。

《法王》篇抓住“心”这一关键词，对王阳明的学术成就进行评述。唐甄指出，无论是古人还是孔子的忠、恕之道，都是在“心”上用功，心才是本质，忠、恕等都是外在的表现。如果“心亡”，则百事皆废。这其实与唐甄在《辨儒》篇中提出的心的作用在于心的运用之观点遥相呼应。而王阳明的学说，正是抓住了“心”这一根本，认为人人皆有心，而心皆有良知。孩童有，普通人有，后羿、寒浞、盗跖这样的恶人也有。良知是黎明时太阳升起前的那道亮光，保有了这抹亮光，人人都可以成为尧、舜，人人都能成就圣贤功业。

唐甄还认为，王阳明的过人之处，还在于能在心中一以贯之地保有良知，所以为政行事均光明磊落，无有不成，这一点可以与周公比肩而立。可惜的是，当时的统治者并没有充分认识到王阳明的价值，其圣人才干终无用武之地。

阳明子有圣人之学，有圣人之才，自孟子而后，无能及之者。

【译文】

阳明先生有圣人的学识，有圣人的才能，从孟子之后，没有人能超过他。

仲尼之教，大端在忠恕[①]。即心为忠[②]，即人可恕，易知易能者也；无智无愚，皆可举趾而从之[③]。然易实不易。盖世降日下，古之风也淳，今之风也薄；古之习也浅，今之习也深。是故古人之心，如镜蒙尘；今人之心，如珠投海。本心既亡，客心篡入而为之主[④]。嗜欲内胶，人己外隔。以是心求忠恕，犹登山网鱼，入水罗雀也。求忠恕非即心乎？然而有间[⑤]。忠恕为用，心为质，无质何用！古人心在，故求忠而忠，求恕而恕。今人心亡，故求忠而非忠，求恕而非恕。诸儒之言，皆各有得。然使闻其言者，以既亡之心求合其言，始而误焉，以影为形；转而既焉[⑥]，以假为真。如以石为玉，雕琢之工，虽巧虽勤，终为恶器，非质故也。

【注释】

①仲尼之教，大端在忠恕：语本《论语·里仁》："夫子之道，忠恕而已矣。"

②即：靠近，贴近。

③举趾：抬起脚趾，比喻容易、轻松做到。

④篡入：侵入，用强力夺取。

⑤有间：有距离。

⑥转而：接着。既：穷尽。

【译文】

孔子的学说，就大的方面来说，就是忠和恕。最大限度地接近人心就是忠，最大限度地接近人就是恕，这是容易懂得、容易做到的事；无论是聪明还是愚蠢的人，抬脚趾就能跟从着做的。但说容易，实际并不容易做到。大概是世风日下，古代民风淳朴，现在的民风浇薄；古人积习很浅，今人积习太深。所以古人的心，只像是镜子上蒙了点灰尘；今人的心，就像明珠投进了大海。人的本心丧亡了，外来思想就很容易侵入本心并且成为主宰。嗜好与欲望在体内胶缠着本心，本心被分隔开。以这样的本心来谋求忠与恕，如同爬到山顶去打鱼，潜入水中捉麻雀。谋求忠与恕不就是接近人的本心吗？然而两者之间还是有区别的。忠、恕是从使用方面而言的，本心才是本质；没有了本心这一本质，哪来忠、恕这些“用”呢！古人的本心在，所以谋求忠就能做到忠，谋求恕就能做到恕。现在的人本心已经死了，所以谋求忠不能做到忠，谋求恕不能做到恕。诸多儒生在这个问题上的言论，都各有道理。假使听到他们言论的人，以已经死亡了的本心去谋求符合他们的言论，这一开始就是错误的，把影子当成了真实的形体；接着穷尽全力，把假的当成真的。这就如同把石头当成宝玉，雕琢的工匠虽然灵巧勤劳，但最终只能雕琢成粗劣的器具，这就是石头本质上非玉的缘故。

阳明子以死力格外物，久而不得，乃不求于外，反求于心。一朝有省[①]，会众圣人之学，宗孟子之言，而执良知以为枢。孩提之童，无不知爱其亲者，非教之爱亲而然也；及其长也，无不知敬其兄者，非督之敬兄而然也。天下之孩提皆同也。充爱亲之心而仁无不周，充敬兄之心而义无不宜，则前后之圣人不外是矣。是良知者，乃江汉之源，非积潦之水[②]，岂有竭焉而不达于海者哉！

【注释】

①“阳明子以死力格外物”几句：王阳明在二十来岁的时候，受朱熹的影响，用《大学》中“格物”的方法，去研究事物，据说“格”庭院前的竹子七天，也没有弄清楚竹子的事理，最后还为此生了场大病。后来，王阳明经历了所谓的“龙场悟道”，悟出“心外无物，心外无理”，“心即理”，一切理和道都在我们的内心，格物，就是使心所能感觉到的事归于“正”，“归于正者，为善之谓也。夫是之谓格”。

②积潦（lào）：亦作“积涝”。成灾的积水，洪涝。

【译文】

阳明先生下死力气想去弄懂外界事物的理，但很久都没有弄懂，才不再向外物探求，而反过来向内心探求。一旦内心省悟，汇集众多圣人的学问，以孟子的学问为宗，而将良知作为关键。像那些天真无邪的孩子，没有不知道爱自己的父母的，并不是因为有人教育他们爱父母孩子才这样做的；等到孩子长大了，没有不知道尊敬他们的兄长的，并不是有人监督他们去尊敬兄长他们才这样做的。天底下的孩子都这样。心中充满着爱父母之情，那么仁德就会无所不到；心中充满着尊敬兄长之情，那么道义就没什么不合宜的。古往今来的圣贤们都不外乎这样。所以良知，就像是长江、汉水的源头，不是洪涝之水，哪里会有干涸的时候而到达不了大海呢！

天之生人，有形即有心。有耳必听，有目必视，有鼻必闻，有口必尝，有手必持，有足必行。听者心听之，视者心视之，闻者心闻之，尝者心尝之，持者心持之，行者心行之。形全而无缺，则知心全而无缺。尧、舜无缺，我亦无缺。是故虽夫妇之愚，是非自见，必不以是为非，以非为是；善恶自见，必不以善为恶，以恶为善。心知其是，乃背是而甘于非；心知其善，乃背善而从于恶，是岂心之本然哉？利欲蔽之也。浞、羿篡国①，义心自在；盗跖杀人②，仁心自在；卯酉昼晦③，日光自在。自良知之说出，使天下之蒙昧其心者，于是求之。如旅夜行，目无所见，不辨东西；鸡再号，顾望一方，微有爽色④，而知日之出于是也。爽色者，日之见端也；良知者，心之见端也。执此致之，直而无曲，显而无隐，如行九轨之途⑤，更无他岐⑥。故曰"人皆可以为尧、舜"。人皆可以为尧、舜者，人皆可以明心也。仲尼以忠恕立教，如辟茅成路；阳明子以良知辅教，如引迷就路。若仲尼复起，必不易阳明子之言矣⑦。此真圣人之学也。

【注释】

①浞（zhuó）：即寒浞，上古传说中的人物。本为寒国宗族，辅佐寒国君伯明氏，后被废弃。后羿夺取帝相之位以代夏，号有穷，任寒浞为相。寒浞杀后羿自立，后夏代遗臣靡辅帝相的儿子少康灭掉寒浞。事见《左传·襄公四年》。羿：即后羿，上古夷族的首领，善射。因喜狩猎不理民事，为其臣寒浞所杀。事见《尚书·五子之歌》《左传·襄公四年》等。

②盗跖（zhí）：相传为古时民众起义的领袖，名跖，"盗"是当时统治者对他的贬称。

③卯酉：卯时是日出前，酉时是日落后。昼晦：白天夜晚。

④爽色：明亮的颜色。

⑤九轨之途：四通八达的大道。《周礼·考工记》曰："经途九轨。"言大道可容纳九轨。

⑥岐：同"歧"。分支，分岔。

⑦易：轻视。

【译文】

上天降生人，有了形体就有了人心。有了耳朵就一定会听，有了眼睛就一定会看，有了鼻子就一定会闻，有了嘴就一定会尝味道，有了手就一定能拿东西，有了脚就一定可以走路。听，是心使人听；看，是心使人看；闻，是心使人闻；尝，是心使人尝；拿，是心使人拿；行，是心使人行。人的形体完整无缺，那就懂得心灵会完整无缺。尧、舜是完整无缺的，我也是完整无缺的。所以虽然匹夫匹妇是愚笨的，但是非之心自然能分辨出，一定不会把是当作非，而将非当成是；善恶之心也自然能分辨出，一定不会将善当成恶，而将恶当成善。内心知道是正确的，而违背正确去心甘情愿听从错误；内心知道是善良的，却违背善良而跟从邪恶，这难道是内心本来就这样吗？这是因为利益欲望蒙蔽了内心。寒浞、后羿篡夺国家，但讲道义的心本来就在；盗跖杀人，但讲仁德的心本来就在；昼夜更替，但太阳的光明本来就在。自从良知学说产生后，天底下被黑暗遮蔽了内心的人，从这里又可以求得本心。如旅客在黑夜中行走，眼睛看不见任何东西，辨不清东南西北；鸡叫了两遍，回头朝某个方向看看，微微有一丝光亮，就知道太阳是从这里升起的。明亮的颜色是太阳要出现的征兆，良知是心灵表现的征兆。拿着这个去寻找良知，笔直而没有弯路，光明正大而不隐晦，如同行走在康庄大道上，不会有任何其他岔路。所以说"人人都可以成为尧、舜这样的人"。说人人都可以成为尧、舜这样的人，是因为人都可以使内心明亮。孔子用忠和恕来创立儒家学说，如同砍倒茅草开辟出一条大路；阳明先生用良知说来辅助儒家学说，如同引领迷路的人找到路。如果孔子再次兴起，一定也不会轻视阳明先生的话。这些都是真正的圣人学问。

才成于学。三代以后，多过人之才，皆其生质，不由学问。更事多而识见敏[①]，亦可以定乱，亦可以安邦。其中亦有好学者，但能法言矩行，得圣人之皮毛，心体未彻；如秉烛不能远照，如汲井不能广润。故其所为，或壹于刚，或壹于柔，或长于此而短于彼，或及于五而遗于十，虽或小康[②]，终非善治。此周公之后所以无相也。

【注释】

①更：经历。

②小康：儒家理想中的所谓政教清明、人民富裕安乐的社会治理局面，指禹、汤、文、武、成王、周公之治。可参见《礼记·礼运》。后多喻指社会稳定，经济发展良好。

【译文】

才能因学问而成就。夏、商、周三代以后，有很多有过人才能的人，这些人都是天生聪明，不是由学问造成的。经历的事情多而见识广博敏锐，可以用来平定叛乱，也可以用来安定国家。这中间也有好学的人，但是只能遵从前人的观点，中规中矩地行动，只能得到圣人学问的皮毛，对心之本体没有透彻的理解；如同手持蜡烛不能照亮远方，从井里打水不能大面积浇地。所以他的行为，要么只能刚强，要么只能阴柔，要么这方面有长处那方面就是短处，要么触及一部分却忽略更多的部分，虽然能给社会带来小康，但最终不是好的治理。这就是为什么在周公以后就没有好的辅相了。

阳明子专致良知，一以贯之，明如日月，涉险履危，四通八辟而无碍也。其见于行事者，使人各当其才，虑事各得其宜；处患难而能全其用，遇小人而不失其正；委蛇自遂[①]，卒保其功。迹其所为[②]，大类周公。明之有天下也，亦可慨矣！为君者非悍则昏，为臣者非迂则党。倾险之智[③]，接踵于朝；奄人之专，滔天无忌。惜阳明子之不为相也！若得为相，人主信任之专，如成王之待周公，必能启君之昏，化君之悍，散党驱邪，不张皇而潜消[④]，而天下大治矣。此诚圣人之才也。

【注释】

①委蛇（wēi yí）：随顺、顺应貌。

②迹：考核，推究。

③倾险：狡诈狠毒。用来形容心邪僻险恶。《汉书·息夫躬传》曰："夫议政者，苦其谄谀倾险辩慧深刻也。谄谀则主德毁，倾险则下怨恨。"

④张皇：堂皇，大张旗鼓。

【译文】

阳明先生专门致力于致良知的学说，持之以恒，其光芒如同太阳和月亮一样，涉险境，履危地，四通八达而没有阻碍。体现在具体的行为处事中，使人人各尽其才，考虑事情无不恰当；在危难中能充分发挥自己的作用，碰上小人不丧失自己的正直；虽然道路曲折，但能顺应自然，最终获得成功。考究他的所作所为，与周公很相似。明王朝统治天下，也是值得慨叹的！做君主的不是彪悍就是昏庸，做臣下的不是迂腐就是结党营私。邪僻险恶的奸诈智巧之人，在朝廷上一个接一个出现；宦官专权，罪恶滔天，横行无忌。可惜阳明先生没有成为宰相！他要是成了宰相，君主又完全信任他，就如同周成王对待周公那样，一定能启迪君主的昏庸，化解君主的彪悍，赶走朋党，驱逐邪恶之人；不必大张旗鼓这些人就无声无息地消失了，国家也能得到极好的治理。这确实是圣人的才能啊。

虚受

【题解】

如果说,《法王》篇是肯定王阳明的圣人才干,《虚受》篇则对王阳明的"傲"提出批评。唐甄认为,王阳明没有圣人的德性,因为他看不起孔子,而且以自己长于用兵而自傲。

唐甄反感于王阳明"尧、舜为黄金万两,孔子为黄金九千两"的观点,认为孔子超过尧、舜、禹、汤、武,这已经是典籍文献中的定论,王阳明作出这种轻重的区分,就像衡量泰山与华山的轻重一样滑稽可笑。

唐甄更反感于王阳明"孔子不长于用兵"的观点,认为王阳明"禽一区区小贼,遂以傲仲尼",何其狂傲!人皆有不足,所以唐甄认为,这不能成为小看孔子的理由,更不能成为自傲的本钱。

接下来,唐甄表明了自己的观点:人只有能"下人",只有谦虚,才能承受,才能涵摄,"是以受摄广大,造极无上,而与天地准也"。只有这样,圣人功业才能成就。唐甄指出普遍之人心:"人心为傲,得寸为尺,得尺为丈。"唐甄之所以特别批评王阳明这一点,目的是自我警省:"阳明子,吾之所愿学也;乃兢兢于斯者,恐不善择于其言,徒以长傲,以是自察焉尔。"唐甄的这种告诫,放在任何时代,对我们评价王阳明、辩证看待王阳明的思想,都是有启发的。

阳明子有圣人之学，有圣人之才，而无圣人之德，不可以不察也。谓其无圣人之德者何也？以其小仲尼而自擅为习兵也[①]。

【注释】

①小：轻视。

【译文】

阳明先生有圣人所具有的学识，有圣人所具有的才能，但没有圣人所具有的德行，这一点不可以不明察。为什么说他没有圣人的德行？是因为他看不起孔子，而且自认为擅长用兵。

舜不及尧，禹不及舜，汤、武不及禹，尧、舜、禹、汤、武不及孔子，见于书也详矣，见于孔、孟、子思之言也明矣。而阳明子则反之，曰："尧、舜为黄金万两，孔子为黄金九千两[①]。"吾不知其何以衡之，而决其轻重如此也[②]！若有人焉，独具神识[③]，观于泰山，而谓泰山之土轻重于华山者几斤两[④]；观于华山，而谓华山之土轻重于泰山者几斤两，人其信之乎[⑤]？阳明子之衡尧、孔，若似于此。

【注释】

①尧、舜为黄金万两，孔子为黄金九千两：语出王阳明《传习录》卷上："圣人之所以为圣，只是其心纯乎天理而无人欲之杂。犹精金之所以为精，但以其成色足而无铜铅之杂也。人到纯乎天理方是圣，金到足色方是精。然圣人之才力亦有大小不同，犹金之分两有轻重。尧、舜犹万镒，文王、孔子犹九千镒，禹、汤、武王犹七八千镒，伯夷、伊尹犹四五千镒。才力不同而纯乎天理则同，皆可谓

之圣人；犹分两虽不同，而足色则同，皆可谓之精金。以五千镒者而入于万镒之中，其足色同也；以夷、尹而厕之尧、孔之间，其纯乎天理同也。盖所以为精金者，在足色而不在分两；所以为圣者，在纯乎天理而不在才力也。故虽凡人而肯为学，使此心纯乎天理，则亦可为圣人；犹一两之金比之万镒，分两虽悬绝，而其到足色处可以无愧。故曰'人皆可以为尧、舜'者以此。学者学圣人，不过是去人欲而存天理耳，犹炼金而求其足色。金之成色所争不多，则煅炼之工省而功易成，成色愈下则煅炼愈难。"

②决：区分，区别。

③神识：神奇的识别能力。

④轻重：偏义复词，偏在重。

⑤其：语助词。

【译文】

舜比不上尧，禹又比不上舜，商汤、周武王又比不上禹，尧、舜、禹、汤、武比不上孔子，在文献中有详细的记载，在孔子、孟子、子思的相关言论中也说得很明白。但阳明先生则反对这种说法，说："尧与舜如同价值万镒的黄金，而孔子如同价值九千镒的黄金。"我不知道他是用什么来衡量的，能把他们的轻重区分得如此清楚！假若有这样的人，具有独特、神异的识别能力，他看到泰山，就能说出泰山的土比华山的重几斤几两；看见华山，就能说出华山的土比泰山的重几斤几两，有人会相信他吗？阳明先生这样衡量尧、舜与孔子，就像这个例子一样。

兵者，国之大事。周公曰："其克诘尔戎兵，方行天下，至于海表，罔有不服①。"圣人未有不知兵者也。仲尼之所慎者战也②，临事而惧，好谋而成③，曰"我战则克"④。其谋讨陈恒也⑤，能以鲁之弱小胜齐之强大。是故冉有曰："我之用兵，学于仲尼[⑥]。”且圣无不能，不习无不利也。而阳明子则曰：“对刀杀人之事，非身习不能；孔子谓军旅未学，亦非谦言[⑦]。”是何言也！禽一区区小贼，遂以傲仲尼，谓得金九千两，是仲尼有未足矣；谓未习于兵，是仲尼有不能矣。以仲尼有未足，必有足之者；以仲尼有不能，必有能之者；其傲亦已甚矣。故曰“无圣人之德也”。

【注释】

①“周公曰”以下几句：语出《尚书·周书·立政》：“今文子文孙，孺子王矣。其勿误于庶狱，惟有司之牧夫。其克诘尔戎兵，以陟禹之迹，方行天下，至于海表，罔有不服。以觐文王之耿光，以扬武王之大烈。”方，通“旁”，即横行之意。

②仲尼之所慎者战也：语出《论语·述而》：“子之所慎：齐，战，疾。”

③临事而惧，好谋而成：语出《论语·述而》：“子谓颜渊曰：‘用之则行，舍之则藏，惟我与尔有是夫。’子路曰：‘子行三军，则谁与？’子曰：‘暴虎冯河，死而不悔者，吾不与也。必也临事而惧，好谋而成者也。’”

④我战则克：语出《礼记·礼器》：“是故君子之行礼也，不可不慎也，众之纪也。纪散而众乱。孔子曰：‘我战则克，祭则受福。’盖得其道矣。”

⑤其谋讨陈恒也：语出《论语·宪问》：“陈成子弑简公。孔子沐浴而朝，告于哀公曰：‘陈恒弑其君，请讨之。’公曰：‘告夫三子！’孔子曰：‘以吾从大夫之后，不敢不告也。君曰“告夫三子”者！’之三子告，不可。孔子曰：‘以吾从大夫之后，不敢不告也。’”

⑥我之用兵，学于仲尼：语出《史记·孔子世家》：“其明年，冉有为季氏将师，与齐战于郎，克之。季康子曰：‘子之于军旅，学之乎？

性之乎?’冉有曰:‘学之于孔子。’”

⑦“对刀杀人之事”以下几句:语出钱德洪所撰《征宸濠反间遗事》一文:“昔有问:‘人能养得此心不动,即可与行师否?’先生曰:‘也须学过。此是对刀杀人事,岂意想可得?必须身习其事,斯节制渐明,智慧渐周,方可信行天下。未有不履其事而能造其理者,此后世格物之学所以为谬也。孔子自谓军旅之事未之学,此亦不是谦言。但圣人得位行志,自有消变未形之道,不须用此。后世论治,根源上全不讲及,每事只在半中截做起,故犯手脚。若在根源上讲求,岂有必事杀人而后安得人之理。某自征赣以来,朝廷使我日以杀人为事,心岂割忍,但事势至此。譬之既病之人,且须治其外邪,方可扶回元气,病后施药,犹胜立视其死故耳。可惜平生精神,俱用此等没紧要事上去了。’”

【译文】

用兵是国家大事。周公说:“希望你多问问军队方面的事情,使你的威力遍于天下,甚至到海外,使普天之下无不臣服。”圣人没有不知道用兵的。孔子谨慎对待的事中就有战争。他遇事非常谨慎,善于谋划而成功,说:“我一作战就能获胜。”他谋划讨伐陈恒,能使弱小的鲁国战胜强大的齐国。所以冉有说:“我用兵打仗,是跟孔子学的。”况且圣人没有什么不能办到的,不学习也不会因此而不利。而阳明先生则说:“拿刀拼命、杀人这样的事,不亲身练习不行;孔子说军旅之事没有学习过,也不算是谦虚的话。”这是什么话呀!抓住一个小小的盗贼,就因此而傲视孔子,说孔子之才如黄金九千两,是说孔子还有不足的地方;说孔子不懂军事,就是说孔子也有不能的事。认为孔子有不足的地方,那就一定有足的人;认为孔子有不能的地方,那一定是有能的人。这种傲慢也太过分了。所以说阳明先生“没有圣人的德”。

学问之道,贵能下人;能下人,孰不乐告之以善!池沼下，故一隅之水归之；江、汉下，故一方之水归之；海下，故天下之水归之。自始学以至成圣，皆不外此。昔者郭善甫与其徒良善自楚之越[①]，学于阳明子，途中争论不已，以其所争者质之阳明子[②]。阳明子不答所争，而指所饘语之曰[③]："盂下，乃能盛饘；几下，乃能载盂；楼下，乃能载几；地下，乃能载楼。惟下乃大。"此为至善之言矣，何彼言之异于此言也！

【注释】

①郭善甫：王阳明弟子，就学于王门时年近五十。

②质：询问，就正。

③饘（zhān）：粥。

【译文】

治学的方法，贵在能有谦卑、低下的姿态；有了谦下的姿态，谁不乐意告诉他好的东西！池塘、水池居于下位，所以一个角落的水都流向了它们；长江、汉水处于下位，所以一个地方的水都流向了它们；海处于下位，所以天下的水都流向了它们。从开始学习到成为圣人，都无不如此。以前郭善甫和他的弟子良善从楚国到越国，向阳明先生求学，途中两人争论不休，并将争论内容就正于阳明先生。阳明先生没有回答他们的争论，而是指着所喝的粥对他们说："盛粥的碗放得低下，才能盛粥；几处于下位，才能承载碗；楼处于下位，才能承载几；地处于下位，才能承载楼。只有甘居下位才能成就大事。"这是极好的言论，为什么他的那番话与这番话差别那么大！

傲者，人之恒疾；岂惟众人，圣贤亦惧不免。是故禹之戒舜曰："无若丹朱傲[①]！"舜之为圣，尽善矣；禹之为圣，无间矣。以无间之圣人，进言于尽善之圣人，岂好直言之名而为是必不然之防哉？盖必有所深见焉。众人之傲，在可见之貌；圣贤之傲，在不见之微。意念之间，自足而见其足，过人而见其过人，是即傲矣。足而不以为不足，过人而不以为不及人，是即傲矣。是故仲尼答鄙夫之问，而自以为空空无知②；不为酒困③，尤庸人之善事，而自以为未能。其心如是，是以受摄广大，造极无上，而与天地准也④。仲尼且然，何况吾属！

【注释】

①无若丹朱傲：语出《尚书·皋陶谟》，是告诫舜不要像丹朱那样傲慢。丹朱，尧的儿子，《史记·五帝本纪》载："尧知子丹朱之不肖，不足授天下，于是乃权授舜。"

②空空无知：语出《论语·子罕》："子曰：'吾有知乎哉，无知也。有鄙夫问于我，空空如也。我叩其两端而竭焉。'"

③不为酒困：语出《论语·子罕》："子曰：'出则事公卿，入则事父兄，丧事不敢不勉，不为酒困，何有于我哉？'"

④准：标准，这里指与天地一起成为标准、准则。

【译文】

心高气傲，是人的通病；哪里只有普通人是这样，就是圣贤也担心免不了这样。所以禹告诫舜说："不要像丹朱那样心高气傲！"舜作为圣人，已经足够完美了；禹作为圣人，也是无懈可击。以无懈可击的圣人，向已经足够完美的圣人进言，难道只是喜欢得到直言的好名声，而做这种没有必要的预防吗？他们一定是有深刻的洞察的。普通人的傲气，能在看得见的外貌上表现出来；圣贤们的傲气，却表现在看不见的细微之处。只是一闪念之间，自满的人就表现出他的自满，有过人之处的人表现出他的过人之处，这就是傲气。自满而不认为是自满，有过人之处而不认为不如别人，这就是傲气。所以孔子回答那个鄙陋的人的问题，自认为自己是个什么也不知道的人；不过度饮酒，更是平常人就能做到的好事，但孔子却以为自己做不到。他的心胸是这样的，所以能广博地受摄，达到至高无上的境界，从而与天地齐平。孔子都要这样做，何况我们这些人呢！

吾属当何如？其为志也，必至于尧、孔而不少让；其为心也，视愚夫愚妇之一言一行，有我之所不及者。有而若无，进而若退，而后可以为学也。师友之言，必期以大者①。然人心多傲，得寸为尺，得尺为丈。欲进于大②，未见其大，先成其傲。有以圣人之言败德者矣，且有以圣人之言叛道者矣。权衡不精，其害甚大。阳明子，吾之所愿学也；乃兢兢于斯者③，恐不善择于其言，徒以长傲，以是自察焉尔。

【注释】

①大：赞美，称扬。

②欲进于大：想取得大的成绩。此处“大”是指取得大的成绩。

③兢兢（jīng）：小心，谨慎。

【译文】

我辈应该怎么做？我们立志，必须达到尧、孔子的高远而不能有一点谦让；我们行动的决心，与那些普通人的一言一行相比，也认识到有我所赶不上的。有好像没有，进好像后退，做到了这一点后才可以谈治学了。师长朋友的话，必定是期望有大的成就。但人心大多骄傲，得到一寸便想得到一尺，得到一尺便想得到一丈。想取得更大的成绩，但还没有见到成绩，倒先助长了傲气。有的人因为圣人的话而变得道德败坏，而且因为圣人的话而背叛大道。因为比较、选择不精当,所以最后造成的危害很大。阳明先生是我愿意学习的人。我之所以在这一点上如此小心谨慎,是担心对他的言论没有进行很好的选择,只是增长了自己的傲气,所以以这一点来自我省察罢了。

知行

【题解】

在本篇中，唐甄以自己为蔡息关题画之事作为切入口，来阐述对王阳明“知行合一”思想的理解。

唐甄题画内容的核心观点，就是人探求大道时，或不知道大道何在，或已经知道但不能努力去践行，更不知道大道就在人自己心中而一味向外物求索，无异缘木求鱼。

接下来，唐甄经由王阳明的“良知，是吾师也”的观点而发挥，认为如果以良知为师，人人都是王阳明；如果心怀良知，有如怀揣宝物，能致良知的人即怀其宝而善用者。同时，正如“知良知”与“致良知”一样，知与行应合而为一，这就像知道衣服温暖就要穿上御寒、知道食物美味就要用嘴品尝是一样的道理。这样一来，王阳明的“致良知”与“知行合一”的主张，在唐甄这里得到了最明白晓畅的说明。

息关蔡子[①]，其父忠襄公尝梦见阳明子而问道焉[②]。息关因画为图，而以己侍侧，请唐子有以发而题之[③]。乃题之曰：

【注释】

①息关蔡子：蔡息关，名方炳，字九霞，号息关。

②忠襄公：蔡懋德，字维立。蔡息关之父，谥忠襄。

③有以发：有所感发。

【译文】

蔡息关先生，他的父亲蔡忠襄曾经梦见自己向阳明先生求学问道。息关根据梦境作了一幅画，并且自己侍立在旁边，请我根据感发而题画。于是我题下了下面这些文字。

凡求道者，患在道之无从[①]；既知所从矣，患在身之不至。《诗》曰："溯洄从之，道阻且长；溯游从之，宛在水中央[②]。"溯而上之而道阻焉，不知所在也；溯而下之而宛在矣，知所在而未能即也。夫不惮身劳而上下往反，其求道可谓勤矣；而卒之望若见焉，而不能身至其人之侧者，是何也？未得所从之道也。斯人也，虽生于鲁哀之时[③]，游于东鲁之邦，踵于孔氏之门，犹之乎身不离于戎狄也。《蒹葭》之言，吾所耻也。《书》曰："凡人未见圣，若不克见；既见圣，亦不克由圣[④]。"既见圣，则在圣人之侧，异于水中之隔矣。于斯时也，闻圣人之言，见圣人之行，如渠之导水，帆之遇风，无往不利，而若之何其不克由哉？其不克由者何也？未得所由之道也。斯人也，虽入于孔氏之门，从于颜、季之列，日睹圣人之貌，犹之未见也；日闻圣人之言，犹之无闻也。《君陈》之篇，吾所憾也。盖彼知在水之中央，而不知在身之中央；彼知由于圣之圣，而不知由于心之圣。不自得而求于外，是以在焉而弗在也，由焉而莫由也。

【注释】

①从：同“踪”，踪迹。

②“溯洄从之”几句：语出《诗经·秦风·蒹葭》，是《诗经》中最为人熟知的诗作。溯洄，逆流而上。溯游，顺流而下。

③鲁哀：鲁哀公。春秋末鲁国国君。姬姓，名将，一作“蒋”。鲁定公之子。公元前494—前467年在位。以三桓势强，欲借助外力伐之，遭三桓进攻，奔卫，后至邹，最后逃亡至越，卒于有山氏。谥哀。

④“凡人未见圣”几句：语出《尚书·周书·君陈》：“凡人未见圣，若不克见；既见圣，亦不克由圣。尔其戒哉！尔惟风，下民惟草。”

【译文】

凡是追求大道的人，最担心的是不知道大道的踪迹；知道了大道的踪迹，又担心自己不能到达。《诗经》中说：“逆流而上去找她，道路险阻又漫长；顺着流水去找她，仿佛就在水中滩。”逆流而上却道路险阻，不知道走向何方；顺流而下虽然宛在目前，知道处所却不能接近。不怕身体劳苦上下往返奔波，这种求道的精神真可以说是勤劳；而最终好像望见了道，但身体却不能到达那人的旁边，是什么原因呢？是没有找到进入大道的门径。这样一个人，虽然生于鲁哀公的时代，在鲁国东部的小邦游历，脚跟都到了孔子的门口，自身还好像是野蛮人一样。《蒹葭》中所说的话，我为之感到羞耻。《尚书》中说：“普通人见不到圣人，好像是没有能力见到；已经见到了圣人，也不能够跟由圣人前行。”已经见到了圣人，就在圣人的身旁了，不同于隔着水看圣人。在这个时候，听圣人的谈论，看圣人的行为，如水沿沟渠奔流，风鼓满船帆，往哪里行进都顺利，但为何不能跟从呢？不能跟从的原因是什么呢？是没有找到跟从的门径。这样的人，虽然进入孔子的门庭，与颜渊、子路同列学习，每天都能看见圣人的容貌，还是像没有见到一样；每天听着圣人的言论，也和没听到一样。《君陈》篇所说的遗憾，也是我所遗憾的。大概人只知道在水的中间，却不知道在身体的中间；人懂得由圣人到达圣明的境界，却不懂得由自己的内心达到圣人的境界。不通过自己的内心得到却只向外部索求,所以这种在实际上是不在,这种经由实际上并没有真正经由。

阳明子曰:“良知,是吾师也。是非自明,依而不违,自合于道[①]。”以言乎其人,则阳明子为忠襄、息关之师;以言乎良知,则忠襄即阳明子,息关即阳明子,凡行道所见之人皆阳明子。不在言貌,各自得师,夫何“宛在”兴嗟[②],欲由弗克哉!不知良知者,不知自有宝者也。知良知而不致者,怀其宝而不善用者也。

【注释】

①“良知,是吾师也”几句:王阳明有《长生》诗,其中最后四句为:“乾坤由我在,安用他求为?千圣皆过影,良知乃吾师。”“千圣皆过影,良知乃吾师”可以为“良知,是吾师也”的注脚,而“乾坤由我在,安用他求为”句,又与“是非自明,依而不违,自合于道”不无相通之处。

②宛在:指“宛在水中央”的诗句,代指《蒹葭》诗。

【译文】

阳明先生说:“良知,是我的老师。有了良知是与非都自然明朗,依照执行而不违反,自然就合乎道了。”如果就人物关系来说,阳明先生是蔡忠襄、蔡息关父子的老师;如果从良知本身来说,则蔡忠襄是阳明先生,蔡息关也是阳明先生,凡是从事于道的人都是阳明先生。不在于言语、外貌的不同,每个人都可以自己得到老师,又何必像《蒹葭》诗那样感叹,想要遵从而不能!不知道良知的人,不知道自己有这个宝贝。知道有良知而不能致良知,是怀揣着宝贝而不知道使用。

甄虽不敏，亦愿学阳明子而不敢谢不及者，盖服乎知行合一之教也。知行为二，虽知犹无知，虽致犹不致。知行合一者，致知之实功也；虽弱者亦可能焉，虽愚者亦可及焉。何也？善如甘食暖衣，恶如䭆食缕衣[1]。知其甘者，知也；知其甘而食之，即行矣。知其暖者，知也；知其暖而衣之，即行矣。若知其甘而忍饿不食，以待明日乃食；知其暖而忍寒不衣，以待明日乃衣，天下岂有是哉！䭆食缕衣反是。以此譬知行，则合一者，自然之势也；分而为二者，自隔之见也。我瞻此图，反求于心，不假于外。知之所在，即行之所在，不移时，无需事，以从息关之后，或庶几乎！

【注释】

①䭆（bó）食：发臭的食物。缕衣：褴褛的衣服。

【译文】

我唐甄虽然不聪明，也愿意学习阳明先生，而不敢以自己赶不上作为推辞，因为我是佩服阳明先生知行合一的学说的。如果觉得知、行可以分开，虽然是知如同不知，虽然达到了但也如同没有达到。知行合一，是致良知最实际的工夫；即使是弱者也能做得到，即使是愚蠢的人也能达到。为什么这么说呢？善就好比甘美的食物、温暖的衣服，恶就好比发臭的食物、破烂的衣服。知道食物甘美，是知；知道甘美而吃这种食物，就是行了。知道衣服温暖，是知；知道衣服温暖而穿上，就是行。如果知道食物甜美而忍饥挨饿不吃，要等到第二天再吃；知道衣服温暖而忍受寒冷不穿，要等到第二天才穿，天底下哪有这样的事呢！对发臭的食物、破烂的衣服，正好与此相反。这样来比喻知、行，那么“知行合一”，是自然而然的事；将两者分开，是自我分隔的见解。我看到了这幅画，反过来只求诸内心，不借助于外物。知在什么地方，行就在什么地方，不需要花多少时间，也不需要经历多少事情，跟随在蔡息关之后，差不多就可以了！

性才

【题解】

《性才》篇的主题，是讨论人性的功能、才用。

《性才》篇首先指出："人人言性，不见性功，故即性之无不能者别谓为才。"人人都在谈论人性，但真正理解人性的功用的人并不多，最多也就用一个"才"字来概括。唐甄认为，性与才，是有机统一的，"非性之才，能小治，不能大治；无才之性，为小贤，不为大贤"。

唐甄对管仲、子产、申不害、商鞅等人做了才性式的分析，他指出："性之为道，圣不加多，众不加少，得亦非得，失亦非失，即非圣之为，皆由以发。然失其中正，壹于外假；虽出于性，已非本性，不可为治。"管仲等人的人性失去中正之性，已非本性，所以唐甄评价他们"非正谷""非正星"，为"穲稗"、为"彗孛"，是"非性之才"。

接着，唐甄指出，二程与朱熹等人，能上承孔子、孟子，穷尽人性，但现时之人，"彼能见性，未能尽性"，人人都知道人性，但不能发挥人性的全部作用。人人都具有人性，人性都有其用，就如同火有光能照明，"性之为才，故无不周"，但只有能"周身"的圣人才能"周世"，而后儒只能"周身"不能"周世"，所以不能尽性，不能尽性才。

人性与人性的功用，就如车轮的轴孔与车轮，"性居于虚，不见条理，而条理皆由以出"。像尧、舜等圣人，能尽性尽才，"庶职无旷，庶政无阙，乃可以成功”。如果只懂得空洞的人性，那还要这种人性做什么呢？只有真正懂得人性是人性与才用的完美结合，才是真正懂得人性。

唐甄一直主张：“性统天地，备万物。”人性虽然看起来浑然一体，与万物似乎没有关系，但是，人性即物性，物性来自人性，所以唐甄认为像仁、义、礼、智等“四德”均由人性产生，这在《辨儒》等篇中唐甄已多次论及。不过，在《性才》篇中，唐甄藉助“性统天地，备万物”的理论立场，对“四德”的创新性阐发值得关注。如唐甄认为，仁与私是相反的，“仁与私反，若能去欲至尽，如匹帛无纤尘之色，是可谓之无欲，不得谓之无私”。不仅人有私欲，天也有私欲，天也会“非己独专以自善”。又如义。唐甄认为，德很容易判断，但义却很难识别：“凡德易识，惟义为难识。”这是因为行义“无有定方”“外行难识”，有时很难作出判断。又比如礼。唐甄认为，礼之失在于争之失，“上世以礼息争，后世以礼遂争”。礼制止不了争夺，反倒助长了争夺，成为天下大乱的根源。“尚贤之世，必无真贤。示贤于人，耻于贾货；归贤于己，辱于攘货。世以贤为贤，我以不争为贤。让德之外，更以何者为贤！”对不争与尚贤的理解亦发人深省。又比如智，唐甄认为：“蔽明者非他，即我之明；蔽聪者非他，即我之聪。”人不能“明”，就是因为自我遮蔽得太厚。

在仁、义、礼、智“四德”中，“三德之修，皆从智入；三德之功，皆从智出”，智是最重要的。“智之真体，流荡充盈，受之方则成方，受之圆则成圆；仁得之而贯通，义得之而变化，礼得之而和同；圣以此而能化，贤以此而能大。”对智的作用的描述极完备，也有前人未发之处。

世知性德[①]，不知性才[②]。上与天周[③]，下与地际[④]，中与人物无数，天下莫有大于此者。服势位所不能服，率政令所不能率，获智谋所不能获，天下莫有强于此者。形不为隔[⑤]，类不为异[⑥]，险不为阻，天下莫有利于此者[⑦]。

【注释】

①性：人性，人的本性。德：事物固有的本质属性。孟子将仁、义、礼、智确定为人性“四德”，即四种本质属性，本书《宗孟》一篇中已有详细论述。

②才：才能，功用。

③周：周流。

④际：交际，接壤。

⑤形：指具体事物。

⑥类：同类事物。

⑦利：胜过。

【译文】

世人都知道人性的本质属性，而并不知道人性的作用。人性之用，向上可与天一样周流不息，向下可与地交通、相接，中间又可与数不清的人与物相交，天底下没有比这个更大的。人性能征服权势地位所不能征服的，能率领政策法令所不能率领的，获得智慧谋略所不能获得的，天底下没有比这更强的。具体事物不能被分隔，同类事物不能使它们变得不同，再艰险的事也不能被阻挡，天底下没有能胜过这个的。

道惟一性，岂有二名！人人言性，不见性功，故即性之无不能者别谓为才[①]。别谓为才，似有岐见[②]；正以穷天下之理，尽天下之事，莫尚之才[③]，惟此一性。别谓为才，似有外见[④]；正以穷天下之理，尽天下之事，皆在一性之内，更别无才。

【注释】

①即：接近，发挥。

②岐：同“歧”。

③莫尚：无人能及。

④外见：外在之见。

【译文】

道只有一种本性，哪里会有第二种名称！人人都在说人性，但都看不到人性的功用，所以能发挥人性无所不能功用的人，又可别称为才。别称为才，似乎会引起不同的理解；但是穷尽天底下的道理，干完天底下所有的事情，拥有无人能及的才能，正是因为有这一本性。别称为才，又似乎是外在之见；但是穷尽天底下的道理，干完天底下所有的事情，都是在这一本性的功能内，其他再也没有别的才能了。

古之能尽性者①，我尽仁②，必能育天下；我尽义，必能裁天下；我尽礼，必能匡天下；我尽智，必能照天下。四德无功，必其才不充③；才不充，必其性未尽。自子舆以后④，无能充性之才者，性乃晦⑤；以至于今，有非性之才，有无才之性。非性之才，能小治，不能大治；无才之性，为小贤，不为大贤。

【注释】

①尽性：儒家谓人物之性均包含天理，唯至诚之人，才能发挥人和物的本性，使各得其所。《易·说卦》曰："穷理尽性，以至于命。"《礼记·中庸》曰："唯天下至诚为能尽其性，能尽其性则能尽人之性，能尽人之性则能尽物之性。"

②尽：全部使出，充分发挥。

③充：足，满。

④子舆：即孟子，见《辨儒》篇注。

⑤晦：不明亮，不明显。

【译文】

古代能充分发挥人性作用的人的表现是这样的：我若充分发挥仁的作用，一定可以养育天下；我若充分发挥义的作用，一定可以裁决天下；我若充分发挥礼的作用，一定可以匡正天下；我若充分发挥智的作用，一定可以普照天下。充分发挥四德的作用却没有功劳，必定是才能不足；才能不足，必定是人性没有完全发挥出来。自孟子以后，再也没有能够完全发挥人性作用的人了，所以人性就隐而不彰了；到了现在，有没有人性却有才能的人，有没有才能而有人性的人。没有人性却有才能的人，只能实现小的治理，不能实现天下大治；没有才能而有人性的人，只是小贤，不是大贤。

圣人道衰，管、国、申、商之伦作①，亦能匡世治民；然暴白藏墨②，使民形牿情散③，齐、郑、秦、韩终为乱国。性之为道，圣不加多，众不加少，得亦非得，失亦非失，即非圣之为，皆由以发。然失其中正，壹于外假④；虽出于性，已非本性，不可为治。譬如谷之精气，淫为䅘稗⑤，舂为粉粢⑥，味与谷同；虽出于谷，已非正谷。亦可以疗饥，不可以恒食，恒则致疾。又如星之戾气，散为彗孛⑦，亦为明体，亦为悬象；虽出于星，已非正星。不可以恒明，恒则为水旱兵革之灾。管、国为䅘稗，申、商为彗孛，非性之才，所成如是。

【注释】

①管：管仲，名夷吾，字仲。得鲍叔牙推荐任齐桓公之相，发展农业，振兴经济，助齐桓公九合诸侯，一匡天下，成就霸业。国：国侨，姓公孙，名侨，字子产。先后辅佐郑简公、郑定公，施行治田洫、作丘赋、铸刑于鼎等措施推动郑国发展。申：申不害，战国时法家学派

的重要代表人物。《史记·老子韩非列传》简单记述其生平："故郑之贱臣。学术以干韩昭侯，昭侯用为相。"商：商鞅，姓公孙，名鞅。辅佐秦孝公实施变法，奖励耕战。伦：类。

②暴白：使清白显露出来。墨：黑暗，代指污浊的东西。

③牿（gù）：本义指养牛马的栅栏或缚于牛角以防触人的横木，喻指桎梏、束缚。

④壹：皆，一概，一律。假：借。

⑤淫：过度。蕛（tí）：同"稊"，一种形似稗的杂草。实如小米。稗（bài）：植物名，稗子。

⑥舂（chōng）：用杵臼捣去谷物的皮壳。粢（zī）：谷物的总称。

⑦彗孛（bèi）：即彗星。孛，彗星的别称。

【译文】

圣人之道衰落后，管仲、子产、申不害、商鞅这类人出现了，这类人也都能匡正世风，治理人民；但是他们将清白暴露于外而将污浊隐藏于内，使老百姓身体受束缚，民心离散，最后齐国、郑国、秦国、韩国这些国家都成为混乱衰败的国家。人性作为"道"，圣人不会更多，普通人不会更少，得到了也算不上得，失去了也算不上是失，那些不符合圣人思想的行为，都是因为人性而产生。但人性失去了中正，完全借助于外物；即使是出于人性，但已经不是人性了，不可以用来治理国家。比如谷的精气，过度了就会成为蕛稗类杂草，用杵捣成了粉末状，味道与谷物相同；虽然是出于谷物，但已经不是正宗的谷物了。虽然这样的谷物也可以用来充饥，但不能够经常吃，经常吃就会带来疾病。又比如星体的邪气，散发出来就会成为彗星，也是明亮的星体，也是悬挂在天宇中的星象；彗星虽然也是由星体产生，但已经不是正宗的星体了。彗星不可以永远发亮，永远发亮就会产生洪水、干旱、兵荒马乱这样的灾害。管仲、子产就好比是蕛稗杂草，申不害、商鞅就好比是彗星，不是出于人性的才，所导致的就是这样的结果。

自是以后，千有余岁，世不知性；即有言者，亦偏而不纯。程子、朱子作[①]，实能穷性之原[②]，本善以求复，辨私以致一[③]。其于仲尼、子舆之言，若合符契[④]。此其所得，我则从之；此则我从，人不我得，其若人何！盖彼能见性，未能尽性。外内一性，外隔于内，何云能尽！

【注释】

①程子：指程颐与程颢，见《潜书》第二篇"尊孟"篇的相关注释。朱子：指朱熹。字元晦，号晦庵，晚称晦翁，南宋理学家，在哲学、教育等诸多领域都是集大成者。

②原：本原，根原。

③致一：即一致，专一。

④符契：犹符节。

【译文】

从这以后，过了一千多年，世人都不知道什么是人性了；即使有谈论人性的人，也多有偏颇而不纯粹。二程和朱熹兴起，确实能穷究人性的本原，依据善以求得恢复人性，通过分辨什么是私以达到专一。他们与孔子、孟子的言论，就像符节一样相吻合。这是他们的收获，我便跟从他们；我跟从他们，但有人并不认为我也有这样的收获，拿这样的人怎么办呢！大概他们能发现人性，但并不能穷尽人性的作用。人性的内在本质与外在表现是一致的，将外在表现与内在本质分隔开来，怎么能说是穷尽了人性的作用呢！

人有性，性有才，如火有明，明有光。著火于烛[①]，置之堂中，四隅上下，无在不彻[②]，皆明所及，非别有所假而为光。亦有无光之明，如烛灭而著在条香，满堂宾客无不见其明者。然而明不及众，众皆昏乱，不能行作，不知几席所在，不知东西所向，不知门户所由，人亦何赖于此明！若即此明取而燎之[③]，何患无光！惟止于香杪[④]，炷而不燎[⑤]，是以虽明而不及于众。无才之性，所成如是。性之为才，故无不周[⑥]，何以圣人乃能周世，后儒仅能周身？盖善修则周，不善修则不周。

【注释】

①著（zháo）：燃烧。

②彻：明，显明。

③燎（liào）：照明。

④杪（miǎo）：末端，末梢。

⑤炷（zhù）：点，烧。

⑥故：本来。

【译文】

人都有人性，人性都有其功用，就如同火能照明，照明就有亮光。将蜡烛点燃，放置在大堂上，上下与四方角落，没有地方不明亮的，这都是蜡烛的光所照亮的，并不是借助其他东西而制造了光明。也有不发光的明亮，如蜡烛熄灭后，点燃一根细条状的香，满屋的宾客都能见到香的光亮。但是这种光亮不能遍及所有人，人们都觉得昏暗杂乱，不能行动，不知道几案、座席在什么地方，不知道东南西北的方向，不知道进出的门在哪儿，人对这种光亮有什么可依赖的呢！假若就着这种光亮使它燃烧起来，又何必担心没有光亮呢！只是这种光亮只停留在香的末端，只点燃而不能熊熊烧起来，所以虽然有光亮但还是不能遍及众人。没有功用的人性，促成的就是这样的结果。人性的功能和作用，本来是无所不及的，为什么只有圣人可以周济天下，而后来的儒生仅仅能够周济自己呢？大概是善于修养自己就可以周济天下，不善于修养自己就不能周济天下。

性统天地，备万物。不能相天地[①]，不能育万物，于彼有阙[②]，即己有阙[③]。欲反无阙[④]，必修其无阙。鸡卵无雄者，蜀人谓之寡弹[⑤]。有媪易十卵[⑥]，鬻者绐以五配五寡[⑦]；既伏既出[⑧]，乃知其寡。卵之为物，无阳亦成。锐前而丰后，白外而黄中，虽有至精者[⑨]，不能察其孰为配，孰为寡。既伏之后，有阳者出为雏，无阳者败为液。卵见浑成，其中阙阳而媪不知；学见浑成，其中阙阳而儒不知。儒者岂不知阴阳，乃其思力惟恐不精，惟恐不一；理沉事滞，固守不生。于是求《复》亦成《剥》，求《泰》亦成《否》[⑩]。十月之间，阳虽存而不用，不能疏土脉[⑪]，鼓万物[⑫]，谓之无阳。人心亦然。心之阳若何？道贵明，明由于静；道贵通，通由于明；道贵变，变由于通；道贵广，广由于变。发生不穷，是为心之阳。古之圣人，万物为一，功同天地，所施无不合者[⑬]，皆在于是。

【注释】

①相：辅助。

②彼：指天地万物。阙：残缺，不完善。

③己：指人性本身。

④反：回，还归，后多作“返”。

⑤弹：禽鸟的蛋。

⑥媪（ǎo）：老妇人的通称。易：交换，交易。

⑦鬻（yù）：卖。绐（dài）：欺骗，欺诳。配：禽鸟的受精卵。

⑧伏（fù）：指禽鸟孵卵。

⑨精：通“睛”，眼睛。

⑩《复》《剥》《泰》《否（pǐ）》：都是《周易》的卦名。《剥》卦是下五爻为阴爻，最上一爻为阳爻。六爻要从下往上看，《剥》卦代表阴气盛极阳气衰落，所以，“剥”是衰落之意。《复》卦位于《剥》卦之后，最下一爻为阳爻，上五爻为阴爻。《复》卦是最开始时为阳爻，代表“一阳复始”，重现生机。所以，以“剥”向“复”是兴盛，相反，由“复”向“剥”则是衰败。《泰》卦是下乾上坤，即“地天泰”，代表“天地交”，即天地相通，所以安泰。《否》卦位于《泰》卦之后，正好相反，是下坤上乾，代表“天地不交”，即天地不相通，有阻塞。由《泰》卦变成《否》卦，表示由相通至不通，由好变坏，我们平时说“泰极否来”，说的就是这个意思。

⑪土脉：土壤。

⑫鼓：鼓动。

⑬合：和谐，合宜。

【译文】

人性可以统摄天地，周遍万物。不能辅助天地，不能抚育万物，对天地万物是残缺和不足，也是人性本身的残缺和不足。想要回到没有残缺的状态，就要加强使人性没有残缺的修养。没有与公鸡交配的母鸡所生的鸡蛋，蜀地的人称之为寡蛋。有个老妇人向别人买了十个鸡蛋，卖鸡蛋的人欺骗她，给她五个交配过的鸡蛋，五个寡蛋；母鸡孵卵以后，孵出了小鸡，才知道哪些是寡蛋。鸡蛋这种东西，不经过交配母鸡也能生出来。鸡蛋前面尖后面圆，蛋白在外面蛋黄在里面，即使眼光最好的人，也不能看出哪一个是交配了的鸡蛋，哪一个是寡蛋。孵化之后，经过交配的鸡蛋生出小鸡，没经过交配的鸡蛋变质而流出液体。一个完整的鸡蛋摆在那里，其中缺少阳气但老妇人不知道；学问完整地摆在那里，其中缺少阳气但儒生不知道。儒生哪里会不知道阴阳啊，而是他们的思考不纯粹、不专一；道理不明，事理不清，顽固保守，没有进步。因此想求得《复》卦结果却得到了《剥》卦，想求得《泰》卦却得到了《否》卦。在一年中的十月份，阳气虽然存在但没有被使用，这时不能疏松土壤，不能鼓动万物生长，所以也称为“无阳”。人心也一样。心中的阳气是怎样的呢？思想的可贵之处在于洞明，能洞明是由于能安静下来；思想的可贵之处在于通达，能通达是由于洞明；思想的可贵之处在于变化，能变化是由于通达；思想的可贵之处在于广博，能广博是由于能变化。生生不息，无穷无尽，这就是心中的阳气。古代的圣人，与万物混同为一体，与天地有相同的德行，他们所施行的没有不合宜的，就是因为这个原因。

道力虽广，不于广征[①]。虽即次有推[②]，实具于由静得明。静中自足，至明则显。明非其明，守静乃塞；静得其静，大明乃生。以轴观静，以受轴之虚观明[③]，以行观通，以御观变，以至观广。轴虚相受[④]，径不二寸，圆转无滞[⑤]。九州之远，道里交错[⑥]，不计其数；造车之始，已摄于径寸之内。性之为才，视此勿疑。言性必言才者，性居于虚，不见条理[⑦]，而条理皆由以出。譬诸天道[⑧]，生物无数；即一微草，取其一叶审视之，肤理筋络，亦复无数。物有条理，乃见天道。尧、舜虽圣，岂能端居恭默[⑨]，无所张施，使天下之匹夫匹妇，一衣一食，皆得各遂！必命禹治水，稷教农[⑩]，契明伦[⑪]，皋陶理刑，后夔典乐[⑫]；庶职无旷，庶政无阙，乃可以成功。尧、舜之尽性如是。后世之为政者，心不明，则事不达；事不达，则所见多乖，所行多泥。徒抱空性，终于自废，何以性为！诚能反求诸性，尽其本体，其才自见。

【注释】

①征：征取。

②即：按照，依据。推：推求。

③虚：洞孔，空隙。

④受：容纳。

⑤圆转：旋转。

⑥里：城邑的市廛、街坊，今称巷弄。

⑦条理：车上的辐条。也指事物的脉络，本段中“物有条理”即取此。

⑧譬（pì）：比喻，比方。

⑨端居：端坐，代指没有作为。

⑩稷：后稷，见《辨儒》篇中注。

⑪契（xiè）：人名，传说中商的祖先，为帝喾之子。舜时佐禹治水有功，任司徒，封于商。《尚书·舜典》记载：“帝曰：‘契，百姓不亲，五品不逊。汝作司徒，敬敷五教，在宽。’”

⑫后夔（kuí）：相传为舜时乐官。《尚书·舜典》记载：“帝曰：‘夔！命汝典乐，教胄子，直而温，宽而栗，刚而无虐，简而无傲。诗言志，歌永言，声依永，律和声。八音克谐，无相夺伦，神人以和。’”

【译文】

思想的力量虽然广大，但并不需要广博地去获取。虽然根据顺序可以推求，实际上存在于由静观而得到的洞明中。在静观中自我充实，到达洞明就显露出来了。如果洞明不是真正的洞明，保持清静的行为就会被阻塞；在清静中得到真正的静默，大的洞明就产生了。用车轴打比方来观照静默，用承受车轴的洞孔来观照洞明，用行走来观照通达，以驾车来观照变化，以到达的地方来观照广博。车轴和轴孔相容纳，轴孔的直径不到两寸，但转运起来没有任何阻碍。中国土地广远，道路与街巷纵横交错，难以统计其数目；刚开始造车的时候，就已经将这些在这方寸中全部考虑进去了。人性的功用，也毫无疑问应该这样看待。讨论人性一定要讨论人性的功用，人性就如轴孔，看不见车轮上的条辐，但条辐都由轴孔伸展出去。这就如天道，产生万物无数；即使一根微小的草，取其中的一片叶子仔细观察，叶子的皮肤纹理筋结脉络，也不可胜数。万物皆有脉络，所以天道才能体现出来。尧、舜即使是圣人，哪能端坐闲居，恭敬静默，毫无作为，就能使普天下的人衣食住行都能得到满足！一定要命令大禹去治理洪水，命令后稷教人耕种农作物，让契教育人明白伦理道德，让皋陶管理刑狱，让后夔主管音乐；所有的职位都不会空缺，所有的政事都不会空缺，才可以成就功业。尧、舜就是这样充分发挥人性的作用。后代从事国家治理的人，内心不洞明，事情就不会成功；事情不成功，所见到的东西就都乖张不顺，行事也多觉得拘泥。白白地抱持着空洞的人性，最终只会自我荒废，还要人性做什么呢！如果确实能反过来真正探求人的本性，穷尽人性的本质，他的作用自然就能表现出来。

性浑无物，中具大同①，仁所由出。苟善修之，物无不同。仁与私反，若能去欲至尽，如匹帛无纤尘之色②，是可谓之无欲，不得谓之无私。人知人私而不知天私。天非己独专以自善③，是为天私，虽天非仁。仁之为道，内存未见，外行乃见；心知未见，物受乃见；流动满盈④，无间于宇内，是即其本体，非仅其发用⑤。气机不至⑥，萌蘖立见其绝⑦，条干立见其槁⑧；既绝既槁，仁将安在！是故虚受不可言仁，必道能广济，而后仁全于心，达于天下。

【注释】

①大同：大同之理。这里所说的大同之理，是指“性统天地，备万物”。

②匹：布匹。帛：古代丝织物的通称。

③独专：独自占有。

④满盈：充盈，充足。

⑤发用：使用，运用。

⑥气机：生机，比喻仁心。

⑦蘖（niè）：草木砍伐后长出的新芽。

⑧条干（gàn）：枝干。

【译文】

人性浑然一体，与万物似乎没有关系，但人性中包含着“性统天地，备万物”的大同之理，仁就是从其中产生的。如果善于修养，人性与万物就没有不同一的。仁与私欲是相反的，如果能将私欲彻底去掉，就如同布匹或丝织物上没有一点灰尘的颜色，这样可以称之为没有欲望，但不能说是无私。人们都知道人有私心，而不知道天也有私心。天将不是属于自己的东西而独占以利于自己，这就是天的私心，即使是天也有不仁的时候。仁爱作为道，内存于心不能被人看见，只有向外表现在行动上才能被看到；内心感知，不能被人看见，只有作用于万物时才能被看到；仁四处流转，充满整个宇宙，这才是仁的本质，并不仅仅是它的运用。仁这样的生机不能到达，刚刚萌发的新芽就立即灭绝，枝干也要枯槁；已经灭绝和枯槁了，哪里还有什么仁呢！所以空谈不是谈仁的方式，只有使道广济天下，然后才能使仁充满内心，遍及天下。

性浑无物，中具大顺[①]，义所由出。苟善修之，无行不顺。义与固反[②]，无有定方。凡德易识，惟义为难识。内主易识，外行难识。主以专直，行以变化。心如权[③]，世如衡[④]，权无定所，乃得其平。确守不移，谓之石义[⑤]；扬号以服人[⑥]，谓之声义[⑦]。二者虽正，不可以驯暴安民。人我一情，本无众异。一情众异，犹一绳互绾而为百结[⑧]，从中解之，则不可解，引而直之，各自为解，复为一绳，岂有不顺！于此识义，夫然后义达于天下。

【注释】

①大顺：顺乎伦常天道。

②固：固执。

③权：指秤锤。

④衡：秤。

⑤石义：像石头一样僵化的义。

⑥扬：指声音高亢或提高。号（háo）：大声呼叫。

⑦声义：徒有声名的义。

⑧绾（wǎn）：系结。

【译文】

人性浑然一体，与万物似乎没有关系，但人性中包含着顺乎伦常天道之理，义就是从其中产生的。如果善于修养，没有什么行为是不合乎自然的。义与固执相对立，实行义没有确定的方法。德很容易识别，只有义是难识别的。内心主张义容易识别，向外行义就很难识别了。内心的主张可以专一而且正直，但向外的行为则随时变化。人心是秤锤，世事如秤杆，秤锤不固定在某个地方，才能起到称量的作用。固守着义不知道变通，就叫僵化的义；提高声音使别人服从，这就叫做徒有声音的义。石义与声义虽然正确，但不能用来驯服暴虐，安定百姓。别人与我的感情是同一的，本来就没有差异。同一种感情却存在着众多差异，就如同一根绳子上系结着上百个结，从这中间任何一个结开始解，都不能解开；将绳子拉直，结就各自解开了，重新成为一根绳子，哪里还会不顺呢！从这个角度去认识义，义就可以通达于天下了。

性浑无物，中具大让，礼所由出。苟善修之，人无不让。礼与争反。古之《礼经》[1]，后世多不能行，不行不足以病礼[2]。礼之失，非仪文度数之失[3]，乃争之失。上世以礼息争[4]，后世以礼遂争[5]。君子而不争，则君子不名[6]；道德而不争，则道德不显；何况勋劳，何况富贵，何况奸慝[7]！天下大乱，此为之根；救于其发[8]，其何能救！知礼者不在行让先[9]，揖让右[10]，而在心让贤。尚贤之世，必无真贤。示贤于人，耻于贾货[11]；归贤于己，辱于攘货[12]。世以贤为贤，我以不争为贤。让德之外，更以何者为贤！抑抑雍雍[13]，不习而成风，君子不党，小人不戎[14]，虽不议礼，而礼自行于天下。

【注释】

①《礼经》：古代讲礼仪的经典，常指《仪礼》。

②病：批评，指责。

③仪文度数：礼仪制度。仪文，礼仪形式。度数，标准，规则。

④上世：远古时代。

⑤遂：促成。

⑥名：闻名。

⑦慝（tè）：邪恶。

⑧发：发生。

⑨行：行走。

⑩揖（yī）：拱手行礼，借指辞让，谦让。右：古代崇右，故以右为上，为贵，为高。

⑪贾：做买卖。

⑫攘：盗窃，窃取。

⑬抑抑：美好貌，轩昂貌。雍雍：犹雍容，从容大方。

⑭戎：本指兵器，这里引申为争斗。

【译文】

人性浑然一体，与万物似乎没有关系，但人性中包含着大谦让，礼义就是从其中产生的。如果善于修养，人没有不礼让的。礼与争夺是相反的。古代讲礼义的《礼经》，在后世多数不能实行了，但不能实行却不能指责礼义。礼的丧失，并不是礼仪制度的错，而是大家互相争夺的错。远古时代用礼义来平息争夺，后世用礼义来争夺。君子不跟别人争，那么君子就没有名声；讲道德而不争夺，那么道德就不能彰显；何况是功勋功劳，何况是富贵，何况是奸邪！天下大乱的根源就在这里；祸乱已经发生了才开始去补救，怎么能挽救得了！真正懂得礼的人不在于在行走时让别人先走，谦让时让出右边的尊位，而在于发自内心礼让贤能之人。崇尚贤能的时代，一定不会有真正贤能的人。向别人显示自己的贤能，其耻辱与商人做买卖没有什么不同；将贤能归属自己，其耻辱等同于盗窃别人的财物。世人把贤能之人当成贤能，我却把不与人争夺当成贤能。除了谦让的德行以外，还有什么可以是贤能的呢！轩昂雍容，不需要刻意学习而自然成为风尚，君子不结成朋党，小人不打架争斗，即使不去讨论什么是礼，礼自然会流行于天下。

性浑无物，中具大明，智所由出。苟善修之，物无不通。智之本体，同于日月。自襁褓以长[①]，知识日深，掩蔽日厚[②]。蔽明者非他[③]，即我之明；蔽聪者非他[④]，即我之聪。我所以不及舜者，我唯一明，舜有四明；我唯一聪，舜有四聪[⑤]。是以我测一物而不足，舜照天下而有余。人之耳目，不大相远。十里之间，不辨牛马；五里之间，不闻鼓钟。诚能法舜以为智，四海之祝诅[⑥]，附耳以声；未至之祸福，承睫以形[⑦]。所患智之不足者，患在正不胜诡。夫诡明不如小明，小明不如偏明⑧，偏明不如大明。大明所在，虽身所不历，事所不习⑨，而智常周于天下。

【注释】

①襁褓：借指婴儿。襁，背负婴儿用的宽带。褓，裹覆婴儿用的小被。

②掩蔽：掩盖，遮蔽。

③明：眼睛。

④聪：听觉。

⑤“我唯一明”几句：传说舜有双瞳，拥有远闻四方的听觉。《尚书·舜典》记载：“明四目，达四聪。”明，眼睛，视力。

⑥祝诅：诅咒。

⑦睫：眼睑边缘的细毛，可代指眼睛。

⑧偏：片面。

⑨习：熟悉，通晓。

【译文】

人性浑然一体，与万物似乎没有关系，但人性中包含着大的聪明，智慧就是从其中产生的。如果善于修养，万物没有不能通达的。智慧的本质，与日月的本质是一样的。从襁褓中的婴儿开始直至长大成人，智慧与知识的积累日渐增多，所受的遮蔽也日益加厚。遮蔽自己眼睛的不是其他东西，正是自己的眼睛；遮蔽自己耳朵的也不是其他东西，正是自己的耳朵。我们常人之所以赶不上舜，是因为我们只有一双眼睛，而舜有四只眼睛；我们只有一双耳朵，而舜有四只耳朵。所以我们只看一件事物还觉得眼睛忙不过来，舜观照天下还绰绰有余。人的视力和听力，不会相差太远。只要离十里远的距离，就分辨不清牛和马；离五里远的距离，就听不到钟鼓的声音。如果确实能效法舜的智慧，天底下的诅咒，就像附在耳旁说一样听得清晰；还没到来的灾祸与幸运，就像在眼前一样看得真切。那些担心智慧不足的人，其实要担心的是正直战胜不了诡诈。那些诡诈式的聪明比不上小聪明，小聪明比不上片面的聪明，片面的聪明比不上大聪明。有了大聪明，即使不能事事都亲身经历，事事都通晓，但智慧可以保全天下。

三德之修[①]，皆从智入；三德之功，皆从智出。善与不善，虽间于微渺，亦不难辨。但知其不善而去之，知其善而守之，谓为竟事[②]；以此用智，未得智力。修德者虽能致精，得于沉潜[③]，其中易胶[④]。智之真体，流荡充盈，受之方则成方，受之圆则成圆；仁得之而贯通，义得之而变化，礼得之而和同；圣以此而能化，贤以此而能大。其误者，见智自为一德，不以和诸德。其德既成，仅能充身华色[⑤]，不见发用。以智和德，其德乃神。是故三德之修，皆从智入。人固我同，及其积小至大，积近至远，则有不同。

【注释】

①三德：即仁、义、礼、智四德中的前三德。

②竟事：做完事情。

③沉潜：沉浸其中，深入探究。

④胶：拘泥，固执。

⑤华色：用来装饰的华美的颜色。

【译文】

仁、义、礼三种德性的培养，都需要从智这个方面进入；三德的功用，都要从智这个方面才能表现出来。善与不善，虽然之间的差别很小，也不难分辨。但是知道是不善就离开它，知道是善就坚守它，这就叫能做完事情。用这种方式使用智力，并未真正获得智慧的力量。修养德行的人虽然能达到精细，在深入探究中获得，内心却容易固执。智慧的真正本质，是流动激荡、充实圆满的，遇到方的事物就变成方的，遇到圆的事物就变成圆的；仁得到它就能顺畅通达，义得到它就能变化无穷，礼得到它就能和谐大同；圣人使用它就能治天下，贤人使用它就能成大业。误用智慧的人，觉得智慧是一种孤立的德行，不能将它和其他三德和同。这样的德行即使修养成了，也仅仅能充当装饰身体的华美的颜色，不能发挥什么作用。以智慧和同德行，这样的德行才会达到化境。所以三种德行的修养，都要从智这个方面进入。人本来与我都一样，但当他们慢慢地从小积累变得强大，从近的地方开始一步步走向远方，就有很大的不同了。

世有守一官、治一邑而称善者[①]，而善治天下者则未之闻。盖大小不同势，远近不同情，岂能缩天地为三里之城，岂能缩万物为三百户之民！德虽至纯，不及远大，皆智不能道之故[②]。无智以道之，虽法尧、舜之仁，不可以广爱；虽行汤、武之义，不可以服暴；虽学周公之礼，不可以率世。有智以道之，虽不折枝之仁[③]，其仁不可胜用；虽不杀枭之义[④]，其义不可胜用；虽不先长之礼[⑤]，其礼不可胜用。是故三德之功，皆从智出，此为大机大要。阳气发生，轴虚相受，二喻盖取诸此。

【注释】

①守：任职，担任。

②道：导。

③折枝：折取草茎树枝，喻轻而易举。《孟子·梁惠王上》曰："为长者折枝，语人曰：'我不能。'是不为也，非不能也。"朱熹集注："为长者折枝，以长者之命，折草木之枝，言不难也。"

④杀枭：古代博戏的胜彩名。枭为幺，得幺者胜。《韩非子·外储说左下》曰："齐宣王问匡倩，曰：'儒者博乎？'曰：'不也。'王曰：'何也？'匡倩对曰：'博贵枭，胜者必杀枭。杀枭者，是杀所贵也。儒者以为害义，故不博也。'"

⑤不先长：不走在长者的前面。这是中国传统的礼仪，如《弟子规》中言："或饮食，或坐走，长者先，幼者后。"

【译文】

世上有担任一个官职、治理一个县邑而干得很出色的人，但善于治理天下的人还没有听说过。大概是大与小的形势不同，远与近的情形不一样，怎么能够将天下缩小为三里大的小城，怎么能够将天下缩小为只有三百户的小国！德行虽然极为纯粹，但到不了远大的境界，都是智慧不能正确引导的原因。没有智慧引导，即使效法尧、舜的仁，也不能广施仁爱；即使实行商汤、周武王的义，也不可能使强暴顺服；即使学习周公制定的礼仪，也不可能为世作表率。有了智慧来引导，即使是不为长者折树枝那样的仁，也是用不完的；即使是博戏中不杀枭这样的义，也是用不完的；即使是不走在长者的前面这样的礼节，也是用不完的。所以三德的作用，都是从智慧中来的，这才是最关键、最重要之处。前面所说的阳气产生、车轴虚实相承的两个比喻，都是从这得来的。

性功

【题解】

《性功》篇同样讲述人性的功用，与上一篇《性才》篇可视为互相补充、丰富的关系。

唐甄首先论述了儒家有三大境界：上伦、次伦、下伦。对每一伦的特点他均有形象生动的描述，诸如上伦如日、次伦如月、下伦如星等，均具匠心。

以日、月、星喻儒家三伦，能自然过渡到对“心”的作用的论述：“以象取喻，日月星有异体；以心取喻，日月星惟一明。”之间的联结纽带，就是一个“明”字。圣贤的功用，就是能用心中的光明，照亮世界。“天有三明，人心亦有三明。”孔子等人，心如太阳；孟子等人，心如月亮。

唐甄以丝带为喻，来说明若将人性与其功用割裂，那人性将不再成为人性，正如将丝带割裂成两半，丝带就不再是丝带了：“修身治天下为一带，取修身割治天下，不成治天下，亦不成修身。”

对儒、释、道三家的社会治理功用，唐甄从人性的作用方面也进行了比较分析，认为：“释惟明死，故求真心宝性，以天地山河为泡影。老惟养生，故求归根复命，以万物百姓为刍狗。儒惟治世，故仁育，义安，礼顺，智周，天地山河，万物百姓，即所成性，离之无以尽性。”唐甄肯定儒家才能治世，才有实功，这才是尽性。

最后，唐甄指出了学习与人性发挥功用之间的关系："学能尽性，四通六格，备在一身。如酌水于井，取火于石，井无尽水，石无尽火。"如果做不到广大精微，就"成一才，专一艺"，破除自己的狭隘，有益于社会治理，这也能体现人性的功用。

儒有三伦[①]：大德无格[②]，大化无界，是为上伦，上伦如日；无遇不征[③]，无方不利，是为次伦，次伦如月；己独昭昭[④]，人皆昏昏[⑤]，其伦为下，下伦如星。亦有非伦，非伦如萤；萤不可乱星[⑥]，不必为辨。日之上升，天地山河，无有隐象；堂房奥窔[⑦]，无有隐区；青黄错杂，无有隐色；上伦如斯。月之上升，九州道涂可见[⑧]，诸方车马可行，众农耒耜可施[⑨]，鸟兽栖伏可兴；次伦如斯。星体非不明，明不外光；光非不照，照不远及；不能代日，不能助月，物无所赖；不如树烛可居[⑩]，不如悬灯可导；下伦如斯。

【注释】

①伦：类。

②格：限制，局限。

③遇：遇合，投合。征：征验，成效。

④昭昭：明白，显著。《老子》言："俗人昭昭，我独昏昏。"

⑤昏昏：糊涂，愚昧。

⑥乱：扰乱。

⑦奥窔（yào）：室隅深处，亦泛指堂室之内。

⑧涂：道路。

⑨耒耜（lěi sì）：耒、耜为独立的两种翻土农具，此处泛指农具。

⑩居：居住，安居。

【译文】

儒家有三大境界：广大的德没有限制，广大的教化没有界限，这就是上等的境界，上等的境界就如太阳；只要与君主遇合，就能取得成效，没有哪个方面是不顺利的，这就是中等的境界，中等的境界就如月亮；独独自己明白，其他人都糊涂，这就是下等的境界，下等的境界就如星星。也有无任何境界的，这种就像萤火虫；萤火虫的力量连星星都扰乱不了，所以不必去辨析它。太阳一升起来，天地山河，万象都不会隐藏；大堂房屋深处的角落，也不会有隐蔽的区域；青与黄等颜色错杂显现，没有隐藏的色彩；上等境界就是像这样的。月亮上升，九州大地上的道路清晰可见，各个方向的车马都可以自由通行，所有农民都可以使用农具耕种，栖息着的鸟兽可以高飞；中等境界就是像这样的。星星并不是不明亮，它明亮但不向外发光；即使发光也不是不能照亮，只是照得不远；既不能代替太阳，也不能帮助月亮，万物都不依赖它；比不上树立的蜡烛可以让人安居，比不上悬挂的油灯可以替人引路；下等境界就是像这样的。

以象取喻[①]，日月星有异体；以心取喻，日月星惟一明。自照则为星，及物则为日月。为日月之明者，能照一室，即能照一城；能照一城，即能照一国；能照一国，即能照东西南北亿万里。照一室，即一室之耳目心身遂[②]；照一城，即一城之耳目心身遂；照一国，即一国之耳目心身遂；照东西南北亿万里，即其耳目心身无不遂。为星之明者，智尽经纬[③]，学穷度数[④]，何让日月；品绝尘垢[⑤]，体立峻洁，何让日月；孰不尊其贤，仰其德！虽贤虽德，无尺寸之光以临下土，以惠营作飞走之类[⑥]。

【注释】

①取喻：作为比方。

②遂：满足。

③经纬：指经书和纬书。经，一般指儒家经典，如《诗》《书》《易》《礼》《春秋》《孝经》等。纬，即纬书，是汉代依托儒家经义宣扬符箓瑞应占验之书。因为是相对于经书而言的，故称纬书。纬书内容附会人事吉凶，预言治乱兴废，颇多怪诞之谈；但对古代天文、历法、地理等知识以及神话传说之类，均有所记录和保存。《易》《书》《诗》《礼》《乐》《春秋》及《孝经》均有纬书，称"七纬"。

④度数：本义指测算，此处可指数学、天文等测度、历算之学。

⑤绝：断绝。尘垢：尘秽与污垢。

⑥惠：施惠。营作：经营劳作的人。飞走：飞禽走兽。

【译文】

以物象来作比方，太阳、月亮、星星都各有自己的形体；用心来作比方，太阳、月亮、星星唯有一点与心相同，那就是明亮。心能照亮自身，就是星星；能照亮万物，就是太阳、月亮。发出太阳、月亮一样的光亮，能照亮一间房子，就能照亮一个城市；能照亮一个城市，就能照亮一个国家；能照亮一个国家，就能照亮亿万里的世界。能照亮一间房子，则这间房子里的人的耳目身心都能得到满足；能照亮一个城市，则这个城市里的人的耳目身心都能得到满足；能照亮一个国家，则这个国家里的人的耳目身心都能得到满足；能照亮亿万里的世界，则这个世界里的人的耳目身心无不都能得到满足。有星星般光明的人，智慧能在经书与纬书上充分发挥，学问能穷尽天文历算，有这种光芒的人与日月相比也不逊色；他们人品高洁，脱离了俗世的污秽与尘垢，立身高洁，与日月相比也不逊色。这样的人，谁不尊敬他们的贤能，谁不敬仰他们的德行！但这种贤能与德行，没有一点光亮照临世界，来施惠于劳作的人以及飞禽走兽之类的生灵等。

天有三明，人心亦有三明。人心三明，可以为星，可以为月，可以为日。胡乃为星而不为月[①]，不为日？尧、舜、仲尼为日，禹、文、伊、周、颜渊、子舆为月，后儒为星。辩者恒谓："圣贤无位，不可校功[②]。仲尼、子舆何功？"不智莫甚于此！仲尼为夜之日，子舆为昼之月。谓二圣人无功，犹夜处而论日，谓日无光；昼处而论月，谓月无光。谓后儒得位亦有功，犹昼处而论星，谓星亦可照万方。

【注释】

①胡乃：何乃。

②校功：计较功业。

【译文】

天有三种光明，人心也有三种光明。人心中的三种光明，可以使自己成为星星，也可以使自己成为月亮，成为太阳。为何要成为星星而不成为月亮，不成为太阳？尧、舜、孔子是太阳，大禹、周文王、伊尹、周公旦、颜回、孟子是月亮，后来的儒生是星星。舌辨之士经常说："圣人与贤能的人不在其职位上，不可以计论功业。孔子、孟子有什么功业呢？"没有比这更愚蠢的了！孔子是黑夜中的太阳，孟子是白昼中的月亮。说两位圣人没有功业，就好比待在黑夜中谈论太阳，说太阳是没有光的；在白昼中谈论月亮，说月亮是没有光的。说后世的儒生取得职位也是有功业的，就好像在白昼而谈论星星，说星光也可以照耀天下。

今之制度，朝宾之服[①]，必束丝带。丝带之长五尺，缀以锦包[②]，缀以佩刀，缀以左右叠巾[③]，绕后结前而垂其穟[④]，斯为有用之带。若有愚者，割五尺为二尺五寸者二，持以鬻于市。围之不周，结之不得，缀之不称，市人必笑而不取。

然则虽为美带，割之遂不成带。

【注释】

①朝：上朝。宾：迎宾。

②缀（zhuì）：装饰。

③叠巾：巾的一种。

④襚（suì）：稻、麦等穗上的芒须，这里指须状物。

【译文】

现在的制度，上朝和迎宾的衣服，必须系上丝带。丝带长为五尺，以织锦做的荷包点缀，还以佩刀装饰，左右两边用叠巾装饰，丝带从身后绕向身前，打上结，让丝带的穗垂下来，这算作是有用的丝带。假若有愚蠢的人，将五尺的丝带割为两条二尺五寸的丝带，拿着到市场上去售卖。这时带子围腰一周不够，打结也打不了，想挂上饰物也挂不了，买东西的人一定耻笑这个人，不会买他的丝带。这样虽然是一条很美的丝带，割断了就不再成为好的丝带了。

修身治天下为一带，取修身割治天下，不成治天下，亦不成修身。致中和育万物为一带[①]，取致中和割育万物，不成育万物，亦不成致中和。克己天下归仁为一带[②]，取克己割天下归仁，不成天下归仁，亦不成克己。孝悌忠信制梃挞秦、楚为一带[③]，取孝悌忠信割制梃挞秦、楚，不成制梃挞秦、楚，亦不成孝悌忠信。

【注释】

①致中和育万物：《礼记·中庸》曰："喜怒哀乐之未发谓之中，发而皆中节谓之和。中也者，天下之大本也；和也者，天下之达道也。

致中和，天地位焉，万物育焉。”

②克己天下归仁：《论语·颜渊》曰：“颜渊问仁。子曰：‘克己复礼为仁。一日克己复礼，天下归仁焉！为仁由己，而由人乎哉？’”何晏《集解》：“马曰：‘克己，约身。’孔曰：‘复，反也。身能反礼，则为仁矣。’”

③孝悌忠信制梃挞秦、楚：《孟子·梁惠王上》曰：“王如施仁政于民，省刑罚，薄税敛，深耕易耨，壮者以暇日，修其孝悌忠信，入以事其父兄，出以事其长上，可使制梃以挞秦、楚之坚甲利兵矣。”

【译文】

修养身心与治理天下就像一条丝带，只修养身心，将修养身心与治理天下割裂开，不仅不能治理天下，也不能修养身心。达致中和与养育万物，就像一条丝带，只选取“致中和”，而将“育万物”割裂掉，不仅不能养育万物而且也不能致中和。约束自己与使天下之人归向仁德就像一条丝带，只选取约束自己，而将使天下之人归向仁德割裂掉，不仅天下之人归向仁德实现不了，就是约束自己也做不到。孝、悌、忠、信与制作棍棒这样的武器攻打秦国、楚国，就像一条丝带，只选取忠、信、孝、悌，割裂制作棍棒攻打秦国、楚国，不仅达不到制作棍棒攻打秦国、楚国的目的，也不能做到孝、悌、忠、信。

若续所割二尺五寸之带还为五尺之带，可围，可结，可缀，两端之毵蕤然[①]，而中有续脊[②]，终不成带。大道既裂，身自为身[③]，世自为世；此不贯于彼，彼不根于此；强合为一，虽或小康，终不成治。若是者何？身世一气，如生成之丝；身世一治，如织成之带；不分彼此，岂可断续！

【注释】

①蕤（ruí）：通"緌"，指缨绥等下垂的饰件。

②续脊：指连接处的隆起部分。续，连接。脊，指物体中间高起的部分。

③身：自身，个体。

【译文】

假若将两条二尺五寸的丝带连接起来，还原成为一条五尺长的丝带，可以围着腰身，可以打结，可以装饰，两端的穗一样低垂，只是中间连接处有隆起的地方，最终还是不能成为一条好的丝带。大道已经被割裂开来，个人是个人，社会是社会，社会与个人不能贯通，个人不能扎根于社会。强行将两者捏合到一起，虽然有可能达到小康的水平，但最终不能实现天下大治。像这样的原因是什么？个人与社会是一气贯通的，如自然界中生长成的丝；个人与社会是一起治理的，就如丝织成的丝带。彼此不能分离，哪能随意割断或者接上！

又譬织带者引五尺之丝于机上，但成二尺五寸，其二尺五寸不加纬织，仍为散丝，但结尾端，亦岂成带！以织所起喻本，以织所止喻末。工专于本，不能使未织之半自然成带；学专于本，不能使未及之群生自然成治。若是者何？一形一性，万形万性，如一器一水，万器万水。器虽有万，水则为一；于己必尽，于彼必通。

【译文】

又比如，织丝带的人将五尺长的丝放置到织机上，但只织成二尺五寸长的丝带，另外的二尺五寸长的丝不加纬线，仍旧是散开的丝，只是在末端打个结，这样哪能成为丝带呀！将开始织丝带比喻成根本，将织成丝带比作末端。工匠专心于根本，不能使没有织好的那一半自然而然地变成丝带；学者专心于根本，不能使没有被教化的人自然而然得到治理。像这样是什么原因呢？一个形体有一种特性，一万个形体有一万种特性，如同一个碗里装一碗水，一万个碗里装一万碗水。碗虽然有一万个，水却只有一种水。所以对于自己必须充分发挥人性，对于他人又要实现人性的相通。

是故道无二治，又非一治。以性通性，岂有二治；通所难通，岂为一治！父子相残，兄弟相仇，夫妇相反，性何以通！天灾伤稼，人祸伤财，冻馁离散，不相保守，性何以通！盗贼忽至，破城，灭国，屠市，燬聚①，不得其生，不得其死，性何以通！但明己性，无救于世，可为学人，不可为大人②；可为一职官，不可为天下官。

【注释】

①燬：同“毁”。焚毁，毁坏。聚：村落。

②大人：指德行高尚、志趣高远的人。《孟子·告子上》曰：“从其大体为大人，从其小体为小人。”

【译文】

所以说治理之道，不能简单说没有两种治理方法，也不能说不是一种治理方法。如果以自己的人性与他人的人性相贯通，哪会有两种治理方法的说法；如果能与难通的人性相通，又哪会只有一种治理方法的说法！父亲和儿子互相残害，兄弟之间互相仇视，夫妻反目，人性如何能相通！自然灾害伤害庄稼，人为灾祸损害财物，饥寒交迫，人心离散，不能互相保卫守护，人性又怎么能相通！盗贼忽然之间就来到了，城池被攻破，国家被灭亡，街市被屠戮，村落被焚毁，人民求生不能，求死不得，人性如何能相通！只是洞明自己的人性，不可能拯救天下，可能成为一个精通学问的人，不能成为一个德行高尚的大人；可做一个具体的官，不能成为一个治理天下的官。

天地初辟，有道无德①，有治无政，清静渊默，各养其身。黄帝谷神之书②，老聃称述，传为道宗。运及尧、舜，生人日众，情欲日开，不能与鸟兽杂处。黄帝所治，不复可治；政教乃起，学问乃备。使五谷为食③，五行为用④，五教为序⑤，五兵为卫⑥，心原身矩⑦，以溉生匡俗⑧。至于释氏，则又大别。断绝尘缘，深抉本真⑨。知生死流转之故，立不生不灭之本。

【注释】

①有道无德：《老子》曰："失道而后德，失德而后仁。"唐甄这里正是借用了这一观点，道家重道，认为失道以后才求助于德，失德以后才求助于仁。

②谷神：古代道家用语。谷和神本分用，后多并称。《老子》中说："神得一以灵，谷得一以盈。"又："谷神不死。"《列子·天瑞》引"谷神不死"句，谓出自黄帝书。对"谷神"的解释，较为复杂，如有观点认为"谷"指山谷，"神"指一种渺茫恍惚的无形之物，"谷神"就是指空虚无形而变化莫测、永恒不灭的"道"。也有人认为"谷"是"生养"之义，"谷神"指生养之神，亦即"道"。

③五谷：五种谷物。所指不一。《周礼·天官·疾医》曰："以五味、五谷、五药养其病。"郑玄注："五谷，麻、黍、稷、麦、豆也。"《孟子·滕文公上》："树艺五谷，五谷熟而民人育。"赵岐注："五谷谓稻、黍、稷、麦、菽也。"《楚辞·大招》："五谷六仞。"王逸注："五

谷，稻、稷、麦、豆、麻也。”

④五行：水、火、木、金、土。我国古代称构成物质的五种元素，古人常以此说明宇宙万物的起源和变化。

⑤五教：五常之教，指父义、母慈、兄友、弟恭、子孝五种伦理道德的教育。《尚书·舜典》曰：“汝作司徒，敬敷五教。”孔安国《传》：“布五常之教。”

⑥五兵：五种兵器。所指不一，如戈、殳、戟、酋矛、夷矛。后泛指军队。

⑦原：根本，根源。矩：规矩，规范。

⑧溉：灌溉，养育。匡：匡扶。

⑨抉：挖掘。本真：本体真如之理。

【译文】

天地刚刚开辟，有大道但没有德行，有治理但没有政令，清静无为，静渊沉默，人们各自修养自己的身心。黄帝修身养性的著述，老聃称颂它，传述它，最后流传为道家的根本宗旨。世运到了尧、舜的时候，人口日渐增长，人的感情欲望也日益开张，不能和鸟兽等动物混杂居住了。黄帝所主张的治理方法，后代人不能再用了；政令和教化开始兴起，学术思想也开始齐备。将稻、黍、稷、麦、菽五谷当成食物，将金、木、水、火、土五行作为应用，将父义、母慈、兄友、弟恭、子孝五教作为人伦秩序，以戈、殳、戟、酋矛、夷矛五种兵器装备的军队作为国家的保卫，以心为本源，以身为矩范，来养育众生，匡正时俗。到了佛家这里，又有了很大的区别。与红尘俗世断绝关系，深入挖掘本体真如之理。懂得死生轮回不绝的道理，确立超脱生死的本心。

老养生，释明死，儒治世。三者各异，不可相通；合之者诬[①]，校是非者愚。释出天地外，老出人外；众不能出天地外，不能出人外。一治一乱[②]，非老释所能理；是以乾坤笼钥[3]，专归于儒。故仲尼、子舆言道德必及事业，皇皇救民[4]，辀转乱国[5]，日不宁息；身既不用，著言为后世禾丝种[6]。

【注释】

①诬：虚假，虚妄。

②一：或者。

③筦钥：钥匙。筦，同“管”，古称钥匙。

④皇皇：惶恐、彷徨不安的样子。

⑤辀（zhōu）转：周游，谓四处游说。辀，车辕。用于大车上的称辕，用于兵车、田车、乘车上的称輈。

⑥禾丝种：稻谷与蚕的种子，比喻极有价值的东西。

【译文】

道家主张养生，佛家主张洞明生死，儒家主张治理天下。三家的主张各不相同，不能够相贯通；想捏合三者的一定是虚妄，比较三家对错的人也一定很愚蠢。佛家跳出天地之外，道家跳出人世之外；普通众生既不能跳出天地之外，也不能跳出人世之外。天下安定或者天下大乱，并不是道家与佛家有能力治理的。所以，治理天下的钥匙，就专门交给儒家了。所以，孔子、孟子谈论道德就一定会涉及政事与功业。他们为拯救万民彷徨不安，在乱国中四处游说，一天也得不到休息；自身在当时既然不能被任用，就著书立说为后世留下有用的种子。

释惟明死，故求真心宝性[1]，以天地山河为泡影[2]。老惟养生，故求归根复命[3]，以万物百姓为刍狗[4]。儒惟治世，故仁育，义安，礼顺，智周，天地山河，万物百姓，即所成性，离之无以尽性。譬如一家，门庭房廪，童仆婢妾，诸器毕具，乃为主人；若弃其广宅，栖身于野，乃非主人。舍治世而求尽性，何以异是！

【注释】

①真心：佛教用语，指真实无妄之心。宝性：佛教用语，即如来藏，指不失真如清净之性。佛经《究竟一乘宝性论》，简称《宝性论》，名即本此。

②泡影：佛教中的泡和影，为常用语，用来比喻事物的虚幻不实、生灭无常。

③归根复命：《老子》曰："夫物芸芸，各归其根，归根曰静，静曰复命。"

④以万物百姓为刍狗：语本《老子》："天地不仁，以万物为刍狗；圣人不仁，以百姓为刍狗。"

【译文】

佛家洞明了生死，所以追求诸佛如来真心、宝性，将天地山河等万物视为梦幻泡影。道家思考保养生命，所以强调回归本根，复归天命，把天下万物与百姓都当成稻草扎成的狗。儒家思考治理天下，所以用仁义去养育，用道义去安定，用礼仪去和顺，用智慧去周济，天地山河、万物百姓就是他们实现人性的依赖，离开这些就谈不上充分发挥人性了。比如一个家庭，大门、庭院、房子、仓廪、仆人、奴婢，各种器物都具备，这样才能成为主人；若丢弃了这个大宅子，住到旷野中，这就不能叫主人了。舍弃治理天下而求充分发挥人性，与这有何差别！

今于其内致精，于其外若遗若忘。天地山河，忘类泡影；万物百姓，遗等刍狗；名为治世，实非治世，即非尽性。儒尝空释而私老。究其所为，吾见其空，未见其实；吾见其私，未见其公。

【译文】

现在的人，追求内心修养的精致、纯粹，对外面的事功好像完全遗忘。天地山河，如同泡影一样被忘掉；天地万物与百姓，如同草狗一样被遗弃。这名义上是治理天下，实际上完全不是治理天下，也就是没有充分发挥人性。后世儒家曾认为佛家空无而道家自私。推究这两家的所作所为，我看到了他们的空无，没看到他们的实功；我看到了他们的自私，没有看到他们的公正。

学能尽性，四通六格[①]，备在一身。如酌水于井，取火于石，井无尽水，石无尽火。夫井仅容瓮，石大如枣，何以无尽若是？以天地之水通于容瓮之井，以天地之火藏于如枣之石，水火本自无尽，非井石能不尽。世能用我，如日酌日取，无求不足；世不用我，如不酌不取，而井之无尽水者自若，石之无尽火者自若。夫井之通水广，故其济亦广；石之藏火广，故其用亦广。今之言性者，知其精不知其广，知其广不能致其广。守耳目，锢智虑，外勋利，怵变异，守己以没；不如成一才，专一艺，犹有益于治。破其隘识，乃见性功。

【注释】

①六：天、地、东、南、西、北六个方向，即六合。格：到。

【译文】

学习能充分发挥人性，通达四面八方，到达六合之外，这些能力都具备于我一个人。比如在井中取水，在石头上取火，井里的水不会枯竭，石头上的火花也不会穷尽。井的大小只能放下一个坛子，石头只有枣子那么大，为什么能做得到取之不尽呢？这是因为将自然界的水注入了只能放下一个坛子那么大的井中，将自然界中的火都藏在一个只有枣子那么大的石头里，水与火本来是无穷尽的，并不是井与石头能取之不尽。世道能用我，就如同每天取水每天取火，没有需求是不能满足的；世道不用我，就像不取水不取火一样，井里的水还是像原来一样取之不尽，石里的火还是像原来一样取之不尽。与井相通的水是广大的，所以它周济的地方也就广大；石里藏的火是广大的，所以它使用的范围也就广大。现在谈论人性的人，知道人性的精致但不知道人性的广大，知道人性的广大但不能使人性变得广大。他们所见所闻保守，智慧与思虑禁锢，将功勋利益置之身外，害怕变化与不同，死守着自己直到死亡。与其这样，不如学习一种专门的才能，专精一种技艺，这样还能有益于天下的治理。破除掉狭隘的认识，才能见到人性的功用。

自明

【题解】

《自明》篇是唐甄论心性的重要篇章，他要阐述的道理，就是道在自心，修心即可致道。心有真正的本体，心有真正的自明："真体真明，大征小征，内见于寸而外寸应之，内见于尺而外尺应之。"心与真体、真明之关系，如同医生把脉治病，脉象与病症总是分毫不差地对应着的。

唐甄指出，学道，"心如果，书如土；枝叶出于果，非出于土。不自得而壹于书，是舍其种而求枝叶于土也"。心是种子，只有种子才是枝叶的最直接的来源，而书是土壤，不是道的直接产生者。

学道，也不是来自于老师的传授："因师而得者，不过绳墨其身，权度其心，为君子人而止；其可得者在师，其不可得者在我。"孟子非孔子学生，却能得其学；伯鱼为孔子之子，却只有中等才能，更不要说能得道了。

接着，唐甄反复论述，学习道，一定要使道成为自己的东西："宝非己有，犹壤芥也。"学习、增加闻见知识，都能使人内心聪明，但这些都不是道本身："所见之事，所遇之物，所读之书，所传之学，皆心资也。然而倚于四者，则心假四者以为明而本明不见。本明不见，则学与不学同失，学之是者与学之非者同失，学之正者与学之偏者同失。"此实为卓见！

人之学道，要善于借助外物："然两镜传形，则背可见；三指按脉，则症结可知。"但是，学道是为了自明而非蔽明，"致思之深""求见之笃"，都不能使心成“假”，要使心成“正”，“不达而以为达，不贯而以为贯，岂心之明哉？心之病也”。有了心病，何以致道？

唐甄还论及，内心的自明就是内与外的符合：“心无多寡，易效者，既事既试，内外相衡，如锱铢之不爽，夫是之谓得心。”学习就是为了治理国家：“古之人，推学于治，如造舟行川，造车行陆，无往不利。后之人，推学于治，如造舟行陆，造车行川，无所用之。”“学道无用，如身之气尽而毙焉。不能究极之，勿言学也。”

道无大小[①]，今皆不传。医有书，读其书者不能生人；卜筮有书[②]，读其书者不能知吉凶；圣人有书，读其书者不能治天下；道在书而非自得也。是故上世无书而道出，中世书少而道明，下世书多而道亡。心如果，书如土；枝叶出于果，非出于土。不自得而壹于书，是舍其种而求枝叶于土也。

【注释】

①道：这里指技艺、技术。

②卜筮：古时预测吉凶，用龟甲称卜，用蓍草称筮，合称卜筮。

【译文】

学问与技艺无论大与小，现在都不流传了。医学有书籍，读这些书籍的人不能治病救人；有占卜的书籍，读这些书的人不能预知吉凶；圣贤留下了典籍，读这些书的人不能治理天下；学问与技艺这些都记载在书籍中，却没有成为自己的知识。所以远古时代没有书籍但学问技艺都产生了，中古时代书籍很少但学问道理洞达明了，现在书籍虽然很多但学问技艺却丧亡了。心灵好比种子，书籍就是土壤；新生的枝叶都是从种子中长出，而不是从土壤中长出。没有自己独到的收获却一味依靠书籍，这是舍弃种子而向土地求取新生的枝叶。

惟师亦然。因师而得者，不过绳墨其身[①]，权度其心，为君子人而止；其可得者在师，其不可得者在我。是故以仲尼为之父，而伯鱼不过为中材之子[②]；子舆之后也百有余岁，不及身为之徒，乃得其学焉而为圣人。

【注释】

①绳墨：木匠用来画直线的工具，后来多用来比喻标准、法度。

②伯鱼：孔子的儿子鲤的字。

【译文】

向老师学习也是一样。通过向老师学习而获得的知识，不过是用来规范身体行为，端正自己的内心，培养君子人格罢了；可以习得的东西在老师那里，不能习得的东西那就在自己身上了。所以虽然父亲是孔子，而伯鱼也只有中等才能；孟子在孔子之后一百多年出生，他没来得及成为孔子的学生，但一样得到了孔子的学问而成了圣人。

学天地之道，虽知天地，道在天地，于我乎何有！学圣人之道，虽知圣人，道在圣人，于我乎何有！学君臣父子之道，虽知其道，道在君臣父子，于我乎何有！过都市者，见宝而喜，去之不可忘，就之不可取。宝非己有，犹壤芥也[①]，夫岂非宝不可以为宝？以斯譬道，道非己有，夫岂非道不可以为道？

【注释】

①壤芥：泥土和小草，比喻微贱的事物。

【译文】

学习有关天地万物的知识，虽然了解了天地万物，但是这些知识是天地万物的，对我有什么用呢！学习圣人的知识，虽然了解了圣人，但知识是圣人的，对我有什么用呢！学习君臣父子的知识，虽然知道了这中间的道理，但这些知识是君臣父子的，与我又有什么关系呢！经过市场的人，见到一个宝贝东西就非常喜欢，离去了还不能忘怀，走近了又不能获取。宝贝不是自己的，就好像是尘土和草芥一样，这难道是宝贝不成其为宝贝吗？用这个道理来比喻道，道如果不是自己的，难道是道不成其为道吗？

天生物，道在物而不在天；天生人，道在人而不在天。取诸一物，道在此物而不在彼物；取诸一人，道在我而不在他人。身有目，目有明；身有耳，耳有聪；道在明而不在目，道在聪而不在耳；道在明明而不在明①，道在聪聪而不在聪。不知我之言者，以为止而不及于通也②，独而不及于该也③。知我之言者，以为止所以为通也，独所以为该也。园师伐树以接树，非木相贯，生相贯也；巨人肢痿④，非体不相贯，生不相贯也。道散然后见形，道归不复见形⑤。天地为首趾，身心为胡越⑥，身世之故⑦，判于斯矣。

【注释】

①明明：第一个“明”是动词，“使之明”的意思。第二个“明”是名词，“明亮”的意思。后文的“聪聪”与此同构。

②止：固守。通：变通。

③独：单独。该：周遍，普遍。

④痿（wěi）：身体某部分萎缩或失去机能。

⑤归：返回。

⑥胡越：胡与越，亦泛指北方和南方的各民族，用以比喻疏远隔绝。

⑦故：事理。

【译文】

天地产生万物，学问技艺存在于万物之中，而不是存在于天地中；天地造就了人，学问技艺存在于人本身，而不是存在于天地中。道从某物上获得，道就在这一物而不在其他物上；道从某人身上获得，道就应该在此人而不在他人身上了。人身体有眼睛，眼睛能看；身体有耳朵，耳朵能听；道存在于眼睛看到的东西中而不是眼睛本身，道存在于耳朵听到的东西中而不是耳朵本身；道存在于使眼睛洞明的东西中，而不仅仅是所看到的东西本身；道存在于使耳朵听明白的东西中，而不仅仅是所听到的东西本身。不理解我所说的话的人，认为我只能固守而不知道变通，只能停留在单独的物事上，不能遍及全体。能听懂我说的话的人，认为我的固守是为了变通，停留在单独的物事上就是为了能遍及全体。园丁砍伐一棵树嫁接到另外一棵树上，并不只是树木连接起来，而是生命的连接；巨人的肢体萎缩，并不是肢体不连续了，而是生命不连续了。道分散于万事万物中，通过这些事物来表现自己的形态，道返回自身，自己的形态就消失不见了。天与地就像人的头与脚趾，身体与心灵就像北方之胡人与南方之越人，身体与社会关系的事理，从这里可以判别出来。

多闻多识，譬诸药食[①]；内实内明，譬诸气血。气血资于药食，药食非即气血。人知药食之非即气血，而不知闻识之非即聪明。心不可以空明[②]，不可有所倚以为明[③]。所见之事，所遇之物，所读之书，所传之学，皆心资也。然而倚于四者，则心假四者以为明而本明不见。本明不见，则学与不学同失，学之是者与学之非者同失，学之正者与学之偏者同失。

【注释】

①药食：药物与食物。

②空明：凭空就聪明。

③依：依赖。

【译文】

见多识广，就好比是药物与食物；内心充实明亮，就好比是人的气血。气血有赖于药食的滋补，但药食本身不是气血。人们都知道药食不是气血，而不知道见闻见识并非就是聪明。内心不会凭空聪明，但也不能把自己依赖而聪明的东西当作聪明。所见到的事，所遇到的物，所读过的书，所流传的学问，都是内心可资利用的东西。但仅仅依靠这四者，那么内心借助于这四种东西而变聪明，却使本有的聪明不见了。本有的聪明不见了，那么学习与不学习都是失败，学习正确与错误都是失败，学习走正途与走偏门都是失败。

心之不能自见，有如其背也[①]；心之不能自知，有如其藏也[②]。然两镜传形，则背可见；三指按脉，则症结可知。是背与藏犹可见知，而心不可见知。致思之深，结而成明；求见之笃[③]，结而成象；其于天性自以为达其微，其于庶事庶物若显然有以贯之者。若是者，乃其心之所假，非正心也。楚有患眚者[④]，一日，谓其妻曰："吾目幸矣[⑤]，吾见邻屋之上大树焉。"其妻曰："邻屋之上无树也。"祷于湘山，又谓其仆曰："吾目幸矣，吾见大衢焉[⑥]。纷如其间者，非车马徒旅乎？"其仆曰："所望皆江山也，安有大衢！"夫无树而有树，无衢而有衢，岂目之明哉？目之病也。不达而以为达，不贯而以为贯，岂心之明哉？心之病也。不死其病而生其病，尚何言心！

【注释】

①背：后背。

②藏：内脏，后作“脏”。

③笃：纯一，专一。

④眚（shěng）：眼睛生翳。

⑤幸：痊愈。

⑥衢（qú）：大路，四通八达的道路。

【译文】

人心不能自己看见自己，就如同人不能看见自己的后背；人心不能自己了解自己，就像不能了解自己的内脏。但是借助两个镜子传递形状，后背也就能看见了；用三个指头把脉，则可以知道内脏的病症。后背与内脏尚且可以见到可以了解，人心却不可见不可知。深深地思索，聚结而成聪明；专一地探求，聚结而成物象。这于人的天性而言，自以为是到达了最微妙的地方，对于普通事物好像明显能贯通起来。像这样，是他内心的假象，并不是他真正的本心。楚国有个患眼疾的人，一天，对他妻子说：“我的眼病痊愈了，我看见了邻居家屋顶上的大树。”他的妻子说：“邻居屋顶上没有树。”到湘山上去祷告，又对他的仆人说：“我的眼疾痊愈了，我看见了四通八达的大路。在路上来来往往的，不就是车马和旅人吗？”他的仆人说：“你所看到的，都是高山大河，哪里有大道呀！”没有树而说有树，没有大道而说有大道，这难道是眼睛的明察吗？这是眼病啊。不能达到而以为能达到，不连续而以为连续，这难道是内心的洞明吗？这是心病啊。不是消灭自己的毛病而是促生毛病，还谈什么修心呀！

心有真明[①]，人皆以意为明；心有真体[②]，人皆以影为体。以此为学立业，是期意以成应[3]，而责影以持行也。真体真明，大征小征[4]，内见于寸而外寸应之，内见于尺而外尺应之。心无长短，易应者，内得其一而外效不过于一，内得其十而外效不阙于十。心无多寡，易效者，既事既试，内外相衡，如锱铢之不爽[5]，夫是之谓得心。

【注释】

①真明：真正的诚明。

②真体：真实的本体。

③意：意识，意念。应：响应。

④征：症候，病象。

⑤锱（zī）铢：锱和铢，都是古代重量单位，比喻微小的数量。

【译文】

人心是有真正的诚明的，但人们都以意念为诚明；人心是有真实的本体的，但人们都将人心表现的迹象作为心的本体。这样来研究学问成就功业，如同期待意念中的事物能应声成为真实，而将人心表现出来的影像来支配自己的行为。真正的本体真正的诚明，如同医生把脉时感受到的大小症状，内心有一寸的症状，外面就有一寸的脉象与之相符；内心有一尺的症状，外面就有一尺的脉象与之相符。心是没有长与短的，容易相符，内心得到一外面的效应就不会超过一，内心得到十而外面的效应不会比十少。内心是没有多与少的，容易检验，将已经做成的事来试验，内心与外部行为相比较，分毫不差，这就叫得到了本心。

古之人，学之九年而知事，学之二十年而知人，学之三十年而知天。知事则可以治粟，可以行军；知人则可以从政，可以安社稷；知天则德洽于中土，化行于四夷。迨其后也[①]，非性命不言，非圣功不法；辨异端过于古[②]，正行过于古，参稽勤备过于古[③]，言说辨博过于古。问之安社稷之计，则蒙蒙然不能举其契[④]；问之平天下之道，则泛掇前言以当之[⑤]。古之人，推学于治，如造舟行川，造车行陆，无往不利。后之人，推学于治，如造舟行陆，造车行川，无所用之。

【注释】

①迨：等到。

②异端：古代儒家称其他学说、学派为异端。后泛指不同的见解或观点立场相异的人等。

③参稽勤备：考查前言往事，既努力又详尽。

④蒙蒙：模糊不清的样子。契：符合。

⑤掇（duó）：拾取。

【译文】

古代的人，经过九年的学习就能明白事理，经过二十年的学习就懂得人性，经过三十年的学习就懂得天地运行的法则。明白事理就可以去种植粟，可以从军作战；懂得人性则可以去从政，可以安定国家；懂得天地运行的法则则德性融洽于中国，教化行于四方蛮夷。等到后世的人，不是关于人性天命的话不说，不是圣人的功业不效法；辨别其他学说超过古人，端正自己的行为超过古人，考查古今事勤勉详备超过古人，言语论说雄辩广博超过古人。但一问及安定国家的计谋，却茫然提不出相符合的策略；问及平定天下的策略，就泛泛地捡起前人说过的话来应付。古人把学问推向治理天下，如同造船是要在大河中航行，造车是要在陆地上通行，无论往哪个方向都是有利的。后世之人将学问推向治理天下，如同造船是在陆地上航行，造车是在大河中行走，一无用处。

君子为天下母，君子之学为天下乳。不能育人，则生化无辅[①]，帝治以绝[②]，大道以熄，其害甚于异端之横行。盖异端惑世，如身之有病耳；学道无用，如身之气尽而毙焉。不能究极之，勿言学也。

【注释】

①生化：天地生成化育之功。辅：辅助。

②帝治：这里指上古三皇五帝的政治教化传统，通常喻指美政。

【译文】

如果将君子比成天下人的母亲，那么君子的学问就是母亲的乳汁。不能养育人民，则天地生成化育这一行为就没有了辅助的力量，三皇五帝等人的治理传统就会断绝，大道就会熄灭，这样的危害比异说邪学流行的危害更大。大概异说邪学惑乱社会，就像身体有了毛病；学习大道而用不上，如身体的元气丧失殆尽而亡。不能彻底弄明白这一点，就不要谈学习这件事了。

充原

【题解】

所谓"充原",就是指充实人的本性。原,指人性的本原、人性本来的样子。

唐甄认为:"男子溺于世而离于天者也,妇人不入于世而近于天者也。"男人的天性泯灭,是因为世俗所染;女人更能保持天性,就是因为世俗对她们的污染相对较少。同样,"孺子未入于世而近于天者也,丈夫溺于世而远于天者也"。孩子与女人一样,习染少,因而更具天真的人性。

唐甄使用两则事例来说明自己的观点。第一则事例是郭鸿胪守丧,远不如婴儿"入室求其母不得,号而不乳食者三日"真切;第二则是王阳明与学生谈及自己生日时的感受:"众人顺年,圣人逆年。知与年加,见与年加,闻与年加。知浚沉心,见博覆心,闻蓄亡心。三者根心,还以戕心。"圣人逆着年龄而行,所以走向越来越纯朴的童真。两则事例都是表明,人要能保持天性,不丧失本原的人性。

唐甄还从音乐这些方面切入,论及"以本声达其本性也"等问题。最后指出,"圣人尽性如海,复性于原,是以类亦通,非类亦通也"。人只有回复到本真的天性,并且充分发挥这种天性,才能与万物相通,实现天下大治。

唐子尝出游而归，问其妻曰："自我之往也，朋友亲戚亦有来问者乎？"曰："无有也。"则称邻人之善。问邻人之善者谁也，则皆邻人之妇也。又尝出游而归，其妻出果蔬以饮酒。唐子曰："家且无食，是果蔬者，其以何易而来？"曰："是邻人之妇所遗也。恐子之归而无以饮酒也，故留以待子。"又尝出游而归，入门，见女安而怜爱之①，执其手，理其发，拊其颏②，而笑问其妻曰："自我之往也，是儿何以为嬉？"妻曰："昔之夕，邻女要之往③，为设饼食，又遗之橘十二枚以归。"于是唐子乃叹曰："妇人之智不如男子，岂男子固薄而妇人固厚哉？男子溺于世而离于天者也④，妇人不入于世而近于天者也。"

【注释】

①安：人名，唐甄的女儿唐安。

②拊（fǔ）：抚，抚摩。颏（kē）：下巴。

③要：约请，邀请。

④天：天真。

【译文】

我曾经外出游历归来，问我的妻子说："自从我外出后，朋友与亲戚有来问候的吗？"妻子说："没有啊。"然后妻子向我称赞邻居的友善。我问邻居中友善的人有哪些，她告诉都是邻居家的女人。又有一次我外出游历归来，我的妻子拿出瓜果蔬菜给我下酒。我说："家里快要没饭吃了，这些瓜果蔬菜是拿什么换来的呢？"妻子说："是邻居家的女人赠送的。担心你回来后没有下酒的东西，所以留着等你回来。"又有一次我曾外出游历归来，一进门，看见女儿唐安，甚为怜爱，拉着她的手，帮她梳理头发，抚摸着她的下巴，笑着问妻子："自从我外出后，这孩子拿什么玩耍?”妻子说:“前不久的晚上,邻居家的女人邀请她去家里,给她准备了烙饼等食物,还送给她十二个橘子带回来。”我于是叹息着说:“女人的智慧不如男人,难道是男人本来就薄情而女人本来就忠厚吗?男人沉溺在世俗中而离天真就很远了,女人不陷入世俗中而离天真就近得多。”

昔者唐子游于吴之南,馆于甯生之馆①。年俱弱②,相亲如弟兄也;夜不相舍而卧,饥相与燀灶为羹③。登舟送唐子,既垂涕去矣,复循涯而追及于湖滨④,相望不见而后反。又十年而遇之,礼貌有加,情则疏焉。又十年而假宿于故馆。有客右坐,唐子左坐。劝食必于右,劝酌必于右,笑语必于右,晨兴则为辞而避去。于是唐子追念之而叹曰:“孺子之智不如丈夫。斯人也,岂为孺子则厚而为丈夫则薄哉?孺子未入于世而近于天者也,丈夫溺于世而远于天者也。”

【注释】

①馆:第一个“馆”是动词,“住进客舍”的意思。第二个“馆”是名词,“客舍”之意。

②弱:《礼记·曲礼上》:“二十曰弱,冠。”指年少。

③燀(chǎn):烧火。

④涯:水边,岸。滨:水边,近水的地方。

【译文】

从前我在吴地南部游历,住宿在甯生的公馆中。我们都年少,相亲相爱如同兄弟一般。晚上舍不得分开就睡在一块,肚子饿了就一起在灶下烧火煮羹汤。甯生登上船送别我,已经眼泪汪汪离开了,后又沿着水边一直追到临湖之处,互相看不见了才离开。又过了十年我们再次相遇,彼此之间以礼相待,但感情就生疏多了。又过了十年,我又住宿在甯生的公馆中。正好有客人坐在右边的尊位，我坐在左边的位子。甯生招呼大家吃东西，必定从右边开始；劝大家喝酒，必定从右边开始；与大家谈笑，必定从右边开始，到了早上起来，我就找个借口而躲开了。于是我回忆以前，叹息着说："小孩子的智慧，比不上成年人。甯生这个人，难道是小孩子的时候就温厚，成年后就薄情吗？小孩子没有陷入世俗中，离天真自然就近；成年人在世俗中沉溺，离天真自然就很远了。"

尝闻诸越之耆老曰①："郭鸿胪居丧②，自始死至于禫③，绞衾④，虞祔⑤，哭踊居食⑥，皆中于制⑦。阳明子谓之知礼。他日有婴儿丧其母者，入室求其母不得，号而不乳食者三日，恃粉糜以生。阳明子见之，谓门弟子曰：'向也鸿胪之居丧，不如是婴儿之善居丧也！'"

【注释】

①耆（qí）老：老年人。

②鸿胪：古代官职与官署名，主管接待宾客与朝祭礼仪之赞导等事务，历代沿革较复杂。这里的"郭鸿胪"是人名，古人常以官职代称人。居丧：即守孝，古代为直系亲人守丧的礼仪。

③禫（dàn）：古代除去丧服的祭祀礼仪。《仪礼·士虞礼》中说："中月而禫。"郑玄注曰："中，犹间也；禫，祭名也，与大祥间一月。自丧至此，凡二十七月。"

④衾（qīn）：覆盖尸体的单被。

⑤虞祔（fù）：指虞祭与祔祭。虞为葬后之祭，祔为合于先祖庙之祭。

⑥哭：父母去世，孝子伤心痛哭，古代有代哭、卒哭这样的丧仪。踊：向上跳，也是古代的丧葬礼仪，边哭边顿足。居：古时候为父母守丧，要居倚庐（守丧时住的草房），寝苫（睡草席），枕块（以土块

为枕）。

⑦中：符合。

【译文】

曾经听越地的老人说："郭鸿胪这个人为父母守丧，从亲人去世开始，到举行除去丧服的祭祀，入殓时裹束尸体的束带和衾被，举行虞祭与祔祭，哭丧仪程与居丧的住、食等礼节，都符合丧礼的礼制。阳明先生说这人懂得礼仪。有一天有个小孩的母亲死了，小孩进入屋里找不到自己的母亲，哭号着三天不吃乳食，仅仅靠吃面粉调成的粥活下来。阳明先生看到了，对学生们说：'以前郭鸿胪为亲人守丧，不如这个孩子做得好！'"

阳明子行年五十[①]，当其始生之日，门人往贺曰："唯夫子不虚此年。《诗》云：'我日斯迈，而月斯征，夙兴夜寐，无忝尔所生[②]。'夫子之谓也。夫子，天授之哲人也，非弟子所能及也。"一人言斯，众人皆叹[③]。阳明子曰："吁！二三子未知我也。众人顺年，圣人逆年。知与年加，见与年加，闻与年加。知浚沉心[④]，见博覆心，闻蓄亡心。三者根心，还以戕心。顺年而下，如顺泷而下[⑤]；逆年而反，如逆泷而反。吾行年五十哉，吾欲反乎襁褓之初而未能也。"

【注释】

①行年：指将到的年龄。

②"我日斯迈"几句：语出《诗经·小雅·小宛》。

③叹：应和。

④浚：深，多。

⑤泷（lóng）：湍急的河流。

【译文】

阳明先生快五十岁了，他生日那天，他的弟子都去庆贺："只有先生您不虚度此生。《诗经》中说：'天天我奔波，月月你出行。早起晚睡忙不停，不要辱没父母名。'说的就是先生您吧。先生您是上天降生的哲人，不是学生们可以赶得上的。"一个人这么说，其他人都跟着应和。阳明先生说："呀！你们几个都不了解我啊。普通人随着年龄增长，圣人却逆着年龄返回童真。知识、见闻等随着年龄增加而增加，知识加多加深却让本心被淹没，见识广博却使本心被蒙蔽，闻见增加积累却使本心消亡。这三者根源于本心，但又回过来戕害了本心。顺着年龄而增长，好比顺着湍急的河流而向下流；逆着年龄返回本真，好比逆着湍急的河流而回到上流。我都快五十岁了，但我想返回到襁褓中的婴儿那种状态，却没有能力做到。"

祭之先，肄乐舞于郊坛①，唐子往观焉。或曰："古乐不得闻。今闻此声，广大和平，感我性情，是必虞、夏、商、周之遗声也。美哉，圣人之制器作乐也！"唐子曰："圣人乌能制作！天地生物，八器别焉②；八器既别，八音具焉③。音者，器所固有也。于是圣人取泗滨之石以为磬④，断嶰谷之竹以为管⑤，伐峄阳之桐以为琴瑟⑥，文嗟叹之言以为歌咏⑦，协之以六律⑧，播之以五音⑨，宣其固有也⑩。后夔虽聪，工倕虽巧⑪，岂能有所加损哉！皆天地之本声也。道丧世降，情失欲流，奸声繁兴⑫。犹是钟磬，犹是管籥，犹是琴瑟，贱工狡童，荡节致柔⑬，佻姣靡曼⑭，以为讙乐⑮。是淫滥之志所造也⑯，非天地之本声也。是故古之圣人，治以乐成，不外乎声奏。至于邦国以和，万物以蕃，天地以安，无他，以本声达其本性也。及乎乱世，乐亦成乱。至于君臣无礼，父子无节，男女无别，兵革缘起，邦国崩丧，无他，以奸声长其奸气也。盖圣人修身育物，因其故有[17]，不益于外。故有者恒生，外益者必害，物固然也。”

【注释】

①肄：学习，练习。《礼记·曲礼下》曰：“君命，大夫与士肄。”郑玄注：“肄，习也。”坛：高台。古代祭祀天地或举行朝会等的场所，多用土石等建成。

②八器：金、石、丝、竹、匏、土、革、木八种材料做成的乐器。

③八音：我国古代乐器的统称，即“八器”，后用来泛指音乐。

④泗滨：指用泗滨石所作之磬，又作“泗石”。语本《尚书·禹贡》：“峄阳孤桐，泗滨浮磬。”孔颖达《疏》：“泗水涯水中见石，可以为磬。”

⑤嶰谷：昆仑山北谷名。应劭《风俗通·声音序》曰：“昔黄帝使伶伦自大夏之西，崑仑之阴，取竹于嶰谷，生其窍厚均者，断两节而吹之，以为黄钟之管。”

⑥峄阳：峄山的南坡。峄，峄山，在山东邹县东南。

⑦文：文饰，修饰。嗟叹：引和歌声。歌咏：歌曲。

⑧六律：古代用竹管或金属管制成的定音仪器，后更多用来指乐律、音律。

⑨五音：宫、商、角、徵、羽。

⑩宣：当为“宜”字。

⑪工倕：尧时的巧匠。

⑫奸声：奸邪不正的乐音。

⑬荡：放荡不羁。

⑭佻姣：轻佻姣媚。靡曼：奢侈淫靡。

⑮讙（huān）乐：快乐。讙，通“欢”。

⑯淫滥：淫乱，放荡。

⑰因：因袭。

【译文】

在祭祀之前，人们在祭祀的高台上演习音乐与舞蹈，我前往观赏。有人说：“古代的音乐，已经听不到了。今天听到这种音乐，广阔博大，温和平静，触动了我的心性情感，这肯定是虞、夏、商、周时代遗留下来的音乐吧。圣人制作的乐器与音乐真是美呀！”我说：“圣人哪能会这些制作呀！天地生成万物，制作八种乐器的材料就区别开来了；有了八种不同的乐器，就有了八种不同的声音。声音，是乐器本身就具有的。于是圣人从泗水旁采取石头制作成石磬，取产自嶰谷的竹制作成乐管，砍伐峄山南面的桐木制成琴和瑟，文饰唱和的语言成为歌曲，用六律来配合乐器，用五音来传播，这恰恰是乐器本来就具有的呀。后夔虽然耳朵灵敏，工倕虽然手巧，难道能够使之增加或减少吗！这些都是天地本来就有的声音。大道丧亡，世风日下，真情消亡，人欲横流，奸邪乐声兴起甚多。还是那样的钟和磬，还是那样的管和籥，还是那样的琴和瑟，卑贱的乐工，狡黠的歌童，音节放荡，身体柔顺，轻佻妩媚，奢侈淫靡，以此为乐。这是淫佚放荡的心志制造出来的，不是天地本来的声音。所以古代圣人，用音乐来促成社会治理的，也只有乐声的演奏。要达到国家和谐，万物繁盛，天地安宁，没有其他，只有以本真的声音去传达人的本性。到了乱世，音乐也混乱了。君臣、父子之间没有礼节，男女没有分别，战乱因此而兴起，国家崩溃丧亡，没有其他原因，就是因为奸邪的乐声助长了奸邪的风气。所以圣人修养身心，养育万物，因袭原来就有的，不向外求得帮助。所以本性所具备的东西才能长久地使万物生长，向外求得的东西则一定有害，万物本来都这样。”

唐子曰："舜治天下，有苗不服[①]。有苗，天下之昏民也；伐之不惧，教之不知。舜能格之[②]，斯无不格矣。《易》曰：'信及豚鱼[③]。'豚鱼，物之至戾者也；浮木触之[④]，翻若吹脬[⑤]。信能及之，信斯神矣。不及而格之谓神，非类而同之谓神；非圣人能而我不能，通与间异也[⑥]。天既生物，万亿其类；不得其类，则人与物二。天既生人，万亿其形；不得其形，则人与人二。母既生子，彼此其身；不得其身，则子与母二。奚啻是哉！耳既有闻，百千其声；不得其声，则耳与心二。目既有见，百千其色；不得其色，则目与心二。心既有知，百千其虑；不得其虑，则心与我二。苟得其道，则舜与苗民为一身，舜与豚鱼为一气。不得其道，则苗民豚鱼即心而是，其如心何哉！其如心何哉！水在杯中与在海中，岂有二水！然两杯相并，隔在分秒，不得为一水；四海相去，不知其几万里，游鱼可达也，岂谓为异水！山川草木牝牡[⑦]，形质大判矣；生天生地，以生群物，无二生也；阳气时至，蛰苏而化，有条达而苞长[⑧]，无二生也。方各见方，物各见物，故不相通。圣人尽性如海，复性于原，是以类亦通，非类亦通也。"

【注释】

①有苗：见《辨儒》篇注。

②格：纠正，匡正。

③信及豚鱼：语出《周易·中孚》："《彖》曰：'豚鱼吉，信及豚鱼也。利涉大川，乘木舟虚也。'"豚，指小猪。鱼，指鱼等水族。依据下文的文意，唐甄似乎将豚鱼视为一物而不是二物，而且豚鱼为性情暴戾之物。

④浮木：代指船只。

⑤脬（pāo）：膀胱，也指鼓起、松软一类的东西。

⑥通：思想感情相通。间：隔绝。

⑦牝牡：鸟兽的雌性和雄性。

⑧条：树枝。苞：指代树木。

【译文】

我说："舜治理天下，有苗不驯服。有苗是天底下最昏庸的人，讨伐他们，他们毫不畏惧；教育他们，他们也不知道教化。舜能感化、纠正他们，就没有什么不能感化、纠正的了。《周易》说：'诚信施及豚鱼身上。'豚鱼是极为暴戾的生物；船只碰到了它，将其像吹翻鱼泡那样掀翻。诚信能施及这样的生物，这种诚信也就能通神了。恩德还没施及就能感化、纠正就叫做神，不是同类却能使之感同身受，这也叫做神。并不是圣人能做到我却做不到，这是相通与隔绝的差异。天已经产生了万物，种类以万亿计；不了解它们类同的东西，则人与万物就一分为二了。天已经产生了人，形状以万亿计算；不了解成为他们形状的共同的东西，则人与人之间就一分为二了。母亲生了孩子后，母亲与孩子都拥有了各自的身体；不了解成为身体的共同的东西，孩子与母亲就一分为二了。何止是这些啊！耳朵能听，声音千姿百态；不了解有关声音的共同的东西，则耳朵与心灵之间就一分为二了。眼睛能看得见，颜色就千姿百态；不了解有关颜色的共同的东西，则眼睛与心灵就一分为二了。心灵有了知觉能力，人的思维就千姿百态，不了解有关思维的共同的东西，则心灵与自我就一分为二了。如果得到了大道，那么舜与苗民就像有着同一个身体，与豚鱼有着相通的气息。不能得到大道，那么苗民与豚鱼都各有自己的心，这于心灵相通有何作用！这于心灵相通有何作用！水在杯子里与在大海里面，哪里是两种不同的水呀！但两个杯子并列在一起，中间相隔的距离如同时间的分秒之差，不能合而为一种水；四海相距不知道有几万里，但鱼可以到达，难道可以说这是不同的水！高山大川、花草树木、雌雄动物，在形状体质方面差别极大。大道产生天，产生地，天地再产生万物，再也没有第二种可产生万物的存在。天地之间的阳气按时到达，蛰伏的虫子苏醒过来化育孳生，树枝丛生，树木疯长，都是天地所生，再也没有第二种可以产生万物的存在。人在自己的方向上只能看见这个方向，万物在自己的位置上只能看到自己，所以永远不能相通。圣人能够充分发挥人性，就像大海一样宽广，在本源处回复到人的本性，所以是同类的能相通，不是同类的也能相通。”

居心

【题解】

唐甄认为所有的人与圣人都是同类，都一样是人，都不缺少成为圣人的内在品质。这一观点与孟子"圣人与我同类者"的思想一脉相续。

从古人与今人为学结果的不同入手，即古人为学最终是为了进入神化之境，而今人为学，"其人不出于常，不出于未造之常，则亦不免于为众人之身而已矣"，成了庸常之人，唐甄提出："今之人，犹古之人也；今之学，犹古之学也。"为什么结果相差这么远？这要"反求诸其心"才能找到结果。

求心，就是求居心，即孟子所说的"求放心"，也就是说为学需安居其心。安居其心，也就是安居于道。唐甄提出："圣人之心如岳，众人之心如海。善居心者，能使海变为山，则尧、孔可几也。"如果能使像海一样摇荡的心安定下来，人皆可成为尧、舜。而且心安定后，心与道就成为一体了："心譬则火也，道譬则明也，何见为二物哉！"所以，居心即是求道。

圣人与我同类者也[①]。人之为人，不少缺于圣人；乃人之视圣人也[②]，如天之不可阶而升[③]，何哉？或曰："天地之气有叔季[④]，故其生人也有厚薄。我观在昔，或百年而圣人生焉，或五百年而圣人生焉，或数圣人同朝而立，或数圣人比肩而游。自周以后，遂无圣人。是气之薄而不生圣人，非人之不能为圣人也。”唐子曰：“谓古今之气有厚薄，其必古之人皆如长狄[5]，今之人皆为侏儒[6]；古之马其身倍象，今之马其身不加于犬。而不若是也。以是论人，不薄于形而薄于所以为形，必不然矣。”

【注释】

①圣人与我同类者：《孟子·告子上》曰：“圣人与我同类者。”赵岐注：“圣人亦人也。”

②乃人：这样的人。

③如天之不可阶而升：《论语·子张》曰：“夫子之不可及也，犹天之不可阶而升也。”阶，阶梯。

④叔季：犹言差别。

⑤长狄：古代北狄的一种，体形长而高大。《左传·文公十一年》曰：“获长狄侨如。”

⑥侏儒：身材矮小的人。

【译文】

圣人与我们一样都是人。人，作为人不会比圣人缺少什么；那些人看待圣人，就像天一样不可攀登，是什么原因呢？有人说：“天地之间的真气有差别，所以这种气孕育出的人天资有厚有薄。我观察在以前，或者一百年后就有圣人产生，或者五百年后才有圣人产生，或者几个圣人同时立于朝廷中，或者几个圣人肩并肩同游。自从周代以后，就没有圣人了。是因为真气太薄而无法产生圣人，并不是人不能成为圣人。”我说：“如果说古今的天地之气有厚有薄，那古人必定都像长狄一样身长体高，现代的人都像侏儒一样矮小；古代的马身体比象大一倍，现在的马身体还不如狗大。但一定不是像这样的。用这种方式来评论人，好比不去鄙薄人的形体而去鄙薄所以成为这样的形体的原因，必定是不正确的。”

唐子曰：“古之为学者始造于常[①]，常则必至于大，大则必至于精，精则必至于变，变则必至于神。如时之除而不见其除也[②]，如时之进而不见其进也。若农夫然，播获百谷，候之而弗失焉。今之为学者不然。其书百千于古，其闻百千于古，其论之详备百千于古。圣人之言，得彼而益见其神。其言合于神矣，其人不出于常，不出于未造之常，则亦不免于为众人之身而已矣。

【注释】

①造：培养。常：平常，普通。

②除：光阴逝去。

【译文】

我说：“古代研究学问的人，开始时从平常人培养，从平常人开始必定慢慢地变得博大，变得博大后一定会达到专精的地步，变得专精后一定会达到通变的地步，能够通变了就一定能到达神化的境界。如时光的逝去，我们并不能看到它的逝去；时光在前进，我们也看不到它在前进。与农夫一样，播种与收获农作物，耐心守候，不使它们丢失了。现在研究学问的人则不同。他们拥有的书籍比古人多千百倍，他们的见闻比古人广千百倍，他们的论述比古人详细完备千百倍。圣人的言论，因为他们而更加神妙。他们的言论也到了神妙的境地，但他们的能力不能超过常人，不能超过没有培养的平常人，这样他们也难免成为普通人罢了。

“今之人，犹古之人也；今之学，犹古之学也。好学者内省外察，唯恐分秒之不合于圣人，而卒至于相去之远如是，何哉？曷亦反求诸其心矣！人孰不欲有安宅哉？过朋友之家，语言饮食既毕，则去之矣。假居于人之室，近则日月，久则岁时，则去之矣。之燕、赵者，次于旅舍，信宿则去之矣[①]。非己之宅，过而不留焉；是己之宅，终身不离焉。于宅则知我，于心则不知我。以观宅者观心，则知心矣；以居宅者居心[②]，则得心矣。

【注释】

①信宿：连宿两夜。

②居：治理。

【译文】

"现在的人，与古人一样；现在的学问，与古人的学问一样。好学的人向内能够反省，向外探求能够明察，还担心一丝一毫与圣人的言行不相符合，但最终还是到了与圣人相去极远的地步，是什么原因呢？为何不反过来向自己的内心探求呢！人谁不希望有安定舒适的房子呢？经过朋友的家，聊完天吃过饭，就离开了。借住在别人房子里，短的话几天、一个月，久一点也就一个季度、一年，就离开了。到燕国、赵国，住在旅馆中，住一两个晚上就离开了。不是自己的房子，经过也不会留下；是自己的房子，一辈子也不会离开。对于房子我们知道这样做，对于自己的内心我们就不知道这样做了。用了解房子的方法去了解内心，就可以理解内心了；用治理房子的方式来治理内心，就可以体会内心了。

"然则当何以居心哉？嵩岳之山[①]，立乎天地之始，并乎天地之终；处于六合之中以为之位[②]，连乎四极之下以为之根。斯亦不移之至矣。心之不移也似之。大海之水，风乎南北[3]，荡乎东西；无所表之以识其处[4]，无所维之以得其止。斯亦无定之至矣。心之无定也似之。圣人之心如岳，众人之心如海。善居心者，能使海变为山，则尧、孔可几也。”

【注释】

①嵩岳：即嵩山。

②六合：天地四方。

③风：激起。

④表：标记。

【译文】

“那么应当如何来治理内心呢？比如嵩山，在天地开始产生的时候就耸立在那里，与天地相终结；处于天地四方的中央作为自己的位置，连接着四方极远的地下作为自己的根基。这也是坚定不移到了极致。内心坚定不移也像这样。大海中的水，激起于南北，摇荡于东西；没有任何地方可以做标记来标明它的位置，也没有哪个地方系缚它来使它停止。这也是不确定的极致了。内心不能确定也像这样。圣人的心如嵩岳，众人的心如大海。善于治理内心的人，能够使大海的摇荡变成嵩岳的坚定，那么尧帝、孔子也可靠近了。”

或曰：“心既定矣，敢问求道之何从？”曰：“子欲将心求道乎[1]？”曰：“然。”曰：“子之将心以求道也，岂不以道为至神之一物，望之而不见；将竭心思，穷岁月，如结网求鱼，操弓弹鸟乎？”曰：“其或然乎！”唐子指灯而言曰：“吾与子处于暗室之中，目无所见。著火于灯，明照四壁，无所不见，岂非以火乎？然则火自明也，明即火也；非火在是而别有所假以为明也。心譬则火也，道譬则明也，何见为二物哉！”

【注释】

①将心：发自内心。

【译文】

有人说："心已经安定了，请问求道从哪个方向开始呢？"我说："您是发自内心来求道吗？"说："是的。"我说："您发自内心来求道，难道不觉得道是至为神化的一种东西吗？看也看不到。您将要穷尽所有心思，用尽所有时间，就像织网捕鱼、拿着弹弓打鸟一样吗？"说："应该是这样吧！"我指着灯说："我与您同时处于黑暗的房子中，什么也看不见。将灯点燃，四面的墙壁都被照亮，没有什么东西看不见，难道不是因为火吗？但是火是自明物，光亮就是火本身；并不是火在这儿而助别的东西来照明。心就像火一样，道就像光明一样，怎么能认为是两种不同的东西呢！"

除疾

【题解】

在《除疾》篇这一短文中，唐甄剖析了自己的两种心“疾”：逸与躁。

所谓逸，就是放纵。唐甄特别指出：“其寂也液液然，其动也泄泄然，其流也不知其所之焉。”这种毛病，在寂静、独处时更容易发作，就像一头羊，总有拴不住的时候。

所谓躁，就是不容易安静下来。唐甄认为自己“产于湍峻之乡，故吾性亦湍峻”。一方水土养一方人，唐甄对自己这种性格的分析也不无道理。

唐甄认为，自己要像少康斩除阻碍自己复国的顽敌一样，斩除心疾。也告诫自己不要像贪玩的小孩子好动不安，更不要像自己家乡的那个好斗的年轻人，在不同的场合判若两人；一定要做到“恒静”。

唐子曰：“我有疾曰逸[①]。其寂也液液然[②]，其动也泄泄然[③]，其流也不知其所之焉。若使我系心如系羊，夫亦奚难；有不纵而纵，系之而莫系者。不除此疾，终无至道之日。

【注释】

①逸：散逸，放纵。

②液液：融解的样子。

③泄泄：松弛和缓的样子。

【译文】

我说："我有一种毛病叫放纵。这种毛病寂静时像某些东西慢慢融解，动起来时闲散自得，像液体一样流动，但不知道要流到哪里去。假若让我拴住自己的心像拴住羊一样，这又有何难；只是有时不想放纵自己但最后却放纵了，想拴住自己但最后却没有拴住。不除掉这种毛病，最终不会有到达道的时候。

"我又有疾曰躁①。人之产于其土者，其性多如其土；吾产于湍峻之乡②，故吾性亦湍峻。闭户之时，不能移景而坐③，必将变焉；不能终食以须④，必将先焉；不能终朝以寂，必将动焉。不除此疾，终无至道之日。

【注释】

①躁：急躁。

②湍峻：水流急、山势险的地方。

③景（yǐng）：同"影"。影子，阴影。

④须：等待。

【译文】

"我还有一种毛病叫急躁。人在哪块土地上出生，他的性格大多就与哪块土地相似；我出生在水急山高的乡土，所以我的性格也很急躁。关上门的时候，静坐的时间不超过一会儿，必定要变换一下位子；不能等待超过一顿饭的时间，必定先去干点什么；不能安安静静待一个早上，就一定要活动。不除掉这种毛病，最终不会有到达道的时候。

“少康失家[1]，灭浞乃复。不然，戍郊者浞众也，守门者浞众也，卫宫者浞众也，少康至郊，谁为启郊？少康至门，谁为启门？少康至宫，谁为启宫？虽其故家，终不能入；必战郊，斩门，清宫而后入。我之欲除二疾也如是。

【注释】

①少康：夏代国王，大禹的七世孙相的儿子。寒浞杀掉相以后，少康在母亲家出生长大。长大后少康杀掉寒浞，恢复了夏朝的统治，史称“少康中兴”。参见《法王》篇注。

【译文】

“少康失去了自己的国家，消灭了寒浞后才复国。要不是这样，戍守郊野的都是寒浞的兵众，守门的都是寒浞的兵众，保卫宫廷的都是寒浞的兵众，少康到了城郊，谁为他打开城郊的防守线呢？少康到了城门外，谁替他打开城门？少康到了宫廷，谁为他开启宫门？虽然是他的老家，最终还是不能进入；一定要在郊野战胜敌人，斩杀城门的守卫，清除宫廷中的人后才能进入。我要除掉这两种毛病，也是像这样。

“孺子有好戏者，侍于先生，教之以成人之礼。孺子悦，端坐不动，无异于成人。及先生出，与其曹嬉[1]，跳越奔走，好戏如初。我年五十六矣，求止不恒，犹彼孺子，岂非耻哉！请自今毋若孺子。

【注释】

①曹：同辈，同龄人。

【译文】

有喜欢玩耍的孩童，侍立于老师身旁，老师教给他们成年人的礼仪知识。孩子们很喜欢，端正地坐着一动不动，与成年人没有差别。等到先生走出了教室，就与其他孩子一起嬉闹玩耍起来，蹦跳攀越奔跑，像刚开始那样玩耍嬉戏。我已经五十六岁了，想要求得安静但总坚持不了，就像那些孩子，难道不是耻辱吗！但愿从今以后不要像孩子一样了。

“乡人有好斗者，有事饮于社[1]，就席而能下，举爵而能恭，无异于善人。他日，与狎少年处[2]，一言不合，起斗如初。我学圣人之道者也，求静不恒，犹彼乡人，岂非耻哉！请自今无若乡人。”

【注释】

①社：古代称土地神为“社”，后来引申为祭祀社神的节日，即社日。

②狎：戏谑，狎玩。

【译文】

“同乡有个喜欢打架的人，每当乡间有重大活动在社庙饮酒，坐席时他知道坐在下位，举杯敬酒能对人恭敬，与善人没有什么区别。在另外的时候，与轻薄少年在一起时，一言不和会就像以前一样打架。我学习圣人的大道，求得宁静而不能坚持，就像那个乡人一样，难道不是耻辱吗！但愿我从今以后不再像那个乡人。”

病获

【题解】

“病获”是唐甄病后之“收获”。

唐甄所获，既有对养生的思考，更有对生命、死亡等问题的思索：“因疾而思生，因生而思身，因身而思养，因养而思遇，因遇而思营，因营而思死。”这是一根完整的致思链条！

唐甄认为，内心的变动不居，“殉心丧神”，会影响生：“心无生死。生死云者，舜之所谓人心也。殉心丧神，终其身为戚戚之小人而短命以死。为心乎，为神乎？”所以，人要使内心虚静：“虚中以与人，直己以遇诈。”唐甄觉得唯有这样，才能使心无外物，自然可以保全生命。

唐子为学十年，视陶、猗之富如鼠壤[①]，视赵孟之贵如鹜毛[②]；而逸心不收，躁心不除；见誉亦喜，见色亦悦。行年六十二矣，饮酒过多，晨兴呕沫。惧其驯为迵风也[③]，于是止饮。因疾而思生，因生而思身，因身而思养，因养而思遇，因遇而思营，因营而思死。曰：生，旦也；死，晦也。羊相抵于屠门，而不知其将屠也；鸡乘尾于灶下[④]，而不知其将烹也。人皆求胜于人，求遂其欲，何以异于是！

【注释】

①陶：春秋时越国大夫范蠡，又称陶朱公。范蠡弃官后，居于陶地，称朱公，经商成为巨富。猗：猗顿，战国时大富商。

②赵孟：赵武，春秋时晋国大夫。鹜（wù）：家鸭，晋以后亦指野鸭。

③驯：熟习。迥（dòng）风：中医谓饮酒过多引起的一种风疾。《史记·扁鹊仓公列传》曰："诊其脉曰：'迥风。'迥风者，饮食下嗌而辄出不留……病得之酒。"司马贞索隐曰："是风疾洞彻五藏，故曰迥风。"

④乘尾：交配。

【译文】

我研究学问已经十来年了，将陶朱公、猗顿的财富视为粪土，将赵孟的富贵看作鸭毛；但是散逸的心收不回，浮躁的心不能清除；见到荣誉会高兴，见到美色会喜爱。我的年龄已经到六十二岁了，喝酒太多，早上起来还呕吐。害怕这样逐渐变成风疾，于是不再饮酒了。因为疾病而思考生命这个问题，因为生命而思考身体，因为身体而思考养生，因为养生而思考遇合，因为遇合而思考谋略，因为谋略而思考死亡。我说：生，就是早上的事；死，就是天黑的事。羊群在屠宰场的门前用角互相抵撞，却不知道自己马上就要被屠杀了；鸡还在鸡灶下交配，却不知道自己马上就要被烹煮了。人人都要求胜过别人，都要求满足自己的欲望，与这有何区别啊！

朱氏之馆有养生之书[①]，取而观之。其言有之曰："神御气，气驻形；心生则神亡，心死则神居。"解之曰："心无生死。生死云者，舜之所谓人心也。殉心丧神[②]，终其身为戚戚之小人而短命以死[③]。为心乎，为神乎？"引箸而思之，舍箸而变焉。食进于前，方恶忽甘，视之如易器。仆使于前，方怒忽悦，视之如易仆。出门不罔[4]，入室不忧；有远虑而不思，见好色而目不留。十年学之而未能，一食忽焉而得之，乐莫甚焉。引而直之，勿使复曲；扶而正之，勿使复偏；一食得之，必且一食失之也。

【注释】

①馆：旧时的私塾。

②殉：在这里是“追求”的意思。

③戚戚：忧惧、忧伤的样子。

④罔：欺罔。

【译文】

朱姓人家的私塾中有养生的书籍，我取过来读。其中有这样的说法：“神是主宰气的，气使形体驻留；心的活动太多神就消亡了，心的活动停歇神就会停留下来。”我这样来解释这些话：“心是无所谓动与不动的。之所以说心有生、死，是指舜所说的人心。为了满足人心而丧失神，一辈子都成为一个忧惧的小人，短命而死。是为了心吗？是为了神吗？”拿起筷子思考这个问题，放下筷子就变了。食物端上来摆在面前，刚刚觉得很厌恶，马上又觉得甘甜可口，看上去好像换了个装食物的器皿。奴仆在眼前使唤时，刚刚还对他满腔怒火，马上又觉得还不错，好像换了个仆人一样。走出家门不觉得欺罔，回到家里不觉得忧惧；有长远的谋划但不天天琢磨，见到美色而目光不长时间停留。我做了十年的学问而没能做到这些，一餐饭的工夫忽然就领悟到了，再也没有比这更快乐的了。我赶紧拉直它，不使它弯曲；扶正它，不使它偏斜；一餐饭的工夫得到的，也可能会一餐饭的工夫就失去了。

虚中以与人，直己以遇诈。知我不为喜，不知我不为愠;誉我不谓厚,慢我不谓薄。虚吾宫,洁吾室,明吾牖,谨吾户,处乎其中,无所愿于宅之外,如斯以俟之耳。

【译文】

内心谦虚来对待别人,使自己正直来面对巧诈。理解我的不因之而喜悦,不理解我的不因之而恼怒;称赞我的不说对我好,轻慢我的不说对我不好。使我的宫廷空虚,使我的房子洁净,使我的窗户明亮,使我的大门严实,生活在其中不会思考宅子外面的世界,就这样等待着一切吧。

悦入

【题解】

晚年的唐甄，服膺“即心是道”，主张专门从内心出发来探求道，不借助外物。唐甄认为，内心的快乐与空明，是走近道的重要心理前提。

唐甄首先论及从内心出发求道的诸多困惑，如内心主静，久则复动；又如内心主敬，久则复纵。最后找到了病因，是将“三有心”加之于“三无心”之上：“时有穷达，心无穷达；地有苦乐，心无苦乐；人有顺逆，心无顺逆。三有者，世之妄有也；三无者，心之本无也；奈何以其所妄有加于其所本无哉！”简单来说，就是内心本应虚静，却为外物充塞而浮燥。

唐甄进而以自己的亲身经历为例指出：“不悦为戕心之刃，悦为入道之门，无异方也。”心之所悦，不仅决定了对外界事物的态度，而且是“入道之门”。这就将“悦”上升到入道门径的高度。唐甄又指出：“悦者，非适情之谓，非狥欲之谓。心之本体，虚如太空，明如皦日。以太空还之太空，无有障之者；以皦日还之皦日，无有蔽之者。顺乎自然，无强制之劳，有安获之益，吾之所谓悦者，盖如是也。”所以，唐甄所说的“悦”，不仅仅是指内心高兴、喜欢，更指内心的空明状态，顺乎自然。

以悦入道，其功颇显。唐甄觉得这样使自己的“逸”“躁”二疾大为好转。更为重要者：“悦则君臣相亲，上下相交，百僚和同，无相争竞。措之于政事，喜怒必平；喜怒平，则刑罚中；刑罚中，则百姓安。以此求天下之治也易矣。”在唐甄看来“悦”不仅能让个体身心愉悦，还可以带来天下大治。他的推理逻辑很简单，就是：“生于心，见于色，发于声，施于政，其理一也。是故唯‘悦’可以通天地之气，类万物之情。”唐甄是将“悦”看成能推动一切向前迈进的重要力量的。

当然，唐甄在文末也指出，以悦入道，可能只符合自己急躁的性格；这是他为自己量身定制的入道之门，并不一定人人都适用。

甄晚而志于道①，而知即心是道，不求于外而壹于心，而患多忧多恚为心之害②。有教我以主静者③，始未尝不静，久则复动矣。有教我以主敬者④，始未尝不敬，久则复纵矣。从事于圣人之言，博求于诸儒之论，为之未尝不力，而忧恚之疾终不可治。

【注释】

①道：指儒家之道。

②恚（huì）：怨恨，愤怒。

③主静：宋明理学家综合佛家、道家寂静无为的思想而形成的道德修养方法。认为人的天性是“静”的，只是后来染上了“欲”，才变成了“不静”；须通过“无欲”的工夫，以达到“静”的境界。

④主敬：谓恪守诚敬，以之为律身之本。是中国传统文化的核心内涵。又有“持敬”“居敬”等说法，主张人要用敬畏之心来警惕自己，修养德性。

【译文】

我晚年立志于探求儒家之道，因而知道了心就是道、道在心中，不需要向外求索而专注于向内心探求，但又担心忧虑多怨恨多会伤害心灵。有人教导我内心专主虚静，刚开始时内心未尝不虚静，但时间长了内心又动荡起来。有人教导我内心专主敬畏，刚开始时内心未尝不敬畏，但时间长了内心又放纵起来。努力研习圣人的言论，广博地探求众多儒者的论述，我全身心投入做这件事，但是忧惧怨恨的毛病始终没有治愈。

因思心之本体，虚而无物者也。时有穷达，心无穷达；地有苦乐，心无苦乐；人有顺逆，心无顺逆。三有者，世之妄有也；三无者，心之本无也，奈何以其所妄有加于其所本无哉！心本无忧恚，而劳其心以治忧恚①；外疾未除，内主先伤②，非计之得者也③。既知其然，而求心之方将何从入④？尝闻良医治人之疾，不于见疾治之也⑤；必察其疾之所由来，从而治之，则药必效而疾易除。

【注释】

①治：作，为。

②内主：指心。

③计：谋虑。

④方：药方。

⑤见：同“现”。

【译文】

因而我想到心的本体是虚空的，之中没有任何其他物体存在。时运有穷困有通达，但心没有穷困没有通达；地上有痛苦有快乐，但心没有痛苦没有快乐；人的处境有顺利有不顺利，但心没有顺利与不顺利。上面所说的三种“有”，是世界上不应该有的；上面所说的三种“无”，心中本来也是没有的，为何要把本不应该有的，添加到本应该没有的地方！心本来就没有忧惧怨恨，但人劳累自己的心来制造这种忧惧怨恨；外面的疾病还没有根除，心又先受伤害了，并不是考虑得当的做法。既然知道了其中的原因，那么从哪个方面入手去求取医治心疾的药方呢？曾经听说好的医生治疗人的疾病，不是在见到的病症上去治病；一定要先察问病的由来，然后再治病。这样药才能发挥作用，病也容易根除。

吾今而知疾之所由来矣。吾之于人也，非所好而见之，则不宜于其人①；吾之于食也，非所欲而进焉，则不宜于其味。凡所遇者，大抵少所宜者也；故尝詈仆妾而怒养子②，而亦求备于妻。一朝有省焉，即此一人，即此一事，或宜于朝而不宜于夕，或不宜于朝而宜于夕。其所不宜者，必当吾之不悦时也；其所宜者，必当吾之悦时也。然则宜在悦，不在物也；悦在心，不在宜也。故知不悦为戕心之刃，悦为入道之门，无异方也。于是舍昔所为，从悦以入。悦者，非适情之谓，非狥欲之谓③。心之本体，虚如太空，明如皦日④。以太空还之太空，无有障之者；以皦日还之皦日，无有蔽之者。顺乎自然，无强制之劳，有安获之益，吾之所谓悦者，盖如是也。

【注释】

①宜：合宜，投合。

②詈（lì）：骂。

③狥（xùn）：顺从，依从。

④皦（jiǎo）日：明亮的太阳。皦，光亮洁白。

【译文】

我现在知道了病的由来。我对于人，不是我喜欢的而勉强见面，则不会与这种人投合；我对于食物，不是自己想吃的而勉强进食，则不会喜欢这种味道。我所遇到的人，大多都是不投合的；所以曾经骂仆人和婢妄，对养子发怒，对妻子也求全责备。在某一天，我自己想明白了，就是同一个人，就是同一件事，或者早上觉得投合而晚上又不觉得投合了，或早上不投合而晚上又觉得投合了。他们与我不投合，一定是我不高兴的时候；他们与我投合，必定是我高兴的时候。这样看来，那么投合在于高兴，不在于事物本身；高兴在于心，不在于投合本身。所以明白了不高兴是戕害心的刀，高兴是进入儒家大道的门径，没有其他办法。于是我放弃以前的行为，专门从高兴这个方向进入。高兴，并不是说顺适性情，不是说顺从欲望。心的本体，像天空一样虚旷，像闪亮的太阳一样光明。使天空回到天空，没有东西阻碍它；让明亮的太阳回到明亮的太阳，没有东西遮蔽它。顺应着自然而然的趋势，没有强迫的劳累，有安然获得的益处，我所说的高兴，大概是这样的。

自从悦入，不戚戚而恒荡荡[①]。未尝治忧也，而昔之所忧不知何以渐解；未尝治恚也，而昔之所恚不知何以潜失。二疾虽未尽绝，固已十去七八矣。不啻于是。十年以前，尝专力以治躁逸，如系狙[②]，包汞[③]，愈谨愈失。自从悦入，久不治躁逸矣。今则渐安，不至如狙之无定；今则渐止，不至如汞之易流。二疾虽未尽绝，固已十去五六矣。此吾悦入之功也。

【注释】

①戚戚：忧愁貌。荡荡：胸怀坦荡貌。

②狙：猴子。

③汞：水银。易流动，有毒。

【译文】

自从我从高兴进入大道，不再忧愁而是一直坦坦荡荡。我并没有治疗忧愁，但是以前的忧愁不知道为什么渐渐消解了；我并没有治疗怨恨，但是以前的怨恨不知道为什么渐渐消失了。这两种毛病虽然没有全部根除，也已经是十分除去了七八分。还不止于这些。十年前，我曾经专心用力来治疗我急躁、放纵的毛病，就像去拴猴子，包水银，越谨慎越会失去。自从我从高兴进入大道，很久没有去治疗急躁、放纵的毛病了。现在渐渐安静了，不像猴子一样拴不住；现在也渐渐收敛了，不像水银那样容易流动。这两种毛病虽然没有全部根除，却已经是十分除去了五六分。这就是我从高兴进入大道的作用。

人伦难协，民物难齐，皆心之所贯也①。心本可贯，或不能达，唯悦可以达之。不悦则尝怀烦懑②，多见不平，多见非理，色不和，言不顺。处君臣之间，必不相爱；处父子之间，必不相亲；处夫妇之间，必不相宜；处兄弟之间，必不相好；行于邦国之间，必多怨尤。如是，则内拂于性③，外隔于人，其违道也远矣。

【注释】

①贯：灌注，注入。

②尝：通“常”。烦懑：泛指烦闷愁恼。

③拂：违逆，违背。

【译文】

人际关系最难协调，人民、万物最难整齐一致，这都是因为心的注入的结果。心本来是可以灌注的，但不一定都能达到目的，只有心情愉悦是可以达到的。心情不愉悦，内心就会常常烦躁愤懑，看到的多是不公平、不合理，脸色就不和悦，言辞就不温顺。这样一来，君臣之间必定不会亲近；父子之间必定不会亲爱；夫妻之间必定不会和谐；兄弟之间必定不会友好；行走于国家与国家之间，也一定怨恨多。这样的话，内则违背人性，外则与他人隔膜，它违背道也就远了。

悦则中无矫戾[1]，所见无不平，所见无非理，色和而言顺。处君臣之间，必能相爱；处父子之间，必能相亲；处夫妇之间，必能相宜；处兄弟之间，必能相好；行于邦国之间，必无怨尤。如是，则内不拂于性，外不隔于人，其违道也不远矣。不悦则君亢于上，臣怨于下，百僚相竞，朋党以兴。措之于政事，喜怒必不平；喜怒不平，则刑罚不中；刑罚不中，则百姓不安。以此求天下之治也难矣。

【注释】

①矫：拂逆，违背。

【译文】

内心愉悦，则心中没有悖逆、暴戾之气，所看见的没有不公平、不合理的，脸色和悦而言辞温顺。这样一来，君臣之间，必定能亲近；父子之间，必定能亲爱；夫妻之间，必定和谐；兄弟之间，必定友好；行走于国家与国家之间，也一定没有怨恨。这样的话，内不会违背人性，外不会与他人隔膜，它违背道也就不会太远。内心不愉悦，就会国君在上骄纵，大臣在下怨恨，百官之间你争我夺，拉帮结派也就开始了。这样去处理国家政治事务，喜与怒就难以平衡了；喜与怒难以平衡，那刑罚就会不符合规范；刑罚不符合规范，老百姓就会惶恐不安。这样来求得天下长治久安，太难了。

悦则君臣相亲，上下相交，百僚和同，无相争竞。措之于政事，喜怒必平；喜怒平，则刑罚中；刑罚中，则百姓安。

以此求天下之治也易矣。

【译文】

内心愉悦，国君和大臣就会互相亲近，上与下互相交好，百官之间和睦同心，不会互相争夺。这样来处理国家政治事务，喜怒就会平衡；喜怒平衡，刑罚使用就得当；刑罚使用得当，老百姓就安心了。这样来求得天下大治就容易了。

日月照临，万物皆喜；阴霾昼晦[①]，万物皆忧。和风所被，万物皆喜；雷霆所震，万物皆惧。生于心，见于色，发于声，施于政，其理一也。是故唯悦可以通天地之气，类万物之情。此吾之所未试，而信其为悦之所可致也。

【注释】

①阴霾：天气阴晦、昏暗。

【译文】

太阳与月亮普照世间，万事万物都欢喜；天气阴沉，白昼如黑夜，万事万物都忧愁。和煦的风吹遍大地，万事万物都欢喜；雷霆之声震天响，万事万物都恐惧。心情产生于心，表现在容颜上，从声音中抒发出来，作用于政治事务上，道理是一样的。所以，只有内心愉悦可以与天地之气相通，遵循万事万物的感情。我虽然还没有去尝试，但相信这一定是内心愉悦能达到的。

仲尼之教亦多术矣，不闻以悦教人，而予由此入者何？予，蜀人也，生质如其山川，峻急不能容，而恒多忧恚。细察病根，皆不悦害之，故由此入也。悦为我门，非众之门。人固有生而无愠怒者，岂非质之近于道乎！而不可以入道者何？盖人之生也，为质不齐，而为疾亦异。或之刚之柔，不以相济；或好名好利，用心不壹。是在因其疾而治之，不可同于我也。

【译文】

孔子的教育方法也非常多，但没听说过用内心愉悦来教育人的，我从这道门进入的原因是什么呢？我是四川人，天生的性格就像蜀地的高山大川，高峻急险不能包容，而且常常多忧愁恐惧。细细察看我的病根，都是内心不愉悦害的，所以由这个门进入。内心愉悦是我的门，不是所有人的门。人本来就有天生不发怒的人，难道不是天生就跟道挨得近吗！但是这样的人却不能进入道的境界，是什么原因呢？大概人一生下来，品质各不一样，所以每个人的毛病也不同。有的刚强，有的柔和，不能互补；有的喜欢名声，有的喜欢利益，用心不一致。所以在于根据具体毛病而治疗，不能使用与我相同的方法。

恒悦

【题解】

“恒悦”是指除去嗜欲，使内心不为外物所动，处于无忧无虑的状态。《恒悦》篇还是在继续上一篇《悦入》中的主题，即要保持内心的空明与愉悦，这样才能走近道。

唐甄首先从戈仲子的忧贫之事开始，指出“心是百忧之府”，内心才是忧愁的根源。进而唐甄回到自己一贯的主张：“人之有身，生于嗜欲，养于嗜欲，其所以陷溺其心者，自生而然矣。”正是因为有欲望，才使“无忧无乐者也；不受物加，不惧外铄”的“心之本体”，备受外物之累。

但是唐甄的洞见，在于他认为真正表现人内心强大的，是忧而不是乐：“用力既久，渐有得于初，心不于乐见而于忧见。盖害心者即养心之方，蒙心者即明心之药。是故仲子去忧求乐，吾则去乐就忧。”治疗心，不是用乐而是用忧，最后达到“忧乐不移其心，则无往而不自得”的境界。唐甄举傅说等十二君子为例来支撑自己的观点，这些君子身处忧患愈见其内心高洁，所以，“处乐不见君子，处忧乃见君子”。忧，测量的是心灵的承受极限、面对苦难的韧性以及君子人格，等等。

唐甄认为，内心的某方快乐之地，是外界的忧愁永远侵蚀不到的。他用自己遭遇巨大的变故来说明这一点：“心如室，非噪之所及也。又譬诸堂前之井焉，炎暑如焚，无所逃避；寒泉在下，澄然不知。心如井，非暑之所及也。内外不相及，我之所忧，亦何伤于我之所悦哉！”唐甄也正如他所列举的十二君子，在忧患中见出内心，以忧治心，最终到“恒悦”之境。

唐子语戈仲子曰[①]：“子勿忧贫。贫者，天也；子如忧之，贫未可去，而忧之害子心者甚于贫矣。”戈仲子曰：“吾亦求乐耳。”唐子曰：“子将何以求乐？”曰：“吾一日之间，有可乐之人则与之，有可乐之时则弗失，有可乐之地则往焉。”唐子曰：“若然，则子之心是百忧之府也。若忧子之人至，忧子之时至，而亦无可乐之地，子其若之何？且三可乐者假于外，三可忧者根于中，子避忧如避仇，防忧如防贼，而不知仇与贼已先据于心，其将焉逃？”仲子未学而不善问，遂无以发之也。

【注释】

①戈仲子：不详何人。

【译文】

我告诉戈仲子说：“您不要担心贫穷。贫穷也是天意；您担忧，贫穷也不会自己离去，但担忧对您内心的伤害比贫穷更厉害。”戈仲子说：“我也想追求快乐。”我说：“您将怎样追求快乐？”戈仲子说：“我一天之中，有快乐的人就与他结交，有快乐的时刻则不会失去，有快乐的地方则一定前往。”我说：“要是像这样，那么您的心才是您各种忧愁的聚集之处啊。假若使您忧愁的人到了，使您忧愁的时间到了，而且也没有可快乐的地方，您打算怎么办？况且这三种可快乐的东西都是向外借的，三种忧愁的东西却根源于您的内心，您躲避忧愁就像躲避仇敌，防范忧愁就像防范小偷，却不知道这种仇敌与小偷早就占据了您的内心，您还能往哪儿逃呢？”戈仲子没有很深的学问，又不善于提出问题，所以也不能更多地启发他了。

心之本体，无忧无乐者也；不受物加，不惧外铄。金工冶金，鼓烈火，施椎凿，虽百其器，千其形，而金质不变。心之为体，有似于此，而难见心者何？人之有身，生于嗜欲，养于嗜欲，其所以陷溺其心者，自生而然矣。虽见为故有而实难复于故有，虽顺乎自然而实难合于自然。用力既久，渐有得于初，心不于乐见而于忧见。盖害心者即养心之方，蒙心者即明心之药。是故仲子去忧求乐，吾则去乐就忧。忧乐不移其心，则无往而不自得。心之本体，虽难复全，由此可以渐见。

【译文】

心的本体，是没有忧愁没有快乐的；不会受到外物的影响，也不害怕被外物塑造。冶炼工匠冶炼金属，鼓风使炉火熊熊燃烧，再用椎和凿敲打，虽然最后做成的器物千姿百态，但器物金属的内质是不会变化的。心作为本体，与此很相似，但心的本体为什么难于看出来？人的身体，在欲望中产生，在欲望中养成，欲望一直在溺害心灵，从人出生时就这样了。虽然能看得出是原来的心，但要回复到原来的心却很难；虽然能顺应自然，但要做到与自然吻合却很难。努力了很长时间，慢慢地对回复初心有些帮助了，心灵的本质不在快乐中表现而在忧愁中表现。大概伤害心灵本质的就是那些所谓养心的方法，蒙蔽心灵本质的就是那些所谓使心灵明亮的药。所以弋仲子的方法是求得快乐以摆脱忧愁，我的方法则是接近忧愁以摆脱快乐。忧愁与快乐都不改变自己的内心，那就无论如何都自会有收获。心的本体虽然难以全部回复到初心，但通过这一点也逐渐可以看出来。

傅说假食于胥靡[①]，吕尚卖饭于孟津[②]，管仲敝幽于南阳[③]，百里奚饭牛于秦市[④]，时忧也。舜游于鹿豕之群[⑤]，太伯处于蛙黾之乡[⑥]，颜渊居于陋巷[⑦]，原宪栖于漏宇[⑧]，地忧也。瞽、象杀舜[⑨]，管、蔡害周公[⑩]，桓魋厄仲尼[⑪]，臧仓沮子舆[⑫]，人忧也。此十二君子者，身当时忧，无异于居上卿而封大国也；身处地忧，无异于临南面而宅夏屋也[⑬]；身遇人忧，无异于九族敦睦[⑭]，群贤从游也。是故处乐不见君子，处忧乃见君子。尧之于舜，亦必试之于烈风雷雨，乃知其不迷，况学者乎！

【注释】

①傅说（yuè）：相传为殷商高宗武丁时期的贤人，助武丁促成“武丁中兴”，《尚书·说命》篇中有详细记载。其中傅说为囚徒，“举于版筑之间”，是对傅说流行的描述。胥靡：古代指服劳役的奴隶或刑徒，亦是一种刑罚的名称。

②吕尚：即姜子牙，见《辨儒》篇注。

③敝幽：遮蔽。

④百里奚：春秋虞人，曾任秦穆公的大夫。《孟子·万章上》曰：“食牛，以要秦穆公。”饭牛：喂牛。

⑤舜游于鹿豕之群：语出《孟子·尽心上》：“舜之居深山之中，与木石居，与鹿豕游。”

⑥太伯：亦作“泰伯”，是古公亶父的长子，也是仲雍、季历的兄长。古公亶父想传位给季历及其子昌（即周文王），太伯于是和仲雍逃至荆蛮，号勾吴。参见《史记·吴太伯世家》。蛙黾（měng）之乡：未开发的地方。黾，蛙的一种。蛙黾即蛙，也可以指蛙的鸣叫声。

⑦颜渊居于陋巷：语出《论语·雍也》："子曰：'贤哉回也，一箪食，一瓢饮，在陋巷，人不堪其忧，回也不改其乐。贤哉回也！'"

⑧原宪：字子思，孔门弟子，安贫乐道。栖：居住。

⑨瞽（gǔ）、象杀舜：据《史记·五帝本纪》载：舜的父亲名为瞽叟，爱后妻所生的儿子象，常欲杀舜。

⑩管、蔡害周公：管，管叔。蔡，蔡叔。武王死后，其子成王年幼，由周公代行国政。管叔、蔡叔等散布谣言，攻击周公。

⑪桓魋（tuí）：宋国的司马。据《史记·孔子世家》记载："孔子去曹适宋，与弟子习礼大树下。宋司马桓魋欲杀孔子，拔其树。"厄：困。

⑫臧仓沮子舆：战国时鲁平公要接见孟子，为其宠臣臧仓所阻。事见《孟子·梁惠王下》。后来用臧仓来指代进谗害贤的小人。沮，阻止。

⑬南面：人君南面而王。宅：居住。夏：大。

⑭九族：泛指远近亲属。敦睦：和睦。

【译文】

傅说通过服劳役来换取食物，吕尚在孟津卖过饭，管仲在南阳一直没有名声，百里奚在秦国的大街上喂牛，这些都是天时带给人的忧患。舜在深山中与鹿、猪等野兽待在一起，泰伯居住在荒蛮之地，颜回居住在简陋的巷子里，子思居住在漏雨的房子里，这是地理环境带给人的忧患。瞽叟与象要杀掉舜，管叔、蔡叔要害周公，桓魋使孔子遭受困厄，臧仓阻挠孟子，这是人带来的忧患。这十二位古风君子，自身处于天时带来的忧患中，却与成为上卿、受封为大国王侯没有区别；自身处于地理环境带来的忧患中，却与南面称王、居住在深宫大院中没有区别；自身遭遇人带来的忧患，却与亲族和睦、跟从贤人一起游历没有区别。所以在快乐的时候看不出是不是君子，身处忧患之中才能看出谁是君子。即使是尧考察舜，也要将他放到暴风雷雨中试验，才知道他不迷路，何况是治学之人呢！

吾既渐有得矣，亦必有所试矣。昔者吾行于燕市，见有鬻皮榼者[①]，漆绘精良，可受斗酒；系以革绦，挈之甚轻，可携以远游。买之以归，注酒一夜，则韧窳而酒溢于外[②]。他日更市良者，乃适于用。未试之皮榼，不知其良不良；未试之心，焉知其恒不恒！吾自从悦入，未敢自信悦之恒然，盖试之于可忧之地而后知其能恒也。

【注释】

①鬻（yù）：卖。榼（kē）：古代盛酒或贮水的器具。

②韧（rèn）：柔软而坚实。此指物体柔软坚实、不易折断破裂的性质。窳（yǔ）：败坏，腐败。

【译文】

我既然慢慢地有些心得了，也必定要有所试验。以前我经过燕国的集市，看见有卖皮质贮酒器的人，这种酒器的漆画精美优良，大致可以装得下一斗酒；系上皮条带，提起来觉得很轻，可带着它到远方游历。买了这种贮器回来，将酒注入其中，过了一夜，皮质贮器就腐坏了，酒都流到了外面。过几天我重新买了一个好的贮酒器，才觉得好用。没有试用皮质贮酒器，不知道它们是好还是坏；没有试验过的心，哪知道它能不能够坚持！我自打从内心愉悦开始进入，不敢自信地认为内心的愉悦是持久的，大概要在忧患的环境中试验后才知道这是能持久的。

昔者尽鬻其田，使原贾经[①]，少有利焉。原不肖，尽亡其资。又使为牙[②]，以主经客。客窃客金以为质[③]，以责原负。失金者移其妻子子弟数人寝食于堂，日夜号哭而欲自经[④]。窃金者与其属数十人，舍仆而问主；牓于衢巷[⑤]，告我盗金，遂速于讼。当是之时，孤而无助，家人离心。虽非死亡之祸，实无异于秦、楚之兵交攻我也。当是时，有以偿之则已；器物鬻尽，无以偿之。于是客无至者，产失而行废，食尽而祸起。无以弭祸，遑恤其后。岂与颜渊之瓢饮，曾子之踵决等乎哉[⑥]！士之困穷，未有至此其极者也。

【注释】

①原：人名，唐甄家的仆人唐原。贾：买卖。经：织物的纵线，与“纬”相对。

②牙：指牙人或牙行。旧时居于买卖双方之间，从中撮合以获取佣金的人。

③质：以财物抵押或留人质担保。

④自经：上吊自杀。《论语·宪问》曰：“岂若匹夫匹妇之为谅也，自经于沟渎而莫之知也。”

⑤牓（bǎng）：张挂榜文或张贴告示、诗文等。

⑥曾子：名参，字子舆，春秋时期鲁国人，孔子弟子，至孝。踵：脚后跟。《庄子·让王》记载曾子居卫，十年不制衣，“纳履而踵决”。决：断，断裂。

【译文】

以前我将家里的田产全部卖掉，让仆人唐原去做纱线生意，获得的利润很少。唐原不聪明，赔光了所有的本钱。我又让唐原做牙人，主要以卖纱线的人为服务对象。一个卖纱客偷了另一个卖纱客的钱，来做押金，最后让唐原负全部责任。那个丢了钱的客人将他的妻子、孩子等家人都带来，在厅堂里吃和住，没日没夜地号哭，并且要自尽。偷了钱的人与他的同伙几十人，不责问唐原而直接责问我这个主人；他们在大街小巷张贴榜文，说是我偷了钱，于是很快就打官司了。在这个时候，我孤独无助，家里人也不与我同心协力。这虽然不是置人于死地的灾祸，实际上与秦国、楚国的军队轮流进攻我没有什么区别。这个时候，要是有钱赔偿也就罢了；家里的器具物品早就卖光了，根本赔不起。于是再也没有客人来了，家产全部丧失，商行也关闭了，粮食吃光了，灾祸也产生了。眼前的灾祸都没办法消弭，哪里还顾得上以后。这难道不是与颜回用瓢饮水、曾子的鞋后跟都破烂了一样啊！一个人穷困潦倒，没有达到这种悲惨境地啊。

妻曰："过五日，无食矣。既处困穷，又遭多难。多难即解，饥寒渐至。朋友不可告，亲戚不可告，何以为生乎？子近日之学专主于悦，吾恐悦无解于忧，而忧且以伤子之悦也。"唐子曰："无食岂能不忧，多难岂能不忧！忧之自忧，有忧之所不及者。譬诸客之噪焉[①]，噪于外者不溷吾堂[②]，噪于堂者不溷吾室。心如室，非噪之所及也。又譬诸堂前之井焉，炎暑如焚，无所逃避；寒泉在下，澄然不知。心如井，非暑之所及也。内外不相及，我之所忧，亦何伤于我之所悦哉！"

【注释】

①噪（zào）：叫嚷，喧闹。

②溷（hùn）：扰乱。

【译文】

我夫人说："再过五天，粮食就吃光了。已经很穷困了，又遭受了这么多灾难。即使这些灾难都消解了，饥饿与寒冷又会慢慢到来。亲朋好友都不能求告，拿什么活下去呢？你最近的学问专主内心愉悦，我担心内心愉悦对解决忧患是没有用的，反过来忧患会伤害你的内心愉悦。"我说："没饭吃怎么可能不忧虑，多灾难怎么可能不忧虑！忧患还是忧患，也有忧患到达不了的地方。比如客人的吵闹声，在外面吵闹就扰乱不了我的大堂，在大堂中吵闹也扰乱不了我的内室。心就好比内室，不是吵闹声能到达的。又比如大堂前的水井，炎热的酷暑像火烧一样，没有哪个地方可以躲避；但寒冷的泉水在水井下，清澈而浑然不知。心就像井一样，并不是酷暑所能到达的。外忧不能到达内心，我所忧虑的，对我所愉悦的又有什么伤害呢！”

七十

【题解】

《七十》篇，是唐甄七十岁的生日感言。

与《充原》篇中所提到的王阳明的观点“众人顺年，圣人逆年”一样，唐甄认为：“我发虽变，我心不变；我齿虽堕，我心不堕。岂惟不变不堕，将反其心于发长齿生之时。”这种“逆生长”，其实就是壮心不已的豪情：“人谓老过学时，我谓老正学时。今者七十，乃我用力之时也。”

唐甄认为，人在少年时不能学道，只能学习背诵和朗读；在壮年时不能学道，只能学见识。人“自二十至于四十五十”时，为口、耳、鼻、舌、心等方面的诸多欲望所累，“五欲逐心而篡其位。心既失位，欲为之主，则见以为生我者欲也，长我者欲也”。在这种时候，人是无法真正认识道的。而人到了六七十岁的时候，“心归于寂”，“于斯之时，不啻视富贵如浮云，而且视死生如旦暮”。所以到了这样的年龄，身蔽、目蔽、口蔽、耳蔽、鼻蔽都容易被撤除掉，因而更容易接近道。

唐子行年七十，处于张氏之馆[①]。当始生之日[②]，以其余酒，昼而独饮，自庆也。七十者，生之日日远，死之日日近。是弟子之所庆也，非所以自庆也。然则何为自庆？人之老少，不同于鸟兽。鸟兽不知修[③]，人则知修。我发虽变，我心不变；我齿虽堕，我心不堕。岂惟不变不堕，将反其心于发长齿生之时。人谓老过学时，我谓老正学时。今者七十，乃我用力之时也。

【注释】

①馆：在这里的意思是“私塾”。

②始生之日：即是生日。

③修：修养身心。

【译文】

我快七十岁了，在一户姓张的人家教私塾。在生日那天，我拿喝剩下的酒，在大白天独自畅饮，来给自己庆祝生日。七十岁了，活着的日子一天天远离，死亡的日子一天天接近。我的生日是学生们要庆祝的，但不是我自己要庆祝的。那么我自己要庆祝的是什么呢？人的年老与年少，与动物不一样。动物不知道修养身心，但人知道加强各个方面的修养。我的头发虽然变白了，但我的内心从没有改变；我的牙齿虽然脱落了，但我的心却从没有堕落。岂止是心不变不堕落，我的心还回复到头发、牙齿刚长出的婴儿时。别人说人老了已经过了学习的好时候，我却认为人到了老年正是学习的好时候。现在已经七十岁了，正是我用力学习的时候。

少不能学道。少之所学者诵读，非道也。若可学，必其智慧早成；智慧早成者，万不得一。壮不能学道。壮之所学者闻见，非道也。若可学，必其道力早全；道力早全者，万不得一。盖人生于气血，气血成身，身有四官[①]，而心在其中。身欲美于服，目欲美于色，耳欲美于声，口欲美于味，鼻欲美于香。其为根为质具于有妊之初者[②]，皆是物也。及其生也，先知味，次知色，又次知服，又次知声，又次知香。气血勃长，五欲与之俱长；气血大壮，五欲与之俱壮。二十以上，为士者贡举争先[③]，规卿希牧而得贵[④]；其为众者，营田置廛[⑤]，居货行贾而得富；其贫贱者，亦竭精敝神以求富贵。若是者奚为也？将以求遂其五欲也。非貂狐之温不以为裘[⑥]，非锦段之华不以为茵[⑦]，凡所以奉身者无不为也。吴、越佳冶之女[⑧]，列于房帷[⑨]；姑苏奇巧之优[⑩]，供其宴乐，凡所以奉目者无不为也。玉田之嘉谷[⑪]，德易之美酒[⑫]，闽、广之海珍[⑬]，凡所以奉口者无不为也。艳姬歌曲，巧伶奏声，靡靡曼曼，移听迷心，凡所以奉耳者无不为也。兰桂芬于园囿，沉涎馥于堂室[⑭]，凡所以奉鼻者无不为也。此自二十至于四十五十之候也。

【注释】

①官：器官。人有"五官"是流行说法，唐甄所说的"四官"当是概数，后文即说明为身、目、耳、口、鼻。

②妊（rèn）：亦作"姙"，怀孕。

③贡举：古时地方向朝廷荐举人才，后来也指科举考试。

④规：谋求，谋划。卿：古代高级官员的名称，如西周、春秋时天子、诸侯都有卿，分上、中、下三等；又如秦汉时期三公以下设有九卿。希：谋求。牧：指主事官。

⑤廛（chán）：古代平民一家在城邑中所占的房地。后泛指民居、市宅。

⑥裘：用毛皮制成的御寒衣服。

⑦茵：褥子。

⑧冶：艳丽，妖媚。《荀子·非相》曰：“今世俗之乱君，乡曲之儇子，莫不美丽姚冶。”杨倞注：“冶，妖。”

⑨房帷：内室，闺房。

⑩优：倡优。

⑪玉田：地名，今河北唐山。

⑫德易：地名，不详何地。

⑬闽、广：福建、广东。

⑭沉：沉香。涎：龙涎香。

【译文】

年少的时候不能学习大道。年少的时候能够学习的是背诵、朗读，不是道。如果这时能学习道，那肯定是早慧之人；早慧的人，一万个里也找不到一个。壮年的时候不能学习道。壮年的时候能够学习的是见识，不是道。如果这时能学习道，一定是悟道能力成熟早的人；悟道能力成熟早的人，一万个里也找不到一个。大概人由精气、血脉两种东西生成，这两种东西生成人的身体，身体有眼、耳、鼻、嘴四种器官，而心长在身体之中。身体想要穿漂亮衣服，眼睛想看美色，耳朵想听好听的音乐，嘴巴想吃美味，鼻子想闻到香味。这种在怀孕之初就具备的根源、本质性的东西，就是精气和血脉。等到人出生，最先感受到的是味道，其次是颜色，又其次是衣服，又其次是声音，又其次是香味。人的精气、血脉勃勃生长，这五种欲望也和它们一起生长；精气、血脉大大强盛，五种欲望也随之强盛。人到了二十岁以后，做读书人的在功名场中你争我夺，求为公卿、州牧而使自己变得显贵；做普通人的，买田地、置房产，囤积货物、开设商行来求得财富；贫穷卑贱的人，也挖空心思来求得富贵。这样做的原因是什么呢？就是为了满足各种欲望。不是貂皮、狐皮这些保暖的材料不用来做御寒的衣服，不是绫罗绸缎不用来做褥子，凡是来奉养身体的没有不追求的。吴地、越地漂亮的女子，充斥内室；姑苏等地奇异技巧的倡优，来供他宴饮欢乐的消遣，凡是能够使眼睛享受的没有不追求的。玉田出产的好米，德易出产的米酒，福建、广东海产的珍味，凡是能够使嘴巴享受的没有不追求的。艳丽歌女的歌唱，有巧技的伶人演奏的音乐，娓娓动听，迷惑人的听觉和心灵，凡是能使耳朵享受的东西没有不追求的。花园中的兰花、桂花芬芳馥郁，沉香、龙涎香的香味弥漫于大堂和内室，凡是能够使鼻子享受的东西没有不追求的。这是人从二十岁到四十、五十岁之间的表现。

心之智识，皆为五欲之机巧[①]；五欲之机巧，还以助心之智识。五欲逐心而篡其位。心既失位，欲为之主，则见以为生我者欲也，长我者欲也。人皆以欲为心，若更无所以为心者。其本心虽未尝亡，而陷溺之久，如素入染，不可认取；如珠投海，不可寻求。于斯之时，舍欲求道，势必不能。谓少壮之时不能学道者，以是故也。

【注释】

①五欲：指耳、目、鼻、口、心的欲望。《管子·内业》曰："节其五欲，去其二凶。"机巧：诡诈。《庄子·天地》曰："功利机巧，必忘夫人之心。"

【译文】

内心的智慧和见识，都是满足五种欲望的机智和技巧；满足欲望的机智和技巧，又回过头来助长人的智慧和见识。五种欲望攻击心灵并占据了心灵的空间。心灵失去了自己的位置，欲望成为主人，那就被认为我们是嗜欲所生，是嗜欲使我们长大。人都以欲望作为本心，好像除此以外没有可以作为本心的东西。他的本心虽然没有消亡，但是深陷欲望中的时间太长，如白色的布放进染缸，不能再认出是原来的白布；如珍珠投入到大海中，不再能找到。在这个时候，舍弃欲望来寻求大道，必定不可能。所以说少年与壮年的时候不能学习大道，就是因为这个缘故。

血气方壮，五欲与之俱壮；血气既衰，五欲与之俱衰。久于富贵，则心厌足；劳于富贵，则思休息。且以来日不长，心归于寂。不伤位失，以身先位亡也；不忧财匮，以身先财散也。贫贱之士，亦视之若浮云而非我有。此六十七十之候也。

【译文】

精气、血脉变得强盛，五种欲望也随之强盛；精气、血脉开始衰老，五种欲望随着一起衰老。长期生活在富贵中，内心会满足；长期为富贵奔波劳累，就想着停下来。而且自己会认为未来的日子不长了，内心就回归于寂静。不因为失去地位而伤感，是因为身体比地位更先消亡；不担心财物匮乏，是因为身体比财物先散尽。就是贫贱的人，也会把这些都看成不是自己所有的过眼烟云。这就是人六十、七十岁时的表现。

向以从身之欲而远于道，今则貂狐之温同于布褐之衣，身蔽撤矣。向以从目之欲而远于道，今则蛾眉之女同于龋挛之妾[①]，目蔽撤矣。向以从口之欲而远于道，今则王侯之羞同于闾里之食[②]，口蔽撤矣。向以从耳之欲而远于道，今则丝竹不如无声，耳蔽撤矣。向以从鼻之欲而远于道，今则馨香不如无臭[③]，鼻蔽撤矣。于斯之时，不啻视富贵如浮云，而且视死生如旦暮。

【注释】

①蛾眉：好看的眉毛，指美女。齲（qǔ）：牙齿残缺。挛：弯曲。

②羞：美味的食品，后多作"馐"。

③臭（xiù）：气味。《周易·系辞上》曰："同心之言，其臭如兰。"

【译文】

以前因为放纵身体的欲望而远离了道，现在貂皮、狐皮的保温与粗布衣服没有两样了，身上的遮蔽撤除了。以前因为放纵眼睛的欲望而远离了道，现在眉目俊俏的女人与牙齿脱落身体佝偻的女人没有两样了，眼睛上的遮蔽撤除了。以前因为放纵嘴巴的欲望而远离了道，现在王公贵族享受的美食与大街小巷里的粗茶淡饭没有两样了，嘴巴上的遮蔽撤除了。以前放纵耳朵的欲望而远离了道，现在悦耳的音乐不如两耳清静，耳朵上的遮蔽撤除了。以前放纵鼻子的欲望而远离了道，现在馥郁的香味不如无味，鼻子上的遮蔽撤除了。在这种时候，不仅是将人间富贵看成是过眼烟云，而且将生与死都看成和早晨夜晚更替一样平常。

向有闻不可用，今则闻皆可用；向有见不可用，今则见皆可用；向有思不可用，今则思皆可用；向有力不可用，今则力皆可用。五蔽既撤，一心渐露。如素坠于泥中，湔之而易复[①]；如珠遗于室中，求之而易获。是故老而学成，如吴农获谷，必在立冬之后，虽欲先之而不能也。学虽易成，年不我假，敏以求之，不可少待。不然，行百里者九十而日暮，悔何及矣！

【注释】

①湔（jiān）：洗涤。

【译文】

以前有广闻而用不上，现在广闻可以用了；以前有见识而用不上，现在见识可以用了；以前有思考而用不上，现在思考都用得上了；以前有能力而用不上，现在能力都用得上了。五种遮蔽都撤除了，纯一的本心就显露出来。如白布掉在淤泥中，洗一下就恢复白色了；如珍珠遗落在房子中，很容易就找到了。所以人老了学习才能成功，如同吴地的农民收获稻谷，一定是在立冬之后，虽然想提前却不能够。但是学习虽然容易成功了，年龄却不等我，要勤勉敏捷地去获取知识，不能稍有耽搁。不然的话，走一百里路到九十里的时候就天黑了，这时候后悔也来不及了。

无助

【题解】

《无助》篇是唐甄对世无贤人、无良师、无益友的慨叹。

唐甄首先从自己的游历之广而未见贤人切入论题，并且以人论文，将天下人之文别为四等，即“言虽美而非实义”之文、“诬经”之文、“非求见性”之文、“非学之竟事”之文，认为这样的空头文章均无足观焉。天下文风如此，贤人绝迹，因此唐甄觉得自己是孤独的、无助的。

承上，唐甄论及师友之贵：“所贵乎师友者，师道迷而友振惰也。”虽然唐甄也认为可如孟子一般，无师无友亦能成圣人：“孟子无所取益，而巍然为圣人，独立于天地之间。”但是，没有师友的引导与帮助不仅成功晚，而且更重要的是，像孟子这样的“圣人之隽”少之又少，一般人要想获得成功可能性就更小了。当然，唐甄也在讲述山东那个公子哥的故事之后，乐观展望：“苟不惮劳，不耻后，虽无仆马之助，终亦必至焉。为学无朋，亦若是矣。甄也请从山东公子之后也。”唐甄自信即使没有师友的帮助，他也能如孟子一样，最终走向成贤成圣的大成之境。

吾游天下，其不至者，广以南耳[①]，未尝见一贤人焉。以天下之大，家诵诗书之言，人慕文学之名，岂无贤哉？而未见一贤者，盖以甄之不敏，非见贤之人；故天下虽多贤，不可得而见也。吾处吴中三十年矣，未尝见一贤人焉。吴地胜天下，典籍之所聚也，显名之所出也，四方士大夫之所游也；多闻多见，士多英敏，岂无贤哉？而未见一贤者，盖以甄之不敏，非见贤之人；是以吴中虽有贤，不可得而见也。

【注释】

①广：指广东。

【译文】

我游历天下，没有到过的地方，只有广东以南，但没有见到过一个贤人。天下这么大，家家户户诵读诗书，人人仰慕文章学问的好名声，难道没有贤人吗？之所以没见到一个贤人，大概我不是眼光敏锐之人，不能发现贤人；因此天下虽然贤人很多，却不能够看到。我在吴地待了三十年，没有见过一个贤人。吴地优越于天下其他地方，是图书典籍的汇聚之处，名流显要的出产之地，各地的读书人都到这里游历；人们见多识广，士人大多聪慧而有卓识，难道没有贤人吗？之所以没见到一个贤人，大概我不是眼光敏锐之人，不能发现贤人；因此吴地虽然贤人很多，却不能够看到。

文者①，君子之所贵也。今之文，非古之文也；其言虽美而非实义，吾不欲取而观之矣。经者②，道与治之所在也。今人穷经，好为创见而无实用，是为诬经，吾不欲取而观之矣。性即性耳③，有何可言！今之学者好言性，辨论多端，何与于性！即其言善，亦为论性，非求见性④，吾不愿闻之也。今世亦有正直之人，言不妄，行不苟，但能淑身而不能明心⑤，下学而不能上达⑥，吾岂不见而敬之！然非学之竟事也⑦。今之士，吾未见有出乎四之上者，亦何益于我哉！

【注释】

①文：文章。

②经：指儒家《易》《诗》《书》等经书。

③性：理，谓行事合于理性。《中庸》："天命之谓性。"朱熹注："性即理也。"

④见性：明心见性。

⑤淑：善。

⑥上达：上进。《论语·宪问》曰："君子上达，小人下达。"

⑦竟：终了，完毕。

【译文】

文章，是君子所宝贵的。现代人的文章，不是古代的文章；现代人的文章文辞很漂亮但没有实际内容，我是不想拿这种文章来读的。儒家经书，大道与治理国家的方法就存在于其中。现代人穷研经书，喜欢发表新异的看法但没有实际用处，这其实是歪曲经书，我是不想拿这种文章来读的。性理就是性理，有什么需要讨论的！现代的读书人喜欢讨论性理，从多个方面来讨论性理，但这与性理有什么关系呢！即使他说得有道理，也只是讨论性理，而不是求得明心见性的功夫，这样的讨论我是不愿意听的。当今之世也有正直的人，他们说话不虚妄，行为不苟且，但是也只能做到以善修身而不能使内心清明纯正，只能停留于学习而不能向上达到更高的境界，对这样的人我怎能不见到就表达尊敬呢！但这不是学习最终的目标。现在的读书人，我没有见到有能超出上述四个层次的人，对我又有什么益处呢！

所贵乎师友者，师道迷而友振惰也[①]。有此二益，则进学易而成功蚤[②]；无此二益，其遂已乎？其亦难易蚤晚之异耳。孟子生于战国之世，未得为仲尼之徒，未得与颜、曾为友。天下之言学者，非杨朱则墨翟[③]；其谋国者，非仪、秦则孙、吴[④]。孟子无所取益，而巍然为圣人，独立于天地之间。彼，圣人之隽也[⑤]，非中下之人所及也。然而即心是道，即心得师，破迷起惰，不假外求。诚能精思竭力，必为圣人。不过为之难而成之晚，虽无师友可也。故曰“豪杰之士，虽无文王犹兴”。

【注释】

①道（dǎo）：引导。迷：迷惑，迷津。

②蚤：通“早”。

③杨朱：战国时期魏国人，主张“贵生”“重己”。墨翟：战国时期鲁国人，墨家学派创始人，主张兼爱、非攻。《汉书·艺文志》曰：“墨家者流，盖出于清庙之守。茅屋采椽，是以贵俭；养三老五更，是以兼爱；选士大射，是以上贤；宗祀严父，是以右鬼；顺四时而行，是以非命；以孝视天下，是以上同。”

④仪：张仪，战国时期魏国人，为秦惠王相，主张秦国联合其他诸侯进攻第三方的连横策略。秦：苏秦，主张合纵抗秦，即齐、楚、燕、赵、韩、魏等国联合起来抵抗秦国。孙：孙膑，战国时期齐国人，孙武之后，著名军事家，著有《孙膑兵法》。吴：吴起，战国时期卫国人，善用兵，后为楚相。

⑤隽：通“俊”。才德超卓的人。

【译文】

老师、朋友之所以特别宝贵，就是因为老师能指点迷津，而朋友能够使人振作，不懒怠。有了这两种助益，学问就容易精进，也能很早获得成功；没有了这两种助益，难道就完了吗？其实也只有难与易、早与晚的差别罢了。孟子出生于战国的乱世，没有成为孔子的学生，没有与颜回、曾子成为朋友。当时天下讨论学问的人，不是谈杨朱就是谈墨翟；为国家出谋划策的人，不是苏秦、张仪就是孙膑、吴起。孟子没法从他们那里获得助益，也一样取得巨大成就，成为圣人，顶天立地于天地之间。孟子是圣人中的佼佼者，不是那些平庸的人所能赶得上的。然而对孟子来说道就在心中，师就在心中；破除迷雾，在懒惰中振作，这些都不用借助于外部力量。如果确实能做到精深地思考，竭尽所有力量，是一定能成为圣人的。只不过是做起来很难，而且成功得晚一些，即使没有老师、朋友也是可以的。所以说“那些真正的英雄豪杰，即使没有文王这样的君主也会成功”。

昔者有明之世，山东有公子，家富而好逸，不习于劳，闾里之近[①]，非马不往。一日，之京师，择良马，选健仆以从，执鞚而升[②]，执鞚而下，执鞚而过险。马良仆健，日行二百里而后舍，浩浩乎其足乐哉！前涂遇寇，失其马，又失其仆，号天四顾，无救之者。已而无可如何，则强起而行；胫肿跖趼[③]，自河间十五日而后达京师[④]。

【注释】

①闾里：里巷，平民聚居之处。

②鞚（kòng）：马笼头，借指马。

③胫：小腿。跖（zhí）：足跟，脚掌，也指腿脚。趼（jiǎn）：胝，脚长时间行走而生出的硬皮，同“茧”。

④河间：地名，今属河北。

【译文】

从前在明王朝的时候，山东有个公子哥，家境富裕但好逸恶劳，就是到很近的地方去，也非骑马不可。一天他去京城，挑选了好马，挑选了健壮的仆人跟着前往。仆人牵着马上坡，牵着马下坡，险要的地方也要仆人牵着马。马匹精良，仆人健壮，每天行进二百里才停下来，这样浩浩荡荡前行真是快乐啊！但不幸的是前进途中遇到了强盗，马匹丢失了，仆人也不见了，他呼天喊地茫然四顾，没有人救助他。后来确实没有办法了，只能硬着头皮往前走。小腿走肿了，脚掌磨出了厚茧，从河间走了十五天才到达京城。

夫仆马者，致远之资也。一旦中道而失之，足不如人，力不如人，欲进不能进，欲退不能退，左顾而莫为之左，右顾而莫为之右。于斯时也，岂遂委于沟壑哉？反求诸己而已矣。我无马，我自有足；我无仆，我自有力。足虽弱，不至不能行；力虽弱，不至不能举。人如翔而至，我如刖而至[①]；人先庚而至[②]，我后癸而至[③]。苟不惮劳，不耻后，虽无仆马之助，终亦必至焉。为学无朋，亦若是矣。甄也请从山东公子之后也。

【注释】

①刖（yuè）：砍掉脚或脚趾，是古代的一种酷刑。

②庚：天干的第七位。

③癸：天干的第十位。

【译文】

仆人、马匹，都是到达远方的工具。如果有一天中途失去了，自己的脚不如别人快，力气不如别人大，想前进又前进不了，想后退也后退不了，左看右看都毫无办法。在这种时候，难道只有葬身于路边的水沟中吗？当然是要回过头来自己想办法。我没有马，但我有脚；我没有仆人，但我有力气。脚力虽弱，但还不至于不能走路；力气虽然小，但也不至于举不起任何东西。别人像飞翔一样到达，我像受了刖刑的人一样到达；别人在庚日先到达，我在癸日后到达。如果不怕劳累，不以后到为羞耻，即使没有仆人、马匹的帮助，最终也一样可以到达。从事学问而没有朋友，也像这样。我也希望做一个山东那公子哥这样的人。

思愤

【题解】

《思愤》一篇，为唐甄的匠心之作。

此文起首从《尚书·洪范》篇的“六极”之说出发，认为自己占其五：疾、忧、贫、恶、弱，将自己坎坷多舛的一生作了全面概括。但唐甄是乐观的，他乐观地解释友人对自己的怜悯之情：“客当吊我一极而贺我四极。”

唐甄用很长一段的篇幅来阐明为什么有四极之困阨而值得庆贺，字字锥心，足见唐甄面对苦难时的坦然与乐观。他内心坚信：“志道之士则不然。烈火可以锻金，粗石可以攻玉，阨于处世者，利于入道者也。今使一福一极者同居而共学，则极者之修，必半福者而十之矣。是四极者，殆天所以资贤豪也，而可不贺乎？”确实，艰难的处境对人是一种极好的磨砺。自古雄才多磨难，诚如斯言。

最后，唐甄论及自己的“软弱”：“人之大患，莫过于弱矣。弱者虽好善若渴，见义必为；进而不续，续而不终。以之为国，必衰其国；以之为家，必索其家；以之为学，必废其学。”身体软弱，确实是人生目标实现途中的大障碍。但是，人身体可以软弱，内心不能软弱：“求道不与器界同，用力不与手足同。求道在我，用力在心，弱则斯弱矣，强则斯强矣。”哪怕身体再弱，只要一心向道，就谁也不能阻挡走近道的脚步。所以，《思愤》之作绝非只是面对苦难时的愤懑之篇，而是思考如何在绝境中奋进的自强之作："吾诚不安于弱，又当困阨；有以愤发，虽弱可强。今虽老矣，愿为朝宗之沔流，必不为丘隅之黄鸟。客其不终吊我乎！"这就是那个永不屈服、斗志昂扬的唐甄。

《洪范》六极[①]，予有五焉：皮絮三袭[②]，违炉则栗；比户露寝[③]，当风则嚏；疾也。越在异乡[④]，孑处无族[⑤]；十世之泽，将于我绝，忧也。虽有陋室，不展四体；虽有下田，不足二征[⑥]，贫也。身五咫半[⑦]，要二拱弱[⑧]；礼人起慢，致辞听藐[⑨]，恶也。遇重如尪[⑩]，处强如女；秉德不弘，为义无勇，弱也。客有闻是言者，见唐子而吊之。唐子曰："客之恤我厚矣[⑪]；虽然，客当吊我一极而贺我四极。"

【注释】

①《洪范》：为《尚书》中的一篇，相传为箕子向周武王陈述治理的"天地之大法"。"洪"是"大"，"范"的意思是"法"，"洪范"的意思即治理大法。《洪范》中说："六极：一曰凶、短、折，二曰疾，三曰忧，四曰贫，五曰恶，六曰弱。"

②袭：量词，重，层。

③比户：靠近门户。露寝：露宿。

④越：流亡，颠沛。《左传·昭公二十年》曰："亡人不佞，失守社稷，越在草莽，吾子无所辱君命。"

⑤孑（jié）：单独，孤独。

⑥征：征收赋税。

⑦咫（zhǐ）：周制八寸曰咫，合今市尺六寸二分二厘。

⑧要：同"腰"。拱：指两手或两臂合围的径围。弱：差，不及。

⑨听藐：听力弱，听不清。

⑩尪（wāng）：同“尫”，指胸、胫、背等处骨骼弯曲的病，也指有这种残疾的人。

⑪恤：体恤，怜悯。

【译文】

《尚书·洪范》中说到的六种极端灾难，我占五种：皮衣和棉衣穿了三层，离开火炉就冻得发抖；离门近一点露天而宿，只要风吹一下就打喷嚏，这就是“疾病”。流亡他乡，孤零零一个人没有亲族；祖上世代流传下来的德泽，到我这里就断绝了，这就是“忧患”。虽有简陋的居室，但小得伸展不开手脚；虽有薄田，但收成还不够交两次税，这就是“贫穷”。身高只有五咫半，腰围还不足两把；向人行跪拜礼，因年老力衰起身都很慢；跟别人说话也听不清别人在说什么，这就是“丑陋”。遇上大的压力身体就会严重弯曲，碰到强者自己软弱得像个女人；对于道德不能发扬光大，主持正义又没有勇毅，这就是“软弱”。朋友中有听到我这么说的人，看到我就安慰我。我说：“您也太体恤我了；但即使这样，您应该在一个方面体恤我而在另外四个方面祝贺我。”

客曰：“四极何极？云何当贺？”曰：“体强者必先敝[①]，气盛者必先委[②]。恃其强盛而无所可虞[③]，或淫于色，或困于酒，或壅于味[④]，外以沉铄其体[⑤]，而内以蛊丧其志[⑥]。是强盛者，所以自戕也[⑦]。保生后死者，恒由于疾；屏欲近道者[⑧]，亦由于疾。是疾当贺也。

【注释】

①敝：衰败。

②委：通“萎”，委顿，衰败。

③虞：忧虑，忧患。

④壅：障蔽，遮盖。

⑤沉铄：毁损。铄，削弱。

⑥蛊丧：惑乱丧失。蛊，人腹中的寄生虫。

⑦自戕：自己残害自己。戕，毁坏，损伤。

⑧屏（bǐng）：除去，排除。

【译文】

朋友说："四极是哪四极呢？为什么说应当祝贺你？"我说："身体强壮的人一定会先衰败，气血旺盛的人一定会先枯萎。依仗着强大而无所顾虑，或沉迷于美色，或沉溺于美酒，或被美味障蔽，从外看毁损身体，向内看心志惑乱丧失。所以强壮的人，也是自我损伤的人。懂得保养生命、死得迟的人，大多是由于疾病；摒弃欲望接近大道的人，也是因为有疾病。这样的疾病值得庆贺。

"昔者大伯窜于荆蛮[①]，背亲违宗而又无子，忧莫大焉。乃仲尼称为至德，比于文王。惟忧所以见德也。且夫古之人，沮抑志奋[②]，困阨学成[③]。或内宁而启乱，或多难以兴邦。是忧当贺也。

【注释】

①大伯：即泰伯，也称太伯。周太王古公亶父长子。相传其得知太王欲传位于少子季历，便与弟仲雍一起逃至荆蛮，改从当地习俗，建立国家，成为吴国始祖。荆蛮：古楚地，是对楚国的蔑称。

②沮抑：阻遏抑制。

③困阨：同"困厄"，困苦危难。

【译文】

"从前吴太伯逃跑到荒蛮的楚地，远离亲人和宗族而且又没有后代，再也没有比这更大的忧患了。但孔子却称太伯有最高的德行，可以与周文王媲美。只有在忧患中，才能表现出一个人的德行。而且古代的人，遇上了挫折就会志向奋发，身陷困苦之中就会学业有成。有的时候国内安宁反而会开启祸乱，有的时候多灾多难反而会使国家振兴起来。这样的忧患是值得庆贺的。

“虚中者，道所居也；空外者，心所安也。美好盈于外，爱乐縻于中①，则心佚而道亡。无欲者上矣，寡欲者中，多欲者下。吾患不能劫欲②，而乃有以遂欲。有以遂之，中可移于下；无以遂之，下可移于上。是贫当贺也。

【注释】

①縻（mí）：拴缚，牵制。

②劫：抢夺，强取。

【译文】

“让内心空无，道就可以安居；让外界空无，内心就能安宁。一个人的外部世界有太多漂亮的东西，内心又被欲爱享乐所束缚，那本心就会丧失，大道也会消亡。内心没有欲念是最高境界，内心欲念较少是中等境界，内心欲念很多是下等境界。我担心的是不能够夺走欲望，而是来满足欲望。如果只是为了满足欲望，中等境界的人会成为下等境界的人；如果不是为了满足欲望，下等境界的人可以成为上等境界的人。这种贫穷是值得庆贺的。

“伟于貌者，人敬之；美于度者①，人爱之；辨于言者，人服之。是三者，未必为德器也②，适足以蔑人而自足。反是，则所向多拂，增励其修，必不以短于形者短于德矣。是恶当贺也。

【注释】

①度：风度，仪态。

②德器：德行和才器。

【译文】

容貌伟岸的人，人们敬畏他；风度美好的人，人们喜欢他；言辞雄辩的人，人们信服他。具备了这三个特点，不一定能成为德行与才器俱佳的人，恰恰使他们去蔑视其他人而自满。反过来，行事的方向大多是违逆的，但能增强修养，磨砺德行，一定不会在外貌上有缺点而也一并在道德上有缺点。这种丑陋是值得庆贺的。

“人之视此四者，以为天降疾恶，甚于刖劓之刑[①]；天降忧贫，甚于流窜之罚。其于愚人，则流于佣隶[②]，入于窃乞。其于才人，则流于徼幸[③]，入于奸乱。其于文人，则发为骚怨之辞[④]，肆为狂悖之行[⑤]。

【注释】

①劓（yì）：割鼻，古代五种酷刑之一。

②佣：为人做工的人。隶：奴隶。

③徼幸：由于偶然的原因而得到成功或者免去灾害。徼，通“侥”。

④骚怨：牢骚怨恨。

⑤狂悖：狂放悖乱。

【译文】

“人们看待这四种情况，认为是上天降下的疾病、恶物，比刖刑、劓刑更厉害；上天降下的贫困和忧患，比流放的刑罚更厉害。这些对于愚蠢的人，会使他们成为奴仆，成为小偷和乞丐。而对于有才能的人，会使他们成为有非分企求的人，成为奸猾邪乱之辈。这些对于文人来说，就生发为牢骚、怨恨的文辞，不受节制而产生狂放、悖乱的行为。

“志道之士则不然。烈火可以锻金，粗石可以攻玉[①]，阨于处世者，利于入道者也。今使一福一极者同居而共学[②]，则极者之修，必半福者而十之矣。是四极者，殆天所以资贤豪也，而可不贺乎？”

【注释】

①攻：琢磨。

②福：幸福。极：困窘，使之困窘。

【译文】

“从事于道的人则不是这样。熊熊的烈火可以冶炼金属，粗糙的石头可以磨制玉器，困阨对于生活在这个世界的人来说，是利于他进入大道的。现在假若使一个生活得非常好、一个生活得非常困窘的人生活在一起一块学习，那么那个生活困窘的人的进步，必定只要花费生活得好的人的一半精力，但取得的成绩却是他的十倍。这四种处境，大概是上天用来资助贤人、豪杰的，还不值得祝贺吗？”

客曰：“然则子以为当吊者，弱也。弱，亦四者之类也，而独以为当吊者，何也？”曰：“疾病慎之，忧患安之。饥寒不足以为忧，不重于人不足以为耻。人之大患，莫过于弱矣。弱者虽好善若渴，见义必为；进而不续[①]，续而不终。以之为国，必衰其国；以之为家，必索其家[②]；以之为学，必废其学。即有智慧异敏，而卒与众人同没者，惟弱之故也。幸生为士，身为圣人之徒，志任天下之重；入道知路，为学知方。乃因仍其心思[③]，需次其岁月[④]；悠游晏安[⑤]，卒以无成。生为食粟之人，死为游魂之鬼，如之何不吊！挈瓶之力，不能举鼎，不胜其重也；马不千里，徒不百里[⑥]，不胜其远也；荷担而行，弛担而息，有时而闲也；此亦弱之无可如何者也。

【注释】

①续：坚持。

②索：尽，空。

③因仍：沿袭。

④需次：旧时指官吏授职后，按照资历依次补缺。

⑤晏安：安乐，安定。

⑥徒：徒步。

【译文】

我的朋友说："但是您认为值得同情的，应该就是软弱了。软弱，也是四种处境中的一种，但您独独认为软弱值得同情，这是什么原因？"我说："有疾病的人一定会谨慎对待疾病，有忧患的人一定会想办法安定忧患。饥饿与寒冷都不能算是忧患，不被别人看重不能算是耻辱。人最大的忧患，没有超过软弱的。软弱的人虽然像干渴的人看见水一样喜欢善，看见正义的事一定去做；但前进时不能坚持，坚持时也达不到终点。使他们治理国家，国家一定会衰败；让他们治理家庭，也一定会使家业萧索；让他们去研究学问，学问也一定会荒废。即使很有智慧特别聪敏，但最终沦为与普通人一样，就是因为软弱的缘故。若有幸成为读书人，成为圣人的学生，有肩挑天下重担的志向；进入大道知道路径，治学知道方法。但还是沿袭原来的想法，就这样等待着岁月逝去；悠哉悠哉，安定舒适，最终一无所成。活着只是一个消耗粮食的人，死了也是到处游荡的鬼魂，这样的人怎么不令人同情！只有拿起瓶子的力量，不能举起沉重的鼎，确实是不能承受这样的重量；马一天不能奔跑一千里，人一天不能奔走一百里，确实是不能承受这么远的路；挑着担子前行，放下担子休息，不时地放松一下；这也是软弱的人没办法的事。

“是诚然乎？是殆不然。求道不与器界同[①]，用力不与手足同。求道在我，用力在心，弱则斯弱矣，强则斯强矣。《诗》云：‘绵蛮黄鸟，止于丘隅。岂敢惮行，畏不能趋[②]。’周道坦坦，夫何所畏；吾志必往，谁能沮之[③]！己不能趋而倚于人，虽有载而驱之者，亦将半涂而废矣。又曰：‘沔彼流水，朝宗于海[④]。’必朝焉，必宗焉，缘陵趋壑[⑤]，昼夜不息，必达于海；虽有从而堙之者[⑥]，其沛然之势，卒莫能御也。吾诚不安于弱，又当困阨；有以愤发，虽弱可强。今虽老矣，愿为朝宗之沔流，必不为丘隅之黄鸟。客其不终吊我乎！”

【注释】

①器界：佛教语“器世间”亦省作“器界”“器世”，指一切众生可居住之国土世界。

②“《诗》云”以下几句：语出《诗经·小雅·绵蛮》。绵蛮，鸟鸣声。隅，角落。

③沮：阻止。

④沔（miǎn）彼流水，朝宗于海：语出《诗经·小雅·沔水》。沔，水流满的样子。朝宗，诸侯朝见天子。

⑤缘：绕着，沿着。

⑥堙（yīn）：填，堵塞。

【译文】

“的确是这样吗？大概不是这样的。探求大道跟一切众生居住之国土世界是不同的，探求大道用力与手脚用力也是不同的。探求大道在乎自己，用力的大小在乎自己的内心，想要小就小一些，想要大就大一些。《诗经》中说：‘黄雀喳喳叫得急，山坡角落把脚息。哪敢害怕走远路，只怕慢了来不及。’大道平平坦坦，有什么可以畏惧的；我的志向是一定要走向那个地方，谁能够阻止我呢！自己不能前往却依靠他人，即使有车载着他驱驰而往，也必将半途而废。《诗经》中又说：‘流水盈盈向东方，百川归海成汪洋。’一定要朝向大海，沿着丘陵，奔赴沟壑，白天黑夜不停息，一定会到达大海；虽然有跟随着它、想堵塞它的，但它勇往向前的气势，最终没有人能够抵御得了。我确实是不安心于软弱，虽然遭受困阨；但发愤向上，虽然软弱也可以强大。现在虽然老了，但我愿意成为那朝向大海的满满的水流，一定不会成为躲在山丘角落里的小鸟。您还是不要最后来同情我吧！”

敬修

【题解】

“敬修”，即是“修敬”，此篇唐甄讲的是如何修养敬畏之心。

如何修养敬畏之心，唐甄是从与徐中允讨论敬、静这两个问题开始的。唐甄对静、敬都极为看重：“静以言乎心之体也，敬以言乎体之持也。心如玉，静则玉之质，敬则执之慎也。道著而变，变形而多，静其本也。为资不同，为修各异，敬其总也。”静是本质，敬是维持、保有这种本质。并且唐甄用较长的篇幅对“敬”的作用、如何“敬”等进行了讨论，如不搅扰就是敬、敬不分时间、谨慎小心、使欲望还没萌发就停止等。应该说，唐甄的论述是丰富的。

唐甄的惊警之处，是他不仅看到了敬与不敬的差别，更看到了敬有好处也有坏处，看到了敬与敬之间的不同：“人知敬之为本，而不知其能治心，亦或害心；不知其有功于天下，亦或无功于天下。是何也？人孰不知敬与不敬之异，而莫辨敬与敬之有异也。”之中的原因，就是善敬的人可以增加智慧，不善敬的人只会使自己更加固执；善敬的人可以变得更加勇敢，不善敬的人只会变得更加软弱。唐甄所论亦是洞见。

唐甄认为，敬的作用“岂期于寡过而称为君子云尔乎？”不仅仅是为了减少错误，也不仅仅是为了落个君子的名声，而是“将以尽其心也，将以全其性也，将以大其功也”。敬，不是获得虚名，不是作秀，而是为了心性的圆满，进而成就大功业。这才是敬畏的最根本的作用，更是“敬修”的最终目标。

徐中允谓唐子曰[①]：“圣人之学，以敬为本[②]。先生言静而不言敬[③]，非所以善修也。吾谓静不足以尽之，当益之以敬。”

【注释】

①徐中允：即徐秉义，江苏昆山人。中允为其所任官职名，是太子中允的简称。

②敬：恭敬。

③静：内心的安定。《大学》曰：“知止而后有定，定而后能静，静而后能安，安而后能虑，虑而后能得。”朱熹注之曰：“静，谓心不妄动。”

【译文】

徐中允对我说：“圣人的学问，以敬畏作为根本。先生您只主张内心的安静而不主张敬畏，这不是善于修养的表现。我说内心的安静不能穷尽圣人的学问，还应当加上敬畏。”

曰：“然。静以言乎心之体也[①]，敬以言乎体之持也[②]。心如玉，静则玉之质，敬则执之慎也。道著而变[③]，变形而多，静其本也。为资不同，为修各异，敬其总也[④]。居于河滨者，始汲而归，浊不可饮也；注而勿扰，则石泉矣。定其器而盖之者，敬之谓也；撼其器而扰之者，不敬之谓也。圣众同心，静与不静之分也。圣众同静，敬与不敬之分也。

【注释】

①体：本体。

②持：通“恃”，凭借。

③著：明显，显著。

④总：共同特征。

【译文】

我说：“是这样的。安静说的是心的本体，敬畏说的是心的本体应该保持的。心好比是美玉，安静是美玉的本质，敬畏则是要小心谨慎地保持这种本质。道开始显著的时候就会变化，变化发展就必然生出各种各样的形态，但安静是根本。人的资质不相同，各自的修养也有差异，但敬畏是大家共同都要具有的。居住在河边的，刚刚从河里打回来的水，混浊而不能够饮用；将水注入水缸中不去扰动它，时间稍长就像石缝里流出的泉水一样甘甜。固定盛水的器皿而盖上盖子，这说的就是敬畏；摇动容器而搅扰水，这说的就是不敬畏。圣人与普通人的心一样可以做到相同，只有内心安静与不安静的差别。圣人与普通人的心一样可以做到安静，只有敬畏与不敬畏的差别。

“圣众同敬，恒与不恒之分也。我有在而敬，不能无在不敬；我有时而敬，不能无时不敬。夫心之觉也无间[①]，气之息也无间。能敬者，与觉俱在，与息俱存。与觉俱在，故心无散时；与息俱存，故气无暴时[②]。心无散时，气无暴时，是为能敬。

【注释】

①觉：感受。无间：不断，不分。

②暴：暴躁。

【译文】

“圣人与普通人同样可以做到敬畏，只是有持之以恒与不持之以恒的区别。我只要有处所就保持敬畏，不能没有处所就不敬畏；我只要有时机就保持敬畏，不能没有时机就不敬畏。心对外物的感觉不会停息，人的气息也不会停息。能够保持敬畏的人，与感觉同时存在，与气息同时存在。与感觉同时存在，所以心灵没有散逸的时候；与气息同时存在，所以气息没有暴躁的时候。心没有散逸的时候，脾气没有暴躁的时候，这就是能敬畏。

“谨慎，敬也，而敬不尽于谨慎；温恭，敬也，而敬不尽于温恭。无肆无慢，敬也，而敬不尽于无肆无慢。《诗》曰‘上帝临汝，无贰尔心[①]’，祭祀之敬也；《诗》曰‘颙颙卬卬，如圭如璋[②]’，威仪之敬也；《书》曰‘匹夫匹妇，一能胜予[③]’，临民之敬也。三者讵非心与[④]？

【注释】

①上帝临汝，无贰尔心：句出《诗经·大雅·大明》。

②颙颙（yóng）卬卬（áng），如圭如璋：语出《诗经·大雅·卷阿》。颙颙，严肃恭敬的样子。卬卬，同“昂昂”，高昂。颙颙卬卬，形容体貌庄重恭敬，气宇轩昂。圭，古代帝王诸侯在举行朝聘、祭祀等仪式时所用的玉制礼器。璋，玉器名，形状如半圭，古代朝聘、祭祀、丧葬、治军时用作礼器。

③匹夫匹妇，一能胜予：句出《尚书·五子之歌》：“予视天下愚夫愚妇，一能胜予。”

④讵（jù）：副词，表示反诘，相当于“岂”“难道”。

【译文】

“谨慎小心，是敬畏；但敬畏不仅仅是谨慎小心；温和谦恭，是敬畏，但敬畏不仅仅是温和谦恭。不放肆不傲慢，是敬畏，但敬畏不仅仅是不放肆不傲慢。《诗经》说‘上帝监视着你们，休怀二心要争光’，是说祭祀的时候要敬畏；《诗经》又说‘贤臣肃敬志高昂，品德纯洁如圭璋’，这是说威仪方面的敬畏；《尚书》说‘天底下的人，每一个都超过我’，这是亲临百姓时的敬畏。这三者，难道不是发自内心吗？

“吾闻之：养卉木者，枝叶披陨[①]，其根必伤，讵非君子之所慎守与？然非其本也。《书》曰：‘欲败度，纵败礼[②]。’欲与纵，出于心而自贼者也。敬者，止欲于未萌，消欲于既生，防纵于未形，反纵于既行；所以保其心而纳于礼度者也。

【注释】

①披：折断，割断。

②欲败度，纵败礼：语出《尚书·太甲》。

【译文】

“我听说：种养花卉花木，如果枝和叶受损害了，他的根也会受到伤害，难道不是君子要谨慎遵守的吗？但这不是根本。《尚书》说：‘欲望破坏法度，放纵破坏礼仪。’欲望与放纵，源出于心灵而自己戕害自己。敬畏，使欲望还没萌发就停止，欲望一产生就消灭它，放纵还没有开始就防止它产生，已经放纵了就纠正这种放纵；这是保持本心、将行为纳入礼仪法度中的做法。

“自尧舜以来，天下之言学者，皆知以敬为本。人知敬之为本，而不知其能治心，亦或害心；不知其有功于天下，亦或无功于天下。是何也？人孰不知敬与不敬之异，而莫辨敬与敬之有异也。心用尚智[①]，善敬者益智，不善敬者则御而之乎固[②]。心用尚勇，善敬者益勇，不善敬者则御而之乎弱。《诗》曰：'无已太康，职思其居[③]。'是拘儒之敬也固矣。《诗》曰：'我躬不阅，遑恤我后[④]。'是浅儒之敬也弱矣。若是者，反害其心而无功。

【注释】

①用：功用，作用。

②御：支配。固：固执，死板。

③无已太康，职思其居：语出《诗经·唐风·蟋蟀》。已，甚，过度。太康，安乐。职，尚，还要。居，所居职位。

④我躬不阅，遑恤我后：语出《诗经·邶风·谷风》。躬，自身。阅，容。遑，哪来得及。恤，顾及，考虑。

【译文】

"从尧、舜以来，天下谈论学问的人，都知道敬畏是根本。人人都知道敬畏是根本，但不知道敬畏能医治人心，也能伤害人心；不知道敬畏对天下有好处，也有坏处。是什么原因呢？哪个人不知道敬畏与不敬畏的差别，但没有人能分辨出敬畏与敬畏之间有差别。内心作用于崇尚智慧这个方面，善于敬畏的人能增加智慧，不善于敬畏的人则支配着心走向固执。内心作用于崇尚勇敢这个方面，善于敬畏的人更加勇敢，不善于敬畏的人则支配着心走向软弱。《诗经》说：'过度安乐也不好，还是要把工作干。'这是拘泥的儒生的敬畏，非常固执。《诗经》说：'既然对我不见容，谁还顾到我后代。'这是浅陋的儒生的敬畏，非常软弱。像这样的话，反而会伤害内心，没有好处。

“当尧之时，九山不辟[①]，九川不顺[②]，五谷不树，五伦不叙[③]，于是尧禅舜，舜禅禹，不传子而传贤，以安天下之民。夏、商之季，独夫烧焫民命[④]，百官瞀乱[⑤]，于是汤伐桀，文王伐崇[⑥]，武王伐纣，伊挚放太甲[⑦]，吕望出奇谋，以安天下之民。若是者，自天地开辟以来，未有之大变也，未有之奇功也。虞、夏、商、周之君臣，惟能以敬慎行智勇，故处此大变，成此奇功。《诗》曰：‘战战兢兢，如临深渊，如履薄冰[⑧]。’非徒慎也，将以求涉济也。吾闻之：习心太约者[⑨]，不可以致远；习身太谨者，不可以犯难。有言行如曾子而涉济不如孟贲者[⑩]，其去圣人之敬也远矣。

【注释】

①九山：一种解释是指九州的大山。《尚书·禹贡》曰：“九山刊旅。”孔安国《传》曰：“九州名山与槎木通道而旅祭矣。”另一种解释认为，九山指具体的九座山。《吕氏春秋·有始》曰：“何谓九山？会稽、太山、王屋、首山、太华、岐山、太行、羊肠、孟门。”

②九川：九州的大河。《尚书·益稷》曰：“予决九川，距四海。”孔安国《传》曰：“决九州名川，通之四海。”

③五伦：指君臣、父子、兄弟、夫妻、朋友之间的五种伦理关系，也称五常。

④独夫：指残暴无道、众叛亲离的统治者。烧焫（ruò）：焚烧，焚毁。

⑤瞀（mào）：错乱，混乱。

⑥崇：商时诸侯国。《史记·周本纪》载，周文王时先后灭掉商的三个诸侯国：黎、邘、崇。

⑦伊挚：伊尹，名挚，商初贤相，助汤攻灭夏桀。太甲：商代帝王，成汤之孙，因为纵欲败德，被伊尹流放于桐宫。

⑧战战兢兢，如临深渊，如履薄冰：语出《诗经·小雅·小旻》。

⑨习：习惯，习惯于。

⑩孟贲：战国时勇士。

【译文】

“尧的时候，九州的大山还没有开辟，九州的大河还没疏通，五谷还没有种植，人与人之间的伦理关系还没有确立，在这时尧将帝位禅让给舜，舜将帝位禅让给禹，不传给自己的儿子而传给贤能的人，来安定天下的百姓。到了夏朝、商朝时，桀这个独夫焚毁上天降给老百姓的大命，百官混乱，于是商汤讨伐夏桀，文王讨伐崇侯虎，周武王讨伐商纣王，伊尹流放太甲，姜太公吕尚献出妙计，来安定天下的百姓。像这样的，是自开天辟地以来从来没有过的大变局，从来没有过的大功业。虞、夏、商、周的国君和大臣，只能凭敬畏谨慎来使用智慧和勇敢，所以即使身处这样的大变乱中，也能建立这样奇伟的功业。《诗经》说：‘战战兢兢过日子，如临深渊须留步，如踩薄冰防险路。’不仅仅是谨慎，还要涉水过河。我听说：心思习惯于太俭约的人，不会走得太远；修身过于谨慎的人，不能够去触碰难事。有人言论与行为像曾子一样，但涉水渡河不如孟贲，这与圣人的敬畏相差太远了。

“敬之为道，岂期于寡过而称为君子云尔乎？将以尽其心也[①]，将以全其性也，将以大其功也。天地与道际[②]，心与天地际。有轻心者不能及，敬所以重之也；有慢心者不能及，敬所以笃之也。容仪之庄，视听之谨，非外也，所以防其外而一于内也。是故其气清，其知明，不持而固，不勉而行，尽人达天，皆由于敬；施于天下，不劳而定。曲士然乎哉[③]！内省而拘，外慎而泥，求其心而适以锢其心，其于天下何有？亦自成其为无訾之小儒而已矣[④]。”

【注释】

①尽其心:《孟子·尽心上》曰:“尽其心者,知其性也。”

②际:会合,交会。

③曲士:乡曲之士,比喻那些孤陋寡闻的人。《庄子·秋水》曰:“曲士不可以语于道者,束于教也。”

④呰(cī):通“疵”,缺点,过失。

【译文】

“敬畏作为一种道,难道只是期望少过错而被称作是君子这些吗?是为了竭尽心力,为了完善本性,为了成就更大的功业。天、地与道相交接,心与天、地相交接。内心轻浮的人达不到这一点,敬畏能使他变得庄重;内心怠慢的人达不到这一点,敬畏能使他变得笃诚。容貌仪态庄敬,视听谨慎,这都不仅仅只是表现于外的东西,这些都是用来防止外部的侵扰而使内心更专一。所以人神清气朗,智慧明达,不执持就能固守,不勉强就能前行,尽人事,达天命,都是因为敬畏;将这种敬畏普及到天下,不用劳累就可以安定天下。浅薄的人哪能做到这样啊!向内反省而拘束,向外谨慎而拘泥,探求内心反而禁锢了自己的内心,他们对天下有什么作用呢?也只不过是成为一个没有什么缺点的小儒生罢了。”

讲学

【题解】

《讲学》篇的主题，是如何向老师、朋友学习，所以唐甄开篇就指出："学贵得师，亦贵得友。师也者，犹行路之有导也；友也者，犹涉险之有助也。"

唐甄对于老师的讲授目标有着非同一般的理解，他认为老师的讲授如果仅仅局限于辨文析义，则如同私塾先生教始学之儿童，意义仅止乎此。唐甄认为："无益于人之身，无益于人之心，则亦讲五经之文焉云尔，则亦讲诸儒之言焉云尔，则亦讲孔、孟之书焉云尔，是何异于谢庄之塾师乎！"所以师者所授，是要提升学生的精神境界，使学生实现内心的完善、德性的丰盈、生命的圆满，这是非常具有当代意识的教育思想。

以孔子、孟子为例，唐甄主张老师要根据自己的所得来启发学生，"因其各得而言"，并且善于讲授的人也能引导学生发掘自身的潜能，不断地走近大道。不能做到这样启发学生的老师，其所讲授，只能称"观讲"："众观而已，何益之有！"

老师的讲授也要如孔子所说，因材施教。对不同的学生讲授不同的内容而不能雷同，更不能简单化处理。这正如医生治病："虽有扁鹊，不能以一药已众疾，是不可同也；不能以彼药已此疾，是不可易也。"

最后，唐甄主张除了向老师学习，还应当向朋友学习。虽然良师益友非常难得，但是唐甄认为，“苟善取焉，不必贤于我者，皆可为师友”。如果善于学习，只要别人有优点都应该学习，也都可以学习。唐甄认为：“盖己不自知，暗如灭烛；人之视己，明如观火。不自知短，人见我短，即短可益，不必其人之长也；不自知蔽，人见我蔽，即蔽可撤，不必其人之明也。”会学习的人，能利用好一切学习机会。

学贵得师，亦贵得友。师也者，犹行路之有导也；友也者，犹陟险之有助也。得师得友，可以为学矣。所贵乎师友者，贵其善讲也。虽有岐路，导之使不迷也；虽有险道，助之使勿失也。师友善讲，则学有成矣。

【译文】

学习贵在能得到好的老师，也贵在能得到好的朋友。老师好比是走路时的引路人，朋友好比是攀登险要之地的帮手。得到好的老师、好的朋友，就能研究学问了。老师、朋友之所以宝贵，就在于他们善于讲解。即使有岔路，有他们的引导也不会迷路；即使有险路，有他们的帮助也不会有闪失。老师、朋友善于讲解，就能学有所成。

夫讲者，非辨文析义之谓也，所以淑其身[①]，明其心也。若日取五经之文而敷之[②]，日取诸儒之言而讨之，日取孔、孟之书而述之；使听之者如钟鼓之荡于胸，如琴瑟之悦于耳，群焉推之以为当世之大宗师，君子则鄙之。其鄙之何也？以为无益于人之身，无益于人之心也。无益于人之身，无益于人之心，则亦讲五经之文焉云尔，则亦讲诸儒之言焉云尔，则亦讲孔、孟之书焉云尔，是何异于谢庄之塾师乎[③]！谢庄之塾师，教章句，解文字而已。夫教章句，解文字，童蒙犹有赖焉。兹之讲者，无益于学者，殆不如彼之有益于童蒙也。

【注释】

①淑：善。

②敷：陈述，铺叙。

③谢庄：地名，不详何地。

【译文】

所谓讲解，并不是指辨析文体、分析文义，而是用来使自身完善、内心明达。如果每天拿《易》《诗》《书》《礼》《春秋》这些五经文章向他陈述，每天拿诸多儒生的言论与他讨论，每天拿孔子、孟子的书向他讲述；使听讲的人好像有钟鼓的声音激荡于胸中，好像有琴瑟的声音悦人耳朵，大家一起推举他为当代的大宗师，但君子却看不起这种人。为什么看不起这种人呢？认为这种人对人的身心修养没有助益。无益于人之身心，那也就是讲讲“五经”中的文章罢了，也就是讲讲诸多儒生的言论罢了，也就是讲讲孔子、孟子的书罢了，这与谢庄的私塾老师有什么差别呢？谢庄这个地方的私塾老师，也只是讲文章的章节与句读，解释文字的意义罢了。教授文章的章节与句读，解释文字的意义，这对启蒙阶段的儿童还有帮助。当今的讲授者对探求学问的人没有助益，大概还不如谢庄的私塾老师那样对儿童有帮助。

是故孔子教人，因其各得而言[①]，不闻复取五代圣人之言讲之也[②]；孟子教人，以其自得而言，不闻复取孔子之言讲之也。善讲者，如掘井得水，因其自有而取之，非异水也；如击石得火，因其自有而发之[③]，非异火也。向也不知道之所在，以为远不可求；即知道之所在，以为求之而不易致。

今则求之于己，乃我之自有焉，则善讲者之功也。升五尺之座[④]，坐虎豹之皮，环而听之者百千人。在堂下者，望而不见；负壁者，及阶者，见而不闻；在寻丈之间者[⑤]，闻而不知；在左右前后者，知而不得；是之谓观讲。众观而已，何益之有！

【注释】

①因：根据。得：心得。

②五代：五代的说法不一，有指唐、虞、夏、商、周的，也有指黄帝、唐、虞、夏、商的，也有指夏、商、周、秦、汉的。

③发：点燃。

④升：登上。

⑤寻：周代八尺为寻。

【译文】

所以孔子教育学生，根据他们各自的心得来讲解，没有听说他拿五代时圣人的言论来讲解的；孟子教育学生，根据他们各自的心得来讲解，没有听说他又拿孔子的言论来讲解的。善于讲解的人好像挖井取水，根据井自己具有的水来取水，而不是再到另外的地方取水；如撞击石块取得火种，是根据石头自己具有的火来点燃，而不是到另外的地方去取火种。以前不知道大道在什么地方，以为遥远而不能够求得；即使知道大道在哪里，也会认为虽然去探求但不容易得到。现在向自己求得道，原来是我自己就具有的，这是善于讲授的人的功劳。登上五尺高的座位，坐在垫着虎皮、豹皮的位子上，环绕着他来听讲的人成百上千。在大堂下听讲的人，看不到他；背靠着墙壁的人、站在台阶上的人，看得见他但听不到他在讲什么；在八尺一丈之内听讲的人，听不到他在讲什么；在他左右与前后的人，知道他在讲什么但无所获。这就是所说的观看讲授。只是一帮人在观看而已，有什么益处呢！

是故教者贵亲[①]，亲则易知；承教者亦贵亲，亲则易化。煦妪覆育[②]，如鸡之伏卵，而后教可施焉。一室之中，不过数人，朝而见，夕而见，侍坐于先生，侍食于先生，非若大众之不相接也，可以教矣。而又患教之同也，又患教之易也。一日言智，共此求智之方；一日言勇，共此求勇之方；一日言仁，共此求仁之方，是同也。不以刚治柔，即以柔治柔；不以柔治刚，即以刚治刚，是易也。虽有扁鹊，不能以一药已众疾，是不可同也；不能以彼药已此疾，是不可易也。寒者以桂[③]，热者以檗[④]，而后可以为师，而后可以施教焉。

【注释】

①亲：亲近。

②煦妪（yǔ）：生养。煦，温暖。妪，指养育。覆育：抚养，养育。

③桂：肉桂，有驱寒、止痛的作用。

④檗（bò）：木名，即黄檗。可入药，有清热、解毒等作用。

【译文】

所以教育者贵在亲近学生，与学生亲近就能使学生容易理解；接受教育的学生也贵在亲近老师，亲近老师就能很容易被教化。要先像母鸡孵出小鸡一样养育，然后才可以对之加以教育。一个房子中一共就几个人，早晚相见，侍奉在先生的旁边，并不是像一般人那样不相接近，这样才可以进行教育。但是又担心教育的内容雷同，又担心教育的内容太容易。某一天讲到智慧，大家就一起探求获得智慧的方法；某一天讲到勇敢，大家就一起探求获得勇敢的方法；某一天讲到仁义，大家就一起探求获得仁义的方法，这就是雷同。不是用刚强来医治柔弱，就是以柔弱来医治柔弱；不是以柔弱来医治刚强，就是以刚强来医治刚强，这就是容易。虽然有扁鹊这样的神医，也不能只用一种药来医治所有的病，这就是所说的不能雷同;不能用那种药来医治这种病,这就是所说的不能太简单。得风寒病的人用肉桂来驱寒,得了湿热病用黄檗来清热解毒,只有这样才可以做老师,才可能去教育学生。

求师于斯世,如凤如麟[①],不可得而见矣。师不可得而见,友亦不可得而见矣。虽然,不善得师者在师,善得师者在己;不善得友者在友,善得友者在己。苟善取焉,不必贤于我者,皆可为师友。若有志于学者,或一二人焉,或二三人焉,会于一所,嬴粮以从[②];两相纠,三相参也。

【注释】

①凤:凤凰,百鸟之王。麟:麒麟,古代传说的吉祥之兽。

②嬴:担负,带着。

【译文】

在当今的时代,求得好的老师就像求得凤凰、麒麟一样,很难得找到。老师不容易找到,朋友也不容易找到。即使是这样,不善于得到老师帮助的人总是责怪老师,善于得到老师帮助的人总从自己身上找原因;不善于得到朋友帮助的人总是责怪朋友,善于得到朋友帮助的人也总从自己身上找原因。如果善于择取,不一定要比我贤能才能当我的老师和朋友,所有人都能当我的老师和朋友。假若立志于学问,或者一两个人,或者两三个人,大家聚到一块,背负着粮食跟从老师;互相纠正,互相参考。

吾求尽事亲之道,而未尽事亲之道也;吾求尽兄弟之道,而未尽兄弟之道也;吾求尽夫妇之道,而未尽夫妇之道也;吾求尽朋友之道,而未尽朋友之道也;吾求尽与斯人待仆婢之道，而未能尽其道也；抑或未能尽五者之道，而以为皆已尽焉。五有所长，五有所短，五有所明，五有所蔽。

【译文】

我力求全部了解事奉双亲的道理，但没有做到全部了解；我力求全部了解兄弟友爱的道理，但没有做到全部了解；我力求全部了解夫妇相处的道理，但没有做到全部了解；我力求全部了解交朋处友的道理，但没有做到全部了解；我力求全部了解与他人怎样对待奴仆婢女的道理，但没有做到全部了解；或者没有全部了解有关这五者的道理，但是以为自己都已经全部了解了。这五者有长处，有短处，有明白处，有遮蔽处。

吾察于所好，而或非所当好也；吾察于所恶，而或非所当恶也；吾察于所喜，而或非所当喜也；吾察于所愠，而或非所当愠也。抑或四者之乎偏，而以为皆已正焉。四有所长，四有所短，四有所明，四有所蔽。

【译文】

我只看到我喜欢的，而这或者不是应当看到的；我看到我所厌恶的，而这或者不是应当厌恶的；我看到我所喜欢的，而这或者不是应当喜欢的；我看到我所气愤的，而这或者不是应当气愤的。或者四者都有偏颇，而认为自己都已经纠正了。这四者有长处，四者有短处，四者有明白处，四者有遮蔽处。

此长短明蔽，人各有其一二，而皆可以相资。盖己不自知，暗如灭烛；人之视己，明如观火。不自知短，人见我短，即短可益，不必其人之长也；不自知蔽，人见我蔽，即蔽可撤，不必其人之明也。两相纠焉，三相参焉，二三人中，互相为谪[1]，循环不匮，何患学之无成！

【注释】

①谪：批评。

【译文】

这些长处、短处、明白处、遮蔽处，每个人可能都具备一两点，但都可以互相资助取法。大概自己不了解自己，这种黑暗就像蜡烛吹灭了一样；别人来看自己，则明白得像看火一样。自己不知道自己的短处，别人能见到我的短处，即使是短处也是有益的，不一定要这个人的长处才对我有益；自己不知道自己的遮蔽处，但有人看到了我的遮蔽处，那么这种遮蔽就有可能被撤除，不一定要这个人的聪明才对我有益。几个人一起互相纠正，互相参考，二三个人中互相批评，如此循环不断，还怕学习不会成功！

劝学

【题解】

所谓“劝学”，就是劝勉人们学习圣人之道。唐甄认为道“不可一人离也，不可一事离也，不可须臾离也”。

唐甄对“圣人不作，世衰道丧”的现实有着切肤之体验，对“旁蘖别出，乃訾议儒者”的行为更为厌恶。他主张人追寻道，道如天覆地载，谁都不能脱离：“是故凡为士者，必志于道。”

唐甄用韩非谐言诋儒之事来告诫世人，学道要“见大体”，不“泥于外迹”。同时唐甄认为：“何以志于道？凡所见之人，无贵贱，无小大，皆以学明伦也；凡所遇之事，无顺逆鄙俗，皆以学尽义也；养仆妾，谋衣食，量米麦，权蔬肉，皆以学求仁也。”明伦、尽义、求仁，对来自人伦日用中的“人道”的探求，就是志道之举。

唐甄通过与自己的友人王崑绳、翰林颜学山之间的对谈，阐述了学道的诸多好处：“无入而不自得，正己而不求于人。虽有忧患，不改其乐；虽遇不良，无伤于己。”大道就是安宅，就是坦道，是人可以飞翔的自由之境；学习圣人之道，人生无忧，“坦坦然，荡荡然，游于天地之间”，实乃人生大快事。

出入必由户[①]，无逾垣穴墙而由之者[②]；寝兴必居室[③]，无登巢入窟而居之者；饮食必以火，无决腥茹草而饱之者[4]。人未有舍其必为而不为者也，未有必不可为而为之者也。必为而不为，非人道矣。以此三者譬道，则道也者，不可一人离也，不可一事离也，不可须臾离也[5]。圣众同之，贵贱同之，无他涂也。

【注释】

①出入必由户：《论语·雍也》曰："谁能出不由户。"

②逾：翻过。垣（yuán）：墙。穴：名词作词，钻穴。

③寝兴：睡下和起床，指日常起居。

④决：咬断。腥：生肉。茹：吃。

⑤须臾：片刻，短时间。

【译文】

进出房屋必须经过门户，没有人会翻过墙或者在墙上打洞而进入房屋；起居要在房子里，没有人爬上巢穴或者钻进窟窿而住下来；吃喝的食物要用火来烧煮，没有人用牙齿咬断生肉或者吃草来填饱肚子。人没有舍弃自己必须要做的而不去做的，没有必定不能做但又做了的。一定要做而没有做，不是做人的道理。如果用这三个例子来比如大道，那么大道是每个人都不能离开的，每一件事情都不能离开的，不可片刻离开的。圣人与普通人一样，富贵的与贫贱的一样，没有其他途径。

圣人不作，世衰道丧，旁蘖别出[1]，乃訾议儒者[2]。至于宋，则儒大兴而实大裂。文学为一涂，事功为一涂；有能诵法孔、孟之言者别为一涂，号之曰道学[3]。人之生于道，如在天覆之下，地载之上，孰能外之？而读书聪明之士别为一涂，或为文学，或为事功，其愚亦已甚矣！虽然，自道不明，儒者习为迂阔无用于世，是以有薄而不为，从而訾议之者，未可舍己而罪人也。

【注释】

①蘖（niè）：草木砍伐后长出的新芽。

②訾（zǐ）：诋毁，指责。

③道学：宋代周敦颐、张载、程颢、程颐、朱熹等人的哲学思想，亦称理学。道学是儒学发展史上重要的一环，主张恢复儒家"道统"，宣扬"性命义理"之学，由内圣的修养功夫来达成外王的政治理想。

【译文】

圣人不再兴起，世风衰败，大道沦丧，其他学说像旁边长出的枝叶相继产生，于是开始指责议论儒生。到了宋代，儒家表面上大为兴盛，但实际上却是大的分裂。文章学问发展成一条道路，事业功名发展成另一条道路；能够诵读、效法孔子、孟子学说的人又发展成一条道路，称之为道学。人活着，对于道就像是在天的覆育下，在地的承载上，谁能处于天地之外呢？那些诵读诗书、自以为聪明的人却另走一条路，或者从事文章学问，或从事功名事业，也真是太愚蠢了！即使这样，自从大道不再彰明，儒生们都习惯了迂腐不切实际，对社会治理没有任何作用。所以他们轻视一切，无所作为，跟着人批评指责他人，这种人不会舍弃自己的缺点，而会不停地批评别人。

韩非曰："齐宣王问于匡倩曰：'儒者博乎？'曰：'否。博贵枭；胜必杀枭，是杀所贵也，故不博。''儒者弋乎？'曰：'否。弋者从下害上，故不弋。''儒者鼓瑟乎？'曰：'否。瑟以小弦为大声，大弦为小声，大小易序，故不鼓①。'"非盖谐言以诋儒也②。夫非礼勿视，非礼勿听，非礼勿言，非礼勿动，不善学者不见大体，泥于外迹，皆不博弋不鼓瑟之徒也。以是见薄于世[③]，诚未可以罪人也[④]。

【注释】

①“韩非曰”以下几句：语出《韩非子·外储说左下》。唐甄所引，只转述韩非文大意。博，指博戏，又叫局戏，为古代的一种游戏。枭，见《性才》篇注。弋（yì），带丝绳的箭，这里作动词，意思是“用带丝绳的箭来射”。

②诋：诋毁，指责。

③见：被。薄：鄙薄。

④罪：怪罪。

【译文】

韩非子说：“齐宣王问匡倩说：‘儒家的人也会玩博戏吗？’匡倩说：‘不会。博戏以枭棋为贵；获胜的人一定会杀掉对方的枭棋，这是杀掉尊贵的东西，所以不会玩博戏。’‘儒家的人会射鸟吗？’匡倩说：‘不会。射鸟，是从下面伤害上面的事物，所以不射鸟。’‘儒家的人会弹奏瑟吗？’匡倩说：‘不会。瑟是弹小弦发出大的声音，弹大弦发出小的声音，这是大小颠倒了次序，所以不弹奏。’”韩非大概是用诙谐的语言来诋毁儒家。对于不合礼仪规范的东西不看，不合礼仪规范的声音不听，不合礼仪规范的话不说，不合礼仪规范的事情不做，不善于学习的人不能得其关键，只是拘泥于外在表象，全是些不下棋、不射箭、不鼓瑟的人。因为这样被世人鄙视，实在不可怪罪别人。

君子之于道也，敬以修己，广以诱民，文学事功皆备其中，岂可诬也[①]！是故凡为士者，必志于道。何以志于道？凡所见之人，无贵贱，无小大，皆以学明伦也；凡所遇之事，无顺逆鄙俗，皆以学尽义也；养仆妾，谋衣食，量米麦，权蔬肉，皆以学求仁也。草木必有根，舍是而为文学，必流于浮靡；构筑必有基，舍是而为事功，必至于倾败而殃民。若斯之人，不求身心，不知人道，犹出不由户，入不居室，饮食不知味，孟子所以譬之于禽兽也[②]。是故士之为士，惟此一涂，更无他涂。

【注释】

①诬：虚假。

②孟子所以譬之于禽兽也：《孟子·滕文公下》曰："圣王不作，诸侯放恣，处士横议，杨朱、墨翟之言盈天下。天下之言，不归杨，则归墨。杨氏为我，是无君也；墨氏兼爱，是无父也。无父无君，是禽兽也。"

【译文】

君子对于道，保持敬畏来修养自己，然后加以扩展来教导老百姓，文章学问事业功名都在这里了，这可不是虚妄的！所以只要是读书人，一定立志于探求大道。怎样立志探求大道呢？凡是看到的人，不论富贵贫贱，不论年龄大小，都可以从中学习人伦关系；凡是所遇到的事，无论是否顺利还是粗鄙浅俗，都可以从中学习道义；蓄养奴仆婢妾，为衣食奔波，用斗量米和麦，用秤称肉和蔬菜，都可以从中学习探求仁德。草与木都有根系，放弃根系而去讲求文章学问，一定会流于浮华奢靡；构筑房屋一定要打好地基，舍掉根基而去讲求事业功名，一定会走向彻底失败，祸害百姓。像这样的人，不知道修养身心，不知道做人的道理，就像出门不经过门户，进入屋中又不居住于内室，吃喝不知道味道，孟子把这样的人比喻成禽兽。所以读书人只有这一条路，没有其他路。

王崑绳为人敏达[①]，善为文章，唐子乐与之游。一日告之曰："子曷学道[②]？道非异也，智者视为高远而不可求，愚者视为迂阔而不肯为。乌知道者，其中无苦难之事，有便安之利。不入其中则已，一入其中，即尝其味，天下之物，无有如其甘美者。何以见其然也？处世多忧患，遇人多不良，即才智足以御之，以苟免于今之世，其身亦大劳矣，其心亦甚苦矣。学道则不然。无入而不自得，正己而不求于人。虽有忧患，不改其乐；虽遇不良，无伤于己。终其身处于安宅之中，行于坦道之上，虽美色郑声[③]，不足以喻其娱乐矣。天下之便利有如斯者乎？"王子改容曰："子之言诚是也。"

【注释】

①王崑绳：王源，字崑绳，河北大兴人，康熙三十三年举人。

②曷：副词，表示反问，相当于"何不""岂""难道"。

③郑声：原指春秋战国时郑国的音乐。因为与孔子提倡的雅乐不同，故受儒家排斥。此后凡与雅乐相悖的音乐，甚至一般的民间音乐，在很多时候都称为"郑声"。

【译文】

王崑绳为人聪敏通达，善于写诗作文，我特别喜欢与他一起游历。一天我对他说："您何不学习道呢？道不是奇异之物，聪明的人认为道又高又远不能够求得，愚蠢的人认为道迂腐不切实际而不肯去学习。他们哪里懂得道，之中没有困苦艰难的事情，倒是有便利、安逸的好处。不能进入道中也就算了，一旦进入其中，就能尝到道的味道，天底下没有比这种味道更甜美的东西。怎么看得出是这样的呢？人生活在世间有很多忧患，碰到的人中坏人也很多，即使凭聪明才智能抵抗得住，来侥幸免除当今时代的祸难，身体也会极大地疲劳，内心也会感觉非常痛苦。学习大道则不会这样。学习就有所获，端正自己而不需要求助于他人。虽然有忧患，但快乐不会改变；虽然会碰上坏人，但对自己没有伤害。一辈子居住在安逸舒适的大宅子中，行走在平坦的大道上，即使是漂亮的女人、放荡奢靡的音乐，也不能来形容这种欢娱快乐。天底下还有像这样的好处吗？”王崑绳听后动容，说：“您说的话确实很正确。”

翰林颜学山试士浙江[①]，唐子为之客。颜公语坐人曰：“人之生，皆不自足者也。庶人有庶人之忧，士有士之忧，公卿有公卿之忧，天子有天子之忧，此谓天之劳我以生也[②]。”唐子曰：“有一事可以无忧，人不知求之耳，学圣人之道是也。不求足于世，孰有与之以不足者[③]？本无不足于己，孰有处于不足者？坦坦然，荡荡然，游于天地之间，如在唐、虞之世，其有忧乎？其无忧乎？”颜公改容曰：“子之言诚是也。”

【注释】

①颜学山：即颜光敩。字学山，山东曲阜人。康熙戊辰进士。试士：指古代为授予官职而考试士子。

②劳我以生：《庄子·大宗师》曰：“夫大块载我以形，劳我以生。”劳，使劳累。

③与：赐予。

【译文】

翰林颜学山在浙江做官，我应邀做客。颜公对在座的人说：“人这一生，都是不知道满足的。老百姓有老百姓的忧患，读书人有读书人的忧患，王公卿相有王公卿相的忧患，帝王有帝王的忧患，这就是庄子所说的‘上天用生来劳累我’。”我说:“有一件事是没有忧患的,只是人们不知道去探求罢了,这就是学习圣人的大道。自己不于世间求得欲望的满足,谁又会给人享受不足的想法呢?自己本来没有不足的想法,谁会认为自己处于不足之中呢?坦坦荡荡遨游于天地之间,就像在唐尧、虞舜的时代中生活,会有忧患吗?应该没有忧患吧?”颜公动容地说:“您说的话确实很正确。”

上篇下

取善

【题解】

本篇与《讲学》篇中关于如何学习的相关观点，其实有相通之处。取善，就是择取别人的长处而学习，忽略别人的短处。

唐甄认为："唯圣人乃能无阙；若与之不宽，则天下无人，无可与之共学，无可与之居位矣。"只有圣人才没有缺点，其他人均有短处与不足；取人之长补己之短，就是学习的真精神。

唐甄对孔子的名言"三人行，必有我师焉，择其善者而从之，其不善者而改之"的解释，也是独具己意的。他认为"三人"乃偶遇之人，非同学之人；善与不善，则是偶然行为中表现出来的，"而夫子教人之取益也，则若是矣"。唐甄对经典的解释，往往能立足自己的时代，结合己意赋予经典新义，发人之所未发，令人信服。

取善，还包括严以律己，宽以待人，即"与人不求备，检身如不及"。取善，同时也是去己之"玷"的行为，即"修身之道，亦必去玷"。那什么是"玷"呢？唐甄认为"凡一动一趋之不合于度，即为玷矣"；言行合于度，即为无玷，"谨之以言行，约之以笃实，而心性之功在其中矣"。将言行合度、内心笃实也视为心性的功用，唐甄的"性才""性功"思想，又有了更加丰富的内涵。

取善，不能自欺，也不能欺骗别人。"兢兢焉一言一行，时自谨省，恐人之议其后也。”自欺与欺人，最后都是要暴露出来、受人指责的。同时，士志于学，哪怕是极小的有损德行的举动都不可为，因为这种看似小的举动，最后都有可能使人“道尽丧”“德尽崩”。

孔、孟之教人也严，其与人也宽①。唯圣人乃能无阙②；若与之不宽，则天下无人，无可与之共学，无可与之居位矣③。其人而廉者与④，吾取其廉而略其才；其人而达者与，吾取其达而略其节⑤；其人而博者与，吾取其可问而略其自用。夫如是，则天下之人可为吾之师友者多矣。若必求备焉，冉有之贤也，而为季氏聚敛⑥；季路之贤也，而死不合义⑦；子贡之贤也，而好货⑧；子夏之贤也，而哭子成瞽⑨；曾子传仲尼之道者也，乃其初不察于夫子之言，几误丧死之大故⑩。此五贤者，孔门之隽也；亲承圣人之教，如切如磋，如琢如磨⑪，亦甚勤矣。然学之未至，自得之未深，犹多阙焉若是；况其下焉者乎！若必求备焉，以其短而弃其长，则五贤皆所不取；彼廉达博闻之士，亦若鸟兽之不可同群矣。

【注释】

①与人：对待他人。

②阙：缺点。

③居位：共事。

④与（yú）：助词。

⑤达：通晓事理。

⑥冉有之贤也，而为季氏聚敛：《论语·先进》曰：“季氏富于周公，而求也为之聚敛，而附益之。子曰：‘非吾徒也，小子鸣鼓而攻之

可也。'”冉有，见《辨儒》篇注。

⑦季路之贤也，而死不合义：《史记·仲尼弟子列传》载：“方孔悝作乱，子路在外，闻之而驰往。遇子羔出卫城门，谓子路曰：'出公去矣，而门已闭，子可还矣，毋空受其祸。'子路曰：'食其食者不避其难。'子羔卒去。有使者入城，城门开，子路随而入。造蒉聩，蒉聩与孔悝登台。子路曰：'君焉用孔悝？请得而杀之。'蒉聩弗听。于是子路欲燔台，蒉聩惧，乃下石乞、壶黡攻子路，击断子路之缨。子路曰：'君子死而冠不免。'遂结缨而死。”季路，见《辨儒》篇注。

⑧子贡之贤也，而好货：《论语·先进》：“回也其庶乎，屡空。赐不受命，而货殖焉，亿则屡中。”子贡，见《辨儒》注。

⑨子夏之贤也，而哭子成瞽：《礼记·檀弓上》：“子夏哭其子而丧其明。”子夏，姓卜，名商，字子夏。

⑩“曾子”数句：《礼记·檀弓上》：“曾子谓子思曰：'伋，吾执亲之丧也，水浆不入于口者七日。'”曾子，见《恒悦》注。大故，大的原则。

⑪如切如磋，如琢如磨：语出《诗经·卫风·淇澳》：“瞻彼淇奥，绿竹猗猗。有匪君子，如切如磋，如琢如磨。”切、磋、琢、磨都是古代治玉器、石器、骨器等的工艺，后比喻研究学问、锻炼品德时精益求精。

【译文】

孔子、孟子教育别人很严格，同时他们对待别人也很宽容。只有圣人才能做到没有缺点；假若对待别人不宽容，则普天下就没有同路人了，没有人与他们一起学习，与他们一起共事了。那个人是廉洁的人，我学习他的廉洁而忽略他的才华；那个人是明白事理的人，我学习他的明事理而忽略他的节操；那个人是知识广博的人，我学习他可以请教的而忽略他的自以为是。如果这样，那么天底下可以做我的老师和朋友的人就很多了。如果一定要求全责备，那冉有很贤能，但是却替季氏聚敛财物；

季路很贤能，但死得不值当；子贡很贤能，但喜欢钱财；子夏很贤能，却因为儿子而哭瞎了双眼；曾子是孔子儒家之道的传承人，但因为他当初没有仔细听孔子的话，几乎误会了丧礼的重要原则。这五位贤人都是孔子门下的才俊，他们亲身接受圣人的教育，在一起切磋琢磨，也是极为勤奋了。但还是没有学到家，自我领会得不够深刻，还像上面所说的那样有这么多缺点；何况才能比他们差得远的人！如果一定要求全责备，揪住短处不放而抛弃他们的长处，那冉有等五位贤人也都不能取法学习；那些廉洁、明达、博学、广闻的人，也像鸟兽一样不能与之为伍了。

子曰："三人行，必有我师焉，择其善者而从之，其不善者而改之①。"所谓三人行者，乃偶遇而与之偕行，非素共学之人也；所谓善不善者，乃偶见之行事，非可与论学之人也；而夫子教人之取益也，则若是矣。其在于今，道丧学废，德孤无邻，不得大贤以为我师，不得小贤以为我友。虽刍荛之属②，贾贩之流，皆可以三人有师之法求之也。若其中有志于学者，悦仲尼之道以求淑其身心，虽为人多疵，其在于今为不易觏③，吾不与之而孰与哉！

【注释】

①"三人行"几句：语出《论语·述而》。

②刍荛：割草采薪之人。《诗经·大雅·板》曰："先民有言，询于刍荛。"毛《传》："刍荛，薪采者。"

③觏（gòu）：遇见。

【译文】

孔子说："三个人同行，其中一定有我的老师，选择他们的长处学习，他们的短处自己如有就加以改正。"孔子所说的三个同行的人，是偶然碰到而一起行走的人，并不是平时在一起学习的人；所说的长处、短处，是在他们的行动中偶然表现出来的，他们也并不是可以在一起讨论学问的人；而孔子就是这样来教人取法学习的。在当今时代，大道沦丧，学问废弃，没有有德之人作为邻居，得不到大贤之人作为自己的老师，也没有稍微贤能的人作为朋友。即使那些砍柴割草的人，那些做买卖的生意人，都可以用"三人行，必有我师焉"的方法去求得。假若其中有立志于学问的人，喜欢孔子的儒家之道来使自己的身心得到完善，即使这人有很多缺点，这在当今也是不容易遇到的，我不和这样的人结交还与谁结交呢！

子夏曰："大德不逾闲，小德出入可也[①]。"此言与人之道也，非自处之道也。君子之自处，当如《书》之所云矣。《书》云："与人不求备，检身如不及[②]。"盖与人当宽，自处当严也。夫玉，天下之宝也。古人得美玉，使良工琢之，必去玷以成器[③]；若玷不去，终非宝器，人不以为重矣。修身之道，亦必去玷。玷非履邪违道之谓也，凡一动一趋之不合于度，即为玷矣。圣人制礼，朝聘丧祭，燕飨饮食[④]，以时以节，无敢违失；登降有数，揖让有数，酬酢有数[⑤]，进退有数。岂故为是繁曲以劳人之四体哉[⑥]？疏于外者懈于内，略于文者亡其实，是修身之要道，治心之切务也。是故孔子教人，罕言心性[⑦]；谨之以言行，约之以笃实，而心性之功在其中矣。

【注释】

①大德不逾闲，小德出入可也：语出《论语·子张》。

②与人不求备，检身如不及：语出《尚书·伊训》。

③玷（diàn）：玉的斑点、瑕疵。

④飨：泛指宴会。

⑤酬酢（zuò）：主客相互敬酒，主敬客称酬，客还敬称酢。

⑥繁曲：犹“繁琐”。

⑦心性：中国古典哲学范畴，指“心”和“性”。战国时孟子有“尽心知性”之说。其后佛教各宗盛谈心性，禅宗认为心即是性，倡导明心见性，顿悟成佛。宋儒亦喜谈心性，但各家解说亦不一。程颐、朱熹等以为“性”即“天理”，“心者，人之神明，所以具众理而应万事者也”。故“心”“性”有别。陆九渊则主张“心即理也”，认为“心”“性”无别。其说虽不同，而均属唯心主义。

【译文】

子夏说：“只要大的德行不超出许可的范围，小的德行有些出入也是可以的。”这说的是对待他人的道理，而不是独处对待自己的道理。君子对待自己，应当像《尚书》所说的那样。《尚书》说：“对待别人不要求完备，检查自己只怕做得不够。”大概对待别人要宽容，对待自己要严格。玉，是天下人公认的宝贝。古代的人得到美玉，让精良的工匠雕琢它，一定是除去玉上的瑕疵然后做成玉器；如果瑕疵不除去，始终成不了宝贵之器，人们是不会看重的。修身的道理，也是一定要去掉瑕疵。瑕疵并不是指行为邪恶违背道义，凡是一个举动不合乎法度规矩，就是瑕疵。圣人制作礼仪，朝见、聘问、死丧、祭祀，宴饮宾客，符合时节，没有过失；上车下车符合礼仪，宾主相见符合礼仪，宾主应酬符合礼仪，进去退出符合礼仪。难道是故意制订这么烦琐的仪程来使人身体劳累吗？外在行为松懈内心就会懈怠，礼节简略内心也一定会丧失，这是修养身体的重要道理，是修养心灵最迫切的任务。所以孔子教育人，很少谈及心与性；言行谨慎，以笃实敦厚来约束自己，那么心性的工夫就包含在其中了。

其在于今，亦有学道之人，志移于风[①]，性成于习，好名而求闻，好动而恶静。闲居无事，皆出门嬉游之时也；群居笑语，竟夕忘反[2]，博弈饮酒，而务悦于人。误以为朋友之交当然也，而实同于市人之行矣。世虽昏浊，人心自明，真伪自见，贤不肖自别，其出于众人之口者不可罔也[3]。

【注释】

①风：风俗。

②竟夕：一整夜。反：同“返”，返回。

③罔：欺骗。

【译文】

当今时代也有学习儒家之道的人，他们内心的志向被社会风俗改变，自己的品性被社会风习熏染，贪图虚名以求闻达，好动而不能守静。闲下来没有事情时，都外出游玩；聚在一起欢声笑语，通宵忘记回家；下棋饮酒，想尽办法去取悦别人。错误地认为朋友之间的交往本来就应该这样，而不知这种行为与市井小人没有差别。时代虽然黑暗混乱，但人心好坏自然明显，真实与虚伪自然显露，贤能与愚劣自然区分，大家一致的评论是不欺骗人的。

是以君子为学，不敢自罔，而即不敢罔人。兢兢焉一言一行[1]，时自谨省，恐人之议其后也。非有吊贺之事也，而数见于乡闾之会[2]，则人议其流[3]。非问学请益也，而数见于朋友之家，则人议其渎[4]。名不登于仕籍也[5]，而数造于贵人之庭[6]，则人议其谄。非有干旌之贤大夫也[7]，而时称大官之相知，则人议其污[8]。是故君子之论，不敢违也；乡人之刺，亦可畏也。古人有言曰：“礼义之不愆，何恤于人言[9]。”谓夫谗慝之口[⑩]，非谓众论之同也。且果礼义之不愆乎？是故庶人之谤[⑪]，乡校之议[⑫]，皆所以考德也。武王，圣人也；受一獒之贡，而召公则戒之曰："不矜细行，终累大德；为山九仞，功亏一篑[⑬]。"士志于学，而乃役役焉往来于名利之中[⑭]，德尽丧矣，岂一獒之累乎哉！道尽崩矣，岂一篑之亏乎哉！

【注释】

①兢兢：小心谨慎的样子。

②数：多次。乡闾：古以二十五家为闾，一万二千五百家为乡，因以"乡闾"泛指民众聚居之处。

③流：放荡。

④渎：通"嬻"，亵渎，轻慢。

⑤登：登记。

⑥造：到，去。

⑦干旌：旌旗的一种，用五色鸟羽装饰旗杆，树于车后以为仪仗。

⑧污：鄙陋，卑下。

⑨礼义之不愆，何恤于人言：见《左传·昭公四年》。愆，过失。恤，忧虑。

⑩谗慝（tè）：指邪恶奸佞的人。

⑪谤：指责别人的过失。《国语·周语上》曰："厉王虐，国人谤王。"

⑫乡校：古代地方学校。

⑬"受一獒（áo）之贡"以下几句：语出《尚书·旅獒》。獒，高大凶猛的狗。仞，古代长度单位，七尺为一仞，或说八尺为一仞。篑（kuì），盛土的竹筐。

⑭役役：劳苦的样子。

【译文】

所以君子研究学问，不敢自己欺骗自己，也不要欺骗他人。一言一行都小心谨慎，时时自我谨慎地反省，唯恐别人在背后议论自己。没有吊丧或庆贺的事情，但多次出现在乡村宴集上，那人们就会议论他的放荡。不是去讨论、请教学问，但多次出现在朋友家中，那人们就会议论他的轻慢。名字没有出现在登记仕宦之人的名册中，但经常出现在达官显贵家中，那人们就会议论他的谄媚。不是乘坐佩有羽饰车辆的贤能大夫，但总是时不时说自己与某个大官员是知己，那人们就会议论他的鄙陋。所以对于君子的议论，不可违抗；对于乡人的议论，也要敬畏。古人有这样的说法："只要在礼仪上没有过错，又为何要担心别人的议论呢！"这是说那些谗毁人的嘴，不是说众人同样的议论。况且果真能做到在礼仪方面没有过错吗？所以老百姓的指责，乡里学校的议论，这些都是来考量德行的。武王，是圣人；他接受了一只狗的进贡，召公就告诫他："不注意细小的行为，最终会影响大的品德的形成；堆积九仞高的山，没有成功就因为只差最后一筐土。"一个读书人立志于学问，但辛辛苦苦奔波在名利中，德行已经完全丧失了，难道只是一条狗这样的拖累吗！大道完全崩塌了，难道只差最后一筐土吗！

有为

【题解】

《有为》篇是唐甄“计功”思想的再次倡扬，有功，就是要有事功，要有作为。

本篇在起首即指出二程与朱熹的不足：长于内心修养，忽于对外事功。在《潜书》中，虽然唐甄对二程与朱熹的思想有正面的肯定，如《性才》篇言：“程子、朱子作，实能穷性之原，本善以求复，辨私以致一。”但是在大多数时候，唐甄均对朱熹等人过于强调心性而忽略事功予以批评，如《劝学》篇言：“至于宋，则儒大兴而实大裂。文学为一涂，事功为一涂。”此处再次提及二程与朱熹的不足，以将“有为”的论述主旨突显出来。

唐甄讲述了两个有趣的事例来说明自己的观点。第一个事例是反驳顾祖禹“内尽即外治”，以其著《读史方舆纪要》这一实功来反驳；第二个事例是以粥、米与炊之关系来说明：“身犹米也，修犹耕获舂簸也，治人犹炊也。”两则事例都能切中要害，说明事功的重要性。

唐甄借霍韬之书对二程与朱熹学问特点的批评，也是深中其弊：“程、朱讲学而未及为政，故其言学可师也，其言政皆可疑也。”程、朱诸大儒实际的治理才能如何，也确实有可疑处。唐甄还批评了大瓠称颂高攀龙“不畏死”为忠，也是站在实际功用的角度，即如何保身来批判无意义的死忠：“君子之道，先爱其身，不立乱朝，不事暗君。屈身以从小人，固可丑也；杀身以狥小人，亦自轻也。是故义有所不立，勇有所不为，忠有所不致。”

唐甄最后指出：“车取其载物，舟取其涉川，贤取其救民。不可载者，不如无车；不可涉者，不如无舟；不能救民者，不如无贤。”有些人虽然贤能，但使酸酒变成有用的醋这样小的实事都办不成，何可称贤！

顾景范语唐子曰①：“子非程子、朱子②，且得罪于圣人之门。”唐子曰：“是何言也！二子，古之贤人也，吾何以非之！乃其学，精内而遗外。其精者，颜渊不能有加；其遗者，盖视仲、冉而阙如也。吾非非二子，吾助二子者也。”

【注释】

①顾景范：顾祖禹，字景范。清初无锡人，著有《读史方舆纪要》。

②非：指责。

【译文】

顾景范对我说：“您批评程子、朱子，这会得罪圣人啊。”我说：“这是什么话呀！程子与朱子是古代的贤人，我怎么会去批评他们！他们的学问，精通于内心的修养却忽略了对外的事功。他们精通的，就是颜渊也不能超过；他们遗失的，大概比仲由、冉有更少。我不是要批评程子与朱子，我是要帮助程子与朱子。”

顾子曰：“内尽即外治①。”唐子曰：“然则子何为作《方舆》书也②？但正子之心，修子之身，险阻战备之形③，可以坐而得之。何必讨论数十年，而后知居庸、雁门之利④，崤函、洞庭之用哉⑤？”

【注释】

①内尽：向内能够尽心知性。

②《方舆》书：指顾景范所作《读史方舆纪要》一书。

③险阻：险要的阻塞。

④居庸：居庸关，在今北京昌平西北，长城的重要关口。雁门：在今山西代县北部，也是长城重要关口之一。

⑤崤：崤山，在今河南洛宁北，为古代军事要地。函：函谷关，在今河南灵宝境内。

【译文】

顾景范说："内心能够尽心知性，即是向外能治民济世了。"我说："既然这样，那么您为什么要写《读史方舆纪要》这本书呢？您只要端正内心，修养身体，天下险要之处、战略要地之地形，坐着就能够得到了。何必要几十年研究论述，然后才能知道居庸关、雁门关的战略利益，崤山、函谷关与洞庭湖的战略作用呢？"

童子进粥，唐子以粥为喻曰："谓粥非米也不可，谓米即粥也亦不可。耕之，获之，舂之[①]，簸之[②]，米成矣，未可以养人也；必炊而为粥，而后可以养人。身犹米也，修犹耕获舂簸也，治人犹炊也。如内尽即外治，即米可生食矣，何必炊！"

【注释】

①舂（chōng）：用杵臼捣去谷物的皮壳。

②簸（bǒ）：扬米去糠。

【译文】

童仆端来粥，我以粥作比喻说："说粥不是米不对，说米就是粥也不对。耕种，收获，捣米，簸净，米就成功得到了，但还不能养活人；一定要烧火煮成粥，然后才能真正滋养人。身体就像米一样，修身就如同耕种、收获、捣米、簸净一样，治理人民就如同烧火做饭一样。如果内心修养好了就等同于外面治理好了，那也就是米可以生吃，何必烧煮！”

唐子观霍韬之书[①]，其言有之曰：“程、朱所称《周礼》，皆未试之言也。程、朱讲学而未及为政，故其言学可师也，其言政皆可疑也。”唐子曰：“善矣霍子之言，先得我心之所欲言也。古之圣人，言即其行，行即其言；学即其政，政即其学。孟子欲制梃挞秦、楚[②]，我知其果可挞秦、楚也；欲反手王齐，我知其果可王齐也。南濠之贾善言货[③]，湖滨之农善言稼[④]，使听之者如坐肆居田，而又奚疑焉！”

【注释】

①霍韬：字渭先，明代南海人。

②孟子欲制梃挞秦、楚：见《性功》篇注。

③南濠：地名，在苏州阊门外，是当时苏州的商业区。

④湖滨：太湖边上。

【译文】

我读霍韬的书，其中这样说道：“程子、朱子称赞、引述的《周礼》，都是没有经过试验的话。程子、朱子只是传授学问但并没有从事实际的政治活动，所以他们谈论学问可以当老师，他们谈论政事都是值得怀疑的。”我说：“霍先生的话说得太正确了，抢先说出了我内心要说的话。古代的圣人，怎么说就怎么做，怎么做就怎么说；做学问就是从事政治，从事政治也就是做学问。孟子想要做木棒去挞伐秦国和楚国，我知道他果真能挞伐秦国、楚国；他说让齐国称王易如反掌，我知道他果真可使齐国称王。南濠这个地方的人长于谈论做生意，太湖边上的农民长于谈论种庄稼，听他们谈论这些的人就像坐在商铺中、待在田地间，又怎么会怀疑呢！”

徐中允著书[①]，著有明之死忠者。唐子曰：“公得死忠者几何人？”曰：“千有余人。”唐子慨然而叹曰：“吾闻之：军中有死士一人，敌人为之退舍[②]。今国有死士千余人而无救于亡，甚矣才之难也！”中允未有以发也。

【注释】

①徐中允：见《敬修》篇注。

②退舍：退三十里。舍，古时候行军，三十里叫一舍。

【译文】

徐中允著书立说，著录明代为国效死的忠臣。我说：“徐公著录了多少为国效死的忠臣？”说：“有一千多人。”我感慨万千，叹息着说：“我听说：军营中只要有一个为国效死的人，敌军就会后退三十里。现在国家有效死者一千多人却没有挽救国家的灭亡，人才发挥作用也太难了！”徐中允没有就这个问题进行阐发。

唐子夜寝而思之曰：“吾与人弈，无所博者常胜[①]，有所博者常败，利蔽其才也。是故无固利之情者[②]，其才半；无固位之情者，其才七；无固生之情者，其才十。其不然者，则所习之非也。为仁不能胜暴，非仁也；为义不能用众，非义也；为智不能决诡，非智也。”

【注释】

①博：赌博。

②固：固执，顽固。

【译文】

我晚上睡觉时想道：“我与人下棋，不用财物来对赌时经常胜利，用财物来对赌时经常失败，这是利益蒙蔽了人的才华啊。所以有着不固执于利益的情怀的人，他的才能可发挥出一半；有着不固执于地位的情怀的人，他的才能可发挥出七成；有着不固执于生命的情怀的人，他的才能可以挥出十成。如果不是这样，那他所学习的东西是不正确的。实行仁道而不能战胜残暴，就不是仁道；实行正义而不能普遍施用于众人，就不是正义；运用智慧而不能判断诡谲，就不是智慧。”

昔者大瓠尝称高景逸之贤[1]，曰："是不畏死。"唐子曰："子谓高君之贤，是也；以其不畏死也而贤之，则非也。君子之道，先爱其身，不立乱朝，不事暗君。屈身以从小人，固可丑也；杀身以狥小人，亦自轻也。是故义有所不立，勇有所不为，忠有所不致[2]。《诗》曰：'我有旨蓄，亦以御冬[3]。'言有待也，君子爱身之谓也。"

【注释】

①高景逸：高攀龙，字存之，别号景逸。明朝末年东林党领袖，著名思想家、诗人。

②致：奉献。

③我有旨蓄，亦以御冬：语出《诗经·邶风·谷风》。旨，美。蓄，有人认为是咸菜，也有人认为是一种菜的名字。御，抵挡。

【译文】

以前大匏曾经称赞高攀龙的贤能，说："这个人不怕死。"我说："您说高先生是贤能的人，很正确；但因为他不怕死而认为他贤能，则不正确。君子的处世之道，是首先爱护自己的身体，不在朝政混乱的地方做官，不事奉昏庸的君主。委屈自己来顺从小人，固然是丑陋的事；自己被杀死来满足小人，这也太轻视自己的身体了。所以即使讲道义，有时也不能表现，即使勇敢有时也不能行动，即使忠诚有时也不能奉献。《诗经》说：‘我有好菜作积蓄，也可以用来抵御寒冷的冬天。’这就是说要有所等待，是说君子要爱惜自己的身体。”

唐子曰：“生贵莫如人[①]，人贵莫如心，心贵莫如圣[②]，圣贵莫如功。物非牝牡不相求，非乳育之时不相爱[③]，人则无不通也。耳目不能易其用，上下不能易其体，心则无不行也。释氏之治其心者尽矣[④]，而不入于世[⑤]；老氏与于治而不辨于理[⑥]。是故有天地，有万物，不可无圣人。性不尽，非圣；功不见，非性。天下无无本之枝，壹于外者失之矣；天下无无枝之本，壹于内者失之矣。”

【注释】

①生：生灵。

②圣：聪明睿智。《老子》：“绝圣弃智，民利百倍。”王弼《注》：“圣智，才之善也。”

③乳育：哺育。

④释氏：佛姓释迦的略称，也用来指称佛或佛教。

⑤入于世：投身于社会。

⑥老氏：指老子。

【译文】

我说：“在所有生灵中没有比人更可贵的，人的可贵莫过于心，心的可贵莫过于聪明睿智，聪明睿智的可贵莫过于建立功业。动物不是雌性与雄性之间不会互相吸引，不是在哺乳养育的时候不相亲爱，但人的感情则没有不相通的。眼睛和耳朵的作用不能互相替代，上与下的位置不能互相颠倒，但心灵却没有什么不可施行的。佛家修养内心可以说是达到最高境界了，但是没有入世的精神；道家涉及社会治理，但并不辨析治理的道理。所以有天有地有万事万物，但是不能没有圣人。不能充分发挥人性，就不是圣人；功用不能体现，就不是人性。天下没有无根之木，只关注外在的人失去的是根本；天下没有无木之根，只关注内在的人失去的是枝叶。”

唐子曰：“车取其载物，舟取其涉川，贤取其救民。不可载者，不如无车；不可涉者，不如无舟；不能救民者，不如无贤。”昔者唐子之母善饮酒，有馈唐子瓮酒者，发而尝之，酸不可饮。母欲以与邻之贫而好酒者，妇曰：“勿与也，是可以为醋。”乃燎粟一升入之[①]，七日而成醋，调之终岁不尽。可以人之贤也而不酒之酸若哉[②]！

【注释】

①燎（liǎo）：烧，烘烤。

②可：可是。不酒之酸若：为倒装句，即“不若酒之酸”。

【译文】

我说：“车的作用在于能装载物品，船的作用在于能渡过河流，贤能之人的作用在于他们能济世救民。失去了装载物品的作用，还不如不要车；失去了渡河的作用，还不如不要船；失去了济世救民的作用，还不如不要贤能的人。”以前我的母亲非常喜欢喝酒，有人送我一坛酒，打开尝了一下，一股酸味，不能饮用了。我的母亲想将这坛酒送给贫穷而又喜欢喝酒的邻居，我的妻子说：“不要送人，这酒可以用来做成醋。”于是煮了一升粟倒入其中，七天后就变成了醋，用作调味品，一年都没有用完。可是有些人的贤能还不如利用一坛酸酒的妇人呢！

良功

【题解】

《良功》篇，继续的还是渗透于《取善》《有为》诸篇中的事功主题，即人不能只讲身心修养而于社会治理一无所知，这样做是大失误，即是唐甄所说的："专执身心，乃大失矣。"

唐甄敏锐地指出："德必一，修必纯，后儒得半误以为一也，守固误以为纯也。"不言事功的儒生，只谈论心性就认为自己心性与事功这些事情全部做到了，其实儒生只谈心性，与唐甄那个驱蚊只驱自己床的一半的姐姐是一样可笑的。

唐甄对后儒所说的"天地吾心，万物吾体"等流行说法也进行了批评，讥其为"皆空理，无实事也""皆空言，非实行也"。后世儒生"学极精备"，但一旦面临实际问题要解决时就束手无策，不像尧、舜等上古帝王，不仅心如神灵，而且能将如神之心用于社会治理。后世儒生应该感到羞耻的，就是失去了像尧、舜这样的心。唐甄一直主张心性与事功是合二为一的，本篇中就如是说："众人有庸见矣，谓功不必出于心性，皆溺于汉以下之见也。"功业不出于心性，就像是没有天地却有了万物一样荒谬；有心性而没有功业，就像是有了天地却不能创生万物一样滑稽。唐甄还说到："周天下，所以完心体也；完心体，所以周天下也。完心若是，于治功也何有！"完心体与周天下是一个整体，不可分割。

唐甄也讲到，人无论才能大小，“人皆有心，心皆具仁、义、礼、智”，具有“四德”的人，都能发挥各自的作用，成就各自的功业。之所以有人成功有人失败，“功之不成，非仁义礼智之无用也，学之不至也”，还是学习不够的原因。

修非内也，功非外也[①]。自内外分，管仲、萧何之流为宾[②]，程子、朱子之属为主；宾摈不入[③]，主处不出；宾不见阃室之奥[④]，主不习车马之利。自内外分，仲尼之道裂矣，民不可以为生矣。身之于世，犹龙蛇之有首尾也，犹草树之有本枝也。存其首而断其尾，培其根而去其枝，岂有龙蛇草树哉？昔者庄烈帝尝曰[⑤]：“我岂不知刘宗周之为忠臣哉[⑥]！必欲我为尧、舜；当此之时，我何以为尧、舜？”诚哉斯言！天下之主在君，君之主在心。然而无边不成省，无省不成京，无京不成君，无君不成心。以斯观之，知专执身心[⑦]，乃大失矣。

【注释】

①功：事功，功业。

②萧何：西汉开国功臣，助汉高祖成就帝业，又为西汉制定律令。

③摈（bìn）：排斥，弃绝。

④阃（kǔn）室：内宅。

⑤庄烈帝：朱由检，明朝皇帝，年号崇祯。谥庄烈帝。

⑥刘宗周：字起东，明末山阴（今浙江绍兴）人，世称蕺山先生。因弹劾奸臣魏忠贤被革职。后来清兵南下，杭州失守，他绝食而死。

⑦专执：固执。

【译文】

修养并非仅指内心而言，建功立业也并非仅指外部世界而言。自从有了内和外的分别，管仲、萧何这样的人就成了宾客，而程颐、程颢、朱熹这样的人倒成了主人；成为宾客的人被摒弃而不能进入室内，成为主人的人安处于室内而不出门；宾客看不见内宅的奥妙，主人也不学习驾车骑马这样的便利。自从有了内与外的区分，孔子所提倡的儒家之道就分裂了，老百姓再也没有了赖以生活的根基。身体对于时世，就像龙、蛇一样有头有尾，就像花草树木一样有根系有枝叶。保存脑袋而切断尾巴，培护根系而去掉枝叶，难道还会有龙、蛇与花草树木吗？以前庄烈帝曾经说过："我难道不知道刘宗周是忠臣吗？他一定要让我成为尧、舜；在这种时候，我怎么能够成为尧、舜呢？"这话说得很正确！天下的主人是君主，君主的主人是内心。但是边疆守不住各省也就守不住了，各省守不住京城也就守不住了，京城守不住国君也就当不成了，没有了国君也就不能修养身心。这样看来，可以明白固执地修养身心，真是大错。

仲尼曰："穷理尽性以至于命[①]。"理非独明也[②]；天地万物无不通，是理也。性非独得也；天地万物大同焉，是性也。隔于天[③]，隔于地，隔于万物，是不能穷理也。天不安于上[④]，地不安于下，万物不安于中，是不能尽性也。顺天之行，因地之纪，遂情达变，物无诟厉[⑤]，是能穷理也。有苗作乱，舜服之；桀、纣虐民，汤、武定之。《书》曰："海隅苍生之地，无不率俾[⑥]。"《诗》曰："绥万邦，屡丰年[⑦]。"是能尽性也。当是之时，天得以施，地得以承，万物各遂其生，是至于命也。君子用则观其功，不用则观其言。仲尼试于鲁矣[⑧]。子舆虽未试，其策齐、梁者，如衣必暖，如食必饱。未成之衣，不疑其不暖；未炊之粟，不疑其不饱；岂可以子舆之不行为无功之儒解也[⑨]！

【注释】

①穷理尽性以至于命：语出《易经·说卦》。

②独：单独。

③隔：隔绝。

④安：安居。

⑤诟厉：犹诟病。

⑥海隅苍生之地，无不率俾：《尚书·武成》中有曰：“华夏蛮貊，罔不率俾。”《尚书·君奭》中亦曰：“丕冒海隅出日，罔不率俾。”率俾，顺从。

⑦绥万邦，屡丰年：语出《诗经·周颂·桓》。

⑧仲尼试于鲁矣：据《史记·孔子世家》载：“于是诛鲁大夫乱政者少正卯。与闻国政三月，粥羔豚者弗饰贾，男女行者别于涂，涂不拾遗。四方之客至乎邑者不求有司，皆予之以归。”试，任用。

⑨儒：懦弱。

【译文】

孔子说：“穷尽自然万物深妙的道理，穷尽自然生灵的本性，一直到理解天命。”万物深妙的道理并不是只在一件事物上表现出来，天地之间万物没有一种不具有这种相通的特点，这就是理。本性也不是某个个体独有的特性；天地万物都具有相同的这种特性，这就是本性。与天隔绝，与地隔绝，与万事万物隔绝，是不能够穷尽自然万物深妙的道理的。天不能安居于上位，地不能安居于下位，自然万物不能安居于天地之中，这是不能穷尽万物的本性的。依顺天时的运行，因应大地固有的纲纪，顺应万物之情，洞察万物的变化，万事万物都没有诟骂埋怨，这就是能穷尽万物深妙的道理。有苗发起叛乱，舜能够使他们顺服；夏桀、商纣虐待百姓，商汤、周武王能够平定他们。《尚书》说：“天涯海角只要有人生活的地方，没有不服从的。”《诗经》说：“安定万邦，屡得丰年。”这就是能穷尽万物的本性。这个时候，天能够施行化育，地能够承受这种化育，万事万物才能各自生长，这就是实现了天命。君子被任用就看他实际的事功如何，不被任用就看他的言论如何。孔子曾经在鲁国被任用。孟子虽然没有被任用，他为齐宣王、梁惠王出谋划策，就像衣服一样使人温暖，就像食物一样使人饱腹。没有做成功的衣服，不要怀疑它是不是温暖；没有煮熟的粟米，不要怀疑它是不是能填饱肚子；怎能拿孟子没有被任用来作为没有功劳的懦弱愚蠢的解释呢！

德必一，修必纯，后儒得半误以为一也[①]，守固误以为纯也。请明一与半之形：昔者唐子之妻当童时，与其姊同寝。姊尝使之驱蚊，妻不悦。一夕，独驱己首之处而掩帐焉。其姆笑而问其故[②]，曰："我岂暇为他人[③]，自为而已。"儒者为己之学[④]，有似于此。吾之于斯人也，犹兄弟也；其同处于天地之间也，犹同寝于一帐之内也。彼我同乐，彼我同戚，此天地生人之道，君子尽性之实功也，是乃所谓一也。儒者不言事功，以为外务。海内之兄弟，死于饥馑，死于兵革，死于虐政，死于外暴，死于内残，祸及君父，破灭国家。当是之时，束身锢心，自谓圣贤。世既多难，己安能独贤！是何异于半掩寝帐之见也，是乃所谓半也。彼自以为为己之学，吾以彼为失己之学。盖一失，即半失矣，焉得裂一而得半也！

【注释】

①一：圆满。

②姆：保姆。

③暇：空闲。

④儒者为己之学：《论语·宪问》曰："古之学者为己，今之学者为人。"孔安国注："为己，履而行之；为人，徒能言之。"

【译文】

德行必须圆满，修养必须纯粹，后世的儒生只做到了一半就错误地认为全部做到了，信守不变而错误地认为这是纯粹。请让我来讲明全部做到与只做到一半的情形：以前我的妻子还是孩童的时候，与她的姐姐睡在一起。姐姐曾让她驱赶蚊子，妻子很不高兴。一天晚上，她独独驱赶了自己枕边的这个地方，然后就将蚊帐拉上了。她们的保姆笑着问原因。妻子说："我哪有工夫去管他人，只是做好自己的事情罢了。"儒生只是为了自己的那套学问，与这很相似。我和这些人好比兄弟，大家一起在天地之间相处，就好比同睡在一个蚊帐里面。大家一起快乐，一起忧愁，这是天地生养人的基本道理，是君子发挥人性的实际功用，这就是所说的圆满。儒生们不讨论事业功用，认为这些是内心以外的事务。四海之内的兄弟，死于饥饿，死于战争，死于残暴的统治，死于外族的暴力，死于内部的残杀，灾祸波及天子，国家覆灭。在这个时候，约束、禁锢身心，还自认为是圣贤。世界已经有这么多灾难了，自己哪能独独成为贤能的人！这与只拉一半蚊帐的见解有什么差别，这就是所说的只做到了一半。他自认为能躬行实践的学问，我觉得正好失去了躬行实践。因为整个丢失了，一半也就失掉，怎能将整个分裂而能得到其中的一半呢！

后儒岂不曰"天地吾心，万物吾体"[①]；皆空理，无实事也。后儒岂不曰"汤武可法，桀纣必伐"；皆空言，非实行也。不能胜暴，即不能除暴；不能图乱，即不能定乱；不能定乱，即不能安天地万物。后之儒者，学极精备矣；终身讲道，吾不闻其一言达于此，又奚问其用不用乎[②]！万物之生，毕生皆利，没而后已，莫能穷之者。若或穷之，非生道矣。此观乎其形也。心,形之主也;岂形无穷时,心反有穷时!心有穷时,非心理矣。心具天地,统万物,人皆知之;而弗能者,有格之而不达者也③。格之者何?暴屈之④,诈罔之,机愚之,邪倾之耳。心之本体,不角力而能胜天下之暴,不斗智而能破天下之诈,无术而能御天下之机,不察察于邪而能息天下之邪⑤。其不然者,心体不充,自穷于内,非有能穷之者。

【注释】

①天地吾心,万物吾体:这种观念,在宋儒中已经非常流行,如张载《西铭》曰:“物吾与也。”陆九渊《象山学案》曰:“宇宙即吾心,吾心即宇宙。”均是这种观念的体现。

②奚:疑问词,相当于“何”,为何,为什么。

③格:改变,阻碍。

④屈:使屈服,屈服。

⑤察察:明辨,清楚。《老子》曰:“众人察察,我独闷闷。”

【译文】

后世的儒生难道不都说“天地与我同心,万物与我同体”这样的话;这些都是空洞的道理,没有实际的功用。后世的儒生难道不都说“商汤、周武王值得效法,夏桀、商汤一定要讨伐”这样的话;这些都是些空话,不是实际的行动。不能战胜强暴,就不能除去强暴;不能计议应对动乱,就不能平定动乱;不能平定动乱,就不能安定天地之间的万事万物。后世的儒生,学问甚是精密详尽;一辈子都在讲儒家之道,但我没有听到他们一句话提到这一点,又何必与他们讨论有功用于社会还是没有功用于社会呢!万事万物的产生,终其一生都对他物有利,生命消亡后才停止,没有人能止息它。如果有人能止息它,这就不是万物生育的道理。这是从外形来观察的结果。内心是外形的主宰;哪里有外形没有止息的时候，而内心反而有止息的时候！心有止息的时候，这不是心之理。心灵包含天地，统摄万物，人们都知道这一点；心灵不能做到这样，是因为有东西阻碍它而不能到达。阻碍心灵的东西是什么呢？是用暴力使它屈服，用伪诈对它欺骗，用机巧对它愚弄，用邪恶使它倾倒。心灵的本质，是不需要拼力气就能战胜天底下的强暴，不拼智慧就能破除天底下的伪诈，不需要技术就能抵御天底下的机巧，不需要明察天底下的邪恶就能平息这种邪恶。做不到这样，是因为心的本体还不够充实，是自己内心止息了，并不是外物能使它止息。

上古圣人与龙蛇虎豹争而胜之，尧、舜与洪水争而胜之，汤、武与桀、纣争而胜之。盖龙蛇虎豹、洪水虽毒，不若心之神也；桀、纣虽暴，不若心之强也。身处末世，心无古今，若龙蛇虎豹与我杂处，洪水、桀、纣与我为难，君子深耻之。非耻不若尧、舜也，耻失之心也。

【译文】

上古时代的圣人与龙、蛇、虎、豹争战战胜了，尧、舜与洪水争战战胜了，商汤、周武王与夏桀、商纣争战也战胜了。大概龙蛇虎豹、洪水虽然狠毒，但不如心灵神明；夏桀、商纣虽然残暴，但不如心灵力量的强大。人置身于世道衰微之时，心灵中没有了古与今，如果龙、蛇、虎、豹与我们杂居相处，洪水以及夏桀、商纣对我们发难，作为君子一定会深深地感到羞耻。并不是以不如尧、舜为羞耻，感到羞耻的是失去了自己的心。

自学无真得，反锢其心；措之于世，阻塞不利。乃谓古者大略奇功[①]，天有别降之才[②]。天之生人，岂无大小？然大则成大，小亦成小，无不可造者[③]。若是者何？人皆有心，心皆具仁义礼智。仁义礼智，犹匠之有斧刀绳尺也。天下之材不齐，其成器也，万变万巧而不一。岂有斧刀之所不能施者哉，岂有绳尺之所不可合者哉！天下之人不齐，其为变也，亦万有不一。岂有仁之所不能养，义之所不能服，礼之所不能裁，智之所不能达者哉！大者如是；小虽不及，亦必有成。器之不成，非斧刀绳尺之不利也，操之不习也；功之不成，非仁义礼智之无用也，学之不至也。

【注释】

①大略：远大的谋略。

②别降：另外降生。

③造：造就，成就。

【译文】

自从学问不讲求内心有真正的收获之后，学问反过来就会禁锢人的心灵；将这样的学问应用到社会治理，就成了堵塞治理的不利因素。于是就说古代有远大谋略建立奇异功业的人，是上天另外降生的人才。上天降生民人，怎么会没有才力的大与小？但大才能成就大事业，小才也能成就小功业，没有不能够获得成就的人才。像这样的原因是什么呢？人都有心灵，心都具有仁、义、礼、智。心具有了仁、义、礼、智，就像工匠有了斧、刀、绳、尺一样。天底下的材料参差不齐，制作完成的器具，万般变化，万般巧妙，也完全不一样。哪有工匠的斧、刀不能的呢！哪有绳、尺所不能测量的呢！天底下的人参差不齐，人的变化，也是千姿百态不一致。哪里有仁德不能养育，道义不能臣服，礼仪不能约束，智慧不能通达的呢！对于有大才德的人是这样；有小才德的人虽然比不上大才德的人，但也一定有所成就。器物不能制成，并不是斧、刀、绳、尺没有用，是没有练习的原因；不能成功，并不是仁、义、礼、智没有用，是没有学好的原因。

众人有庸见矣，谓功不必出于心性，皆溺于汉以下之见也。汉以下虽多奇功，然治即梯乱[①]，功即媒祸[②]，君子无取焉。即有良治，必其生质之善[③]，忠厚之行，不学而近于道者也，究不外于心性也[④]。天下岂有功不出于心性者哉！功不出于心性，是无天地而有万物也。岂有心性无功者哉！心性无功，是有天地而不生万物也。

【注释】

①梯：这里取比喻义，导致，酿成。

②媒：动词，意为“作为媒介”。

③生质：禀赋，天生的本质。

④究：到底。

【译文】

普通人有一种平庸的看法，说功业不一定是出自人的心性，这些都是沉溺于汉代以后的成见。汉代以后虽然建立的奇功不少，但社会治理和功业不过招致祸乱，作为君子不会取法这些的。即使有良好的治理，也一定是由于禀赋的良善，忠厚的行为，不经过学习也能接近大道，说到底也不能在人的心性之外。哪里会有功业不出于心性的呢！功业不出自心性，这就像没有天地却有了万物。哪里会有有心性却没有功业的呢！有心性而没有功业，这就是有了天地却不能创生万物。

既指四德，更观四官：目之为明，极天下之形色、大小、邪正、黑白，不必习睹[①]，自无不辨。耳、鼻、舌亦然，皆不外假而自足，极声色馨味之变，岂有穷四官以莫辨者哉！是聪明者即耳目，而有耳目者即母胞[②]。而有不能治天下者，必其无聪明；无聪明者，必其非耳目。非耳目，是鬼胎也[③]。腹大虚消，或产非人形，俗谓之鬼胎。世之笃学者，其能不为鬼胎乎？

【注释】

①习睹：犹习见。

②母胞：本源，根本。

③鬼胎：怪胎。

【译文】

既然已经说到了“四德”，再来看人的四官：眼睛的明亮，能看尽天底下的形象与颜色、大与小、邪恶与正义、黑与白，不必经常看见，没有分辨不出来的。耳朵、鼻子、舌头也一样，这些都是不需要借助外物而能自给自足，能穷尽声音、颜色、馨香、味道的变化，哪里有穷尽四种感觉器官而不能辨认的呢！所以听得清、看得见的是耳朵、眼睛，有耳朵、眼睛的就是母胎。那些不能治理天下的人，必定是看不清、听不明的人；看不清、听不明的人，必定是没有耳朵、眼睛。没有耳朵、眼睛，就是怪胎。孕妇的大肚子生产完后变空了，但有的生下的不是人，这就是俗话说的鬼胎。世上那些勤于学问的人，他们能不产下鬼胎吗？

仁义，故大；聪明，故神；亦去其害之者而已矣。自纯[①]，害仁也；自方，害义也；自听，害聪也；自视，害明也；亦得其养之者而已矣。合天下以为纯[②]，则仁全；合天下以为方，则义大；以天下为聪，则听广；以天下为明，则视远。举天下者，非逐天下也；周天下[③]，所以完心体也；完心体，所以周天下也。完心若是，于治功也何有！

【注释】

①自纯：只追求自我纯洁。

②合：会集，聚合。

③周：周济，救济。

【译文】

讲求仁德、正义，所以能够强大；耳聪目明，所以能够神妙；也只不过是去除损害它们的东西罢了。只追求自己纯洁，这是伤害仁德；只追求自己方正，这是伤害正义；只追求自己听得清，这是伤害听觉；只追求自己看得见，这是伤害眼睛；也只不过是得到些修养自己的东西罢了。使天下人都变得纯洁，那么仁德就全备了；使天下人都变得方正，那么正义就光大了；以天下人作为自己的耳朵，那听得就广了；以天下人作为自己的眼睛，那看得就远了。振兴天下的人，不是与他人争夺天下；周济天下，就是要使心体完备；使心体完备，就是用来周济天下的。完备心灵到了这种境界，对于治理国家、建功立业，还有什么做不到的！

格定

【题解】

在《格定》篇中，唐甄论述的主题是物欲与心灵的关系，更确切地说，是心不能为物欲所蔽，要修养心志，格除物欲。

唐甄开篇即指出，在治少乱多的时代，能治理好的是身体，能如意的是心灵，得到的少失去的多的是心志。

人受风习所染，“易性移心，以偏为正，以疾为德”。唐甄所言，确实直指世道人心。在物欲横流的风气中，人很容易改变自己的内心。但是，“君子之守则然也”。正道直行的君子，不为世风所染，坚持内心的高洁：“君子厚于伤而心存。其厚于伤者，即其厚于养者也。”世风的伤害，正是对君子心性最好的磨炼。

唐甄虽然认同“君子之心如金，虽遇冶则流，遇淬则坚，其质固不变也”，君子本质好，内心不易改变，但他同时也承认君子与普通人一样，有着内心的合理欲望：“故夫不慕富贵者，则有之矣；见富贵而不动者，吾未之见也。”但君子有控心之方，能自我约束，这是与普通人不一样的地方。

“忧患道心生”“贫阨道心生”，困境对于志道之君子，对于有为之君主，都是好事，都是机会。

唐甄也指出了另外一些常见的现象，如一言不合就群起攻之的“君子之争”：“以为为道，其实为名；以为为国，其实为身；何自辨之不明也！

求胜求名，士之痼疾也。”这样的君子是假君子，他们争名逐利，对自己没有正确的认识。

“心有十疾”之说，是唐甄本文中的精彩之论。所谓“格定”之格，究其实质，就是革除这十种害心之疾。“十疾”究其本，均为物欲。“御寇易，御物难；破阵易，破诱难。寇，毙我者也；物，遂我者也。”人要抵御物欲的诱惑，确实是巨大的挑战。唐甄区分了君子之欲与小人之欲，指出君子之欲危害更大：“吾之所患者，欲挟理而处，挟义而行。岂惟人不能辨，亦且不能自辨。是学也者，藏欲之薮也。”君子之欲，可能有着更漂亮的外表，这种欲不“格”掉，灭心、乱世，“有欲不除，除之不尽，而欲治天下，欺天下乎！”

生民以来，治之世少，乱之世多；君子之生，得志者少，不得志者多；毕生之内，乐恒少，忧恒多。治少乱多者，世也；无不治者，身也。得少失多者，志也；无不得者，心也。乐少忧多者，处也[①]；无不乐者，学也。君子亦致其在己者而已矣。得乎己，则所生皆安矣，所处皆豫矣[②]。

【注释】

①处：处境。

②豫：安乐。

【译文】

自从有了人以来，安定的世代少，动乱的世代多；君子产生了，能实现志向的人少，不能实现志向的人多；一生之中，快乐总是很少，忧愁总是很多。安定少而动乱多，是时世；没有不安定的，是身体。得意的时候少而失意的时候多，是人的志向；没有不得意的，是心灵。快乐少而忧愁多，是处境；没有不快乐的，是学习。君子也只是要达到他自己能达到的罢了。自己能有所得，那么所有的生活都安宁，所有的处境都快乐。

风之中人[①]，易性移心[②]，以偏为正，以疾为德。贤者甚之。岂不正风，反以成风。世尚刚节，我仍平；世尚杀身[③]，我仍生；世尚朋从，我仍特[④]；世尚道学，我仍直；世尚论议，我仍默。君子之守则然也。虫鸟多化，象马不化，强大之不同于微弱也。形之强大者且不化，况心之强大乎！大木随流，弱荇不随流[⑤]，以有根也。草之根于土者且不流，况行之根于心乎！临难必惧，临丧必哀，亲疾必忧，君危必共[⑥]，国乱必赴，皆伤其心者也。不为之伤者，残薄人也。然众人不及伤而心亡，君子厚于伤而心存。其厚于伤者，即其厚于养者也。

【注释】

①风：世风。中：感染。

②易：改变。

③杀身：杀身成仁。

④特：特立独行。

⑤荇（xìng）：多年生水生草本植物，可食，亦可入药。《诗经·周南·关雎》曰："参差荇菜，左右流之。"

⑥共：共同，一起。

【译文】

时尚风俗影响人，改变人性和人心，将偏门当作正道，将缺陷当成美德。贤能的人在这一点上做得更过分。他们难道不想匡正风俗吗？他们的做法反倒促成了这种风习。世俗崇尚刚正的节操，我仍旧平和温厚；世俗崇尚杀身成仁，我仍旧惜生；世俗崇尚朋党结交，我仍旧特立独行；世俗崇尚理学，我仍旧直道而行；世俗崇尚清谈横议，我仍旧沉默。君子坚守原则就是这样的。昆虫和鸟儿多变化，而大象和马儿不变化，是因为强大的东西不同于弱小的东西。形体强大的尚且不容易变化，何况是心灵强大的呢？大树随波逐流，而弱小的荇菜不随波逐流，是因为荇菜有根。草的根生长在土中尚且不随波逐流，何况根于内心的行动呢！面临灾难必定畏惧，面临亲人去世必定悲哀，亲人生病必定担忧，君主有危险必定与他共同面对，国家动乱必定慷慨赴死，这些都是伤了人心的。不为这样的事伤心的人，就是薄情寡义的人。但是普通人还等不到被伤害心就已经丧亡了，君子虽然被伤害严重但本心总是存在的。他被伤害得越严重，他心灵获得的滋养也就越厚重。

众人之心如木，润之则茂，燬之则灰[①]。君子之心如金，虽遇冶则流，遇淬则坚，其质固不变也。遇犹生也，遇之不齐，犹生之不齐也。生安而遇不安，惑之甚也。生于皂则为皂人[②]，生于丐则为丐人，生于蛮则为蛮人[③]，莫之耻也。奈何一朝贱焉则耻之乎，一朝贫焉则耻之乎！皂人可以为圣人，丐人可以为圣人，蛮人可以为圣人，皆可以得志于所生，岂一朝贫贱而遂自薄乎！

【注释】

①燬：见《性功》篇注。

②皂人：春秋时期对奴隶的一种称谓。

③蛮：奴婢。四川谓婢曰蛮。

【译文】

普通人的心就像草木，有雨水的滋润就茂盛，用火烧就变成灰了。君子的心就像金属，虽然碰到冶炼就成为流动的液体，但淬火后就更坚固，这是因为他的本质本来是不会变化的。人的际遇就像出身一样，人生的际遇各不相同，如同出身环境参差不齐。安于出身环境而不安于人生际遇，也太不明智了。出身于奴隶家庭就成为奴隶，出身于乞丐家庭就成为乞丐，出身于奴婢家庭就成为奴婢，没有人对这些感到羞耻。为什么某一天变得卑贱就感到羞耻了呢？某一天变得贫穷就感到羞耻了呢？奴隶一样可以成为圣人，乞丐也可以成为圣人，奴婢也可以成为圣人，全都可以在自己的出生环境中取得成功，哪能某一天贫穷卑贱就自我鄙薄呢！

是故君子于遇，如身在旅，风雨冻饿，不必于适①。轻富贵，安贫贱，勿易言也。果能若此，为圣之基也。人皆曰"我轻富贵，我安贫贱"，皆自欺也。即非自欺，不必其不动也②。蔬食之士，不慕鼎肉③，不能闻馨而不动于嗜④；徒步之士，不慕高车，不能见乘而不感于劳。故夫不慕富贵者，则有之矣；见富贵而不动者，吾未之见也。威不惧，侮不怒，尤未易言也。当义不辟死⑤，当辱不与校⑥，固有之矣；遇威侮而不变于色，不动于心者，吾未之见也。布与缎同暖，菜与肉同饱。暖必缎，为人也⑦；饱必肉，从嗜也。多营以华人目⑧，甘我口，是奴隶负贩也。以此思之，亦制心之方也⑨。

【注释】

①于适：处于安适。

②动：心动。

③鼎肉：已经解割的牲肉，也指熟肉。

④嗜：嗜欲。

⑤辟：同"避"。

⑥校：计较。《论语·泰伯》曰："曾子曰：'有若无，实若虚，犯而不校。'"朱熹《集注》曰："校，计校也。"

⑦为人：为了他人看得起。

⑧营：经营。华：动词，使人觉得华美。

⑨制：控制，制约。

【译文】

所以君子对于人身际遇，就像人在旅途中一样，有风有雨，会挨冻挨饿，不一定要舒适舒服。将荣华富贵看轻，安于贫贱，不要轻易说这样的话。如果真能做到这一点，那就有了成为圣人的根基。人们都说"我轻视荣华富贵，我安于贫贱"，这都是自己欺骗自己。即使不是自己欺骗自己，也不一定他就不动心。粗茶淡饭的人不一定羡慕大鱼大肉，但是不能闻到香气而喜欢美味的心不动；徒步行走的人不一定羡慕高大的马车，但不能看到别人乘车而自己不觉得劳累。所以不羡慕富贵的人，是有的；见到富贵而不心动的人，我却没有见到过。面对威猛不畏惧，面对侮辱不愤怒，更不能轻易说这样的话。面对正义不畏避死亡，面对侮辱不与之计较，本来就有这样的人；碰到威猛、侮辱而脸色不改变、内心不震动的人，我却没有见过。布匹与绸缎同样有温暖人的作用，青菜与鱼肉同样能填饱肚子。保暖一定要用绸缎，是为了别人看得顺眼；填饱肚子一定要鱼肉，这是为了满足嗜欲。多方经营以使别人觉得好看，使我的口觉得香甜，这是奴隶小贩的做法。从这一点来思考，这也是控制心灵的方法了。

忧患道心生[①]，安乐道心亡；贫阨道心生[②]，富豫道心亡。治国家亦然。其生，非得也；其亡，非失也。君子之志于道也，道由心致，不由外致，是以易处而不移。亦有悔悟奋发，由逆生者。生于逆则成于顺，岂反亡于顺！成于顺，行其志之时也。

【注释】

①道心：指天理，义理。《尚书·大禹谟》曰："人心惟危，道心惟微。"

②阨：困厄，困窘。

【译文】

忧患使道心得以生存，安乐使道心灭亡；贫穷困阨使道心得以生存，富裕安逸使道心灭亡。治理国家也是一样的道理。国家治理得生机勃勃的时候，并不一定是得意的时候；国家治理得衰败破亡的时候，也并不一定是失意的时候。君子立志于探求道，道是用心灵去获取的，不是借助外力取得的，所以容易安处，不容易发生改移。也有因为后悔感悟而奋发直起，在逆境中产生的。在逆境中生成的应该在顺境中成长，哪会反而在顺境中灭亡呢！在顺境中成长，正是实践自己志向的时候。

长短相争，是非相讼[①]，市人也。并为君子[②]，亦争长短，讼是非；虽义与利不同，其为争一也。道未必以此显晦，国未必以此安危，一言相异，变色而起；其徒助之，相煽不已[③]。以为为道，其实为名；以为为国，其实为身；何自辨之不明也！求胜求名，士之痼疾也。称其过人，荣于加衮[④]；讥其不如，辱于褫衮[⑤]；自立安在[⑥]，而轻重于人也若此！登千仞之山，其处自高；建万石之钟，其声自远。诚能以道自胜，惟恐其不求胜也；诚能以德成名，惟恐其不求名也。

【注释】

①讼：争。

②并：一起，都。

③煽:鼓动,煽惑。

④衮(gǔn):古代帝王及王公穿的绘有卷龙的礼服。

⑤褫(chǐ):夺去或解下衣服。

⑥自立:独立。

【译文】

争论长和短,争论对与错,这是市井百姓做的事。都是君子,同样争论长和短、对和错;虽然出于不同的道义与利害关系,但都是争论,这点是一致的。道不一定会因此而变得明显或隐晦,国家未必一定会因此安定或危亡,一句话不同就勃然大怒;他的弟子们也上阵相助,一起煽动愤怒情绪,不知道停止。他们以为这就是为道,其实这是为了他们自己的名声;以为这是为国,其实是为了他们自身;为何这一点也弄不清楚!争强好胜求取虚名,这是读书人的痼疾。称赞他超过别人,比穿上王公大人的华美衣服更觉得光荣;讥讽他不如别人,比脱下他的华美衣服更觉得羞耻;自己的独立思考在哪里呢,竟然被人如此这般地决定孰轻孰重!登上千仞的高山,所站立的地方自然高;铸造一万石重的大钟,钟声自然能传得很远。如果确实能用大道来使自己获胜,别人还担心他不去这样求取胜利;如果确实能用德行来求取名声,别人还担心他不这样去求取名声。

心有十疾:尊则亢①,卑则委②,富则骄,贫则隘③,乐则散④,忧则结⑤,平则懦,怒则溃⑥,恶则狠,爱则溺。此十疾者,勿易言之。除之能尽,可以平天下;有一不除,不可以行于妻孥⑦;尽除之,圣人不能有加;渐除之,幼学亦可以勉而行也。

【注释】

①亢：高傲。

②委：委琐，鄙陋。

③隘：狭隘。

④散：散漫。

⑤结：郁结。

⑥溃：溃决。

⑦妻孥：亦作“妻帑”，妻子和儿女。

【译文】

心灵有十种毛病：地位尊贵就会高傲，地位卑下就会委琐，富贵就会骄纵，贫贱就会狭隘，逸乐就会散漫，忧愁就会郁结，平和就会懦弱，愤怒就会失态，憎恶就会凶狠，喜爱就会沉溺。这十种毛病，不要轻易就说说。若能全部去掉，就可以平定天下；有一点不除去，不可以施行在自己的妻子儿女身上；全部除去，就是圣人也不能再超过他；一点一点除去，则刚刚学习的人也是可以勉力而践行的。

君失其道，听命于臣；心失其道，受役于物。彼不自觉其为役，方自以为得主；不知其以物狥心，遂诱于物也。御寇易，御物难；破阵易，破诱难。寇，毙我者也；物，遂我者也。中之者甘之，若将以之为生，不得不可以为生；若将以之为人，不得不可以为人。物毒于寇，惟大勇者能御之；诱险于阵，惟大智者能破之。有外御，有内制。御之严，则欲不内动；制之力，则物不外引。化由勉入[①]，不得不然也。

【注释】

①勉：勤勉。

【译文】

国君如果丢掉了道，就只能听命于大臣；心灵失去了道，就会受制于外物。他自己不觉得受制于外物，还自认为得到了主人的位置；不知道自己用外物来满足自己的内心，于是就被外物所引诱。抵御敌寇容易，抵御物欲很难；破除阵法容易，破除诱惑很难。敌寇，是来击毙我们的；而物欲，是来满足我们的。得到了物欲的满足觉得甘甜，假若以这种物欲满足为生存手段，不满足就不能够来维持生存；假若以这种物欲满足来做人，不满足就不能做人了。物欲比敌寇更毒，只有大勇之人才能抵御它；诱惑比敌人的阵法更凶险，只有大智之人才能破解。有对外物的抵御，有对内心的约束。对外物抵御得越严格，那欲望就不会在内心蠢蠢欲动；约束得越有力，那外物就不能向外引诱内心。净化心灵要从勤勉入手，这是不得不这样做的事。

贪财淫色，小人之欲也，非吾之所患也。吾之所患者，欲挟理而处①，挟义而行。岂惟人不能辨，亦且不能自辨。是学也者，藏欲之薮也②。君子之欲，虽与小人之欲不同，以此治心，同归于灭心；以此治世，同归于乱世。道为治本，欲为乱根。世之攘攘藉藉者③，皆由欲起。有欲不除，除之不尽，而欲治天下，欺天下乎！

【注释】

①挟：依恃，倚仗。

②薮（sǒu）：人或物聚集的地方。

③攘攘：纷乱的样子。藉藉：众多而杂乱的样子。

【译文】

贪图钱财，沉迷声色，这是小人的欲望，不是我所担心的。我所担心的，是欲望挟持着天理在一起，挟持着道义而前行。这岂止别人不能分辨，就是自己也不能分辨。这样的学问，是隐藏欲望的渊薮。君子的欲望虽然与小人的欲望不一样，但以这样的学问来治理心灵，同样都是使心灵灭亡；用这样的学问来治理社会，同样是使社会走向动乱。道是社会治理的根本，欲望是社会动乱的根源。世人纷纷乱乱你争我夺，都是由欲望引起的。有物欲而不除去，除而除得不干净，想治理好天下，这是欺骗天下人吧！

玺一也[①]，其文之见于朱者，千万如一也。惟心亦然。见于事者，外同于内，不异毫末。以道心而不成治，是玺本籀篆而朱为鸟迹也[②]；以非道之心而幸治，是玺本鸟迹而朱为籀篆也。

【注释】

①玺：印信，印章。

②籀（zhòu）：汉字字体名称，也称为大篆。篆：汉字字体名称。《说文解字·竹部》曰："篆，引书也。"段玉裁《注》曰："引书者，引笔而著于竹帛也，因之李斯所作曰篆书，而谓史籀所作曰大篆，既又谓篆书曰小篆。"

【译文】

印章永远是一样的，朱红色印泥盖出来的印文，千千万万都一样。只有心也是这样。表现在具体事情上，外界与内心相同，丝毫不差。心存大道但却治理不好社会，这就如同印玺本来使用的是大篆与小篆，而朱红色的印文却成为鸟的爪印；本来不心存大道而侥幸治理好社会，是印玺本来为鸟的爪印，而朱红色印文却为大篆或小篆。

天地之大也，历年之远也，人生其中，飞尘隙景耳[①]。其不让于天地历年者[②]，以心体全，性功大也。妄者乃外诱于物，内狥于欲，溺于世，从于体[③]，汩于贫富[④]，颠乱于忧乐，此其生没与草虫何异！博弈有胜负，饮酒有庆罚[⑤]，当其时，亦喜亦愠也；博已饮散，喜愠安在！彼妄者之所营，亦犹是也。斯言也，众人皆知之，贤者亦有所不免焉。徒知，不如不知，贵能为之。

【注释】

①飞尘：飞扬的灰尘。隙景：缝隙中的光景。

②历年：经历的年岁。

③从：听从，跟从。

④汩（yù）：沉沦，沦落。

⑤庆罚：奖赏与惩罚。

【译文】

天地广大无边，经历的年代极为久远，人生活在天地之间，如飞扬的尘埃一样渺小，如日光划过空隙一样迅速。人之所以不输给天与地的寿命，是因为人的心体完整，人心功用巨大。狂妄的人对外被物欲诱惑，对内顺从于私欲，沉溺于世俗之中，听从于身体的需要，在贫穷与富裕中沉浮，在忧愁与快乐中癫狂迷乱，这种生死与草木昆虫有何差别！下棋时有胜有负，饮酒时有奖励有惩罚，在这个时候，有高兴也有愤怒；下棋结束，宴饮散去，喜与怒还在哪里呢！那些狂妄的人所经营的，也像这样。这样的话，普通人都知道，但就是贤能的人也免不了犯这种错误。仅仅只是知道，还不如不知道，可贵之处在于践行它。

去名

【题解】

《去名》与前一篇《格定》，有着相通之处，主张人要去除虚名，求实功。

唐甄指出，走捷径获得虚名是很多人追求的，“正直之人或不免改行者也”。受名声的诱惑，正直的人也可能枉道而取。如果只是个人“自窃其名，自败其德”，危害倒不大，如果所有的人都学着这么做，那整个世界，“无非窃名之人，无非败德之人，其害大矣”。世风如治，心绝、德绝、道绝、治绝，天下必无真学，必定大乱。

为何追逐虚名危害如此之大，而对追逐虚名之人又总是很难识破呢？唐甄的分析亦很有见地，他觉得原因是：“古之人，虽恶无伪，不知自掩。”也就是古人不掩善，也不掩恶。但后来的人假善行恶伪装自己，到最后就善恶不分，也善恶难分了。所以，人们要分清楚谁是真有好名声、谁是沽名之徒，也确实困难多了。

唐甄特别批评了三种获取名声的行为：道学、气节与文章，认为“此三名者，害心之大者也”。唐甄对这三种行为真是深恶之，痛绝之，故而对其表现、危害等的描述穷形尽相，纤毫毕展。

如何去除虚名，根除此种陋习，唐甄提出了三种解决方案：“破其术，塞其径，绝其根，此三者，去名之道也。”唐甄的分析是细腻的，也是具有可操作性的。最后唐甄还提出，对那些沽名钓誉、以虚假的名声诱惑君主的人，君主要“放流之，不与同中国”。这样君主身先垂范，教育人们务实，又除去了不是同类的人，改变了追名逐利的不良风气。

名者①，无修为之劳，有贤良之品②；无不与之人③，有胜真之美；无难合之君卿，有骤得之富贵；与终身勤修老而不遇者，其劳逸得失何如哉！《诗》云：“不稼不穑，胡取禾三百廛兮？不狩不猎，胡瞻尔庭有县貆兮④？”不耕得谷，不猎得兽，好名者之捷得如是。此后生之所奔走，正直之人或不免改行者也。

【注释】

①名：名声。

②品：品评，评价。

③与：称赞，赞扬。

④“《诗》云”以下几句：语出《诗经·魏风·伐檀》。稼，种庄稼。穑，收割。县（xuán），挂。貆（huán），幼貉。

【译文】

所谓名声，就是不需要经受修养身心这样的劳累，却能获得贤良的品评；没有不称赞他的人，却有着超过真实的美誉；没有什么难于合作的君主与公卿，却有着突然得到的富贵；和那些一辈子辛勤地修养身心、到老都不被看重的人相比，这种人的辛劳与安逸、得到与失去是多么不同！《诗经》中说：“不种田又不拿镰，为啥粮仓三百间？不出狩又不打猎，为啥猪獾挂你院？”不耕作却能得到粮食，不狩猎却能得到野兽，那些喜欢得到好名声的人，就是这样轻易得到名声的。这正是后代人挖空心思去获取、内心正直的人也难免为此而改变自己行为的原因。

若好名者但自窃其名，自败其德，其亦无害于世。乃使举世慕之，无非窃名之人，无非败德之人，其害大矣。盖名者，虚而无实，美而可慕，能凿心而灭其德[①]，犹钻核而绝其种[②]。心之种绝，则德绝；德绝，则道绝；道绝，则治绝。人人为学，而世无真学；人人言治，而天下愈乱。

【注释】

①凿：斫，伤害。

②钻核而绝其种：钻通李核，使其不再生长发芽，以免他人种下核而得到李树。形容很吝啬。语本《晋书·王戎传》："（王戎）家有好李，常出货之，恐人得种，恒钻其核，以此获讥于世。"

【译文】

假如那些喜欢名声的人只是自己盗窃名誉，败坏自己的德行，对社会也没有什么危害。如果使整个社会都仰慕他，最后全社会都是窃取名誉的人，全社会都是道德败坏的人，那危害就大了。大概对于名声，如果只有虚名而无实际内容，只有美好的名声使人羡慕，那只能伤害人心，使人道德灭绝，就好像钻果实的核使种子死亡一样。心灵的种子死亡了，那道德就亡了；道德亡了，那大道就亡了；大道亡了，那治理就亡了。人人都在谈论学问，但社会上已经没有了真学问；人人都在谈论治理，但天下越来越乱。

名之为害如是，从来论者皆未及之，何也？古之人，虽恶无伪，不知自掩。是以善恶著于外[①]，辨若黑白。幽、厉自成其为幽、厉[②]，共、驩自成其为共、驩[③]；未闻幽、厉自号为尧、舜，共、驩自号为皋、夔[④]。虽有幽、厉、共、驩，无害于人心者，善恶不混故也。

【注释】

①著：明显，显著。

②幽：周幽王，名宫湦，前781—前771年在位。周代昏君，宠爱褒姒，为博美人一笑烽火戏诸侯。任用佞人虢石父为卿，后被犬戎杀于骊山之下。厉：周厉王，名胡，前877—前841年在位。暴虐侈傲，喜欢财利，重用荣夷公这样的好利之人，堵塞言路，使老百姓道路以目，最后被人驱逐到彘地。可参阅《史记·周本纪》。

③共：共工，古史传说人物，曾为尧的臣子，和驩兜、三苗、鲧并称为"四凶"，后被流放于幽州。《尚书·舜典》曰："流共工于幽洲。"驩兜，相传为尧、舜时的部落首领。《尚书·舜典》曰："放驩兜于崇山。"

④皋、夔：见《辨儒》《性才》等篇注。

【译文】

名声的危害如此大，但历朝历代都没有人论及这一点，是什么原因呢？古代的人，虽然作恶但不伪装，不会自我掩饰。所以善与恶都显露在外面，就像黑与白一样看得清清楚楚。周幽王与周厉王自然就是周幽王与周厉王，共工与驩兜自然就是共工与驩兜；没有听说周幽王与周厉王自己称自己为尧、舜，共工与驩兜自己称自己为皋陶、夔。虽然有周幽王、周厉王、共工、驩兜，但对世人的心灵没有伤害，是因为善与恶没有混淆的原因。

至于春秋，齐桓、晋文假名而霸天下[①]，善恶不分矣。桓、文内怀无君之心，而外示尊王之义；内为鸟兽之行，而外假礼节之文；多并小国，而施继绝之恩[②]；尽窃贡赋，而修会盟之礼。民眩于伪[③]，而服其信义，称其有礼；天子忘其偪而嘉赖其功[④]；数世之后，诸侯犹感德不忘焉。当时之大夫，身为乱贼，事出悖逆，而口道礼义之言，行为忠信之行，人皆称其贤焉。当其时，多无君无父之人；而其事君事父之礼，美哉其可观也；其忠君爱父之言，美哉其盈耳也！

【注释】

①齐桓：齐桓公，名小白，重用鲍叔牙、管仲等贤能之人，富国强兵，成就霸业。晋文：晋文公，名重耳，晋献公之子，在位期间任用狐偃、先轸、赵衰等人，使晋国强大起来，成为继齐桓公之后的第二个霸主，并称“齐桓晋文”。

②继绝：让灭绝的国家继续下去。

③眩：迷惑，迷乱。

④偪（bī）：逼迫。

【译文】

到了春秋时期，齐桓公、晋文公假借尊崇周王室的名义称霸天下，从此善与恶就没有区分了。齐桓公、晋文公的内心是没有国君的，但对外却表现出尊崇周王的大义；内心与野兽的行为没有差别，而外表还借着礼仪的文饰；大量兼并弱小的国家，对外却施予让灭绝的国家延续下去的恩惠；窃取了全部的进贡和赋税，却举行召集诸侯订立盟约这样的礼仪。老百姓被这种伪装迷乱了，信服他们是有诚信、有道义的人，称赞他们有礼仪；周天子忘了他们逼迫自己让出权力，还嘉许是依赖他们的功劳；几个世代以后，诸侯还感激他们的德行而不忘记他们。当时的士大夫，自己是乱臣贼子，行事忤逆，但却满嘴礼义的话，假装做忠诚、诚信的事，人们都称赞他们贤能。这个时候，有太多目中没有君主、没有父兄的人；而他们侍奉君主、父兄的礼仪，却华美悦目；他们忠于国君、敬爱父兄的话，却华美悦耳。

自昔至今，十七代之间，同一名敝[①]；而外暴之风[②]，于今为甚。世尚道学，则以道学为名。矫其行义，朴其衣冠；足以步目[③]，鼻以承睫[④]；周旋中规[⑤]，折旋中矩[⑥]；熟诵诸儒之言，略涉百家之语。名既成，则升坐以讲，环听者数百人；录以为书，献于公卿，布于海内，自以为孟氏复生，朱子再见。弟子数千人，各传师说，天下皆望其出，以兴太平。或征至京师，即以素所讲论者敷奏于上[⑦]，列为侍从。未有所裨益[⑧]，即固辞还山，天下益高其出处焉。此道学之名也。

【注释】

①敝：衰败。

②暴（今读bào）：显露，暴露。

③足以步目：语出《国语·周语下》："目以处义，足以步目，今晋侯视远而足高，目不在体，而步不目，其心必异矣。"步，跟随，追随。

④承：承受。睫：睫毛。

⑤周旋：古代举行礼仪时进退揖让的动作。

⑥折旋：曲行，古代行礼时的动作。

⑦敷奏：陈奏，向君上报告。

⑧裨（bì）益：益处。

【译文】

自古至今，已经过了十七代，在这期间，追求某种共同名声的风气逐渐衰敝；但向外显扬名声的风气，当今最为浓厚。社会崇尚道学，就借助道学来获取名声。伪饰自己的德行、道义，将衣服、帽子等弄得粗朴；行走时步伐不凌乱，眼睛不斜视；行礼时进退揖让、曲行行礼都符合规矩；熟读、背诵儒家的言论，对诸子百家的言论也有大略了解。有了好名声，就升堂讲学，环绕着他的听众多达数百人；将讲课内容记录下来编辑成书，献给王公大卿，在天下广为流布，自认为是孟子再生，朱熹再现。学生达到几千人之多，都在传播着老师的学说，天下人都盼望着他能出山，制造一个太平盛世。有人被征召到京城，便立即将平时所讲论的内容呈奏给皇上，皇上便列之为侍从人员。如果得不到什么好处，就坚决告辞，隐居深山，天下人就把他的来历看得更高了。这就是道学家的名声。

世尚气节，则以气节为名。自清而浊人[①]，自矜而屈人[②]。以触权臣为高，以激君怒为忠。行政非有大过，必力争之；任人非有大失，必力去之。相援相攻，其徒蜂起而为之助。不胜，则窜于远方，杖于阙下[③]，磔于都市[④]。天下之士闻之，益高其义，莫不鼓行而往，愿为之继也。此气节之名也。

【注释】

①清：清廉。

②矜：夸耀。屈：轻视。

③阙下：宫阙之下，借指帝王所居的宫廷，也借指京城。

④磔（zhé）：古代的一种酷刑，以车分裂人体，后来指斩杀。

【译文】

社会崇尚名气与节操，就借助气节来获取名声。认为自己清廉而别人都污浊，夸耀自己而看不起别人。以触犯当时的权臣为高明，以激怒国君为忠诚。别人的治理行为并没有大的过失，自己却一定要与之争论；别人任用人才并没有什么大的失误，却一定要赶走这个人。要帮助或攻击他人，他的学生一窝蜂似的站起来为他助力。如果没有获胜，或被放逐到远方，或者在朝廷上被鞭笞，或者在大街上被砍为几段。天底下的读书人听到后，就更称赞这个人的道义，没有不轰轰烈烈地前往，希望成为后继者的。这就是借助气节来获得名声。

世尚文章，则以文章为名。宏览①，博物②，赋诗，作文，书纸如飞③，文辞靡丽④。其人又体貌闲雅，言笑便敏，好游善交，誉满京师。斯人也，公卿欲得以为上宾，天子欲得以为近臣。文士无用，其重于天下，不下道学、气节二名也。夫文，非小物也；汉人之作，文之末也，而况后之琐琐方幅者乎⑤？若夫今日设科之文，吾更不知其为何物也，而亦藉藉于其间。凡此皆文章之名也。此三名者，害心之大者也。

【注释】

①宏览：广博浏览。

②博物：通晓各种事物。

③书纸：在纸上书写。

④靡丽：指文采富丽。

⑤琐琐：形容琐细、不重要的事情。方幅：泛指文章或文章格局。

【译文】

社会如果崇尚文章，就借助文章来获取名声。广泛地阅读，广博地了解，吟咏诗句，写作文章，在纸上书写运笔如飞，文采词句侈靡华丽。这样的人体态风貌悠闲雅致，言辞敏捷，喜欢游历，善与人交，名满京城。这样的人，王公巨卿想让他成为自己的贵宾，天子想让他成为自己的近臣。文人没啥用处，但他们的名声被天下人看重，并不比道学、气节两种名声差。文章，并不是雕虫小物；汉代人写的文章都是末流，何况后来人写的格局渺小的文章呢！至于现在科举考试的八股文，我就更不知道写的是什么东西了，自己却也还在为写这样的文章而忙碌。这些都是借助写文章来获取名声。上面说的三种情况，对人心的危害最大。

君子为政于天下，治亦多道，莫大于去名矣。去名之道维何？破其术，塞其径，绝其根，此三者，去名之道也。何谓破其术？吾既已言之矣。吾不好道学，言孔、貌孟、宗朱、摈陆者，吾不与也[①]；吾之所与者，忠信也。吾不好气节，立朋党、习攻击、乐流窜[②]、甘梃刃者，吾不与也；吾之所与者，正直也。吾不好文章，穷搜、泛览、规韩[③]、模欧者[④]，吾不与也；吾之所与者，圣言也。斯不已破其术乎！何谓塞其径？吾既已言之矣。君臣贤明，不受毁誉，无无实之毁誉，虽或有之，不能上达也。斯不已塞其径乎！何谓绝其根？吾既已言之矣。君日省于上，卿大夫日省于下，不敢暇逸，以求寡过。天下化之，各务其实，无私好恶。斯不已绝其根乎！

【注释】

①与：赞同。

②流窜：转徙，流放。

③规韩：效法韩愈的作文之法。韩，指韩愈，字退之，唐代古文运动的倡导者，“唐宋八大家”之一。主张文道合一，作文务去陈言。

④模欧：效法欧阳修。欧，指欧阳修，字永叔，号醉翁，晚号六一居士，北宋古文运动的代表，继承并发展了韩愈的古文理论。

【译文】

君子治理天下，会有很多治理办法，但摒弃虚名是最重要的。摒弃虚名的办法有哪些呢？揭穿获取虚名的方法，堵塞获取虚名的途径，从根本上断绝获取虚名，这三者是去除虚名的好办法。什么是摒弃虚名的办法？我已经说过了。我不喜欢道学，言行仿效孔子、外貌仿效孟子、宗法朱熹、摈弃陆九渊的学说，我不赞成；我所赞成的就是忠诚信实。我不喜欢气节，树立朋党、习惯于攻击他人、以流窜为快乐、甘受棍棒、刀刃之苦，我不赞成；我所赞成的，就是正道直行。我不喜欢写文章，穷于搜罗、广泛浏览、效法韩愈和欧阳修，我不赞成；我所赞成的，是圣人的言论。这不就揭穿了获取虚名的方法吗！什么是堵塞获取虚名的途径？我已经说过了。国君、大臣英明贤能，不受毁谤、赞誉的影响，就没有不符合实际的毁谤、赞誉，即使有时候有，也不能上传到君臣的耳朵里。这不就堵塞了获取虚名的途径吗！什么是从根本上断绝获取虚名？我已经说过了。国君每天在上反省自己，公卿大夫每天在下反省自己，不敢有一点闲暇与安逸，以求得少犯错。天下人都受到影响，各自做实在的事，不以个人好恶为私心。这不就从根本上断绝了获取虚名吗！

虽然，盗跖之里[①]，不皆恶人；曾、闵之乡[②]，不皆善人。人类之不齐，道虽行，不能尽化也。是以舜挞顽谗[③]，伊尹墨三风[④]，所以齐之也。若有人焉，自以为圣贤，身居深山，而声闻遍四海，动朝廷；公卿虽贤，庶民虽良，不能不眩于其高世之名。此其为害，百于谗人[⑤]，什于三风，其巧言令色孔壬之魁乎[⑥]！巧言令色孔壬，是尧之所畏也。君虽圣，不及尧；臣虽贤，不及禹、皋；况其下者，岂可容之以惑人而坏治哉！其放流之，不与同中国，害治者乃去矣。既身先之，又明教之，又去其非类，以变好名之风，其庶几乎！

【注释】

①盗跖（zhí）：古人名，见《法王》篇注。

②闵：闵子骞，名损，字子骞，孔子弟子，以孝闻名。《论语·先进》曰："孝哉，闵子骞！人不间于其父母昆弟之言。"

③挞：打，打击。顽谗：愚妄奸佞。"舜挞顽谗"之事可参阅《史记·五帝本纪》。

④伊尹墨三风：指伊尹对巫风、淫风、乱风这三风进行处罚。墨，作动词，“施以墨刑”之意。《尚书·伊训》曰：“臣下不匡，其刑墨。”

⑤百：百倍。

⑥孔壬：亦作“孔任”，指大奸之人。

【译文】

即使这样，在盗跖居住的里弄，也不一定都是恶人；曾子、闵子骞的家乡，也不一定都是善人。人参差不齐，大道虽然推行，也不能全部感化。所以舜打击那些愚妄奸佞的人，伊尹给有三风的人施以墨刑，就是要整齐不同的人。假若现在有这样的人，自己认为自己是圣人、贤人，隐居在深山老林中，但名声却传遍天下，震动朝廷；王公巨卿虽然贤能，老百姓虽然善良，也被他们的美名弄得头晕目眩。这种人的危害，比说别人坏话的人大一百倍，比有三风的人大十倍，这是花言巧语、装出和颜悦色的样子来讨好别人的孔壬式人物中的“佼佼者”吧！花言巧语、装出和颜悦色的样子来讨好别人的孔壬式人物，就是尧也很害怕这样的人。国君虽然圣明，也比不过尧；大臣虽然贤能，也比不上大禹、皋陶；何况那些能力比他们低得多的人，怎么能容忍他们去迷惑人而破坏社会治理呢！将这样的人流放，不让他们停留在国家中，危害治理的人就被除掉了。既身先垂范，又明智地教育，又除去了不是同类的人以改变喜好名声的风气，这也应该差不多了吧！

五经

【题解】

在五经篇中，唐甄对儒家五经的作用、学习方法，提出了自己独到的看法。

唐甄认为，五经是载道之书："五经者，心之迹，道之散见，非直心也。"但是，唐甄又补充了四书的重要作用，认为："五经如禾稼，四书如酒食。"五经还是庄稼，甚至连谷物都算不上，是"半成品"，而四书已经是做好的美酒美食，人们不能舍近求远，不读四书而读五经："酒食在前，即可醉饱；乃复远求之五经，是舍酒食而问之禾稼也，岂不迂且劳哉！"唐甄重视四书，是因为他认为："此四书者，皆明言心体，直探道原，修治之方，犹坦然大路。"四书既明心性，又明治道，是人人必读的经典。

当然，唐甄的主要观点，还是认为五经有着极其广泛的应用，不能停止对五经的学习，只是在学习五经时，"第不可务外忘内，舍本求末耳"。也就是在学习五经时，最重要的是学习其中有关事功、明心的内容，这才是五经的根本。

对于五经真、伪的怀疑，从来就没有停止过。唐甄主张，孔安国、大毛公与小毛公、左丘明等人各自的传、注，都是可信的。自宋代开始，对五经及其传、注的篡改、臆断，也同样没有停止过。唐甄对宋人妄改经典的行为深为痛恨。

对于同时代人学习五经的态度，唐甄也颇有看法。他认为，有人“穷搜推隐，自号为穷经”，这是不可取的，因为对于今天的人来讲，五经“训义既明，坐享其成，披而览之足矣”，还有什么需要“穷”的呢？唐甄自己对五经的阅读，便注重对之进行义理阐发，而不再作训诂这样的事情，他认为：“心之不明，性之不见，是吾忧也；五经之未通，非吾忧也！”

五经者①，心之迹，道之散见②，非直心也。仲尼之时，文籍或多，而其要者惟此五书。乃系《易》以道阴阳③，序《书》以明治法④，删《诗》以著美恶⑤，修《春秋》以辨邪正⑥，定《礼》以制言行⑦。于是学者力行之暇⑧，有所诵习，此博文之事⑨，造道之阶也。至于直指其心，因人善诱，则在《论语》一书；而继之者又有《大学》《中庸》《孟子》。此四书者，皆明言心体，直探道原，修治之方，犹坦然大路。学者幸生仲尼之后，入其门者，随其力之大小，取之各足，尚何藉于五经乎⑩！取而譬之：五经如禾稼，四书如酒食。酒食在前，即可醉饱；乃复远求之五经，是舍酒食而问之禾稼也，岂不迂且劳哉！

【注释】

①五经：五部儒家经典，即《诗》《书》《易》《礼》《春秋》。“五经”的称呼，始于汉武帝建元五年。其中《礼》，汉时指《仪礼》，后世指《礼记》；《春秋》，后世并《左传》而言。

②散见：零散地表现。

③系《易》：指孔子晚年为《周易》作系辞，可参阅《史记·孔子世家》。

④序《书》：为《尚书》中的每一篇作序。《汉书·艺文志》：“故书之所起远矣，至孔子纂焉：上断于尧，下讫于秦，凡百篇，而为之序，

言其作意。"

⑤删《诗》:指孔子删述整理《诗经》。《史记·孔子世家》载:"古者诗三千余篇,及至孔子,去其重,取可施于礼义,上采契、后稷,中述殷、周之盛,至幽、厉之缺,始于衽席,故曰'《关雎》之乱以为《风》始,《鹿鸣》为《小雅》始,《文王》为《大雅》始,《清庙》为《颂》始'。三百五篇孔子皆弦歌之,以求合《韶》《武》《雅》《颂》之音。礼乐自此可得而述,以备王道,成六艺。"

⑥修《春秋》:指孔子修订《春秋》。《史记·孔子世家》载:"乃因史记作《春秋》,上至隐公,下讫哀公十四年,十二公。"

⑦定《礼》:选定《士礼》十七篇。《史记·孔子世家》载:"故《书传》《礼记》自孔氏。"

⑧力行:努力实践。

⑨博文:《论语·雍也》曰:"君子博学于文,约之以礼。"后指通晓古代文献。

⑩藉:借,借助。

【译文】

五经是古人的心迹,大道就分散表现在其中,而不仅仅只是心迹表现在其中。孔子的时代,文书典籍或许有很多,但最为重要的就是这五种书籍。孔子于是为《易》作系辞来论述阴阳观念,为《书》作序来阐明唐、虞、夏、商、周的治理方法,删定《诗》来彰显美与恶,修订《春秋》来分辨邪恶与正义,确定《士礼》来规范人们的言行。于是治学的人在努力实践的闲暇之时,会背诵温习其中的内容,这是广博地学习文献的事,是通往大道的阶梯。至于能够直接到达人的内心,根据不同的人循循善诱的,就在《论语》这本书中了;跟在后面的又有《大学》《中庸》《孟子》。这四种书,都明白地谈到了心这一本体,直接来探讨大道的本原、修养身心治理国家的方法,就像平坦的大路。后世研究学问的人幸亏是生在孔子的后面,求学入门后,根据各自能力的大小取得各自所需要的,还何必要借助于五经呢！打个比方：五经就如庄稼，四书就像是美酒与饭食。美酒与饭食摆在人面前，便可酒醉饭饱；现在却大老远地去求助于五经，是放弃美酒与美食而去求取庄稼，难道不是迂腐而且劳累吗！

虽然，五经何可已也！于《易》观阴阳，于《书》观治法，于《诗》观美恶，于《春秋》观邪正，于《礼》观言行。博而求之，会而通之，皆明心之助；第不可务外忘内[①]，舍本求末耳。若务外忘内，舍本求末；三五成群，各夸通经；徒炫文辞，骋其议论；虽极精确，毫无益于身心。则讲五经者，犹释氏之所谓戏论[②]，庄周之所谓糟粕也[③]，与博弈何异！是故阳明子曰："心如田，经则田之籍也。心已亡矣，而日穷经，犹祖父之遗田已鬻于他人，而抱空籍以为我有此田，可乎[④]？"此学经之准也。

【注释】

①第：只是，但是。

②戏论：佛教用语，指非理、无义的言论。王维《能禅师碑》曰："谈笑语言，曾无戏论。"

③糟粕：比喻无用的东西。

④"心如田"以下数句：为唐甄转述王阳明《稽山书院尊经阁记》意义而成："盖昔者圣人之扶人极、忧后世而述六经也，犹之富家者之父祖，虑其产业库藏之积，其子孙者或至于遗忘散失，卒困穷而无以自全也，而记籍其家之所有以贻之，使之世守其产业库藏之积而享用焉，以免于困穷之患。故六经者，吾心之记籍也。而六经之实，则具于吾心。犹之产业库藏之实积，种种色色，具存于其家。其记籍者，特名状数目而已。而世之学者，不知求六经之实

于吾心，而徒考索于影响之间，牵制于文义之末，硁硁然以为是六经矣。是犹富家之子孙，不务守视享用其产业库藏之实积，日遗亡散失，至于窭人丐夫，而犹嚣嚣然指其记籍曰：'斯吾产业库藏之积也。'何以异于是？"

【译文】

即使这样，对五经的学习怎么可以停止呢！通过《易》可以了解阴阳，通过《书》可以了解治理国家的方法，通过《诗》可以看到美与恶，通过《春秋》可以了解邪恶与正义，通过《礼》可以了解言行规范。广博地探求，融会贯通，都对内心通明有助益；只是不能只在外部事务上用功而忘记了内心修养，舍弃根本而追逐枝末。如果这样，三个一群，五个一伙，都夸耀自己精通五经；只会炫耀文采辞章，高谈阔论；虽然极为准确，但对身心修养没有任何益处。那么这些人讲论五经，就犹如佛家所说的"戏论"，庄子所说的"糟粕"，与下棋有何差别！所以阳明先生说："人心就像田地，五经就像登记田地的簿籍。人心已经死亡了，还每天穷于研究五经，就像祖辈遗留下来的田地已经卖给了他人，却抱着登记田产的空头簿籍说自己还拥有这些田地，可以吗？"这就是学习五经的准则。

近世之于五经，群疑多端，众说蜂起，不可以不定所从。子思之后世[①]，有哲人孔安国[②]，仲尼之十一世孙也。仲尼既没，诸儒则讲习于冢上，自汉不绝。安国尤长于《书》，乃其家学，而又得闻于诸儒之言。其所作《书传》，必得其真。学《书》者，舍安国其奚从！《诗》之《序》[③]，必仲尼之徒为之。以《序》言绎《诗》意，论世论人，言隐而义显。大毛公及事荀卿[④]，其去仲尼之世未远也。其创为传也，尊《序》如尊经。小毛公又继成之[⑤]；郑氏遵畅厥旨[⑥]，《诗》之义大明。学《诗》者，舍毛、郑其奚从！至于左丘明[⑦]，身为鲁史，其所记述，本末周详，典礼彰明。仲尼取之以修《春秋》，丘明即史为传，以明仲尼之褒贬，更无可疑。杜氏又推五体[8]，触类而长之，以发传所未发，《春秋》之义大明。学《春秋》者，舍左氏其奚从！

【注释】

①子思：名伋，孔子之孙，孔鲤之子。子思为曾子的学生，从曾子那里继承孔子的思想，又将孔子的思想经由自己的门人传授给孟子，后人将子思、孟子合称为思孟学派。

②孔安国：西汉人，为孔子后人。

③《诗》之《序》：即《毛诗序》。现存《诗序》有大序、小序之分。列在各诗之前，解释各篇主题的为“小序”。在首篇《关雎》的“小序”之后，有概论全经的大段文字，称为“大序”。东汉郑玄认为“大序”为子夏所作，“小序”为子夏、毛公所作。《后汉书·儒林传》则有卫宏作《诗序》之说。宋代以来，学者关于《诗序》之作者，众说纷纭没有定论。

④大毛公：毛亨，汉初鲁人，与汉初赵人毛苌一起俱传《诗》，世称大、小毛公，他们所传的《诗》称为“毛诗”。

⑤小毛公：毛苌，汉初赵人，曾为河间献王博士。

⑥郑氏：郑玄，字康成，北海高密人，东汉著名经学家。

⑦左丘明：春秋时人。一说复姓左丘，名明；一说单姓左，名丘明，无定论。

⑧杜氏：即杜预，字元凯，西晋京兆杜陵（今陕西西安东南）人。博学多才，著《春秋经传集解》三十卷。五体：又称五例，指《春秋》在行文上隐寓褒贬的五种体例。杜预《春秋经传集解序》曰：“一曰微而显，二曰志而晦，三曰婉而成章，四曰尽而不污，五曰惩恶

而劝善。”

【译文】

近代对于五经，疑问多种多样，各种说法都有，不能不确定哪些是应该听从的。子思以后的时代，有个睿智的人叫孔安国，是孔子的第十一代后人。孔子去世后，儒生都在孔子的坟头讲论学习，从汉代以来没有断过。孔安国尤其擅长于《尚书》，这是他们家传的学问，而且又得以广泛听到儒生的讲论。他写的《书传》，一定是得到了其中的真义。研究《尚书》的人，除了孔安国还能跟从谁呢！《诗经》的《大序》《小序》，必定是孔子的学生所作。用诗《序》中的话来解释《诗经》的意义，评论世事和人物，话说得隐晦但意义明显。大毛公毛亨又得以师事荀子，他距离孔子的时代也还不远。他写的《毛诗诂训传》，尊奉《序》就如同尊奉五经。小毛公毛苌又继续完成；郑玄又遵从并且更加发扬光大这一主旨，《诗》中蕴含的大义就大为显明。研究《诗》的人，舍弃毛亨、毛苌、郑玄还能跟从谁呢！说到左丘明，他是鲁国史官，他所记述的内容，来龙去脉讲得非常详细，典章礼制都讲得清楚明白。孔子取鲁国的历史作《春秋》，左丘明根据《春秋》来给它作《传》，以彰明孔子的褒贬之意，这更没什么值得怀疑的。杜预又推断出《春秋》褒贬的五种体例，依类而作进一步的阐发，以阐发《左传》所没有阐发的内容，《春秋》中蕴含的意义就非常明显了。研究《春秋》的人，舍弃左丘明还能跟从谁呢！

自宋及明，世之学者，好争讼而骂人[①]，为创见以立异；以其意断百世以上之事，繁引曲证以成其自是。凡周、汉以来授受之有本者，皆草刈而粪除之[②]。暴秦烧之于前，世儒斩之于后，其亦甚悍矣哉！

【注释】

①争讼：争论。

②刈（yì）：割。粪除：清除。

【译文】

从宋代到明代，世上的学者，喜欢争论喜欢骂人，为了创立新见而标新立异；根据自己的想法来判定百代以前的事情，繁复地征引、多方去考证来证明自己是正确的。凡是周代、汉代以来传授有所依据的，就像割杂草一样给清除了。残暴的秦朝在前面焚烧典籍，世上的儒生又在后世斩断这些典籍，这也太蛮横了。

今人于五经，穷搜推隐，自号为穷经。此尤不可。何也？当汉之初，学者行则带经，止则诵习，终其身治一经，而犹或未逮[①]。若是其难者，何也？盖其时经籍灭而复出，编简残缺，文辞古奥，训义难明，是以若是其难也。今也不然。训义既明，坐享其成，披而览之足矣。虽欲穷之，将何所穷！

【注释】

①逮：及，达到。

【译文】

现在的人对于五经，广泛地搜索推究其中隐含的意义，自称这是穷尽经书了。这尤其不可以。为什么呢？在汉代初期，读书人走路都带着经书，停下来就诵读学习，一辈子研究其中的一经还可能研究不透。这么难是什么原因呢？大概是当时五经文献被烧灭后，又从民间重新流出来，断简残编，文辞又古远深奥，很难清楚地训释其义，所以才这么难。现在却不是这样的。五经训诂的意义已经清楚明白，可以不用费力而享受这些成果，翻阅就可以了。即使想穷尽，又能穷尽什么呢！

甄也老而知学，寡闻而善忘。于《诗》，患毛、郑之言大同而小异，说《诗》无两是之义，择其善者而从之，以便称引，故于《诗》有言。于《春秋》，患左氏之言太简，取触类而长之义，以通其所未及，故亦有言。使养子写以为册，忘则检之；其于《诗》《春秋》之旨，如听家人之言，闾巷之语，更不劳我心思，妄起疑义。《书》未及为也。甄老矣，《礼》书繁而未能读，且徐俟之[1]。至于《易》，固在道阴阳，穷性命，知进退，然必占事知来，乃可以用《易》。不能知来，非占矣，《易》为空理矣。他日若有所受则为之，不然，其亦已矣。

【注释】

①俟（sì）：等待。

【译文】

我老了才知道学习，闻见少又容易遗忘。对于《诗》，不满足于毛亨、毛苌、郑玄的论述大的方面相同只有小的方面有差别。解读《诗》没有两种都正确的含义，只有选择最正确的来遵从以便于称述与引用，所以对《诗》有些自己的论述。对于《春秋》，不满足左丘明的言论太简洁，取法他依类而作进一步阐发的含义，以通达他没有阐发的意义，所以也有些自己的论述。让我的养子写下来编成册，忘了就拿来翻检；对于《诗》《春秋》的主旨，如同听家里人聊天，听街坊邻居说话，而不会劳累我的心思，瞎生疑问。《尚书》还没来得及研究。我老了，《礼》书内容繁杂而没能研读，只能等慢慢来了。至于《周易》，本来是讲述阴阳运行，穷究人性，使人明白进与退的道理，但一定是要在占卜重要事情和预知未来时，才可使用《周易》。不能预知未来，就不是占卜了，《周易》也就成为空洞的理论。今后如果有机会得到高人传授就认真学习，要不也只能作罢了。

吁嗟乎！人之于道犹门也，而不出入于门；人之于道犹饮食也，乃饮食而不知味；其异于禽兽者几希矣[①]。故夫心之不明，性之不见，是吾忧也；五经之未通，非吾忧也。

【注释】

①几希：相差极少。

【译文】

唉！现在的人对于儒家之道，就像站在大门前却不从大门口进出；现在的人对于儒家之道就像吃喝一样，吃了喝了却不知道滋味如何；这样的人与禽兽也就没有什么差别了。所以人心不洞明，人性不能体现，是我所担忧的；而五经没有弄懂，不是我所担忧的。

非文

【题解】

《非文》篇，是唐甄对“文”的有关问题的看法，如文、言之辩，文之内质，等等，都是古人治学致思时常论及的问题。

唐甄对何谓文、何谓言作了追溯，之中不乏独得之见，如认为“六书”指文字，而文字的含义才叫“文”，修饰辞句等就不能叫做“文”了。

《非文》篇认为，秦代以前之言，“根于心，矢于口，征于事，博于典，书于策简，采色焜燿”，这种发自于内心的、真诚表达的、能验证的、五彩斑斓的言，如“脔肉”，是美味佳肴。汉代以后称言为“文”，已经丢失了“言”一半的含义。到唐代以后，这仅有的一半也失去了。现时代的人，讲究为文有体有法有绳墨规矩，就更滑稽了，因为这样的“言”，“务炫于文，束于俗，格而不遂其言也”。丧失了真情实感的“言”，没有任何价值。

唐甄用京师琢冰人这一生动故事向世人晓示：文必有质，即写文章要有真实的内容，有真情实感，不然，就如那个“琢冰为玩物”的人，“心劳而无用，可以娱目前而不可以传久远也”。

最后唐甄指出，文章不能经世，只为取悦时俗成为沽名钓誉的工具，这样的文章，败坏风气，不能承载大道，对社会的危害就大了。

古有文，典礼、威仪、辞命皆是也[1]，不专以名笔之所书。笔之所书谓之言。若书传之言谓之文者[2]，数之曰“文成几何”，盖指六书而言[3]。六书有义，故谓之文，非缘饰其辞而谓之文也。说如其事，辞如其说。善说者有伦有叙[4]，博征曲喻，听盈耳焉；善辞者有伦有叙，博征曲喻，书之于策[5]，五采绚焉。是言也，不谓之文也。

【注释】

①典礼：制度礼仪。《周易·系辞上》曰：“圣人有以见天下之动，而观其会通，以行其典礼。”威仪：古代祭享等典礼中的动作仪节及待人接物的礼仪。《礼记·中庸》曰：“礼仪三百，威仪三千。”辞命：辞令。《孟子·公孙丑上》曰：“我于辞命，则不能也。”

②书传：典籍，著述。

③六书：中国古代分析汉字造字的理论，即象形、指事、会意、形声、转注、假借，这里借指文字。

④有伦有叙：有条理。伦，条理。序，次序。

⑤策：古代用来记事的竹板、木片，编在一起的叫“策”。

【译文】

古代有“文”，制度礼仪、典礼中的动作仪节及待人接物的礼仪、辞令都是“文”，不是专门用来称呼笔所写出来的东西。用笔写出来的东西叫做“言”。如果典籍中的“言”叫做“文”，则计算数目说“写成了多少字”，这大概是指文字来说的。字都有意义，所以叫“文”，并不是指修饰辞句就叫做“文”。说明事情要根据事情本来的情况，使用辞令又要根据这种说明。善于说明事物的有条有理，广博地征引，婉转地比喻，听起来满耳舒坦；善于使用文辞的人有条有理，广博地征引，婉转地比喻，记载在典籍上，文采绚丽。这样的都称之为“言”，不称作“文”。

古之善言者，根于心，矢于口[①]，征于事，博于典，书于策简，采色焜燿[②]。以此言道，道在襟带；以此述功，功在耳目；故可尚也。汉乃谓之文，失之半焉；唐以下尽失之。迨乎近世之言文者，妄谓有体，妄谓有法，妄谓有绳墨规矩。二十三代之编籍，阏塞其心[③]；序、论、传、志之空言[④]，矫诬其理。是以秦以上之言如脔肉[⑤]，唐以下之文如菜羹。秦以上之言虽少也，重于钩金[⑥]；唐以下之文虽多乎，轻于车羽[⑦]。是何也？务炫于文，束于俗，格而不遂其言也[⑧]。

【注释】

①矢：陈述。

②焜（kūn）燿：照耀。

③阏（è）：堵塞。

④序、论、传、志：四种文体名称。序，同“叙”，亦称“序文”“序言”，一般用于陈述作者的写作主旨、写作经过等，如司马迁的《太史公自序》。论，即议论文。传，传记，一般指记载个人或群体事迹的文字。志，记事的著作，特指史书中记述食货、职官、礼乐等的篇章。

⑤脔（luán）：切成块状的鱼肉。

⑥钩金：带钩上的黄金，指数量虽少但仍珍贵的东西。

⑦车羽：一车羽毛，比喻数量虽多但价值不大。

⑧格：阻碍。

【译文】

古代善于说话的人，根源于内心的真诚，在口中陈述，征验于事实，广泛地征引典故，然后记载在简策上，色彩斑斓，闪闪发光。这样来陈述大道，大道就如同在衣襟、衣带旁边；这样来陈述功绩，功绩就在耳边与目前;所以这是值得崇尚的。汉代才称之为文章,已经失去了其中一半的意义;到了唐代以后,就全部失去了。到近代谈文章的人,瞎说写文章有体裁,瞎说写文章有方法,瞎说写文章有规矩。几十代的典籍,堵塞了他们的内心;序、论、传、志之类空洞的话,歪曲了写文章的道理。所以秦代以前的文章就像美味的鱼肉,唐代以后的文章就如同青菜羹汤。秦代以上的文章虽然很少,但价值重于带钩上的黄金;唐代以后的文章虽然数量多,却比羽毛还轻。是什么原因呢?就是追求炫耀文采,拘束于世俗的偏见,受到这些的阻碍所以不能流畅地表达自己的言论。

文必有质。今世求文之弊,尽失其质矣。昔京师有琢冰为人物之形者,被以衣裳,缀以丹碧[①],神色如生,形制如真[②]。京师天寒,置之堂背,逾日不变;变则修饰之。往观者日数百人,皆叹其巧,惊其神。一日,语众曰:"孰能与我三斗粟?吾授之以吾技。"人无应者。乃问之曰:"吾之技亦巧矣!吾欲鬻技,得三斗粟,而人无应者,其故何也?"有笑之者曰:"子之技诚巧矣!子何不范金琢玉[③],为夏、殷、周、汉之器,可以宝而不坏。今乃琢冰为玩物,其形虽肖,不日而化矣。吾甚惜子之技巧而非真,心劳而无用,可以娱目前而不可以传久远也。"文而无质,亦犹是也。

【注释】

①丹碧:泛指涂饰在建筑物或器物上的色彩。

②形制:形状。

③范:指用模子浇铸。

【译文】

写文章必须有实质的内容。现在的人写文章的弊端,是完全丧失了这种内质。以前京城有个将冰雕琢成人的形状的人，给冰人披上衣服，点缀上红红绿绿的颜色，冰人神态肤色就像活人一样，形状外貌如同真人。京城天气寒冷，将冰人放置到大堂的背面，过了几天都没有什么变化；如果有变化就再修补一下。前往观看的人每天多达几百人，人们都惊叹其巧妙神奇。一天，他对众人说："谁能给我三斗粟米？我把我的技能教给他。"没有一个人回答。于是又问道："我的技能也是非常巧妙的！我想卖掉我的技能得到三斗粟米，却没有人答应，这是什么原因呢？"有人嘲笑他说："您的技能确实巧妙！您为什么不用模范铸造金属或者雕琢玉石，制作出夏、商、周、汉代的重器，能成为珍宝而不会变坏。现在雕琢冰人这样的玩物，虽然外形很像，没几天就融化了。我们觉得非常可惜的是您技能巧妙但是不切实际，内心劳累而没有用处，能够娱乐一下眼前的人却不能够流传久远。"文章没有内质，也像是这个样子。

物有象，象有滋[①]；取则为书，有蝌蚪、篆、籀之文[②]。迨于末世，变为俗书，媚容佻姿[③]，尽亡其制矣。图画者，铸于钟鼎以垂法，绘于衣裳以明尊，施于屏壁以示戒。迨于末世，为川岩，为草木，为羽毛，为士女，以取悦于人，尽失其意矣。古之言，变为今之文，亦犹是也。彼二者，虽失也无与于治乱。若夫文，流为曲工，流为末技，以取悦谐俗，使人心轻气佻，窃誉失真，道丧于此，其亦百十之十一也！

【注释】

①滋：增长，增加。

②蝌蚪：指蝌蚪书。篆、籀：见《格定》篇注。

③佻姿：姿态轻浮。

【译文】

万物都有自己的形象，这些形象会滋生增长；取这样的法则制作文字，就有了蝌蚪文、篆文、籀文等字体。到了后来，变成了媚俗的书体，外貌妩媚，姿态轻佻，完全失去了作为文字的形制。图画铸刻在钟、鼎等器物上来垂法后世，绘制在衣服上来彰显尊贵，印制在屏风墙壁上来告诫后人。到了后世，就画上山川岩石、花草树木、鸟兽羽毛或者仕女，用来取悦别人，已经完全丧失了原来的意义。古代的“言”，变成了现在的“文”，也像这样。这两样东西虽然丧失了，但对社会的治理与动乱没有影响。如果写文章变为雕虫工匠，变为细枝末节的东西，用来讨好世俗，使人的内心轻浮，气节轻佻，沽名钓誉，失去本真，大道就这样丧失了，这样的情况也能占到百分、十分中的十分、一分了。

知言

【题解】

在《知言》这篇短文中，唐甄用与友人谈话这种结构方式，来论述自己对“言”“知言”等问题的看法。

唐甄所说的“言”，既指人之所言，即别人所说的话，也指著述之文。但不管是所说的话还是所著述的文，要让别人完全理解、让别人“知言”很难；对他人所言有自己的判断和理解、不轻信更难。

比如，唐甄的朋友说有人怀疑唐甄谈论用兵的话；又比如，唐甄的朋友想向他学习如何作文著述；又比如，唐甄要向朋友说清楚自己治理长子县的效果如何，等等，都涉及“知言”这一问题。幸好，“唐子三发言，而方子三称善”，看来唐甄的朋友是他的“知言”之人。

唐甄赠言友人，又涉及“知言”的另一个问题：通过语言了解一个人很难。有人不善言谈却有治理的真才干；有人健谈却无真本事；有人传言有盛名，但是否符实则很难得知，毕竟盛名难副其实的例子实在太多了。所以人贵知言。

唐子至常州见方子[1]。方子不喜名士，见唐子则大喜；馆之书室，谈四日夜不倦。

【注释】

①方子：不详为何人。

【译文】

我到常州拜见方先生。方先生不喜欢名士，见到我却非常高兴；将我安排住在他的书房，一起畅谈四天四夜都不觉得疲倦。

方子曰："人皆疑先生之言兵。"唐子曰："世之称良将者，人乎，神乎？"曰："人也。""所云大敌者，人乎，鬼乎？"曰："人也。"唐子曰："若良将克敌，为神之斩鬼，则吾不敢言；若皆人也，何疑于吾言！彼市里少年妇人小子行诈以欺人，皆兵法也。"

【译文】

方子说："人们都怀疑先生您所谈论的用兵方法。"我说："世人所说的良将，是人还是神呢？"方子说："是人。"我又说："人们所说的强大的敌人，是人还是鬼？"方子说："是人。"我说："如果良将打败了强敌，是神斩杀鬼怪，那我不敢说什么；如果都是人的话，我的话有什么值得怀疑的！那些市井中的年轻人、女人、小孩使诈去欺骗别人，都是用兵方法。"

方子曰："先生之文奇矣。吾欲为文，若何而可？"曰："古人岂有所谓文哉，达其言耳①。后人喜其言，误以为文。世人善为文，不善为言，如刍马木鸢②，故不奇。我不善为文，善为言，如驰马飞鸢，故人见以为奇。"

【注释】

①达：传达，表达。

②刍:柴草。鸢(yuān):纸鸢,鸟状的风筝。

【译文】

方子说:"先生您的文章写得奇谲。我也想写文章,要怎么样做才可以?"我说:"古代哪有什么文章的说法,只是畅达地说话。后世的人喜欢他们说的话,却误以为这就是文章。现在的人善于写文章,但不善于说话,就像柴草做的马、木头做的鸟状风筝,所以没有什么奇特的。我不善于写文章,但善于说话,像飞驰的骏马、飞翔的风筝,所以人看见了会觉得奇特。"

方子曰:"昔者先生之治长子也如之何①?"曰:"为治未终。"曰:"虽然,愿闻其意。"唐子曰:"四境如我墙垣,土田如我园圃,道路桥梁如我户庭,庐舍如我屋宇,蓄积如我仓廪,男女如我妇子。如斯而已。"

【注释】

①长子:地名,今属山西。唐甄曾经在此地担任县令。

【译文】

方子说:"以前先生您治理长子这个地方,怎么样?"我说:"治理没有达到最终目标。"方子说:"虽然如此,我还是愿意听您这话的意思。"我说:"对待四方边境就像自家的围墙,对待土地就像自家的花园,对待道路和桥梁就像自家的门户和庭院,对待老百姓的房屋就像自家的房屋,对待他们积蓄的财物就像自家仓库,对待百姓就像自己的妻子和儿女。像这样罢了。"

盖唐子三发言,而方子三称善焉。

【译文】

我三次发表议论，方子三次都称道我说得好。

方子馈金与褥，执一扇请曰："吾二月将入京师，乞先生送我以言而书诸扇，朝夕诵之。"唐子乐其知言也，乃言曰："人难知也。观其貌则敏，听其言则辨，询之事则多习，使之治民而民或不便；观其貌则鲁，听其言则讷，询之事则十难而不得一，使之治民而民或安之。人之难知如是。昔吴中有名医，华舆美裘①，颜如渥丹②，舌如转轴。疾病之家，非其药不饮也。有病愈者，则曰'果医之良'；有死者，则曰'良医不能生死人'。是医也，不任杀人之罪而获显名厚利者，疾病之家任耳目之过也。吴中多知名士，子未尝问焉。谓朱熊占良士也③，而习于礼。今独因我书问之，可谓不任耳目矣。吾更言此者，欲子以取熊占者取天下士也。"

【注释】

①华舆：华丽的车子。

②渥丹：润泽光艳的朱砂。多用于形容红润的面色。

③朱熊占：不详为何人。

【译文】

方子赠送给我金钱和被褥，拿着一把折扇对我说："我二月要到京城去，请先生送我几句话写在扇子上，我每天诵读它。"我很高兴他懂得我的话，所以说："人是很难了解的。看他的外貌很聪敏，听他说话很雄辩，向他请教事情知道得也很多；但让他治理老百姓，却给老百姓带来许多不便。另一种情况：看他的外貌比较粗鲁，听他说话比较木讷，向他请教事情十件难的一件也回答不出来；但是让他治理老百姓，老百姓却非常安乐。人就是这样难于理解。以前吴地有一位名医，坐着华丽的车子，穿着漂亮的裘皮大衣，面色红润，说话像转动的轮轴一样利索。有生病的人家，不是他开的药就不喝。有病愈了的，就说'果真是良医'；有死了的，就说'良医也不能使死人复生'。这样的医生，不承担杀人的罪名却获得显赫的名声和丰厚的利益，这是那些生病的人家听由自己的耳目造成的过错。吴地有很多知名的名人，您也没曾问过。您说朱熊占是个贤士，而且精通礼仪。今天您独独找我写东西问这些，可以说是不听任自己的耳目了。我之所以重提这件事，是想让您像对待朱熊占一样对待天底下的读书人。"

唐子反，书其言于扇，以致方子。

【译文】

我回家以后，将这些话写在折扇上，赠送给了方子。

鲜君

【题解】

《鲜君》篇论述的是“贤君不易得”这一传统主题。从《鲜君》篇开始，如接下来的《抑君》《得师》《太子》等篇，唐甄对君主的德性修养、教育等问题进行了思考，这构成唐甄“计功”思想的另一个重要维度。

唐甄认为，国家的治与乱、人民生活的苦与甜都系于君主一人，即“治天下者惟君，乱天下者惟君”。

历代君主，贤能者少昏庸者多，“君之无道也多矣，民之不乐其生也久矣”，昏君太多造成的最直接后果，就是老百姓生活于水深火热之中，民不聊生。

昏君也分为很多种，唐甄就提到了暴君、暗君、辟君、懦君等类型：“懦君蓄乱，辟君生乱，暗君召乱，暴君激乱，君罔救矣，其如斯民何哉！”昏君当道，何可治民！

唐甄最后说到，治世之才代不乏人，只是无人赏识才无所施，最终成为平庸之人。但是，即使在这样的时代君子也不能放弃学习，“君有明昏，世有治乱，学无废兴”。学习与能否“得君行道”没有关系，只是个体自我完善的必由之举。作为读书人，“乱世无所逃，坐视百姓之疾苦而不能救，君子伤之矣”。这种不能救民于水火的无力感，总能刺痛像唐甄这样有良知、有经世济民情怀的读书人！

治天下者惟君，乱天下者惟君。治乱非他人所能为也，君也。小人乱天下，用小人者谁也？女子寺人乱天下[①]，宠女子寺人者谁也？奸雄盗贼乱天下，致奸雄盗贼之乱者谁也？反是于有道，则天下治，反是于有道者谁也[②]？师尹、皇父无罪[③]，勃貂、骊姬无罪[④]，后羿、寒浞无罪[⑤]。何云无罪？毒药杀人，不能杀不饮者。伊尹、周公无功。何云无功？良药生人，不能生不饮者。一贤人进则望治，一小人进则忧乱，皆浅识近见，不知其本者也。海内百亿万之生民，握于一人之手，抚之则安居，置之则死亡。天乎君哉，地乎君哉！

【注释】

①寺人：古代宫中的近侍小臣，多以阉人充任。

②反：返回。是：指示代词，这里指奸雄盗贼乱天下的无道状态。

③师尹：指周太师尹氏。皇父：周幽王的卿士、宠臣。

④勃貂：是春秋时期晋献公的宦官，曾奉晋献公之命去蒲城刺杀公子重耳。骊姬：春秋时骊戎之女。晋献公伐骊戎俘获而归，立为夫人。

⑤后羿、寒浞：见《法王》篇注。

【译文】

能治理好天下的是君主，使天下混乱的也是君主。治与乱不是其他人所能办到的，只能是君主。小人使天下混乱，但使用小人的是谁？女人、侍臣使天下混乱，宠爱女人、侍臣的人是谁？奸诈的枭雄、大盗使天下混乱，招致奸雄、盗贼扰乱天下的人又是谁？使无道返回到有道，天下就安定了，使无道返回有道的人是谁？师尹、皇父是无罪的，勃貂、骊姬是无罪的，后羿、寒浞是无罪的。为什么说无罪？毒药可以杀人，但不能杀死不喝毒药的人。伊尹、周公没有功劳。为什么说没有功劳？好的药可以使人活，但不能使不喝药的人活。一个贤能的人被进用就希望治理好天下，一个小人被进用就担心天下扰乱，这些都是浅薄、近视的见识，没弄清楚问题的根本所在。天下亿万的老百姓，掌握在一个人手中，他知道安抚人民就可以使他们安居乐业，放任他们不管就会使他们陷于死亡的境地。君主是天啊，君主是地啊！

上观古昔，尧、舜、禹、启[①]，治世惟久。夏、殷、西周、西汉，治多于乱。治世多者，虽有昏主，赖前王以安也。其余一代之中，治世十一二，乱世十八九。前帝泽薄，无以保其后故也。君之无道也多矣，民之不乐其生也久矣，其如彼为君者何哉！

【注释】

①启：禹的儿子，夏朝的第二代君主。

【译文】

向上考察远古，尧、舜、禹、启等君主时，天下安定的时间很长。夏、商、西周、西汉，安定多于混乱。安定时间长的世代，即使有昏庸的君主，也能依赖前代君主得以安定。在其余的时候，一代中安定的时候只占十分之一二，动乱的时候占十分之八九。这是前代君主恩泽太少，没办法保护后来君主的缘故。无道的君主太多了，民众不能安生很久了，那些做君王的该怎么办呢！

天之生贤也实难。博征都邑[①]，世族贵家，其子孙鲜有贤者，何况帝室富贵，生习骄恣，岂能成贤！是故一代之中，十数世有二三贤君，不为不多矣。其余非暴即暗，非暗即辟，非辟即懦[②]。此亦生人之常，不足为异。惟是懦君蓄乱，辟君生乱，暗君召乱，暴君激乱。君罔救矣，其如斯民何哉！呜呼！君之多辟，非人之所能为也，天也。天无所为者也，非天之所为也，人也。人之无所不为也，不可以有为也，此古今所同叹，则亦莫可如何也已矣。

【注释】

①博征：广泛寻访。

②辟：邪僻。

【译文】

上天降生一个贤能的人太难了。广泛地在大城小邑中寻找，高门大族的子孙很少有贤能的人，何况那些帝王家庭，天生富贵，生性骄横恣肆，怎能成为贤能之人！所以一个朝代中，十几代人中有两三个贤能的君主，不能说不多了。其余的不是残暴就是昏庸，不是昏庸就是邪辟，不是邪辟就是懦弱。这也是人生常理，不必认为是奇异的事。只是懦弱的君主积聚祸乱，邪辟的君主制造祸乱，昏庸的君主招来祸乱，残暴的君主激起祸乱。君主不可救药了，老百姓该怎么办呢！唉！君主中邪辟的太多，不是人为造成的，是上天降生的。可是天也没做什么，这说明不是天做的，最终还是人为的。人是无所不为的，但对于邪辟的君主什么办法也没有，这是古今相同的感叹，也是无可奈何的事。

匡君治国之才，何世蔑有[①]；世无知者，其才安施！虽使皋、夔、稷、契生于其时，穷而在下，亦不过为田市之匹夫；达而在位，亦不过为将承之庸吏[②]。世无君矣，岂有臣乎！然则三代以下，君子之所学不皆废乎？是不然。君有明昏，世有治乱，学无废兴。善事父母，宜尔室家，学达于人伦；寒暑推迁，景新可悦，学达于四时；薄天而翔[③]，腾山而游，学达于鸟兽；山麓蔚如[④]，海隅苍生，学达于草木。吾于尧、舜之道，未有毫厘之亏也；奚必得君行道，乃为不废所学乎！惟是贤君不易得，乱世无所逃，坐视百姓之疾苦而不能救，君子伤之矣！

【注释】

①蔑有：没有。

②将承：奉命承旨。

③薄：逼近，靠近。

④蔚（yù）如：草木茂密的样子。蔚，通“郁”。

【译文】

辅佐君主治理国家的人才，哪个时代没有啊；世人不懂他们，他们到哪里去施展才华！既然让皋陶、夔、稷、契生活在这样的时代，贫穷而居于下位，也不过是田间地头、市井街头的一介匹夫；有幸发达而身处某个职位，也不过是奉命承旨的平庸官吏。世上没有了君主，哪里有臣子！但是夏、商、周三代以后，君子所学习的东西不是都废弃了吗？不是这样的。君主有圣明的有昏庸的，世代有治有乱，学习却不会有盛衰。善于侍奉父母，对家庭有好处，这是学问通达于人伦方面；寒暑推移变迁，景色清新令人愉悦，这是学问通达于四季；鸟儿贴着天空飞翔，野兽在山中腾跃游走，这是学问通达于鸟兽；山麓郁郁苍苍，海边草木丛生，这是学问通达于草木。我对于尧、舜的大道，一丝一毫也不少；为何一定要碰到好的君主才能施行大道，才算是没有荒废所学呢！只是贤明的君主不容易得到，乱世也无处可逃，只能眼看着老百姓受苦却不能去拯救，君子为此伤心啊！

抑尊

【题解】

《抑尊》篇的主题就是要抑制君主至高无上的尊严、权威，让君主亲近臣民，为他们发挥才能创造好的环境。

唐甄首先指出，君主若“贱视”臣民，则会出现“贤人退，治道远”的局面。接着唐甄更言：“天子之尊，非天帝大神也，皆人也。”正因为天子不是神仙，是人，所以应该以“人”的身份与臣民相处，因此唐甄说：“善治必达情，达情必近人。”

君主难于像普通人一样去接受老师的教育：“亲虽至昵，亦有难谏；友虽至私，亦有难语；师虽善诱，亦有难教；而况君乎？”所以人君更容易骄亢，从而远离贤臣与人民。人君如果再高高在上，最终只能造成一个结果：“臣日益疏，智日益蔽；伊尹、傅说不能诲，龙逢、比干不能谏，而国亡矣。”同时，人君过于尊荣自己，就会成为如四川人所说的土神，使权臣嬖幸之人成为连接神与人的端公，“无闻无见，大权下移”。人君的耳目就这样被遮蔽了，这是“势尊自蔽”最直接的后果。

唐甄更有见地的分析，是指出国君要敬畏国之直臣：“直言者，国之良药也；直言之臣，国之良医也。”国有直臣，为国之福，对这样的大臣，君主确实要保持足够的敬畏。明显帝畏惧御史，是可以师法之先例。

因此唐甄认为，人君只有善居下位，方可得贤人之助，得盛世之治：

“海唯能下，故川泽之水归之；人君唯能下，故天下之善归之；是乃所以为尊也。”

圣人定尊卑之分，将使顺而率之，非使亢而远之[①]。为上易骄，为下易谀；君日益尊，臣日益卑。是以人君之贱视其臣民，如犬马虫螘之不类于我[②]；贤人退，治道远矣。

【注释】

①亢：同“抗”，反抗。

②螘（yǐ）：同“蚁”，蚂蚁。

【译文】

圣人制定了高贵与卑贱的等级，是为使卑贱的人顺从从而接受高贵之人的率领，而不是使卑贱的人进行反抗而远离高贵的人。在上位的人容易骄纵，在下位的人容易阿谀；君主日益尊贵，大臣日益卑微。所以君主将他的臣民看得很卑贱，将他们当成狗马虫蚁等不同于自己的异类；这样贤能的人就会隐退，离治理好国家的大道就越来越远了。

太山之高[①]，非金玉丹青也，皆土也；江海之大，非甘露醴泉也[②]，皆水也；天子之尊，非天帝大神也，皆人也。是以尧、舜之为君，茅茨不翦[③]，饭以土簋[④]，饮以土杯。虽贵为天子，制御海内，其甘菲食[⑤]，暖粗衣，就好辟恶，无异于野处也，无不与民同情也。

【注释】

①太山：即泰山。

②甘露：甘甜的露水。醴泉：甜美的泉水。

③茅茨：茅草盖的屋顶，也用于指代茅屋。

④簋（guǐ）：古代祭祀宴享时盛黍稷的器皿。

⑤菲食：粗劣的食物。

【译文】

泰山很高大，但构成它的不是金、玉、丹青这样的东西，都是土；江河湖海很大，但构成它的不是甘甜的露水、甜美的山泉，都是水；天子至为尊贵，但他们不是天帝与神仙，都是人。所以尧、舜作为君主，住的茅屋都不会修剪整齐，以土碗盛饭，以土杯饮酒。即使贵为天子，统治整个国家，他吃粗劣的食物觉得香甜，穿粗布衣服觉得温暖，接近好的躲避恶的，与居住在野外没有区别，没有不与老百姓感情相同的。

善治必达情[①]，达情必近人。陈五色于室中，灭烛而观之则不见；奏五音于堂下，掩耳而听之则不闻。人君高居而不近人，既已瞽于官，聋于民矣；虽进之以尧、舜之道，其如耳目之不辨何哉！

【注释】

①达：通达。

【译文】

好的治理必定能通达人情，通达人情就一定会亲近百姓。将美丽的色彩放置在房子中，熄灭蜡烛去看就什么也看不到；在大堂下演奏音乐，捂着耳朵听就什么也听不到。君主居于高位而不与老百姓亲近，对于百官来说已经是盲人了，对于老百姓来说是聋人了；即使将尧、舜治理国家的方法进献给他，他耳不听目不辨，又有什么办法呢！

人君之于父母，异宫而处，朝见有时，则曰天子之孝与庶人异。人君之于子孙，异宫而处，朝见有时，则曰天子之慈与庶人异。人君之于妻，异宫而处，进御有时，则曰天子之匹与庶人异。骨肉之间，骄亢袭成[①]，是以养隆而孝衰，教疏而恩薄。谗人间之，废嗣废后，易于反掌。不和于家，乱之本也。亲虽至昵，亦有难谏；友虽至私，亦有难语；师虽善诱，亦有难教；而况君乎？

【注释】

①骄亢：骄纵不逊。

【译文】

君主对于自己的父母，居住在不同的宫室中，朝见父母有时间规定，于是就说天子的孝与普通人不一样。君主对于自己的子孙，居住在不同的宫室中，子孙朝见君主有时间规定，就说天子的慈爱与普通人不一样。君主对于自己的妻子，居住在不同的宫室中，妻子入宫服侍有时间规定，就说天子的配偶与普通人不一样。至亲骨肉之间，骄纵不逊成了习惯，所以赡养丰厚却孝道衰微，教育松懈而恩情淡薄。奸邪的人离间他们，废除太子和皇后，就像把手掌翻过来一样容易。家庭不和睦，是动乱的本源。亲人之间即使最是亲密，也有难于劝谏的时候；朋友即使最是友好，也有难于说出口的话；老师即使善于教育，也有难教的学生；更何况是君主呢？

人君之尊，如在天上，与帝同体。公卿大臣罕得进见；变色失容，不敢仰视；跪拜应对，不得比于严家之仆隶[①]。于斯之时，虽有善鸣者，不得闻于九天[②]；虽有善烛者，不得照于九渊[③]。臣日益疏，智日益蔽；伊尹、傅说不能诲，龙逢、比干不能谏[④]，而国亡矣。

【注释】

①严家：家规严厉的人家。

②九天：天空的最高处，此处代指最高统治者。

③九渊：深渊。

④龙逢：亦作“龙逄”，即关龙逢，夏代贤人，因进谏而被桀所杀。比干：商纣王的叔父，官至少师。因屡次劝谏商纣王，后被剖心而死。

【译文】

君主的尊贵，就如同在天上，与天帝相同。王公大臣很少能见到君主；一见皇上就脸色大变，连抬头看一眼也不敢；行跪拜礼，应对君主的提问，比不上家规严厉的主家的奴仆。在这种时候，即使有善于鸣叫的人，声音也不能传到九天之上；即使有善于燃烛照亮的人，也照不到九重深渊。大臣日益疏远，智慧日益被遮蔽；像伊尹、傅说这样的人都不能去教育，龙逢、比干都不能去劝谏，国家就要灭亡了。

蜀人之事神也必冯巫[①]，谓巫为端公[②]；禳则为福[③]，诅则为殃。人不知神所视听，惟端公之畏，而不惜货财以奉之。若然者，神不接于人，人不接于神，故端公得容其奸。人君之尊，其犹土神乎！权臣嬖侍，其犹端公乎！无闻无见，大权下移。诛及伯夷，赏及盗跖；海内怨叛，寇及寝门，宴然不知[④]。岂人之能蔽其耳目哉？势尊自蔽也。

【注释】

①冯（píng）：同“凭”。

②端公：男巫的别称。

③禳（ráng）：祭祀名，古代除邪消灾的祭祀。

④宴然：安定的样子。

【译文】

蜀地的人侍奉神必定要依靠巫师，称巫师为端公；祭祀它就会有福，诅咒它就会遭殃。蜀人都不知道神听到了什么看到了什么，只是敬畏端公，不惜用财物侍奉它。像这样的话，神不和人交接，人不和神交接，所以端公能够在他们中间干奸邪的事。君主的尊贵，就像土神一样吧！掌握重权的大臣、宠幸的近侍，就相当于端公吧！什么也听不到什么也看不到，大权到了下面人手中。诛杀伯夷这样的贤人，赏赐盗跖这样的恶人；天下的人都背叛他，贼寇都到了寝室门口自己却全然不知。难道是别人能遮蔽他的耳目吗？是权势太尊使他自己遮蔽了自己啊。

直言者，国之良药也；直言之臣，国之良医也。除肤疡[①]，不除症结者[②]，其人必死；称君圣，谪百官过者[③]，其国必亡。所贵乎直臣者，其上，攻君之过；其次，攻宫闱之过[④]；其下焉者，攻帝族，攻后族，攻宠贵，是疡医也。君何赖乎有此直臣，臣何贵乎有此直名！是故国有直臣，百官有司莫不畏之[⑤]；畏之自天子始。

【注释】

①疡（yáng）：痈疮。

②症结：本指腹中结块的病，这里代指病根。

③谪：谴责，责备。

④宫闱：帝王的后宫，后妃的住所。

⑤有司：指官吏。古代设官分职，各有专司，故称。

【译文】

正直的话是国家的良药，说正直话的人是国家的良医。只割除皮肤上的痈疮，不除去生疮的病根，这个人一定会死；称赞君主圣明，责备官员的过失，这样的国家一定会灭亡。说直话的大臣之所以可贵，最上等的，是能指出君主的过错；其次，是指出后宫嫔妃的过错；最下一等的，指出皇帝的族人、皇后的族人、宠幸的权贵的过错，这样的人如同能除去皮肤上痈疮的医生。君主是多么依赖有这样说直话的大臣，大臣有这样的直名多么可贵！所以国家有说直话的大臣，大小官吏没有不畏惧的；这种畏惧应该从皇帝开始。

昔者明显帝食[①]，庖人进鳖。显帝食而甘之，舍箸而问曰："吾闻刘光缙禁鳝鳖之属[②]，安所得此鳖也？"左右对曰："取之远郊。"显帝曰："自今勿复进此，恐犯御史禁也。"以万乘之尊，下畏御史，可以为帝王师矣。

【注释】

①明显帝：即明神宗朱翊钧。

②刘光缙：明神宗时的御史。

【译文】

以前明神宗吃饭时，御厨端上了一只鳖。明神宗吃了以后觉得鲜美，就放下筷子问道："我听说刘光缙禁止捕杀鳝、鳖这类动物，你是从哪里弄来这只鳖的呢？"身边的人说："从远郊弄来的。"明神宗说："从今以后不要再进献这些了，怕违反御史的禁令。"明神宗以皇帝之尊，却畏惧下面的御史，真可以成为帝王的老师啊。

位在十人之上者，必处十人之下；位在百人之上者，必处百人之下；位在天下之上者，必处天下之下。古之贤君，不必大臣，匹夫匹妇皆不敢陵[①]；不必师傅，郎官博士皆可受教；不必圣贤，闾里父兄皆可访治[②]。尊贤之朝，虽有佞人[3]，化为直臣；虽有奸人，化为良臣；何贤才之不尽，何治道之不闻！是故殿陛九仞[4]，非尊也；四译来朝[5]，非荣也。海唯能下，故川泽之水归之；人君唯能下，故天下之善归之；是乃所以为尊也。

【注释】

①陵：侵犯，欺侮。

②闾里：里巷，平民聚居之处。

③佞人：善于花言巧语、阿谀奉承的人。

④殿陛：御殿前的石阶。

⑤四译：四方边远的国家。

【译文】

位居十个人之上的人，一定也位居十个人之下；位居一百个人之上的人，也必定位居百人之下；位居天下人的上面，必定处于天下人的下面。古代的贤明君主，不要说是大臣，就是普通老百姓也不敢侵陵；不一定是师傅，就是郎官、博士这些人也都可以接受他们的教导；不一定是圣人贤人，就是大街小巷内的父老，都可向他们请教治理之道。尊重贤人的朝廷，即使有狡诈的人，也会变成说直话的臣子；即使有奸诈的人，也会变成良善的臣子；什么样的贤人得不到，什么治理之道听不到呢！所以宫殿台阶有九仞高不是尊贵，四方边远国家都来朝见也不代表荣耀。大海能居下，所以大川大湖的水都流向它；君主能居下，所以天下的善都归向他；这才是君主尊贵的原因。

得师

【题解】

得老师之教育以获得知识，这是所有人的成长环节，普通人如此，帝王将相亦如此。唐甄在《得师》篇中，论及的就是人君得到老师教诲的重要性。

《得师》篇首先指出，商王太甲与周成王，一个是昏庸之君，一个是幼小之君，之所以能适时改正错误，成就功业，就是因为有好老师的教诲、引导。

然后，唐甄反复剖析太甲与成王旧事，不停地论证一个道理："治天下必先用贤，用贤必先得师，得师必先辨贤，辨贤必先克私，克私必先浚心，浚心必先好学。"应该说这是一个浅显的道理，唐甄之所以不厌其烦地论证，就是痛感于现实中道理虽然简单，但实行起来却如此艰难，所以一再重复，以警醒当政者。

唐甄讲到在学习这件事情上，君主与普通读书人一样没有高低贵贱之分。如果说有分别，那就是君主要比普通读书人努力十倍、百倍来读书："是故天子学同于士；惧而笃学，当百十于士。"

唐甄也反驳了那种圣明君主不需要老师的说法。君主圣明，正是因为有老师的教育，才能将天下人的聪明变为自己的聪明。所以唐甄说："由太甲、成王、高宗、大舜观之，吾未见君不明而可以得师，不得师而可以治天下者也。”

太甲违师保之训[①]，多行不义，商之天下且危矣。处于桐宫[②]，深自怨悔，敬承伊尹之训，克终厥德[③]。此皇天之所以佑商也。武王崩，成王幼，不知周公之功，以流言疑公，周之天下且危矣。天降烈风疾雷，成王惧，启《金縢》之书[④]，乃知周公之忠，迎公而服其训，卒为贤君。此皇天之所以佑周也。二君一昏、一孺[⑤]，何速变若是哉？先有得于学也。

【注释】

①太甲：商代国君，成汤之孙。师保：古时任辅弼帝王和教导王室子弟的官，有师有保，统称“师保”。

②桐宫：商代桐地的宫室，故址在今河北临漳，伊尹曾流放太甲于此地。

③克：能够。

④《金縢》：周武王生病后，周公为武王作祈祷文，并将其存入柜中，用金属制的带子将收藏书契的柜子封存。是《尚书》的名篇。

⑤孺：幼小。

【译文】

商王太甲违背了老师的教诲，做了很多不符合道义的事，商朝的天下将要很危险了。他居住在桐宫这个地方，内心深深深地感到悔恨，恭敬地接受伊尹的教诲，能够成就自己的德业。这是上天保佑商朝。武王去世后，成王年幼，他不了解周公巨大的功劳，因为谣言而怀疑周公，周朝的天下将要很危险了。上天降下暴风、霹雳，成王内心害怕，翻开《金縢》之书，才知道周公的忠诚。他迎回周公接受他的教诲，最终成为贤明的君主。这是上天保佑周朝。上面所说的两个君主一个昏庸，一个弱小，为什么变化得这样快？首先就是他们从学习中得到了知识。

太甲之嗣位也，伊尹陈三风十愆之戒[①]，谓有一必亡；德，无大必兴；不德，无小必坠。太甲知之矣，然狎于习而忽之。及其去宫室之安而处于陵墓之野，声色之好绝，左右便习不从[②]。困苦忧思，自悔其过。以为师保既放我[③]，群臣不悦，百姓不服，天下必且叛我，乃自咎往背师保之训以至于此也。是太甲之改德[④]，由学致也。

【注释】

①三风十愆（qiān）：三种恶劣风气其及所滋生的十种罪愆。十愆指巫风二：舞、歌；淫风四：货、色、游、畋；乱风四：侮圣言、逆忠直、远耆德、比顽童。《尚书·伊训》中言："敢有恒舞于宫，酣歌于室，时谓巫风；敢有殉于货色，恒于游畋，时谓淫风；敢有侮圣言、逆忠直、远耆德、比顽童，时谓乱风。惟兹三风十愆，卿士有一于身，家必丧；邦君有一于身，国必亡。"亦可参阅《去名》篇注。

②便习：指君主身边受宠幸的人，如近臣、后妃等。

③放：放逐。

④德：凶德。

【译文】

太甲继位以后，伊尹陈述了"三风十愆"这样的告诫，说只要犯了其中的一条，就一定会使国家灭亡；德行，无论多大一定会使国家兴盛；无德的行为，不论多小都会使国家覆灭。太甲是明白这个道理的，但他沉溺于习惯而忽略了这些。等到他离开了舒适的宫室而居住在祖先陵墓的荒野，没有了音乐美色，没有了跟随在身前身后的亲近侍从。他经受着困难、痛苦与忧愁，自己对自己所犯的过错感到后悔。认为老师放逐了自己，群臣都不高兴，老百姓不信服，天下人一定会背叛我，于是自责以前不听老师的教诲以至于到了这种地步。所以太甲改掉自己的凶德，是因为学习而做到的。

成王嗣位于冲年[1]，周公无日不以君臣父子长幼之道训于王。其戒惩之言，具于《诗》《书》，成王闻之熟矣，以其幼也而忽之。及殷人叛，庶孽流言[2]，周公辟于东都[3]，天降疾威。成王是时稍长矣；良弼不在[4]，天怒人叛，如履渊冰。乃追思周公训戒之言，我不能用，以至此危难罔救也。是成王之改德，亦由学也。

【注释】

①冲年：幼年。

②庶孽：妃妾所生之子，犹树有孽生，故称。

③辟（bì）：退避，躲避。

④弼：指辅佐天子的大臣。

【译文】

成王幼年继位，周公每天教育他君臣父子长幼的道理。周公警诫、劝告的话，都记载在《诗经》《尚书》中，成王对这些听得非常熟，但因为年幼而疏忽了。等到殷商遗民发动叛乱，管叔、蔡叔这些庶子散布流言，周公退避到东都，上天降下了威虐。成王这时渐渐长大了；周公这样的贤良辅臣不在，上天发怒百姓叛离，他如同走在深渊旁边、薄冰之上。于是他回想周公教训、告诫自己的话，因为自己没有听从，所以到了这种危难无法拯救的地步。所以成王改掉自己的凶德，也是因为学习的缘故。

二君幼知学，又困于忧患，乃克自反以明心。故知君德必成于学，而学必得师保。然必先知学，乃可以得师保。何也？汤有伊尹以遗太甲，文、武有周公以遗成王，故有之也，不待求也。若夫历三四世，先帝之勋旧无存[①]；其可以寄社稷者，必历试于百职焉，必博求于天下之贤人焉。

【注释】

①勋旧：有功勋的旧臣。

【译文】

上面所说的两个君主都是年幼就知道学习的，又被忧患困扰，所以能够反省自己，澄明内心。所以要知道君主的德行就必须通过学习来养成，而学习又必须有老师。但是一定要先知道学习的重要，然后才能得到老师的教育。这是什么原因呢？商汤有伊尹这样的人留给太甲，周文王、周武王有周公这样的人留给成王，所以有现成的，不用去寻求。如果经历了三四代，先王的功勋旧臣都不在了；那些可以托付江山的人，必须遍试于各种职位，必须广泛地寻求天底下贤能的人。

继世之君，身处尊富，狃于近习[①]，不能周知天下之务。又无大患；即有大患，亦不能忧困愤发，撤其心蔽。其心不明，岂能识大贤于众人之中！且末世学者不纯，中无真得，好为大言，自信以为皋、夔；人主瞀乱不察[②]，遽委社稷而命之，其不至于覆亡者鲜矣。

【注释】

①狃（niǔ）：习惯。

②瞀（mào）乱：昏乱，精神错乱。

【译文】

那些后继的君主，养尊处优，习惯了听从亲近之人的话，不能全部了解天下事务。同时又没有大的祸患；即使有大的祸患，也不能够因为忧患困苦而奋发，撤除遮蔽自己心灵的东西。君主的心灵不洞明，怎么能辨认出处身于普通人中的贤能之人呢！况且在末世，读书人不一定纯粹，本人没有真本事，喜欢说大话，自认为自己是皋陶、夔；君主又昏乱不能明察，匆忙地将江山委托给这些人治理，这样不灭亡的就很少见了。

其在殷，高宗求贤之诚，通于上帝，梦得圣人。及得傅说，与之语，果圣人焉，遂以为相，继美阿衡①。以说之贱，莫为之举，未及于试，一言之间，遂知其为圣人。岂高宗之智独绝于人哉？盖高宗幼居田野，学于甘盘②，恭敬静默，求道不贰，是以神通于心，智辨于言也。

【注释】

①阿衡：商代官名，师保之官。《尚书·太甲上》曰："惟嗣王不惠于阿衡。"孔安国《传》："阿，倚；衡，平。言不顺伊尹之训。"伊尹曾任此职，故常常用来指代伊尹，后来引申为国家辅弼之臣。

②甘盘：贤人，为高宗武丁的老师。

【译文】

在殷商时，高宗求取贤人的诚意能感通上帝，他在梦中得见圣人。等得到了傅说，与他交谈，果真是圣人，于是任命他为宰相，用来继续伊尹的美政。以傅说卑贱的身份，没人举荐他，也没有机会被君主试用，三言两语就知道他是圣人，难道是高宗的智慧独独超绝世人吗？大概是高宗小时候身居乡野，跟着老师甘盘学习，恭恭敬敬，安静沉默，一心探求大道，所以他的内心能与神灵相通，他的智慧能辨别不同言论。

是故治天下必先用贤，用贤必先得师，得师必先辨贤，辨贤必先克私，克私必先浚心[1]，浚心必先好学。此自尧、舜以来相传之道，得之则治，失之则乱；治乱之效立见，不可不痛自省也。

【注释】

①浚心：疏通内心。

【译文】

所以治理天下首先要学会任用贤能的人，任用贤能的人必须先得到好的老师，得到好的老师必须先要辨别谁是贤人，辨别贤人一定要先克制私心，克制私心一定先要心胸开阔，心胸开阔一定先要喜欢学习。这是从尧、舜以来就世代相传的道理，懂得这个道理就能治理好社会，不懂就会使天下大乱；安定与动乱的效果立竿见影，不能不痛下决心来反省自己啊。

天子之学与士同；曰不同者，郛言也[1]。天子斋居静存，与陋室同；诵诗读书，与土牖同[2]；身有贵贱，心无贵贱。亦有不同者，居位如天帝，失位不如农夫，是故天子学同于士；惧而笃学，当百十于士。

【注释】

①郛（fú）言：不切实际的大话。

②牖（yǒu）：窗户。

【译文】

天子的学习与其他读书人一样；如果说有不相同，这是空话。天子斋戒之后安居于静室中，与身处简陋的居室是一样的；诵读诗书，与居住在土坯房子中是一样的；身份有贵有贱，但心灵没有贵贱之分。也有不相同的，在位的时候就像天帝，失位后还不如农夫，所以天子的学习与普通读书人是一样的；他们内心敬惧而努力学习，应当比普通读书人努力百倍十倍。

伊尹未得，先师咎单[①]；傅说未得，先师甘盘；周公未得，先师史佚[②]。即无此三贤，列士献诗[③]，瞽献典[④]，史献书，师箴[⑤]，瞍赋[⑥]，蒙诵[⑦]，百工谏，庶人传语，近臣尽规，皆可师也。

【注释】

①咎（gāo）单：商初大臣，商汤时任司空。

②史佚：西周初期的史官。

③列士：有名望的人。

④瞽：乐官。古代以瞽者为之，故称。

⑤师：指乐官，乐师。箴：规谏，劝诫。

⑥瞍（sǒu）：盲人。古代的乐官多以盲人充任，所以乐官也称“瞍”。

⑦蒙：蒙童。

【译文】

没有得到伊尹这样的老师，就先以咎单这样的人为师；没有得到傅说这样的老师，就先以甘盘这样的人为师；没有得到周公这样的老师，就先以史佚为师。即使没有这三类贤人，有名望的人献上诗章，乐官献上典籍，史官献上史书，乐师劝诫，盲人赋诗，蒙童诵读，百工劝谏，老百姓传话，近臣竭力谋划，都可以作为自己的老师。

丹雘不施[①]，苑囿不广，珠玉不御，貂锦不服，无有溺其心者。既多受益，又无溺心。譬镜久昏[②]，不能辨形，石以磨之，汞以发之，无形不受，无形不辨。心既明，则是非无易主，善恶无匿情，大贤大奸并进于前，不察而别。以是求师，而后师可得，岂有荣公专利[③]，皇父厉民之患乎[④]！

【注释】

①丹雘（wò）：可供涂饰的红色颜料。

②昏：漫漶，模糊。

③荣公：荣夷公。周厉王卿士，助周厉王实行“专利”政策掠夺老百姓，引起老百姓的强烈反抗。

④皇父：见《鲜君》篇注。

【译文】

宫殿不涂饰红色颜料，私家苑囿不弄得很大，不佩戴珠玉，不穿貂皮织锦做的衣服，就没有什么可使心灵沉溺的。既能多方受益，又没有外物使心灵沉溺。好比镜子久不擦拭昏暗不明，不能照清人形，用石头来打磨，用水银来使它发亮，那么就没有什么形象是照不见的，没有什么形象是不能看清的。内心已经洞明了，那么是与非不会弄错，善与恶不会有所隐瞒，大贤、大奸一块出现在自己的眼前，不用仔细察看就能辨别。这样来寻求老师，才能得到好的老师，哪里会有荣夷公帮助周厉王收取专利，皇父帮助周幽王欺压老百姓这样的祸患呢！

或谓：“君既明矣，可以进退天下之贤不肖，虽无师亦可。”如若所云，虽舜亦不能。舜以天下之明为明，以天下之聪为聪，故能进退天下之贤不肖。然何以明天下之明，聪天下之聪？非一人能遍察之也；舜之聪明所以能遍天下者，以得禹宅百揆也[①]。禹宅百揆以总内众职[②]，内众职总牧伯[3]，牧伯总都邑之吏，递相稽也[4]；如衣有领，如网有纲。舜则恭己正南面[5]，而天下在其耳目中矣。由太甲、成王、高宗、大舜观之，吾未见君不明而可以得师，不得师而可以治天下者也。

【注释】

①宅：任用，管理。百揆：总理国政之官。

②内：同"纳"。

③牧伯：指州郡的长官。

④稽：考核，查考。

⑤恭己：谓恭谨以律己。南面：古代以坐北朝南为尊位，帝王诸侯朝见群臣皆面向南而坐，因用以指居帝王或诸侯之位。

【译文】

有的人会说："君主既然这样圣明了，可以进用天下贤能的人斥退不贤能的人，即使没有老师也可以了。"假如像这样说，就是舜也做不到。舜是将天下人的视觉作为自己的视觉，将天下人的听觉作为自己的听觉，所以能进用天下贤能的人、斥退不贤能的人。但是怎么能做到把天下人的视觉作为自己的视觉，把天下人的听觉作为自己的听觉？这不是一个人能遍察的；舜的耳目之所以能遍察天下，是因为得到了禹来总理国政。禹总理国政，总领朝廷内的百官，朝廷内的百官总领州郡长官，州郡长官又总领城市的官吏，这样层层监督；就像衣服有衣领，渔网有纲绳。舜只要恭谨地面向南坐着，天下就都在他的耳目范围之内了。从太甲、成王、高宗、大舜来看，我没有见到君主不圣明而能得到老师的，得不到老师而能治理好天下的。

尚文者实亡，尚貌者心亡。明庄烈非得师之君[1]，贺逢圣、谢陞非为师之臣[②]，乃于朝毕之时，降万乘之尊，起对之揖，是于殿廷之上为优偶之观也！

【注释】

①庄烈：明思宗朱由检，谥号庄烈帝。

②贺逢圣：明崇祯时任礼部尚书兼东阁大学士。谢陞：明崇祯时任吏部尚书兼建极殿大学士。

【译文】

崇尚文饰的实质就消亡了，崇尚外貌的内心就消亡了。明代的庄烈帝并非得到了好老师的君主，贺逢圣、谢陞也不是能为人师的大臣，庄烈帝却在退朝的时候，降低帝王的尊贵身份，起身对着他们作揖，这是在朝堂上进行倡优木偶戏表演啊！

太子

【题解】

《太子》篇集中论述了太子的教育、培养等问题。

唐甄首先指出,如何教育太子是一个大难题。这是因为太子身份特殊,如果仅仅靠贤能的老师,如同用一只弱小的羊来拉一辆大车,不可能教育好太子。所以唐甄指出,要教育好太子,作为太子父亲的君主作用最重要。因为只有君主才是约束太子言行的关键力量,有了君主的约束,贤能的老师才能发正常的作用。而且唐甄还指出,教育太子,君主作为太子的父亲要起垂范的作用,"不教之教"更能影响太子的成长。

对于太子的教育,唐甄首重的是太子必须遵守礼仪规范,如尊敬自己的老师、吊丧问疾等。在以礼治国的时代里,太子作为法定继承人,行止有度、为人表率、学习礼仪规范是必有的教育内容。

其次,教育太子,要让太子接受劳动,以体会老百姓的劳作之苦;让太子真正地走到老百姓中间去,真真切切去感受底层百姓的生活。只有这样,才能让太子清楚地认识到治理国家的根本在于重视农业,在于重视百姓。太子的教育,就是要有这种"知本""识本"的内容。

教育太子,必要的惩罚也是不可缺少的。唐甄认为,太子有了过错,如不尊敬老师、对大臣没有礼貌等等,都应该受到惩罚。

唐甄还指出,太子教育的内容,还包括不让太子享受特权、不亲近

“艳女”“阴寺”“众佞”这“三贼”等,这也是太子教育中的常见话题。

自昔有言:教太子必择贤师傅。其在于今,则为罔上之言[①]。公卿之家,千金之子,且轻师傅,何况太子!使师傅教太子,如使弱羊牵大车。然则太子孰教之?天子自教之。天子能教太子,即师傅有益于太子;天子不能教太子,即百伊尹、百周公亦无益于太子。太子故尊,必处于卑;故藏,必周于外[②];故骄,必纳于约。

【注释】

①罔上:欺骗君上。

②周:周游。

【译文】

自古以来就有这样的说法:教育太子一定要选择贤明的老师。在当今时代,这就成了欺骗皇上的话。王公巨卿家庭、千金之家的儿子尚且看不起老师,何况是太子!让老师去教育太子,就好像让弱小的羊来拉一辆大车。那么谁来教太子呢?天子亲自教育太子。天子能亲自教育太子,老师对太子就能发挥有益的作用;天子不能教育太子,即使是一百个周公、一百个伊尹也不能对太子有帮助。太子因为尊贵,所以天子一定要使他处于卑下的地位;太子深藏宫中,所以天子一定要让他周游于外界;太子因为会骄纵,所以天子一定要将他纳入约束中。

凡教太子,勿南面临师傅。进而讲学,师西向坐,傅东向坐[①],太子北向坐。始讲,则曰“愿受教”;讲已,则曰“谨受教”。勿命进退,进退惟命;勿命饮食,饮食惟命;勿命坐作[②],坐作惟命。公卿有疾,则使问之;有丧,则使吊之;有庆，则使贺之；出使，则使送之；反命[③]，则使劳之；入，则降阶迎之[④]；拜[⑤]，则趋左答之；进规[⑥]，则再拜而受之。

【注释】

①傅：与“师”相同，都负责教育太子。

②作：站起。

③反命：复命。

④降阶：走下台阶，以示恭敬。

⑤拜：行拜礼。

⑥进规：进谏规劝。

【译文】

凡是教育太子，不要使他面向南对着老师。进入室中听老师讲学，老师面朝西坐下，傅面朝东坐下，太子面向北坐下。开始讲授的时候，太子要说“我愿意接受您的教育”；讲授完了，太子要说“谨谢您的教诲”。讲授时天子不要命令太子进进出出，进出都要听老师的命令；不要命令太子吃喝，吃喝都要听老师的命令；不要命令太子坐下或站起，坐下或站起都要听老师的命令。王公大卿有了疾病，就派太子去慰问；有丧事，就派太子去吊丧；有喜庆的事，就派太子去祝贺；有出使他国的，就派太子去送行；有返回复命的，就让他去慰劳；百官入朝，太子要走下台阶去迎接；别人向他行拜礼，就向左快走来答礼；有人进言规劝，他要拜谢两次然后接受。

凡教太子，春使视耕，夏使视耘，秋使视获，冬使视藏。毋多从[①]，毋盛卫[②]，毋辟人。亲其妇子，知其生养；入其庐舍，知其居处；尝其饮食，知其滋味；揽其衣服，知其寒燠[③]。农民者，王后之本[④]；土茅者，殿陛之本；糟糠者，肥甘之本；

布枲者[⑤]，冕服之本。不知其本，必丧其末。

【注释】

①从：随从。

②卫：警卫。

③寒燠（yù）：冷热。燠，暖，热。

④王后：君王。

⑤枲（xǐ）：大麻的雄株，只开雄花，不结子，纤维可织麻布。亦泛指麻。

【译文】

凡是教育太子，春天让他视察耕地，夏天让他视察耘地，秋天让他视察农民的收成，冬天让他视察老百姓的储藏。不要安排太多的随从，不要安排太多的警卫，不要回避行人。亲近妇女和儿童，使太子知道生儿育女；进入老百姓的房舍，知道他们住得怎么样；亲口尝他们吃喝的东西，知道老百姓的饮食；拿过老百姓穿的衣服来看，了解他们的冷暖。农民，是君王的根本；泥土和茅草，是宫殿台阶的根本；酒糟和秕糠，是肥美甘甜的根本；布和麻，是礼服的根本。不知道这些根本性的东西，一定会连最末端的东西都会失去。

凡教太子，观于桑，则知衣服所自出；观于牧，则知服乘所自出[①]；观于牢[②]，则知鼎俎所自出；观于泽，则知鱼鳖所自出；观于圃，则知果蔬所自出；观于山，则知材木所自出；观于肆[③]，则知器用所自出。

【注释】

①服乘：指车马。

②牢：关养牲畜的栏圈。

③肆：作坊，店铺，市集。

【译文】

凡是教育太子，观看种桑养蚕，就会了解衣服是从哪里来的；观看放牧，就知道车马是从哪里来的；观看喂养牲畜的圈，就会知道菜板上、锅中的肉是从哪里来的；观看湖泽，就知道鱼鳖这样的水产是从哪里来的；观看园圃，就知道瓜果、蔬菜是从哪里来的；观看山林，就知道木材是从哪里来的；观看作坊，就知道器皿用具是从哪里来的。

凡教太子，过市，则见贩鬻之劳[①]；在涂，则见负担之劳；行道，则见征役之劳；止舍，则见羁旅之劳[②]。

【注释】

①鬻（yù）：卖。

②羁旅：旅居在外。

【译文】

凡是教育太子，经过市场，就要看到做买卖的人的辛劳；在旅途中，就要看到挑担子的人的辛劳；走在路上，就要看到征夫的辛劳；住在旅舍中，就要看到旅居他乡的辛劳。

凡教太子，有过必挞[①]。臣待师傅[②]，亢不受命[③]，则挞之；不敬大臣，不礼群臣，则挞之；今日闻言，明日不能行，则挞之；出而荒游[④]，不知农事，则挞之；出而荒游，不知民穷，则挞之；出而荒游，不知物土[⑤]，则挞之；出而荒游，不知人劳，则挞之。盖不习牛羊之性者，不可使牧牛羊；不知百姓之生者[⑥]，不可使治百姓。

【注释】

①挞：用鞭子或棍子打。

②臣：以对待大臣的态度。

③亢：同“抗”，见《抑尊》篇注。

④荒游：游乐，游玩。

⑤物土：土地所产的物品。

⑥生：可以指老百姓的生活，也指以指老百姓的天性。

【译文】

凡是教育太子，有了过错一定要责打。用对待大臣的态度对待师傅，违抗不听从命令，就责打他；不尊敬大臣，对群臣没有礼貌，就责打他；今天听过的话第二天不能践行，就责打他；外出游乐，不了解农业劳动，就责打他；外出游乐，不知道老百姓的困苦，就责打他；外出游乐，不知道风物土宜，就责打他；外出游乐，不知道老百姓的辛劳，就责打他。不了解牛羊习性的人，是不能让他放牧牛和羊的；不懂得百姓天性的人，是不能让他去治理百姓的。

凡教太子，勿异宫而处，勿异庖而食，勿异笥而衣[①]。异则专主自恣，莫知所为。艳女贼体[②]，阴寺贼性[③]，众佞贼智。虽三朝三问，礼严文备，如优饰然，何有于教！天子视朝之余，太子事师之余，不离左右。慈以笑语，严以诲责。三贼不近，一习常安[④]。

【注释】

①笥（sì）：盛衣物或饭食等的方形竹器。

②贼：伤害。

③寺：古代宫中的近侍小臣，多以阉人充任。

④一：一旦。习：习惯。

【译文】

凡是教育太子，不要和他分开居住，不要和他分开吃饭，不要和他分开穿衣。分开就会使他只知道独断放纵，不知道什么是应该做的。美艳的女人伤害身体，阴险的宦官伤害本性，众多奸佞小人伤害智慧。即使朝朝责问，礼数严格，制度完备，如倡优演戏那样去文饰，对教育有什么作用呢！天子每天上朝之后，太子向老师学习之后，应不离开皇帝左右。慈爱时欢声笑语，严厉时教诲责备。三种“贼”不接近太子，一旦习惯了就可以长期安心。

凡教太子，先去女蛊[①]。庶民一妇，晏寝不谨[②]，且以致疾，且以殀命[③]。乃别宫曲房[④]，美女充之；如置膏泽于冶火之中，如置胶革于淫雨之中，岂有幸哉！自秦以来，人君恒不寿，五十六十为上寿，四十为中寿，三十为下寿。上寿十一，中下十九，皆女之由。是故处太子，少不近女，婚不多御。奉巾帚[⑤]，浣衣裳，毋择容，毋自置，毋敢媟[⑥]。

【注释】

①蛊：诱惑。

②晏：晚。

③殀（yǎo）：杀死。

④别宫：正式寝宫以外的宫室。曲房：内室，密室。

⑤巾帚：擦洗、扫除的工具。

⑥媟（xiè）：亲近而不庄重。

【译文】

凡是教育太子，要先去除女人的诱惑。普通老百姓就一个女人，晚上睡觉不谨慎，都有可能招致疾病，甚至送命。现在在别宫与密室中，住满了美丽的女人；这就像将油膏放到冶炼的火中，就像将皮革放在连绵的雨水中，哪能幸免啊！自秦代以来，君主都不长命，五十、六十岁就算长命的，四十岁算中寿，三十岁就是短命的了。上寿的人只占十分之一，中寿、下寿的占十分之九，都是女人的原因。所以作为太子，少年时不近女色，结婚后不能有太多女人。要勤于打扫，浣洗衣服。不要只看容貌，不要自作主张，不敢不庄重。

凡教太子，必除奄蛊。启阖①，洒扫，振衣，释袜，进簋，执壶，布衣数人，供使而止。虽老成历事三世者，使之谨调护，省疾病，视饮食，率群惰②，惟是之责。言宫中之事，则杀之；言朝廷之事，则杀之；言百官之事，则杀之；言《诗》《书》之文，则杀之。

【注释】

①启阖：开门关门。

②群惰：一群想偷懒的人。

【译文】

凡是教育太子，必须要去除宦官的诱惑。开门关门，打扫房间，整理衣服，脱袜子，端饭碗，拿壶，只要几个普通百姓，供使唤就可以了。让那些老成持重侍奉过三代君主以上的人，负责太子身体的调养和保护，省察太子的疾病，察看太子的饮食，看管那群会偷懒的人，只有这个职责。只要谈论有关宫中的事，就杀掉；谈论朝廷上的事，就杀掉；谈论官员的事，就杀掉；谈论《诗》《书》中的诗文，就杀掉。

凡教太子，有不教之教。天子身自为制，是谓不教之教。天子之宫，广于大都；妃妾不得不备，奄奴不得不多[①]。宫大人众，将以奚为？将以宫墙为城乎？将使妃妾守陴乎[②]？将使奄奴御寇乎？必大乃尊，必众乃光，是尧、舜茅茨，不主四方；桀、纣宫台，实为盛王。宫室有损无益，妃妾有损无益，奄奴有损无益。日损，岁损，世损，太子之生，不见宫室之侈，不见奄妾之盛，不见珍异之供，不见珠玉之器。其朴不雕[③]，其志不淫，是以教易行而学易成。

【注释】

①奄：同"阉"。阉人，宦官。

②陴（pí）：借指城墙。

③朴：同"樸"。本性，本质，原本。雕：雕琢，雕饰。

【译文】

凡是教育太子，有不用教育的教育方法。天子以身作则，就是不用教育的教育。天子的宫殿，比一座大都城都大；妃子与婢妾都要准备，太监不得不有多人。宫廷很大，人数众多，这是用来干什么呢？是要使宫墙变为城墙吗？要使妃子婢妾守护城墙吗？要使太监来抵御敌寇吗？好像宫殿一定要够大才尊贵，人数一定要够多才光荣，所以尧、舜不修剪自己的茅草房，不能统治四方；好像桀、纣有宫室高台，才是盛世帝王。高大的宫室有害无益，妃子婢妾有害无益，太监有害无益。天天害人，年年害人，世世害人，所以太子一出生，就不要看见奢侈的宫室，不要看见很多的太监、婢妾，不要看见供奉的奇珍异宝，不要看见珠玉做成的器物。太子的本性没有雕琢，心志不放荡，所以容易教诲，也就容易学成。

备孝

【题解】

从《备孝》篇开始，历《明悌》《内伦》《夫妇》《居室》《诲子》等篇，唐甄论及的都是人伦关系、家庭建设方面的问题，这也是唐甄"计功"思想的另一种表现方式。

"备孝"中的"备"字，是周遍、皆、尽之意，即孝不仅仅是指对自己的父母孝顺，"父母，一也；父之父母，母之父母，亦一也"，将"孝"的边界拓宽了，这是唐甄的高明处。

依照传统的观念，唐甄认为，"本之重如天"，本姓本族是根，很重要，但是，"重于祖而亦不得轻于外"，对外姓长辈也不得看轻，"礼外论情，服外论义，若之何其可轻也！"

唐甄特别指出，女人嫁到丈夫家，一定不能忘记自己的父母。"尊舅姑，降父母；近舅姑，远父母；亲舅姑，疏父母"，这些做法都是不可取的。

父母，一也；父之父母，母之父母，亦一也。男女，一也；男之子，女之子，亦一也。

【译文】

父母都是一样的；父亲的父母，母亲的父母，也都是一样的。男与女，是一样的；男人之子，女人之子，也都是一样的。

人之为道也[①]，本乎祖而非本乎外，本之重如天焉。若以言乎其所生，母不异于父，母所从出可知矣[②]；是故重于祖而亦不得轻于外也。礼外论情[③]，服外论义[④]，若之何其可轻也！吾向也知其义而未言，以无文可征也。及读《春秋》书杞伯姬来朝其子[⑤]，其斯义也夫！盖妇人归宁，细事也；孺子无知，手挈之而来，尤细事也。于来可勿书，况其子乎！惟诸侯来，曰朝。朝，大礼也；以加诸孺子，重其义也。仲尼欲教天下之人，爱其母之所从出如祖父母，爱其女之所出如其孙，故特起朝子之文以见义也。

【注释】

①道：事理，规律。

②出：出生。

③礼：礼仪规范。情：人情。

④服：制度。

⑤杞伯姬来朝其子：语出《春秋·僖公五年》。杞伯姬是杞伯的妻子，鲁庄公的女儿。来，指出嫁的女儿回家探望父母。“杞伯姬来”意思就是杞伯的妻子回家探望父母。朝其子，当时杞伯姬的儿子很小，见庄公必须举行臣子朝拜君主的仪式。因年幼不懂礼仪，只好由母亲牵着朝见，故称“朝其子”。

【译文】

人之为人的道理，以自己的祖先为根而不是以外人的祖先为根，这根比天还重要。如果从出生的角度来说，母亲与父亲没有差别，母亲从哪儿来的可以知道；所以对祖先看重，也不能轻视外姓长辈。礼制之外要论人情，制度之外要论道义，怎么可以轻慢他们呢！我以前知道这个道理，但没有说，因为没有文献可以验证。等到读《春秋》看到杞伯姬回来时，鲁庄公为她的儿子举行朝仪的记载，讲的就是这个道理吧！女人回娘家探亲，是很小的事情；小孩子不懂礼节，由母亲牵着手来举行朝见仪式，更是小事情。对于女人回娘家探亲都可以不记载，何况是个小孩呢！只有诸侯进见，才叫“朝”。朝见，是重大的礼节；以重大的礼节对待一个孩子，是鲁庄公重道义。孔子想教育天下的人，敬爱生养母亲的外祖父母如同自己的祖父母，疼爱他们的外孙如同自己的孙子，所以特别写下这些“朝子”的文字来彰明这个道理。

人之于父母，一也；女子在室于父母，出嫁于父母，岂有异乎！重服于舅姑夫[①]，轻服于父母[②]，非厚其所薄而薄其所厚也。昔为人子，今为人母，于是乃有父子焉，乃有君臣焉，固不得以其身为父母之身也，亦犹为人后之义也。以言乎所生，男女一也；恩不以服薄，服不以恩薄也。此义吾未言之，以无文可征也。及读《春秋》书纪季姜归于京师[③]，其斯义也夫！夫诸侯且不称字矣，王后之尊，同于天子，乃称字乎！称字，所以申父母之尊也。父母之尊，不降于天子，岂降于舅姑！仲尼恐为人妇者习焉而忘其情，尊舅姑，降父母；近舅姑，远父母；亲舅姑，疏父母；故特起王后称字之文以见义也。

【注释】

①重服：重孝丧服。通常指斩衰、齐衰等丧服。舅：丈夫的父亲。姑：丈夫的母亲。夫：丈夫。

②轻服:轻丧之服。

③纪季姜归于京师:《春秋·桓公九年》载:"九年春,纪季姜归于京师。"《春秋左传》释之为:"九年春,纪季姜归于京师。凡诸侯之女行,唯王后书。"纪,国名。季姜,周桓王新娶的王后。《春秋》书字,以表达对父母的尊敬。归,女子出嫁。

【译文】

人对待自己的父母,都是一样的;女子在家时对自己的父母,出嫁后对待丈夫的父母,难道有差别吗!给公婆与丈夫穿重孝丧服,给自己的父母穿轻丧之服,并不是对恩情薄的好,对恩情厚的差。以前是人家的女儿,现在是人家的母亲,于是就有了父与子,有了君与臣,本来就不能将自己的身体看作父母一样的身体,这与父母也是别人的后代的意义是一样的。从出生这个角度来看,男与女都一样;恩情的厚与薄,不能与服制的轻重相联系。这层含义我没有说过,是因为没有文献可以验证。等到读《春秋》中记载季姜嫁给周桓王时称字,大概就是表达这种意义吧!诸侯嫁女儿尚且不能称字,以王后的尊贵地位等同于君主,所以才称字吧!称字,是用来表现父母的尊贵。父母的尊贵不低于君主,难道会低于公公婆婆!孔子担心为人妻子的习惯了而忘记了亲情,只尊重公公婆婆而减少了对亲生父母的尊重;只接近公公婆婆而远离亲生父母;只与公公婆婆亲近而与亲生父母疏远;所以特意写出"王后称字"这样的文字来表现这种意义。

明悌

【题解】

《明悌》篇是对孝悌重要意义的阐释，与上篇《备孝》篇正相补充。

唐甄“人伦有五，五之亡一”这样的开篇方式，是能较好地引领读者进入他的论述语境的。五伦缺失的那一伦，就是“孝悌”。唐甄指出“孝悌”是源头，现在的人言必称忠，舍生取忠，在他看来都是“先委而后源”，即舍弃源头而只取末节的行为。

每一个时代都有一些人如唐甄所说的那样，对兄弟姐妹薄情寡义。这样的人，“吾见其不远于禽兽”。唐甄举孔子与子路为姐姐、兄弟服丧服、除丧服的事来说明孝悌的道理。孔子与子路的言行，都令人感动。唐甄还举出舜对要加害自己的弟弟象的故事，来说明：“美色富贵不足解忧，惟顺于兄弟可以解忧。”舜友爱兄弟的故事，千古流传。

唐甄还提及，妻子有美丽的外貌，又能帮助持家，还能教育后代子孙，当然招人喜欢。但是与爱妻子相比，爱兄弟姐妹之中所体现的道义却完全不同。假设子路妻子逝世后，子路可以除去丧服而没有除去，还说自己是思念妻子才这么做的，就会被人讥笑为“溺情好内”，纯属骗人。

人之大伦有五[①]，今存四焉，其一亡矣。

【注释】

①大伦：人伦关系中的五伦，也称“五常”，指君臣、父子、夫妇、兄弟、朋友。

【译文】

人与人之间大的伦常关系有五种，现在只剩下四种了，其中的一种消失了。

昔者孔子之语其徒也[①]，孝悌惟亟[②]，而言忠或寡焉。江汉源而海委[③]，孝悌源而忠委，有先委而后源者耶，有源盛而委竭者耶？

【注释】

①语（yù）：告诉。

②孝：孝顺父母。悌：尊敬兄长。亟：急迫。

③委：水流所聚之处，下游。

【译文】

以前孔子告诉自己的学生，最急迫的事情是孝与悌，但对忠却说得很少。江河是源头，大海是江河汇聚的下游；孝悌是源头，而忠是孝悌汇聚的下游。有下游在前而源头放在后面的吗，有源头旺盛而下游枯竭的吗？

异哉，人之好名甚也[①]！忠之为名，大而显；史记之，国褒之。昔者明之初亡也，人皆自以为伯夷。乡学之士，负薪之贱夫，何与于禄食之贵厚，有杀身以殉国者。当是之时，天下之言忠者，十人而九；孝之名不若忠之显大也。故当世之言孝者，千百人而一二。

【注释】

①好名：喜欢好名声。

【译文】

奇怪啊，人这么喜欢名声！忠作为一种名声，影响大，易显扬；史籍上会记载，国家会褒奖。以前明代刚刚灭亡的时候，人人都觉得自己是伯夷。乡村中的读书人，背柴草的卑贱之人，与那些丰厚俸禄有什么关系呢，却有自杀殉国的人。在这个时候，天下十个人中有九个大谈忠，孝的名声不如忠的名声显达。所以当代人中谈孝的，千百人中只有一两个。

若夫悌，人莫为之，亦莫言之。悌道之绝也，盖已久于斯焉矣！吾观贤士大夫，亦有忠如比干者也，养如曾参者也，交如叔牙者也[①]。其处昆弟则何如？予之尺縠[②]，则有矜色；乞其斗粟，则有泚颜[③]；善己，则友资之；恶己，则仇视之；侵己，则盗御之。姊妹既嫁，蔑焉忘之[④]，若不知为谁室之妾者然也。内不自知，责亦弗及。彼自矜为完行，吾见其不远于禽兽也。

【注释】

①叔牙：鲍叔牙。春秋时齐人。善知人，举贤让能，曾推荐管仲辅佐齐桓公成就霸业。

②縠（hú）：绉纱。

③泚（cǐ）：冒汗，汗出的样子。

④蔑：轻视，侮慢。

【译文】

至于悌，没有人做，也没有人谈论。悌道的绝迹，在这个地方已经很久了！我看贤能的读书人中间，也有像比干一样忠诚的，也有像曾参一样善于赡养父母的，也有像鲍叔牙一样善交朋友的。这些人对待兄弟怎么样？给兄弟一尺的绉纱，就面露骄色；兄弟向他借一斗粟米，脸上就冒汗；兄弟对自己好，就像朋友一样对待他；对自己不好，则将兄弟视为仇敌；冒犯了自己，则把兄弟当强盗来防备。姐姐妹妹出嫁后，轻忽并很快就忘了她们，好像不知道是嫁到哪家的妻妾一样。他内心不知道这些，责备他也不能理解这些。还自己夸耀自己有完美的德行，我则觉得他离禽兽不远了。

今有居父母之丧，坐作不忘，既免丧而哀不已也，斯不亦孝矣乎？其于兄弟亦且有然。昔者子路有姊之丧，可以除之矣，而弗除也。子曰："奚为弗除也？"曰："吾鲜兄弟而弗忍除也。"①夫子亦尝有姊之丧矣，与弟子立而拱尚右也②。弟子不知其故，子曰："我尚右者，以我有姊之丧也。"由斯观之，可知悌矣。

【注释】

①"子路有姊之丧"以下几句：语出《礼记·檀弓上》。

②拱尚右：孔子的时代，吉事尚左，凶事尚右。《礼记·曲礼上》曰："遭先生于道，趋而进，正立拱手。"拱，两手相合以示敬意。

【译文】

现在的人为父母服丧，坐下站起时都不会忘记，就是过了服丧期悲哀仍不停止，这不也是很孝顺吗？对于兄弟姐妹也有这样的人。以前子路为姐姐服丧，可以除去丧服了，但子路没有这么做。孔子说："你为什么不除去丧服？"子路说："我兄弟姐妹很少，不忍心除去。"孔子也曾经为姐姐服丧，他与自己的学生站在一起行拱手礼时，以右为上。学生们不知道原因，孔子说："我之所以以右边为上，是因为我有姐姐的丧事。"

由此看来，可以知道什么叫“悌”了。

杀之而不怨，事君之道也；杀之而不怨，事父之道也；其于兄弟亦且有然。昔者象欲杀舜，舜则富贵之。富贵奚足云乎？象忧舜亦忧，象喜舜亦喜。是道也，舜事瞽瞍之道也，人所难能也。舜则施之于弟，且施之杀己之弟。孟子称舜之孝曰：“美色富贵不足解忧，惟顺于父母可以解忧[①]。”我且以此称舜之悌矣，曰：“美色富贵不足解忧，惟顺于兄弟可以解忧。”由斯观之，可知悌矣。

【注释】

①“孟子称舜之孝曰”以下几句：语出《孟子·万章上》，为唐甄意引，其原文为：“天下之士悦之，人之所欲也，而不足以解忧；好色，人之所欲，妻帝之二女，而不足以解忧；富，人之所欲，富有天下，而不足以解忧；贵，人之所欲，贵为天子，而不足以解忧。人悦之、好色、富贵，无足以解忧者，惟顺于父母可以解忧。”

【译文】

就是被杀死也不怨恨，这是事奉君主的道义；就是被杀死也不怨恨，这是事奉父母的道义；对待兄弟也有这样的。以前象想杀死舜，舜还使象得到富贵。富贵哪值得一提？象忧愁舜也忧愁，象高兴舜也高兴。这种道义是舜事奉盲父的道义，一般人是难以做到的。舜把这种道义施加于兄弟，而且是施加于要杀死自己的兄弟。孟子称赞舜的孝顺说：“美女与富贵都不足以解愁，只有孝顺父母才可以解愁。”我用这个来称赞舜的“悌”，并且说：“美女与富贵都不足以解愁，只有兄弟和顺才可以解愁。”由此看来，可以知道什么是“悌”了。

人之爱莫私于其妻。《诗》曰:“手如柔荑,肤如凝脂。领如蝤蛴,齿如瓠犀。螓首蛾眉,巧笑倩兮,美目盼兮[①]。”则爱其色;居同室,寝同栖,则爱其嫟[②];执蚕绩[③],功针缕[④],治酒醴[⑤],调燔炙[⑥],则爱其助;及其老也,长子孙,训妇女,则爱其成[⑦]。此性情之常,贤圣之所同也。然爱之之道,则甚下于其兄弟。若子路有妻之丧,可以除之矣而弗除也,曰:“吾思吾妻而弗忍除也。”若尧之二女,日以杀舜为事。舜幸免于死,及立为天子,尊之为妃,宠之为夫人。妻忧我亦忧也,妻喜我亦喜也。则是子路者,溺情好内,君子之所薄也;则是舜者,狂疾人也,且不及桀、纣之嬖妺喜、妲己也[⑧]。

【注释】

①“《诗》曰”以下几句:语出《诗经·卫风·硕人》。荑(tí),泛指草木萌生的叶芽。凝脂,凝固的油脂,常用来形容洁白柔润的皮肤或器物。领,脖子。蝤蛴(qiú qí),天牛的幼虫,色白身长,多用来比喻美女的脖子。瓠犀(hù xī),瓠瓜的子,用来形容漂亮的牙齿。螓(qín)首,比喻女子美丽、饱满的额头。巧笑,美好的笑。倩,笑靥美好的样子。盼,眼睛黑白分明的样子。

②嫟(nì):亲近。

③蚕绩:蚕桑和纺绩。

④针缕:针和线,指缝纫刺绣。

⑤酒醴:酒和醴。也泛指各种酒。醴,甜酒。

⑥燔炙:指烤肉,亦泛指佳肴。

⑦成:成就人。

⑧妺(mò)喜:有施氏之女,为夏朝最后一位君主夏桀的妃子。史

载其放荡惑君，喜欢听裂帛之声。妲己：商纣王的宠妃，周武王灭商时被杀。

【译文】

对人的爱没有比爱妻子更过的了。《诗经》说："手指纤纤像嫩荑，皮肤白润像冻脂。美丽脖颈像蝤蛴，牙比瓠子还整齐。额角方正蛾眉细，一笑酒窝更多姿，秋水一泓转眼时。"这就是爱妻子的美色；居住在同一间房子里，睡在一块，爱的是她的亲昵；操劳纺绩，在针线活上用功，酿酒，做饭菜，爱的是她是个好帮手；等到妻子老了，养大儿子和孙子，教导儿媳和女儿，爱的是她能培养人。这是人之常情，圣贤与普通人都一样。但爱妻子，远远低于爱自己的兄弟。假如子路的妻子去世了，他可以除去丧服却没有除去，说："我想念我的妻子，所以不忍除去丧服。"假若尧的两个女儿，天天琢磨着怎么杀死舜，舜侥幸活下来，等到他成了天子，尊宠她们为妃，为夫人。妻子忧愁我也忧愁，妻子高兴我也高兴。那么子路这样的人，沉溺于男女之情贪恋妻妾，君子是看不起这种人的；舜这样的人也就是个疯子，甚至比不上夏桀、商纣宠爱妹喜、妲己。

昔者高子尝问于我矣[①]，曰："君父之重，人皆知矣。若兄弟，若妻，若子，平居奉之[②]，及难免之，其后先轻重若何也？"曰："昔也吾尝慎思之矣，差之为五等：一曰君，父母；次二曰兄弟；次三曰妻；次四曰子，兄弟之子；次五曰朋友。子其权之焉！"

【注释】

①高子：姓高的人。不详其人。

②平居：平日，平时。

【译文】

以前高子曾经问我，说："敬重君主与父亲，人人都明白这个道理。但像兄弟、妻子、儿子，平时供养他们，有困难的时候帮助他们，这中间的先与后、轻与重的关系是怎样的？"我说："以前我也曾经谨慎地思考过这个问题，区别为五个等级：一等是君主与父母；其次是兄弟；其次是妻子；其次是孩子，兄弟的孩子；其次是朋友。您自己权衡一下吧！"

内伦

【题解】

《内伦》篇讨论的内容，是如何对待妻子。“内”即内人。

唐甄首先征引《诗经》中的诗句以及孔颖达《周易正义》中的相关内容，来说明夫妇相处贵在互相谦让：“盖地之下于天，妻之下于夫者，位也；天之下于地，夫之下于妻者，德也。”对夫妻相互谦让作如此解释，也表现了唐甄的见地。

唐甄指出了一种普遍的对妻子的态度：“今人多暴其妻。”为什么对妻子凶暴原因多种多样，但结果只有一个：“夫亢，则门内不和，家道不成。施于国，则国必亡；施于家，则家必丧。”治家如治国，这是很浅显的道理。唐甄更深一层指出：“盖今学之不讲，人伦不明；人伦不明，莫甚于夫妻矣。”夫妻之间的伦常关系没理清楚，没处理好，要么太亲密，要么太疏远，都不是恰当的方式。当然，对妻子施加暴力，无论从哪个方面来看都是不耻之行。

敬且和，这是唐甄主张的最好的夫妻状态。但知易行难，能做到如此相处的夫妻又有多少呢？

《诗》曰：“鸳鸯在梁，戢其左翼①。”郑氏曰：“鸟之雌雄不可别者，以翼知之。右掩左，雄；左掩右，雌；阴阳相下之义也[②]。”夫妇亦相下以成家也。孔氏曰：“《易》之《咸》为夫妇之道；其《彖》曰：‘止而说，男下女。’以证夫妇相下之道，恒道也。《泰》之天下于地，其义亦然[③]。”夫天高地下，夫尊妻卑；若反高下，易尊卑，岂非大乱之道！而《诗》之为义，《易》之为象，何以云然乎？盖地之下于天，妻之下于夫者，位也；天之下于地，夫之下于妻者，德也。

【注释】

①鸳鸯在梁，戢其左翼：语出《诗经·小雅·白华》。戢，收敛，收起。

②相下：互相谦让。

③“孔氏曰”以下几句：出自孔颖达《周易正义》。孔氏即唐代孔颖达。

【译文】

《诗经》中说：“鸳鸯栖息在河梁上，收起左边的翅膀。”郑玄解释这句话说：“鸟儿不能分辨出公与母，看看鸟的翅膀就知道了。右边翅膀盖住左边翅膀的，是雄鸟；左边翅膀盖住右边翅膀的，是雌鸟；这是表示夫妻相互尊重、相互谦让。”夫妻之间也是相互尊重、相互谦让而组成家庭的。孔颖达说：“《周易》的《咸卦》讲的是夫妻相处之道；《咸卦》的《彖传》说：‘安定而喜悦，男人以谦下的态度来对待女人。’来证明夫妻相互尊重、相互谦让的道理，是永恒不变的道理。《泰卦》说天处于地的下方，讲的也是这个道理。”天处于上位，地处于下位；丈夫处于尊位，妻子处于卑位。如果将这种高与下反过来，改变尊与卑的关系，这不就会天下大乱了！但《诗经》中的义理，《周易》中的卦象，为什么会这么说呢？大概是地处于天的下位，妻子处于丈夫的下位，说的是位置；天处于地的下位，丈夫处于妻子的下位，说的是德行。

古者君拜臣，臣拜，君答拜；师保之前，自称小子；德位之不相掩也。天子之尊，冕而亲迎，敬之也；亦德位之不相掩也。若天不下于地，是谓天亢[①]；天亢，则风雨不时，五谷不熟。君不下于臣，是谓君亢；君亢，则臣不竭忠，民不爱上。夫不下于妻，是谓夫亢；夫亢，则门内不和，家道不成。施于国，则国必亡；施于家，则家必丧。可不慎与！

【注释】

①亢（kàng）：骄傲，无礼。

【译文】

古时君主向大臣行拜礼，大臣也向君主行拜礼，君主要答拜；君主在师保面前，要自称小子；这是德行与地位不能互相掩盖。天子地位尊贵，穿上礼服亲自前往迎亲，是表示对妻子的尊敬；也是德行与地位不能互相掩盖。如果天不低于地，这就是天很高傲；天高傲则风不调雨不顺，庄稼不能成熟。君主如果不能处于臣的下位，这就是君主高傲；君主高傲大臣就不会竭全力尽忠，百姓不爱戴君主。丈夫不处于妻子的下位，这就是丈夫高傲；丈夫高傲家庭就不会和睦，家道就不会兴旺。这种方式用于国家，国家一定会灭亡；用于家庭，家庭也会丧亡。怎能不谨慎呢！

今人多暴其妻。屈于外而威于内，忍于仆而逞于内，以妻为迁怒之地。不祥如是，何以为家！昵则易犯，渎则易衅[①]，弱则易暴，孤则易施，遂至大不祥焉。盖今学之不讲，人伦不明；人伦不明，莫甚于夫妻矣。人若无妻，子孙何以出？家何以成？帑则孰寄[②]？居则孰辅？出则孰守？不必贤智之妻，平庸之妻亦有之。是则如天之有地，如君之有臣。以言乎位，则不可亵；以言乎德，则顾可上而暴之乎？

【注释】

①渎：亵渎，轻慢。衅：争端，仇怨。

②帑（tǎng）：财帛。

【译文】

现代的人很多都对自己的妻子施暴。在外屈服在家里耍威风，能容忍仆人却在家里逞强，将妻子当作发泄愤怒的对象。如此不吉利，还能叫家吗！太亲密就容易冒犯，太轻慢就容易产生仇怨，太软弱就容易被施暴，太孤傲就容易施加情绪，于是就会到极不吉利的境地。大概当今社会人不研究学问，人伦关系就不清楚了；人伦关系不清楚，没有比夫妻之间关系不清楚更严重的。男人要是没有妻子，子孙后代从哪里来呢？怎么能有家呢？家中的财物放哪儿呢？居家时谁来帮助自己？外出时谁来守家？不一定贤明的妻子才能做这些，平凡的妻子也能做到。这就如同有天就有地，如同有君就有臣。从地位上来说，是不能亵渎的；从德行上来说，却可以凌驾于妻子之上并对她施暴吗？

《诗》云："高山仰止，景行行止。""四牡骈骈，六辔如琴[①]。"高山出云，雨遍天下；天赖以成其施，是以仰止焉，言不可以不敬也。四牡既良，致远不劳，如琴瑟之调焉，言不可以不和也。敬且和，夫妇之伦乃尽。请诵是《诗》，以为为夫者教焉。《诗》云："有洸有溃，既诒我肄[②]。"德不能服人，威不能加人，入室而逞于妻。洸乎怒之充也，溃乎忿之不可收也，此何为者也？人之无良，至此其极。始为夫妇，终为仇雠[③]，一伦灭矣。请诵是《诗》，以为为夫者戒焉。

【注释】

①“《诗》云”以下几句：语出《诗经·小雅·车辖》。景行，大路。骈骈（fēi），马行走不止貌。辔，驾驭马的缰绳。

②有洸（guāng）有溃，既诒我肄（yì）：语出《诗经·邶风·谷风》。洸，威武的样子。溃，与“洸”同义。诒，同“遗”，留给。肄，劳苦。

③仇雠：仇人，冤家对头。

【译文】

《诗经》中说：“高山仰望才见顶，大路平坦凭人行。”“四马迎亲快快奔，缰绳齐如调丝琴。”云朵从高山上产生，雨水就遍洒天下；天依赖高山才能成功施雨，所以对高山景仰，说的就是不能不尊敬。四匹马都是好马，跑很远的地方也不疲劳，如同琴和瑟一样协调，说的就是不能不和谐。互相尊敬而且和睦，夫妇的关系就完美了。请诵读这首诗，将它作为做丈夫的教导。《诗经》说：“粗声恶气打又骂，还要逼我做苦工。”德行不能使人信服，在别人心中没有威信，回到家里在妻子面前逞强。威风啊，怒气冲冲的样子；粗声粗气啊，愤怒一发不可收拾。这是干什么呢？人不是好人，到这样就是极端了。开始时是夫妻，最终成了仇人，人伦中的一伦就没有了。诵读这首诗，作为对做丈夫之人的告诫吧。

夫妇

【题解】

《夫妇》篇，题名是谈夫妻关系，实际是从另一个角度论及对妇女的同情，可以视此篇为对《内伦》篇的补充与丰富。

通过与汪氏的谈话，唐甄表达了自己的独特之见："我之恤女也，则甚于男。"与男孩相比，他更加怜惜女儿。因为在这个世界，女孩遭受的苦难更多，特别是妻子，总是成为被施暴的对象。

唐甄本人"处室数十年，无变色疾声者"。对妻子如此爱护，一方面说明唐甄内心善良，另一方面，也源于他对作为妻子的女人那种无处可逃的生活境况有着深深的悲悯！

汪氏还说："妇人智室而见不通，尝不顺于其家，非尽夫之过也。"唐甄不赞同这种看法，认为女人天生为弱势的一方，更需要关爱。更何况"五伦百姓，非恕不行"。能宽恕妻子的不足，才是真君子！

中国长期实行一夫多妻制，如何处理妻妾之间的关系，也是千古难题。但唐甄通过亲历之事来说明只要男人处理得当，妾亦可成良妾而非刁妇。所以夫妻不睦，追根溯源，还是得在男人身上找原因。

唐子宿于汪氏之馆[①]，汪子数言其少子。唐子曰："子爱男乎，爱女乎？"曰："爱男。"唐子曰："均是子也[②]，乃我之恤女也则甚于男。”汪子问故。曰：“好内非美德，暴内为大恶。今之暴内者多，故尤恤女。”

【注释】

①汪氏：不详为何人。

②均：衡量，比较。

【译文】

我寄居在汪氏家里，汪子多次说到他的小儿子。我说：“您喜欢儿子还是喜欢女儿？”汪子说：“我喜欢儿子。”我说：“与儿子相比，我更怜恤女儿，甚至超过儿子。”汪子问是什么原因，我说：“只宠爱妻子算不上什么美德，但对妻子暴虐则是大的罪过。现在对妻子暴虐的人很多，所以特别怜惜女儿。”

汪子曰：“然。吾之交友亦多矣；处室数十年，无变色疾声者，惟见先生与城西刘子[①]。其他则暴其妻不如待其仆者，亦数见之矣。”唐子曰：“君不善于臣，臣犹得免焉；父不善于子，子犹得免焉；主不善于仆，仆犹得免焉；至于妻，无所逃之矣。”

【注释】

①刘子：不详为何人。

【译文】

汪子说：“很正确。我交过的朋友也很多了；与妻子生活了几十年，不对妻子勃然变色、大声说话的人，只有您与城西的刘子。其他对妻子暴虐还不如对奴仆好的人，也多次见到。”我说：“君主对臣子不好，臣子还能免除伤害；父亲对儿子不好，儿子还能免除伤害；主人对奴仆不好，奴仆还能免除伤害；但是妻子，却无处可逃。”

汪子曰：“先生有贤妻，故能相和以处。妇人智窒而见不通[①]，尝不顺于其家，非尽夫之过也。”曰：“不然。天之生物，厚者美之，薄者恶之，故不平也。君子于人，不因其故[②]；嘉美而矜恶[③]，所以平之也。人有二子，一贤，一愚，当孰怜？必怜愚者。人有二妾，一美而慧，一丑而愚，当孰怜？必怜丑而愚者。而况于妻乎！且恕者，君子善世之大枢也[④]。五伦百姓，非恕不行，行之自妻始。不恕于妻而能恕人，吾不信也。必其权利害，结交与，非情之实也。”

【注释】

①窒（zhì）：堵塞，闭塞不通。

②因：因袭，因循。

③矜：怜悯，同情。

④善世：为善于世。大枢：关键。

【译文】

汪子说：“您有一个贤惠的妻子，所以能和睦相处。妇人智识有限，见识不广，常有不顺从丈夫的时候，也并不全是丈夫的过错。”我说：“不对。上天产生万物，喜欢的就使之更美，不喜欢的就使之更差，所以不会公平。君子对于他人，却不会因袭这种做法；赞美好的，也同情差的，这样来使之公平。一个人有两个儿子，一个贤能，一个愚笨，应该怜悯谁？一定会怜悯那个愚笨的。一个人有两个小妾，一个美丽而贤惠，一个丑陋而愚笨，应当怜悯谁？一定会怜悯那个丑陋而愚笨的。更何况对自己的妻子！况且宽恕，是君子为善于世的关键。五伦中的老百姓，不宽恕是行不通的，施行宽恕要从自己的妻子开始。连自己的妻子都不能宽恕而能宽恕其他人，我是不相信的。一定要权衡利害才与人结交，不是真感情。”

汪子曰：“莫难于处有妾之妻。”曰：“昔吾先君有二妾：一余氏，一毕氏；衣襦簪饰之用[①]，未尝一问。我年十岁，先君戏以二竹篦使我间遗毕氏[②]。毕氏不受，推之于我之怀中，曰：‘为我反之，我不阙此[③]。我即阙此，当请于夫人也。’先君殁，尝侍先母，夜饮，言往事而因及竹篦。先母大笑曰：‘孝哉子乎，不知有母，但知有父。’”汪子曰：“有妾如此，亦良妾也。”曰：“非妾之良也，吾先君处之有道也。”

【注释】

①襦（rú）：短衣，短袄。

②篦（bì）：一种比梳子密的梳头用具。间：暗中。遗（wèi）：送。

③阙（quē）：缺少。

【译文】

汪子说：“没有比有小妾的妻子更难相处的了。”我说：“以前我父亲有两个小妾：一个是余氏，一个是毕氏。衣服首饰这些东西，她们从来不过问。我十岁那年，我父亲开玩笑给我两个竹篦，让我偷偷地送给毕氏。毕氏没有接受，把竹篦推到我怀里，说：‘替我送回去，我不缺这个。我要是缺这个，也应当向夫人请求。’我父亲去世后，我曾经服侍母亲，夜晚饮酒时说起往事因而说到竹篦的事。我母亲大笑着说：‘你真是个孝顺的儿子，不知道有母亲，只知道有父亲。’”汪子说：“有这样的小妾，也算是良妾了。”我说：“不是妾好，是我父亲处理她们的关系有好方法。”

居室

【题解】

所谓“居室”，即指夫妇同居，如《孟子·万章上》就说：“男女居室，人之大伦也。”也指居家过日子。《论语·子路篇》中也说：“子谓卫公子荆，善居室。”在这里将两种意思合起来，就是夫妇同居家中过日子。夫妇如何居家生活，就是本篇的主题。

夫妻在一起生活，首先是情投意合，能够有感情上的交流；能够互相陪伴，不疏远对方；能孝顺、侍奉父母，尽到做子女的职责，等等。唐甄特别指出：“盖夫妇之道，以和不以私。和则顺于父母，私则妨于兄弟；和则不失其情，私则不保其终。好内者，君子之大戒；戒私也，非戒和也。”夫妻不是出于溺情而结合，不是贪图美色，不是满足私欲。这对当代人理解何谓夫妻、何谓好的婚姻，也不无借鉴之处。

王子揆丧妻[①]。明年，将再娶妻，期三月而后就馆[②]。或曰：“子既娶，一月可即来；奈何期之三月之后也？”王子曰：“吾恐夫妇之意未合也。与居三月，意既合，乃可与之言。悦吾之言，诱之以善，其从必轻；戒之不善，其去必易；而后可以事姑，可以宜家。此吾所以三月乃来也。”

【注释】

①王予揆：不详何人。

②期（qī）：约定。就馆：指使居住，安置。

【译文】

王予揆的妻子去世了。第二年，他将要再娶妻，约好结婚三个月后回家。有人说："您既然已经娶了这个女人，一个月就可以回家，为什么要约定三个月以后呢？"王子说："我担心我们夫妻之间不一定心意投合。与她居住三个月，心意投合了才能与她交谈。她对我的话心悦诚服，用善良来诱导她，她就容易听从；用不善来告诫她，她去掉不善也一定容易；然后就可以侍奉公婆，可以家庭和顺。这就是我为什么要三个月才来。"

蒋生在侧[①]，王子谓之曰："子若娶，必疏于妻者也。子好交，好游，或月不归，或岁不归，或屡岁不归。归则出之日多，入之日少；入则朋来之时多，见妻之时少。度子之情，欢于友而愠于妻，逆意于外而作色于内，将必不免。人不我亲而我亲之，人不我爱而我爱之，人不我敬而我敬之，天下无此人情。以是责妻之不良也，难矣。"

【注释】

①蒋生：不详何人。

【译文】

蒋生正在旁边，王子对他说："您若是娶妻成家，一定会疏远妻子。您喜欢交朋友，喜欢游历，或者一个月不回家，或者一年不回家，或者几年不回家。您回到家中也外出的日子多，在家的日子少；在家的时候朋友来往的时候多，与妻子相聚的时候少。我猜测一下您的情况，广受朋友欢迎而妻子对您会很生气，在外不顺心回到家中对妻子发脾气，是不可避免的事。他人不亲近我我却要与他亲近，别人不喜欢我我却要喜欢他，别人不尊敬我我却要尊敬他，天底下可没有这样的感情。因为这个原因责备妻子不贤良，难啊。”

唐子曰：“善哉，予揆之论夫妇也！人皆以为夫妇之爱常厚于四伦，其实不然。吾见以为夫妇之相好者，皆由于溺情[①]；溺情，皆由于好色；非是则必相疏，甚者或至于乖离。盖夫妇之道，以和不以私。和则顺于父母，私则妨于兄弟；和则不失其情，私则不保其终。好内者，君子之大戒；戒私也，非戒和也。虽然，上德者少，凶德者少，中德者恒多。中德者，道之善则善，道之不善则不善；唯凶德不移。妒者，男子之所不免也[②]；妒而至于无后，则凶矣。傲者，男子之所不免也；傲而至于凌夫犯上[③]，则凶矣。圣人之所不能化者有之矣，不得举是以难王子之言也。”

【注释】

①溺情：囿于情，沉陷于感情。

②男子：从上下文来看此处当为“女子”。后文“傲者，男子之所不免也”同此。译文据改。

③凌：欺凌。

【译文】

我说：“真好呀，予揆对夫妻的论述！人们都以为夫妻之间的感情，比君臣、父子、兄弟、朋友这四种要深厚，实际上并不是这样的。我见过夫妇感情很好的，都是由于沉溺于男女之情；沉溺于男女之情，都是由于喜好美色；不是因为这一定会互相疏远，更严重的会导致互相分离。大概夫妇相处的方法，是双方和睦相待，而不仅仅出于私欲。和睦就会孝顺父母，私欲太重就会妨害兄弟感情；和睦就不会丧失真感情，私欲太重就不能使夫妻白头偕老。溺爱妻子是君子的大戒；戒是戒私欲，不是戒和睦。即使这样，人有上等道德的少，道德品性极恶劣的也少，大部分都是有中等道德的人。对具有中等道德品性的人，引导得好他们就成为好人，引导得不好就成为恶人；只有品德极恶劣的人是不可以改变的。嫉妒是女人避免不了的；嫉妒而到了断子绝孙的地步，那就凶险了。傲慢是女人避免不了的；傲慢到了欺凌丈夫、冒犯尊长的地步，那就凶险了。就是圣人也有教化不了的人，但不能拿这个作为根据来责难王子的话。”

诲子

【题解】

《诲子》篇是《潜书》中为数不多的短制，仅短短两段文字却讲了三层重要含意。

唐甄讲了杨介夫与其子杨慎之间的对话，这是杨介夫一次自以为高明的自我夸耀，但被唐甄作了一次脱胎换骨的改编。唐甄认为，教育后代要让他们明白："君子之道，修身为上，文学次之，富贵为下。"修养身心实现内心的完善，不愧对古代贤人，这才是教育后代最重要的层面；至于技术性的文章学问以及人所羡慕的富贵，都不是重要的东西。唐甄对教育后代的理解，对当代人的家庭教育是有启发的。

昔杨介夫谓其子用修曰[①]："尔有一事不如我，尔知之乎？"曰："大人为相，位冠群臣之上，此慎之所不如也。"曰："非也。"曰："大人为相，三归而为乡人创大利三焉，此慎之所不如也。"曰："非也。"曰："天子南征，大人居守，政事取决，如伊尹、周公之摄，此慎之所不如也。"曰："非也。""敢问慎之所不如者何事？"杨公笑曰："尔子不如我子也。"

【注释】

①杨介夫：即杨廷和，字介夫，四川新都人，明成化进士。用修：即杨慎，字用修，号升庵，杨廷和之子。

【译文】

以前，杨介夫对他的儿子杨用修说："你有一件事比不上我，你知道吗？"杨慎说："您身为宰相，位在众大臣之上，这是我不如您的地方。"杨介夫说："不对。"杨慎说："您身为宰相，三次回到老家为老百姓做了三件大好事，这是我不如您的地方。"杨介夫说："不对。"杨慎说："君主南征，您镇守京城，大小政事都取决于您，您就如同伊尹、周公那样摄政，这是我不如您的地方。"杨介夫说："不对。"杨慎说："请问我哪个方面不如您呢？"杨介夫大笑着说："你儿子不如我儿子。"

唐子曰："鄙哉杨公之语其子也！多其子之为状元[①]，而又有望于其孙。请为更之。谓其子曰：'慎乎，尔知尔之不如我乎？君子之道，修身为上，文学次之，富贵为下。苟能修身，不愧于古之人，虽终身为布衣，其贵于宰相也远矣。苟能修身，不愧于古之人，虽老于青衿[②]，其荣于状元也远矣。我之教子，仅得其次；尔之教子，且不如我，我复何望哉！'"

【注释】

①多：称赞，重视。

②青衿：青色交领的长衫，古代学子和明清时期秀才常穿的服装。《诗经·郑风·子衿》："青青子衿，悠悠我心。"毛《传》："青衿，青领也。学子之所服。"

【译文】

我说："杨介夫对儿子说的话也太鄙陋了！称赞他的儿子是状元，又希望他的孙子也是状元。请让我来修改一下他所说的话。对他儿子说：‘慎儿呀，你知道你不如我的地方吗？君子处世的方法，修养身心是最重要的，文章学问为次，富贵是最次的。如果能够修养身心，不愧对古代的贤人，即使一辈子做个老百姓，也比宰相高贵得多。如果能够修养身心，不愧对古代的贤人，即使一辈子做个老秀才，也比中了状元显荣多了。我教育儿子，只到了文章学问这一层次；你教育儿子尚且不如我，我还指望什么呢！’”

善施

【题解】

《善施》篇论及富贵之人要善于施予，因为长期生活困窘的唐甄，在炎凉的世态中屡屡看到“骄吝者，富贵之恒疾”。富贵之人，哪怕是作揖、说话这样的日常行为，都“骄”气逼人。特别是对人予以财物方面的馈赠帮助，要根据施予对象名声的大小来决定施予钱物的数量，极为势利。“临财可以辨贤”，馈赠财物更可以辨贤。唐甄就举出了两个这样的例子，生动地说明了这一点。

在本篇中，唐甄较多论及了忠信这个问题，如“大信必谨于小”，“乱国之人心散，非信不能结也；贫士之言轻，非信不重于人也”，等等。唐甄之所以在“善施”这个主题中较多论及“忠信”，就是因为：“善佞者，必以信行佞；善诈者，必以信行诈。世多悦之；不悦，非君子所病也。”世人太容易被伪善之人蒙蔽双眼，那些施予之人也很有可能就是行诈行佞的伪善之人，也可能是不忠不信之人。

唐甄特别提到，施予别人最难做到的是不让人觉得轻慢：“君子之处贫士，惠非难，不慢为难。”施予者的轻慢，会给受施者带来沉重的心理压力。可能长期穷困潦倒、受人周济的唐甄对这一点有着更深的体会。生活无助、礼义气节，两者长期撕扯着唐甄孤峭的内心。

扬人之善为大德，唐甄也提到这一点与周穷济乏之间的关系。唐甄因为魏叔子的称扬而扬名一方，最后得到了帮助，完成了安葬父母的大事。“扬人之善，不啻显其善也；善既广闻，与之者众，必有周其穷乏、救其急难者。”魏叔子就是这样的大德之人。扬人之善，这也是另一种形式的“善施”。

唐甄还论及了施予的轻重缓急。如挨饿受冻之人应该先帮助：“惠人之道，必先鲁弱。”那些鲁钝弱小之人，上天对他们已经不公平了，所以更应该得到帮助。“忽其急而缓是谋，昧于施矣。”诚哉斯言！

善施在现实中的方方面面都能表现。如讼狱，负担重的人与巨室之家要作区分，这就是“善施”。又如处理政务，有轻重主次之分。再如重视农业与农民，也是“善施”。当然，最应该懂得“善施”的人还是天子：“天子之富，可惠天下。”

《礼》曰：“君子不尽人之欢，不竭人之忠，以全交也①。”此受交之道，非致交之道。君子于人，欢必不尽，忠必不竭。骄吝者，富贵之恒疾。下人于揖坐②，近人以辞气③，不可以免其骄也；馈金于人，视其人之有闻而厚之④，不可以免其吝也。直能与善⑤，忠能致谋，博能益寡；须济以财则反之。临财可以辨贤。

【注释】

①“君子不尽人之欢”几句：语出《礼记·曲礼》。郑玄《注》曰：“欢谓饮食，忠谓衣服之物。”孔颖达《疏》曰：“饮食是会乐之具。承欢为易。衣服比饮食为难，必关忠诚筹度，故名忠，各有所以也。明与人交者，不宜事事悉受。若使彼罄尽，则交结之道不全，若不竭尽，交乃全也。”

②揖：拱手行礼。

③辞气：语气，口气。

④有闻：有名声。厚：谓使之多。

⑤直：正直。

【译文】

《礼记》中说："君子不完全接受别人的饮食，不用尽别人的衣服，来保全交情。"这是接受别人交情的方法，不是主动交友的方法。君子对于他人，饮食一定不会全部享受，衣服一定不会全部拿人家的。骄横吝啬，是富贵之人常见的毛病。以打躬作揖来表现谦下，以谦卑的言语来接近别人，也不能够去掉他的骄横；赠送财物给别人，要看这个人名声的大小来决定给多少，这样也不能去掉他的吝啬。一个人正直能助人为善，忠诚能给人出谋划策，广博能对寡闻的有助益；但需要用钱财去帮助别人的时候，就完全相反了。在面对财物这个问题上，可以辨别一个人的贤能。

唐子有姊之丧，有乡先生来吊。蚤未盥①，揽衣而出，先生责之。人皆称直焉。他日，举殡②，众助之，而谢弗与也③。唐子有族大夫富，居教之居④，仕教之仕，乡人称爱焉。他日，罢县⑤，乞其负⑥，而归之半也。施学而居财，世多其人矣；学必非学。《诗》云："不僭不贼，鲜不为则⑦。"取友之道也。《诗》云："心之忧矣，之子无服⑧。"交友之道也。

【注释】

①蚤：通"早"。盥（guàn）：洗漱。

②殡（bìn）：泛指丧葬事务。

③谢：谢绝。与：支持。

④居：隐居。

⑤罢县：罢黜了县官。

⑥负：债务。

⑦不僭不贼，鲜不为则：语出《诗经·大雅·抑》。僭，过错。贼，残害。鲜，很少。

⑧心之忧矣，之子无服：语出《诗经·卫风·有狐》。

【译文】

我有个姐姐去世了，乡里有个人来吊丧。因为起得早我还没来得及洗漱，披着衣服出门见他，这位先生责备了我。乡里人都称赞这位先生正直。过了几天，举行葬礼，乡里人都出钱出物给予帮助，但这位先生却谢绝了，没有给予帮助。我们族里有个曾经做过官的人很富有，乡里有人想隐居的就教他们隐居，有人想出仕就教他们怎样做官，乡里人都很喜欢这个人。过了几天，我被罢黜了县官，请求他归还欠我的钱款，他只给我一半。能够将学问教给别人但把钱财看得重，世上这样的人太多了；这样的人有学问也等于没有学问。《诗经》中说："不犯过错不害人，做到这一点不能作为榜样的人是很少的。"这是选取朋友的原则。《诗经》中说："心里发愁啊，这个人连衣服也没有。"这是交朋友的原则。

大信必谨于小。急难相要①，苟非忍者，不失其言也，是不足以为信。必釜鬲之约②，三年不忘，不易其日，不易其物。有贾于交、广者③，或语之以欲得椰实。比及三年而反，其人已死矣，乃陈椰实于位而告以复之。唐子闻之，曰："推斯义也，可以寄社稷矣。"乱国之人心散，非信不能结也；贫士之言轻，非信不重于人也。其不然者，不由于中④，其外莫喻⑤；积之不渐，其行不洽⑥。

【注释】

①要：要求。

②釜鬲：泛指炊具。釜，锅。鬲，圆口，三空心足。

③交：交州。广：广州。

④由：经由。中：指内心。

⑤外：外人。喻：理解。

⑥洽：和谐，融洽。

【译文】

信誉好的人，在小事情上一定非常谨慎。如果有了急事、难事而向别人请求帮助，如果不是特别硬心肠的人，答应了帮忙就说话算话，这还不算是有信誉。必须是买个小炊具的约定，过了三年都不会忘记，不更改交货的日期，不偷换货物，这才是诚信。有个在交州、广州做生意的人，有个人告诉他想要买椰子。等到这个人三年后回来，那个人已经去世了，于是这个人将椰子放置在那个人的灵位前，告诉他已经完成了这件事。我听了以后，说："从这种道义中可以推测出，这个人是可以托付江山的。"动乱国家中人心涣散，不是诚信不能结交；贫穷的人说话没分量，不讲信誉就不被人看重。如果不这样，不是经由内心发出，外人不能真正理解；不是一点一点积累信誉，他的行为一定和外人不能融洽。

唐子之妻问于唐子曰："子行忠信而人多不悦，其故何也？"曰："稻麦，谷之美者也；炊之不熟，人将弃而不食。岂可以咎人哉！吾反而求之釜甑中矣[①]。"

【注释】

①釜甑（zèng）：釜和甑，都是古代用于炊煮的器物名。

【译文】

我的妻子问我说："您践行忠信，但很多人对您的做法并不喜欢，是什么原因呢？"我说："稻子与麦子是谷物中最好的；但没把它们煮熟人们就丢弃掉，不会吃。这难道可以责怪别人啊！我是回过头来在釜、甑等炊器中寻找原因了。"

唐子曰:"善佞者,必以信行佞;善诈者,必以信行诈。世多悦之;不悦,非君子所病也。君子之处贫士[1],惠非难,不慢为难[2]。惠焉而将之以慢,不得不受,是受慢也。使其受之,惟礼所安,惠之善也。辞受者[3],礼之大节,士之知义者不敢废也。以慢受惠,所以免死也。丰其酒脯以餐之,则感其德而心伤;恤其父母之老而赐之帛,则感其暖而心伤;哀其妻子之饿而饷之粟,则感其饱而心伤。感之者,感其救死也;伤之者,伤己之辱于受也。慢者,非礼文之疏,饮食之薄也。共揖不失[4],其睹若无;问答不失,其语若忘,是慢也。礼有仪,有实。见尊于己者而下之,见己敌者而衡之,见卑于己者而上之,礼之仪也。接贱士如见公卿,临匹夫如对上帝,礼之实也。仪有尊卑,实无厚薄也。"

【注释】

①处贫士:与贫穷的人相处。

②慢:轻慢。

③辞受:推辞和接受。

④共揖:拱手作揖以示敬意。共,通"拱"。

【译文】

我说:"善于花言巧语的人,一定会以表面的诚信来施行奸佞行为;善于欺诈的人,也一定会以表面的诚信来施行欺诈行为。世人大都喜欢这种人;就是不喜欢,也不是君子所厌恶的。君子与贫穷的人相处,给他好处并不难,难的是使别人不觉得轻慢。给别人好处但带着轻慢,别人又不得不接受，这就成了让人忍受轻慢。使人接受恩惠，只有在礼节上使别人心安，才是好的恩惠。推辞和接受是礼仪中的重要方面，懂得道义的读书人不敢废弃这一点。别人轻慢还接受他的帮助，这是为了免于死亡。给他丰盛的酒肉吃，他会因为感谢别人的恩德而内心感伤；怜悯别人父母年老而送给他布帛，他会因为感谢别人的温暖而内心感伤；可怜他的妻子与子女挨饿而送给他粟米，他会因为感谢别人的饱饭而内心感伤。感动的是感谢他救人于死地，感伤的是伤心自己屈辱地接受别人的恩惠。轻慢，并不是礼仪上的疏忽，或者是食物给得太少。拱手作揖不失礼，但目中无人；问答不失礼，但说话好像忘了别人一样，这些都是轻慢。礼节有仪式等外在形式，也有实质内容。看见比自己尊贵的人就谦卑，看见与自己匹敌的人就同其比较，看见比自己卑贱的人就高高在上，这是礼的表面仪容。接待低贱的人就像见到了公卿，面对普通人就像面对着上帝，这才是礼的实际内容。礼仪有尊有卑，但礼的实质没有厚薄之分。”

甚矣，世之衰也！虽不义之财，君子亦取焉！仕者鬻狱以惠人①，求者鬻狱而得之，以为无害于义，不知其为盗也。

【注释】

①鬻（yù）狱：受贿而枉断官司。

【译文】

世风衰败得也太厉害了！虽然是来之不义的财物，君子也会去谋取！做官的人收受贿赂枉断官司来给人好处，有求于他的人靠行贿来得到好处，他们以为这样做对正义是没有伤害的，却不知自己与盗贼没有区别。

扬人之善，德之大者也。能扬一乡之善者，必使闻于一乡；能扬一方之善者，必使闻于一方；能扬天下之善者，必使闻于天下。知善不扬，是蔽其善；蔽善之人，天命不佑。扬人之善，不啻显其善也[①]；善既广闻，与之者众，必有周其穷乏，救其急难者。唐子之母弟之子隍[②]，来自番禺数千里，求葬不获。问于唐子曰："子何以得葬吾姑？"唐子曰："吾友魏叔子葬之也。"曰："吾闻叔子之死，先姑之葬四年，前资之乎？"曰："非也。吾著书而人不知，叔子乐称之，人多知之者，以是得助。是葬吾父母者，叔子也。"

【注释】

①不啻（chì）：无异于，如同。

②隍：指李隍。

【译文】

张扬人的善良，是所有德行中最高尚的。能使一乡之人的善良得到光大，一定要让他在这个乡闻名；能使一方的善良得到光大，一定要让他在这一方闻名；能使天底下的善良得到光大，一定要让他在天下闻名。知道是善但是不去张扬，这是将善遮蔽起来；遮蔽善的人，上天也不会保佑。光大人的善良，无异于显示自己的善良；自己的善良已经广为人知，愿意与他交往的人就会很多，这中间一定有周济他的穷困、救助他的急难的人。我母亲弟弟的儿子李隍，从番禺不远几千里赶来为我母亲送葬，但没有赶上。他问我说："您是怎么安葬我姑姑的？"我说："我的朋友魏叔子帮我安葬的。"他说："我听说魏叔子比姑姑早四年就去世了，是他以前资助您的吗？"我说："不是的。我著书立说别人都不知道，魏叔子喜欢称道这件事，所以很多人都知道了，因而我能得到别人的帮助。因此安葬我父母的人，是魏叔子。"

用财之道，必先冻饿[①]，葬次之，婚次之。今年不葬，可待来年；今年不婚，可待来年。不惜重施之[②]，为其足称于人也。朝不食，不能待夕；夕不食，不能待朝。缀絮无温[③]，蜎体不直[④]，一日寒侵，强者病，弱者死。忽其急而缓是谋[⑤]，昧于施矣。

【注释】

①先：首先。

②重：优厚。

③缀：缝合，连缀。絮：棉絮。

④蜎（yuān）：弯曲。

⑤忽：轻视，怠慢。缓：怠慢。

【译文】

使用钱财的原则，首先考虑的是温饱；其次是丧葬；婚事再其次。今年不能办葬礼，可以等来年；今年不能办婚礼，可以等来年。之所以不惜重金来办这些事，因为这些足够成为被人称扬的资本。早上不吃，肚子饿得撑不到晚上；晚上不吃，也不能撑到第二天早上。缝缝补补的棉絮不保暖，蜷缩的身体不能伸直，一旦被寒湿侵入，身体强壮的人会生病，体质弱的人可能会死去。忽视、怠慢紧急的事，这是行事上的愚昧。

惠人之道，必先鲁弱[①]，强有力者次之，敏多谋者次之；忠献之后次之[②]。天薄其生[③]，人憎其貌，吾不恤之，是助天人为虐也。自致有半[④]，所藉有半[⑤]，助之易矣。从而壹之，则不得其半，况反之乎！

【注释】

①鲁弱：愚鲁弱小。

②忠献：忠直贤良。

③薄：轻视，鄙薄。

④自致：自己努力得到。

⑤藉：借。

【译文】

给人恩惠的原则，一定是先照顾鲁钝弱小的人；其次是身体强壮的；聪敏多谋的人再次之；忠良之后又再次之。对那些上天都薄待的生命，人们又讨厌他们的外貌，我们不帮助他们，这是在帮上天和世人一起作恶呀！一半靠自己的努力得到，一半依靠别人的帮助，帮助起来也就容易了。如果都一样对待，那些鲁钝弱小的人一半帮助就没有了，何况反过来不去帮助这些鲁钝弱小的人呢！

听讼之道①，必先负担②；巨室多财次之。夺之十束薪，立绝其食；负千金于万金之家③，曾不少损其启处④。有司常置小而论大⑤，是重余财之得失而轻夫妇之生死也。

【注释】

①听讼：听理诉讼，即审案。

②负担：指物质上、精神上所承受的压力和所担负的责任。

③负：谓加，使承受。

④启处：生活起居。

⑤有司：官吏。

【译文】

处理诉讼的原则，首先要考虑生活负担重的人；再考虑那些家境富裕的大户人家。生活负担重的人，拿走他们的十捆柴火都能使他们断绝生路；家有万金的人，拿走他们一千金也不会稍稍损害他们的生活。主管的官员常常不顾这些细节只考虑钱财数量，这是把富人多余钱财的得失看得重，但对普通老百姓的生死看得轻。

为政之道，必先田市[①]，死刑次之，盗贼次之。杀人之罪，一县之中，岁或一二人；多盗之方，一府之中，岁不数见；其为害也恒少。农不安田，贾不安市，其国必贫。无残而民多死亡，无盗而室多空虚。农安于田，贾安于市，财用足，礼义兴，不轻犯法，是去残去盗之本也。

【注释】

①田市：农业和商业。

【译文】

处理政事的原则，首先要重视农业与商业；其次是死刑等案件；其次是偷盗。杀人这样的大罪，一个县里一年或者只有一两人；盗贼多的地方，一个州府里一年也见不到几回；这种危害总是非常小的。农民不安心于农业，商人不安心于商业，这个国家一定会变得贫穷。没有残杀百姓的行为但老百姓死去的很多，没有盗贼但老百姓家里总是空空如也。农民安心于农业，商人安心于商业，国家财用充足，礼义就会兴起，老百姓不轻易触犯法律，这是去除残暴、去除盗贼的根本方法。

千金之产，其生百五十[①]，分而三之：一以为食，一以待不虞[②]，一以周饥寒。倍之[③]，则凶岁可备焉。千金之富，可惠戚友；五倍之富，可惠邻里；十倍之富，可惠乡党；百倍之富，可惠国邑；天子之富，可惠天下。

【注释】

①生:生活需要。

②不虞:指意料不到的事。

③倍:增加一倍。

【译文】

千金的家产,用来解决生活问题的大约百分之五十,可用于三个方面:一是用于吃穿,一是应付突发情况,一是用来周济饥寒之人。如果能增加一倍,那么灾荒之年也有储备了。千金的财富,可以惠及亲戚朋友;五倍于千金的财富,可以惠及左右邻居;十倍于千金的财富,可以惠及乡亲;百倍于千金的财富,可以惠及一个城邑;天子的财富,可以惠及整个天下。

交实

【题解】

所谓“交实”，依唐甄文意，即交友也要涉及实际的物质利益。

有人认为：“友也者，所以讲学进德也，非以财交也。”唐甄当然知道友以德交，但是在特殊的情况下，朋友之间的物质帮助也是完全必要的。唐甄列举了几种需要帮助的情况，从中分明能感受到友人帮助的真诚与竭尽全力，这是让唐甄内心温暖的力量。

唐甄言：“然而冻饿逼矣，不可以言礼；考妣馁矣，不可以言孝；先泽斩矣，不可以言传。于斯讲学，何学可讲？于斯进德，何德可进？”物质的极度贫困使他无法全礼尽孝，相反有了友人的帮助，度过困境才能讲学进德。所以唐甄最后指出：“必使不陷于死，不绝于先，有继于后。此三者，正所以讲学也，正所以进德也，是所赖于二三友也。”一生贫困的唐甄对友情做这样的理解，是完全可以接受的。

若有友焉，见唐子有忧色，则问之曰：“子何为不豫[①]？”曰：“无食也。”是友也退而叹曰：“吾且无失之于行道之人，况良友乎！”于是周之。己其富者与，发廪而输之粟，发箧而馈之金[②]，终其身无乏焉。己其贫者与，释敝衣以遗之，分疏食以饷之[③]，不须臾缓[④]；姑以救其一时之急，且徐谋之以善其后焉。

【注释】

①豫：喜悦，快乐。

②箧（qiè）：用来收藏物品的箱子，大曰箱，小曰箧。

③疏食：粗粝的饭食，糙米饭。

④须臾：片刻，短时间。

【译文】

假若有一个朋友看见我有忧虑的神色，就问我："您为什么不高兴？"我说："没有东西吃了。"这个朋友退出后叹息着说："我对那些在道路上行走的人都会帮助，何况是好朋友呢！"于是周济我。如果他自己是个富人，打开仓廪送给我粮食，打开箱子送给我金钱，一辈子也不停止这样做。如果他自己是个穷人，脱下破旧的衣服送给我，把粗糙的饭菜与我分享，一刻也不耽搁；暂且救助我一时的困难，然后慢慢谋划来帮助我后面的事。

若有友焉，知唐子秋不尝[①]，则必问之曰："子何为不祭？"曰："无以供尊俎也[②]。"是友也，慨然而叹曰："祭，大事也；死不能祭，犹生不能养也，不亦伤乎！其周之。"于是使人遗之一肩豕[③]，一膊羊[④]，双鸡，匹鱼，旨酒，嘉谷。富则如是；贫则鱼蔬醴酒[⑤]，皆可助之以成礼焉。告之曰："秋分逝矣；虽后，可追也。子以贫失，非以事失。今日不能，明日追之；明日不能，再日追之；其何伤！礼虽无文，是亦礼也。"

【注释】

①尝：古代秋祭名。《尔雅·释天》："秋祭曰尝。"

②尊俎：古代盛酒肉的器皿。尊，盛酒器具。俎，放置肉的几案。

③肩：四足动物的前腿根部。

④膞（chún）：股骨，祭祀用牲后体的一部分。

⑤醴酒：甜酒。

【译文】

假若有一个朋友，知道了我秋天没有举行尝祭，那么一定要问我说："您为何不举行秋祭呢？"我说："没有祭祀用的物品。"我的这位朋友感慨万千，叹息着说："祭祀，是生活中的大事；亲人死去而不能祭祀，就如同在亲人活着的时候不能赡养一样，不也是很伤心的事吗！我来帮你。"于是派人送给我一条猪腿、一条羊后腿、两只鸡、两条鱼、美酒和好谷。如果富裕就这样做；如果他也很穷，也会送来鱼肉蔬菜与清酒，这些都可以帮助我完成祭祀礼仪。这位朋友告诉我说："秋分已经过去了；虽然滞后了，但还能补上。您是因为贫穷而没有祭祀，而不是因为有其他事情而没有祭祀。今天不能举行，就明天补上；明天不能补上，就后天补上；有什么悲伤的呢！礼即使没有仪式，也还是礼。"

若有友焉，知唐子无妾，则问之曰："子无子，何为不买妾？"曰："无财也。"是友也，入寝不安，抚子不乐[①]，飨祀不忘[②]，为之图买妾。计己之廪箧而有损焉，计己之出纳而有损焉，计己之昏姻燕币而有损焉[③]。日损之而不足，则以月；月损之而不足，则以岁；今岁损之而不足，则以来岁；必济而后已。其或诸计之而终无济也，则告于其仕之识者，告于其友之好义者。未得所请，则如棼冒勃苏泣于秦王之庭[④]，雀立而不转[⑤]。则忍者必动心焉，吝者必强助焉。不然，岂以朋友之交，而不能为图二十余金；岂以二十余金之微，而坐视千百世之故家绝于一日哉！谅为友者不当如是矣[⑥]。

【注释】

①抚：抚育。

②飨祀：祭祀。飨，通“享”。

③昏姻：亦作“昏因”，嫁娶，结婚。燕币：用于宴饮的钱币。

④棼冒勃苏：即申包胥，楚国贵族，楚王蚡冒的后代。

⑤雀立：即“鹤立”，雀为“隺”字之讹。《战国策·楚策一》曰：“（棼冒勃苏）七日而薄秦王之朝，雀立不转，昼吟宵哭。”

⑥谅：料想。

【译文】

假若有一个朋友知道我没有小妾，就问我说：“您没有儿子，为什么不买一个小妾呢？”我说：“没有钱。”这个朋友回家后觉也睡不香，抚育孩子也不快乐，就是祭祀的时候也没有忘记为我操劳买小妾的事。他仔细算计，从自己的仓廪和钱箱中拿出一些，从自己的开支中拿出一些，从自己的婚礼宴饮开支中拿出一些。拿出一天的不够，就拿出一个月的；拿出一个月的不够，就拿出一年的；拿出今年的不够，就拿来年的；一定要帮我办成这事才停止。要是他的这些算计都最终不能帮上我，就求助他认识的当官的人，求助于他讲义气的朋友。如果没有应允他的请求，他就像申包胥在秦国的朝廷上痛哭那样，站立不动。那再狠心的人也会内心感动，再小气的人也要勉强来帮助。不这样的话，难道以朋友的交情而不能为我谋得二十来两银子；难道以这区区二十余两银子，而看着千百代传下来的世家灭绝吗！我料想作为朋友，不应当这样做。

吾之为此言也，非觖望于我友也[①]；立此三义，以明朋友之道固当然也。若我与友易位而处，以是待友，务竭其力以完我分，奚以自多乎哉！

【注释】

①觖（kuì）望：企求，希望。觖，望。

【译文】

我之所以这么说，并不是冀望于我的友人；确立这三种原则，来阐明朋友之间的相处之道本来就应当这样。如果我与朋友换个位置，我这样对待朋友，竭尽全力来完成我作为朋友分内的事，为何自己认为做得很多了呢！

或曰："友也者，所以讲学进德也，非以财交也。"固也。然而冻饿逼矣，不可以言礼；考妣馁矣[①]，不可以言孝；先泽斩矣[②]，不可以言传。于斯讲学，何学可讲？于斯进德，何德可进？必使不陷于死，不绝于先，有继于后。此三者，正所以讲学也，正所以进德也，是所赖于二三友也。

【注释】

①考妣：父母的别称。馁（něi）：饥饿。

②斩：断绝。

【译文】

有的人说："朋友是用来一起讲求学问、增进德行的，不是以财物来相交。"确实应该这样。但是在饥寒的逼迫下，就不能讲礼了；父母亲都挨饿了，不能说孝了；祖先的恩泽都斩断了，就不能说继承了。在这种情况下谈论学问，有什么学问可以谈论？在这种情况下讲增进德行，有什么德行可以增进？一定得使人不陷于死亡的境地，不使先人的传承断绝，有后代来继承。这三者正是讲求学问的基础，正是增进德行的基础，这是要依赖几个要好的朋友才能完成的事。

食难

【题解】

《食难》篇讲述的是唐甄自己谋生的困苦与艰辛。一介书生生存如此艰难，令人唏嘘！而终生困顿的唐甄却笃志守道，艰难著述，令人敬佩。正如在本书的《前言》中所提及的，明代中晚期的社会形态已经发生了新的变化，“庶民社会”悄然生成。庶民社会的重要特征是传统的士人阶层已经庶民化，士、庶之间的界线开始模糊，士人对庶民的价值观念，特别是商人的价值观念认同度加深。所以唐甄不忌讳详细描述自己的经商经历，虽然如此艰难。因此对《食难》篇的理解，从当时的时代新变切入是极为必要的。

唐甄首先讲述了自己的田产情况：“有冶长泾之田三十亩，谢庄之田十亩。”这些薄产，丰年小有余存，凶年则典物交税，“于是有田而无食，且有害于食，将及于冻馁矣”。这是古代社会多少人挣扎求生的真实图景！

实在是生存太难，唐甄都有变卖薄田、散家远行寓居僧舍的想法，最后由于妻子的强烈反对而未果。但唐甄的困境仍在：“数日思之，而无以为计也。”后来，唐甄变卖田产经营纱线生意，有了微薄的收入。因为生意时好时坏，难于为继，转做牙商。但唐甄在《恒悦》篇中说到，不仅做牙商很快失败，而且还惹上官司，几到家破人亡境地。

唐甄经商谋利在当时的人眼中，是不耻的行为。有人就对此进行讥讽，说唐甄科场扬名，应当秉心不二，但是“今春秋高矣，乃自污于贾市，窃为先生不取也”。唐甄只能无奈解释，我唐甄也是凡夫俗子，“生为重”，需要养家糊口：“酒脯在厨，日得微利以活家人；妻奴相保，居于市廛，日食不匮，此救死之术也。”这样的行为确实不应苛责。

而指责唐甄的人中，有些虽然放弃对唐甄的道德绑架，却又找到新的理由：“以先生之文学，达于政体，为奏，为檄，为谕，足以开人心而显令誉。上之可为幕府之宾，下之亦不失为司郡之馆客，亦足以给家食。”认为凭唐甄的学问文章，就是当个家庭教师也能收入不菲，足以养活家人。唐甄说：“子虽明于计而不明于时。”然后，他详尽描述了读书人依附而食的处境，心酸满篇，读之可叹。唐甄最后引姜太公自况：“吕尚卖饭于孟津，唐甄为牙于吴市，其义一也。”

唐子有冶长泾之田三十亩①，谢庄之田十亩。佃入四十一石②，下田也。赋十五，加耗，加斛及诸费又一焉③，为二十三石。大熟则余十八石，可为六口半年之用；半熟则尽税无余，岁凶则典物以纳。尝通七岁计之，赋一百五十四石，丰凶相半，佃之所获不足于赋，典物以益之者六斛，而典息不与焉。

【注释】

①冶长泾：地名。

②佃入：租种土地的收入。

③加斛：为保证足额足量，在赋税外再加征。斛，量器。

【译文】

我在冶长泾有三十亩地，在谢庄也有田十亩。每年从佃户可得到四十一石粮食，都是些下等田。要交纳赋税十五石，加上损耗、保证足额赋税征收外增加的部分以及其他各项费用，又要花去一成的收入，总计要二十三石。大丰收的年成可以剩下十八石粮食，够一家六口半年吃；如果庄稼成熟一半交税以后就没什么剩余了；如果碰上荒年，则要典当物品来交纳税收。我曾经将七年的收支通算了一次，交赋税花去一百五十四石，丰年与灾年各占一半，租佃的收入还不足以交税，典当物品来填补亏空花去了六斛，而典当物品时花去的利息还不算在内。

于是有田而无食，且有害于食，将及于冻馁矣。乃谋诸妇曰："不可以为家矣。吾欲贱鬻此田，归衷于其家[①]，任原所之[②]。鬻田之金，子怀大半，以寄食于王氏之婿[③]；我怀小半，游诸名山，寄食于僧舍。人之生也，岂能常保。夫妻家人，终归于无，聚处之日无多，毋恋此也！"妇曰："不可。吾老矣，岂能复俯首于他人之宇下，察颜观色，以求无拂于人[④]？吾不能也。所欲多违，所恶多受，吾不堪也。且子亦老矣，衰而多病。独身远游，无左右之者，饮食不时，寒暖不适。若有疾病，其谁将之[⑤]！此尤不可为者。子其更为计焉！"唐子数日思之，而无以为计也。

【注释】

①衷：为唐甄养子，姓沈。

②原：唐原，为唐甄家的仆人，见《恒悦》篇注。

③王氏之婿：此处指唐甄的女婿王闻远。

④拂：逆，违背。

⑤将：扶助，扶持。

【译文】

就这样有田地却没有饭吃，而且对吃饭问题还有损害，甚至要到了挨饿受冻的地步。于是我与妻子商量:"家都快不成家了。我想把这些田地贱卖了,让沈裒回到他自己家里,听任唐原去他想去的地方。卖田地所得的银两,你拿上大半,到女婿王闻远家寄居;我拿小半,游历名山大川,寄食于寺庙中。人这一辈子,哪能一直安定。丈夫、妻子以及家人,最后都会归结于无,相聚相处的日子不会太多,不要留恋这些!"我妻子说:"不行。我老了,怎么可能再低着头寄人篱下,看着别人的脸色做事,来求得不惹恼别人?我做不到。想做的不能做,不想做的又得接受,我受不了。而且您也年龄大了,体衰多病。一个人远游他方,没有人在身旁照顾,不能按时吃饭,也没有人关心您的冷暖。如果生病了,谁来照顾您呢!更不能这样做了。您还是想其他办法吧!"我思考了几天,也没有想到其他办法。

吁嗟乎!明之赋于吴者,半其田之所获。建文皇帝令亩税一斗[①],至仁也。成祖篡立,则复其故。若今得亩税一斗,吾守四十亩之下田,岁熟则有三十七石之粟,可以足食;半熟则收半,谋半可以无饥;大凶,则一岁之计犹可假贷典鬻[②],虽不免于饥,而犹不至于死。夫妻仆婢,岂有离散之忧哉!今若此,虽有善为谋者,亦无可如何矣!

【注释】

①建文皇帝:明惠帝朱允炆。建文是其年号,在位四年。

②假贷:借贷。典鬻:典押出卖。

【译文】

唉!明代对吴地征收赋税,征收田地收成的一半。建文帝时,下令一亩地收税一斗,已经是很仁慈了。明成祖篡夺帝位后,就恢复原来征税的制度。如果今天能够一亩地收税一斗,我守着这四十亩下等田,年岁丰收就有三十七石粮食剩余，完全够吃了；庄稼若只成熟一半则收成只有一半，想办法弄到另一半可能做到不饿肚子；碰到大灾荒，那么一年合计下来，借钱、典当物品，虽然免不了饿肚子，但也不至于死。夫妻与奴仆，哪里会有离散的忧虑啊！现在像这样了，即使有善于谋划的人，也没有任何办法了。

有言经可贾者[①]。于是贱鬻其田，得六十余金，使衷及原贩于震泽[②]，卖于吴市，有少利焉。已而经之得失不常，乃迁于城东，虚其堂，已居于内不出，使衷、原为牙[③]，主经客，有少利焉。

【注释】

①经：织物的纵线，与“纬”相对。这里指纺纱的原料。

②震泽：湖名，即今江苏太湖。

③牙：牙人。旧时居于买卖双方之间，从中撮合以获取佣金的人。

【译文】

有人说经纱原料的生意可以做。于是我低价卖掉了田地，得到了六十余两银子，让沈衷和唐原到震泽、吴地等地方去贩卖，有一点赢利。后来经纱生意时好时坏，只能迁到城东，将大堂空出，我住在里屋不出来，让沈衷、唐原做经纪人，为贩经纱的主顾服务，也有一点赢利。

客有诮之者曰：“先生昔尝举于闱中之场[①]，宦于丹朱之封[②]，亦不贱矣。秉心不贰，为行无遗，独违乎末俗所尚，可谓高矣。学《诗》《书》，明《春秋》，而身合乎古人之义，人皆称为君子，可谓贤矣。今春秋高矣，乃自污于贾市，窃为先生不取也。”

【注释】

①举于阆中之场：指唐甄在阆中参加乡试，中举人。

②宦于丹朱之封：丹朱，传为尧帝的儿子，名朱，因居丹水，名为丹朱。丹朱的封地在今山西，唐甄在山西的长子县有短暂的为官经历，故曰。

【译文】

有客人讥讽我说："先生以前曾经在阆中的科场上考中举人，在山西长子县做过官，身份也不算低了。秉持仁心专心不移，行为正直毫无保留，独自一人对抗流行时俗所崇尚的东西，可以说是高尚的人。学习《诗》《书》，明晓《春秋》，立身合乎古人的道义标准，人们都称您为君子，可谓是贤能的人。现在您年龄大了，却在市场上损坏自己的形象，我私下认为先生不应这样做。"

唐子曰："天下岂有无故而可以死者哉！伯夷、叔齐饿死于首阳之下，所以成义也。非其义也，生为重矣。今欲假布粟于亲戚而不可得，假束藁于邻里而不可得[①]，或得担粟于朋友而不可为常。一旦无米无藁，不能出户，岂有款门而救之者[②]！吾虽不贵，不高，不贤，亦父母之身也，其不可以饿死也明矣。今者贾客满堂，酒脯在厨，日得微利以活家人；妻奴相保，居于市廛，日食不匮，此救死之术也。子不我贺，而乃以诮我乎[③]？"

【注释】

①假：借。束藁：干柴束。藁，稻、麦等的秆。

②款门：敲门。

③诮（qiào）：嘲笑，讥刺。

【译文】

我说："天下难道有没有原因就去送死的呀！伯夷、叔齐饿死在首阳山下，是为了成全道义。如果不是为了道义，还是生命重要了。现在想向亲戚借点布帛和粮食却借不到，向邻里借点柴火也借不到，有时能向朋友借得一担粮食却又不能经常向他借。一旦没有米没有柴，连门都出不了，难道有人会敲我家的门来救助我吗！我虽然不尊贵，不是高人，不是贤人，但也是父母给的身体，不能饿死这是很明显的。现在来做生意的人充满大堂，厨房里有酒有肉，每天有微薄的收入来养活家里人；妻儿老小能够保全，居住在市井中，每天的食物不匮乏。这是救一家老小性命的方法。您不祝贺我，反而用这个讥讽我？"

客曰："天下惟匹夫匹妇，无能，无所与之人，乃有死亡之患。其有薄伎者[①]，虽困穷无伤也。以先生之文学，达于政体，为奏，为檄，为谕[②]，足以开人心而显令誉。上之可为幕府之宾，下之亦不失为司郡之馆客[③]，亦足以给家食。奈何而自卑若此？"

【注释】

①薄伎：即"薄技"，指微小的技能。

②谕：旧时指上对下的文告或指示，也可特指皇帝的诏令。

③馆客：指塾师。宋吴自牧《梦粱录·闲人》曰："食客者，有训导蒙童子弟者，谓之馆客。"

【译文】

客人说："天底下的那些普通老百姓，没有能力，没有交好的人，才有死亡这样的忧患。那些有一项小技能的，即使穷困潦倒也无大碍。凭着先生您的文章学问，表达政事，写奏章，写檄文，写文告，都足以来启发人心而显扬自己的美名。上可以作为幕府中的宾客，下也可以成为某个郡县长官的家庭教师，完全可以养活一家人。为何要自己弄得自己这么卑贱呢？”

唐子曰：“子虽明于计而不明于时。上古无养贤之名，中古乃有养老之礼。养老，所以教孝也，非为饮食之也。盖其时，上富下足，贤者皆已在位，无待于养，此盛世之风也。降及下古，争用甲兵，不尚礼义，士乃贫而无节。于是富贵大臣，收而置之门下，肉食者几千人，而皆得以赡其室家。又若关市疆埸诸小吏[1]，人皆可为之。降及末世，又有辟召署职之门[2]，士之贫者犹有所藉焉。斯二者，降志屈身[3]，士道亦既丧矣。然而士之无田，不至于饥饿困踣者[4]，犹赖有此就食之所也。

【注释】

①疆埸：疆土，领土。

②辟召：征召。署职：署理官职。

③降志屈身：降低志向，委屈自身。

④困踣（bó）：困顿潦倒。

【译文】

我说：“您虽然明于计谋，但不明于时势。上古时没有养贤这一说法，到中古时才有养老的礼仪。所谓养老，是用来教育人们学会孝顺，不是供给饮食。因为在这个时候，上下都很富足，贤能的人都处在恰当的职位上，不需要别人来养活，这是太平盛世的风尚。到了下古时，争相使用武力，不崇尚礼仪，读书人变得贫穷而没有节操。于是有钱有势的大臣，将这些读书人收罗起来安置在自己的门下，喝酒吃肉的人达数千人，这些人都依靠他而能够养家。又像关卡市场以及边疆的小官吏，人人都可以做。到了末世，又有了征召僚属充任官职的做法，读书人中的贫困者还可以依靠一下这个。这两种做法，要降低自己的志向，委屈自己的身份，读书人所持守的大道也已经丢失了。但是没有田地的读书人，不会到挨饿穷困潦倒的地步，还能靠着这个找口饭吃。

“其在于今，斗食小官，皆出于朝廷选授；虽有贤能，不得为也。昔之辟召，犹盛事也。公卿贱士，士无及门者，不敢望其犬马之食，即求其鹅鹜之食而不可得也。昔之致客，犹盛事也。若其所好，则有之矣：善贾之徒，善优之徒，善使命之徒，善关通之徒[①]。此诸徒者，多因之以得富贵矣；此其伎，士能之乎？即能之，其可为乎？子若有可得之途，吾不及缨冠而从之矣。”

【注释】

①关通：收受贿赂。

【译文】

“在当今，拿一斗粮食俸禄的小官，都要经过朝廷选拔任命；即使有贤能的人，不通过选拔也不能有任何作为。以前的征召，倒还是个大好事。公卿看不起读书人，那些不能成为门客的人，不敢指望从王公大卿那里得到与狗、马同样的食物，就是得到与鹅、鸭同样的食物也不可能。以前招致宾客，还是很隆重的事。如果他们喜欢，什么样的人都能招致：善于做买卖的人，善于唱戏的人，善于出使的人，善于行贿的人等。这些人，都因此而能够富贵；这样的技艺，读书人能做得到吗？即使能做得到，能去做吗？您要是有能行得通的路，我来不及系好帽带就跟从您出发了。”

客曰："吾尝闻先生与人言学，内制心，外制行，先明义利之辨，此吾所心服者。民之为道，士为贵，农次之，惟贾为下。贾为下者，为其为利也。是故君子不言货币，不问赢绌[①]。一涉于此，谓之贾风，必深耻之。夫贾为下，牙为尤下，先生为之，无乃近于利乎？愿先生舍此而更图为生之计。"唐子曰："吕尚卖饭于孟津，唐甄为牙于吴市，其义一也。"

【注释】

①赢绌（chù）：盈余和亏损。

【译文】

那位客人说："我曾经听见您与别人讨论学问，对内约束自己的内心，对外控制自己的行为，首先要明辨什么是利，什么是义，这是令我心服的。划分老百姓的准则，读书人最尊贵，农民其次，只有商人最为低下。商人最低下，是因为他们图利。所以君子不谈论金钱，不问盈余与亏损。一旦涉及这些，就是商人的风气，一定深以为耻。商人低下，做牙商更低下。先生做牙商，难道不是追逐利益吗？希望先生不要做牙商，另外寻求谋生之道。"我说："姜太公在孟津卖饭，我在吴市做牙商，道理是一样的。"

守贱

【题解】

在《潜书》中,《交实》《食难》《守贱》《独乐》《养重》《居山》这几篇构成了一个小的单元,在这个小单元中,唐甄一边载述自己的经历、生活,一边表达自己内心真实的感受,读来更有不同况味。

唐甄虽为读书之人,但他为官的时间很短,因此他在《潜书》中总会说到自己是卑贱之人。在《守贱》篇中,唐甄就从三个角度来说明自己的身份低贱:第一个角度是拜谒显贵不敢称晚。因为按唐甄在《名称》篇中的说法:“今也士而不仕或未仕,于贵者自称曰晚,非礼也。”第二个角度是对孟子的“三达尊”之说进行分解,认为自己只有齿、德,而无爵。第三个角度是对《中庸》的“五达道”作发挥,认为自己缺失“君臣”(唐甄无官爵所以非臣,无臣也就无君了)。

唐甄说自己“守贱”,这既是对自己清醒的认识,另一方面也暗含着他不得志、难有作为的隐痛。

唐子谒贵者[①],达名[②],不称晚[③]。曰:“吾不敢也。吾为贫而仕,为知县十月而革为民。吾犹是市里山谷之民也,不敢与大夫士论尊卑也。”

【注释】

①谒(yè):拜见。

②达:传送。名:名片。

③晚:晚辈。

【译文】

我去拜谒某位显贵,呈上名帖时,没有自称为晚辈。我说:"我不敢这样称呼。我因为贫穷而求官,做了十个月知县就被革职为民。我就像是市井、里巷、山野中的老百姓,不敢与为官之人和读书人来谈论尊卑。"

孟子曰:"天下有达尊三:爵一,齿一,德一[①]。"唐子曰:"天下有三尊,我独有其二焉。"或曰:"何谓也?"曰:"爵之尊不达于我也。"或曰:"志傲贵乎?"曰:"非然也,吾不敢也。吾为贫而仕,为知县十月而革为民。吾犹是市里山谷之民也,不敢知爵之尊也。"

【注释】

①"孟子曰"以下几句:语出《孟子·公孙丑下》。达尊,谓众所共尊。

【译文】

孟子说:"天下人都尊敬的东西有三种:一种是官爵,一种是年龄,一种是德行。"我说:"天下人都尊敬的东西有三种,我只有其中的两种。"有人说:"这是什么说法?"我说:"尊敬有官爵的人这一点是与我没关系的。"有人说:"是您内心傲视权贵吗?"我说:"不是这样的,是我不敢。我因为贫穷而求官,做了十个月知县就被革职为民。我就像是市井、里巷、山野中的老百姓,不懂得爵位的尊贵。"

《中庸》曰:"天下之达道五:君臣也,父子也,夫妇也,昆弟也，朋友之交也[①]。”唐子曰：“自古有五伦，我独阙其一焉。”或曰：“何谓也？”曰：“君臣之伦不达于我也。”或曰：“子居盛世，志巢父乎[②]？”曰：“非然也，吾不敢也。吾为贫而仕，为知县十月而革为民。吾犹是市里山谷之民也，不敢言君臣之义也。”

【注释】

①“《中庸》曰”以下几句：语出《礼记·中庸》。达道，公认的准则。

②巢父：传说为尧时的隐士。一说巢父为许由之号。

【译文】

《中庸》中说：“天下人公认的伦理关系有五种：君臣、父子、夫妇、兄弟、朋友。”我说：“自古就有五种伦理关系，我独独缺少其中的一伦。”有人说：“这是什么说法？”我说：“君臣这一伦与我没有关系。”有人说：“您生活在太平盛世，想成为巢父这样的人吗？”我说：“不是这样的，是我不敢。我因为贫穷而求官，做了十个月知县就被革职为民。我就像是市井、里巷、山野中的老百姓，不敢谈论君臣之间的道义。”

独乐

【题解】

《独乐》篇的主题，是唐甄所理解的隐者的独得之乐。

在《独乐》篇的第一段，唐甄就讲到了沃洲山与南洲山这种世外桃源式的地方。唐代刘长卿的《送方外上人》曰："莫买沃洲山，时人已知处。"不知此沃洲山是否就是唐甄所说的这座宜于独居独乐的沃洲山。唐甄因为战乱而被迫离开所留恋的沃洲山，唐甄的父亲生前想回到的"唐氏之所出"处，亦成未成之遗愿。

唐甄与人论隐居有自己的独得之见。有人认为："隐者辟世，犹麋鹿之辟人也。鄙夫患不得其君，犹犬豕之豢于人也。二者性相反也。"但唐甄用人睡觉起床与白天、黑夜这个浅显、生动的例子，来说明隐居是"适于时而已矣"，"顺时而隐，犹当夜而寝也"，这根本不是为了什么特定的目的，而是人自然而然的行为。

唐甄觉得生民之初的世界纯朴干净，只有圣人能使污浊的世界回复到这种干净。其余的人要么与浊世沉浮，要么隐居躲避。唐甄还对老子的话进行发挥，对"有身"进行了独具己意的解释："何谓有身？人有此生，惟知此身；狥名以显身，狥爵以尊身，狥财以肥身，是谓有身。"人牵系于这些欲望，所以不能隐；而"无身"之人明白了生的意义，因而更加能懂什么是真正的隐，什么是真正的隐者之乐。

居沃洲之山者曰石氏[①]，居南洲之山者曰丁氏[②]。此二氏者，东汉之民也；山深，城远，世耕于斯而无达者。昔者明之亡也，唐子从其父避于南洲，有田一顷，有圃五亩，有竹延山三里。父食鸡豕，奴牧羊耕灌，舂葛蕨，将以为石丁氏也。舅战石郭[③]，乃去之而居于五湖之滨[④]。唐子之父有疾，谓唐子曰："浙江之上[⑤]，三泉之隩[⑥]，我唐氏之所出也。其山可隐。我幸未即死，将往居之。"寝疾以没，不得徙焉。

【注释】

①沃洲：地名，在今浙江新昌。

②南洲：地名，在今浙江新昌。

③舅：指唐甄的舅舅李长祥，为明侍郎，明亡后在浙东一带反清。石郭：地名。

④五湖：指太湖流域的所有湖泊，此处的五湖之滨指吴江。

⑤浙江：即钱塘江。

⑥三泉：地名，在浙江兰溪，唐甄先祖之所出。隩（yù）：水边深曲处。

【译文】

姓石的人家居住在沃洲山，姓丁的人家居住在南洲山。这两个姓氏的人，是东汉时代的遗民；他们处于深山中，离城市很远，世世代代耕种于这个地方，没有外人来这里。以前明代灭亡了，我跟着父亲到南洲来避难，在这里有田一顷，有菜园五亩，有竹林绵延三里。父亲喂养鸡、猪等，奴仆放羊耕种灌溉，舂捣葛根与蕨根，快要成为姓石姓丁的人家了。我舅父在石郭一带作战，于是我们离开了南洲搬到吴江旁边居住。我父亲生病了，对我说："在钱塘江上游，三泉边，是我们唐氏家族的发源地。那里的山适合隐居。我如果有幸还没死，就迁到那里居住。"父亲最后抱病身亡，没能迁往那里。

当是时，唐子之年二十有一矣；欲得志于天下。尝读《汉书》，至《严光传》，勃然大怒，椎几而起[①]，投书于地。骂之曰："猾贼！我知汝折辱圣主，为王莽报仇者也。"妇闻之，大惊，以为与客争斗也，疾趋来视之。唐子告之故。妇笑曰："君自无所发愤，严光何罪焉！"当是之时，气盖天下，上望伊、吕，左顾萧、张[②]，岂不壮哉！母老无食[③]，乃出而远游。度熊耳之山几为虎伤[④]，困于会稽，危于大别之江[⑤]，宦于长子，再辱于燕，阨于滑、卫、汝、淝之间[⑥]。如是者二十余年，卒无所得食[⑦]。形貌牿委[⑧]，志气销亡，于是乃慨然而叹，谓其妻曰："吾甚悔向者骂严光之过也。"

【注释】

①椎：指用重力撞击。

②萧：萧何。张：张良。

③食：赖以为生。引申为依赖、依靠。

④熊耳：山名，在今河南宜阳。

⑤大别之江：具体位置不详，疑位于今湖北汉阳东北。

⑥滑：水名，在今安徽巢湖与无为之间，下流注入长江。卫：水名，源出河北灵寿东北，南流入滹沱河。汝：古水名，源出河南鲁山县大盂山，注入淮河。淝：即淝河，也叫淝水，源出安徽合肥西北。

⑦得食：能行，干得了。闽语。

⑧牿（gù）委：拘谨萎靡。

【译文】

这时候我已经有二十一岁了，想在这个世界上有一番作为。我曾经读《汉书》，读到《严光传》时，勃然大怒，拍案而起，将书甩在地上，破口大骂："奸贼，我知道你是侮辱圣明之君，来给王莽报仇。"我妻子听到了大惊，以为我与客人发生了争斗，连忙赶过来看发生了什么。我告诉了她事情的来龙去脉。妻子笑着说："这是夫君没有地方发泄愤怒，严光有什么罪啊！"在这个时候，我豪气冲天，向上仰望伊尹、姜太公，自比萧何、张良，是何等豪气！母亲去世，我无以谋生，于是出门远游。过熊耳山时差点被老虎所伤，在会稽时又被困住，在大别山的江中遇到危险，在长子县做官，两次在河北受辱，困于滑、卫、汝、淝这些地方。像这样过了二十多年，最终也没有找到谋生的手段。我形貌萎靡不振，意志消沉，于是内心无限感慨，叹息着对妻子说："我很后悔以前唾骂严光的过错。"

或与唐子论隐，曰："隐者辟世，犹麋鹿之辟人也。鄙夫患不得其君，犹犬豕之豢于人也。二者性相反也。"唐子曰："不然也。子未识隐者之情，是以云尔也。尧得而豢之，桀亦得而豢之者，犬豕也；见桀而逸，见尧而亦逸者，麋鹿也。君子遇尧不为麋鹿，遇桀不为犬豕，适于时而已矣。"

【译文】

有人与我谈论隐居，说："隐居的人是为了逃避社会，好像麋鹿躲避人一样。鄙陋的人因为得不到君主的赏识而苦恼，就好像狗、猪一定要被人豢养一样。这两种人心性完全相反。"我说："不对。您并不了解隐居之人的感情，所以才这样说。尧可以得到从而豢养的，桀也可以得到从而豢养的，是狗和猪；见到桀逃跑，见到尧也逃跑的，是麋鹿。君子碰上尧不做麋鹿，碰上桀不做狗猪，适应时势罢了。"

曰："豪杰失志，与沮、溺游[①]，顾瞻卿相之位[②]，得毋动于心乎？"唐子曰："不然也。子未识隐者之情，是以云尔也。君子之行藏，近譬诸身，其犹寝兴之于昼夜乎！披衣而兴，目用明，耳用聪，口用言，体用仪[③]。非故为动也，当昼则然也。及其灭烛而寝，虽有锦绣丹青之文，不欲观也；虽有箫鼓琴瑟之音，不欲听也；虽有煎熬燔炙之味[④]，不欲尝也；虽有冠带舆盖之美，不欲御也。非故为静也，当夜则然也。顺时而隐，犹当夜而寝也。当是之时，加以卿相，富以黄金，是犹夜起寝者，与之观色而听音、甘味而乐游也，岂其所愿哉！”

【注释】

①沮、溺：长沮与桀溺，均为隐士。

②顾瞻：环视，回视。

③用：因此，于是。

④燔炙：指烤肉，亦泛指佳肴。

【译文】

那人又说：“英雄豪杰失去志向，与长沮、桀溺这样的人一起游历，看到公卿宰相这样的位子，难道不会动心吗？”我说：“不正确。您并不了解隐居之人的感情，所以才这样说。君子是用世还是隐居，就近拿身体比方吧，就如同睡觉起床与白天、黑夜一样！披上衣服起床，眼睛于是能看清了，耳朵于是能听清了，嘴巴于是能说话了，身体于是有举止了。并不是人故意要动起来，到了白天就会这样。等到熄灯睡觉，即使有漂亮的文饰，也不想看了；即使有好听的音乐，也不想听了；即使有精心烹制的美味，也不想尝了；即使有华美的车子，也不想驾驭了。不是故意要安静下来，是到了晚上就会这样。顺应时势而隐居，就像到了晚上就要睡觉。这个时候，给他公卿宰相的地位，给予黄金等财富，就好像晚上让睡觉的人起来，与他一起欣赏美景和音乐、品尝美味、游乐，难道是他愿意的吗！”

天地之始，生民之初，无治无乱之世，不可得而见也。人生行年二十，不知十七年之世；行年五十，不知四十七年之世；而况生民之初！是不然也。古亦此天地也，古亦此日月也，有扰天地而眯日月者[①]，是以不可得而见也。及去而之深山之中，与草木并生，与鸟兽并游，不见城郭，不见朝市，无锦耀褐，无车加徒。生民之初，亦若是焉耳。惟圣人能善污世[②]，其次处之，又次辟之。辟之者，辟于此也。

【注释】

①眯：通“迷”。迷乱。

②污世：污浊混乱的世道。

【译文】

天地刚刚产生的时候，人类刚刚诞生的时候，那个不存在安定或动乱的世界是看不到的。人活到二十岁，可能有十七年的世事是不知道的；活到五十岁了，可能有四十七年的世事是不知道的；何况是人类刚刚诞生的时候！其实不是这样的。古代也是这样的天与地，也是这样的日与月，有想扰乱天地与日月的人，因此看不见了。等到离开到了深山之中，与花草树木一起生活，与飞鸟禽兽一起遨游，看不到了城池，看不见了朝廷和街市，没有锦绣衣服穿粗布衣也光彩照人，没有豪车反而可使步伐加快。人类产生之初，也像这样。只有圣人能使污浊的世道变好，次一等的只能身处其中，再其次的是避世。隐者躲避的，是躲避污浊的世道。

老聃曰：“天下有大患，为吾有身；及吾无身，吾有何患[①]！”唐子曰：“何谓大患？腰领不能当梃刃[②]，面目不能当僇辱[③]，腹肠不能当症结，易铄之精不能当忧虑[④]，是谓大患。何谓有身？人有此生，惟知此身；狥名以显身[5]，狥爵以尊身，狥财以肥身[6]，是谓有身。何谓无身？人皆有生，我独得其所以生；人皆有死，我独得其所不死。不以生者丧其所以生，不以死者丧其所不死，是谓无身。爱者欲中其爱，憎者欲中其憎，是以身为的也，岂不殆哉！我不自爱，孰能爱我；我不自憎，孰能憎我！不能爱我者，不能辱我；不能憎我者，不能杀我。火能流金[7]，不能焚空，夫是之谓无患也。"

【注释】

①"老聃曰"以下几句：语出《老子》第十三章。

②梃（tǐng）刃：棍棒和刀。

③僇（lù）辱：侮辱。

④铄（shuò）：削弱。

⑤狥（xùn）：谋求。

⑥肥：使富裕，使充足。

⑦流金：谓高温熔化金属。

【译文】

老子说："天底下有大的祸患，是因为人有身体；要是我们没有身体，哪会有什么祸患呢！"我说："什么叫'大患'？腰和脖子不能抵挡棍棒和刀，脸面不能抵挡侮辱，腹肠不能抵挡疾病，容易消损的精神不能抵挡忧虑，这些都是大患。什么叫'有身'？人这一辈子，只知道自己这个身体；谋求名誉来使身体得到显扬，谋求爵位来使身体尊贵，谋求财利来使身体富裕，这就是所说的有身。什么叫'无身'？每个人都有生命，我独独得到生命之所以为生命的东西；人都会死亡，我独独得到让生命不死的东西。不因为贪生而丧失生之所以为生的东西，不因为死亡而丧失使人不死的东西，这就是所说的无身。爱身的人都希望达到爱的目的，憎身的人都希望达到憎的目的，这是以身体作为靶子啊，难道不是很危险吗！我不爱自己这个身体，谁还能爱我；我不憎恨自己这个身体，谁又能憎恨我！不能爱我的人，也不能侮辱我；不能憎恨我的人，也不能杀我。火能熔化金属，但不能烧掉虚空，这就是所谓的没有祸患。”

养重

【题解】

“养重”即“重养”之意，就是安身立命的物质条件一定要重视。唐甄在本篇中说到：“节之立不立，由于食之足不足；食之于人，岂不重乎！”正明此理。

受传统观念的影响，唐甄对自己成为“贾”还是深为介怀：“虽然，身为贾者，不得已也。溺而附木，孰如无溺？”道尽了自己的无奈。

唐甄举张居正时旧事，说明依附而生存，有可能一夜之间就会失去一切，只有那些有田产、有积蓄的人，方可挺直腰杆，不受制于人。而例举四川的殷正不接受杨荣的延揽而陈述的理由，也正是为了说明这一点：“然富贵之家，不可客也；危疑之朝，不可居也。车马之上，不如我山居之安；公卿之禄，不如我岁入之多。舍己之安而任人之危，舍己之多而受人之少，不待智者而知其不可矣。”唐甄深深地认识到，一个人真正的独立、尊严等，均来自于自己经济的独立自主。

最后，唐甄直接说明“养重”的内涵：“无则固穷；有之则俭守勿失，以遗子孙。是立身垂后之要道，不可不察也！”有产业并勤俭持守，方是保家的长久之计。

苟非仕而得禄，及公卿敬礼而周之，其下耕贾而得之，则财无可求之道。求之，必为小人之为矣。我之以贾为生者，人以为辱其身，而不知所以不辱其身也。虽然，身为贾者，不得已也。溺而附木，孰如无溺？

【译文】

如果不是做官而得到俸禄，以及由于王公大卿的礼遇而得到他们的周济，其次是耕种做买卖而得到金钱，那就没有其他途径获取钱财了。以其他方式求得财物，必定是小人的行为。我做生意维持生计，人们都认为是有辱身份，却不知道我正因此而没有辱没自己。即使是这样，我成为一个做生意的人，也是迫不得已。溺水而抱着木头浮在水上，哪里比得上没有溺水呢？

昔者荆州大水，饥者万人。张居正为政[①]，皆食而活之。是时荆州之士二百余人，赖食以活者五十人。其不食之者，皆有田而有蓄者也；其食之者，皆无田而无蓄者也。于是得食者皆德之，而处于居正门下，大则贵，小则富。及居正没，皆禁不得进用焉。

【注释】

①张居正（1525—1582）：字叔大，号太岳，湖广荆州卫（今属湖北）人。明朝政治家、改革家，任内阁首辅等职，辅佐万历皇帝朱翊钧进行“万历新政”。

【译文】

以前荆州暴发洪水，受饥荒的达几万人。张居正主持政务，供给这些人粮食，使他们都活了下来。这时候荆州的读书人有两百多人，依赖政府救济粮食而活下来的有五十人。不靠救济粮食而活的人，都是有田产有积蓄的；靠救济粮食而活的人，都是没有田产没有积蓄的人。于是得到粮食救济的人都对张居正感恩戴德，并且投奔到他的门下，获利大的成为高官，获利小的也变得富有。等到张居正去世后，这些人全部被禁止进用。

昔者蜀有二士：曰骆纯，曰殷正，以文学称。杨荣为相[①]，使使奉书币二[②]，而属之于布政使曰[③]："骆、殷二子，蜀之隽士也[④]。吾怀其人久矣，君其为我致之来！"于是骆子贫而无妻，教生徒于乡里；殷子富有田园畜牧山林之饶。骆子受书币，越三日而启行。殷子辞以疾，固不肯行。其友劝之行。殷子曰："吾非不知杨公之贤可与为交，且力能进用我也。然富贵之家，不可客也[⑤]；危疑之朝，不可居也[⑥]。车马之上，不如我山居之安；公卿之禄，不如我岁入之多。舍己之安而任人之危，舍己之多而受人之少，不待智者而知其不可矣。"遂终身隐而不出焉。

【注释】

①杨荣：字勉仁，历仕永乐、仁宗、宣宗诸朝，为明代重臣，与杨士奇、杨溥称为"三杨"。

②书币：泛指修好通聘问的书札礼单和礼品。

③布政使：官名。明洪武九年（1376）改行中书省为承宣布政使司。宣德后全国府、州、县等分统于两京和十三布政使司，每司设左、右布政使各一人，为一省最高行政长官。

④隽士：才德出众的人。隽，通"俊"。

⑤客：名词作动词，作门客。

⑥居：处在，处于。

【译文】

从前蜀地有两个读书人：一个叫骆纯，一个叫殷正，都以文章学问而闻名。杨荣做宰相的时候，派遣使者拿着两份书帖和钱物，并且嘱托当地的布政使说："骆纯、殷正这两位，是蜀地的才俊。我一直想着这两个人，一定要请您为我将他们招来！"此时骆子家里贫困，还没有娶妻，他在乡里教授学生为生；殷子富有田地畜牧山林这些物产。骆子接受书帖和钱物后，过了三天就启程出发了。殷子却以身体不适而推辞了，坚决不肯前往。他的朋友都劝他前往。殷子说："我并不是不知道杨公的贤能，是值得结交的人，而且他有能力向朝廷推荐进用我。但是富贵人家的门客不能做，多疑的朝廷不可居官。车上马上，比不上我居于山林中这么安稳；王公大卿的俸禄，不比我一年的收入多。舍弃自己的安稳而承受别人的危难，舍弃自己的丰富而承受别人的贫乏，不需要聪明人告诉我就知道这样做是不可以的。"于是他一辈子隐居不仕。

夫荆士、骆子之不能守其节者，食不足也；殷子之能守其节者，食足也。节之立不立，由于食之足不足；食之于人，岂不重乎！

【译文】

荆州的读书人、骆子不能保持气节，是因为粮食等物质不够；殷子能保持气节，是因为粮食等物质足够。气节能不能立得起来，在于粮食等物质足不足够；粮食这样的物质条件对人来说，难道不是很重要吗！

其在古昔，诸侯能恭俭者，保国之君也；大夫能恭俭者，保家之主也。今之为士者何独不然！若数口之家，有五十亩之田，俭而守之，可以无饥矣；有百亩之田，俭而守之，可以自足矣；有二百亩之田，俭而有蓄焉，可以周亲戚邻里矣。顾有此田实难①。无则固穷②；有之则俭守勿失，以遗子孙。是立身垂后之要道，不可不察也！

【注释】

①顾：但是。

②固穷：信守道义，安于贫贱穷困。

【译文】

古时候，诸侯能做到恭敬节俭的，一定是能保护诸侯国的国君；大夫能够做到恭敬节俭的，一定是能守护家业的家主。现在的读书人为何独独做不到这一点！假如是几个人的家庭，有五十亩地，节俭地守着这份产业，可以不挨饿；如果有一百亩地，节俭地守着这份产业，就能够自给自足；如果有二百亩地，节俭并且有积蓄，可以周济亲戚朋友与邻里乡亲。但要有这么多田产也确实很难。没有田产要安于贫穷；有了田产就要节俭地守护着不要弄丢，来传给子孙后代。这是安身立命、垂范后世的重要道理，不能不仔细体会省察啊！

居山

【题解】

在《居山》这篇短文中，唐甄对山居避世行为的理解超拔于常人。

唐甄认为："古之贤者，避世而入于深山之中，虽乐其有此，而所乐不在焉。"贤能的人居于山中不仅仅是乐山乐水，更是为了"远习"，即远离流俗与世习；是为了"自修"，即内心的完善。唐甄指出："上圣即性而善，贤者动于遇而善，未贤者择所处而善。"不贤能的人才会选择地方来行善，这种善未见得就是真善。就如同读书治学，一定要选择山林幽壑吗？"市朝之间，岂不可以为学哉？"而且见到山水而后才快乐，则"乐不在心而在外，则山与水虽远于俗，亦溺心之物耳"。山水同样成为溺心之物，乐从何来！

隐居在于心隐，即性而善，乐在心而不在外。这既是传统的隐居命题，其实也可视为唐甄心性论思想的另一个侧面。

从洪源和尚神貌变化这一事例，唐甄得出的结论更能启发人："不寓于山水而壹于山水，则乔林幽谷，犹之城郭市廛也；鸣鸟游鱼，犹之优伶歌舞也；茅宇场圃，犹之峻宇雕墙也。"居山临水，乐山乐水又能不囿于山水，这才是居山之真义。

唐子病不见宾。有款门者，仆妇以一简一笺入[①]：简署黄山道人方熊[2]，笺乃人所为《赋归黄山》诗也。诗道景物，而不言所居之志。唐子曰："斯人也与作诗者，皆不善居山。居山者，乐其有乔林幽谷乎？乐其有鸣鸟游鱼乎？乐其茅宇场圃之安乎？古之贤者，避世而入于深山之中，虽乐其有此，而所乐不在焉。流俗同尚，与之言仁义道德，则或非之；以为是者，亦悦于名，不得其实，非若渴之遇饮，饥之遇食也。有实致之行者，则以为迂而不悦，岂惟师友，且无可与之为邻者。于斯际也，若可不求食而无饥，去而避之深山之中，不亦宜乎！上圣即性而善，贤者动于遇而善，未贤者择所处而善。目不睹营营之形[3]，耳不闻攘攘之声[4]，居不见巍巍之象，所以远习也。市朝之间，岂不可以为学哉？不于动心者制心，亦便于自修也。若见山而后乐，见水而后乐，乐不在心而在外，则山与水虽远于俗，亦溺心之物耳。"

【注释】

①简：书简。

②方熊：不详何人。

③营营：忙忙碌碌。

④攘攘：纷乱的样子。

【译文】

我病倒后不能接见客人。有人敲门，女仆拿着一份名帖一份诗稿进来了：名帖上写着黄山道人方熊，诗稿为《赋归黄山》诗。诗作状景写物，但并没有抒写内心的志向。我说："这个人与诗的作者，都不是善于隐居山林的人。隐居山林的人，是因为喜欢有高大的树木、幽深的山谷吗？是因为喜欢鸣叫的鸟儿、畅游的鱼儿吗？是因为喜欢茅草房子与菜园子的安宁吗？古代贤能的人，躲避世俗而隐居到深山中，虽然也喜欢有这些东西，但他们喜欢的又远远不止这些。流行的风俗所共同崇尚的，与他谈论仁义道德，就有批评谈仁义道德的人；赞同谈仁义道德的人也喜欢好的名声，但不能够实际执行，并不是像渴了的人看到可以喝的，饥饿的人遇到可以吃的那样。真正能实实在在践行的人，则认为这是迂腐因而不喜欢，哪里谈得上成为师友，就是与他做邻居都不可能。在这种时候，如果可以不去找食物而不挨饿，离开俗世而躲避到深山中，不也是很适宜吗！上等的圣人依据本性而为善，贤能的人因有知遇的人而为善，不贤能的人只能选择处所而为善。眼睛不看那些忙忙碌碌的形体，耳朵不听那些熙熙攘攘的声音，所居之处看不见高大的建筑，这都是为了远离流俗习气。市井之中，难道就不可以潜心学问吗？用不使人动心的事物来约束内心，也是便于自我修养。如果见到山然后才快乐，见到水然后才快乐，这种快乐不是内心快乐而是因为外在而快乐，那么山和水虽然远离世俗，也不过是使内心沉溺的事物罢了。”

尧峰之下[①]，有比丘洪源[②]，遗唐子以巨篁之根[③]。与之处数日，见其身如丘山，神如渊水，无疾言，无矜色，无流视[④]，无倾听[⑤]。心服其静，而自憾未能也。去数旬而复见，则憔悴枯槁，面有忧色。问以胡为若此也，曰：“吾徒多人，日食不给，是以若此。”唐子口不言而心笑之曰：“是静于象而不静于心者也。然则见山而适，有夺其山者而不适；见水而适，有夺其水者而不适。不寓于山水而壹于山水[⑥]，则乔林幽谷，犹之城郭市廛也；鸣鸟游鱼，犹之优伶歌舞也；茅宇场圃，犹之峻宇雕墙也[⑦]。”

【注释】

①尧峰：山名。

②比丘：和尚。

③篁：竹。

④流视：谓眼睛流转顾盼。

⑤倾听：侧着头听。

⑥壹：专一。

⑦峻宇：高大的房子。雕墙：雕饰华美的墙壁。

【译文】

尧峰山的山脚下，有个叫洪源的和尚，送给我一只巨竹的竹根。我与洪源相处了几天，发现他身体像山丘一样安稳，神色沉静如深渊中的水，不快速说话，没有骄矜的神色，不东张西望，不侧着头到处听。我内心佩服他的平静，而且遗憾自己没有达到这种境界。我离开几十天后再见到他，则发现他容貌憔悴，形容枯槁，脸上有忧愁的神色。我问他为何成这样了，他说："我的徒弟很多，每天供应不了他们的吃喝，所以才愁成这样了。"我听后嘴巴没说而在心里笑着说："这只是表面上的平静而内心并不平静。有的人见到山就舒适，有人夺走他的山就不舒适了；见到水就舒适，有人夺走他的水就不舒适了。不是寓情于山水而专一于山水，那么高大的树木、幽深的山谷，都如同城池与市井；鸣叫的鸟儿、畅游的鱼儿，都如同戏子的歌舞；茅舍、菜圃，如同高峻的屋宇、华丽的墙壁了。"

贞隐

【题解】

《贞隐》篇讨论的主题，与《独乐》《居山》等篇一样，都是隐居。贞隐，就是正确对待隐居。贞，即正之意。

唐甄认为天生万物各有其用，都不应该“隐”。当然，人要有用于社会，既要有好的机会，也要有善于使用人材的人。唐甄说：“身，犹弓也；父，犹良工也；君，犹善射者也。故夫不得乎君而居于林，观于川者，心虽乐之，非所愿也，不得已也。”不是迫不得已就不要过隐居生活。

唐甄说：“至德之世，莫如尧舜。若遇其时，愿为夔、龙之家奴，出则从轮，入则操帚，饱其食余之食，暖其弊垢之衣，死则裂帷而葬之，荣莫大焉，尊莫甚焉！”只要有用武之地，谁不想干一番荣莫大焉、尊莫甚焉的伟业呢？

更为深刻的是，唐甄还指出：“自夫世多浊行，人有矫情，不知贤哲时驾时息之道，而乃迹其所处，昧其所怀；迹其所乐，昧其所忧。”有的人隐居是出于“矫情”，而不是对“隐居”有着正确的理解，甚至是一种对真正隐居之人的简单的模仿，所以，“以富贵为陋，贫贱为高；卿相为污，野人为洁；乱不出，治亦不出；桀、纣招之不来，尧、舜招之亦不来。”这种矫揉造作的做派，哪能算得上是正确理解了隐居呢！

唐甄认为真正的隐居是如姜太公一样的：“故夫贤哲之隐，知命之至也，守身之道也，虎决而尸默者也，鹰扬而龟息者也，非以为名高也。”真正的隐居，是对时势的清醒认识，是坚韧的等待，是对虚名的摒弃。

唐甄特别提道：“为学之道，制欲为先。”有多少虚假的隐居，都是在欲望驱动下上演的滑稽把戏！唐甄觉得：“人之情，孰无所欲！得其正而安之，不得其正则弃之，是为君子。得其正而溺之，不得其正而强遂之，是为鄙夫。”合理的欲望乃人之常情，不合理的欲望就是鄙陋。以隐居这种方式来满足个人鄙陋的欲望也代不乏人。

当然，还有为虚名所累的“稽生”，也值得隐居者借鉴：“士之欲洁其身者，毋耻于玉卮之不及，则几矣。”

凡物之生，必有其用：金木土石，人之所资；布帛稻麦，人之所养；奚必珍宝！败屋之瓦，废墙之砾，人之取之则无遗焉。物且有然，而况天下之贤人乎！贤而不致于用，吾见其不瓦砾若也①。父子之恩，君臣之义，岂徒大伦之不可废哉？恩以成材，义以致用也。今夫弓之为物，可以御暴，可以定乱，物之可贵者也。然而良工为之，必得善射者引而发之。苟不操于善射者之手，则亦筋弛角拨弦绝已耳②。虽有良材，天下之弃材也；虽有良工，天下之弃工也。身，犹弓也；父，犹良工也；君，犹善射者也。故夫不得乎君而居于林，观于川者，心虽乐之，非所愿也，不得已也。

【注释】

①不瓦砾若：即“不若瓦砾”，连瓦砾都不如之意。

②筋：附在弓干外面的筋条。制弓用筋能使箭射得更远。角：动物的角。与筋一样，古时多用于制弓。

【译文】

万物的产生,一定各有自己的用途:金木土石,是人们所依赖的;布帛稻麦,是人们用来养活自己的;何必一定是珍奇异宝!破败房屋的瓦片,废弃墙垣的石子,人们都会取来为自己所用,不会遗漏。物体尚且这样,何况是天底下贤能的人呢!是贤人而不能利用,我觉得他们连瓦片、石子都不如。父子之间的恩情,君臣之间的道义,难道只是父子、君臣之间的伦常关系不能废除吗?父子恩情是使儿子成材,君臣道义是使大臣对国家发挥作用。现在弓箭这样的东西,能抵御敌人,能平定暴乱,这是弓箭的可贵之处。但是精良的工匠制作出弓箭,一定要有善于射箭的人来拉弓发射。假若不放在善于射箭的人手上,那也只会皮筋松弛、角脱落、弓弦断绝而已。即使有精良的器材,也成了天下废弃的材料;即使有精良的工匠,也成了天下废弃的工匠。身体,就如同弓箭;父亲,就如同精良的工匠;君主,就如同好的射手。所以得不到君主的任用而居于山林之中,在河流边观赏景致,心里虽然快乐,也不是心甘情愿的,是迫不得已啊。

古无许由[①]。许由者,是庄周之荒言也夫[②]!当是之时,谋尊灭仁,谋富灭义,争城,争地,覆军,杀将,血流海内。驰说之士[③],不骛于西[④],则骛于东;不骛于东,则骛于西;黄金在前,白璧在后,天下之士大夫相斗而取之,如群犬之攫骨也[⑤]。庄周恶之,则为之言曰:"尧让天下于许由曰:'夫子,日月也;我,爝火也。我不能治天下,请致天下于夫子。'许由曰:'我居于林而饮于河,我何以天下为哉[⑥]!'"其设为斯人也,犹畏累虚、庚桑楚之伦也[⑦]。若果有斯人,洪水冒陵,五谷不播,笑踞高山,视民如蛙鳖;虽百四凶之罪,不足以戮之。尧必诛之,著之戒命曰:"后世有行坚而僻[⑧],

无君臣之义，不同百姓之忧者，有如此许由矣。”至德之世，莫如尧舜。若遇其时，愿为夔、龙之家奴，出则从轮，入则操帚，饱其食余之食，暖其弊垢之衣，死则裂帷而葬之，荣莫大焉，尊莫甚焉！

【注释】

①许由：亦作“许繇”，传说中的隐士。

②荒言：荒唐话。

③驰说：即“游说”。

④骛（wù）：驰骋。

⑤攫（jué）：夺取。

⑥“尧让天下于许由”几句：语出《庄子·逍遥游》，这几句亦属唐甄意引，并非原文直接引用。爝（jué），小火。

⑦畏累虚、庚桑楚：在《庄子》中，并无畏累虚、庚桑楚的明确记载，只是在《庄子·庚桑楚》中有“庚桑楚者，居畏垒之山”之说。《史记·老子韩非列传》中言及庄子时，有“畏累虚、亢桑子之属，皆空语无事实”之说。

⑧行坚而僻：行为坚决而邪僻。

【译文】

古代并没有许由这个人。许由，是庄子的荒唐话啊！那个时候，人们为谋求尊位而使仁德泯灭，为谋求富贵而使道义丧失，争夺城池，争夺地盘，消灭军队，杀掉将帅，血流遍地。那些游说之士，不是西跑，就是东奔；不是东奔，就是西跑；前面是黄金，后面是白色玉璧，天下的读书人互相争斗夺取，就像一群狗争抢骨头一样。庄子非常讨厌这种情况，就这样说：“尧将皇位让给许由说：‘您是太阳和月亮，我是小火星。我不能治理好天下，请将天下让给您。’许由说：‘我居住在山林中，渴了喝河水，我要天下干什么呢！'”他假设的这个人，就像畏累虚、庚桑楚一样。假若果真有这样的人，洪水漫过山陵，庄稼不能播种，他却笑着坐在高山之上，将老百姓看成是青蛙乌龟；即使有“四凶”百倍的罪恶，也不足以杀掉他。尧一定要诛杀他，写下如下命令：“后世有行为顽固而且怪僻的，没有君臣的道义，不与老百姓同忧患的人，就像这个许由一样。”德行最高的时代，没有超过尧、舜的。假若遇到了好的时代，我宁愿成为夔、龙家的仆人，出门跟在车轮后面，回家就替他们打扫房间，吃他们吃剩下的东西，用他们穿破穿脏的衣服温暖身体，死了就扯块布包裹起来埋葬掉。再没有比这更荣耀的，再没有比这更尊贵的！

昔者伯夷、少连、虞仲、夷逸①，遭乱世能高其志，是以先师亟称之②。自夫世多浊行，人有矫情，不知贤哲时驾时息之道③，而乃迹其所处④，昧其所怀⑤；迹其所乐，昧其所忧。于是以富贵为陋，贫贱为高；卿相为污，野人为洁；乱不出，治亦不出；桀、纣招之不来，尧、舜招之亦不来。若此者，禽鹿之类也；论于贤哲之隐，如龙与蚓，其辨远矣。

【注释】

①少连：人名。《礼记·杂记》载：“少连大连善居丧，三日不怠，三月不解，期悲哀，三年忧。东夷之子也。”虞仲：即仲雍，与兄太伯同为周太王之子。为满足父亲的愿望，让君位于弟弟季历，两人一起逃到吴地。夷逸：据《尸子》记载：“夷逸者，夷诡诸之裔。或劝其仕，曰：‘吾譬则牛，宁服轭以耕于野，不忍被绣入庙而为牲。’”

②先师：指孔子。

③驾：掀起，兴起。息：停止。

④迹：追踪，追寻。

⑤昧（mèi）：违背，掩盖。

【译文】

以前伯夷、少连、虞仲、夷逸这些人，生逢乱世但能使自己志向高洁，所以孔子多次称赞他们。自从世道变得污浊了，人们开始矫饰自己的感情，不知道贤能智慧的人依时而行、依时而息的道理，还追寻他们所处的地方，违背他们内心的情怀；体验他们的快乐，掩盖他们的忧虑。于是将富贵看成是鄙陋的事，将贫贱当成是高尚的事；将公卿将相看成是污浊的，而将山野村夫看成是高洁的；国家动乱不出来为国出力，国家安定也不出来；夏桀、商纣招他们不来，尧、舜招他们也不来。像这样就是禽兽的同类；与贤能智慧的人的隐居相比，就如同拿蛟龙与蚯蚓相比，相差太远了。

天地之气，不能有解而无闭①；日月之行，不能有盈而无亏；九渊之龙，不能有升而无潜；螾蚁之族②，不能有启而无蛰③；历数之运，不能有清而无浊；圣人之道，不能有兴而无废。此际穷之厄④，亦时极之常也。愚者反之，智者顺之。反之者，溺其身，堕其名；顺之者，藏其身，而毋丧其宝焉。

【注释】

①解：发散。

②螾（yǐn）：蚯蚓。

③启：开启。蛰（zhé）：隐伏，潜藏。

④际：遭际，遭遇。厄：灾难，困苦。

【译文】

天地之间的真气，不会只发散而不收敛；太阳与月亮的运行，不会只圆满而没有亏缺；深渊中的蛟龙，不能只升腾而不沉潜；蚯蚓和蚂蚁，不能只破土活动而不冬眠;朝代天命的更替运行,不会只有气正风清而没有污浊;圣人所提倡的大道,不会只有兴起而没有废止。这些遭际穷困的厄运,也是时代发生极端变动的常态。愚蠢的人违反潮流,聪明的顺应潮流。违反潮流的人,身败名裂;顺应潮流的人,虽然身体隐居,但不会丧失宝贵的精神。

昔者吕望之未遇也,不逆意其得志于八十之年也。使其七十九岁而死,一东海之老布衣耳。当其七十九岁之前,年老困穷,无以资口食;居朝歌之市,操刀屠牛。又之孟津,天下之冲,行旅往来者多,身自执炊,卖饭以给食。此市贩者之所羞,闾里少年之所笑也。吕望则安之,乐为贱行以没世;岂尝以其兵法奇计出干诸侯[①],而望身封东海,泽流子孙哉!故夫贤哲之隐,知命之至也,守身之道也,虎决而尸默者也[②],鹰扬而龟息者也,非以为名高也。

【注释】

①干:干谒。

②决:果决,果断。

【译文】

以前吕尚还没有遇人赏识的时候,不会想到自己八十岁的时候还有实现志向的机会。假使他七十九岁的时候死了,那只不过是东海边上的一个普通老人而已。在他七十九岁以前,年老贫穷,连饭都没得吃;住在朝歌的市井中,拿着刀杀牛。又来到了孟津,这是天下的交通要冲,来来往往的行人旅客众多。他亲身下厨做饭,靠卖饭来养活自己。这是街头的小贩也感到羞耻、里巷少年也会耻笑的事。吕望则安然处之,以干这种低贱的事情为乐以终其一生;哪里曾指望用他所学的兵法与奇谋来干谒诸侯，并且赏赐封地于东海之滨，恩泽流被子孙后代呢！所以那些贤能智慧之人的隐居，是深深地知道天命，是保全身体的好方法。他们果决像老虎，静默无声像尸体，出击时像老鹰，静止时像乌龟，不是贪图好名声。

为学之道，制欲为先。彼出而不能反，申而不能屈，必至溺其身，堕其名。博学智士，蹈此者多矣；此无他，欲败之也。人之情，孰无所欲！得其正而安之，不得其正则弃之，是为君子。得其正而溺之[①]，不得其正而强遂之[②]，是为鄙夫。人所欲者，食色衣处是也。藜藿之菜[③]，不如羊豕之味；布褐之衣，不如貂狐之温；穷巷之妾，不如姬姜之美[④]；芦壁之屋[⑤]，不如楠栋之居[⑥]。此数者，君子岂不欲有之哉！然非其时，则丑其美而甘其恶者，是何也？盖以食其肉，是豢我也[⑦]；束其带，是械我也[⑧]；衣其锦绣，是涂墨我也[⑨]。

【注释】

①溺：沉溺。

②遂：满足。

③藜藿：藜和藿，泛指粗劣的饭菜。

④姬姜：春秋时，姬为周姓，姜为齐国之姓，故以为大国之女的代称，也用作妇女的美称。

⑤芦壁：芦苇做的墙壁。

⑥楠栋：即用楠木作栋梁。楠，一种木材，为贵重的建筑材料，也可供造船用。

⑦豢（huàn）：比喻收买利用。

⑧械：拘禁。

⑨涂墨：抹上黑色，即抹黑。

【译文】

研究学问的方法，首先是要知道控制欲望。那些出发了而不知道返回，只知道伸直而不知道弯曲的人，一定会使身体沉溺，名声毁坏。博学多智之人，陷入这之中的很多；这没有其他原因，是欲望击败了他们。人之常情，谁没有一点欲望呢！正确合理的欲望就安心接受，不是正确合理的欲望就放弃，这就是君子。有正确合理的欲望就沉溺于其中，不是正确合理的欲望还要强行来满足，这就是鄙陋之人。人所需要的，不过是饮食美色衣服居处。粗劣的饭菜，比不上羊、猪这样的美味；粗布衣服，比不上貂皮狐皮大衣的温暖；穷街陋巷里的妻妾，比不上姬姜这些大国女人的美丽；芦苇作墙壁的房子，比不上楠木作栋梁的居室。这些东西，君子难道不希望拥有啊！然而如果时机不正确，则将美的视作丑的，将腐败视为甜美的，这是什么原因呢？大概是因为吃这样的肉，是收买我；系上这样的腰带，是给我带上枷锁；穿这些绫罗绸缎，是抹黑我。

唐子饮酒，其妻烹瓜以进。唐子甘之，食之而饱。以食其妻之兄[①]，其妻之兄笑而不食。唐子曰："毋笑甘瓜也，则近于道矣。昔者先子浮河而东[②]，见筑防者，语同舟者曰：'吾闻之：一指之穴，能涸千里之河；一脔之味[③]，能败十世之德。乃今于兹见之。'夫脔瓜之辨岂小哉，得失之大判也[④]！"

【注释】

①食（sì）：拿东西给人吃。

②先子：称亡父。

③脔（luán）：切成块状的鱼肉。

④大判：大抵，大致。

【译文】

我饮酒的时候，妻子煮了瓜端进来。我觉得味道甘美，饱餐了一顿。用这种瓜来招待我妻子的哥哥，妻子的哥哥笑了笑，没有吃。我说："不要笑话我喜欢吃瓜，这接近于道啊。以前我父亲坐船沿河而向东，看到了修筑堤防的人，对同船的人说：'我听说：一个手指头大的洞穴，能使千里的河干涸；一块肉的味道，能败坏很多代人的品德。我今天在这里看到了。'对瓜与肉的辨别难道是小事情啊，这大致是得与失啊！"

人之情，道德不如人，则不知耻；势位不如人，则耻之。贤者不与立，则不知耻；妾妇不为礼，则耻之。有不忍小辱而甘蒙天下之大辱者，是又不可以不察也。昔陕之南有嵇生者[①]，家贫而好读书。三试，三黜，愠而归里。有娶妇者，召客饮酒，其延之上坐者，尽豪贵人也。酒数行，主人出玉卮劝客[②]，以奉豪贵者，而不及嵇生。嵇生大惭，若无所容其身者。归，谓其父曰："主人出玉卮劝酒而不及我者，薄我之贫贱也。人不可以不富贵。我若不富贵，无以生为也。"既而李自成入关，嵇生迎之，伏谒道左[③]，以策干之。自成以唐制命官，以嵇生为京兆尹[④]。嵇生坐堂上，使召"不饮我以玉卮"者至，则伏地请死罪。嵇生笑曰："我昔饮子之家，子不饮我以玉卮。使我今日饮子之家，子其饮我以玉卮乎？"陕之人至今以为笑。士之欲洁其身者，毋耻于玉卮之不及，则几矣。

【注释】

①嵇生：不详何人。

②卮（zhī）：古代的盛酒器。

③伏谒：谒见尊者，伏地通姓名。

④京兆尹：官名，汉代管辖京兆地区的行政长官，职权相当于郡太守。后用来称呼京都地区的行政长官。

【译文】

人之常情是，道德不如别人，不觉得耻辱；权势地位不如别人，就觉得耻辱。贤人不与他站在一块，不觉得耻辱；妻妾对自己无礼，就觉得耻辱。有人忍受不了小的欲望，而甘愿蒙受天下的奇耻大辱，这又不得不仔细审察了。从前在陕西南部有个嵇生，他家里贫困但非常喜欢读书。他三次做官，三次被罢黜，生气地回到乡里。有娶亲结婚的人家，召集宾客一起宴饮，那些被请到上位的人，都是身份尊贵的人。酒喝了几巡，主人拿出玉杯来给客人敬酒，也只对那些身份尊贵的人，而没有给嵇生敬酒。嵇生感到非常惭愧，好像无地自容的样子。回来后，对他父亲说："主人拿出玉杯敬酒却没有敬我，因为我贫穷卑贱而看不起我。人不能不富贵啊。我这辈子要是不富贵，我就不活了。"后来李自成进入关内，嵇生迎接闯王，拜伏在道路左边，用谋略求见他。李自成按照唐代的制度任命官员，将嵇生任命为京兆尹。嵇生坐在大堂上，让人把那个不用玉杯向自己敬酒的人召来，那人一到就跪地请求死罪。嵇生笑着说："我以前在您家喝酒，您不用玉杯向我敬酒。假使我今天在您家喝酒，您会用玉杯给我敬酒吗？"陕西人现在都把这个当笑话。读书人想要立身高洁，不要以别人不用玉杯向自己敬酒为耻辱，就差不多了。

大命

【题解】

所谓“大命”，就是天下人共同的命运、共同的处境，抑或是共同的需要。

大命之所系，其一为吃。时时威胁人生存的吃饭问题，在漫长的古代社会总是折磨着天下苍生。所谓民以食为天，其实就饱含着食物难得的意蕴。唐甄说，自己无食的贫困也是天下人共同的贫困：“今吾与子在涸泽之中，故无所资以为生也；子曷以吊我者吊天下乎！”唐甄的反问不是为了反驳，而是为天下人代言。这种无食的困境是所有穷苦人的困境，唐甄的忧民之心，可感可敬。

大命之所系，其二为穿。赋敛繁苛，家无余积，衣不蔽体，无食亦无衣：“夫昔之时，人无寝敝席者也；今之时，人鲜衣新帛者也。”今昔对比，民众的悲惨处境历历可见。

大命所系，其三为公平。“天地之道故平，平则万物各得其所。及其不平也，此厚则彼薄，此乐则彼忧。”公平，是每一个人的正义梦想；而不平，则是历朝历代的残酷现实。

大命所系，当然还包含生老病死。家不能养，死不能葬，病不能医，这也是如唐甄般贫困的人终始无休的“宿命”。

岁饥，唐子之妻曰："食无粟矣[①]，如之何？"唐子曰："以粞[②]。"他日，不能具粞，曰："三糠而七粞。"他日，犹不能具。其妻曰："三糠七粞而犹不足，子则奚以为生也？"曰："然则七糠而三粞。"邻有见之者，蹙頞而吊之曰[③]："子非仕者与，何其贫若此也？意者其无资身之能乎？"唐子曰："不然。鱼在江河，则忘其所为生；其在涸泽之中，则不得其所为生；以江河之水广，涸泽之水浅也。今吾与子在涸泽之中，故无所资以为生也；子曷以吊我者吊天下乎[④]！"

【注释】

①粟：谷粒。未去皮壳者为粟，已舂去皮壳则为米。

②粞（xī）：碎米。

③蹙頞（cù è）：皱眉，愁苦的样子。頞，额头。

④曷：代词，表示疑问，相当于"何""什么"。

【译文】

饥荒之年，我的妻子对我说："没有米吃了，怎么办？"我说："吃碎米吧。"过了几天，碎米也没法备办了，我说："三分糠七分碎米。"过了几天，就这样也没办法备办了。我妻子说："三分糠七分碎米还是不够吃，您怎么能让一家人生活下去呢？"我说："那就七分糠三分碎米吧。"邻居中有人见到我这样困难，皱着眉头同情地对我说："您不是做官的人吗，怎么会穷到这种地步呢？我猜测您是没有养活自己的能力吧？"我说："不对。鱼在大江大河中，就会忘掉它所赖以生活的东西；鱼要是生活在干涸的池塘中，那就得不到赖以生活的东西；这是因为大江大河的水宽广，而干涸池塘中的水很浅。现在我和您都生活在干涸的池塘中，所以我们都没有赖以生存的东西；您如何用同情我的东西来同情天下人呢？"

唐子行于野，见妇人祭于墓而哭者。比其反也[①]，犹哭。问："何哭之哀也？"曰："是吾夫之墓也。昔也吾舅织席[②]，终身有余帛；今也吾夫织帛，终身无完席[③]。业过其父，命则不如，是以哭之哀也。"唐子慨然而叹曰："是天下之大命也。夫昔之时，人无寝敝席者也；今之时，人鲜衣新帛者也。"

【注释】

①比：等到。

②舅：指丈夫的父亲，见《备孝》篇注。

③终身：一生，终竟此身。

【译文】

我在野外行走时，看见一个女人哭着在墓地里祭祀。等我返回的时候，她还在那里哭。我问她："你为什么哭得这么悲哀呢？"她说："这是我丈夫的坟墓。以前我公公编织席子为生，一辈子都有布帛这样的盈余；现在我丈夫纺织布帛，终其一生都没有一张完整的席子。我丈夫的技艺超过他的父亲，命运则比他差多了，所以我哭得这么悲哀。"我感慨着说："这是天下多数人的共同命运。以前的时候，人没有睡破席子的；现在，人们很少有穿新衣服的了。"

唐子曰："天地之道故平，平则万物各得其所。及其不平也，此厚则彼薄，此乐则彼忧。为高台者，必有洿池[①]；为安乘者，必有茧足。王公之家，一宴之味，费上农一岁之获，犹食之而不甘。吴西之民，非凶岁为麲粥[②]，杂以荍秆之灰[③]；无食者见之，以为是天下之美味也。人之生也，无不同也，今若此，不平甚矣。提衡者权重于物则坠，负担者前重于后则倾，不平故也。是以舜、禹之有天下也，恶衣菲食，不敢自恣。岂所嗜之异于人哉？惧其不平以倾天下也。”

【注释】

①洿（wū）池：水塘。《孟子·梁惠王上》曰：“数罟不入洿池，鱼鳖不可胜食也。”

②麲（xiàn）：麦屑。《玉篇·麦部》曰：“麲，麦屑也。”

③荍（qiáo）：同“荞”。《新唐书·高承简传》曰：“野有荍实，民得以食。”

【译文】

我说：“天地之间的原则本来是公平的，做到了公平那么万事万物就会得到自己想要的。做不到公平了，就会出现这里好那里就坏、这里快乐那里就忧愁的情况。有修筑高台的人，就一定有挖水池的人；有乘坐舒适车马的人，就一定有脚上走出厚茧的人。王公贵族这样的家庭，一次宴饮要耗费上等农民一年的收入，还觉得吃得不好。吴西一带的老百姓，不是饥荒的年头也要吃麦屑做的粥，还要掺入荞麦杆磨成的粉。没饭吃的人见到了，还将这些看成是天底下的美食。人刚生下来没有什么不同，现在像这样，也太不公平了。拿秤的人如果秤砣比要秤的物品重，秤砣就会掉下来；挑担子的人前面的东西重于后面的东西，就会发生倾斜，这就是不平等的缘故。所以舜、禹统治天下的时候，穿很差的衣服，吃很差的饭菜，完全不敢自我放纵。难道是他们的欲望与其他人有差别吗？是害怕不公平使国家倾覆啊。”

唐子之父死三十一年而不能葬，母死五年而不能葬，姊死三十年而不能葬，弟死二十九年而不能葬。乃游于江西，乞于故人之宦者，家有一石一斗三升粟，惧妻及女子之饿死也。至于绣谷之山而病眩[1]，童子问疾，不答。登楼而望，慨然而叹曰："容容其山[2]，旅旅其石[3]，与地终也！吁嗟人乎！病之蚀气也，如水浸火。吾闻老聃多寿，尝读其书曰：'吾惟无身，是以无患。'盖欲窃之而未能也！"

【注释】

①绣谷之山：疑指庐山。

②容容：盛多的样子。《楚辞·九辩》曰："载云旗之委蛇兮，扈屯骑之容容。"

③旅旅：众多。《左传·昭公三年》曰："小人之利也，敢烦里旅。"杜预《注》："旅，众也，不敢劳众为己宅。"

【译文】

我的父亲死了三十一年还不能安葬，母亲死了五年还不能安葬，姐姐死了三十年还不能安葬，弟弟死了二十九年还不能安葬。于是我到江西游历，向以前的朋友中做官的人请求帮助，家里只留有一石一斗三升粮食，是怕妻子和儿女饿死。到了庐山的锦绣谷，病得头晕目眩，童仆问我不是不病了，我没有回答。登上高楼望着远方，我感慨万千，叹息着说："禽兽众多的青山，石头也众多，它们与大地同始终！唉！人啊！疾病侵蚀了人的元气，就像水浸泡火。我听说老子寿命长，曾经读过他的书，其中说道：'我只是因为没有了身体，所以再也没有了祸患。'我想盗用这种思想，但是做不到。"

破祟

【题解】

祟，是古人眼中不可琢磨、无法把捉的神秘力量，所以许慎《说文解字》对“祟”的解释为：“神祸也。”

唐甄囿于时代，他对“祟”的解释不可避免地带着时代的认知局限。如他说：“今人但知人不得其死则为厉鬼，而未究古者列星山川之神皆能为祟。”所以，他认为屈原投江而死是“湘水为祟”。

当然，唐甄还是看到了“祟”所涵盖的更多层面的内容，如他说“祟”有忠祟、孝祟、仁祟、义祟、信祟、道祟，这已经大大突破了从神鬼角度来论祟，而将政治、人事等搀入对祟的解释。特别是唐甄言：“吾闻祟有二：有外祟，有内祟；内祟成而后外祟得以中之。”对外祟与内祟的区分与界定，将人的德行修为等因素引入其中，就更突破了传统祟的神秘，极有见地。当然，唐甄又将《春秋》这一“是非之准”作为“内祟不起，外祟不入”的判断标准，则又落入陈套之中了。

屈原之死[①]，疑有祟焉[②]，或湘水之神为祟与？今人但知人不得其死则为厉鬼，而未究古者列星山川之神皆能为祟。原也发而为言，皆非人世之言；其心志所往，皆非人世所及之境。见神，见鬼，神语，鬼语，魂已上天，魄已入渊，可畏也。使当日者，其弟子若宋玉之徒[3]，见其师之迷乱，往卜于郑詹尹[4]，詹尹必曰："湘水为祟。"则至湘水之滨，备牲，沉玉，以禳其灾[5]，原或免于死乎！妇人自杀于房，丈夫自沉于河，有物使之也；原其斯类与！不然，原亦贤者也。营营青蝇[6]，无伤正直；丘中有麻[7]，益见高蹈[8]。彼岂未之诵与！而以父母之身饱渊鱼之腹，生死不明，得失罔辨，非有物使之乎？是为忠祟。

【注释】

①屈原：名平，战国时期楚国诗人。早年受楚怀王信任，任三闾大夫等要职，兼管内政外交大事。后受楚国贵族诬陷排挤，被流放至汉北和沅湘流域。楚国都郢被秦军攻破后，自沉于汨罗江，以身殉国。

②祟（suì）：鬼神的祸害。古人以为想象中的鬼神会经常出来祸害人。

③宋玉：战国时楚人，辞赋家。宋玉流传后世的作品，以《九辩》最为可信。《九辩》首句为"悲哉秋之为气也"，故后人常以宋玉为悲秋悯志的代表人物。又传说宋玉才高貌美，遂亦为美男子的代称。

④郑詹尹：古卜筮者的名字。

⑤禳（ráng）：指除去邪恶或灾异。

⑥营营：象声词。《诗经·小雅·青蝇》："营营青蝇，止于樊。"朱熹《集传》："营营，往来飞声，乱人听也。"

⑦麻：麻类植物的总称。

⑧高蹈：崛起，特出。

【译文】

对于屈原的死亡，我觉得是有神鬼在作怪，有可能是湘水中的神灵在祸害人吧？现在的人只知道人如果是不正常死亡就会变成厉鬼，而没有探究古代星宿山川这样的神灵都能够作怪祸害人。屈原发声为言，说的都不是人世间的话；他内心志向所向往的地方，都不是人世间所能达到的境界。看见神灵，看见鬼怪，说神话，说鬼话，魂已经到达天上，魄已经沉入深渊，多么可怕。假若在当时，他的弟子如宋玉这些人，看到了他们的老师神志迷乱，前往郑詹尹那里占卜，郑詹尹一定会说："这是湘水中的神灵在作怪。"那么到了湘水边，准备好牺牲，将玉璧沉入河中，用来消除灾害，屈原可能会免于死亡了吧！女人在房子里自杀，男人自己跳到河中淹死，这些都是有东西在暗中指使；屈原大概也属于这一类吧！不然的话，屈原也是个贤能的人。青蝇飞来飞去的声音，不能损害正直；田地中如果有麻，更显出麻的高大不群。这样的诗句他难道没有诵习吗！而将父母赐予的身体去喂饱深水中的鱼儿，不明白生与死的大义，辨别不清得与失，难道不是有东西在暗中指使他这样做吗？这就是"忠"这种东西在作怪。

伍员不忍其父之死①，托身仇国，而为之弑其君。身为乱贼之首，激烈狂悖，以求遂其志。是为孝祟。宋襄公为仁祟②，季路为义祟③，荀息为信祟④。

【注释】

①伍员：伍子胥，名员，字子胥，楚国人。春秋末期吴国军事家，因为封于申，又称申胥。

②宋襄公：见《辨儒》篇注。

③季路：见《辨儒》篇注。

④荀息：原氏，名黯，字息，春秋时晋国名相。足智多谋，辅助晋献公发展晋国，打通了晋国向中原发展的通道。

【译文】

伍子胥无法忍受父亲的枉死，投奔到敌国，并且替他们杀掉了自己的国君。伍子胥成为乱臣贼子的头，他激昂慷慨，狂妄悖逆，来求得达到自己的目的。这就是“孝”这种东西在作怪。宋襄公的死是因为“仁”这种东西在作怪，季路的死是因为“义”这种东西在作怪，荀息的死是“信”这种东西在作怪。

奚啻是哉！庄周伤道丧世乱，由于利欲，而矫之以虚无。虚无非差也[1]，无之，所以求其有也。今读其书，不知其心安在，不知其明心之方安在。诋尧、舜，诋仲尼，纵横颠倒，莫测其端。卒之其心无主，如火熄尘散，与利欲同归于灭亡。是为道祟。

【注释】

①差（chà）：奇异。

【译文】

何止是这些呀！庄子伤感于大道沦丧世道混乱，是因为人的利欲太重，所以用“虚无”来进行纠正。“虚无”并不是什么奇异的东西，是用“无”这种方式作为求得“有”的手段。现在读庄子的书，不知道他真正的用心在哪里，不知道他使自己内心明净的方法在哪里。诋毁尧和舜，诋毁孔子，纵横恣肆，颠倒常规，没有人知道他的端绪在哪里。最终他的心灵没有了主宰，如同火熄灭了烟尘飘散，与利欲一起灭亡。这就是“道”这种东西在作怪。

忠孝，大伦也；仁义信，美德也；道，大路也。不正其心，不得其方，失身之主，祸人之国，其害甚大，若之何不省也！

【译文】

忠与孝，是重要的伦理原则；仁、义、信，是美好的品德；道，是康庄大道。不端正自己的内心，没有正确的方法，失去身体的主宰，祸害别人的国家，这种害处太大了，为什么不去反思自己呢！

吾闻祟有二：有外祟，有内祟；内祟成而后外祟得以中之。似德非德，似道非道，以至美色、厚利、奇器、夏屋[①]，皆外祟也。似德是德，似道是道，以至好色、好利、僻嗜、宴安[②]，皆内祟也。心智暗塞，执见罔觉；血气偾张[③]，往而不反；趋岐为正，发狂为圣。于是智者入于非僻，愚者溺于邪淫，心化为妖矣。岂必彭生形见[④]，申生人语[⑤]，而后为祸哉！

【注释】

①夏屋：大屋。

②僻嗜：对某种事物有特殊嗜好。宴安：逸乐。

③偾（fèn）张：扩张突起。

④彭生形见：彭生，春秋时齐国公子，为齐襄公所杀害。后来齐襄公打猎时看见了一头野猪，但随从人员说没看见野猪，只看到彭生。

⑤申生人语：申生，春秋时晋献公的太子，因晋献公听信骊姬之言被迫自杀。后来夷吾为晋君，残暴无道。晋国大臣狐突在祭奠申生时突然倒在席上，并且说梦见申生告诉自己："已经请求上帝处罚无道的夷吾了。"

【译文】

我听说祸害人的东西有两种：一种是来自外部的祸害，一种是来自内部的祸害；有了内在的东西在作怪害人，外部害人的东西才能够乘虚而入。像德又不是德，像道又不是道，一直到漂亮的女人、重利、奇巧的器玩、高大的房子，这些都是从外部祸害人的东西。像德也确实是德，像道也确实是道，一直到喜欢美色、喜欢财利、邪僻的嗜好、宴饮安乐，都是从内部祸害人的东西。人的心智黑暗闭塞，固执己见而完全不能发现；血气扩张突起，一往而前不知道返回；走向了歧途而还以为是走正道，发疯狂乱而还以为是成了圣人。此时智慧的人进入邪恶之中，而愚蠢的人沉溺于邪恶淫乱中，心灵化为妖孽了。难道一定要彭生化为野猪出现、申生死后开口说话，然后才会成为祸害呀！

《春秋》，是非之准也；其所予夺[①]，大异常见。人以为忠，而《春秋》以为非忠；人以为孝，而《春秋》以为非孝；人以为仁，而《春秋》以为非仁；人以为义，而《春秋》以为非义；人以为信，而《春秋》以为非信；人以为道，而《春秋》以为非道。明于此，而后内祟不起，外祟不入。

【注释】

①予夺：褒贬。

【译文】

《春秋》是判断是与非的标准；他所肯定与否定的，与寻常见解差别很大。人们认为是忠诚的，而《春秋》认为不忠诚；人们认为是孝的，而《春秋》认为是不孝；人们认为是仁的，而《春秋》认为是不仁；人们认为是义的，而《春秋》认为是不义；人们认为是信的，而《春秋》认为并不是信；人们认为是符合道的，而《春秋》认为不合乎道。明白了这些道理，来自内部的祸害人的东西就不会兴起，来自外部的祸害人的东西也不会乘虚而入。

博观

【题解】

《博观》篇是唐甄对宇宙万物等的观照，是体现唐甄哲学思想的重要篇目。

首先，唐甄以果蠃和八哥为例，来说明万事万物的变与不变。万物转瞬即逝，旋生旋灭者多，天长地久者少，这是变；但是在一个相对较长的时间段中，作为某个物种又是恒定的："万亿年之间，虽易其形而为万亿果蠃，实万亿果蠃而一蔓也；虽易其形而为万亿鸜鹆，实万亿鸜鹆而一身也。"说的就是世界的变与不变。

生与死、成与毁、永恒与瞬间等命题，像唐甄这样的思虑精深者总是会思考的。唐甄认为："天地之既成也，吾知其必有毁也；知其必有毁也，亦知其必复有成也；知其必复有成，亦知其后成之不异于前成也。"天地、日月星辰、山川百物等莫不如是，成而后毁，毁而后成。对待生与死，就是要"察于天地万物之故"，才能做到反诸身而不自昧，"察乎传形之常，而知生非创生，死非卒死也"。

"天地人物，奚以不穷乎？"天地万物不穷尽的原因是什么呢？唐甄以正月用于玩耍的灯笼为喻，说明不穷的原因在于有某种力量的推动："其转而不穷者，有灯以鼓之也。混辟绝续死生之不穷，必有为之灯者。不然，形敝则已，精亡则已，气索则已，孰为传之而不穷者？"唐甄继承了传统的精气说，将这种推动力量定义为精气。

时光流逝，生命不驻，这是关于时间与生命的永恒思考。唐甄认为有形的生命会消逝，无形的精神则不会消竭，那流传千古的圣人精神就是如此："圣人之所以异于众人者，有形则逝，无形则不逝；顺于形者逝，立乎无形者不逝。无古今，无往来，无生死，其斯为至矣乎！"

唐子见果蠃[①]，曰："果蠃与天地长久也。"见桃李，曰："桃李与天地长久也。"见鸜鹆[②]，曰："鸜鹆与天地长久也。"天地不知终始，而此二三类者，见敝不越岁月之间[③]，而谓之同长而并久，其有说乎？百物皆有精，无精不生。既生既壮，练而聚之[④]，复传为形。形非异，即精之成也；精非异，即形之初也。收于实，结于弹[⑤]，禅代不穷[⑥]。自有天地，即有是果蠃、鸜鹆，以至于今。人之所知，限于其目。今年一果蠃生，来年一果蠃死；今日为鸜鹆之子者生，来日为鸜鹆之母者死；何其速化之可哀乎！察其形为精，精为形，万亿年之间，虽易其形而为万亿果蠃，实万亿果蠃而一蔓也；虽易其形而为万亿鸜鹆，实万亿鸜鹆而一身也。果鸟其短忽乎[⑦]，天地其长久乎？果鸟其易形而短忽乎，天地其一形而长久乎？

【注释】

①果蠃（luǒ）：即栝楼，多年生草本植物，茎上有卷须，以攀缘他物。

②鸜鹆（qú yù）：鸟名，俗称八哥。

③见敝：指由产生到衰亡。

④练：阅历，磨炼。

⑤弹：即“蛋”。

⑥禅代：交替。

⑦短忽：短暂而快速。

【译文】

我看见果蠃时，说：“果蠃能与天地一样长久。”看见桃李时，说：“桃李能与天地一样长久。”看见八哥时，说：“八哥能与天地一样长久。”天与地，我们不知道它们的开始与终结，而刚才说到的这两三种东西，衰亡也不超过一年的时间，而说它们与天地一样长久，这有什么说法吗？万事万物都有精气，没有精气无法生长。精气产生后慢慢壮大，熔炼聚集，又延续而成为有形状的东西。有形状的东西其实没有差异，都是精气生成的；精气也没有什么差别，都是万物形状生成最初始时的东西。精气最终收藏在果实中，凝结在卵中，一代一代传递而不穷尽。自从有了天地，就有了果蠃、八哥这些东西，一直到现在。人们所懂得的，往往限于他们眼睛看到的。今年有一株果蠃生了，明年有一株果蠃死了；今天一只八哥的孩子出生了，明天一只八哥的母亲死去了；如此快速的变化是多么令人伤心啊！观察形因为精气而产生，精气变化而为形，亿万年之间，虽然形状改变而产生了亿万株果蠃，但实际上这亿万株果蠃都是由一根藤蔓发展而来；虽然形状改变而产生了亿万只八哥，但实际上这亿万只八哥都是由一个身体发展而来的。果蠃、八哥短暂易逝吗？天、地长久吗？果蠃、八哥是改变了形状而短暂易逝吗？天、地是形状一成不变而长久吗？

无成乃无毁，有成必有毁。天地之既成也，吾知其必有毁也；知其必有毁也，亦知其必复有成也；知其必复有成，亦知其后成之不异于前成也。其日月星辰，必复如是；其山川百物，必复如是；其君长上下，必复如是；其宫室、舟车、衣服、饮食，必复如是。犹之相此蜩而知彼蜩之羽如是也[①]，相此菌而知彼菌之轮如是也[②]。夫蜩不孳[③]，菌不实[④]，而其生也古今若一。是又气之所至，不待传而传者也。是知天地非不易形而长久者，亦若蜩、菌焉而已矣，亦若果蠃、鸜鹆焉而已矣。乃人所欲莫如生，所恶莫如死。虽有高明之人，亦自伤不如龟、鹤，自叹等于蜉蝣[⑤]。不察于天地万物之故，反诸身而自昧焉[⑥]。是故知道者，斗酒羔羊以庆友朋，而不自庆；被衰围绖以致哀于亲[⑦]，而不自哀。盖察乎传形之常，而知生非创生，死非卒死也[⑧]。

【注释】

①蜩（tiáo）：蝉。

②轮：指圆形菌盖。

③孳（zī）：生育，繁殖。

④实：成熟。

⑤蜉蝣：虫名。生存期极短，比喻微小的生命。

⑥昧：愚昧。

⑦衰（cuī）：古代丧服，用粗麻布制成，披在胸前。绖（dié）：古代丧服上的麻带。扎在头上的叫首绖，缠在腰间的叫腰绖。

⑧卒：最终。

【译文】

没有形成就没有毁灭，有形成就有毁灭。天与地已经形成了，我知道它们必定有毁灭的时候；知道它们必定有毁灭的时候，也知道它们必定有再形成的时候；知道它们必定有再形成的时候，也知道它们后一次的形成与前一次的形成没有差别。日月星辰，一定是这样的；山川万物，一定是这样的；国君、卿大夫上上下下，一定是这样的；宫室、车船、衣服、饮食，一定是这样的。就像看这只蝉的羽翼就知道那只蝉的羽翼也是这样的，看这只蘑菇的菌盖就知道那只蘑菇的菌盖也是这样的。蝉不产卵，蘑菇不结果实，但它们的产生在古代与现代都一样。这一样是精气贯注其中，不需要传宗接代而已经传宗接代了。所以明白了天地不是因为不改变形状而长久，也是像蝉与蘑菇罢了，也是像果蠃、八哥罢了。人最大的欲望莫过于活着，最厌恶的事莫过于死亡。即使有最高明的人，也暗自伤感不如龟、鹤一样长寿，叹息自己就像蜉蝣的生命一样短暂。不深察天地万物生死变化的缘故，回到自己身上就弄不明白了。所以懂得道的人，用美酒美食给朋友庆贺，但不为自己庆贺；披麻戴孝来向亲人表示哀悼，但不为自己哀悼。大概是明白了万物传承发展的规律，因而懂得了出生并不是初始产生，死亡也不是最终死亡。

天地人物，奚以不穷乎？天地之混辟大矣[①]；必有为混为辟者在其中，而后不穷于混辟也。物之绝续众矣[②]；必有为绝为续者在其中，而后不穷于绝续也。人之死生多矣；必有非生非死者在其中，而后不穷于死生也。孟春中月之夜[③]，为灯之玩者，以纸为郛[④]，景旋于里[⑤]。或扬旆而过[⑥]，或鸣钲而过[⑦]，或甲胄荷戈而过[⑧]，或乘马徒步而过，绵绵不绝，何机之巧也！是非独机之巧，出灯则过者皆止，置灯则过者如飞。其转而不穷者，有灯以鼓之也。混辟绝续死生之不穷，必有为之灯者。不然，形敝则已，精亡则已，气索则已，孰为传之而不穷者？

【注释】

①混：混沌。辟：开辟，分开。

②绝续：断绝和延续。

③孟春：春季的第一个月，农历正月。中月：当空的明月。

④郛（fú）：外城，这里指外壳。

⑤景：同“影”，影子。

⑥旆：指旌旗。

⑦钲（zhēng）：古代乐器，形圆如铜锣，悬而击之。

⑧甲胄（zhòu）：铠甲和头盔，这里指披甲戴盔。

【译文】

天、地与人类、万物，为什么不会穷尽呢？天与地的混同与开辟可谓伟大；一定有使它们混同、使它们开辟的力量在其中起作用，然后才能使混同与开辟不会穷止。万物的灭绝延续是众多的；一定有使万物灭绝、使万物延续的力量在其中起作用，然后这种灭绝和延续才能不穷尽。人的死生很多，一定有不生不死的力量在其中起作用，然后死生才不穷止。正月明月当空的夜晚，那些做灯笼玩的人，以纸做花灯的外壳，画好的人影在里面旋转。这些人影，有举着旗子而过的，有敲着钲而过的，有穿着盔甲肩扛着戈而过的，有骑马或者徒步而过的，绵绵不断，这是多么巧妙！这不仅仅是机关的巧妙，将灯从里面拿出来这些过往的人物都会停下，将灯放进去人物又飞奔而过。这些人物转运不停的原因，是灯在里面鼓动。混同、开辟、灭绝、延续、生死没有穷尽，一定有作为灯的力量在推动。不是这样的话，形体衰败然后就停止了，精气消亡然后就停止了，气尽了然后也就停止了，传下去而不穷止的是什么呢？

老氏载魄抱一而能无离，专气致柔而能婴儿，涤除玄览而能无疵[①]。以之求长生，魂欲上天，魄欲入渊；还魂反魄，合乎自然。是皆逆阴阳之用，窃天地之机，以私其身。于是有人皆死而我独存者。观传形者，顺乎气耳，而机不在焉；得长生者，握其机耳，而道不在焉。

【注释】

①“老氏”以下几句：语出《老子》第十章。载，加，持。魄，魂魄。抱一，坚守大道。专（tuán），聚集。涤除，清洗，清除。玄览，犹玄镜。指人的内心。

【译文】

老子守护灵魂与坚持大道而能不分离，结聚精气归于柔顺而能像婴儿一样，洗清内心杂念而能没有瑕疵。以这种方式来求得长生不老，魂要跑到天上去，魄要下到深渊中；使魂魄各自返回，这才合乎自然之道。这些都是违背阴阳的作用，窃取天地的玄机，来利于自身。于是有其他人都死了而我独独还活着的人。看那些只传递形体的人，他们顺应了自然之气，但机巧并不在其中；能长生不老的人，掌握了机巧，但道又不在其中。

句汇问于唐子曰[①]：“仲尼观水而叹逝者，其义可得闻乎？”唐子曰：“善哉问也！时之逝也，日月迭行，昼夜相继，如驰马然。世之逝也，自皇以至于帝王[②]，自帝王以至于今兹，如披籍然[③]。人之逝也，少焉而老至，老矣而死至，如过风然。此圣人与众人同者也。圣人之所以异于众人者，有形则逝，无形则不逝；顺于形者逝，立乎无形者不逝。无古今，无往来，无生死，其斯为至矣乎！”

【注释】

①句汇：不详何人。

②皇：三皇，传说中上古的三位帝王，所指说法不一，如伏羲、神农、黄帝等。帝：五帝，上古传说中的五位帝王，所指说法不一，如黄帝（轩辕）、颛顼（高阳）、帝喾（高辛）、唐尧、虞舜等。王：三王，

指夏、商、周三代之君，所指也不一，如夏禹、商汤、周文王等。

③披籍：披阅书籍。

【译文】

句汇问我说："孔子在观赏河水时感叹河水的流逝，其中的含义能听您说说吗？"我说："真是问得好！时间的流逝，日月更替，昼夜相继，如同奔驰的马一样。世代的流逝，自三皇至于五帝三王，从五帝三王一直到现在，就像翻阅书籍一样。人生命的流逝，一下就老了，一下就到死亡了，如刮过的风一样。这是圣人与普通人相同的地方。圣人之所以与普通人有差异，有形的肉体会消逝，无形的精神则不会消逝；只顺应肉体的就会消逝，立足于无形的精神的不会消逝。无古无今，无往无来，无生无死，这才算是至高境界吧！"

下篇上

尚治

【题解】

从《尚治》篇开始，唐甄论锋所指更多涉及社会治理等“计功”方面，这在《潜存》篇中说得很清楚：“历三十年，累而存之，分为上下篇：言学者系于上篇，凡五十篇；言治者系于下篇，凡四十七篇，号曰《潜书》。”唐甄对社会治理的探索，一方面是知识分子传统的经世济民情怀的延续，一方面也是明末清初社会实学思潮兴起的反映。

唐甄通过与孙姓先生的对话，指出兴学致治虽然是好办法，但实现起来非常困难，真正要将社会治理好还得另寻他途。唐甄的另寻之途，就是风尚，即利用风俗习尚来潜移默化地改变人：“圣人之所冯以运者，风也。天地之间，无形而速动者莫如风。”从《尚治》篇的内容来看，唐甄对风尚改变人的巨大力量肯认有加，所以他说：“风之行也，必有作之者。作之善者，善以成风；作之恶者，恶以成风。善作者，因人情之相尚，以身发机。人之从之，如蛰虫之时振，草木之时生，而不知其谁为之者。夫转阴阳，判治乱，分古今，皆风为之。得其机而操之，人皆可以几唐、虞之治。此人所罕知者也。”

唐甄认为纯朴乃人之本性，由纯朴可致节俭：“不从心之欲，非俭于心也，所以养天下之心也。”所以节俭不是养某个人的心，而是养天下人的心。民有节俭之心，则：“家无涂饰之具，民鲜焜耀之望，尚素，弃文，反薄，归厚，不令而行，不赏而劝，不刑而革，而天下大治矣。”

上行下效，改变风习，也是唐甄关注的风俗的特点。唐甄例举了太仆好墨布之事、陈友谅之父好衣褐之事来说明，某些特定的人对改变风尚有极大的影响。所以唐甄说：“有望人焉反之，能使一乡之人贵其所贱而贱其所贵，盖风之移人若斯之神也！洛贾且然，况太仆哉！太仆且然，况万乘之君哉！”

基于此，唐甄认为改变风习要先从权贵开始，去除伤风败俗之人。“君既能俭矣，次及帝后之族，次及大臣，次及百职，莫敢不率。贵人者，万民之望也；贵之所尚，贱之所慕也。贵尚而贱不慕，世未有也。”唐甄对上行下效之恶风深恶痛绝。唐甄还指出，讲学树党之人、无才无德而好名之人、多言害政之人，“此三者，表伪之旗也，雕朴之刃也，引佞之媒也”。对这三种人，“善为政者，务先去之也”。这三种人最坏的影响，就是败坏社会风气，制造恶习。

天下不治的原因中也有不顺民意这一点，所以唐甄说：“世多明达之才，但见圣人正天下之法，不识圣人顺天下之意。”民意，因为在上位者为了自己的私利，对百姓“縶之，策之，如牛马然”，不停地打压摧折，最后结果就是：“民失其情，诈伪日生，文饰日盛，嗜欲日纵。”这样一来，天底下的人都奔忙逐利，民风也就越来越坏。所以，唐甄说治理国家有微言妙道：“古之贤君，虽贵为天子，富有四海；存心如赤子，处身如农夫，殿陛如田舍，衣食如贫士，海内如室家。”国君俭朴，才能营造全民性的崇俭尚朴风气，才能顺民意、得民心。

孙子曰[①]：“昔者吾之师尝闻诸顾泾阳曰[②]：‘礼义者，治之干也；学校者，礼义之宗也。先王谨学校以教天下[③]，是以治化大行。学校既废，礼义无师，欲效先王之治，难矣。居今之世，正心，复性[④]，敦伦[⑤]，淑行[⑥]，得朋，讲复[⑦]，圣道昭明。以之正君，以之正职，端于朝廷，洽于乡里。君子学道则爱人，小人学道则易使，先王之治，其庶几乎[⑧]！’”唐子曰：“是天下之善言也，乌知其不能行也！”

【注释】

①孙子：不详为何人。

②顾泾阳：即顾宪成，字叔时，号泾阳。因与高攀龙等人讲学于东林书院，议论时政，又称东林先生。

③谨：重视。

④复性：恢复人性。

⑤敦伦：敦睦人伦。

⑥淑行：美好的品行。

⑦讲复：恢复讲学。

⑧庶几：差不多。

【译文】

孙子说：“以前，我的老师曾经听顾宪成说：‘礼义，是治理国家的主干；学校，是礼义的宗主。古圣先王重视兴办学校来教化天下，所以治理教化才能大为流行。学校已经被废弃，礼义就无处学习了，想要效仿先圣帝王的治理，就很难了。在当今的时代，端正内心，恢复本性，敦睦人伦，纯正品行，得到朋友，恢复讲学，圣人之道就彰明了。以此来使君主端正治理，使官员正直履职，就使朝廷端正，乡里融洽。君子学道就会爱护他人，小人学道则容易使唤，先王治理天下，差不多就是这样吧！’”我说：“这是天底下最好的话，哪知道是不能实行的！”

曰：“何为不能行也？”曰：“先王之世，自国及乡，所在有学。人之于学也，犹其于田也；无人无田，无人无学；习而安焉，安而忘焉。当是之时，人之甘于礼义，犹五谷也。学废世衰，惟欲所恣；黩昏偾兴[①]，不可解喻。人之苦于礼义，犹药石也；虽有能者，不能强人之甘药石也亦明矣。今夫势之易行，情之易达，莫如父之于子。子之良者，不教而善；子之不良者，虽教不善。家有不良之子，詈则詈之[②]，杖则杖之，教之岂不笃乎？然入则《诗》《书》，出则博弈，知其入而不知其出也。夫以严父之教，然且不行于子，而况四海之大，生民之众乎！乃欲称《诗》《书》明礼义以道之，使之去恶迁善，是涸东海移太山之势也。"孙子曰："然则天下终不可治乎？"曰："苟得其道，治天下犹反掌也。"

【注释】

①黩昏：污浊昏乱。偾（fèn）兴：奋起，爆发。

②詈（lì）：骂，责备。

【译文】

孙子说："为什么不能实行呢！"我说："在先王的时代，从国都到乡村都有学校。人对于学习，就像种田一样自然；没有人不种地，没有人不学习；习惯了就安心了，安心了就会忘掉学习的劳累。这个时候，人们喜欢礼义就如同喜欢五谷这样的食物。学校废弃世风衰败，人们只顾着满足欲望；污浊混乱都兴起了，真是不能解释。人被礼义所苦，就好像病人苦于药物和针灸一样；虽然有能力强的人，也不能强迫人喜欢喝药打针，这是很明显的。当今容易实行的形势，容易通达的感情，莫过于父亲对儿子。好儿子，不用教化就善良；不好的儿子，就是教育他也不善良。家里有不听话的儿子，骂就骂，打就打，教育得难道不认真吗？但是，一回家就诵读《诗》《书》，出门就下棋玩耍，知道他在家里干了什么却不知道他在外面干了什么。严厉的父亲这样教育儿子都不能践行，何况天下这么大，老百姓这么多呢！想要用称颂《诗》《书》、宣明礼义来引导他，使他改恶从善，这有些像抽干东海、移走泰山。”孙子说：“这么说，天下最终是不能治理好了吗？”我说：“如果找到了好办法，治理天下就易如反掌了。”

曰：“教之难行，民之不率[①]，信如先生之言矣；又谓治之若易尔者，何也？”唐子曰：“毋立教名，毋设率形[②]，使民自为善而不知。”曰：“使之若何？”曰：“圣人之所冯以运者[③]，风也。天地之间，无形而速动者莫如风。起于幽陆[④]，至于炎崖[⑤]；偃靡万形[⑥]，鼓畅众声，无一物之不应者，惟风为然。人情之相尚，或朴或雕，或鬼或经[⑦]。忽焉遍于海隅[⑧]，改性迁习，若有物焉阴率之，而无一人之不从者，亦犹风之动于天地之间也。是故天地之吹气，谓之风；人情之相尚，亦谓之风。

【注释】

①率：服从，顺从。

②率形：表率，楷模。

③冯：通“凭”。

④幽陆：北方称幽，“幽陆”即北方一带。

⑤炎崖：泛指南方山崖。

⑥偃靡：使倒伏。

⑦鬼：鬼祟。经：正经。

⑧海隅：海角。

【译文】

孙子说：“教化难于实行，老百姓不服从，确实像先生说的一样；现在又说治理像这般容易，是为什么呢？”我说：“不要设立教化的名目，不要设立率领的形式，使老百姓自然地行善而不觉得是故意做作。”孙子说：“使他们如何做？”我说：“圣人用来凭借和运用的东西，是风习。天地自然之间，摸不着而动作迅速的，没有超过风的。风兴起于遥远的北地，一直刮到南方炎热的边境；使万物倾倒，使各种声音鼓起畅达，没有一种事物不响应的，只有风才能做到这样。人之常情崇尚的或朴实，或雕饰，或鬼祟，或正经。忽地一下传遍天涯海角，改变人的性情与习惯，好像有东西在暗中率领着它，没有一个人不听从的，也像风在天地之间吹动一样。所以天地之间气流的吹动，就叫风；人性中相互崇尚，也叫做风。

“古者郑、卫之民淫①，男女无别；今也朝歌之墟②，溱、洧之间③，纤履不假于邻女④。岂古淫而今贞哉？风使然也。使古人生于今，今人生于古，则皆然矣。吴、越之民，衣縠帛⑤，食海珍；河、汾之民⑥，衣不过布絮，食不过菜饼。岂东人侈而西人约哉？风使然也。使东人居于西，西人居于东，则皆然矣。

【注释】

①郑、卫之民淫：古代认为郑卫之俗轻靡淫逸。

②朝歌：商代帝乙等人的建都之地，在今河南淇县。

③溱（zhēn）、洧（wěi）：溱水与洧水，在今河南。

④纤履：精细华美的鞋子。假：求助。

⑤縠帛：泛指丝织物。

⑥河、汾：黄河与汾河。

【译文】

“古代时郑国、卫国的老百姓民风淫乱，男与女没有分别；现在在朝歌的废墟上，在溱水、洧水之间，制作精细华美的鞋子也不求助于邻居家的女儿。难道是古代淫乱，现在就贞洁吗？风气使人变成这样的。假使古代的人生活在今天，今天的人生活在古代，就都一样了。吴地、越地的老百姓，穿绉纱帛衣，吃海产珍味；黄河、汾水一带的老百姓，穿的不过是布衣，吃的不过是菜饼。难道是东边的人奢侈，而西边的就节俭吗？风俗习惯使他们这样啊。假使东边的人居住到西边，西边的人居住到东边，就全部都一样了。

"风之行也，必有作之者[①]。作之善者，善以成风；作之恶者，恶以成风。善作者，因人情之相尚，以身发机[②]。人之从之，如蛰虫之时振[③]，草木之时生，而不知其谁为之者。夫转阴阳，判治乱，分古今，皆风为之。得其机而操之，人皆可以几唐、虞之治[④]。此人所罕知者也。"

【注释】

①作：兴起。

②发机：发动机关，即起带动作用。

③蛰（zhé）虫：冬季藏伏起来的动物。

④几：接近。

【译文】

"风气的流行，一定是有人倡导。倡导善，善就成为风气；倡导恶，恶就成为风气。善于倡导的人，会根据人性互相所崇尚的，自身来带动。人们跟从他，如同冬眠的虫子应时而振作，花草树木按时而生长，但不知道是谁做了这件事。阴与阳的转换，治与乱的判定，古与今的划分，都是风俗作用的结果。得到这个枢机而操控它，人人都可以接近唐尧、虞舜的治理。这是人很少知道的。"

孙子曰："风之为言诚然矣；虽然，窃有惑焉。人之为善，必由礼义；民既苦于礼义，不可强而从我，更以何者为风乎？"曰："朴者，天地之始气[①]。在物为萌[②]，在时为春，在人为婴孩，在国为将兴之候[③]。奢者，天地之终气。在物为茂，在时为秋，在人为老多欲，在国为将亡之候。圣人执风之机以化天下，其道在去奢而守朴。耳不听好音，非俭于耳也，所以养天下之耳也；目不视采色[④]，非俭于目也，所以养天下之目也；口不尝珍味，非俭于口也，所以养天下之口也；身不衣轻暖，非俭于体也，所以养天下之体也。四者，不从心之欲，非俭于心也，所以养天下之心也。当是之时，家无涂饰之具，民鲜焜耀之望[⑤]，尚素弃文[⑥]，反薄归厚，不令而行，不赏而劝，不刑而革，而天下大治矣。"

【注释】

①始气：天地元气未分时的初始状态。

②萌：草木发芽。

③候：征候，征兆。

④采色：指绚丽的颜色。

⑤焜（kūn）耀：光辉，辉煌。

⑥文：文饰。

【译文】

孙先生说："关于风习的说法确实是正确的；即使是这样，但我私下还是很疑惑。人做善事，必定要通过礼义教化；老百姓已经被礼义所劳累，不能强迫他们听从我的，还拿什么来形成风习呢？"我说："淳朴，天地最初的状态就是这样的。表现在植物就是植物萌芽，表现在四时就是春天，表现在人就是婴儿的样子，表现在国家就是国家将要兴盛的征兆。奢侈，是天地终结的气象；表现在植物就是植物茂盛，表现在四时就是秋天，表现在人就是欲望很多，表现在国家就是国家将要灭亡的征兆。圣人掌握着风的枢机来教化天下，这中间的诀窍就在于除去奢侈而守住淳朴。耳朵不听悦耳的音乐，并不是耳朵节俭，这是为了养护天下人的耳朵；眼睛不看五彩的颜色，并不是眼睛节俭，这是为了养护天下人的眼睛；嘴巴不尝山珍海味，并不是嘴巴节俭，而是为了养护天下人的嘴巴；身体不穿轻柔温暖的衣服，并不是身体节俭，而是为养护天下人的身体。这四个方面，不听从内心的欲望，不是内心节俭，是为了养护天下人的心灵。这个时候，家里没有装饰华美的器具，老百姓很少有奢侈的念头，他们质朴无饰，由浇薄反还于淳厚，不用命令而自愿实行，不用奖赏而自我勉励，不用刑罚而自我革除，这样天下就能政治修明了。”

孙子曰：“民之趋于奢也，如水之下壑也；逆而反之，窃恐不能。”曰：“何为不可反也？子未之信也，请征诸故迹：昔者秦奢而汉朴，及其治也，世多长者之行[1]；隋奢而唐朴，及其治也，锦绣无所用之。夫二代之君，未闻尧、舜之道也；与其将相起于微贱，鉴亡国之弊，以田舍处天下[2]，人之化之则若此。岂惟君天下者哉，卿大夫亦有之。荆人炫服。有为太仆者[3]，好墨布，乡人皆效之。帛不入境，染工远徙。荆之尚墨布也，则太仆为之也。岂惟卿大夫哉，匹夫亦有之。陈友谅之父好衣褐[4]，破蕲，不杀衣褐者。有洛之贾在蕲，以褐得免，归而终身衣褐，乡人皆效之。帛不入境，染工远徙。洛之尚褐也，则贾为之也。縠帛，衣之贵者也；布褐，衣之贱者也。贵贵贱贱，人之情也。有望人焉反之，能使一乡之人贵其所贱而贱其所贵，盖风之移人若斯之神也！洛贾且然，况太仆哉！太仆且然，况万乘之君哉！”

【注释】

①长者：指德高望重的人。

②田舍：农舍，可代指农民。

③太仆：官名，周官中就有太仆，掌管正王之服位，出入王命，为王左驭而前驱。秦汉沿置，为九卿之一，为天子执御，掌舆马畜牧之事。

④陈友谅：元末农民起义领袖，沔阳（即今湖北仙桃）人。渔民出身，建立陈汉政权，后被朱元璋打败。

【译文】

孙先生说：“老百姓趋向奢侈，就像水流向沟壑一样；要违背这种天性而反过来行动，我私下认为恐怕做不到。”我说：“为什么不能反过来呢？您不相信，请让我求证于以前的事迹：以前秦代奢侈而汉代质朴，等到汉代社会安定的时候，社会上多有敦厚的行为；隋代奢侈而唐代质朴，等到唐代社会安定的时候，绫罗绸缎没地方用。这两个朝代的君主，没有听说过尧、舜的治理方法；他们与自己的大将、宰相都兴起于卑微贫贱之中，借鉴了亡国的弊端，以种田人的本色治理天下，老百姓就都这样被教化了。哪里只有君主是这样呢，公卿大夫中也有这样的人。荆地的人喜欢炫耀服饰。有个做太仆的人喜欢穿黑色衣服，同乡的人都仿效他。丝织品不能进入他治理的境内，织染的工人都远远地迁徙到其他地方。荆地的人喜欢黑布，就是这位太仆引起的。哪里只有公卿大夫是这样呢，普通老百姓中也有这样的人。陈友谅的父亲喜欢穿粗布衣，他攻破蕲这个地方后，不杀那些穿粗布衣的人。有个从洛阳来的商人在蕲，因为穿粗布衣而幸免于难，他回去后一辈子都穿粗布衣，同乡的人都仿效他。丝织品不能进入他所在的境内，织染的工人都远远地迁徙到其他地方。洛阳人喜欢粗布衣，就是这个商人引起的。丝织品，是衣服中贵重的；粗布衣，是衣服中低贱的；以贵重的为贵，以低贱的为贱，这是人之常情。有声望的人反其道而行之，能使一个乡里的人将低贱的东西当成贵重的，将贵重的东西当成低贱的，风气改变人就是这样神速！洛阳一个做生意的人都会这样，何况是太仆呢！太仆都能这样，何况是有万乘之尊的君主呢！”

孙子曰：“敢问行之之方。”曰：“先贵人，去败类①，可以行矣。”“先贵人若何？”曰：“捐珠玉，焚貂锦②，寡嫔御③，远优佞④，卑宫室，废苑囿⑤，损羞品⑥，却异献。君既能俭矣，次及帝后之族，次及大臣，次及百职，莫敢不率。贵人者，万民之望也；贵之所尚，贱之所慕也。贵尚而贱不慕，世未有也。”“去败类若何？”曰：“吾尝牧羊于沃洲之山，羊多病死。有教之者曰：‘一羊病，则群羊皆败。子必谨视之，择其病者而去之，不然，且将尽子之群。’从其言而羊乃日蕃。

【注释】

①败类：集体中的腐败堕落分子。

②貂锦：貂裘、锦衣。

③寡：减少。嫔御：嫔妃与侍御。

④优佞：善于用巧言谑语阿谀取媚的人。

⑤苑囿：古代畜养禽兽供帝王玩乐的园林。

⑥损：减少。羞品：泛指进献的食物等。

【译文】

孙先生说：“请问一下行动的方法。”我说：“先从高贵的人开始，然后除去伤风败俗的种类，就可以实行了。”“怎样先从高贵的人开始？”我说：“丢弃掉珠玉珍宝，焚烧掉貂皮锦衣，减少嫔妃侍从，远离倡优佞幸，使宫室简朴，废弃私家园林，减少珍馐的种类，谢绝奇异的进献。君主能做到节俭后，接着帝王、王后的家族、大臣、各种职官，没有敢不遵从的。高贵的人是老百姓所仰望的，高贵的人所崇尚的就是低贱的人仰慕的。高贵的人崇尚而低贱的人不羡慕的，世上没有这样的事。”“除去败类，要怎么做？”我说：“我曾经在沃州山放羊，很多羊都病死了。有人教给我方法：‘一只羊病了，整个羊群都会生病。您一定要看仔细，将那些病羊挑出来除掉，不然，您的整个羊群都将死光。’我听从了这个人的话羊群才日益繁盛。

“治天下亦然。讲学必树党，树党必争进退，使学者扳援奔趋而失其本心[①]。故有口心性而貌孔、颜[②]，所至多徒者，是败类之人也，虽贤必去之。好名者，无才而人称其才，无德而人称其德，使人巧言令色，便媚取合[③]，而失其忠信之情。故有身处草野[④]，而朝廷闻誉求之，公卿折节下之者，是败类之人也，虽贤必去之。多言者，以议论害治，以文辞掩道，以悻直乱正[⑤]，使人尚浮夸而丧其实。故有书数上而不止，繁称经、史而不穷，廷折百官而莫能难之者，是败类之人也，虽贤必去之。此三者，表伪之旗也[⑥]，雕朴之刃也，引佞之媒也。《诗》曰：‘大风有隧，贪人败类[⑦]。’是故善为政者，务先去之也。”

【注释】

①扳：同“攀”，攀附。

②貌：通“藐”，轻视。

③便媚：阿谀谄媚。取合：犹取容。

④草野：乡野，民间，与“朝廷”相对。

⑤婞（xìng）直：倔强，刚直。

⑥表：标记。

⑦大风有隧，贪人败类：语出《诗经·大雅·桑柔》。

【译文】

“治理天下也是这样。讲论学问就一定会培养党羽，有了党羽就会争论你进我退，这样会使研究学问的人攀附巴结而丧失了自己本真的心。所以有人嘴巴上谈心性而心里轻视孔子、颜回，所到之处广收门徒，这些人就是害群之人，即使贤能也一定要除掉。喜欢名声的人，没有才能但人们称赞他们有才，没有品德而人们称赞他们有德，使人学会花言巧语、满脸堆笑，靠谄媚去取得别人的好感，但是失去了人应有的忠诚信实品格。所以有人身处僻远之地，但朝廷听说他的名誉而召求他，王公大卿放低姿态甘心处于他的下位，这是害群之人，即使贤能也要除掉。话多的人，以议论来破坏国家治理，以华美的言辞来掩盖大道，以伪装的倔强来扰乱正直，使人崇尚浮华虚夸而丧失自己的真实。所以有的人不停上书，繁复地征引经、史中的话而不停止，在朝廷上舌战百官而没有人能难倒他，这是害群之人，即使贤能也要除掉。这三种人，是显扬虚伪的旗帜，是损害朴实的刀刃，是招引侥幸的媒介。《诗经》说：‘天上大风呼呼吹，贪利之人是败类。’所以善于治理国家的人，一定要先除去这几种人。”

孙子曰：“始吾以为天下之难治也，今闻先生之言，而后知天下之不难治也。苟达其情[①]，无不可为。今先生犒然在阙塞之中[②]，身虽极而言则传[③]，后世必有用先生之言以治天下者，不必于身亲见之也。”唐子曰：“吾何足以当此！虽然，必有明其可用者。世多明达之才，但见圣人正天下之法，不识圣人顺天下之意。沮于时势之难行④，习于刑法之苟安，举天下之民絷之策之⑤，如牛马然。民失其情，诈伪日生，文饰日盛，嗜欲日纵。于是富贵之望胜⑥，财贿之谋锐⑦，廉耻之心亡，要约之意轻⑧，攘窃之计巧⑨，争斗之气猛。六邪易性⑩，非贤，师奸，比离⑪，闲决⑫，不可以安，不可以动。安则为奸，动则为寇，此天下之乱所以相继而不已也。

【注释】

①达其情：对各种情况清楚明白。

②懎（sè）然：愤恨的样子。《玉篇·心部》曰："懎，恨也。"阏（è）塞：阻断，闭塞。

③极：极端艰难之境。

④沮：阻止，阻挡。

⑤絷（zhí）：拴缚，引申为拘囚、拘捕。策：鞭打。

⑥望：希图，企图。

⑦财贿：财物。锐：旺盛。

⑧要约：控制，约束。

⑨攘窃：抢夺，盗窃。

⑩邪：不正，不正派。

⑪比：亲近。

⑫闲：防。决：决裂。

【译文】

孙子说："开始我以为治理天下很难，现在听了先生的话后才知道治理天下也不难。如果能通达老百姓的内心，则没有什么办不成的。现在先生愤恨地处在阻塞中，自身虽处于极境中但您的话广为流传，后代的人一定会用您的话来治理国家的，您未必亲身见到这一点。"我说："我哪能担当起这种名声！虽然这样，一定有人明白我的话是有用处的。世上有很多聪明通达有才干的人，只见到圣人匡正天下的办法，但看不出圣人顺从老百姓的意愿。因时势艰难而沮丧，因习惯于刑法而苟且偷安，役使天底下的老百姓，束缚他们，鞭打他们，就像对待牛马一样。老百姓失去了本性，欺诈、虚伪一天一天滋生，文饰一天比一天盛行，欲望一天比一天放纵。于是富贵的念头一天天加强，贪财纳贿的谋略也越来越厉害，廉耻心消亡了，轻视约束与规则，抢夺盗窃的手段越来越高明，争斗的心气越来越猛烈。六种邪恶的习气改变了人的本性，否定贤人，师法奸人，亲近的人被离间，防闲的东西被决开，不能够安定，不能够动荡。安定的话就会成为奸人，动荡的话就成为贼寇，这就是天下动乱不息的原因。

“天地虽大，其道惟人；生人虽多，其本惟心；人心虽异，其用惟情；虽有顺逆刚柔之不同，其为情则一也。是故君子观于妻子，而得治天下之道；观于仆妾，而得治天下之道；观于身之骄约[①]，家之视效[②]，而得治天下之道。不繙《十三经》之言[③]，不稽二十三代之法[④]，不问四海九州之俗，闭户而尧、舜之道备焉。先人有言曰：‘语道莫若浅，语治莫若近。’请举其要：古之贤君，虽贵为天子，富有四海；存心如赤子，处身如农夫，殿陛如田舍，衣食如贫士，海内如室家。微言妙道[⑤]，不外此矣。”

【注释】

①骄约：放纵和约束。

②视效：亦作“视傚”，仿效，效法。

③繙（fān）：即“翻”，翻阅。

④稽：考核，查考。

⑤微言：微妙的言辞。妙道：精妙的道理。

【译文】

“天地虽然广大，但大道存在于人心；生灵虽然众多，但根本在于人心；人心虽不相同，使用的关键在于人情；虽有顺逆、刚柔的差别，但作为人情是一致的。所以君子看妻子和儿子，就能得到治理天下的根本大法；看仆人、婢妾，就能得到治理天下的根本大法；看到自身的骄横、俭约，从治家的效果来看，就能得到治理天下的根本大法。不需要翻阅《十三经》中的言论，不需要稽查前面的朝代，不需要问天底下的风俗，关起门来尧、舜治理天下的根本法则就具备了。古人有这样的话：‘讲道理不如浅显易懂，讲治理国家不如用切近的事例。’请让我概括一下这中间的要义：古代的贤明君主，即使尊贵为天子，富有天下；但内心如孩童一样，身体像农夫，宫殿台阶像农舍，衣服饮食如同穷儒生，把天下当成自己的居室。平凡言语中包含的玄妙道理，大概就是这样。”

孙子曰：“由周而上，治日多而乱日少；由秦而下，乱日多而治日少；时为之也，虽有善治，不复于古矣。”曰：“不然。阴阳者，治乱之道也。阴阳之复，其时不失，冬夏之日至是也。治启于黄帝①，二千余岁，至于秦而大乱。乱启于秦，至于今，亦几去黄帝之年矣②，或将复乎！”

【注释】

①启：开始。

②几去黄帝之年：与黄帝距离秦代的年代差不多。

【译文】

孙子说：“在周代以前，安定的日子多而动乱的日子少；秦代以后，动乱的日子多而安定的日子少;时代使然,即使有善于治理的人,也不能恢复上古时候的治理。”我说:“不能这样说。阴阳就是治与乱更替的原理。阴与阳回还往复,时令没有差失,冬至与夏至准时到来。天下的治理从黄帝时候开始已经两千多年了,到秦代时才天下大乱。天下大乱从秦代开始,到现在,与黄帝距离秦代的年代也差不多了,天下或许又要大治了吧!”

富民

【题解】

土地、金钱等物质财富，为百姓安身立命之本，是老百姓的命根子。如何使老百姓财富充盈、物质富足，这是一个常议常新的治理话题，《富民》篇就是这个话题的延续。

无限度、无底线地掠夺老百姓的财富，这往往是昏庸之君治理时的常态。“虐取者，取之一金，丧其百金；取之一室，丧其百室。”唐甄所举的两个例子，就说明了虐取百姓会带来什么样的恶果。而且唐甄以折柳为喻，来说明肆意掠取老百姓的人就如同拔取树枝的人，最后将老百姓的生路全部给断绝了。而不掠夺老百姓，“因其自然之利而无以扰之，而财不可胜用矣”，则天下百姓，哪怕是从事最小的产业也能家给人足，过上好日子。

“天下之大害莫如贪，盖十百于重赋焉。”贪吏对老百姓的危害、对国家政治生态的破坏远胜于盗寇。“彼为吏者，星列于天下，日夜猎人之财。”贪官不仅多，而且大贪官压榨小贪官，一级一级下滑，最后直接的受害者就是老百姓：“富室空虚，中产沦亡；穷民无所为赖，妻去其夫，子离其父，常叹其生之不犬马若也。”

唐甄认为解决官吏贪污的问题，还是要依靠风俗的改变：“治贪之道，赏之不劝，杀之不畏，必渐之以风。”并以明太祖为例，来说明在上位者节俭，必使举国上下形成俭朴之风，从而实现“使菽粟如水火，金钱如土壤，而天下大治”。唐甄的治贪主张当然能起到一定的作用，但完全寄希望于风俗的改变，则又理想化了。

财者，国之宝也，民之命也；宝不可窃，命不可攘[1]。圣人以百姓为子孙，以四海为府库，无有窃其宝而攘其命者，是以家室皆盈，妇子皆宁。反其道者，输于幸臣之家[2]，藏于巨室之窟。蠹多则树槁[3]，痈肥则体敝[4]，此穷富之源，治乱之分也。

【注释】

①攘（rǎng）：侵犯，侵夺。

②输：输送。幸臣：宠幸的臣子。

③蠹（dù）：蛀虫。

④痈（yōng）：肿疡。一种皮肤和皮下组织化脓性的疾病。

【译文】

财富是治理国家的宝贝，老百姓的命根子；财宝不能被盗窃，命根子不能被侵夺。圣人将老百姓当成自己的子孙，将国家当成自己的仓库，没有盗窃财富、侵夺命根的，所以家家户户都财物充盈，妇女儿童都很安宁。违背这个道理，财富都输入到宠幸的大臣家里，都储藏在王公巨室的家中。蠹虫太多树就会枯槁，痈疮大了身体就会衰敝，这是穷与富的源头，治与乱的分界。

虐取者，取之一金，丧其百金；取之一室，丧其百室。兖东门之外[1]，有鬻羊餐者，业之二世矣。其妻子佣走之属[2]，食之者十余人。或诬其盗羊，罚之三石粟。上猎其一，下攘其十，尽鬻其釜甑之器而未足也[3]。遂失业而乞于道。此取之一金，丧其百金者也。潞之西山之中有苗氏者[4]，富于铁冶，业之数世矣。多致四方之贾，椎凿、鼓泻、担挽[5]，所藉而食之者，常百余人。或诬其主盗，上猎其一，下攘其十，其冶遂废。向之藉而食之者，无所得食，皆流亡于河漳之上[6]。此取之一室，丧其百室者也。

【注释】

①兖（yǎn）：兖州，古代九州之一。

②佣走：指仆役。

③釜甑（zèng）：釜和甑，见《善施》篇注。

④潞：旧地名，潞安府，在今山西。

⑤椎凿：用槌子锤，用凿子凿。鼓泻：鼓风冶炼和浇铸。担挽：肩挑车拉。

⑥河漳：漳河。

【译文】

肆意夺取的人，掠取一两黄金，会使一百两黄金失去；掠取一户人家，就会使一百户人家失去。兖州城东门外有个卖羊肉的，家里已经有两代人做这个生意了。他的妻子、儿女与仆役等，靠这个吃饭的人共有十几个。有人诬陷他偷羊，官府罚了他三石粟米。官位高的夺走一分，官位低的要夺走十分，将家里的锅碗瓢盆都卖掉也满足不了他们。这家人于是失去了这份产业，在路上乞讨。这就是所说的掠取一两黄金会失去百两黄金。潞安府的西山中有个姓苗的人，因为炼铁而富有，家里几代人都从事这个行业。四面八方的生意人都来这里，用椎子锤的，开凿的，鼓风的，浇铸的，肩挑的，拉车的，依靠他吃饭的曾多达百余人。有人诬陷他偷盗，官位高的夺走一分，官位低的要夺走十分，他的冶炼业很快就废止了。以前依靠他吃饭的人，失去了饭碗，都流亡到漳河边。这就是所说的掠取一户人家，就会使一百户人家丧失。

虐取如是，不取反是。陇右牧羊[①]，河北育豕，淮南饲鹜[②]，湖滨缫丝[③]，吴乡之民，编蓑织席，皆至微之业也。然而日息岁转，不可胜算。此皆操一金之资，可致百金之利者也。里有千金之家，嫁女娶妇，死丧生庆，疾病医祷，燕饮赍馈[④]，鱼肉果蔬椒桂之物[⑤]，与之为市者众矣。缗钱锱银[⑥]，市贩贷之；石麦斛米[⑦]，佃农贷之；匹布尺帛，邻里党戚贷之；所赖之者众矣。此藉一室之富可为百室养者也。海内之财，无土不产，无人不生；岁月不计而自足，贫富不谋而相资。是故圣人无生财之术，因其自然之利而无以扰之，而财不可胜用矣。

【注释】

①陇右：指陇山以西地区。因为古代以西为右，所以叫"陇右"，大致相当于今天的甘肃六盘山以西、黄河以东一带。

②淮南：指淮河以南、长江以北的地区。鹜（wù）：鸭子。

③缫丝：抽茧出丝。

④赍（jī）：持，带，送。

⑤椒桂：指椒实与桂皮，都是调味的香料。

⑥缗（mín）钱：用绳穿连成串的钱。锱（zī）银：少量的银子。锱，引申为少、细微。

⑦斛：量词。古代一斛为十斗，南宋末改为五斗。

【译文】

肆意夺取是这样的，不掠取则不是这样。陇右的人牧羊，黄河以北的人养猪，淮南的人养鸭子，太湖一带的人治丝，吴地的老百姓编蓑衣织席子，都是微小的产业。但是日积月累，所得也多得算不过来。这些都是拿着一两黄金的资本，可带来一百两黄金的利润。一乡里有家富千金的人，嫁女娶媳，办丧事庆生日，有病求医问神，宴集饮酒馈送往来，鱼、肉、瓜果、蔬菜、花椒、桂皮等什物，与他做交易的人很多。市场上的商贩向他借少量的钱，佃农从他那里借一些麦米，邻里亲戚从他那里借一匹布帛，依靠他生活的人很多。这就是凭借一家的富裕，可以养活百户人家。天下的财富，没有土地不生产，没有人不创造；不需要计算年月就会自给自足，不需要考虑哪个贫哪个富而互相帮助。所以圣人没有什么生财的技巧，只是根据自然条件因势利导，不妨碍老百姓，财物就用不完。

今夫柳，天下易生之物也；折尺寸之枝而植之，不过三年而成树。岁翦其枝，以为筐筥之器[①]，以为防河之埽[②]，不可胜用也。其无穷之用，皆自尺寸之枝生之也。若其始植之时，有童子者拔而弃之，安望岁翦其枝以利用哉！其无穷之用，皆自尺寸之枝绝之也。不扰民者，植枝者也，生不已也；虐取于民者，拔枝者也，绝其生也。

【注释】

①筐筥（jǔ）：筐与筥的并称。方形为筐，圆形为筥。亦泛指竹器。

②埽（sào）：旧时治河，将秫秸、石块、树枝捆扎成圆柱形，用来堵口或护岸的东西。

【译文】

拿柳树来说吧，是天底下最容易生长的植物；折下一尺一寸的柳树枝栽下，不过两三年就长成柳树了。每年给它剪枝，做成筐、筥这样的器具，做成防护河堤的挡水物，用处说不完。这种无法穷尽的用处，都是从一尺一寸的柳树枝产生的。假如刚栽下柳枝时，有孩童拔起柳枝丢弃在一边，哪能指望有每年给它剪枝来利用这回事呢！这种无穷的用处，都是从这一尺一寸的柳树枝被拔起时断送了。不妨碍老百姓的人，就是栽树枝的人，使它不停地生长；肆意掠取老百姓的人，就是拔树枝的人，断绝了树枝的生路。

虐取者谁乎？天下之大害莫如贪，盖十百于重赋焉。穴墙而入者[①]，不能发人之密藏；群刃而进者，不能夺人之田宅；御旅于涂者[②]，不能破人之家室；寇至诛焚者[③]，不能穷山谷而遍四海。彼为吏者，星列于天下，日夜猎人之财。所获既多，则有陵己者负箧而去[④]。既亡于上，复取于下，转亡，转取，如填壑谷，不可满也。夫盗不尽人，寇不尽世，而民之毒于贪吏者，无所逃于天地之间。是以数十年以来，富室空虚，中产沦亡；穷民无所为赖，妻去其夫，子离其父，常叹其生之不犬马若也。

【注释】

①穴墙：凿墙洞，指偷盗行为。

②御旅：抢劫旅客。

③诛焚：杀人放火。

④陵己：地位高于自己。负箧：拿箱子装走。箧，书箱。

【译文】

肆意掠取的人都是谁呢？天下最害人的掠取者莫过于贪官，大概比沉重的赋税要厉害十倍百倍。挖墙进屋偷东西的人，不能偷走别人藏得特别隐秘的东西；一群人拿着刀进入人家屋里抢劫，不能夺走别人的田地和房屋；抢劫旅途中的旅客，也不能毁掉人的家庭；敌寇来到，杀人放火，不能穷尽天下山河。那些做官的人，像星星一样排列在整个国家中，没日没夜掠夺别人的财物。得到的多了，就有地位高于自己的用箱子装走了。被在上位的人夺去后，又向下位的人夺取，又被夺去，又向下夺取，如填深沟深谷，永远也填不满。盗贼不能偷遍所有人，敌寇不能夺取整个世界，而老百姓被贪官污吏毒害，在天地之间无法逃脱。所以几十年来，富裕家庭空空如也，中产阶层家庭败落；穷困的老百姓没有依靠，妻子离开丈夫，儿子离开父亲，常常叹息自己连狗马都不如。

今之为吏者，一袭之裘，值二三百金，其他锦绣视此矣；优人之饰，必数千金，其他玩物视此矣；金盏[①]，银罂[②]，珠玉，珊瑚，奇巧之器，不可胜计。若是者，谓之能吏。市人慕之，乡党尊之，教子弟者劝之。有为吏而廉者，出无舆，食无肉，衣无裘，谓之无能。市人贱之，乡党笑之，教子弟者戒之。盖贪之锢人心也甚矣[③]！治布帛者，漂则白，缁则黑[④]。由今之俗，欲变今之贪，是求白于缁也。

【注释】

①盏（zhǎn）：小杯子，可特指酒杯。

②罂（yīng）：古代盛酒或水的瓦器，小口大腹，较缶为大。

③锢：束缚，闭塞。

④缁（zī）：黑色，引申为染黑。

【译文】

现在这些当官的人，一件裘皮衣服价值二三百两黄金，其他绸缎衣物也要与此等价；倡优的服饰，也一定要花费数千两黄金；其他各种玩物也与此价值相当；黄金做的酒杯，银子做的瓶子，珠宝玉器，珊瑚以及各种奇巧的器物，多得数不过来。这样的人被称为能干的官吏。街市上的人羡慕他，乡里的人尊敬他，教学生的人都劝勉学生仿效他。有做官很廉洁的人，外出不坐车，吃饭没有肉，不穿裘皮衣，这样的人被认为无能。街市上的人看不起他，乡里人笑话他，教学生的人都告诫学生不要仿效他。贪欲对人心的蒙蔽也太厉害了！织布的人，漂就会使布变白，染就会使布变黑。用现在的风俗来改变现在的贪官，这是用黑色的染料来使布变白。

治贪之道，赏之不劝，杀之不畏，必渐之以风。《礼》曰："知风之自[①]。"昔者明太祖衷襦之衣[②]，皆以梭布。夫衣可布，何必锦绣；器可瓦，何必金玉；粱肉可饱，何必熊之蹯[③]，玉田之禾。吾闻明之兴也，吴之民不食粱肉，闾阎无文采，女至笄而不饰[④]，市不居异货，宴宾者不兼味，室无高垣，茅舍邻比。吴俗尚奢，何朴若是？盖布衣之风也。人君能俭，则百官化之，庶民化之；于是官不扰民，民不伤财。人君能俭，则因生以制取，因取以制用；生十取一，取三余一。于是民不知取，国不知用，可使菽粟如水火，金钱如土壤，而天下大治。为君之乐，孰大于是哉！

【注释】

①知风之自：语出《礼记·中庸》："知远之近，知风之自。"

②衷襦（rú）：衬在里面的短衣。

③蹯（fán）：兽的足掌。

④笄（jī）：指女子十五岁成年，也可用来特指成年之礼。

【译文】

治理贪官的办法，奖赏他们不会起到劝勉的作用，杀掉他们也不能使他们敬畏，一定要通过社会风气来渐渐改变。《礼记》上说："要知道一种社会风气的来源。”以前明太祖穿的贴身衣服，都是梭织的土布。衣服只要布做的就可以，何必一定要绫罗绸缎；器物只要瓦器就可以了，何必一定要金器银器；有肉吃就可以饱肚子，何必一定要熊掌，以及玉田出产的好米。我听说明代兴起，吴地的老百姓不吃肉，大街小巷的人不穿有文采的衣服，女儿到成年也不装饰打扮，市场上不卖奇异的货物，宴请宾客不吃两道以上的菜，房子没有高墙，到处都是茅草房。吴地的风俗是崇尚奢华，为什么又变得如此质朴呢？大概就是受君主布衣风俗的影响吧。君主能节俭，百官就能被感化，老百姓也能被感化；于是当官的不侵扰老百姓，老百姓也不会财产受损。君主能节俭，则根据生活的需要来制定获取的标准，根据获取的东西制定用度标准；生产十份取走一份，取走三份留下一份。于是老百姓就不知道去妄取，国家也不知道去乱用，这样可以使老百姓将菽、粟这些东西当成是水、火，将钱财当成粪土，天下就会大治。当君主的快乐，哪还有比这更大的呢！

明鉴

【题解】

所谓“明鉴”，指人善于观察、识别事物，有洞察能力。《明鉴》篇论及的是统治者治国理政要明察的最基本的道理。

治国理政最要关心的当然是老百姓，国无民则国无政，没有了老百姓的幸福生活还要国家治理干什么呢！这与当下的流行语“人民才是江山”真是一脉相承。为国理政者当明于此！

唐甄认为，社会动乱的根本原因就是失去了民心，特别是战乱的摧残，对民心凝聚的伤害更是致命的。李闯王之所以能在短时间内聚集起庞大的军队，就是因为他看到了战争对民心的伤害，利用各种机会来收买人心，特别是在吃饭问题上做文章。陕西民谣“挨肩膊，等闯王。闯王来，三年不上粮”就生动地说明了这一点。

以身、心来喻民与君，这是智慧之喻。身体出了问题心不可能安稳，只有身体安然无恙，心才能舒适。君这颗心，一定要想着老百姓这个身体，“凡所有事，皆为民也”，这才是好的君主。因为唐甄文末告诫：“茅舍无恙，然后宝位可居；蓑笠无失，然后衮冕可服；豆藿无缺，然后天禄可享。”

为政者多，知政者寡。政在兵，则见以为固边疆；政在食，则见以为充府库；政在度，则见以为尊朝廷；政在赏罚，则见以为叙官职[1]。四政之立，盖非所见。见止于斯，虽善为政，卒之不固，不充，不尊，不叙，政日以坏，势日以削，国随以亡。国无民，岂有四政！封疆，民固之；府库，民充之；朝廷，民尊之；官职，民养之，奈何见政不见民也！尧曰："四海困穷，天禄永终[2]。"每诵斯言，心隓体战，为民上者，奈何忽之！

【注释】

①叙：按规定的等级次第授予官职，或者按功劳的大小给予奖励。

②四海困穷，天禄永终：语出《尚书·大禹谟》。

【译文】

治理国家的人很多，真正懂得国家治理的人却很少。治理国家表现在用兵上，则体现为巩固边疆；治理国家表现在粮食上，则体现为国家粮仓充实；治理国家表现在礼仪制度上，则体现为尊重朝廷；治理国家表现在奖赏惩罚方面，则体现为按能力、功绩授予大小官职。兵、食、度、赏这四种治理活动，并不是为政的根本体现。为政只体现于这几点，即使善于治理国家，最终还是边疆不能巩固，仓库不能充实，朝廷不被尊重，任官无叙，国家治理得一天比一天坏，国势一天比一天削弱，国家随后就会灭亡。国家没有了老百姓，哪还有四政这些东西！边疆，是老百姓使它巩固；仓库，是老百姓使它充实；朝廷，是老百姓使它得到尊重；大小官员，是老百姓供养的，为何只见治理国家但是见不到老百姓呢！尧说："天下四方困苦贫穷，上天赐予的福禄就永远停止了。"每次诵读这句话，心往下坠，身体发颤，那些居上位的人为什么就忽略了这一点呢！

昔者明之亡也，人皆曰："外内交哄[1]，国无良将；虽有良将，忌不能用，安得不亡！"此其亡之势也，非其亡之根也。当是之时，兵残政虐，重以天灾[2]，民无所逃命，群盗得资之以为乱。马世奇曰[3]："治献贼易[4]，治闯贼难[5]，盖人心畏献而附闯也。非附闯也，苦兵也。一苦于杨嗣昌之兵[6]，再苦于宋一鹤之兵[7]，又苦于左良玉之兵[8]。行者居者，皆不得保其身命。贼知人心所苦，所至辄以剿兵安民为辞。愚民被惑，望风降附。而贼又散财赈饥以结其心，遂趋贼如归，人忘忠义。其实贼何能破州县？以从贼者众也。"施邦耀曰[9]："今日盗寇所至，百姓非降则逃，良由贪吏失民心也。得一良吏，胜得一良将；去一贪吏，胜斩一贼帅。"二子之言，见乱本矣。

【注释】

①哄（hòng）：相斗。

②重：加上。

③马世奇：明代无锡人，字君常，崇祯进士。

④献贼：指张献忠。

⑤闯贼：指李自成，称闯王。

⑥杨嗣昌：明代武陵人，字文弱，万历进士，是当时镇压农民起义的大刽子手。

⑦宋一鹤：明代宛平人，崇祯时任湖广巡抚。

⑧左良玉：明代临清人，长期镇压农民起义。

⑨施邦耀：明代余姚人，字尔韬，万历进士。

【译文】

以前明代灭亡，人们都说："朝廷内外互相争斗，国家没有能干的将领；虽然有能干的将领，又受到猜忌而不被重用，怎能不灭亡啊！"这些都只说到了灭亡的情势，没有论及灭亡的根源。在这个时候，军事残破，为政暴虐，加上又有天降灾难，老百姓无处可逃，蜂起的贼寇借这个机会作乱。马世奇说："对付张献忠容易，对付李自成很难，大概是民心畏惧张献忠而依附李自成。并不是依附李自成，而是苦于战争。一是苦于杨嗣昌的兵，其次是苦于宋一鹤的兵，最后又苦于左良玉的兵。外出的人与居家的人，都不能保住自己的性命。贼寇知道人心所苦，所到之处都以剿灭兵乱、安抚民众为借口。愚蠢的老百姓受到迷惑，一看见他们就投降依附。而贼寇又分发财物赈济饥荒中的老百姓来收买人心，老百姓就像回家一样投奔贼寇，人们都忘记了什么是忠什么是义。实际上贼寇如何能够攻破州城、县城？是因为跟从贼寇的老百姓太多了。"施邦耀说："现在贼寇每到一个地方，老百姓不是投降就是逃跑，确实是由于贪官失去了民心。得到一个好官，胜过得到一个有才能的将领；除去一个贪官，胜过杀掉一个贼寇的统帅。"从这两位先生的话，可以看出社会动乱的根源。

当是之时，天下之大，万民之众，恒患无兵。京师之守，以一卒而当数陴①。李自成虽尝败散，数十万之众，旬日立致。是故陕民之谣有之曰："挨肩膊②，等闯王。闯王来，三年不上粮。"民之归之也如是。盖四海困穷之时，君为仇敌，贼为父母矣。四海困穷，未有不亡者。其不亡者，未及其命之定也。天留其命，未生奸雄；天薄其命，则生小雄；天绝其命，则生大雄。

【注释】

①陴（pí）：守城，也可借指守城的人。

②肩膊：肩膀。

【译文】

在这个时候，天下这么大，老百姓这么多，还总是担心无兵可用。守卫京城，以一个士兵当几个守卫用。李自成虽然曾经被打败逃窜，但几十万士兵十来天就召集起来。所以陕西的老百姓中有民谣这样唱："挨着肩膀，等着闯王。闯王来，三年不交粮。"老百姓就是这样归附他。大概天下困苦贫穷的时候，君主成了仇敌，贼寇成了老百姓的父母。天下困苦贫穷，没有不亡国的。即使没有灭亡，也是还没有到它命中注定的时候。老天给它留条命，不会让奸雄出生；上天让他命不好，就降生小的奸雄；上天让他灭亡，就降生大的奸雄。

当四海困穷之时，无雄则饥寒积忧之气发为灾祲[①]，为彗孛[②]，为水旱，为山川草木人鬼之妖。有小雄以倡之，则逋聚山泽，破城据险，旋灭旋起，以耗国家。有大雄以倡之，则长智增勇，撼山沸河，数百年厚建之社稷，如椎卵矣。若是者，皆困发也，为奸雄所冯也；此明之所以亡也。若四海安乐，人保家室，谁与为乱！虽为君者不过中材之主，即有汤、武之贤，一匹夫耳；欲谋社稷，亦无如何，况羿、浞之流哉[③]！

【注释】

①祲（jìn）：日旁云气，古人认为这种气能预示吉凶。多数时候指妖气、不祥之气。《左传·昭公十五年》曰："吾见赤黑之祲，非祭祥也，丧氛也。"杜预《注》："祲，妖氛也。"

②彗孛：见《性才》篇注。

③羿、浞：见《法王》篇注。

【译文】

当天下困苦贫穷的时候，即使没有奸雄，那些饥饿寒冷积郁起来的邪气也会生发为灾气，生发为彗星，生发为水旱灾害，生发为大山河川草木人鬼中的妖孽。只要有小奸雄来倡导，他们就聚集在山林沼泽中，攻破城池占据险要，一下被灭掉一下又兴起，就这样来损害国家。如果有大奸雄来倡导，他们就增长智慧和勇气，搅动山川大河，几百年来建立起来的江山，就像用椎子敲鸡蛋一样了。像这样，都是因为困苦所引发的，被奸雄所利用了；这就是明朝灭亡的原因。如果天下安定，人人保有自己的家室，谁还去参与叛乱！即使做君主的不过中等才能，即使有商汤、周武王的贤能，也不过是个普通人罢了；他想谋划治理江山也不会有作为，何况是后羿、寒浞这样的人呢！

君之于民，他物不足以喻之。请以身喻民，以心喻君。身有疾，则心岂得安；身无疾，则心岂得不安；有戕其身而心在者乎[①]？是故君之爱民，当如心之爱身也。非独衣服饮食为身也，牢厩门庭[②]，田园道路，凡有所营，皆为身也；非独农桑蠲贷为民也[③]，上天下地，九夷八蛮，诸司庶事，内宫外庭，凡所有事，皆为民也。茅舍无恙，然后宝位可居；蓑笠无失，然后衮冕可服；豆藿无缺[④]，然后天禄可享。

【注释】

①戕（qiāng）：残害，杀害。

②牢厩：指牲口棚。

③蠲（juān）：特指减免赋税。

④豆藿：豆叶，亦泛指野生蔬菜。

【译文】

君主对于老百姓，其他的事物都不足以拿来比喻。请让我用身体来比喻老百姓，用心来比喻君主。身体生了病，那么心哪能得到安宁？身体没有疾病，那么心又哪会不安宁？有戕害了身体而心还存在的吗？所以君主爱护自己的老百姓，就要像心灵爱护自己的身体。不只是衣服饮食是为身体服务的，马厩庭院，田园道路，凡是能经营的，都是为了身体；不只是农耕蚕桑免除赋税是为了老百姓，天上地下，蛮夷之地，各级机构大小事务，宫内宫外，一切事务，都是为了老百姓。只有老百姓的茅草屋没事，君主的宝座才能坐得稳；老百姓的蓑衣斗笠没有损失，君主的龙袍王冠才能穿戴得久；百姓的粗粮不缺少，君主才能享受天赐的福禄。

考功

【题解】

治理国家的基本方法，自古及今皆相通，比如对官员功绩的考核就是如此。

在《考功》篇中，唐甄论及的就是官员功绩的考核。首先，唐甄指出，不管是尧、舜之时还是在其他任何时候，使老百姓过上好日子，是任官考绩的最主要标准："其举事任职虽多，不过使民不困穷而已。"这与中国当代的将满足人民对美好生活的需要作为一切工作的得失标准，一脉相通。

唐甄所述及的武乡"女子而无裤"事，老百姓的这种触目惊心的贫困极少见，应该鞭挞武乡知县这些治理一方的官员的灵魂。都御史达良辅直责武乡知县，但唐甄认为其言虽善，却还是不知道处理政事。唐甄到底为何而生出这种评价，文中并未直接说明原因，但后面的文字似乎可作为答案："古之贤君，举贤以图治，论功以举贤，养民以论功，足食以养民。虽官有百职，职有百务，要归于养民。"可能达良辅虽然指出了武乡知县无能的治理，但他并没有给出如何养民的答案，武乡县的老百姓也没有多大改变。如果为政不能养民，与贪吏有何区别？无能不就是另一种形式的贪污吗？在下一篇《为政》篇中，唐甄给出的正是这一答案。

要使官员有功绩，为民办实事，唐甄还是寄希望于君主与朝廷的引领:“上不以富民为功,而欲吏以富民为务,岂可得乎!”诚然,有贤能的君主励精图治,确实能带来太平盛世。在中国古代的治理历史中,这样的君主也代不乏人。

最后,唐甄将“考功”之“功”特别进行了总结:“天下之官皆养民之官,天下之事皆养民之事,是竭君臣之耳目心思而并注之于匹夫匹妇也,欲不治得乎!”考核官员的功绩,就是看他们为老百姓办了什么实事,这是千古不易之标准。

近代之政,亦尧、舜之政也:曰“三载考绩”[①],曷尝不考绩乎!曰“敷奏以言”[②],亦求言也;曰“明试以功”,亦论功也。以治天下而卒莫能治者,其故何也?昔者尧之命舜曰:“天之历数在尔躬,毋俾四海困穷[③]!”舜承斯命以摄位,朝诸侯,命众职,明天时,修庶政,兴礼乐,除凶慝[④],咸底于绩[⑤]。尧知其能救困穷之民也,乃授之以天下。其举事任职虽多,不过使民不困穷而已。困穷之民,祖不得有其孙[⑥],父不得有其子,死丧不葬,祭食无烹,兄弟仇雠,夫妻离散。当是之时,民何以为民,君何以为君?是知尧舜之道非异,尽于命舜之言矣。

【注释】

①三载考绩:语出《尚书·尧典》。

②敷奏以言:与后文“明试以功”,均语出《尚书·舜典》。敷,陈述。奏,进。

③天之历数在尔躬,毋俾四海困穷:语出《尚书·大禹谟》,亦为唐甄意引。

④凶慝(tè):凶恶,也指凶恶的人。

⑤厎（zhǐ）：同“底”，达到。

⑥有：保有。

【译文】

近世的国家治理，也与尧、舜的治理是一样的：说“三年就考核功绩”，现在何尝不考核官员的功绩！说“广泛地进言”，现在也广泛地征求善言；说“以功绩来试用官员”，现在也讨论大臣的功绩。用这些方法治理国家最终却没有人能治理好，是什么原因呢？以前尧授大命于舜时说：“天之大命已经落在你身上了，不要使国家困苦贫穷。”舜接受这种天命摄行天子之位，使诸侯来朝见，任命各级官员，明察日月星辰运行的规律以制定时历，治理各项政事，兴礼制乐，铲除凶恶之人，都取得成绩。尧知道舜能解救受苦受难的老百姓，所以把天下交给了他。舜做了很多事情，任命了很多官员，目的都不过是使老百姓不再受苦受难罢了。困苦贫穷的老百姓，祖父不能养活孙子，父亲不能养活儿子，亲人去世不能安葬，祭祀时没有可供烹饪的食物，兄弟为仇敌，夫妻分离。在这种时候，老百姓如何能成为老百姓，君主如何能成为君主？所以明白了尧与舜的治理方法没有什么差别，都包含在尧将大命交给舜的那些话中了。

昔者唐子为长子知县，将见都御史达良辅[①]，赋役，传刍[②]，备诵之，以待难也。都御史不问，而问武乡知县曰：“武乡之民何如？”对曰：“有生色矣[③]。”都御史曰：“尔欺我哉！吾使人观于武乡，有女子而无裤者矣。女子而无裤，武乡之民，其不堪乎！”唐子出以告人而叹曰：“善哉言乎！惜也未知为政也。”

【注释】

①都御史：官名，都察院长官。达良辅：即达布尔，曾任山西巡抚。

②传:驿站。刍:草料。

③生色:起色。

【译文】

以前我担任长子县的知县时,要拜见都御史达良辅之前,将当时的赋税徭役以及驿站的草料等,全部背诵了一遍,以等待他的提问。达良辅都没有问我,而是问武乡的知县:“武乡的老百姓怎么样?”武乡知县回答说:“有些起色了。”都御史说:“你欺骗我吧!我派人到武乡察看,有的女人没有裤子穿。女人都没裤子穿了,武乡的老百姓怕是无法忍受了吧!”我走出来告诉别人这事,并且叹息着说:“是善言啊!但可惜还是不懂得治理政事。”

唐子曰:“古之贤君,举贤以图治,论功以举贤,养民以论功,足食以养民。虽官有百职,职有百务,要归于养民。上非是不以行赏,下非是不以效治。后世则不然。举良吏而拔之高位,既显荣而去矣。观其境内,冻饿僵死犹昔也,豕食丐衣犹昔也[①],田野荒莽犹昔也,庐舍倾圮犹昔也[②]。彼显荣之举奚为乎?为其廉乎?廉而不能养民,其去贪吏几何[③]?为其才乎?才而不能养民,其去酷吏几何?爱赤子者,必为之择乳母。勤谨不懈,得主母之欢心,可谓良乳母矣;然而无乳以饿其子,是可谓之良乳母乎?廉才之吏,不能救民之饥饿,犹乳母而无乳者也,是可谓之良吏乎?廉者必使民俭以丰财,才者必使民勤以厚利。举廉举才,必以丰财厚利为征。若廉止于洁身,才止于决事;显名厚实归于己,幽忧隐痛伏于民;在尧舜之世,议功论罪,当亦四凶之次也,安得罔上而受赏哉!

【注释】

①豕食丐衣：吃与猪狗一样的食物，穿与乞丐一样的衣服。比喻极其贫困。

②倾圮（pǐ）：倒塌。

③去：相距。

【译文】

我说："古代贤能的君主，举荐能干的人来治理国家，根据功绩来举荐贤人，根据对老百姓的养育来评论功绩，粮食丰足来养育老百姓。虽然官职设置很多，每一种官职都有不同的职能，但最终目标是养育老百姓。居上位的人不是因为这一点不实行奖赏，居下位的人不是因为这一点不作为仿效治理的标准。后代人则不这样。选拔好官而将他提拔到很高的位置，等他显赫荣耀后就离开了。看他治理的辖区内，受冻挨饿而死的人还像以前一样，老百姓吃着猪食般的食物、穿着乞丐般的衣服也还像以前一样，田地荒芜也还像以前一样，房舍倒塌也还像以前一样。使他显赫荣耀的举荐的原因是什么？是因为他廉洁吗？廉洁而不能养育老百姓，他与贪官相距有多远呢？是因为他有才能吗？有才能但不知道养育民众，他与酷吏的距离有多远？爱自己的幼子，一定会为他选择一个奶妈。勤劳谨慎，不懈怠，又能得到主母的欢心，这应该称得上是一个好的奶妈了；但是却没有奶水哺育孩子，使孩子挨饿，这能说是一个好的奶妈吗？廉洁有才能的官员，不能解救老百姓的饥饿，就像奶妈没有奶一样，这能说是好的官员吗？廉洁的官员一定使老百姓节俭以使财物丰富，有才的官员一定使老百姓勤劳以获得丰厚的利益。举荐廉洁有才能的官员，一定要以财物丰富、利益丰厚为表征。假若廉洁只是洁身自好，才华只是能够决断事情；好名声与丰厚的实惠都划归自己，隐蔽的忧患与痛苦都留给了老百姓；在尧、舜的时代，判定功与过，这样的人也应当排在共工、驩兜、三苗、鲧这四凶的后面了，哪能够欺骗君主而获得奖赏呢？

“贤才者，世不乏也；仁爱者，人所具也。身为民牧[1]，藉权以行惠，苟非顽薄之资，其谁不能！而不能焉者，未可以咎为吏者也[2]。朝廷行政，群臣从政，未有行左而从右者。上不以富民为功，而欲吏以富民为务，岂可得乎！诚如是，虽在位皆高世之才，为大学士者若皋陶[3]，为尚书者若稷、契[4]，为都御史者若伊挚[5]，为翰林者若史佚[6]，为给事中御史者若龙逢、比干[7]，为将军者若吕牙，为巡抚者若召奭[8]，为布政使者若管仲，为按察使者若子产[9]，为知府者若孙叔敖[10]，为知县者若公绰、冉求[11]，其得人也如是。

【注释】

①民牧：旧时称呼治理民众的君王或地方长官。

②咎：责怪。

③大学士：官名，明清两代是文官中最高的官位。

④尚书：官名，始置于战国时期，或称掌书，“尚”即“执掌”之义。从隋唐开始中央机关分为三省，尚书省即其中之一，职权益重，尚书一般都是重要官职。

⑤伊挚：即伊尹，名挚，商汤的大臣。

⑥翰林：官名，指清代翰林院属官，如侍读学士、侍讲学士等。

⑦给事中御史：清代官名，行使监察官员的职能。

⑧巡抚：官名，明洪熙元年始设。清代时成为省级地方政府长官，总揽全省军事、吏治、刑狱、民政等，职权甚重。召奭：召公奭，曾佐周武王灭商，成王时为太保。

⑨按察使：官名，主要任务是负责巡察，考核吏治，掌刑狱之事。

⑩知府：官名，唐代始有建制，至明代才成为正式官名，管辖州县。清代因袭。孙叔敖：芈姓，蔿氏，名敖，字孙叔，春秋时期楚国令

尹，辅佐楚庄王，宽刑简政，为一代名吏。

⑪公绰：即孟公绰，鲁国大夫，为鲁国三桓孟孙、叔孙、季孙氏中孟氏族人，廉静寡欲。《论语·宪问》中记载："子路问成人。子曰：'若臧武仲之知，公绰之不欲，卞庄子之勇，冉求之艺，文之以礼乐，亦可以为成人矣。'"

【译文】

"贤能的人这个世界从来就不缺，仁爱是每个人都具备的品德。身为管理老百姓的人，借助手中的权力给老百姓带来实惠，如果不是天生资质顽劣鄙薄的人，谁能做不到呢！之所以不能做到，也不能够全部归咎于为官的人。朝廷推行治理，群臣百官跟从而治理，没有说朝廷向左而官员向右的。君主不以富民为功绩，而想使官员以富民为根本任务，哪能做得到呢！如果确实能这样，那即使在位的都是人间俊杰，做大学士的都像皋陶，做尚书的都像后稷和契，做都御史的都像伊尹，做翰林的都像史佚，做给事中御史的都像龙逢和比干，做将军的都像姜子牙，做巡抚的都像召公奭，做布政使的都像管仲，做按察使的都像子产，做知府的都像孙叔敖，做知县的都像孟公绰与冉求，他得到的人才也应当是这样的。

"于是辅相无缺，出纳如衡，奸慝毕除，克壮戎兵①，文章典礼，辞命敷荣②，布于八方，海隅以宁，四译来朝③，厥功告成，天下岂不大治矣乎？然而观于民，则所谓女子而无裤者也，是可以为治乎？欲适燕而马首南指，虽有绝群之马④，去燕愈远。为治者不以富民为功，而欲幸致太平，是适燕而马首南指者也，虽有皋陶、稷、契之才，去治愈远矣。"

【注释】

①克壮：能够壮大。

②敷荣：开花，形容华美。

③四译：四方邻国。

④绝群：超群。

【译文】

“于是宰辅、丞相都不会缺少，进与出像秤一样均衡，奸邪小人都被清除掉，能壮大军队，制度礼仪、外交辞令都很华美，传播到天下四方，天涯海角都安宁了，四方邻国都来朝见，这种功业成就了，难道不就天下太平了吗？但看一看老百姓，那所说的妇女没有裤子穿，这可以称为是治理好了吗？想到北方的燕国去马头却朝着南方，即使有绝世超群的好马，只会离燕国越来越远。治理国家的人不以富民为功业，而想侥幸地达到太平盛世，就是去燕国而马头向着南方，即使有皋陶、后稷、弃这样有才能的人，距离治理好国家只会越来越远。”

唐子尝语人曰：“天下之官皆弃民之官，天下之事皆弃民之事，是举天下之父兄子弟尽推之于沟壑也，欲治得乎？天下之官皆养民之官，天下之事皆养民之事，是竭君臣之耳目心思而并注之于匹夫匹妇也，欲不治得乎？诚能以是为政，三年必效，五年必治，十年必富，风俗必厚，讼狱必空，灾祲必消，麟凤必至[①]。”或曰：“子，文士也，文其言焉而已。”唐子曰：“吾之言，如食必饱，如衣必暖。用吾之言，三年不效，五年不治，十年不富，风俗不厚，讼狱不空，灾祲不消，麟凤不至，则日西出而月东生矣。请与子合契而博胜焉可也[②]。”

【注释】

①麟凤：麒麟和凤凰，为吉兆。

②合契：符契。这里作动词，立下符契。

【译文】

我曾经对人说："天下的官员都是抛弃老百姓的官员，天下的事情都是抛弃老百姓的事情，这是将天底下的父老兄弟全都推到水沟里，想要治理好能做得到吗？天下的官员都是养育老百姓的官，天下的事都是养育老百姓的事，君与臣都是竭尽全力投入到养育老百姓中，想不治理好能办得到吗？如果能这样治理国家，三年一定会有成效，五年一定能治理好，十年后一定使老百姓生活富裕，风俗一定会变得淳厚，没有官司与犯罪，没有灾害，麒麟与凤凰等祥瑞一定会到来。"有人说："先生您是一介书生，只是说得好听罢了。"我说："我的话，就像食物吃了能饱肚子，就像衣服穿上身体暖和。听从我的话，三年没有成效，五年不能治理好国家，十年不能使老百姓富裕，风俗不能变得淳厚，官司与犯罪没有消除，灾害没有消除，麒麟与凤凰等祥瑞没有到来，那太阳就会从西边升起，月亮从东边出来。我愿与您打赌最后来核验看看谁胜就可以了。"

为政

【题解】

《为政》篇反映了唐甄的治理主张与治理智慧。唐甄是实干家，总是在如何为老百姓办实事上下足工夫。如果他在当时能得到一个施展才华的机会，可能也会成为一代名吏。

在上一篇《考功》篇中，唐甄对达良辅处理政事，有“善哉言乎！惜也未知为政也”的慨叹，但并没有说出具体原因。在本篇中，唐甄给出了实实在在的解释，他假设自己是达良辅以及如何来处理那个武乡知县。唐甄提出了具体的、可实际操作的措施，来解决武乡县触目惊心的贫困。这些措施，有些是唐甄自己在治理长子县时执行过的、经实践检验是有效的方法；有些虽然没有实践过，但理性审视之后也会发现具有可操作性。唐甄论政，大多数时候都能注意治理策略设计的可行性，不空谈，讲求实际功用，这与他一直主张的“计功”理念是一脉相承的。

唐甄在本篇末尾讲了一个错误选择主人的人的故事。按照唐甄的论述理路，这个故事应该是用来说明要成功实现自己的治理抱负，施展才华，还得选择好的服务对象；如果自己才华满腹但无人赏识，英雄无用武之地，就只能是白白浪费生命，无益于自己为政理想的实现。

达良辅抚山西，武乡知县见。良辅曰：“武乡之民何如?”对曰:“有生色矣。”良辅曰:“尔欺我哉!吾使人观于武乡,有女子而无裤者矣。女子而无裤,武乡之民,其何以堪!”平阳知府见[①],良辅曰:“平阳之为县者,孰贤,孰不肖?”知府举数人以对。良辅怒曰:“百姓之所谓贤者,尔之所谓不肖者也;百姓之所谓不肖者,尔之所谓贤者也。尔不可以为三十四城之长。”劾而去之[②]。当是之时,财贿不行,私馈虽不绝于府,无有以匹帛方物入二司之门者[③]。良辅之所食,日不过肉三斤,蔬一筐。观其让武乡之言,可不谓仁乎!观其察远县之贤不肖,而不任耳目于知府,可不谓明乎!己不受财贿,群吏亦不敢受,可不谓清乎!清且明,明且仁,宜山西之大治矣。而卒不见山西之小治者,何也?不知为政故也。请假其事以明为政之道:

【注释】

①平阳:旧府名,在今山西临汾一带,管辖六州二十八县,所以下文说“三十四”城。

②劾(hé):弹劾。

③方物:本地产物,土产。二司:清代的二司是管一省财政、人事的藩司和管一省司法的臬司。

【译文】

达良辅担任山西巡抚时,武乡的知县来拜见。良辅说:“武乡县的老百姓现在怎么样了?”他回答说:“有些起色了。”良辅说:“你欺骗我啊!我派人到武乡县去考察过了,有的女人都没有裤子穿。女人都没裤子穿了,武乡的老百姓怎么忍受得了!”平阳的知府前来拜见,良辅说:“在平阳府做知县的人中,哪些是贤能的,哪些是不贤能的?”知府列举了几个人来回答。良辅发怒说:“老百姓说贤能的人,就是你所说的不贤能的人;老百姓所说的不贤能的人,就是你所说的贤能的人。你不能做平阳府三十四城的最高长官。”弹劾这个人使他离开了职位。这个时候,用财物行贿的路是走不通的,虽然私下馈赠的人在知府门前络绎不绝,但从来没有布帛、地方特产等进入藩司、臬司的大门。达良辅所吃的东西,一天也不过三斤肉、一筐蔬菜。听他责备武乡县知县的话,不能不说是仁德的!看他审察边远郡县贤能与不贤能的人,而不是只听信知府的,不能不说是明察的!自己不收受财物贿赂,下属官员也不敢接受,不能不说是清廉的!清廉而又明察,明察而又仁德,山西应该得到很好的治理。而最终山西连一般的治理局面都没有出现,是为什么呢?这是不知道如何处理政事的缘故。请让我借助这件事来说明如何处理政事:

武乡知县见,良辅云然。且曰:“吾与子约,三年之内,必使子之民,人有数裤。”武乡知县必曰:“愿受教。”良辅则曰:“武乡之土虽瘠,亦必生也[①];武乡之民虽贫,亦有力也;以人之力,尽土之生,谁谢不能!子归而行四境之内,棉桑树牧,省宜时作,尺土不弃于山,寸壤不弃于谷。勿以文示,身往勤之,必期就子之功。”于是月观其举,岁察其利,上计之日[②],舍是不以行进退焉。平阳知府当逐,易知府,见,以教武乡者教之。督诸县棉桑树牧,举而不废,与同功;堕而不举,与同罪。是县一其赏,一其罚,而府三十四其赏,三十四其罚也,敢不尽心?山西之地,五府,百州县,方数千里,不病其广也。县察其乡,旬一之;府察其县,月一之;巡抚肆察[③],时一之[④]。举数千里之内,转相贯属,视听指使,如在一室。奚啻山西哉,宰制四海有余矣。此为政之大略也。

【注释】

①生：生育，养育。

②上计：战国、秦、汉时期，地方官员在年终时，将境内的户口、赋税、狱讼等编造计簿，逐级上报奏呈朝廷以作考绩，谓之上计。

③肆察：广泛地视察。

④时一之：一个季度一次。

【译文】

武乡县的知县来拜见，良辅像前面那样说，并且指出："我与您约定，三年之内，一定要使您的老百姓每人都有几条裤子。"武乡知县一定会说："愿意接受您的教导。"良辅就要说："武乡县土地虽然贫瘠，也是可以养育百姓的；武乡县的老百姓虽然贫穷，也是有力气的；用人的力气，完全发挥出土地的生产力，谁会推辞说自己做不到！您回去以后到境内各个地方走走，对种植棉花、种桑养蚕、植树放牧等，考察适宜的时间种植，山中不放弃一尺可以耕种的土地，山谷不废弃一寸土壤。不要用文告来告示，要亲身前往，一定要在规定的时间内完成您的计划。"于是每个月考察武乡知县的举措，每年考察他的成绩，到了上计的时候，除了这个不能作为他晋升的根据。平阳知府应当被驱逐，更换知府后，接见他时以教给武乡县的办法教导他。督促各县种棉植桑、种树放牧，这些都能兴办而不荒废，知府有同样功劳；这些都荒废而不能兴办，知府有同样罪过。所以一个县受到一次奖赏或惩罚，知府就要受三十四次奖赏或惩罚，他怎敢不尽心竭力？在山西这块土地上，有五个府，上百个州县，土地方圆几千里，不担心土地不宽广。知县到乡里视察，十天一次；知府到县里视察，一个月一次；巡抚广泛地考察，一个季度一次。数千里之内互相连属，视察、听取、指导，如同在一间房子里一样。何止是山西，这样统治国家都绰绰有余了。这就是处理政事的大要了。

震泽之人有善计者，与之为稼，稼入则倍；与之为丝，丝入则倍；与之为肆，市入则倍。一日，过豪贵之门，见其从事之出入者，皆貂冠腋裘[①]，则自思曰："吾处于乡里，所与不过升斗之人，所与贾者不过鱼盐之竖[②]，不可以为富也。诚能入于是门，主人幸而亲用我。出我之筹策以主计筦利[③]，必大得所欲，毋徒劳于乡里为也。"乃援而得入[④]，而归辞乎其邻。邻之人有尤之者[⑤]，曰："子误矣。彼之所用，不即子之所习也，子必毋往！"不听而去。

【注释】

①貂冠：貂尾皮做的冠。腋裘：狐狸腋下的毛皮做的皮衣。

②竖：对人的鄙称。

③筹策：筹谋。筦：通"斡"，运转，这里指通过运转而获得。

④援：谓依附权势往上爬。

⑤尤：责备。

【译文】

震泽这个地方有个善于算计的人，与他一起种庄稼，庄稼的收获要多一倍；与他一起缫丝，缫丝的收入要多一倍；与他一起开商铺做生意，做生意的收入要多一倍。一天他经过一个权贵的家门口，看见进进出出跟随他的人都戴着貂皮帽子、穿着裘皮大衣，就自己琢磨起来："我居住在乡里，所交往的人都不过是些仅能糊口的人，所交往的商人不过是些贩卖鱼盐的人，这样的人不可能让我富贵起来。如果我能进入这个权贵的门下，幸运的话主人能喜欢我重用我。我用我的谋划策略来帮助他获得财利，定能很好地满足我的需求，不用在乡里白白地浪费时间了。"于是他通过别人援引进入这个权贵的门下，回来向邻居告别。邻居中有人责备他说："您想错了。那个权贵要用的，不一定就是您所学的，您一定不要前往！"这个人没有听从就离开前往了。

去之一年，邻之人故往过于豪贵之门，见善计者敝袍而出，面有病色。招之闲所[1]，问之曰："何为若是？"曰："主人无所用我，故至于是。"邻人笑曰："子何见之不蚤也！彼豪贵之家，猎财自厚。其所用之人，狗马之足，鹰鹞之翮也[2]。其所食之粟，不由稼得；所服之帛段，不由蚕得；所御之器物，不由市得。负子之计以干之，将安所用！吾固知子之必困于此也。"于是乃再拜辞乎主人，随邻人而归。由是人皆谤之，以为固不善于计也。非不善计，不善主也。

【注释】

①闲所：无人的所在。

②鹰鹞：鹰和鹞，泛指猛禽。翮（hé）：鸟的翅膀。

【译文】

这个人离开一年以后，邻居中有人特意经过那个权贵家门口，看见这个善于算计的人穿着破旧的长袍出来了，满脸都是病容。邻居将这个人领到没人的地方，问他说："为何变成这样了？"那人说："主人没有用我的地方，所以到了这种地步。"邻居笑着说："您为什么没有早预料到呢！那些权贵们，搜括别人的财物而使自己富裕。他们要使用的人，是要像狗、马一样能为他们跑路，像鹰、鹞一样能为他们飞行捕食的人。他们所吃的粮食，不是自己种庄稼的收获；所穿的绸缎，不是自己养蚕所得；所使用的器物，不是从市场上买来的。您心怀计谋去求见他，会把您用到什么地方呢！我本来就知道您一定会被困在这里的。"于是他拜了两拜辞别主人，跟着邻居回到乡里。因此乡里的人都非议他，认为他本来就不善于算计。其实他并不是不善于算计，而是不善于选择主人。

存言

【题解】

在《存言》篇这一短制中，唐甄所说的“存言”并非谦虚之词，倒是隐含有言而不用的无奈，这在本篇的第一段中就表明了：“言可行也则有功，言不可行也则存其言。”唐甄觉得自己关于治理国家的言论、主张是有用的、可行的，应该被采用。

唐甄所欲“言”者，还是他一直关注的民生问题。“清兴五十余年矣，四海之内，日益困穷，农空，工空，市空，仕空。”“四空”社会，可谓百业萧条，满目疮痍。这样的国家何可“养民”？民众何来幸福感、获得感？如何让老百姓实实在在过上好日子，如何让社会风气纯良，一直是唐甄论政中的核心要素。这是一个有良知的卑微小吏的职业操守，令人感佩！

“立国之道无他，惟在于富。自古未有国贫而可以为国者。夫富在编户，不在府库。”唐甄的“计功”思想，最终的目标是富民富国，富民富国应该是对“计功”的最好诠释。

中允徐公召用[①]，唐子送之而言曰：“甄闻之：言可行也则有功，言不可行也则存其言。以公之贤，复得进用，心有感焉，结中必发[②]，故言之。言之不可行，知之久矣。

【注释】

①中允徐公：见《有为》篇注。

②结中：郁结于心中。

【译文】

徐中允被召用为官，我为他送行，对他说："我听说过：言论被采用就算是有功劳，言论不被采用就先将这些言论存放起来。凭借您的贤能，再次得到朝廷的任用，我内心有些感慨，郁结在心中一定要说出来，所以就说了。言论不会被采用，这一点我很早就知道了。

"甄闻之：生养之道，三年可就，五年可足，十年可富，政之常也。清兴五十余年矣，四海之内，日益困穷，农空，工空，市空，仕空。谷贱而艰于食，布帛贱而艰于衣，舟转市集而货折赀[①]，居官者去官而无以为家，是四空也。金钱，所以通有无也。中产之家，尝旬日不睹一金，不见缗钱[②]。无以通之，故农民冻馁，百货皆死，丰年如凶。良贾无算[③]，行于都市，列肆焜耀，冠服华膴[④]。入其家室，朝则熄无烟[⑤]，寒则蜎体不申。吴中之民，多鬻男女于远方；男之美者为优，恶者为奴；女之美者为妾，恶者为婢，遍满海内矣。困穷如是，虽年谷屡丰，而无生之乐。由是风俗日偷[⑥]，礼义绝灭，小民攘利而不避刑，士大夫殉财而不知耻。谄媚慆淫[⑦]，相习成风，道德不如优偶，文学不如博弈，人心陷溺，不知所底。此天下之大忧也。

【注释】

①折赀（zī）：赔了本钱。赀：通"资"，货物，钱财。

②缗钱：用绳穿连成串的钱，指少量的钱。

③无算：数不清。

④华膴（wǔ）：华美。膴，美厚。

⑤熜（cōng）：同“囱”，烟囱。

⑥偷：苟且。

⑦慆（tāo）淫：享乐过度，怠慢放纵。

【译文】

“我听说过：生财养民的基本规律是，经过三年可以小有成就，经过五年就可以丰足，经过十年就可以富有，这是治理国家的常理。清代兴起已经有五十余年了。整个国家一天比一天贫困，农业空虚，工业空虚，市场空虚，官员空虚。谷物价格很低，农民粮食卖不出去；布帛价格很低，工匠做的衣服卖不出去；用车船转运来的货物到了集市后，成了亏本生意；做官的离开官位后就没办法养家，这就是‘四空’。金钱是用来买卖流通的，一个中等富裕的家庭，有时十多天都看不到一两银子，见不到几吊钱。没有钱来作流通工具，所以农民挨饿受冻，所有货物都不能流通了，丰收年就如同饥荒年一样。数不清的做买卖的人，来来往往于集市上，一列列的店铺华美耀眼，衣帽华美。一进入他们的家中，早上烟囱里不冒烟，天气寒冷时蜷缩着身体。吴中的老百姓，很多将儿女卖到很远的地方；漂亮的男孩成为倡优，丑陋的成为家奴；漂亮的女孩做别人的小妾，丑陋的成为奴婢，国内到处都是这种情况。老百姓这么穷，虽然年年收成好，但没有了生活的乐趣。因此社会风俗一天比一天败坏，礼义都灭绝了，老百姓为争夺利益而不怕刑罚，士大夫贪求钱财而毫不知耻。阿谀奉承、怠慢放纵成为流行习气，有道德的人比不上那些戏子，有学问的人比不上那些赌博的人，人心沦陷，根本没有了底线。这是国家最大的忧患。

"征之在昔，天下既定，苟无害民之政，未有一二十年而民不丰殖者。今也天子宽仁而恤民，兵革偃息[①]，国家无事，享国岁久，勤于庶政，而困穷若此，是公卿之过也。

【注释】

①偃息：停止。

【译文】

"拿以前的事例来验证，天下安定后，如果没有残害老百姓的政令，没有过了一二十年而老百姓不富裕的。现在君主宽厚仁慈体恤老百姓，战争停息，国家太平无事，统治国家这么久了，勤于大小政事，而老百姓还这么贫穷，这是公卿们的过错啊。

"立国之道无他，惟在于富。自古未有国贫而可以为国者。夫富在编户[①]，不在府库。若编户空虚，虽府库之财积如丘山，实为贫国，不可以为国矣。国家五十年以来，为政者无一人以富民为事，上言者无一人以富民为言。至于为家，则营田园，计子孙，莫不求富而忧贫。何其明于家而昧于国也！"

【注释】

①编户：编入户籍的普通人家。

【译文】

"治理国家没有什么其他办法，只有使国家富强一条路。自古至今没有国家贫穷而能成为国家的。国家富裕在于老百姓富足，而不是国家仓库储存多。如果老百姓贫穷，虽然国家的仓库里财宝堆积得像山一样，实际上还是个贫穷的国家，这样的国家是无法存在下去的。现在国家发展了五十多年,治理国家的人没有一个把使老百姓富裕作为头等大事的,向君主进言的人没有一个说起使老百姓富裕的。而对于自己的家庭,则经营田产,为子孙后代想得周到,没有不追求富裕而担心贫穷的。对治家多么精明,对治国却是多么愚昧啊!”

权实

【题解】

《权实》篇的主题是，各项治理政策贵在能落到实处，“圣人贵能行也”；如果不能贯彻实行，就用权力来推动。

唐甄首先指出，令行则治，令不行则不治，国家之兴与败，政令能否贯彻执行是硬指标。国家政令若成一纸空文，“充塞衢宇，民若罔闻，吏委如遗”，那这样的治理一定是失败的。

通过会稽之东石姓人家的女儿生病治疗的故事，唐甄指出：“国有善政，而德泽不加于民者，政虽善，未常入民也，犹石季之饮药也。”就是说有好的政策，也要能让这样的政策真正为民服务，好政策执行得如何才是政策好的标准。

接着唐甄以自己治理长子县教民种桑的事，来说明“治道贵致其实”。没有实际行动只有空头文件，不可能有好的治理，所以“必去文而致其情，身劳而信于众，乃能有成。夫多文藏奸，拂情易犯，不亲难喻，无信莫从，所从来久矣”。唐甄一直是主张务实为政的，从他对自己亲历的描述中，我们实实在在能感受到他的实干精神；他为老百姓办实事的情怀，始终热辣滚烫，令人敬佩。

唐甄也意识到治理国家真正实行起来非常难。他认为只有用“权”，即权力才能解决执行难这个问题。所以，“权实”二字的真义，就是用权力来推动实干兴邦："贤君之用官，如大将之御众。以一用十，以十用百，以百用千，以千用万，是则君之用者有万，而凭之者惟十。"唐甄所期望的，就是利用这样一种权力的统御模式，来实现君主政令的实际贯彻。但是，如何管理"凭之者惟十"这样的大臣又成了难题。这种人，"未尝操刃，而百千万亿之刃肆行杀伤"，有极大的破坏性。所以唐甄在本篇的末尾讲到了以重刑治吏，对那些"专利，蔽主，徇私，党邪，是民之仇、国之贼也"式的官吏，必须处以重刑；对那些爱民拥君的大臣则要善待。

天下奚治？令行则治；天下奚不治？令不行则不治。令不行者，文牍榜谕[1]，充塞衢宇[2]，民若罔闻，吏委如遗[3]。民吏相匿[4]，交免以文[5]，格而不达[6]，举而易废。始非不厉实也[7]，既则怠，久则忘，本政之地[8]，亦且自废而自掩之。是以百职不修，庶事不举，奸敝日盛，禁例日繁，细事纠纷[9]，要政委弃。譬之树木，傍蘖丛缪[10]，而枝干枯朽矣。当是之时，皆谓在位无贤也，行政不善也，良策无出也。是犹牵车者但求厚载，而不顾毂之利转也[11]。若如今之致行者，虽官皆圣哲，政皆尽善，使闳夭、散宜生之属议为宪令[12]，周公裁之，召奭贰之，史佚文之，布于天下，亦不能少有补救也。

【注释】

①文牍(dú)：公文案牍。

②衢(qú)宇：街道屋宇。

③委：丢弃。遗：遗弃。

④匿(nì)：隐瞒。

⑤交免：彼此推卸。文：文饰，虚假。

⑥格：制度，这里作动词，"制定条例"的意思。

⑦厉实：注重实际。

⑧本政：指朝廷政令。

⑨纠纷：犹纠缠。

⑩蘖（niè）：草木砍伐后长出的新芽。从缪：错杂缭绕。缪，通“缭”。缠绕。

⑪毂（gǔ）：车轮的中心部位，周围与车辐的一端相接，中有圆孔，用以插轴。也可以作为车轮的代称。

⑫闳夭：西周初年大臣，与散宜生一样，共同辅佐周文王。

【译文】

国家为何能治理好？政令能贯彻执行，就能治理好。国家为何治理不好？政令不能贯彻执行，就不能治理好。政令不能贯彻执行的表现，是公文案牍张榜晓谕，充塞街头屋宇，老百姓置若罔闻，官吏弃之如敝屣。老百姓与官吏互相隐瞒、弄虚作假，用文饰来互相推卸，命令发布后不能到达，发布了又轻易废弃。开始的时候并非不注重实行，过了一阵就懈怠了，时间一久就全忘记。朝廷本来是政令发布出来的地方，也尚且自己废弃自己掩藏。所以各种职位都不能尽职，各种事务都不能兴办，奸邪欺诈一天天兴盛，禁忌条例日益增多，在琐细的事上纠缠，大政却被抛弃在一旁。就比如树木，旁枝丛生，但是树干已经枯萎腐朽了。在这个时候，都说在位的没有贤人，不善于处理政事，找不到治国良策。这就像拉车的只求车装得多，而根本不管是不是有利于车轮的转动。好像现在那些治理国家的人，虽然为官的都是圣贤哲人，政务治理得也很完善，使闳夭、散宜生这样的人来制定政令，周公来修改，召公奭来再次审定，史佚来文饰，然后布告天下，也不能对事情稍稍有所补救。

会稽之东有石氏者，其季女病痞[①]，迎良医治之。久而不除，谢医使去。其父思之，以为是良医也，奈何疗之而病不除？他日，窃窥之，见其举药不饮而覆于床下也[②]。乃复迎医,进以前药,三饮之而疾已。夫国有善政,而德泽不加于民者,政虽善,未常入民也,犹石季之饮药也。十口之家,主人虽贤,然令不行于子,则博奕败趋[③];令不行于仆,则柝汲不勤[④];令不行于妾,则壶餐不治[⑤];令不行于童子,则庭粪不除。以此为家,其家必索[⑥],况天下之大乎!骏马病躄[⑦],不如驽马之疾驰;勇士折肱[⑧],不如女子之力举;是以圣人贵能行也。

【注释】

①季:古人用孟、仲、叔、季作为排行,季排老四。病痞:一种病症,胸腹内郁结成块的病。

②覆:倒。

③败趋:走向衰败。

④柝(tuò):古代巡夜人用来敲打报更的木棒,后来引申为凡是巡夜所敲之器皆称柝。汲(jí):从井里取水,也泛指打水。

⑤壶餐:用壶盛的汤饭或其他熟食,喻指烧水做饭。

⑥索:败落。

⑦躄(bì):跛脚。

⑧肱:手臂。

【译文】

会稽东边有一户姓石的人家,他的小女儿患了腹内郁结成块的疾病,就迎请名医来治疗。治了很久也没有治好,就辞绝了治病的医生让他离开。做父亲的想,这个医生是个医术精良的医生,为什么治疗了这么久也没治好呢?过了几天,他偷偷看女儿,看到她举起盛药的杯子,没有喝而是把药都倒床下了。于是再次请回医生,服用以前的药,只喝三次病就好了。国家有好的政策,但恩泽不能施加到老百姓身上,政策虽然好,但没有进入寻常百姓家,就像石家的小女儿服药一样。一户十口人的人家,主人即使贤能,如果儿子不能遵守家规,下棋赌博,家也会走向败落;奴仆不遵守家规,打更汲水这样的事就会荒废;婢妾不遵守家规,烧水做饭这样的事就没人干了;孩童不遵守家规,庭院中的鸡粪都没人扫除了。这样来治理家庭,家庭一定会败亡,何况是这么大的国家呢!好马脚跛了,还不如劣马跑得快;勇士折断了胳膊,还比不上女人用力举起东西;所以圣人的可贵在于能够切实贯彻执行。

昔者唐子之治长子也,其民贫,终岁而赋不尽入。璩里之民①,五月毕纳,利蚕也②。乃遍询于众曰:“吾欲使民皆桑,可乎?”皆曰:“他方之土不宜桑。若宜之,民皆树之,毋俟今日矣③。”遂已。他日,游于北境,见桑焉,乃使民皆树桑。众又曰:“昔者阿巡抚令树榆于道④,鞭笞而不成;今必不能。”不听,违众行之。

【注释】

①璩(qú)里:地名,在山西长子境内。

②利蚕:因养蚕而获利。

③俟:等待。

④阿巡抚:指罗阿塔,时任山西巡抚。

【译文】

以前我治理长子县的时候,老百姓很贫穷,一年到头劳累还是不能完税。璩里这个地方的老百姓到五月就全部交齐了,这是因为老百姓靠养蚕获利。于是我到处向众人咨询:“我想使老百姓都种桑养蚕,可以吗?”他们都说:“其他地方的土地不适宜种植桑树。如果适宜,老百姓早都种植了,不会等到今天的。”于是就停止了这个计划。又一天,我到长子县北部游历,看见有桑树生长,就让老百姓都种植桑树。众人又都说:“以前阿巡抚下令在道路两旁种植榆树,用鞭子打人都没有成功;现在让人种桑树肯定也干不成。”我没有听从,违背众人的说法来推行这件事。

吏请条法示于四境[①],唐子笑曰:“文示之不信于民也久矣。”乃择老者八人告于民,五日而遍;身往告于民,二旬而遍。再出,遇妇人于道,使人问之曰:“汝知知县之出也奚为乎?”曰:“以树桑。”问于老者,老者知之;问于少者,少者知之;问于孺子,孺子知之;三百五十聚之男女[②],无不知之者。三出入其庐,慰其妇,抚其儿,语以璩里之富于桑,不可失也。一室言之,百室闻之,三百五十聚之男女无不欲之者。唐子曰:“可矣。”乃使璩民为诸乡师,而往分种焉。日省于乡,察其勤怠,督赋听讼因之[③]。不行一檄,不挞一人,治虽未竟也[④],乃三旬而得树桑八十万。

【注释】

①条法:条例法规。这里作动词,颁布条例法规。

②聚:村落。

③因:依照。

④竟:完成。

【译文】

下面的官吏请求将相关法律条文在县内公布,我笑着说:“老百姓不相信公文告示已经很久了。”于是挑选了八个老年人,挨家挨户告诉老百姓,五天就全部告示到了;我又亲自挨家挨户再次告诉老百姓,二十天就全部告示到了。等我再次出门,在路上碰见一个女人,派人问她:“你知道知县出门是干什么吗?”她回答说:“来告诉人们种桑树。”问老人,老人都知道；问年轻人，年轻人都知道；问孩童，孩童都知道。三百五十个村的男男女女，没有不知道的。第三次来到老百姓家里，慰问妇女儿童，告诉他们璩里种桑养蚕致富的事情，不能丧失这样的好机会。在一户人家说了，会传遍一百户人家，三百五十个村子里的男男女女听了没有不想这么干的。我说："可以实行了！"于是使璩里的老百姓作长子县各乡的老师，到各地分发桑树种子。我每天都到各乡去视察，看老百姓勤劳还是怠惰，借着这些事顺便督收田赋，处理乡里的诉讼。没有发一道檄文，没有鞭打一个人，虽然最终没有完全治理好长子县，但三十天就种植桑树八十万棵。

长子，小县也；树植，易事也；必去文而致其情，身劳而信于众，乃能有成。夫多文藏奸，拂情易犯[①]，不亲难喻，无信莫从，所从来久矣。是以治道贵致其实也。

【注释】

①拂：违背。

【译文】

长子县是个小县城；种植桑树也是件容易的事情；一定要去除表面文章，了解他们的实际情况，亲力亲为取信于老百姓，然后才能成功。公文太多奸邪就容易隐藏其中，违背老百姓的真实情况就容易触犯众怒，老百姓不亲近就难以晓喻，不信任就不会服从，这是很早就有的情况了。所以治理国家贵在能务实。

群臣奏入，下于有司；公卿集议，复奏行之。其所行者，著为故事[①]，因时增易，百职准以决事。自汉以来皆然，舍是无以为政。然有治不治者，以实则治，以文则不治。若徒以文也，譬之优偶之戏，衣冠言貌，陈事辨理，无不合度，而岂其实哉！以娱人之观听也。君有诏旨，臣有陈奏，官有文书，市有牓谕，此文也。此藉以通言语、备遗忘耳，奚足恃乎！

【注释】

①故事：先例，以前的典章制度。

【译文】

众大臣将事情呈奏君主，君主将呈奏事务下达给主管部门；王公大卿集体商议，再呈奏君主，然后实行。这些实行了的事，编为成功案例，根据时代的变迁而增加或改变，大小官员依据这些来决断行政事务。自汉代以来都是这样的，没有了这些就没办法处理政务。但有治理得好治理得不好的，如果根据实际情况来治理就能治理好，根据公文案牍来治理就不能治理好。如果只依靠公文，就好比是倡优演戏，衣冠服饰、言语外貌、陈奏事情、辨析道理，没有不合规矩法度的，但这难道是真实的吗！只是娱乐人的耳目罢了。君主有诏书圣旨，大臣有上陈奏折，大小官员有文书，市井中有榜牍告谕，这些都是文。这些只是用来进行话语沟通、防止遗忘的，哪里值得依恃！

君臣相亲，朝夕无间，饮食作坐同之①，如匠之于器，日夜操作，则手与器相习而无不如意。主臣一心，夜思蚤谋，无谋不行，无行不达。三月必达，终岁必效，三年必成，五年必治，十年必富，此实也。

【注释】

①作坐：起与坐，指行止举动。

【译文】

君主与大臣互相亲近，朝夕相处亲密无间，同吃同住同起同坐，就如同工匠制作器物，日夜操练，那么手与器物就互相适应，操作起来就没有不合意的。君主与大臣一条心，早晚思考谋划，没有什么谋划是不能实行的，没有什么行为是不能达到目的的。三个月就一定能达到目的，一年后一定会见到效果，三年一定有成就，五年一定能治理好，十年一定使老百姓富足，这才是实在的东西。

苟无其实，则谨守成法者，败治之公卿也；明习律令者，败治之有司也；工于文辞，娴于言貌者，败治之侍臣也。三者非不美也，而专尚焉[①]，则表暴日厚[②]，忠信日薄。察于内外，称职常多；核其行事，无过可举；问其治功，则无一事之善成，无一民之得所。上下相蒙而成苟免之风[③]，虽有志之士，亦将靡然而不得自尽其情[④]，此治化之所以不行也。

【注释】

①尚：尊崇，重视。

②表暴：显露，指表现自己。

③蒙：欺瞒，蒙蔽。苟免：苟且免于损害。

④靡然：颓靡的样子。

【译文】

如果没有这些实在的东西，那么那些谨慎地遵守已有规则的人，就是败坏治理的公卿们；那些熟悉法律法令的人，是败坏治理的主管部门；那些长于玩弄文辞、善于察言观色的人，是败坏治理的近侍之臣。这三种人也没什么不好，但专门崇尚这样的人，只靠表现表面功夫的风气越来越浓厚，忠信的风气就越来越淡薄。考察一下朝廷内外，称职的官员经常很多；考核他所做的事情，列举不出什么过错；问起他的治理功绩，则没有一件事是办得好的，没有一个老百姓从中得到了所需要的。上上下下互相蒙骗形成苟且欺骗的风气，即使是有志之人，也将萎靡而不能完全发挥自己的才情，这就是治道教化不能施行的原因。

虽然，行难矣。近与远异风，少与众异势。门庭之内，常不尽见①；伯仲之间，亦有异心；况天下之大乎！海内之地，为府百六十二，为州二百二十，为县千一百六十，必官其地，治其事者，皆如长子之树桑，而后天下乃治，是不亦难乎？

【注释】

①尽见：完全表现。

【译文】

即使这样，施行起来真的很难。近处与远处风俗各不相同，少与多形势相异。一家之内，每个人的表现常常不完全相同；兄弟之间，也心思各异；何况天下这么大呢！国家的地域，有一百六十二府，二百二十州，一千一百六十县，一定要在当地为官、处理政事的人，都像长子县种桑养蚕一样，天下就能治理好，这不也是很难吗？

权者，圣人之所藉以妙其用者也。今夫与一人期①，至者十八；与三人期，毕至者十五；与九人、十人期，毕至者十一。何则？权不在也。大将居中，提兵十万，副参②，游守③，都总以及队百什伍之长④，转相贯属，如驱群羊，赍生赴死，不敢先后。何则？权在也。乘权之利，如轴转轮；乘权之捷，如响应声。乘权而不能行，耻莫甚焉。

【注释】

①期：约定。

②副参：副将、参将，清代武官名。

③游守：游击、守备。

④都总：都司、千总。百什伍之长：指百夫长、什长、伍长。古代军队之编制，五人为伍，十人为什，称什伍。也可以泛指军队的基层建制。

【译文】

权力，是圣人借助来发挥它们巧妙作用的。现在与一个人相约，十个人中可能有八个到达；与三个人相约，十个人中可能有五个全部到达；与九个人、十个人相约，全部到达的，十个人中可能只有一个。为什么这样混乱？是因为没有实权在手。大将居于中间位置，率领十万大军，副将、参将，巡逻、守卫，都司、千总，以及队伍中的百夫长、什长、伍长，转辗相属，就像驱赶着一群羊，不顾生命奔赴死亡，不敢有先后。这是什么原因？是大将权力在手。借着权力的便利，就像车轴带动车轮；借着权力的便捷，如同回响呼应着声音。借着权力而不能施行政事，没有比这更大的耻辱。

官有万职，君惟一身。贤君之用官，如大将之御众。以一用十，以十用百，以百用千，以千用万，是则君之用者有万，而凭之者惟十。约而易操，近而能烛。夫尊卑次属，职之恒也，而奚有异？盖不善用之，则万职之利，转而奉之于十；善用之，则十职之修，转而布之于万。十职能修，泽及海内，其功大；功大者赏厚。十职不正，毒及海内，其罪大；罪大者刑重。此舜所以诛四凶也。

【译文】

为官员设置的职位有近万种，但最终都系于君主一身。贤能的君主使用官员，要像大将带兵打仗。用一个去使用十个，用十个去使用百个，用一百个去使用千个，用一千个去使用万个，这样一来君主可以使用的人以万计算，而实际上凭借的只有十个人。简单而容易操控，距离近也能洞达人心。尊卑位次是职位的恒常属性，而为何又有差别呢？大概是不善于使用，那么一万个职位的利益，转而奉送给十个人；善于使用，则十个职位管理好了，会转而管理好一万个人。十个职位能管理好，惠及整个国家，这种功劳很大；功劳大的人奖赏就丰厚。十个职位的人不正派，毒害国家，罪恶很大；罪恶大的人要处以重刑。这就是为什么舜要诛灭共工、驩兜、三苗、鲧“四凶”了。

唐子之嬖妾生子，唐子甚爱之，而妾不恤[①]。教之不从，则骂之；骂之不从，则挞之；挞之不从，则去之；改而后已。夫人情之爱，莫甚于妾；人生之重，莫过于母；次于妻者，又莫贵于妾；而轻于去之者，何也？不去，则爱不及于子也。此言虽小，可以喻大。

【注释】

①恤：顾念。

【译文】

我有一个宠妾为我生了个儿子，我特别喜爱他，而妾却不顾念孩子。教育她不听从，就骂她；骂她还不听，就打她；打她不听，就暂时让她离开；等她改正错误以后才作罢。人之常情，最爱的人，没有超过妾的；最看重的人，没有超过母亲的；地位仅次于妻子的人，又没有人比妾更尊贵。而这样轻易地让她离开，是为什么？不让她离开，那她就不会爱自己的孩子。这说起来虽然是件小事，但其中隐含的道理却很大。

夫人臣之爱，未必昵于妾也；人臣之重，未必过于子之母也；人臣之贵，未必等于妻也。乃爱之而不忍伤之，重之而不敢拂之，贵之而不能抑之。斯人也，未尝操刃，而百千万亿之刃肆行杀伤，有不期然而然者。当是之时，虽上有贤君，惠泽日施，宽恤日行，考绩日严，流杀日具，而民常苦生而甘死。

【译文】

对大臣的喜爱，不一定比对妾的爱更亲昵；对大臣的尊重，不一定超过对母亲的尊重；人臣的尊贵，也不一定就等同于妻子。这样喜爱而不忍心伤害他，尊重而不敢违逆他，尊贵而不能压制他。这样的人，手里未曾拿起刀，但好像有百千万亿把刀在肆意杀戮伤害，之中有不希望这样做但实际效果却是像这样做了的。这个时候，虽然上面有贤明的君主，每天施行恩德，每天施行宽容的政策，对官员功绩的考核日益严格，流放与杀戮天天施行，而老百姓还总是为生计所苦，觉得死了更好。

夫雨露，至渥也[①]，不能入陶穴而滋生[②]；泉流，至泽也，不能越堤防而灌溉[③]。何则？有隔之者也。是故善为政者，刑先于贵，后于贱；重于贵，轻于贱；密于贵，疏于贱；决于贵[④]，假于贱[⑤]；则刑约而能威。反是，则贵必市贱[⑥]，贱必附贵。是刑者，交相为利之物也，法安得行，民安得被其泽乎！

【注释】

①渥(wò):沾湿,润湿。

②陶穴:泥土洞穴。

③堤防:拦水的堤坝。

④决:决绝。

⑤假:宽容,宽恕。

⑥市:交易,引申指为某种目的而进行交易。

【译文】

雨露非常湿润,却不能透过泥土洞穴来滋养生物;泉水非常润泽,却不能越过堤防来灌溉土地。为什么呢?是因为有东西阻隔着。所以善于处理政务的人,刑罚先施加到身份尊贵的人身上,然后才施于身份卑贱的人;身份尊贵的人处罚重,身份卑贱的人处罚轻;对身份尊贵的人严密,对身份卑贱的人疏阔;对身份尊贵的人决绝,对身份卑贱的人宽容;这样刑罚就简约而又能起到威慑作用。如果反过来,则尊贵的一定收买卑贱的,卑贱的一定依附尊贵的。这样的刑罚成为互相获取利益的东西,法令如何能够执行,老百姓如何能够得到它的实惠!

恩义之大,莫如君臣。亲臣为腹心,政臣为股肱[①],疆臣为拇指,庶臣为毛发[②],戎臣为衣履[③]。是以仁君之待其臣,安富同乐,疾病同戚[④],厚之至也。声色不和,贫劳不恤,犹为亢而少恩,况加之以刑罚乎!此以待良臣也。

【注释】

①股肱:大腿和胳膊,比喻左右辅佐的重臣。

②庶臣:一般的臣子。

③戎臣:武臣。

④戚：忧愁，悲伤。

【译文】

世间最大的恩义，没有比得上君主与臣子的。亲近的臣子就好比是君主的心腹，为政之臣好比是君主的左右手，守卫边疆的大臣好比是君主的大拇指，一般的臣子好比是君主的毛发，带兵打仗的臣子好比君主的衣服和鞋子。所以仁厚的君主对待自己的臣子，平安富贵时一起快乐，有了病痛共同分担忧愁，这是最为仁厚的了。君主与大臣外表不和，对大臣的贫困劳累不体恤，还高高在上刻薄少恩，何况还要对他施加刑罚呢！这是对待贤良之臣的方式。

若夫专利，蔽主，徇私，党邪，是民之仇、国之贼也，若之何不刑？爱德为祥，爱杀人之人，斯为爱乎？忍德为凶[1]，忍于杀人之人，斯为忍乎？刑不可为治也，而亦有时乎为之者，以刑狐鼠之官[2]，以刑豺狼之官，而重以刑匿狐鼠养豺狼之官。

【注释】

①忍德：残忍的品德。

②狐鼠：城狐社鼠，比喻小人、坏人。

【译文】

至于独占利益，蒙蔽君主，徇私枉法，与邪恶之人结党，这些人就是百姓的仇敌、国家的贼寇，为什么不对他施加刑罚呢？仁爱的品德是吉祥的，对杀人的人仁爱，这是爱吗？残忍的品德是不吉利的，对杀人的人残忍，这算是残忍吗？刑罚不可以成为治理的主要手段，但有时候也要使用刑罚，以惩处那些像狐狸、硕鼠一样的官员，以惩处那些像豺狼一样的官员，而要以重刑来惩处那些包庇像狐狸、硕鼠、豺狼一样的官员的官员。

国有常刑[①],有变刑[②]。常刑者,律刑也;有司议之,人主不敢私。变刑者,雷霆之威也;英主神之,群臣不得与。常刑以齐小民,变刑以治元恶[③]。元恶之臣,多援要誉[④],其罪难见。察之而不得其罪,质之而不得其罪,速之狱而不得其罪;非雷霆之用,何以治之!德外无治,不言德而言刑者,犹医之治寒疾也,不却谷而饮药[⑤],其人必危。疾愈,却药而反谷也不远矣。

【注释】

①常刑:一定的刑法。

②变刑:处理非常事件时临时使用的刑法。

③元恶:大恶之人,首恶。

④要誉:猎取荣誉。

⑤却谷:不吃粮食。

【译文】

国家有恒定的刑罚,也有因时而变通的刑罚。恒定的刑罚,就是法律这样的刑罚;主管的官员来审议,即使是君主也不敢私用。变通的刑罚,有雷霆般的威力;英明的君主神妙地使用它,众大臣不能参与。恒定的刑罚是用来帮助老百姓的,变通的刑罚是用来惩治罪大恶极的人的。罪大恶极的大臣,有多方的援手,有显要的名誉,这种人的罪行很难被发现。审察他找不到他的罪名,质问他也找不到他的罪名,紧急把他抓捕也找不到他的罪名;不用雷霆般的手段,如何治理这种人呢!道德之外没有什么能治理好国家,不讲求德行而讲求刑罚,就像医生医治伤寒病,不辟谷来喝药,这个病人就很危险了。病好后停止服药而去吃饭,这才差得不远。

格君

【题解】

《格君》篇与《鲜君》《抑尊》等篇其实有着相同的治理诉求，都是对君主权力、行为等的规范。

格，有纠正、匡正之意，如《尚书·冏命》中说："绳愆纠谬，格其非心。"格君，就是匡正君主的错误。

唐甄首先指出，明世宗是最难沟通的君主，但也是个可以塑造的君主。如果向他进言进谏时能够更多站在他的角度来看问题，能够采取恰当的方式，明世宗或许能采纳大臣的进言，也能成为一个有为之君。唐甄将自己置换为进言之人，向世宗陈述清静之道，自信"世宗闻是言也，必心悦之，可以伐其竞躁之心，消其亢悍之气，而治理可徐进也。焉用硁硁戆言，使君臣之际至于两伤哉？"

又比如庄烈帝也曾励精图治，也可以成为有为之君，但是朝中无贤人可用，最后只能恢复自己亲手废除的太监制度，"此其计无所出，知其不可而为之，诚可悯也"。这个时候向庄烈帝进言，就不能再讲《诗》《书》之训，而要向他提出切实可行的主张，推举"朝受任而夕见功"的人才，这才是庄烈帝当时最想听到的话。

所以唐甄确实对进谏有着独特的理解，也有着独特的解决方案。难怪在《潜存》一篇中，唐甄自许："吾不能身任，而能进言。使我立于明主之侧，从容咨询，舍其短而用其长，以授之能者而善行之，可以任官，可以足民，可以弭乱，不出十年，天下大治矣。”唐甄高自期许，他觉得自己能想到好的办法来劝谏君主，帮助君主纠正错误，最终形成良好的治理局面。

明之诸帝，难与言者，莫如世宗[①]。然其刚敏之资，亦可为用；若道之有方，入之亦易。宗祀其父[②]，虽为非礼，比于鲁之郊禘则相远矣[③]，犹不失人子尊亲之意焉。当时之臣，可正，正之；不可正，置之；其勿以此受杖窜可也。至于好神仙，亦人情之常，且未尝以此废政。当时之臣，可止，止之；不可止，置之；其勿以此犯之可也。推其求仙之意，视人之谏我者，皆杀我者也；人之助我者，皆生我者也。以是之故，虽以严嵩之奸[④]，已发其罪，犹爱而护之，盖德其生我也[⑤]。

【注释】

①世宗：明世宗朱厚熜，年号嘉靖。曾采取措施缓和社会矛盾，但迷信道教，为求长生二十多年不见朝臣；奸臣严嵩当国，政治腐败，经济衰退。

②宗祀其父：明武宗无子，世宗由藩王继位。即位之后，在尊武宗父孝宗为皇考还是世宗父兴献王为皇考这件事上，争论长达几年，最后确定尊兴献王为皇考恭穆献皇帝。宗祀，对祖宗的祭祀。

③郊禘：古帝王以祖先配祭上帝。

④严嵩（1480—1567）：字惟中，号介溪，袁州府分宜介桥村（今江西分宜）人。曾任内阁首辅等职，专擅国政多年，残害异己，后被革职病死。

⑤德：感恩，感激。

【译文】

在明代的众多皇帝中，难于沟通的属明世宗了。但他刚毅聪敏的天分，也是可以当大用的；如果引导得当，进入一个好君主的行列也很容易。尊事自己的父亲为“皇考”，虽然不合礼法，比春秋时期鲁国以先祖配祀上帝还是要好得多，还是没有丢失儿子尊奉双亲的含意。当时的大臣，可以匡正的就匡正他，不能匡正的就搁置一边；不因此受到杖打流放就可以了。至于他喜欢神仙方术，这也是人之常情，而且没有因此而荒废政事。当时的大臣，能制止的就制止他，不能制止的就搁置一旁；不因此冒犯他就可以了。推究他访求神仙的含意，他认为那些劝谏他的人，都是想杀死他的人；那些帮助他的人，都是使他长生下去的人。因为这个缘故，即使严嵩奸诈，而且他的罪行已经被揭发，还喜欢并且保护他，大概是因为感激他支持自己长生。

其不可夺如是[①]，虽舜、禹复生，且拒其言而不纳。乃进谏者皆折以道学之恒言[②]，固其所厌闻者也，其何能济！何不上言曰：“诸臣皆非陛下之修玄也[③]，臣惟恐陛下之不修玄也。清静者，道所居也。却尘非清[④]，无欲为清；独处非静，不扰为静。日月照临，氛雾无障[⑤]，清之象也；深渊冥冥[⑥]，乔岳安安[⑦]，静之体也。不清不静，则神不存而气偾[⑧]，偏于所恶，偏于所嗜，是伐性之刃而败道之贼也。黄帝之遗书[⑨]，胡云谷神？谷者，神所栖也。胡云玄牝？玄者，不暴也，牝者，不雄也，大生之本也。绵绵若存，恒也；用之不勤，毋躁也；如是则神可以御气，气可以养形，形不坏而长生矣。

【注释】

①夺:改变。

②乃:代词。那些。折:责难,折服。

③修玄:好神仙之术。

④却尘:拒绝红尘俗世。

⑤氛雾:雾气,比喻世道混乱。

⑥冥冥:幽深的样子。

⑦乔岳:高山。本用来指泰山,后来成为泛称。安安:平正,安稳。

⑧气偾(fèn):心气败坏。

⑨黄帝之遗书:参见《性功》等篇注。有人认为《老子》为黄帝所作,称之为黄帝之遗书。

【译文】

世宗像这样不能被改变,就是舜、禹再生,也会拒绝他们的谏言,不会接受。那些进谏的人,都想用道学的那些老生常谈去使他折服,这些本来就是他不喜欢听的,有什么用呢!为何不向世宗进言:“众多大臣都指责陛下喜欢神仙方术,我却唯恐陛下不喜欢神仙方术。清净的地方是道的所在。拒绝尘俗并非清,内心没有欲望才是清;单独而处并不是静,内心不搅扰才是静。太阳与月亮照临大地,没有了云雾的障碍,这就是清的征象;深渊冥暗幽深,高山安安稳稳,这就是静的本体。不清静,那心神就不存在了,心气败坏,偏向于邪恶与嗜好的,这是砍伐人性的刀刃,败坏大道的窃贼。黄帝遗留下来的《道德经》一书,为什么说到‘谷神’?所谓谷,就是神栖息的地方。为什么说到‘玄牝’?所谓玄,就是深远而不暴露;所谓牝,就是不雄强,这是生命的本根。‘绵绵若存’,说的是恒常;‘用之不勤’,说的是不能急躁;这样的话,神就可以驾驭气,气可以滋养身体,身体不损坏就可以长生不老了。

“符箓丹药[1],道之余也。庶人有身,天子有天下。庶人自养其身，天子以天下为身，兼天下以养身。黄帝治天下如治身，不使有疾害焉。于是总其兵师，与炎帝战于阪泉之野②，三战而灭之。蚩尤作乱③，行不由义，虔毒民生④，举兵征之，禽蚩尤而诛之。当是之时，天下无害，百姓和乐⑤，五谷丰熟，民人养育，日月不失其明，四时不失其序，风雨不失其时，灾害不生，嘉祥并至⑥，麒麟来游⑦，凤鸟来止⑧。于是上帝嘉之，以为不负所托，予之长龄而上仙焉。是岂有异术哉？清静之所致也。

【注释】

①符箓：道教所传秘密文书符和箓的统称。丹药：道教称用丹砂炼制的药物。

②阪泉：古地名。相传黄帝与炎帝战于阪泉之野。其地所在说法不一，有山西阳曲、山西运城和河北涿鹿等。

③蚩尤：传说中的古代九黎族首领。以金作兵器，与黄帝战于涿鹿，失败被杀。

④虔毒：伤害。

⑤百姓：百官。《尚书·尧典》曰："九族既睦，平章百姓。"孔颖达《传》："百姓，百官。"

⑥嘉祥：祥瑞。

⑦麒麟：古代传说中的一种动物，形状像鹿，头上有角，全身有鳞甲，尾像牛尾。古人以之为仁兽、瑞兽。

⑧凤鸟：凤凰，传说中的瑞鸟。

【译文】

"符箓丹药这些东西，都是修道的多余之物。老百姓拥有身体，君主拥有国家。老百姓自己养护身体，君主以国家为身体，既养国家又养自己的身体。黄帝治理国家就像治理身体，不让他有什么疾害。于是统领他所有的军队，与炎帝在阪泉的郊野交战，三战就消灭了炎帝。蚩尤作乱，行为不符合道义，伤害老百姓，黄帝发兵征讨，擒住蚩尤并且把他诛杀。这个时候，国家没有祸害，百官和睦相处，粮食丰收，老百姓都得到养育，没有日食和月食，四季更替不混乱，刮风下雨都符合时令，没有灾害，嘉瑞、祥瑞同时到来，麒麟和凤凰都来了。于是天帝嘉奖黄帝，认为他没有辜负天帝的重托，赐给他长寿让他成为神仙。这难道是有奇异的方术吗？这是清静导致的结果。

“陛下诚能学黄帝之道，居心玄漠[①]，静专纯一，不以好恶扰其心，不以喜怒伤其体。上有黄帝之君，下必有风后、力牧之臣[②]。陛下垂拱于上，百官修职于下，兵革自强，远人畏服，无为而天下大治，岂复有边境之虞哉！臣闻真人者，逍遥物外，无求于人，不可强致者也。《易》曰：‘水流湿，火就燥[③]’，言各从其类也。陛下诚能养心复性，群生并遂，是真人之契也[④]；无俟旁求，必驾羽来朝，指授修治之方矣。”

【注释】

①玄漠：恬静，寂静。

②风后：相传为黄帝的大臣之一，指南车的发明者之一。力牧：传说中黄帝的大臣。

③水流湿，火就燥：语出《周易·乾卦·文言》。

④真人：道家称存养本性或修真得道的人，亦泛指“成仙”之人。

【译文】

“陛下如果确实能学习黄帝的方法，让心灵居住在幽深广漠之处，清静专注，不因喜欢和厌恶来扰乱自己的内心，不因喜欢和愤怒伤害自己的身体。上有黄帝这样的君主，下面一定有风后、力牧这样的大臣。陛下您在上垂衣裳、拱双手，文武百官在下面尽心尽责，军事力量自然会增强，边远地区的人就会敬畏臣服，自己不用做什么天下就治理得很好了，哪里还会有边境的祸患呢！我听说‘真人’，在万物之外逍遥而游，对人无欲无求，不能强行让自己成为这样的人。《周易》中说：‘水流向潮湿的地方，火烧向干燥的物品’，说的就是万物都会跟从自己的同类。陛下您确实能够修养身心，回复本性，天下苍生都实现自己的愿望，这与真人就是契合的；不用向其他地方搜求，真人就会骑着仙鹤来朝见，指点传授修身治国的良方。”

世宗闻是言也，必心悦之，可以伐其竞躁之心[①]，消其亢悍之气，而治理可徐进也。焉用矻矻戆言[②]，使君臣之际至于两伤哉？

【注释】

①伐：消除，治疗。

②矻矻（kū）：勤劳不懈的样子。戆（zhuàng）：迂愚而刚直。

【译文】

世宗听了这番话一定高兴，能够缓和他轻率急躁的内心，消除他骄傲蛮横的心气，治国也可以慢慢推进了。哪里用得着那些喋喋不休迂愚刚直的进言，使君臣双方都受到伤害呢！

庄烈良于世宗[①]，亦可为之君也。继位之始，罢太监镇守及织造之使[②]，专将率以责效，节俭以足国用，此人臣见功之时也。乃使之治兵而兵无用，使之治赋而用不足，盗寇日张，国势日蹙[③]。于是乃复用太监，横征无艺[④]。此其计无所出，知其不可而为之，诚可悯也。乃当日之臣，不谅其不得已之心，不察其不可转移之故；守《诗》《书》之恒训，为无实之美言。第谓奄人不可用[⑤]，加赋不可为，直言不可拒。虽有善用言者，将何以用之！此陈于太平无事之时，则为美言；言于危急存亡之日，则为敝屣矣。

【注释】

①庄烈：见《良功》篇注。

②罢太监镇守及织造之使：《明史·庄烈帝本纪》载："撤各边镇守内臣。"织造之使，指提督织造太监。明代于苏州、杭州、南京三处各置提督太监一人，专管织造各种丝绸以供宫廷之用。

③蹙（cù）：困窘，窘迫。

④艺：准则，限度。《左传·昭公二十年》曰："布常无艺，征敛无度；宫室日更，淫乐不违。"杨伯峻解释："艺，准则。言所布政令毫无准则。"

⑤第：副词，只，只是。

【译文】

庄烈帝比明世宗要贤良，也是大有可为的君主。他刚继承皇位的时候，废除了太监镇守边疆的制度，撤除提督织造太监，以实际功效责成将帅，节俭治国，充实国家财用，这正是大臣们立功的时候。但是让他们治理军队军队没有战斗力，让他们管理国家的赋税而国家财用不足，盗贼强盗一天比一天猖獗，国家一天比一天衰落。于是又重新起用太监，横征暴敛没有限度。这是他实在想不出办法，知道不能这么做也这么做了，也确实是可怜。当时的大臣，不理解他的迫不得已的用心，不体察他不能改变的缘故；墨守《诗》《书》中的常训，说一些华而不实的漂亮话。只说不能使用宦官，不能增加赋税，不可拒绝正直的谏言。即使有善于听用谏言的人，又如何来听用呢！这些话在太平盛世时进陈，就是好话；在国家危急存亡的时候说这些话，就像破旧的鞋子一样毫无用处。

当是之时，若有明达国事之人，谓温体仁不可用①，必举孰可为相者；谓杨嗣昌不可用②，必举孰可执兵柄者；谓督镇无人，必举孰可以任将帅。其所举之人，进而问其计，明如指掌，实有可行；措之朝廷之上、攻战之场，朝受任而夕见功，则奸佞不攻而自去，横征不谏而自止矣。我常无食，有可从之而游平凉者③。友皆沮之④，以为道远难行，又所求不可知。我曰："二三友之爱我也至矣。我非不知此行之非计也；旦夕无炊，妻子饿死，故不得已而为此行也。诸君诚能为我谋食，不坐困以至于死，虽劝行，亦不行也。"沮者皆默然而止。当日之进言于庄烈者，皆不能救其死而徒沮其行者也，固益增其烦懑而惟恐其言之入耳也。

【注释】

①温体仁：字长卿，万历进士。崇祯初，以礼部尚书、东阁大学士辅政。阴结党羽排除异己，陷害多人。

②杨嗣昌：见《明鉴》篇注。

③平凉：地名。今属甘肃。

④沮：阻止。

【译文】

这个时候，如果有通达国事的人，说温体仁不可用，就一定要举荐谁可以胜任宰相；说杨嗣昌不可用，就一定要举荐谁可以掌管军队；说没有督帅，就一定要举荐谁可以担任将帅。他所举荐的人，进用时问他们治国大计，都了如指掌，切实都可以实行；将他们安置在朝廷中、战场上，早上受任而晚上就能取得功效，那么那些奸诈佞幸之人不用攻击就会自己离开，横征暴敛不用劝谏而自然停止。我经常没有饭吃，有个可以跟从一起到平凉去的人。朋友都阻拦我，认为路途遥远难行，而且所求的东西也不一定能得到。我说："几位好朋友对我是极为关爱的。我并不是不知道这次远行不是好办法；因为如果从早到晚没有东西吃，妻子和儿女们都要饿死了，所以不得已而进行这次远行。大家如果确实能为我谋得饭碗，不会因为贫困而死，即使你们劝我远行我也不会远行的。"阻止我的人都默默地闭嘴了。当时向庄烈帝进言的人，都是不能挽救他的死亡而只阻止他远行的人，这本来就只能增加他的烦躁愤懑，使他更恐惧听到这样的话。

我观两朝之臣，无诱君之术[①]，无取信之实，无定乱之才，无致治之学；纷纷然攻权奸，谪横政[②]，彰君过以明己直，惟恐杖之不加于身而烟瘴之不得至也[③]，何昧昧也！《诗》曰："如蜩如螗，如沸如羹[④]。"言虽忠直，实蜩螗沸羹也。是谓以暴益暴，以昏益昏，卒使明不得后亡，亦与有咎矣。

【注释】

①诱：引导。

②谪：谴责，责备。横政：暴政。《孟子·万章下》曰："横政之所出，横民之所止，不忍居也。"

③烟瘴：烟瘴之地，古代指西南边远的地区，常常作为发配重犯的地方。

④如蜩如螗，如沸如羹：语出《诗经·大雅·荡》。蜩，蝉。螗，蝉之一种。

【译文】

我观察世宗、思宗这两朝的大臣，没有引导君主的好办法，没有取得君主信任的实际功绩，没有平定叛乱的才能，没有使国家得到良好治理的学问；只是一窝蜂地去攻击那些权奸，谴责暴政，通过揭露君主的过错来证明自己的正直，只担心刑杖不打在自己身上、不被流放到瘴疠之地，这是多么愚蠢啊！《诗经》中说：“百姓悲叹如蝉鸣，恰如落进沸水汤。”进言虽然忠诚正直，实际上也像蝉噪汤沸一样。这就是所说的用凶暴来增加凶暴，用昏暗来增加昏暗，最终使得明朝早早灭亡，也是有过错的。

任相

【题解】

《任相》篇的核心思想，是论述任用有治理能力的宰相的重要性。

唐甄首先概括了十种亡国特征，字字锋芒，句句直言亡国要害，表明唐甄对国家治理的思考是有高度与深度的。

唐甄指出君主是“利之源，奸之的”，所有人都将君主作为猎取目标，希望从他那里得到自己想要的利益。这对开国之君危害较小，但对那些继位之君，“深宫不尝事”“而环而伺之者百千辈”，却是极大的危险。特别是在奸佞之人当道的时候，这种君主最易成为围猎的对象，国家也极易覆亡。

唐甄进而指出，像庄烈帝这样的人还算是有为之君，但就是因为用人不当，或者是根本不知道如何用人，“虽有居正，不能用也”，而成为亡国之君。

“相者，君之贰也，宗庙所凭，社稷所赖，不可以轻为进退者也。”唐甄特别强调要任用贤人为相，对宰相的作用、帝王应如何对待使用宰相等都有详细的分析论述，如：“国有贤相，法度不患不修，赏罚不患不中，用舍不患不明，毁誉不患至前，田赋不患不治，吏必尚廉，将必能逞，士必能死，府库充盈，奴仆慑伏。”

唐甄讲到了识人之难、识贤相之难。有些人极善伪装，不易一时识破，但并非不可识，因为人的功劳、能力等是不能长期掩饰的，以这一点为标准，就能判断能与不能。张居正就是有能力的宰相，有了他的辅佐，才有了明王朝十年的安宁与发展。但是显帝与张居正的君相关系，最终还是没有脱离君骄相死的俗套。这样的悲剧总在上演，引起多少人的一声叹息！

亡国之道有十焉：有法而无实，国亡；赏罚不中[①]，国亡；用舍不明，国亡；左右誉之而褒显，民安之而贬黜[②]，国亡；百姓困穷，司牧不知[③]，知而不为之所，国亡；百官好利而无耻，国亡；将帅不得人，士卒不用命，国亡；御将不得尽其能，国亡；不奴使宦寺，使与国政而号为内臣，国亡；金粟殚竭[④]，不足以厚禄食、养战士，国亡。此十亡者，明君或蹈之[⑤]，不必暴乱如桀、纣者也。

【注释】

①中：合理，恰当。

②安：喜欢，爱好。《左传·庄公十年》曰："公曰：'衣食所安，弗敢专也，必以分人。'"贬黜：降职或免去官爵。

③司牧：指君主、官吏等治理国家的人。

④殚竭：穷尽。

⑤蹈：踩上。

【译文】

国家灭亡的表现有如下十个方面：有法律但没有实际执行，国家会灭亡；奖赏与惩罚不合理，国家会灭亡；任用与舍弃不分明，国家会灭亡；亲近的人赞誉某人就褒奖提拔，老百姓喜欢的却贬谪罢黜，国家会灭亡；老百姓穷困潦倒，而管理老百姓的君主与官员却不知道，或者知道了也不去做，国家会灭亡；各级官员贪逐私利，毫无廉耻，国家会灭亡；军队将帅不得其人而任之，士兵不为国家卖命，国家会灭亡；使用将领不能使他们完全发挥才能，国家会灭亡；不将太监宦官当作奴才，让他们参与国家政事并且称他们为内臣，国家会灭亡；国家金钱粮食耗尽，不能使官员俸禄丰厚，不能供养军队，国家会灭亡。这十个方面的问题，即使是贤明的君主有的也会踩中，不一定是像夏桀、商纣一样的暴乱之君。

君者，利之源也，奸之的也[①]。人皆的之，皆欲中之。以一深宫不尝事之人[②]，而环而伺之者百千辈，虽有智者亦有所不及矣。于是佞以忠进，诈以诚进。其耳目达于宫庭之隐[③]，其推引藉于左右之口[④]，其摇惑假于优人之谐言[⑤]。使人君入其术者，且自以为聪明过人，无微不见也。于是虐民者以良荐，覆军者以捷闻。功罪倒置，诛赏骇世。忠臣义士肝脑涂地，徒杀其身。而权臣贼奄窃旦夕之富贵，不知皮尽而毛无所附，且安然而自以为得计也。

【注释】

①的：目标。

②尝事：经历事情。

③隐：隐秘之处。

④推引：推荐引进。藉：借助。

⑤摇惑：迷惑动摇。

【译文】

君主是利益的根源，奸诈之人的主要目标。人们都把君主当靶子，都想射中他。一个深居宫中不曾经历过世事的人，被成百上千的人环绕侍候，即使是极具智慧的人也会有考虑不到的地方。于是奸佞的人假装忠诚而被进用，欺诈的人假装诚实而被进用。他们的眼线可以到达宫廷最隐蔽的地方，他们通过君主左右亲近的人来推举引荐人，他们借助倡优诙谐的话来迷惑君主。他们使君主进入他们的骗术中还自以为聪明过人，什么细微的事情都能看得到。于是那些虐待老百姓的人被当作良臣举荐，使全军覆灭的人还以出师大捷而闻名。功绩与罪责颠倒过来，诛杀与奖赏的错位到了惊骇世人的地步。那些真正的忠臣义士肝脑涂地，却被白白地杀死。而那些专权的大臣与宦官窃取了短暂的富贵，却不知道皮肤没有了毛发就无所依附，还安然自在地认为自己阴谋得逞了。

庄烈皇帝亦刚毅有为之君也。以藩王继统[①]，即位之初，孤立无助，除滔天之大逆[②]，朝廷晏然[③]，不惊不变。忧勤十七年，无酒色之荒、晏游之乐[④]，终于身死社稷。故老言之，至今流涕。是岂亡国之君哉！而卒至于亡者，何也？不知用人之方故也。

【注释】

①藩王：藩国之王。继统：继承帝统。

②除滔天之大逆：指崇祯帝铲除权臣魏忠贤一事。大逆，封建时代称危害君父、宗庙等罪行为“大逆”，为“十恶”之一。

③晏然：安宁，安定。

④荒：纵欲，过度享乐。晏游：宴饮游乐。晏，通“宴”。

【译文】

庄烈皇帝也是刚烈坚毅有作为的君主。他以藩王的身份继承大统，刚刚即位的时候，孤立无援，还铲除了犯下滔天大罪的魏忠贤，使朝廷安定，无惊无变。他勤勉忧劳十七年，不沉迷于酒色，没有宴饮、游玩的享乐，最后为江山忧劳而死。那些故旧老臣现在提及他，还泪流满面。这难道是亡国的君主吗！而最终到了国破家亡的地步，是为什么？是不知道用人的缘故啊。

当是之时，非无贤才也。袁崇焕以间诛[①]，孙传庭以迫败[②]，卢象昇以嫉丧其功[③]。此三人者，皆良将，国之宝也，不得尽其才而枉陷于死。使当日者有一张居正为之相，则间必不行，师出有时，嫉无所施，各尽其才，而明之天下犹可不至于亡。然而迹庄烈之所为[④]，虽有居正，不能用也。庄烈居高自是，举事不当，委咎于人。无择相之明，执国政者，皆朋党之主，数举数罢，易于敝帚。百职之任，何由得人乎！是以援私植党，充于朝廷；倾人夺位，险于仪、秦[⑤]；将卒无忌，诛焚劫略，毒于盗贼；百姓畏兵如虎狼，望贼如汤、武。迨乎季年，主虑瞀乱，无所适从；诛戮亟行，四方解体；而明遂不可为矣。

【注释】

①袁崇焕（1584—1630）：明末著名将领。字元素，广东东莞人。万历进士。天启二年（1622）擢兵部主事，六年擢辽东巡抚。崇祯二年（1629）赴京解围，后金行反间计，明廷将其下狱处死。

②孙传庭（1593—1643）：明末振武卫（今山西代县）人。任陕西巡抚，镇压农民起义军。

③卢象昇（1600—1639）：明末宜兴（今属江苏）人，字建斗，号九台。天启进士，崇祯朝任兵部侍郎等职。在与清军作战中兵败阵亡。

④迹：考察。

⑤仪、秦：指张仪、苏秦，见《无助》等篇注。

【译文】

在当时，并不是没有贤能的人。袁崇焕因为反间计被诛杀，孙传庭因为受到崇祯的胁迫而兵败，卢象昇因遭人嫉妒而兵败。这三个人都是良将，是国家的宝贝，没有充分发挥他们的才能就被冤枉陷害而死。假使当时有一个像张居正这样的人做宰相，那反间计肯定不会得逞，军队按时出征，嫉妒之人也没有用武之地，人人尽情施展自己的才华，明朝的天下还可能不至于灭亡。但是考察庄烈帝的所作所为，即使有张居正这样的人，也不能任用。庄烈帝身居高位自以为是，做事不得当，将错误都归咎于他人。没有选择宰相的明智，执掌国家政权的都是拉帮结派的人，多次提拔又多次罢免，比换掉一把破扫帚还容易。文武百官的职位，哪里还能得到恰当的人选！所以结党营私的人布满了朝廷；他们倾轧他人，夺取官位，比张仪、苏秦还要阴险；将领与士兵肆无忌惮，杀人放火抢掠财物，比盗贼还狠毒；老百姓像害怕虎狼一样害怕军队，看见贼寇倒像看见了商汤、武王一样。到了明朝末年，君主思维混乱，面对时局无所适从；诛杀横行，国家分崩离析；明朝也就再也不能有所作为了。

相者，君之贰也[①]，宗庙所凭，社稷所赖，不可以轻为进退者也。譬之构屋，户牖可以改作[②]，丹垩可以数新[③]，至于栋梁，则一成而不可易。古之为国者，得一贤相，必隆师保之礼，重宰衡之权[④]。自宫中至于外朝，惟其所裁；自邦国至于边陲，惟其所措。谗者诛之，毁者罪之。盖大权不在，不可以有为也。国有贤相，法度不患不修，赏罚不患不中，用舍不患不明，毁誉不患至前，田赋不患不治，吏必尚廉，将必能逞[⑤]，士必能死，府库充盈，奴仆慑伏。彼十亡者，皆可无虞也。

【注释】

①贰：副手，副职。

②户牖：门窗。

③丹垩：粉刷的墙壁。

④宰衡：指宰相。

⑤逞：显示才能。

【译文】

宰相是君主的副手，是国家的凭借和依赖，不够轻率地进用或罢免。这好比建房子，门和窗可以重新做，墙壁可以多次刷新，但是房屋的栋梁，一旦安装成功就不能再变换了。古代治理国家的人，得到一个贤能的宰相，一定以对待老师的礼仪隆重地对待他，加重他宰相的权力。从宫中到外朝，所有事情都由他裁决；从国家到边疆，都听从他的安排。谗毁他的人就诛杀，毁谤他的人就降罪。因为大权不在手中，他是不能够有所作为的。国家有贤能的宰相，不担心法令制度不修明，不担心赏罚不公正，不担心任用与舍弃不清楚，不担心毁谤与赞誉，不担心赋税得不到有效管理，官吏必定崇尚廉洁，将领一定能逞其才能，士卒一定能为国赴死，仓库充实，奴仆慑服。那十个亡国的方面都可以不用担心了。

然知人之识，自古为难，在叔世为尤难[①]。叔世之人，矫情饰貌，矩行法言[②]，驩兜可以为皋、夔，盗跖可以为夷、惠[③]，猝难辨也[④]。然则中才之主，乌能任相乎？人不易知，功则不可掩。譬之饮药，一饮之而良，再饮之而效，三饮之而疾去者，必良医也。一饮之而不良，再饮之而无效，三饮之而疾不去者，必庸医也。人虽至愚，岂以疾去者为庸医，以疾不去者为良医哉！任相之道亦然。

【注释】

①叔世：即末世，衰乱的时代。

②矩行：言行方正，合乎规范。法言：合乎礼法的言论。

③惠：柳下惠，春秋时鲁国大夫展获，字季，又字禽。曾经做过士师的官，食邑在柳下，谥惠，所以被称为展禽、柳下季、柳士师、柳下惠等。其中以“柳下惠”之名最为著称。后世用来借指有操行的男子。

④猝（cù）：仓促，匆忙。

【译文】

但是了解一个人的才识，自古至今都是件难事，在末世就更难了。身处末世的人，矫饬感情，伪饰外貌，行为言语可为准则，这样一来驩兜可以伪装成皋陶、夔，盗跖可以伪装成伯夷、柳下惠，很难一下就辨别出来。但是一个只有中等才能的君主，怎能任命一个好的宰相呢？人很难被真正了解，但他的功劳是不能掩盖的。好比喝药，喝一次感觉好多了，喝两次就有了疗效，喝三次病就好了，这一定是好医生。喝一次感觉不好，喝两次没有疗效，喝三次病也不见好转，这一定是庸医。人即使很愚蠢，难道能将除去疾病的人当成庸医，将不能除去疾病的人当成良医吗！任用宰相的道理也一样。

张居正之为相也，拜命之日，百官凛凛[①]，各率其职，纪纲就理，朝廷肃然[②]，其效固旦夕立见者也。为政十年，海内安宁，国富兵强。尤长于用人，筹边料敌，如在目前。用曾省吾、刘显平都蛮之乱[③]，用凌云翼平罗旁之乱[④]，并拓地数百里；用李成梁、戚继光[⑤]，委以北边，辽左屡捷，攘地千里；用潘季驯治水而河淮无患[⑥]。居正之功如是，虽有威权震主之嫌，较之严嵩，判若黑白矣。主虽至愚，未有以乱政为良相,以安社稷为奸相者也。然则任相之道,岂难能哉!

【注释】

①凛凛:惊恐畏惧的样子。

②肃然:严肃认真的样子。

③曾省吾:字三省,号确庵,明嘉靖时进士,史载其有军事才能,善于治理边疆。刘显(1515—1581):明代抗倭名将。都蛮:明代活动在西南地区的一个少数民族部落。

④凌云翼:字洋山,明嘉靖进士,曾任兵部侍郎,提督两广军务。罗旁:地名,位于今广东郁南。

⑤李成梁(1526—1615):字汝契,铁岭卫(今辽宁铁岭)人。明代名将。戚继光(1528—1588):字符敬,明朝抗倭名将,与俞大猷等一起抗击倭寇,平定倭患,保卫海疆。

⑥潘季驯(1521—1595):字时良,号印川,浙江乌程(今湖州)人。明代水利专家,主持治理黄河,提出了“筑堤束水,以水攻沙”的治河方略,为黄河治理作出了极大贡献。

【译文】

张居正当宰相,受命任职的时候,文武百官凛然敬惧,各司其职,纲纪有条有理,朝野秩序井然,效果短时间就见到了。张居正治理国家十年,天下太平,国家富裕,军队强大。张居正尤其擅长用人,他筹划边疆事务判断敌情,就像都在眼前一样。任用曾省吾、刘显平定都蛮叛乱,任用凌云翼平定罗旁叛乱,并且拓展疆域几百里;任用李成梁、戚继光,委以守卫北部边疆的重任,辽东的军队屡传捷报,收复失地上千里;用潘季驯治理水灾,黄河、淮河就没有了水患。张居正的功劳就是这样,即使他有“威权震主”的嫌疑,但与严嵩相比,就像黑白一样分明。君主就是再愚蠢,也不会把扰乱朝政的人当作良相,把安定江山的人当成奸相。这样看来任用宰相的规律,难道很难吗!

显帝之任居正也，畏之如严师，信之如筮龟[1]，无言不从，无规不改，虽太甲、成王有所不及。是以居正得以尽忠竭才，为所欲为，无不如意，可谓盛矣。《诗》曰："靡不有初，鲜克有终[2]。"能用居正而不能保其终者，何也？居尊自高，耻于下人故也。显帝当幼弱之时，童心尚存，血气未刚，故惮于师傅，不敢为非。及其稍长，念先帝付托之重，又加之以贤母之训；而元辅才大功高，倚为股肱，尚不敢失师保之礼。然以万乘之尊，不得自专，而受挫于其臣，内怀忿悁[3]，固已久矣。及居正死，念功之心不胜其含怒之心，于是削其官爵，暴其罪愆，流其族属，至欲斫棺戮尸。

【注释】

①筮龟：指占卜用的蓍草和龟甲。

②靡不有初，鲜克有终：语出《诗经·大雅·荡》。

③忿悁（yuān）：怨怒，愤恨。

【译文】

显帝任用张居正时，敬畏他有如严厉的老师，信任他有如神验的筮龟，没有什么话不听从的，他的规劝没有不改正的，就是太甲与周成王也比不上。所以张居正能够竭尽忠诚与才智，做想做的事情，没有不符合自己意愿的，真可谓是盛极一时。《诗经》中说："万事开头讲得好，很少能有好收场。"能任用张居正但不能保他以善终，这是什么原因？这是因为显帝身在尊位，自视极高，以能力不如人为耻的缘故。显帝还在幼年的时候，还保存着童心，血气还没有强盛，因此害怕老师，不敢乱来。等到他稍稍长大了些，念及先帝将重任托付给张居正，又加上自己贤惠母亲的教育；而且张居正极具才华，功劳巨大，因此将他当成自己的股肱，还没敢抛弃师保之礼。但是以万乘之主而不能自己做主，总受挫于自己的大臣，他内心早就愤懑不满，本来已经很久了。等到张居正死后，君主顾念他功劳的心没有超过他对张居正愤怒的心，于是削去他的官爵，宣扬他的罪行，流放他的亲属，以至想劈开棺材屠戮他的尸体。

始有明良之美①，而终为桀、纣之暴，君臣之际②，反覆如是，可不为寒心乎！使当日者，居正尚存，勋劳日高，显帝之齿渐长③，四方无事，志气骄盈，谗间得入，则居正覆巢之祸，不在身死之后矣。曷亦念手挈十岁之童子，坐之南面之上，奸乱不作，海内服从，泽洽中土④，威畅四裔⑤，使高帝之天下，安于泰山，此谁之功与！是则据辽宫之罪小⑥，安天下之功大，虽割江陵一县以为封国，伐荆、楚之良材以营宫室，未为过也。奈何身死之后，憾及骸骨⑦，曾不得比于狗马。此良臣谋士所为望国门而却步者也！

【注释】

①明良：圣明之君和忠良之臣。

②际：遭际，际遇。

③齿：年龄。

④洽：浸润。

⑤四裔：指四方边远之地。

⑥据辽宫：传说张居正与辽王朱宪爀有私怨，又羡慕其王宫壮丽，后将朱宪爀治罪，夺其宫室作为自己的私第。

⑦憾：恨，怨恨。

【译文】

开始有君主圣明、宰相贤良的美政，而结局却是夏桀、商纣的暴行，君与臣之间的遭际像这样反复，能不为之寒心吗！假使在当时张居正尚未去世，功劳一天比一天高，显帝的年龄渐渐增长，天下四方太平无事，君主志得意满，傲骄之气日盛，谗言离间能够乘虚而入，那么张居正满门被灭的灾祸就不会发生在他死之后。为何也不回想一下，张居正手拉着那个才十岁大的孩子，让他面南而坐在宝座上，奸臣乱贼不敢作乱，天下服从，恩泽惠及中国，威风畅达四方边境，使高帝打下来的江山安稳如泰山，这是谁的功劳呢！这样的话，占据辽王宫殿的罪小，安定天下的功大，即使割占江陵一县为自己的封国，砍伐荆、楚等地方的上等木材来营造宫室，也不算大的过失。怎奈在张居正死后，连他的骸骨都怨恨，连狗、马都不如。这就是为什么能干的大臣、谋士看见国门而止步不进入的原因啊！

迨乎庄烈之世，天下倾危，将相无人，乃追思昔功，官居正之子孙。人亦有言："往事则明，当事则昏。"使居正当庄烈之世，举以为相，朝受命而夕被诛矣，尚安望其有为哉！是故人君之患，莫大于自尊①；自尊则无臣，无臣则无民，无民则为独夫。《乾》之上九曰："亢龙有悔②。"龙德既亢，必有宇宙玄黄之战③，而开草昧之运矣④。可不惧哉，可不戒哉！

【注释】

①自尊：自我尊大。

②亢龙有悔：语出《周易·乾卦》。亢，高。

③玄黄：《周易·坤卦》曰："龙战于野，其血玄黄。"高亨注："二龙搏斗于野，流血染泥土，成青黄混合之色。"后以"玄黄"指血。

④草昧：形容时世混乱黑暗。

【译文】

等到了庄烈帝的时代，国家已经倾侧危险了，无人可担将相大任，才开始追念张居正以前的功劳，起用张居正的子孙为官。人们也曾这样说："事情过去了才明白，遇事时就糊涂。"假使张居正处于庄烈帝的时代，被推举为宰相，早上接受任命晚上就被诛杀，还怎么奢望他有所作为！所以作为君主，最大的祸患莫过于太自我尊大；太自我尊大眼里就没有了大臣，没有了大臣就没有了人民，无民就是独夫了。《乾》卦的上九爻说："处于高位的龙有了悔恨。"君主的德行高傲了，一定有遍及天下的血战，一个混乱黑暗的时代就会来到。能不畏惧吗，能不引以为戒吗！

善功

【题解】

“善功”如果从字面意义来理解，就是“善于评价自己的功绩”。如何正确评价自己的功绩，在唐甄看来这是古代士人的为官之道，特别是那些位高权重的人更应该学会正确对待自己的功绩，以在激荡的政治风云中掌握进退的恰当时机，全身远祸。

唐甄首先提及的人是张居正，他是位高权重、也是不能正确评价自己功绩的典型代表。所以唐甄评价张居正：“社稷已安，规模已立，求贤自代，归老江陵，岂不善始善终哉！”但张居正自矜其能，自伐其功，位高权重还担心有人不屈服于自己，还担心自己的威信不够高，贪恋权位，傲视群吏，刚愎自用，所以不得善终。

“有为相之才，必有为相之学。”学，含摄广大，包含着学会评价自己的功绩。唐甄的“劝学”告诫是有深意的。

张居正位冠群臣，进为太师，天子不名[①]。人臣之贵，极于此矣。辅少主[②]，进退百官，易置将帅，九边戎事，奉其谕书，凛于诏敕[③]。人臣之权，莫重于此矣。匡君，进戒，节用，丰财，百务修举，海内安宁，命将征伐，所向成功，四夷畏服，边境无虞。人臣之功，莫大于此矣。登高则身危，衡重则权坠，物成则阴杀[4]，必至之势也。此伊尹之所不敢久居，周公之所逊而得免者也[5]，况末世之君臣乎[6]？

【注释】

①不名：不直呼其名。

②少主：指明神宗朱翊钧。

③凛：敬畏，畏惧。诏敕：诏书。

④阴杀：肃杀。

⑤逊：谦虚，恭顺。

⑥末世：指一个朝代衰亡的时期。

【译文】

张居正位居群臣之首，后来被任命为太师，天子都不直接称呼他的名字。作为大臣的尊贵，已经到极点了。他辅佐少主，任命和罢免百官，改置将帅，边境的战事，都要按照他的指示行事，比君主的诏书更令人敬畏。大臣所掌握的权力，没有比这更大的。他匡扶君主，进呈戒言，节省开支，使国家财用丰足，各行各业都得到恢复，国家安宁；命令大将出征讨伐，没有不成功的，四方蛮夷敬畏臣服，边境没有祸患。作为臣子，功劳没有比这更大的。但是爬得太高会有危险，秤太重则秤砣就会掉下来，事成之后就会衰败，这是必然的趋势。这就是伊尹不敢长久地身居高位、周公及时退出因而免遭祸害的原因，何况是末世的君臣呢！

使居正于斯，不矜其能，不伐其功。上褒其富国之功，则曰："此有司勤劳所致也，臣何功之有？"上赏其命将克敌之功，则曰："此将率之略，士卒之力也，臣何功之有！"百僚进规[1]，则拜受而加谨焉；身被劾奏，则引以为罪而不辩焉；

入阁议政，则推让而不敢先焉；郎吏博录之属[②]，见之而礼有加焉；入朝则秉笏如不胜也；侍侧则鞠躬如待罪也。社稷已安，规模已立[③]，求贤自代，归老江陵，岂不善始善终哉！

【注释】

①进规：进谏规劝。

②郎吏博录：指各级属官。郎：封建帝王的侍从官。吏：旧时对官员的通称。博：即博士，古代学官名，历代相沿。录：即录事，官名，掌总录官署文簿，举弹善恶。

③规模：法度。

【译文】

假使张居正在这个时候，不夸耀自己的才能和功劳。皇上褒奖他富国的功劳，他就说："这是官吏勤劳所带来的结果，我哪有什么功劳！"皇上奖赏他派遣将帅战胜敌人的功劳，他就说："这是将帅们的谋略，士兵们的努力，我哪有什么功劳！"文武百官进呈规劝之言，就拜谢而更加谨慎；如果被弹劾，则将这些弹劾当成自己的罪过而不辩解；进入内阁讨论政事，则要谦让而不敢抢先下结论；对侍郎、小吏、博士、录事等属官，见到他们特别有礼貌；入朝觐见皇上，手持笏板好像不胜其重一样；侍奉在皇帝身旁则弯着腰，好像自己是个罪人。国家已经安定，法度已经确立，访求贤人来代替自己，自己回江陵老家，难道不会善始善终吗！

乃不知道此。位已极矣，犹恐人之不我屈；权已重矣，犹恐人之不我威；功已大矣，犹恐人之颂我者不至；时当退矣，犹固位而不能释。主忿积于中[①]，群怨结于下，其祸已成，不可复解。显帝犹为能忍之主也；不然，不待辽宫一女子之诉[②]，早已身死经毒[③]，族无遗类矣。

【注释】

①中：内心。

②辽宫：见《任相》篇注。

③经：系缢，悬吊。

【译文】

但他不懂得这一点。官位已经达到顶点了，还担心别人不服从自己；权力已经很大了，还担心别人觉得自己没有威信；功劳已经很大了，还担心别人不来歌颂自己；该是隐退的时候，还顽固地待在位置上不肯放手。君主的愤怒早就积聚在心中，下面的群臣心怀怨恨，祸害已经形成了，不能再解除。显帝还算是能容忍人的君主；不然的话，不用等到辽宫的一个女人来告发他，他早就吊死或毒死，家族覆灭了。

是知居高，乃所以自卑也；立威，乃所以自侮也；好誉，乃所以自毁也；求固，乃所以自灭也。是故有为相之才，必有为相之学。使居正好学自修，不矜不伐，可以从伊、周之后矣。

【译文】

由此可知身居高位，会因此使自己卑下；树立威信，会因此使自己被侮辱；喜欢名誉，会因此使自己被毁损；追求稳固，会因此使自己被灭亡。所以有做宰相的才能，一定要有做宰相的学问。假如张居正能喜欢学习，修养自己的德性，不骄傲不自夸，就可以位列伊尹、周公之后了。

远谏

【题解】

唐甄自许自己有谏官的才能，在《潜存》等篇中他反复提及这一点。《远谏》篇也是他论述进谏、劝谏的篇目，唐甄开篇就说道："吾今有言于百世以上，训百世以下之为君者，以代其臣之不敢直。诵吾之言，有不惊心丧魄、手战股栗者，非君也。"他对自己的话所具有的规劝力量是极自信的。

唐甄因为官卑人微，只能采取"远谏"这种方式。他认为"亦谏之一法。""远谏"之说可视为唐甄对传统劝谏方式的一种丰富。

君主无道会失却民心，最终身亡国灭。这是唐甄对君主的严正告诫。唐甄使君主"惊心丧魄、手战股栗"的东西，就是他描绘的亡国惨景。这种惨景，一方面是关于君主的："为天子者则不然，家国一破，无所逃于天地之间。盗及寝门，左右奔逃，宫妾散亡，珠玉尽俘，宫殿烧焚，身为囚虏。嫡庶诸子，骈首就系；后嫔贵主，受辱于人。累世坟陵，藏穴发掘，松柏斩伐，宗庙丘墟，祏主毁弃，百十鬼神，号哭而无所凭依。"一方面是关于天下百姓的："父兄子弟，死亡无遗类。四海之内，覆军屠民。原野厌人之肉，川谷流人之血。不惟兵刃，男不得耕，女不得织，天灾流行，野无青草，民之冻饿而死者，枕藉于道。"任何有一个有良知的君主，对唐甄的描述都不可能无动于衷吧！

唐甄认为,天下的治与乱,责在君主而非其他人:“治乱在君,于臣何有?”“人无贤不贤,贤不贤惟君;政无善不善,善不善惟君。”唐甄以孔子之教为据,援引《春秋》笔法来支撑自己的观点。唐甄敢言直谏的品格于此可见。

其实,唐甄“远谏”的内容,是一代又一代忠直之士反复述及的,并非更具新意。但他忧国忧民的内心与那些忠直之士一样,日月可鉴。

臣不敢谏,虽谏不直①,直亦不尽。君不纳谏,虽纳不从,从亦不改。当其世之臣,虽有伊尹、周公之告,若不闻知;虽有龙逄、比干之忠,徒杀其身。吾今有言于百世以上,训百世以下之为君者②,以代其臣之不敢直。诵吾之言,有不惊心丧魄、手战股栗者,非君也。

【注释】

①直:正义,有理。

②训:教诲,教导。

【译文】

做臣子的不敢大胆进谏,即使进谏也不正义,即使正义也不敢畅所欲言。君主不善于纳谏,即使表面上采纳了也不听从,即使听从了也不改正。处于这种时代的大臣,即使有伊尹、周公的告诫,也好像没听到;即使有龙逄、比干的忠诚,也只会白白地被杀掉。我现在的话,既对前代百世君主说,也告诫那些百世以后的君主,来代替那些不敢直言的大臣。读我说的这些话,那些不惊心动魄、手脚颤抖的,就不是真正的君主。

天下之大可恃乎?甲兵之多可恃乎?君惟不义无道于民,虽九州为宅①,九川为防②,九山为阻③,破之如椎雀卵也；虽尽荆蛮之金以为兵，尽畿省之籍以为卒[④]，推之如蹶弱童也[⑤]。昔者桀为不道，身死于三嵏之国[⑥]；纣为不道，身死于烈焰之中；太康不道[⑦]，后羿逐之；厉王不道，国人流之。自夏以后，二十一代之失天下者，其祸类然也。迹其所以亡者，奄妾蛊志[⑧]，权奸蔽聪，滥赏淫刑，善恶倒置，似亦庸君之常，未足大异。然有一于此，虽不即亡，祸成于渐，不及其身，在其子孙。天命已去，臣叛人散，死亡奔流[⑨]，如四君者，一朝为烈矣。

【注释】

①九州：古代分中国为九州。说法不一，如《尚书·禹贡》作冀、兖、青、徐、扬、荆、豫、梁、雍。后泛指天下、全中国。

②九川：九州的大河。

③九山：九州的大山。《史记·五帝本纪》曰："唯禹之功为大，披九山。"

④畿：古代王都所领辖的千里地面，后多指京城管辖的地区。籍：户籍，这里指在籍之民。

⑤蹶（jué）：用脚踢。

⑥三嵏（zōng）：古国名。夏代小国，在今山东定陶北。

⑦太康：夏朝国君，夏启之子，荒淫无道，被有穷国君后羿夺去帝位。

⑧奄（yān）：同"阉"，阉人，宦官。

⑨奔流：流离，流徙。

【译文】

国家广大，可以依恃吗？兵士众多，可以依恃吗？君主只要对老百姓不义、无道，即使有九州这样的大宅子，有九川这样的防守，有九山这样的险阻，攻破他就像用椎子椎碎鸟蛋一样容易；即使用尽荆蛮地区的金属来制造兵器，用尽京畿的老百姓作士兵，推倒他就像用脚踢翻一个小孩那么容易。以前夏桀无道，被杀死在三嵏国；商纣王无道，被熊熊烈焰烧死；太康无道，被后羿给赶走了；周厉王无道，被国人流放。从夏代以后，二十一个朝代中失去天下的君主，他们招祸的原因是相似的。考察他们之所以灭亡的原因，宦官与妻妾迷惑了他们的心志，专权的奸臣遮蔽了他们的耳目，胡乱给予奖赏，滥用刑罚，颠倒善恶，这些似乎也是昏庸君主的常态，不值得大惊小怪。但是有其中的一种，即使不会立即亡国，祸端日积月累，就是不祸及自身也会使子孙遭殃。天命已经失去，大臣背叛百姓离散，像上面说的四个君主那样死亡流徙，有朝一日会更厉害。

今夫富家大族，虽不幸而身陷刑辟[①]，犹可以保其妻妾，全其子弟，不至于灭绝。万金之子，骄矜淫佚[②]，废其田宅，其亲戚友朋，犹有恤而周之者。虽失其故业，环堵之室[③]，布褐之衣，蔬粝之食[④]，父子夫妇，犹可庇其身而聚处也。为天子者则不然，家国一破，无所逃于天地之间。盗及寝门，左右奔逃，宫妾散亡，珠玉尽俘，宫殿烧焚，身为囚虏。嫡庶诸子，骈首就系[⑤]；后嫔贵主，受辱于人。累世坟陵，藏穴发掘，松柏斩伐，宗庙丘墟，祏主毁弃[⑥]，百十鬼神，号哭而无所凭依。当是之时，万乘之主，求为道路之乞人而不可得也，欲与妻子延旦夕之命而不可得也。亡国之惨，一至此哉！

【注释】

①刑辟：刑法，刑律。

②骄矜：骄傲自负。淫佚：恣纵逸乐。

③环堵之室：指贫穷的人家。环堵，四周环着每面一方丈的土墙。

形容狭小、简陋的居室。

④蔬粝：指粗食。

⑤骈首：头靠着头，并排。骈，并列。

⑥祏主：藏于宗庙中的神主。

【译文】

现在那些富家大族，即使不幸身陷刑狱，还能够保全妻妾子弟，不至于灭绝。富有万金之家的儿子，骄奢矜夸，恣纵逸乐，田地与房屋都荒废了，他的亲戚朋友们还会体恤救济他。即使丧失了以前的产业，身处狭小简陋的居室，穿粗布衣服，吃粗茶淡饭，家人还可以有地方安身，团聚在一起。身为天子就不一样了。国家一破，天地之间就无处可逃。盗贼到了寝宫门口，侍从宫女四散逃亡，珍宝被劫掠，宫殿被烧毁，自己也成了阶下囚。嫡子庶子被捆绑着排成一列，皇后嫔妃与尊贵的公主受人污辱。世世代代祖先的坟墓被掘开，坟上的松柏被砍伐，宗庙变成废墟，里面供奉的祖先神主被毁坏丢弃，祖先的灵魂号啕大哭，失去可以凭依的地方。在这个时候，万乘之尊的君主，请求做路旁的乞丐也没有可能了，想与妻子儿女多活一天也做不到了。亡国的惨烈，就是到了这种地步啊！

不啻是也，既毒其家，遂毒天下。当是之时，社稷无主，群雄并起，各据一方；大者百余城，小者一二十城，相争相杀，无有宁日。五里之邑，十里之郡，朝属于东，夕属于西，旋陷旋复[①]。父兄子弟，死亡无遗类[②]。四海之内，覆军屠民。原野厌人之肉，川谷流人之血。不惟兵刃，男不得耕，女不得织，天灾流行，野无青草，民之冻饿而死者，枕藉于道[③]。迨乎天心厌乱，或一二十年而后定，或数十年而后定，或百年而后定。海内死者，非算数之所及矣。亡国之毒，又至此哉！

【注释】

①旋：不久，立刻。

②遗类：指残存者。

③枕藉：亦作“枕籍”，物体纵横相枕而卧，形容死的人非常多。

【译文】

不仅如此，荼毒害了皇室之后，接着又荼毒天下。这个时候，国家没有了君主，群雄并起，各自占据一块地盘；大的占城上百座，小的也有一二十座，他们相互争夺厮杀，天下没有了安宁之日。五里的村邑，十里的郡县，早上还属于东边，晚上就又属于西边了，猛然被攻陷猛然又被光复。父母子弟等全部死去。整个国家军队覆没，老百姓被屠杀。原野上塞满了人的尸体，河流山谷中流淌着人血。不仅仅是兵革的伤害，男人不能种地，女人不能纺织，天灾流行，地上寸草不生，老百姓冻死饿死，尸体纵横在道路上。等到天意厌弃了混乱，或者一二十年后安定了，或者几十年后才能安定，或者上百年后才能安定。天下死亡的人数，就算不清楚了。亡国的祸害，又到了这种地步！

川流溃决①，必问为防之人；比户延烧②，必罪失火之主。至于破家亡国，流毒无穷，孰为之而孰主之？非君其谁乎！世之腐儒，拘于君臣之分，溺于忠孝之论，厚责其臣而薄责其君。彼乌知天下之治，非臣能治之也；天下之乱，非臣能乱之也。使舜内惟二妃之听从，外舍皋、夔而用四凶；虽有皋、夔，舜之天下必乱。使纣不听妲己之言，舍佞臣而用比干、胶鬲，虽有佞臣，纣之天下必治。治乱在君，于臣何有？

【注释】

①溃决：大水冲开堤防，也常用来形容局势混乱。

②比户：挨家挨户。

【译文】

河流决口，一定要追究修筑堤防人的责任；挨家挨户被火烧，一定要追究失火人家的罪责。至于国破家亡，贻害无穷，这是谁干的、谁是主谋呢？不是君主又是谁呢！世上的迂腐儒生，拘泥于君臣的名分，陷溺在忠孝的论调中，对臣子责备重对君主责备轻。他们哪里知道天下的安定，不是大臣能治理好的；天下的混乱，不是大臣能搅乱的。假使舜对内只听从两个妃子的话，对外舍弃皋陶、夔而任用四凶；即使有皋陶、夔这样的人，舜的天下也会大乱。假使商纣王不听从妲己的话，舍弃奸佞的大臣而任用比干、胶鬲，即使有奸佞之臣，商纣王的国家也会治理好。治与乱责任在君主，与大臣有什么关系？

不责其臣而责君者，非吾之言，仲尼之教也。《春秋》之法[①]：臣弑其君，罪在臣，称臣之名；罪在君，称君之名，而不著其臣之名。宋人弑其君杵臼[②]，齐人弑其君商人[③]，莒弑其君庶其[④]，晋弑其君州蒲[⑤]，莒人弑其君密州[⑥]，吴弑其君僚[⑦]，皆隐其臣之名，若国人共诛之者。岂宽弑君之贼哉[⑧]？君惟不道，不君其君而后动于恶；非人弑之，自弑之也。君而不君，国人不与，社稷不保，国家危亡，而且恶名著于《春秋》，罪在贼臣之上，可不惧乎！

【注释】

①《春秋》之法：即所谓《春秋》笔法。研究春秋的人，认为《春秋》每用一字，必定寓含褒与贬之意，后来因此称曲折而意含褒贬的

文字为“春秋笔法”。

②宋人弑其君杵臼:语出《春秋·文公十六年》。杵臼,宋昭公。

③齐人弑其君商人:语出《春秋·文公十八年》。商人,齐懿公。

④莒弑其君庶其:语出《春秋·文公十八年》。莒,春秋时国名。在今山东莒县。

⑤晋弑其君州蒲:语出《春秋·成公十八年》。

⑥莒人弑其君密州:语出《春秋·襄公三十一年》。

⑦吴弑其君僚:语出《春秋·昭公二十七年》。僚,吴王余昧之子。余昧死后,季札让位逃走,吴人乃立僚。公子光使专诸将其刺死。

⑧宽:宽容。

【译文】

不责备大臣而责备君主,这不是我说的,这是孔子的教导。《春秋》的笔法是:大臣杀了君主,如果大臣有罪,就直称大臣的名字;如果君主有罪,就直称君主的名字,而不写大臣的名字。宋国人杀掉他们的君主杵臼,齐国人杀掉他们的君主商人,莒国人杀掉他们的君主庶其,晋国人杀掉他们的君主州蒲,莒国人杀掉他们的君主密州,吴国人杀掉他们的君主僚,都隐藏了杀掉君主的大臣之名,就好像是国人一起杀掉了自己的君主。这难道是宽恕杀掉国君的贼臣吗?君主统治无道,老百姓不再将他视作国君,最后使用暴力杀死国君;这不是老百姓杀了他,是他自己杀了自己。君主不像个君主的样,老百姓就不再支持他,江山也就保不住,而且恶名记载在《春秋》中,罪孽远远在贼臣之上,能不畏惧吗!

人无贤不贤,贤不贤惟君;政无善不善,善不善惟君。君惟有道,虽恒才常法[①],可以为治;君惟不道,虽有大贤良法,亦以成乱。是故明哲之君,无所为恃,必责于己。知天子于民庶,过及十一,祸倍百千。“战战兢兢,如临深渊,如履薄冰[②]。”亦有嬖妾，南威、西子[③]，身之蛊也；亦有便侍[④]，竖貂、勃鞮，家之蠹也；亦贵所好，巧言令色[⑤]，朝之贼也；亦贱所恶，良药镵石[⑥]，国之宝也。若反其道，则上祸祖父，下灭子孙，血流海内，屠及百年。

【注释】

①恒才：一般的才能。

②“战战兢兢”以下几句：语出《诗经·小雅·小旻》。战战，恐惧的样子。兢兢，谨慎小心的样子。

③南威：亦称“南之威”，春秋时晋国美女。西子：西施。

④便（pián）侍：便嬖，指君主左右受宠幸的小臣。

⑤巧言令色：指用花言巧语和媚态伪情来迷惑、取悦他人。

⑥镵（chán）石：古时治病用的石针。

【译文】

人没有贤能与不贤能的区别，贤能与不贤能在于君主；政事没有好与不好的区别，好与不好都在于君主。君主有道，即使是才能平常的人与常用的办法，也能治理好国家；君主不行正道，即使有非常贤能的人和好的办法，也只能酿成祸乱。所以聪明智慧的君主没有什么要依恃的，必定是要求自己。可知天子之于百姓，过错只要达到他们的十分之一，酿成的灾祸就是他们的千百倍。“恐惧战栗，好像面临着万丈深渊，好像站在薄薄的冰面上。”也有宠爱的婢妾，像南之威、西施那样的，是身体的诱惑；也有亲近的侍臣，像竖貂、勃鞮那样的，是国家的蛀虫；也以所喜欢的为贵，花言巧语、好的姿色，是朝廷的盗贼；也以所讨厌的为贱，苦口的良药、治病的石针，是国家的宝贝。如果反其道而行之，就会向上祸及祖辈，向下灭绝子孙，血流遍野，屠戮达到上百年。

吾为此惧，于百世之上，训百世以下之为君者。若闻吾言，惧而知改，虽中才之主，可以保天下。其有暴君，终于不省，乐祸不悛[1]，则有如前之所言者。是谓远谏，亦谏之一法乎！

【注释】

①悛（quān）：悔改。

【译文】

我为此感到深深的恐惧，所以站在百世的时间点上，训诫百世以下做君主的人。假若听到我说的话，畏惧而知道改正，即使是中等才能的君主，也可以保有天下。若是有的暴君最终不省悟，甘愿遭受灾祸而不悔改，就会像我前面所说的那样。这就是我所说的远谏，也算是进谏的一种吧！

卿牧

【题解】

《卿牧》篇从两个层面展开论述，首先是“举贤以任官”，即要使用贤能的人担任卿、牧等官职；其次是“稽古以为名”，即要确定官职的正确名称，而官职名称的确定得遵从周制与汉制。

唐甄首先指出，冢宰为天子最重要的辅佐人物，要依据周代的制度重新恢复“冢宰”这样的名称，让他最大限度地发挥其职能，不能成为一个只是登记官员名字的小吏。

接着，唐甄指出要恢复司徒、宗伯、司马、司寇、司空这些周代的官名，对为什么恢复使用这些官名、这些官职的实际作用等都作了阐述，之中的若干观点自有新意。如司寇之名不能命名为“刑”，这样做“是示天下以尚刑，非仁慈之号也”。又如司空之名之所以要恢复，是因为“宫室美则山林空，衣服丽则机丝空，饮食侈则牢坰空。名为空者，欲其不空也，犹治乱之臣曰乱臣也”。名为“空”就是为了不空，就如同治臣称之为乱臣，这样的连类理解是极具启发性的。

唐甄认为六卿的副手都是具有六卿才能的人才能担任，所以不能用“郎”这样的卑微名称来称呼，而要依据周制，分别以“少”来命名，如冢宰的副手称为少宰。

对于京尹这样的要职，要遵从汉制改名为京兆尹，对京兆尹的职能也作了详细界定。

对于地方官员等，唐甄主张重新设六州牧："赋兵刑以其贰属分理而统于牧。牧者，养也；当下其尊而与民亲。"州牧统管一方事务，最重要的职责是养护一方百姓，所以要与老百姓亲近。州牧不是官老爷，"以时行视，少从，省骑，裹粮，束刍，步田塍，入庐舍，讯父兄，抚妇子。如召伯巡行，遇有讼者，就决于树下"。州牧为老百姓要做的事情很多，担子重，责任大。有了州牧，就可以废除巡抚这样的扰民官职了。唐甄对巡抚的跋扈、鱼肉百姓等行径极为厌恶，必去之而后快。

最后，唐甄认为府县官名应如汉制，改为郡守、县令，他认为："守者，保也；令者，善也；保土善民也。"这可以成为唐氏名言。

明君欲兴上治，举贤以任官，必审官以尽其所学。稽古以为名①，顺时以定职，期于允宜②，以安天下之民。

【注释】

①名：名称，此处指职官的名称。

②允宜：合宜，恰当。

【译文】

贤明君主想治理好天下，选用贤能的人担任官职，必须审察官员的能力，充分发挥他们的所学所能。考查古代的制度来确定官职的名称，顺应时势来确定职位，目的在于合宜，来安定天下百姓。

冢宰辅相天子①，无所不理。今名为吏，但主除吏②。当授使授，当陟使陟，当黜使黜，不过注簿一小吏③，乌得为长卿④！五卿皆然⑤，不可以不正，请复名为冢宰。冢，大也；宰，主也。五卿，诸寺⑥，诸司⑦，史历⑧，军将⑨，仪卫⑩，奄人，群牧[11]，守令[12]，皆其所统也；宫，朝，畿[13]，州[14]，华，夷，文，武，政事，皆其所治也。纪纲万方[15]，弼亮一人[16]；君在，代之理；君崩，摄其政，乃其所任也。而其大者则在用人。《周官》掌邦治[17]，统百官，均四海，即用人在其中，当申命之以重其用人之责。

【注释】

①冢宰：周官名，为六卿之首，亦称太宰。辅相：辅佐。

②除：拜官，授职。

③注簿：指主簿一类官职，负责文书簿籍，所以多称簿。如汉代的主簿、唐代的司簿等。

④长卿：指六卿之长。

⑤五卿：指下文提及的冢宰以外的其他最高五官，即司徒、宗伯、司马、司寇、司空。

⑥寺：衙署，官舍。

⑦诸司：众官吏，众官署。

⑧史历：修史与制定历法。明清两代的“钦天监”掌天文、历法。翰林院内设有国史馆，专掌修撰史书之事。

⑨军将：军队与将领。

⑩仪卫：仪仗与护卫等。

⑪群牧：各级地方长官。

⑫守令：郡的太守和县的县令。

⑬畿：京畿。

⑭州：古代行政区划。《尚书·舜典》曰：“肇十有二州，封十有二山。”

⑮纪纲：治理，管理。《诗·大雅·棫朴》：“勉勉我王，纲纪四方。”

⑯弼亮：辅佐。

⑰《周官》：这里指《尚书·周官》篇，载周朝设官分职用人之法。有“掌邦治，统百官，均四海”之句。

【译文】

冢宰辅助君主，没有他不管理的事务。现在也以吏命名，只主管任免官职的事务。应该授予官职的就授予，应该提拔的就提拔，应该罢免的就罢免，不过就是负责登记官员簿册的一个小官，哪里能成为最高卿相！其他五卿都是这样，名称不能不纠正过来，请重新恢复冢宰的称呼。冢，是大的意思；宰，是主宰的意思。五卿，众衙署，众官吏，史官，军队将领，仪仗护卫，宦官，各级地方长官，郡守县令，都由冢宰统领；宫廷，朝廷，京畿，州，中原，四夷，文治，武功，大小政务，都由冢宰来治理。治理众多事务，辅佐君主一人；君主在世，代君主管理，君主去世，就代理天子事务，这就是冢宰的职责。但冢宰最重要的职责是用人。《尚书·周官》中说冢宰的职责是治理国家，统领百官，均平天下，用人就包含在其中了，应该重申这一点，强调他用人的职责。

人鲜睿圣，无私则明，博咨则周①。朝之卿士，日夕所见，岂或不知。近自邦畿，至于海隅，苦乐丰饥，其长不敢不以闻。虽有所蔽，形于别奏②，流于谣谚③，闻于计吏、僚友、游士之口④，皆可审察而知之。其政得失，其人贤不肖，其才长短，即可冯以为黜陟⑤，为易置。天子垂拱仰成⑥，百官尽职听命。嬖宠不得邀厚禄，贵戚不得窃尊位；贤能无沉沦之叹，俊杰有奋兴之路⑦；内外之官，无不得人。居此位者，不兼庶政，庶政实由以举；不兼众功，众功实由以奏；不专治平，治平实由以成；斯无忝于冢宰⑧。

【注释】

①博咨:广泛征求意见。

②奏:臣子对帝王进言陈事。

③谣谚:歌谣和谚语。

④计吏:考成的官员。僚友:一起为官的人。

⑤冯:同“凭”,凭借。黜陟:废除和升迁。

⑥垂拱:垂衣拱手,谓不亲理事务。

⑦奋兴:奋起。

⑧忝:玷辱,有愧于。

【译文】

人很少有睿智圣明的,没有私心就能明智,广博地听取就会周遍。朝中的大小官员每天所见到的事情,不可能不知情。从京城这些近的地方开始,一直到天涯海角,百姓的痛苦、快乐、丰收、饥馑,各地的长官不敢不上报。即使有所隐瞒,也会在别人的奏折中体现,在民谣谚语中流传,从考成的官员、同事、游说之士的口中听到,这些都可以明察而了解到。政事的得失,人的贤能与否,才能的高低,就可以凭这些作为提拔与废黜的标准,作为更换的标准。君主垂衣拱手、仰首等待成功,百官尽职尽责,听从命令。宠幸之人不能要求丰厚的俸禄,皇亲贵戚不能占据高位,贤能之人没有被埋没的叹息,俊士豪杰有奋起的途径;朝廷内外的官职,全都选用恰当。居于冢宰位置的人,不处理各种政务,但这些政务实际上通过他而得以办理;他不同时具有众多功劳,但众多功劳实际上通过他得以上奏;他不掌管治国平天下,但治国平天下实际上通过他而成;这就没有辱没冢宰一职。

司徒任土制赋[①],当从今职,以敷教归之宗伯[②],而授司空以地利之任。今名为户,按户纳租,不过守籍一小吏,乌得为次卿!请复名为司徒。徒者,众也。有众,土乃治;土治，财乃生；财生，用乃足。众为邦本，土为邦基，财用为生民之命。司徒之职，重农功，籍土田，审肥硗[3]，时赢绌[4]，稽蓄散，慎出纳。制为成法，授之有司，毋敢废越。必使民有余藏，国有余用，虽天灾流行，年谷不登，而民不困。去贪黩[5]，如鹰鹯之逐鸟雀[6]；去苛敛，如药石之攻疢疾[7]。天子不得有私用之财，后宫不得有珠锦之饰，贵戚不得有田宅之饶，民庶不得有侈丽之好[8]。不以征伐伤财，不以营作伤财[9]，不以多事伤财。三年必生，五年必成，十年必富，斯无忝于司徒。

【注释】

①任土：凭依土地，谓适应土地的方位、地貌、地形等具体情况。

②敷教：布施教化。

③肥硗（qiāo）：亦作“肥墝”，指土地肥沃或瘠薄。硗，指土质坚硬瘠薄。

④时：通“司”，掌管。赢绌：盈余和亏损。

⑤贪黩：贪污，也指贪污的人。

⑥鹯（zhān）：鸟名，又称“晨风”。

⑦疢（chèn）疾：疾病。

⑧侈丽：奢侈华丽。

⑨营作：建造宫室等。

【译文】

司徒凭依土地制定赋税，应当根据现在的职位设置，将教育的职能归属于宗伯，而将掌管地利的职责归属于司空。现在司徒的名字称为户，按户头收取租税，不过是守着户籍的一个小官，哪里是次卿呢！请求恢复司徒的称呼。徒，有众多的意思。有了众多的人口，才能耕种土地；

耕种土地，财物才能产生；有了财物，老百姓的用度才能富足。民众是国家的根本，土地是国家的根基，财物是老百姓的生命。司徒这个职位，重视农业，登记土地田产，考察土地的肥沃与贫瘠，掌管收成的盈亏，考核财物积蓄与散失的情况，谨慎地掌管着产出与收入。将这些制订成固定的法则，交给主管官员，千万不要废弃或者越职办事。一定要使老百姓有多余的储藏，国家有多余的财用，这样即使天灾流行，年成坏谷物没有收成，老百姓也不会贫困。除去贪污渎职的人，就像老鹰、晨风驱逐小鸟；除去苛捐杂税，就像用良药、针灸治病。君主不能有只供自己使用的财物，后宫的人不能有珠宝、绸缎这样的饰物，皇亲贵戚不能多占土地住宅，普通百姓不能有崇尚奢侈豪华的爱好。不能因为征战过度耗费资财，不能因为营建过度耗费资财，不能因为事务过度耗费资财。三年一定出现生机，五年一定有成效，十年一定富足，这样才不辱没司徒的名声。

宗伯敷教扰民[①]，以端治化，小大由之有所视效[②]。今名为礼，但言其道，未显其官。请复名为宗伯。宗者，师也；伯者，长也。礼出于身，为天下师，为百度长[③]，上下从之，如徒之不敢违师，如少之不敢先长。名为宗伯，所以重其责也。礼行于宫，君毋骄，后毋陵[④]，嫔宠毋逾[⑤]，適立毋易[⑥]，庶爱毋干[⑦]。礼行于朝，君毋过尊，臣毋过卑；凡尔百职，有功不伐，有能不矜，居上不骄，居下不援。礼行于四海，父子不相离，夫妇不相陵，兄弟不相争，强不暴弱，富不耀贫。有难之者，谓三代世远，末俗多伪[⑧]，言礼于今，必不可行。是不达情之论也。民何爱恶？群尚则爱，群弃则恶。物何贵贱？群尚则贵，群弃则贱。礼不离文[⑨]，徒文则晦；礼不离器[10]，徒器则虚。以文以器，民之观之，同于优偶。礼云乎哉！以文见实，以器达意。敬敷五教[11]，必先正君。君身先之，大臣率之，小臣顺之，庶民观而化之。风被心悦，虽驱之使勿从，亦且不得，何患乎难行！如是，则兴仁兴让，无争无党，三代之治可复，斯无忝于宗伯。

【注释】

①扰民：驯服百姓。

②视效：仿效，效法。

③百度：各种制度。

④陵：欺凌。

⑤逾：僭越。

⑥易：改变。

⑦庶：庶子。干：侵犯，冒犯。

⑧末俗：谓末世的习俗，低下的习俗。

⑨文：指礼节仪式。

⑩器：礼器。

⑪敷：传布。五教：见《性功》篇注。

【译文】

宗伯广施教育，驯服百姓，以端正治理与教化，这些大大小小的事情通过他而有了仿效的对象。现在他的名称为礼，只是说出了宗伯的本质，并没有彰显官位的职能。请重新恢复宗伯这个名称。宗，是师法的意思；伯，是年长的意思。礼仪出于宗伯之身，为天下人所师法，为各种礼制的主管，从上至下都要跟从他学习，就像徒弟不能违背老师，如同年少的不能凌驾于年长的。之所以称为宗伯，就是强调他的职责。礼制在宫廷中施行，君主不能骄横，皇后不能欺凌，宠妃不能逾越，嫡子确立后不能更换，宠爱的庶子不能侵犯礼法。礼制在朝廷上施行，君主不会过于自尊，大臣不会过于自卑；百官有功劳不夸耀，有能力不骄傲，居上位不骄横，居下位不攀援。礼制施行于天下，父子不会离散，夫妇不相欺凌，兄弟不相争，强者不对弱者施暴，富者不向贫者炫耀。有对此问难的，说夏、商、周三代过于遥远，末世的风俗太多伪诈，在当今时代来讨论礼制，一定行不通。这是不通人情的论调。老百姓喜欢什么厌恶什么？大家都崇尚的就喜欢，大家都抛弃的就厌恶。什么东西贵什么东西贱？大家都崇尚的就贵，大家都抛弃的就贱。礼制不能离开礼节，如果只有礼节就会被遮蔽而不明显；礼制不能离开礼器，但只有礼器就会空洞。只用仪式和礼器老百姓看来就如同看木偶。礼说的是什么呢！就是以仪式来体现礼的实质，以礼器来传达礼的意义。恭敬地传布五种教化，一定要君主先端正自己。君主以身作则，大臣就会跟从，小臣就会效仿，老百姓看见后就能被教化。老百姓沐浴着美好的风俗心中高兴，即使驱赶着让他们不听从，也做不到，还担心难以实行吗！像这样，仁义会复兴，礼让会复兴，没有争夺，没有拉帮结派，三代美好的治理可以恢复，这样就没有辱没宗伯一职。

司马主兵，期于弭兵[①]。兵者，毒民之器；今名为兵，是示天下以尚兵，非吉祥之名也。请复名为司马。国之大事在兵，兵之大用在马；隐其名，必修其实，制胜有具矣。数军实[②]，核籍伍[③]，教行陈[④]，严约束，乃戎事之常。而其大者亦如冢卿，在能用人。图危在安，定乱在暇，必素知其人之智勇，蓄以待用。其贰其属[⑤]，必皆知兵之人；以及朝臣牧属，有堪为将者，又皆博访而知之[⑥]。一旦寇发，如抽矢于房[⑦]，惟我所使，不患无将。己知兵，然后知知兵之人[⑧]，用是卿者，必求知兵之才，试于疆埸，遍历山川，通古谋略，达今情事，乃可以授斯任。如是，则卿使将，将使偏裨[9]，偏裨使千百长，如臂运手，手操弓，弓发矢，矢破的。捍边制蛮，虽远在万里，如提挈于左右手。甲兵不用，威德远服，战胜于朝廷者，上也；赏罚严明，先期决胜，计日献捷者，次也；将士和睦，保守封疆，寇至能御者，又其次也。三长有一，斯无忝于司马。

【注释】

①弭兵：平息战事，停止战争。

②军实：军用器械和粮饷。

③籍伍：犹籍戎，即部队将士等的名册。

④行陈：行军布阵。陈，同“阵”。

⑤贰：副手。属：下属。

⑥博访：广泛地访求。

⑦房：箭袋。

⑧知兵：通晓军事。

⑨偏裨：偏将、裨将，将佐的通称。

【译文】

司马主管军事，目的是消除战争。战争是毒害老百姓的利器；现在称之为兵，是向天下宣告崇尚用兵，不是一个吉祥的名字。请恢复使用司马的名称。国家最大的事是军事，军事中最有用的是马；隐去了“马”这个名称，但必须整饬它的实际，克敌制胜才能有准备。清点军用物资，核查部队名册，教士兵行兵布阵，严明纪律，这是军事常态。但其中最重要的也像冢宰一样，在于能使用人才。考虑应对危险在于安定的时候，平定祸乱在于闲暇的时候，必定要平时知道某人的智慧与勇敢，培养他以待用时。司马的副手与下属，一定都是懂得军事的人；如果朝中大臣以及地方长官及其下属，有能胜任做将领的人，都要广泛地访求从而了解他们。一旦有敌情发生，就像从箭袋中拔出箭一样，只要我想使用，不愁没有将领。自己懂得用兵，然后又了解会用兵的人，用这样的人来担任司马，还必定要找到知道用兵的人才，在战场上考验他，让他走遍名山大川，熟悉古今用兵的谋略，通晓当今的情况，然后才可以授予这个职位。这样的话，司马指挥大将，大将指挥偏将和裨将，偏将和裨将指挥千夫长和百夫长，如同用手臂带动手，用手拿弓，用弓发射箭，箭射中靶子。捍卫边疆，制服蛮夷，虽然远在万里之外，就如同用左右手提着。不用出兵，声威与德行就能使远人来服，在朝堂上就能战胜敌人的，这是上策；赏罚严明，预先能取得胜利，很快取得大捷，这是其次；将士们和睦相处，保卫守护疆土，敌寇来了能够抵御，这是又其次。三个长处中能占到一个，也就没有辱没司马一职。

司寇诘奸慝[①]，禁暴乱，表里宗伯[②]，以成政教，不壹于刑[③]。刑者，残民之物；今名为刑，是示天下以尚刑，非仁慈之号也。请复名为司寇。民不知礼，见利则争，争成夺，夺成寇，以至于大乱。名为司寇者，欲其功至于内宁外靖[④]，无为寇者，不啻明刑无失而已。夫功期于无寇，事则先于明刑。刑罚不中，当死不死，不当死乃死；当流不流[⑤]，不当流乃流。其在有位，功罪不分；其在庶民，手足无措[⑥]。贤人害，小人利；善人祸，恶人福；必且沦胥以底乱亡[⑦]。

【注释】

①诘：查究，查办。慝（tè）：邪恶。

②表里：指呼应。

③壹：统一，一致。

④靖：安定。

⑤流：古代五刑之一，把罪人放逐到远方。

⑥手足无措：手脚无处安放，比喻动辄得咎，不知所从。

⑦沦胥：相率牵连。底：应为“厎”之误。

【译文】

司寇的职责是查究奸诈邪恶，禁绝暴乱，与宗伯相呼应，来完成政治教化，不全部靠刑罚来约束。刑罚是残害人的东西；现在称之为刑，是向天下表示崇尚刑罚，不是仁慈的称号。请恢复使用司寇的名称。老百姓不懂礼仪，看见利益就争，争到后来就成了抢夺，抢夺到最后就成了贼寇，最终酿成大的祸乱。将其命名为司寇，是想要他的作用达到内部安宁外部平安，没有做贼寇的人，不仅仅只是刑律严明没有差错罢了。希望没有贼寇，所做的则要在严明刑罚之前。刑罚使用不当，该死的没处死，不该死的又处死了；该流放的没流放，不该流放的又流放了。对于有官位的人，就会功劳与罪过不分；对于老百姓，则会手忙脚乱不知道该怎么办。贤能的人遭受迫害，小人得到好处；善人遭受灾祸，恶人得到福报；这样必将沦丧以至乱亡。

夫刑自贵始，自宠始，自近始；刑乃威，威则民畏。刑于命狱[①]，于鬻狱[②]，于奸狱；刑乃清，清则民服。今之议狱者，盗杀为重，财产为轻。乌知财产为四海之大命，有司轻之，恒不为理[③]，理不得宜[④]，亦不卒事。逮役所至[⑤]，尽其鸡豚，亡者不复反；多所亡，渐至家室空虚，农民失业，其害大于盗杀。必申戒有司[⑥]，惩其所知，儆所不知[⑦]，孰敢不尽心于狱！如是，则臣安其职，不虞得罪[⑧]；民安其家，不罹祸殃[⑨]；寇贼奸宄[⑩]，无衅以作[⑪]；斯无忝于司寇。

【注释】

①命狱：人命案件。狱，罪，罪案。

②鬻狱：受贿而枉断官司。

③为理：办理，处理。

④宜：合适。

⑤逮役：负责逮捕的差役。

⑥申戒：告诫。

⑦儆：警告。

⑧虞：忧虑，担心。

⑨罹（lí）：遭受。

⑩寇贼：盗贼，敌寇。奸宄（guǐ）：指违法作乱的人。

⑪衅：祸患，祸乱。

【译文】

刑罚要从尊贵之人开始，要从受宠之人开始，要从亲近之人开始；这样刑罚才有威慑力，有威慑力老百姓才害怕。刑罚用于人命案，用于收受贿赂枉法裁断，用于盗窃案，刑罚就会清正，刑罚清正老百姓才信服。现在这些审理案件的人，对盗窃杀人案件判得重，对财产案件判得轻。哪里知道财产是天下的命脉，主管部门轻视这类案件，经常不审理，或者审理得不恰当，最后也没有彻底处理。逮人的差役所到之处，抢光老百姓家的鸡、猪等家畜，抢走的东西不会归还；失去的东西越来越多，慢慢地老百姓家里就空无一物，农民失去了产业，这种危害比盗窃杀人还要大。必须警告主管的官员，明知是犯罪而不惩治的予以惩罚，不知是犯罪而没有惩治的要警告，谁还敢在审理案件时不尽心尽力！这样则臣子安于职位，不担心自己获罪；老百姓安于居家，不担心自己遭受祸害；贼寇与奸诈之人不敢作乱；这也就没有辱没司寇一职。

司空所掌，则如今制，以从《周礼》之《考工》[①]，但不可名为工。名为工，是上卿下夷于贱工矣[②]，奚可乎！请复名为司空。宫室美则山林空，衣服丽则机丝空[③]，饮食侈则牢埘空[④]。名为空者，欲其不空也，犹治乱之臣曰乱臣也[⑤]。时平则淫[⑥]，物丰则奢。《毕命》曰："世禄之家，鲜克由礼。敝化奢丽，万世同流[⑦]。"奢丽之风，实由上作。居斯位者，其朝夕陈戒于君，告以太康好峻宇而夏亡[⑧]，纣作奇技而殷亡[⑨]，幽王殚杼柚之力而周亡[⑩]。传有明鉴，不可不惧。梗楠不发于荆、蜀[⑪]，丹青不进于辰、沅[⑫]，翡翠不进于交、广[⑬]，珠玑不进于雷池[⑭]，织绣不造于东吴，三代尊卣不御[⑮]，汝定陶器不御，苑囿不广，禽兽不畜，桂柏不植，橘荔不尝。无征伐转输之劳，以造舟车，增甲楯[⑯]。于是民不费财，农安耕作，养老育幼，不废其业，斯无忝于司空。

【注释】

①《周礼》之《考工》：《周礼》的第六篇本来已经亡佚，后人以"考工记"补入，专门记载百工造作之事。

②夷：等同，相等。

③机丝：织机上的丝。

④牢：关养牲畜的栏圈。埘（shí）：在墙壁上凿洞做成的鸡窝。

⑤乱臣：善于治国的臣子。《尚书·泰誓中》曰："予有乱臣十人，同心同德。"孔颖达《疏》："谓我治理之臣有十人也。"

⑥时平：时世太平。淫：放纵。

⑦"《毕命》曰"以下几句：《毕命》为《尚书》篇名，唐甄所引亦非原文引用，而是意引。敝化，败坏风化。

⑧峻宇：高大的屋宇。

⑨纣作奇技:《尚书·泰誓》载商纣王“作奇技淫巧以悦妇人”。

⑩杼柚:指纺织。

⑪楩楠:黄楩木与楠木,都是大的树木。

⑫辰、沅:今湖南的辰溪、沅陵地区。

⑬交、广:指交州和广州。

⑭珠玑:珠宝,珠玉。雷池:水名。其源头叫大雷水,自今湖北黄梅县界东流,经今安徽宿松至望江东南,积而成池,所以称为“雷池”。

⑮卣(yǒu):古代一种青铜酒樽,椭圆形,大腹,敛口,圈足,有盖与提梁。多用作礼器,盛行于商和西周。御:用。

⑯甲楯:盔甲和盾牌,泛指武器。

【译文】

司空的职掌,则与今天的制度差不多,来遵从《周礼》的《考工记》,但不能用“工”来命名。用工来命名,是将上卿向下等同于卑贱的工匠,怎么可以呢!请求恢复司空这一名称。宫室华美山中的林木就被砍伐一空,衣服华丽织布机上的丝就空了,饮食奢侈猪圈、鸡棚等都会变空。将司空命名为“空”,目的就是要让它们不空,就像将治理国家混乱局面的大臣叫做“乱臣”一样。时世太平人容易变得放纵,物质太丰富人容易变得奢侈。《尚书·毕命》中说:“世世代代享有禄命的家庭,很少能够遵守礼法。骄奢淫侈的坏风俗相互影响,到什么时候都一样。”奢侈华丽的风气,实际是从居上位的人开始兴起的。位居司空这种职位的人,他们要早晚向君主陈述告诫,告诉他们太康喜欢高大的殿宇所以夏朝灭亡了,商纣王制作奇巧之物来取悦妇人所以商朝灭亡了,周幽王用尽了纺织之力所以周朝灭亡了。这些书传中都有可引以为戒的明显的前例,不能不敬惧。黄楩木、楠木等珍贵木材不在荆、蜀等地采伐,辰溪、沅陵一带的丹青不被用来进献,交州、广州不进献翡翠,雷池这个地方不进献珠宝,东吴地区不织造丝织锦绣,不用三代时期的酒器,不用汝窑、定窑的瓷器，皇家园林不广大，不畜养珍禽异兽，不栽种桂树、柏树，不吃橘子、荔枝等名贵水果。没有征讨杀伐、运输物资的劳苦，将这些精力用来制造战船战车，增加盔甲等装备。这样老百姓不耗费财力，农民安心耕种，赡养老人，抚育幼儿，不荒废家中的产业，这也就没有辱没司空一职。

六卿之贰，皆卿才也；亚长一命[①]，其位已尊，皆天子大臣也。今名为侍郎。郎，微官也，其辱已甚。请从其长之名而为少。冢宰之贰，曰少宰；司徒之贰，曰少司徒；各置左右。其次四卿皆然。六卿有退者，即以代之，其任如长。嘉绩并著，斯无忝于卿贰。

【注释】

①亚长：即次与长。

【译文】

六卿的副手，都是有六卿才干的人；次与长都是由朝廷统一任命的，地位已经非常尊贵了，都是君主的大臣。现在称之为侍郎。郎，是微不足道的小官，这对六卿的副手来说是极大的侮辱。请根据“长”的名称将之命名为“少”。冢宰的副手，就叫少宰；司徒的副手，就叫少司徒；分别配置左右副手。其余的四位卿都这样做。六卿有退职的，就让他们的副手代替，他们的任务与六卿是一样的。美名与功绩一同彰显，这才不会辱没六卿副手一职。

京师，天子之都，今夷为府；京尹重任，今为闲职。请从汉制，名为京兆尹。贵戚有讼，决于是；六军犯法，正于是[①]；王侯、公主、后族、奄奴、嬖幸不得肆行，豪侠不得惑众，奸宄不得潜藏。京师肃清，郊圻无虞[②]，斯无忝于京兆尹。

【注释】

①正：辨别是非，判定正误。

②圻（qí）：京畿。古代用来称呼天子的直辖之地，也指京城所领辖的地区。

【译文】

京城是天子居住的都城，现在与府等同；京尹是重要的职位，现在成了闲散之职。请遵从汉代的制度，命名为京兆尹。王公贵戚有了诉讼，在京兆尹这里决断；六军中有人犯法，在京兆尹这里公正处理；王侯、公主、皇后的族人、宦官奴仆、受宠之人不得胡作非为，豪杰任侠之人不得惑乱普通人，奸诈小人不能隐藏。京城整肃，吏治清明，京城所辖之地没有祸患，这也就没有辱没京兆尹一职。

卿尹如是，余官可定也。内有六卿，外有群牧，古之制也。今又以巡抚临之；非由内使，虚有巡名。多官盛卫，以都御史之威，恐喝官民[①]。府县之吏，入见严于朝参[②]，跪拜卑于奴隶。卿属无此礼，乃行于外，以辱君子，挫志士，是教天下以无耻，何以风有位！出入铙吹[③]，行道霆震[④]，上下隔绝。禀令发命[⑤]，三累而上[⑥]，三累而下，而后及民。天子一人，六卿在内，不周万里[⑦]，故设斯任。乃亢绝如是，亦何与于蚩蚩农民[⑧]，琐琐妇子[⑨]！都御史既革，其并革之。

【注释】

①恐喝：恫吓威胁。

②朝参：古代百官上朝参拜君主。

③铙（náo）：一种打击乐器，以两片为一副，相击发声。

④霆震：雷霆震动，形容声威巨大。

⑤禀令：受命。

⑥三累：几经烦劳。

⑦不周：不至，不到。

⑧蚩蚩：敦厚的样子，一说无知的样子。

⑨琐琐：形容人品卑微、平庸、渺小。

【译文】

六卿、京兆尹等官职是这样，其余的官职就可以确定了。朝廷内有六卿，朝廷外有众多地方长官，这是自古以来的制度。现在又增加巡抚一职来巡视地方；巡抚不是朝廷派遣的，只有一个空虚的巡视名声。官员多了守卫也会增多，他们以都御史的威风，恐吓、呵斥下级官员和老百姓。府、县的官员，进府拜见他们，比上朝参见皇上还严格，行跪拜礼比奴隶还卑微。公卿之类的官员没有这样的礼节，就在朝廷之外实行这样的礼节，来侮辱君子的人格，挫伤有志之士的心。这样做是教天下的人做无耻的事，又怎么能来讽戒那些在位的官员！进出吹打奏乐，走在路上威风凛凛，这样一来使得朝廷与下面的老百姓完全隔绝了。接受命令、发布命令，多次劳烦于居上位的人，又多次劳烦下面的人，然后才能到达老百姓那里。天子只有一个人，六卿都身处朝廷之内，不可能周巡万里之地，所以设立这样的职位。现在却这样骄横、自绝于老百姓，这对那些敦厚的农民、渺小的妇女、孩子有什么用呢！现在都御史这个职位已经废除了，应一起废掉巡抚这个职位。

昔未有巡抚，三司分治赋兵刑而无所统，固非良法，请亦革之，而复立州牧，赋兵刑以其贰属分理而统于牧。牧者，养也；当下其尊而与民亲[①]。以时行视，少从，省骑，裹粮，束刍[②]，步田塍[③]，入庐舍，讯父兄，抚妇子。如召伯巡行[④]，遇有讼者，就决于树下。周知民艰，从欲去恶，目见遂行。军伍修整，武备严密；内外有寇，随发攘除，百姓不惊。

【注释】

①下：降低。

②束刍：捆草成束。《诗经·唐风·绸缪》曰："绸缪束刍，三星在隅。"

③田塍（chéng）：田埂。

④召伯：姬姓，名奭，又称召公、召公奭。西周大臣，与周武王、周公旦同辈。召伯向南巡行，布文王之政，深得民心。曾舍于甘棠之下，老百姓爱其树而不忍伤，后世就以"召棠"作为颂扬官吏政绩的典故。

【译文】

以前没有巡抚这个官职，三个部门分管赋税、军事、刑法，没有统一的部门来管理，这本来不是个好的做法。也请一起废除掉，恢复州牧，赋税、军事、刑法由其副手与属官分别管理，但最后都统一于州牧。牧，是养的意思；应当放下架子与老百姓亲近。按时巡视，随从人员要少，少骑马，自带干粮，自带束草，步入田间地头，进入房舍中，问候父老兄弟，抚慰妇女儿童。如同召伯在外巡视，碰见有诉讼的人，就在大树下面决断。广泛地了解老百姓的艰苦，满足老百姓的要求，去除对他们有害的东西，看到了马上就去处理。军队士兵治理得整齐划一，武备严密；不管是内部还是外部有敌寇，立即出发就能消灭，还不会惊扰老百姓。

其于守令，重之如保母，亲之如弟侄。以事时见，降阶以迎，登堂以揖，燕好以密[①]，而禁其跪拜。春秋会盟之礼，五等之爵，虽有上下，同列，同坐，同歃[②]，同盟，其相称皆曰君，曰寡人。大国大夫，亦得会伯子男。岂若今之外吏，尊卑悬绝哉[③]！故州牧于守令，当敬之以礼贤，亲之以共励。

及考绩之年，功罪明列，不敢隐蔽。牧考则诸绩听于六卿。于是各尽其职，境内无虞，斯无忝于州牧。

【注释】

①燕好：友好。密：亲密。

②歃（shà）：歃血。

③悬绝：悬殊，差别大。

【译文】

他对待太守和县令，敬重他们就如同自己的保姆一样，亲近他们就如同自己的兄弟侄儿一样。因为有事情处理而不时相见，走到台阶下面来迎接，互相作揖而步入堂中，友好亲密，禁止他们对自己行跪拜礼。春秋时期会盟时的礼仪，公、侯、伯、子、男五等爵位虽然有上下之分，但都站在一起，一起坐，一起歃血，一起盟誓，互相称呼对方为“君”，自称为“寡人”。大国的大夫，也与伯、子、男等爵位的人相盟会。哪里像今天朝廷外的官员，尊卑差别这么大！所以州牧对于太守、县令，应当敬重他们以表明礼待贤人，与他们亲近来互相勉励。到了考核功绩的年头，功与过都列举得清清楚楚，不敢有所隐瞒。对州牧政绩的核考由六卿来主持。这样大家都能各尽其职，各自管辖的范围内没有祸害，这样就没有辱没州牧一职了。

古人有言曰：“非知之艰，行之为艰[①]。”府县之官，以知为名，非义也。请如汉制，为郡守，为县令。守者，保也；令者，善也；保土善民也。

【注释】

①非知之艰，行之为艰：语出《尚书·说命》。

【译文】

古人曾经说过:“明白道理并不难,难的是实行。”府、县的官职,用“知府”“知县”来命名,未得其义。请根据汉代的制度,改为郡守、县令。守,就是保护的意思;令,就是美善的意思;是保护国土、爱护百姓的意思。

善任

【题解】

《善任》篇集中论述如何更好地发挥六卿的作用，是对前一篇《卿牧》篇的续写与补充。唐甄提炼出了六卿“任之有其道”四个大的层面的内涵。

第一个层面是“专”，就是专人任专职，这样做的好处是：“历年既久，守官既专，其虑益熟，其学益精，其事易成。”第二个层面是“虚”，即君主要虚心接受六卿的建议，听他们“讲道论德，以补阙裁过”。第三个层面是“亲”，即君主要亲近六卿，“以专于有道”。第四个层面是“敬”，即君主要尊重六卿，“待以师宾之礼，不敢烦责，是谓能敬”。只有这样，君臣之间才会和睦相处：“君卿和于上，小臣和于下，庶民和于野，休风所被，天下大治。”这样一种和乐的治世风景，是多少人艳羡的！

最后唐甄还指出，善任六卿，要给他们最好的待遇，“无德不酬，无施不报”，六卿为国尽力劳苦功高，在他们年老逊位时，君主要“营其宅，仍其禄，官其適子，食其庶子，时赉其后孙”，以充分体现君主对他们的尊重。

六卿既得人[①]，任之又有其道。有道，则能尽其才以告成功；失道，则虽笃于用贤，终于才绌而政废[②]。天下治乱，社稷安危，皆由于此。其道有四：

【注释】

①六卿：指六官，一般指天官冢宰、地官司徒、春官宗伯、夏官司马、秋官司寇、冬官司空。

②绌（chù）：短缺，减损。

【译文】

六卿有合适的人来担任了，使用他们时还要有正确的方法。使用得当，能充分发挥他们的才干而获得成功；使用不得当，那么虽然努力使用贤能的人，但终会因为才能减损而政事荒废。天下的治与乱，国家的安与危，都是因为这一点。善于任用六卿的方法有四个方面。

一曰专①。天子有六卿，犹身之有耳目手足。耳惟聪，目惟明，手惟执，足惟履，不相为用，各专其职。唐虞之臣，惟禹为无善不备，故终陟元后②。若弃为后稷，契作司徒，皋陶作士，垂共工③，益作虞④，伯夷作秩宗⑤，夔典乐，龙作纳言⑥，专典一职，终身不易。使八臣互易其位，岂不可以为理？终不若取其尤长，各用其极。是以唐虞之治，巍巍如天，非后世所能及。当法此以任官，既有成绩，终身不迁。老而避位，必举贤以自代。历年既久，守官既专，其虑益熟，其学益精，其事易成。

【注释】

①专：专一，集中。

②元后：天子。《尚书·大禹谟》曰："天之历数在汝躬，汝终陟元后。"

③垂：又称"工倕"，古时的巧匠，传说是舜的臣子。共工：工官。本来是指供百工之职，后来成为官名。

④益：伯益，舜的大臣。虞：古代掌管山林川泽之官。

⑤秩宗：古代掌宗庙祭祀的官。

⑥龙：舜的大臣。纳言：古代官名，掌管帝王命令的上传下达。

【译文】

第一是专任。天子有六卿，就像身体有耳朵、眼睛和手、足。耳朵负责听，眼睛负责看，手负责拿东西，足负责走路，不互相代替，各自负责自己的职责。唐尧、虞舜时候的大臣中，只有禹没有什么善是不具备的，所以他最终登上帝位。像弃担任农官，契担任司徒，皋陶担任法官，垂主管手工生产，伯益主管山林，伯夷掌管宗庙祭祀，夔主管音乐，龙主管传达君主的命令，每个人都负责一个职位，一辈子都不变。让这八个大臣互相交换职位，难道不是最终也能够治理好国家？但终究不如发挥他们最擅长的、让他们各自用自己最拿手的。所以唐尧、虞舜的治理，如天一般高大，不是后世能达到的。应当取法这些来任用官员，对已经取得成效与治绩的人，一辈子不要改变。年龄大了要退出职位时，必须推举贤能的人来代替自己。做官的时间久了，担任官职又专一，他的思想会更成熟，他的学问会更精进，做起事情来也就容易成功。

二曰虚①。天子有六卿，如匠之有绳墨斧斤②，引之既直，斫之无爽③，宫室乃成；虽垂、班之巧④，亦不能废。人君长于宫中，天下之事不能周知，而且居高易骄，处富易侈，败度败礼，常不自觉。尚赖诸元老格其非心⑤，讲道论德，以补阙裁过⑥。毋作聪明以自用⑦，毋作好恶以遵法，毋拒忠言以闻过，则受益为多。

【注释】

①虚：虚心。

②斧斤：泛指各种斧子。

③爽：差错。

④班：鲁班，姓公输，名班，相传为春秋时鲁国人。我国古代杰出的建筑工匠，技艺超绝，多有发明，被后世尊为建筑工匠的祖师。

⑤格：纠正，匡正。

⑥阙：缺误，疏失。

⑦自用：自以为是。

【译文】

第二叫做“虚心”。天子有六卿，就像工匠有绳墨和斧头这些工具。用绳墨拉直线，用斧头分毫不差地砍削，这样才能建成宫室；即使是工倕、鲁班这样的巧匠，也不能不使用这些工具。君主在宫廷中长大，不能完全知道天底下的事情，并且他身居高位容易骄纵，身处富贵容易奢侈，破坏了法度礼制，经常自己感觉不到。还要依赖诸位老臣纠正他的邪心，讲论道德来补充不足，裁正过错。不要自作聪明而自作主张，不要根据自己的好恶来决定遵守礼法，不要拒绝忠诚的言论以能听到自己的过错，就会得到很多益处。

三曰亲[①]。天子有六卿，当如鱼之得深渊，鸟之得深林，以游以处，不欲久闲。古者谓异姓之臣曰甥舅，势亢分疏[②]。亢欲其下，疏欲其亲，故下之若舅，亲之若甥。咨访时见[③]，敷奏时见[④]，暇豫时见[⑤]，燕饮时见。嬖妾媚寺[⑥]，辞臣谐优[⑦]，皆屏而远之，以专于有道。如江河之浸，膏泽之润，久则与化。

【注释】

①亲：亲近。

②亢：高。

③咨访：咨询访问。

④敷奏：陈奏，向君上报告。

⑤暇豫：悠闲逸乐。

⑥嬖妾：犹爱妾。寺（shì）："侍"的古字，近侍，常指阉人。

⑦辞臣：文学侍从之臣。谐优：俳优。

【译文】

第三叫做亲近。天子有六卿，应该像鱼儿游向了深渊，鸟儿飞向深林，与他们同游共处，不能让他们长久地闲着。古人说异姓的大臣像外甥、舅舅，天子权势大容易疏远。权势大就要求君主放低姿态，疏远了就要求君主能亲近，所以放低姿态就像对待舅舅，与大臣亲近就像对待外甥。咨询求访时要见他们，他们敷陈进奏事情时要见他们，有空闲时要见他们，宴乐饮食时也要见他们。宠幸的姬妾、讨好的太监、玩弄辞章的臣子、诙谐的倡优，都要屏退并且远离他们，以便专心亲近有道之人。就如同大江大河的浸透，油膏油脂的润泽，时间久了自然能感化他们。

四曰敬。六卿有过，如月之食，何损于月；如山陨石，何损于山！大明不同于炬火[①]，崇冈不等于土垣[②]，岂为小灾所伤！当视此以礼上卿。上卿非大过不退，不录其小失，不加以小罚。凡罚，月夺其禄，岁夺其禄，累降其阶。此罚但可行于卿贰群牧以下，而绝于六卿。待以师宾之礼，不敢烦责，是谓能敬。若常班定分，不可以言敬。

【注释】

①大明：指日。炬火：点燃的火把。

②土垣：矮土墙。

【译文】

第四叫“尊敬”。六卿有了过错，就像月食一样，对月亮本身没有损害；如山上的陨石，对山本身有什么损害！太阳的明亮与火炬的明亮截然不同，高高的山冈与低矮的土墙不同，怎么会被小的灾害所损害！应当依此来礼待上卿。上卿没有大的罪过就不让屏退他，不记载他的小过失，不对他施加小的处罚。但凡要惩罚他们，要逐月、逐年地减少他们的俸禄，逐渐降低他们的官爵。这种处罚只能用于六卿的副手和州牧以下的官员，不能用于六卿。用对待老师、贵宾的礼节对待他们，不会过多责备他们，这就是所说的能够尊敬他们。如果按常规礼节、固定的名分来对待他们，这不能说是尊敬。

如是，任之专，受之虚，待之亲，礼之敬。君臣同心，上下一德，无嫌疑，无猜忌，不间于谗慝之口。君无不测之恩威，臣无不虞之祸福，中道不变，始终不易。乐哉斯时！君卿和于上，小臣和于下，庶民和于野，休风所被①，天下大治。

【注释】

①休风：美好的风习。被：及。

【译文】

像这样，专一地任用六卿，虚心地接受六卿，亲密地对待六卿，尊敬地礼待六卿。君臣同心同德，没有嫌隙与猜忌，不被谗毁奸诈的人所离间。君主没有不测高深的恩德与威慑，大臣没有意想不到的祸与福，不会中途变心，始终如一。这种时候是多么和乐啊！君主和公卿在上面和睦相处，大小官员在下面和睦相处，老百姓在民间和睦相处，有这种美好的风气，天下政治修明，局势安定。

吾闻君子之道，无德不酬，无施不报。为人臣者，终其身以死守官，佐君为圣以致太平，朝廷百姓并受其福，而荣不加于本职，泽不及其子孙，仁人深所不忍。是故劳久者，报之以富贵；功大者，报之以封爵。夫尊为上卿，祭祀燕饮，其礼必备；亲族宾朋，仰望必多。故九命食禄九千石而杀以下①。三公至贵②，难得其人，故为兼官。若内贰外抚③，皆得以兼，武臣总兵④，亦蒙师保之名，其亵已甚⑤。故惟六卿得兼公孤而绝于下⑥。老而请归，则营其宅，仍其禄⑦，官其適子，食其庶子⑧，时赉其后孙⑨。

【注释】

①九命：周代的官爵分为九个等级，称九命。同时，九等官爵中的最高一级，也称作九命。杀：减少。

②三公：周代立太师、太傅、太保为三公。

③内贰：朝廷内的卿的副手。

④总兵：官名。明代遣将出征，别设总兵官、副总兵官以统领军务。其后总兵官镇守一方，渐成常驻武官，简称总兵。清代沿袭这种制度。

⑤亵：轻慢，侮弄。

⑥公：三公。孤：仅次于三公的官，即少师、少傅、少保。

⑦仍：沿袭。

⑧庶子：旧时指嫡子以外的众子，也指妾所生的儿子。

⑨赉（lài）：赏赐。

【译文】

我听说君子处世的原则是，受人恩德一定要酬谢，受人恩惠一定要回报。做臣子的人，一辈子都用生命来坚守自己的官职，帮助君主成为圣主以带给天下太平，朝廷内外都沐浴他的福泽，但荣誉不会加在他的身上，泽惠不能延及他的子孙，有仁德的人都深深地觉得不忍心。所以对长期为国操劳的人，要以富贵回报他们；功劳大的人，要以封地授爵来回报他们。那些被尊为上卿的人，四时祭祀、宴饮享乐，礼数一定要周备；他的家族以及亲朋好友，对他的期望一定很多。所以最高级的六卿的俸禄要有九千石，其他官员依照级别逐渐减少。三公是极尊贵的人物，难以得到这样的人才，所以让他们兼任其他官职。假若朝廷内六卿的副手、朝廷外的巡抚等都可以兼任，总兵这样的武臣也拥有师、保的名头，这也太过侮辱这些职位了。所以只有六卿可以兼任三公及其副手的职位，其他的则要杜绝这么做。六卿年老了请求还乡，就为他们营造住宅，继续供给他们俸禄，让他的嫡子做官，供养嫡子以外的其他儿子，不时地赏赐他的后世子孙。

古者列爵惟五，所以崇德报功。后世以征战夺天下，剿叛乱，专尚武勇。欲人致死，于是乃创为制，非军功不侯。此衰世之制，岂可为法！凡六卿，能进贤，富民，靖乱，变俗，是有大勋劳于天下。宜因其功之大小，封为侯伯，或止于身，或一二世，或数世，或世世不绝，斯报功之典无缺。如是，则忠上惠下，各尽其礼，君臣之道乃全。

【译文】

古代只设置公、侯、伯、子、男五等爵位，用来尊崇、回报那些有功德的人。后世通过战争夺取天下、剿灭叛乱，所以专门崇尚勇武的行为。想要置人于死地，就将这种做法形成制度，没有军功就不能封侯。这是衰败时代的制度，怎么可以取法呢！大凡六卿，能举荐贤能的人，使老百姓富裕，平定叛乱，改变时俗，对国家来说是有大功劳的。应该根据他们功劳的大小，分封给侯、伯这样的爵位，或只分封他本人，或延续至一两代,或几代,或世代继承,这种表彰功劳的制度是没有缺陷的。这样,臣子忠于君主,君主优待臣子,都能做到以礼相待,君主与臣子的相处之道就全备了。

省官

【题解】

减少官员数量，裁汰冗员，是重要的治理方法，《省官》篇论述的就是这方面的内容。

唐甄首先指出："官多，则禄不得不薄；禄薄，则侵上而虐下，为盗臣，为民贼。故养民之道，必以省官为先务焉。"官僚机构臃肿，国家财政负担加重，导致官多害民。

唐甄对六卿以下的各级官员应该如何设置逐一说明，详细指出朝廷内外的官员哪些是必须的，哪些又是多余的。他认为有六种被认为是"重臣"的官职实际上是闲职，可以革除。这六种官职是："宰相也，太子之官也，翰林也，都御史也，谏官也，总兵之官也。"唐甄逐一分析了这六种官职为什么要革除，也是有理有据。如谏官：只要君主善于纳谏，何人不是谏官？"师箴，瞍诵，百工谏，士议于学，庶人谤于道，皆谏官也。"在《远谏》等篇中，唐甄多次提及自己有谏官之才，他所说的谏官，应该就是这种不需要专门设立职位但又能随时进言劝谏的人。

官员设置，应师从周、汉古制，这是唐甄一贯的主张。唐甄在这些主张的基础上，提出了要精简吏治，提高官僚机构的效率。这正好与《卿牧》等篇连属而读，能更好地理解唐甄的治官思想。

官多，则禄不得不薄；禄薄，则侵上而虐下，为盗臣，为民贼。故养民之道，必以省官为先务焉[①]。今夫富人之家，百羊为群，以一人牧之足矣。主人虑其不周也，既立之牧，又为之监，司刍有人，司菽有人。欲厚其廪食[②]，而羊息不足以供之[③]；薄其廪食，则必窃刍与菽，而羊且瘦而多耗矣。多官害民，亦犹是也。

【注释】

①省官：裁减冗官。

②廪食：指公家供给的粮食。

③息：利息，这里指养羊所获得的收入。

【译文】

官员太多，俸禄就会减少；俸禄减少，就会侵犯在上位的人，侵凌居于下位的人，就会成为小偷式的大臣，就会成为偷盗老百姓的贼人。所以养护老百姓的方法，必定是以减少官员的数量为首要任务。现在的富裕人家，一百头羊组成的羊群，用一个人来放牧就足够了。主人考虑这件事情不周全，已经设立了牧羊人，又设立监督牧羊人的专人，管草料有专门的人，管豆麦有专门的人。想要提高他们的俸禄，而养羊的利钱又不能供养他们；如果降低他们的俸禄，他们就会偷羊吃的草料和豆麦，羊将变瘦，并且消耗也很大。官员太多伤害老百姓，也像这样啊。

内有六卿，有京尹，各有贰，有属，其诸太史、国学、历象、圉牧、仪卫、飧膳之类[①]，无多人也。京营之卒十万人，司马即为元帅，不别置武帅，但有偏裨。有事，则少司马帅以征伐，则内戎职亦不多人[②]。外有州牧，有郡守，有县令，亦各有贰，有属，其驿仓诸司[③]，无多人也。镇屯之卒，即以州牧为元帅，不别置武帅，但有偏裨。有小寇，则使一将讨之；有大征伐，其方宁则牧亲行其方，不宁则使其贰率将士以从于少司马，则外戎职亦不多人。内外执政任事之臣，大略不过如此。

【注释】

①太史：官名，一般掌管记载史事、编写史书、起草文书，兼管国家典籍和天文历法等。国学：古代指国家设立的学校。历象：推算观测天体的运行。圉牧：饲养牛马的人。仪卫：清代官署名，掌管乘舆供奉卤簿仪仗之事。飨：以隆重的礼仪宴请宾客。泛指宴请，以酒食犒劳、招待。

②内戎：内部武装。

③驿：驿站。仓：贮藏粮食的场所。

【译文】

朝廷内有六卿，有京尹，他们都有副手，有属官，其他的像太史、国立学校、主管天文星象之官、饲养牛马等的官员、仪仗卫队、主管宴饮膳食的官员等，不要很多人。京城军营里的士兵有十万人，司马即是元帅，不另外设置武官首领，但有偏将和裨将。有战事发生，少司马率领军队出征讨伐，那么朝廷内的军职也不用很多人。朝廷外有州牧，有郡守，有县令，他们都各有副手，有属官，他们那里的驿站、仓库等部门，也不要很多人。镇守屯驻的士兵，就以州牧为元帅，不再另外设置武官首领，但也都有偏将与裨将。有小的敌寇，就派一位将领前去讨伐；有大的军事征讨，如果那个地方还比较安宁，州牧就亲自到那个地方；如果不安宁，就派遣他的副手率领将士，跟从少司马前往。那么朝廷外的军职也不用有很多人。朝廷内外执掌政事处理事务的臣子，大概也不过这样。

今之所谓重臣，我以为闲职者，有六官焉，皆可革也。六官维何？宰相也，太子之官也[①]，翰林也，都御史也[②]，谏官也，总兵之官也。冢宰统百官，均四海，伊尹、傅说、周公皆为是官，不闻商、周之世更别有相加于三公之上者。宰相不可革乎！吾闻一师教众子，不闻众师教一子。孺子入学，六卿六贰皆可为师；乃别为之立三公，立三孤，立詹事[③]，多其官属，杂沓盈庭[④]，此何为者？太子之官不可革乎！

【注释】

①太子之官：指负责太子的教育等事务的官职。

②都御史：御史的一种，是都察院的长官，专门负责纠劾百司。

③詹事：清代设詹事府，有詹事、少詹事，掌管经史文章之事或充日讲官。

④杂沓：纷杂繁多的样子。

【译文】

现今所说的重臣中，我认为是闲职的有六种官职，都可以革除。六种官职是哪些呢？是宰相、太子之官、翰林、都御史、谏官、总兵。冢宰总领百官，调节天下，伊尹、傅说、周公都曾经担任这样的官职，没有听说在商代与周代，另外有卿相这样的官职加在三公之上的。宰相这个职位不可以革除吗！我听说过一个老师教育很多学生，没有听说过很多老师教一个学生的。皇室的小孩子入学，六卿以及他们的副手都可以作他们的老师；却另外设立三公、三孤、詹事这样的官职，并且设置了很多属官，纷杂繁多地充斥宫廷，这是为了什么？太子之官不可以革除吗！

六卿六贰，皆老成明达，其学可以进讲[①]，其文可以掌诏令，其多闻可以总史官，修国史，翰林不可革乎！六卿之尊，秉天下大政。百官受成[2]，除慝纠缪，岂有不足，更何所藉于都御史？都御史不可革乎！六卿六贰进讲陈戒，师箴[3]，蒙诵[4]，百工谏[5]，士议于学，庶人谤于道[6]，皆谏官也。天子特不纳谏尔，苟能纳谏，何患直言之不闻？谏官不可革乎！

【注释】

①进讲：谓为帝王讲解学问文章等。

②受成：接受已定的谋略，引申为办事全依主管者的计划而行，不自作主张。

③箴：规劝，告诫。

④蒙（méng）：目失明。

⑤百工：百官。《尚书·尧典》曰："允厘百工，庶绩咸熙。"孔安国《传》曰："工，官。"

⑥谤：指责别人的过失。

【译文】

六卿以及他们的六个副手，都是老成持重聪明练达的人。他们的学问可以为天子讲解学问文章，他们的文采可以掌管起草诏书命令，他们的博学多闻可以总领史官，纂修国史。翰林这个职位不可以革除吗！六卿尊贵，执掌国家的大政方针。百官接受已定的谋略，除去奸诈之人，纠正错缪，哪里会有不足，为什么还要借助都御史呢？都御史这个职位不可以革除吗！六卿及他们的副手向君主讲授诗书陈述戒命，师保规谏，盲人讽谏，百官劝谏，读书人在学校议论，老百姓在路旁批评指责，这些人都是谏官。天子只是不采纳谏言罢了，如果能从谏如流，还担心听不到正直的话吗？谏官这个职位不可以革除吗！

兵者，自然之理，人情之常。审势，好谋，可以决胜，何必猛如虎、贪如狼者乃可为大将！阳明子禽宸濠[1]，皆以知府为将而成大功，前事之验也。先登，陷阵，致帅，挑战，勇力之士，军中所宝，但可使之为偏裨，不可使总三军，为大将。是故内戎属之司马，外戎属之州牧，可以靖乱，可以御寇。尽除强镇，又无拥兵逆命之忧。总兵之官不可革乎！革此六官并其属，所省多矣。

【注释】

①禽宸濠：王阳明抓住朱宸濠的事情，见《辨儒》篇注。

【译文】

军事是自然的道理，人情的常态。审察形势，善于谋划，就可以取得胜利，何必一定要那些勇猛如老虎、贪戾像狼一样的人才可以做大将！阳明先生活捉宁王朱宸濠，全部用知县担任大将而成就大功业，正是前面所说事情的验证。身先士卒，冲锋陷阵，擒拿敌将，向敌人挑战，这些勇猛有力的人是军队中的宝贝，但只能使他们做偏将、裨将，不能让他们总领三军，做大将。所以内部的军事事务嘱托给司马，外部的军事事务交给州牧，就可以平定叛乱，可以抵御敌寇。全部除掉独霸一方的强大势力，又没有了拥兵自重的忧患。总兵这个官职不可以革除吗！革除这六种官职以及他们的属官，减省的官职就很多了。

官既多省，当从周九命之数[1]。其官名，去鄙冗不典者[2]，取周汉之官以更之。官之有品也[3]，自曹魏始也[4]；品之有从也，自元魏始也[5]；衰世之制也。九命足以定尊卑矣；而周之恒命，犹缺八九，不病其简也。夫更命为品[5]，犹未有害。乃品分正从，重之而为十八，繁累不经，适以滋多官之弊，其害为甚。不法先王而袭衰世之制，奈何至于今无正之者！予，贱士也，不登朝堂，不见国典，不能详言。窃谓可省之官大略如是。官既省，然后禄可制也。

【注释】

①九命：见《善任》篇注。

②鄙冗：鄙陋冗杂。

③品：古代官吏的等级。

④曹魏：即三国时的魏国，因系曹操所建，故后世称曹魏。

⑤元魏：即北魏。魏孝文帝迁都洛阳，改本姓拓跋为元，所以历史上也称元魏。

【译文】

官员减省了很多，就应当遵从周代官爵分为九个等级的做法。官员的命名，要除去那些鄙陋冗杂不典雅的，用周代、汉代的官名来代替。官员有品级之分，是从曹魏时开始的；品级中又有从品，是从北魏时开始的；这些都是衰败时代的制度。九品制完全可以确定尊卑次序；但周代常用的九个等级，尚且有时会空缺八九个人，不能将简单视为它的缺点。将“命”改为“品”，还没有什么危害。只是品级有正品、从品之分，重复后变成十八级，烦冗累赘不合常法，恰恰滋生官员太多的弊病，害处很大。不取法三代时帝王的做法而沿袭衰败世道的制度，为什么到了现在也没有人纠正它呢！我是一个贫贱的读书人，没有进入朝廷，没法见到国家典籍，不能详细说明这方面的情况。我私下认为可以减少的官职大概就是这样。官职减少了，官员的俸禄就可节制了。

制禄

【题解】

以石为俸禄计量单位是汉代古制，唐甄主张在他所处的时代里，恢复这种俸禄制度。

唐甄对这种制度的描述，是非常具体、细致的。他对六卿、州牧等各种品秩的官员俸禄应该定为多少石，都作了定量的描述。

同时，对有地区差异的官员，唐甄认为俸禄也要有区别。“京师石粟，虽贱不下千五百；中原之麦，衡、湘之米，非凶岁，石不过三百”，物价差别很大，所以每年要上报各地粮食的价格以增加官员俸禄的石数。

唐甄从人性的角度来说明增加俸禄是符合人性的，因为大部分人都是得到了利益以后才会忠诚，这其实也无可厚非：“厚其禄，所以劝忠也。兴义劝忠，所以厚民生也。”这又有何不好呢！

有人认为，增加俸禄会加重国家的财政负担，而唐甄却认为：“君臣恭俭，民生富庶，太仓之粟不可胜食，泉府之钱不可胜用，而何有于百官之禄！”国家富裕了，老百姓富足了，何愁没钱给官员发工资！

自天子至于县丞史①，皆食于农②。是以古者班禄③，亦起于农夫食人之数。井田既废④，田不可分，至于汉，以谷

班禄而以石差[5]。降及于唐,未之有改。其在于今,曷为不可!请用汉制而损益其数:

【注释】

①县丞:官名,秦汉于诸县置丞以佐令长,历代因之。

②食(sì):养活。

③班禄:分等制定俸禄。

④井田:相传为古代的一种土地制度,以方九百亩为一里,划为九区,形如“井”字,故名。

⑤石:量词,官俸的计量单位,秦汉以石为官位的品级,如万石、二千石等。差(cī):次第,等级。

【译文】

从天子到县丞一级的官员,都靠农民来养活。所以古代划分等级制定俸禄,也是根据农民能养活的人数来确定的。井田制已经废除,土地不能再分了,到了汉代,用谷物来发放俸禄,以石为单位来定等级。一直延续到唐代,没有改变过。在今天使用这种制度,有何不可!请使用汉代的制度,只是增加或减少具体的数目:

三公,九命一品,禄九千石;三孤,八命二品[1],为八千石;六卿,七命三品,为七千石;六卿之贰,六命四品,禄降其卿二,为五千石;京尹之品如卿贰,禄降其二,为三千石。

【注释】

①八命:周代官爵分为九等级,称九命。其中八命为王之三公及州牧。《周礼·春官·典命》曰:“王之三公八命。”《周礼·春官·大宗伯》曰:“八命作牧。”

【译文】

三公，是九命一品官员，俸禄为九千石；三孤，是八命二品官员，俸禄为八千石；六卿，是七命三品官员，俸禄是七千石；六卿的副手，是六命四品官员，俸禄比六卿降低两个等级，为五千石；京尹的品级等同卿的副手，俸禄降低两个等级，是三千石。

六卿极尊，为三品者，周制，侯七命；虽大勋劳如太公、周公，爵不过侯，比于今之三品[①]。以兼三公，故称公。公孤官不备，为兼官，唯六卿得兼，余不得兼。六卿兼三公者，如其命为一品，禄九千石；兼三孤者，如其命为二品，禄八千石。卿之属及诸卿、寺、国学、史官、司历之类[②]，则自二千石以五降至千石。其次末之属，则自八百石以二降而至百石。

【注释】

①比：相当，相等。

②诸卿：中央政府之九卿。明代为三品以上。寺：太常寺、太仆寺、光禄寺等。太常寺为正三品，后二者为从三品。国学：国子监的省称。设有祭酒、司业等职官。祭酒从四品，司业正六品。史官：掌修国史，从六品。司历：（明）五官司史省称，隶钦天监，佐五官正推历，定四时，正九品。

【译文】

六卿地位极为尊贵，为三品官员，按周代的制度，他们是侯爵，是七命大臣；即使像太公、周公这样有大功劳的人，他们的爵位也是侯爵，相当于现在的三品官员。因为六卿兼任三公的职务，所以称为“公卿”。三公、三孤这样的官员空缺的时候，实行兼任官职的办法，但只有六卿能兼任，其余的官职都不能兼任。六卿兼任三公的，等级成为一品官，俸禄是九千石；六卿兼任三孤的，等级成为二品官，俸禄是八千石。卿以及诸卿、寺、国子监、史官、司历这类官员，则从二千石降五级至千石。他们的属官等，则从八百石降两级到一百石。

州牧，六命四品，比京五品，为三千石；郡守，五命五品，比京六品，为二千石；县令，四命七品，比京八品，益其禄为千五百石。牧守之贰，则自千五百石以五降至千石；牧守之属，县之丞尉及他末职[①]，则自八百石以二降而至百石。卿贰、京尹、京令、牧、守、令之禄，皆以实。其余命虽多，品虽崇，无重任，无民责，当如汉法。

【注释】

①丞尉：县丞、县尉的合称。

【译文】

州牧是六命四品官员，比照京城的五品官员，俸禄为三千石；郡守是五命五品官员，比照京城的六品官员，俸禄为二千石；县令是四命七品官员，比照京城的八品官员，增加他们的俸禄为一千五百石。州牧、郡守的副手，则从一千五百石降至一千石；州牧、郡守的属官，县令的县丞、尉及其他各级官员，则从八百石降至一百石不等。六卿的副手、京尹、京令、州牧、郡守、县令的俸禄，都根据实际职位发放。其余的官员虽然命级多、品级高，但没有重任，不为老百姓尽责，就应该按汉代的制度来确定俸禄。

二千石有中、真、比之分[①]。自二千以下，为上、中、下三等：上二千石则二千石，中二千石则千二百石，下二千石则千石；八百石以下，亦以是差之，百石以实[②]。功臣之子孙继世者，公比卿为七千石，侯比卿贰为五千石，伯比京尹为三千石，皆以实。

【注释】

①中、真、比之分：这里指二千石又有品级的不同，分为中二千石、真二千石、比二千石，三者俸禄数量依次减少。

②以实：根据实际情况。

【译文】

二千石有中二千石、真二千石、比二千石的分别。从二千石以下，分为上、中、下三个等级：上二千石的俸禄是二千石，中二千石的俸禄为一千二百石，下二千石的俸禄则为一千石；八百石以下的官员，也以这个等级差额为标准，一百石的按实际职位发放。有功劳的大臣子孙继承他们的俸禄，公爵比照六卿，为七千石；侯爵比照卿的副手，为五千石；伯爵比照京尹，为三千石，都按实际职位发放。

武臣内属司马，外属州牧，酌以前代之制，定为卫尉、都尉、千夫长、百夫长之号[①]。其禄，则自二千石以下，如卿、牧、守、令之属，以三等次降之，百石以实。其有征戍之劳，则益其禄，赡其家；有功，则厚其赏赉；有大功，则封为侯伯，不为限制。

【注释】

①尉：古代官名，如春秋时有军尉，秦汉以后有太尉、廷尉、校尉等，皆简称尉，多为武职。

【译文】

朝廷内的军事将领属司马领导，朝廷外的属州牧领导，参酌前代的制度，可定名为卫尉、都尉、千夫长、百夫长。他们的俸禄，从二千石以下，等同六卿、州牧、郡守、县令的属官，分三个等级减少，一百石的按实际职位发放。其中有征战戍守的，则要增加他们的俸禄，赡养他们的家人；有战功的，就要增加他们的赏赐；有大功的，就要封为侯爵、伯爵，不受什么条件限制。

京师石粟，虽贱不下千五百；中原之麦[①]，衡、湘之米，非凶岁，石不过三百。若准以石数，则一石不过三百，有名而无实；远方之吏，不得赖禄以为家矣。计其值，虽不能如京粟之值，当石以千，准四方。岁报粟之贵贱，而各增益其石。若山岩之邑[②]，不毛之地，则多给以钱，或纯以钱。

【注释】

①中原：广义指整个黄河流域，狭义指今河南一带。

②山岩：指多山多石的地方。

【译文】

京城里的每石粮食，即使价格低也不低于一千五百钱；中原一带的麦子，衡水、湘水流域的大米，如果不是不好的年成，每石不超过三百钱。如果以石为标准发放俸禄，则一石也不超过三百钱，这样的俸禄其实是有名无实的；偏远地方的官员，不能依靠俸禄来供养家庭。如果折算价值，即使不能按京城粮食的价格来算，也应当每石一千钱，国家每个地方都要以这个价格为准。每年上报各地粮食价格的高与低，以此来各自增加官员俸禄的石数。如果是地处山区的县邑，或是极其贫瘠的地方，则要多给本地官员俸钱，或者完全以钱来代替。

六卿得受九命之荣，食上公之禄者，重大臣也。卿贰、京尹、京令禄以实者，重其任也。牧、守、令禄以实者，重民命也。县令加五百石者，保赤子也[①]。其他秩从尊而禄从降者，所以别劳逸也。百石不降者，恤小吏也。继世而禄降于爵者，不任事也。武臣有功劳不限赏者，重戎事也。远方之禄，不计石而核其值者，不虚惠也。粟少以钱者，通其变也。如是，则尊卑有别，轻重得宜，而禄可均也。官省，则吏役亦省；禄厚，则廪食亦厚，可从而定已。

【注释】

①赤子：喻指老百姓、人民。

【译文】

六卿能够享受九命大臣的荣耀，享受上公的俸禄，这是国家重视大臣。六卿的副手、京尹、京令的俸禄依据实际职位发放，是重视他们的职责。州牧、郡守、县令的俸禄依据实际职位发放，是重视老百姓的生命。县令增加五百石的俸禄，是让他们救助百姓。其他的爵位尊贵而俸禄却降低的，是因为劳累与安逸各不相同。一百石不再减少，是为了体恤小官员。继承世禄但俸禄会低于爵位，是因为他们没有被委任实际的事务。军事将领有了功劳不限制赏赐，是重视军事。偏远官员的俸禄，不按石数来算而按价格核算，是不给虚假的恩惠。粮食产量少的地方以钱来发放俸禄，这是通变的做法。这样，尊卑有了分别，轻重都合适，俸禄也就平等了。官职减少了，则官员与役吏也会减少；俸禄增加了，则生活用度也丰富了，他们就会跟从朝廷安于本职。

凡人之性，上者有义无利，其次见利思义，其下见利忘义。上下少而次者多，厚其禄，所以兴义也。上者不德而忠[①]，其次德而后忠，其下虽德不忠。上下少而次者多，厚其禄，所以劝忠也。兴义劝忠，所以厚民生也。

【注释】

①德：谓受到恩惠。

【译文】

大凡人性，最上等的是重视道义不考虑利益，次一等的是看见利益能想到道义，最下等的是看见利益就完全忘记了道义。上等的与下等的很少，次一等的居多，增加俸禄，就是为了提倡讲道义。有上等人性的人，即使无所得也会忠心耿耿；次一等的人，是得到利益然后才忠诚；最下一等的，就是得到利益也不会忠诚。上等的与下等的人很少，次一等的人居多，增加俸禄，就是劝勉人要忠诚。提倡道义，劝勉忠诚，都是为了增加民生福祉。

有患此者，谓国用不足，百官之禄，骤增十五倍，将焉取给[①]？是殆不然。君臣骄奢，民生殚亡[②]，太仓之粟非其粟[③]，府库之财非其财，而奚啻于百官之禄！君臣恭俭，民生富庶，太仓之粟不可胜食，泉府之钱不可胜用[④]，而何有于百官之禄！

【注释】

①取给：取得物力或人力以供需用。

②殚亡：罄尽。

③太仓：古代京师储谷的大仓。

④泉府：指储备钱财的府库。

【译文】

有人担心这一点，说国家财用不足，官员的俸禄一下增加十五倍，去哪儿获取这些钱财？大概不是这样的。君主与臣子都骄横奢侈，老百姓却财物丧尽，那么太仓里的粮食就不再是他们的粮食，府库中的钱财也将不是他们的财物，何止是官员的俸禄啊！君主与臣子都恭敬节俭，老百姓生活富裕，太仓里的粮食多得吃不完，国库里的钱多得用不完，官员的那些俸禄又算得了什么！

达政

【题解】

何谓“达政”？达政就是养民之政，“责治者必养民”。唐甄有着非常深厚的惠民情结，这是他作为有良知的读书人，在“儒者计功”治理理想的支配下永远不变的为官准则。

唐甄最令人敬佩的地方就是他的务实精神。在《潜书》中，像《考功》《制禄》《达政》这样的篇目，唐甄提出的治理措施非常具体，不尚空谈。在本篇中，他提出的上、中、下三种善政，“上善政六，中善政六，下善政六，凡十八善政”，从经济发展、民德塑造、刑律措施、学校教育、戎事医药等诸多方面条陈治理措施，有操作性，有说服力。

以十八条善政为标准来考核官员，也是《达政》篇的重要内容。唐甄认为，对有能力、为老百姓办实事的官员，一定要给予奖励，以使更多官员“咸自竞勉”。这样天下大治计日能成。

有明君，则有贤辅；有贤辅，不患有司之不良；有司良，不患政事之不达。反是，则政虽善不达。凡政之大者在黜陟。何以为黜，何以为陟？责饱者必炊饭[1]，责暖者必缝衣，责治者必养民。

【注释】

①责：要求，期望。

【译文】

有贤明的君主，一定有贤能的宰辅；有贤能的宰辅，就不担心主管官员没有能力；主管官员有能力，就不怕政事不畅通。反过来，则政策虽然好却不通畅。政事最重要的方面在于官员的罢免与提拔。以什么为依据罢免？以什么为依据提拔？想吃饱肚子就要烧饭，想穿得暖和就要缝制衣物，想要治理好国家就要养护老百姓。

养民之善政[①]，十有八焉：勤农丰谷，土田不荒芜，为上善政一。桑肥棉茂，麻苎勃郁[②]，为上善政一。山林多材，池沼多鱼，园多果蔬，栏多羊豕，为上善政一。廪蓄不私敛，发济不失时[③]，水旱蝗螽不为灾[④]，为上善政一。犯其父母必诛，兄弟相残必诛[⑤]，为上善政一。阐幽发潜[⑥]，彰孝举节，为上善政一。

【注释】

①善政：清明、良善的政治。

②苎（zhù）：植物名，苎麻。勃郁：长势好。

③发济：开仓救济。

④蝗螽（zhōng）：即蝗虫。

⑤诛：惩罚，责罚。

⑥阐幽：阐发幽隐的好事。发潜：发掘潜藏的好人。

【译文】

养护老百姓的善政，有如下十八种：使农民勤劳耕种，庄稼丰收，田地不荒芜，是上善之政中的一种。桑田肥沃，棉田茂盛，苎麻等生长繁茂，是上善之政中的一种。山中木材多，池塘湖泽中鱼儿多，田园中瓜果多，畜圈中猪羊多，是上善之政中的一种。仓廪中的积蓄不会被私吞，及时发放救济物品，水灾、旱灾、蝗灾、虫灾不成为祸害人的灾害，是上善之政中的一种。冒犯父母的人一定要惩罚，兄弟互相残害的人一定要惩罚，是上善之政中的一种。讲述隐藏的好事，发掘潜藏的好人，彰扬孝道推举贞节之人，是上善之政中的一种。

独骑省从，时行乡里，入其茅屋，抚其妇子，民不以为官，无隐不知，为中善政一。强不陵弱，富能周贫，为中善政一。除强暴奸伪，不为民害，为中善政一。居货不欺，商贾如归，为中善政一。省刑轻杖，民自畏服，为中善政一。

【译文】

独自骑着马减少随行人员，时时在乡村中巡行，进入老百姓的茅舍中，抚慰妇女儿童，老百姓不认为他是官员，隐秘之事没有不知道的，是中善之政中的一种。强大的不欺凌弱小的，富裕的能周济贫穷的，是中善之政中的一种。除去强暴奸诈虚伪的人，不为害老百姓，是中善之政中的一种。买卖货物诚实无欺，做生意的人就像回到自己的家里，是中善之政中的一种。减少刑狱，减轻杖责，老百姓自然而然地敬畏服从，是中善之政中的一种。

察奸发隐[①]，四境无盗，为中善政一。学校殿庑常新[②]，春秋享祀必敬[③]，为下善政一。城隍、道路、桥梁、庐舍修治[④]，为下善政一。纳赋有方，致期不烦，为下善政一。选勇力智谋，具戈甲干楯[⑤]，教之骑射，以卫四境，为下善政一。天灾流行，疫疠时作，使医疗治，为下善政一。蔬食布衣，燕宾必俭，为下善政一。

【注释】

①发隐：揭露隐蔽的坏人坏事。

②庑（wǔ）：堂下周围的走廊、廊屋。

③享：泛指祭祀。

④隍（huáng）：护城河。

⑤戈：古代的兵器，用青铜制造，盛行于商至战国时期，秦以后逐渐消失。干（gān）：盾牌。楯（dùn）：盾牌，泛指防卫之物。

【译文】

洞察奸诈之人，揭发隐蔽的罪恶，四境之内没有盗贼，是中善之政中的一种。学校殿堂下的走廊经常是新的，春秋时的祭祀一定恭敬，是下善之政中的一种。城墙壕沟、道路、桥梁、房屋的修葺，是下善之政中的一种。收缴租赋得法，及时上缴入库而无搅扰，是下善之政中的一种。挑选勇武有力足智多谋的人，准备好戈、盔甲、盾牌等，教他们骑马射箭，来保卫四方边境，是下善之政中的一种。天灾流行，瘟疫不时爆发，派遣医生进行治疗，是下善之政中的一种。粗茶淡饭，穿粗布衣服，宴请宾客一定节俭，是下善之政中的一种。

上善政六，中善政六，下善政六，凡十八善政，以课县令[①]。重其权，厚其禄。其牧守，但行考绩，不得专制[②]；待以宾礼，不行跪拜。凡有兴革，唯其所为。三年考绩，无功有过者黜；无过无功者，以其品秩致仕[③]。三考，有上善政者受上赏；有中善政者受中赏；有下善政者受下赏；其升迁以是为差。十八善政皆备，九年之间，民昔贫而今富，昔好犯而今知礼，治化大行，斯为上功。唯不受国，封为侯伯。厚其廪禄，冕服舆马，比于古之诸侯。公卿缺，则举用之；或老而归田，予以爵禄终其身，录其子孙，以崇报功。如是，则有位知劝[④]，咸自竞勉，何治功之不成！

【注释】

①课：考核，考查。

②专制：独断专行。

③致仕：辞去官职。

④劝：勤勉，努力。

【译文】

上善之政六种，中善之政六种，下善之政六种，总共十八种善政，用这个标准来考核县令。扩大他们的权力，增加他们的俸禄。州牧和郡守，只进行政绩考核，但不能独断专行；上下级之间只行宾客之礼，不行跪拜礼。凡是有提拔或者革职，只看他的作为。三年考核政绩，没有功劳只有过错的罢免；没有过错也没有功劳的，根据他现有的等级辞去官职。三次考核后，有上善之政的人接受上等赏赐，有中善之政的人接受中等赏赐，有下善之政的人接受下等赏赐；他们的升迁以这个为等级。十八种善政都具备了，九年间，老百姓以前贫穷现在富裕，以前好侵犯现在懂得礼仪，治理教化大为流行，这是上等功劳。如果不能授予封国，就封为侯爵、伯爵。提高他的俸禄，赐予衣帽车马，与古代诸侯接受的赏赐相同。公卿的职位有空缺，就举荐任用他们担任这些职务；有人年老了辞职归乡，爵禄伴其终生，还录用他的子孙后代，用来推崇有功必报。像这样，那么有官位的人就知道努力，他们都各自争竞勉励，什么政绩不能取得！

更币

【题解】

明代以银为钱，带来了银两短缺的社会问题。唐甄亲历了这样的时代，所以提出“更币”的主张。

唐甄认为“财之害在聚”。而银两最大的特点，就是体积小，容易积聚。所以富有的人家很容易积聚银两，这样钱就不流通了，社会上的银两就会越来越少。唐甄说：“救今之民，当废银而用钱。”唐甄还说：“钱者，泉也；必如江河之流而后可博济也。”这是个生动的比喻，不仅形容钱要数量多，还要如大江大河流通不息，才能造福百姓。

如何“更币”？就是使用铜钱、锡钱代替银两，官员的俸禄、老百姓所缴纳的赋税等都配以铜钱，推进铜钱在流通领域的使用规模。“夫赋以钱配，禄以钱配，饷以钱配，自朝廷至于闾阎，自段帛至于布絮，出纳无非钱者。”这样一来，不要多久铜钱与白银就成为同样的流通货币了，富裕之家也不可能大量囤积白银了。

对铜钱太重不易运输、开采铜矿与冶铜花费巨大、老百姓天生喜欢白银这些责难，唐甄都一一作了反驳。任何治理措施都可能有正、反两面的作用，发难者与唐甄都有合理的地方，也都有弊端。但有一点很清楚，两者都是站在为老百姓考虑、为国家谋发展的角度上立论，因此两者都值得尊敬！

古者言富，唯在五谷；至于市易[1]，则有龟、贝、金钱、刀布之币[2]。其后以金三品[3]，亦重在钱。后乃专以钱，而珠、玉、龟、贝、银、锡之属，但为器用，不为币。自明以来，乃专以银。至于今，银日益少，不充世用[4]。有千金之产者尝旬月不见铢两[5]；谷贱不得饭，肉贱不得食，布帛贱不得衣；鬻谷肉布帛者亦卒不得衣食，银少故也。当今之世，无人不穷；非穷于财，穷于银也。于是枫桥之市[6]，粟麦壅积；南濠之市，百货不行；良贾失业，不得旋归。万金之家，不五七年而为窭人者[7]，予既数见之矣。

【注释】

①市易：买卖交易。

②龟：龟甲，古代用作货币。贝：贝壳，古代用作货币。金钱：金属铸成的钱，后泛指货币。刀布：古代货币。

③金三品：指金、银、铜三种物质。一说指铜之青、白、赤三种颜色。

④世用：世间所常用。

⑤铢两：特指极少量的钱财、银两。

⑥枫桥：地名，在今江苏苏州市郊。

⑦窭（jù）人：指贫困的人。

【译文】

古代的人谈到富裕，只用五谷等粮食作为标准；至于买卖交易，则有龟甲、贝壳、金属钱币、刀币、布币等钱币。后来使用三色铜作为钱币，也是重视钱币。后来专门用铜为钱，像珠、玉、龟、贝、银、锡等，只用来做器物，不用来做钱币。自明代以来，专门以银为钱币。到了今天，银日益变少，不够用。有千金产业的富裕家庭，十天一个月见不到一丁点银两；粮食价格低但老百姓不能买来吃，肉的价格低但老百姓也不能买来吃，布帛价格低老百姓不能买来做衣服穿；卖粮食、肉、布帛的最终也无衣无食，这都是银子太少的缘故。当今的时代，没人不是穷人；不是穷在没财物，而是穷在没银钱。于是在枫桥这样的市场上，粮食堆积；在南濠这样的市场上，商品不能流通；擅长做生意的商人也失业了，不得即刻回家。有万金家产的人，不到五年七年就变成穷人的，我都见过好几次这样的事了。

夫财之害在聚。银者，易聚之物也；范为圜定[①]，旋丝白灿[②]，人所贪爱。囊之，瘗之[③]，为物甚约[④]；一库之藏，以钱则百库，虽尽四海而不见溢也。大吏则箕翕[⑤]，斗斢[⑥]，岁运，月转，轻于隼逝[⑦]。一骡所负，以钱则百骡，虽累百万而人不觉也。盖银之易聚，如水归壑。哀今之人，尚可恃此以为命乎！圣人复起，必有变道矣。天运物运，皆有循环，兴必废，废或复。钱废于前代，岂不可复于今世？救今之民，当废银而用钱。以谷为本，以钱辅之，所以通其市易也。今虽用钱，不过以易鱼肉果蔬之物；米石以上，布帛匹以上，则必以银。涓涓细流，奚补于世！钱者，泉也；必如江河之流而后可博济也。

【注释】

①范：铸造。定：即“锭”。

②旋丝：泛指像蚕丝一样的细缕，如藕丝等。

③瘗（yì）：埋藏，隐藏。

④约：小，少。

⑤箕：簸箕，扬米去糠的器具。翕（xī）：收敛。

⑥𪏰（shì）：盛。

⑦隼逝：像隼鸟一样飞逝。

【译文】

财物的害处就在于能聚敛。银子是容易聚敛的东西；铸造成圆锭，白花花的，上面绕着细丝，是人人都贪求喜爱的。装在袋子里，埋在地里头，这样的银子体积小；一个库里储藏的白银，换成相等的铜钱则需要一百个仓库，将天下的钱全部换成银钱也不会溢出。高官用簸箕来装，用斗来盛，年月运转，银子像鹰隼一样消逝。一头骡子背负银子的量，如果是相等的铜钱则要上百头骡子，所以这样即使运送百万的钱财也没人知道。大概银钱容易聚敛，所以就像水流向山沟一样。真替现在的人感到悲哀，还把银子当命来看待！圣人再次出现的时候，一定会改变这种做法的。天道与万物运行，都有自己的循环，兴旺后一定会衰落，衰落后一定会复兴。铜钱在以前的朝代被废用了，难道不能在现今的世代里重新使用吗？拯救现在的老百姓，应当废除银钱而使用铜钱。以粮食为根本，用铜钱为辅助手段，用来使市场交易更为流通。现在虽然也使用铜钱，只不过是用来买鱼肉瓜果蔬菜这些东西；一石以上的大米，一匹以上的布帛，则一定要用银钱买。一条条涓细的小溪，对这个世界有什么帮助啊！钱就是泉水的意思，必须要像长江、黄河这样大的流水，然后才可以广济天下。

凡禄九千石以下，皆令受粟。度宫朝官军之所用[①]，皆令输缗[②]；以钱附粟而给之。其在州郡县，常赋皆令输粟。凡禄三千石以下，皆令受粟。度城郭兵役之所用，皆令输缗；以钱附粟而给之。其在边防、内屯将禄、卒食，皆令受粟。度甲胄衣履之所用，皆令运缗；以钱附粟而给之。唯是礼大臣，惠百官，既厚其禄，积粟何以运归？则多与之钱，使可以置田宅，遗子孙，所以别于商贾也。夫赋以钱配，禄以钱配，饷以钱配，自朝廷至于闾阎，自段帛至于布絮，出纳无非钱者。不出三年，白银与铜锡等矣。昔者一库之藏，今则百库；天府虽广，其势不可多藏也。昔者一骡之负，今则百骡；家室虽富，其势不可多藏也。有出纳皆钱之便，无聚而不散之忧，钱不流于海内，其安之乎！

【注释】

①度（duó）：计算。

②缗：用细绳穿起来的钱。见《富民》篇注。

【译文】

凡是九千石以下的官员的俸禄，都用粮食来发放。测算宫廷内外百官军事所需要的开支，让老百姓都交纳铜钱作为赋税；国家把铜钱附在粮食上发给他们。在州、郡、县，一般性的赋税都下令交纳粮食。凡是三千石以下的俸禄，都以粮食的形式发放。测算城池修建士兵服役所需要的用度，下令让老百姓都交纳铜钱作为赋税；国家把铜钱附在粮食上发给他们。那些在边防、内地屯守将领的俸禄、士兵的给养，都以粮食的方式发放。测算盔甲、衣服、鞋子等物资的用度，下令让老百姓都交纳铜钱作为赋税；国家把铜钱附在粮食上发给他们。只是礼遇大臣，施惠百官，既然增加了他们的俸禄，堆积的粮食如何能运回去呢？所以多给他们钱，让他们可以购置田地住宅，留给后世子孙，用来与做生意的人作区别。征收赋税用钱来配合，发放俸禄用钱来配合，发放军饷用钱来配合，从朝廷到地方，从绸缎丝帛到粗布棉絮，进出都使用铜钱。不超过三年，白银与铜钱、锡钱就等同了。以前一个仓库存的银钱，现在要用一百个仓库来存放相等的铜钱；皇家的仓库再大，也不可能储藏太多铜钱。以前一头骡子能背负的银钱，现在要一百头骡子来运送相等的铜钱；即使有富裕之家，也不可能储藏太多铜钱。有进出都用钱的方便，没有只聚敛而不使用的忧虑，钱不在国内流通，又能流到哪里去呢！

客有发难者，一难曰："钱重难行，民商必病。"我应之曰："漕粟数百万，舟挽而注太仓。皮絮之枵[①]，铜铁之坠，骡驮而越山谷。而病钱之难行乎！"二难曰："铜不可采，又不易市，炉冶多废[②]。"我应之曰："货至无多寡[③]，须多则多至，须少则少至。昔之计钱以万数，以巨万数[④]，以亿数，以亿万万数。金之生也，无古今异，岂生于古而死于今！"三难曰："民欲难拂[⑤]，俗尚难移。民之爱银也，杀身不顾矣，其能废之乎？"我应之曰："米粟之征兼钱，布缕之征兼钱，力役之征兼钱，关盐之征以钱[⑥]，市货之征以钱；天下之钱多纳于公。宫中之用以钱，朝廷之用以钱，百官之禄兼钱，兵卫之馈兼钱，刍豆之市以钱；府库之钱尽布于天下。岁纳岁出，如发原放海[⑦]，不少止息。民惟恐钱之少，虽驱之使用银，不可得已。"

【注释】

①枵（xiāo）：虚大。

②废：同"费"。

③至：通"制"，可指制度，也可指制造。

④巨万：极言数目之多。

⑤民欲：老百姓的愿望。

⑥关盐：盐的关税。

⑦放：开放，释放。

【译文】

有人对我提出责难，第一种责难是："铜钱太重了，不容易流通，老百姓与商人一定会受其苦。"我回应说："漕运时运输粮食几百万石，拉着船送进国家的粮仓。皮毛与棉絮这些庞然大物，铜铁这些重物，用骡子驮着翻山越岭。却担心铜钱难于流通吗！"第二种责难是："铜不易开采，又不容易买到，冶炼起来花费很大。"我回答说："货币制造没有多少之分，需要多就多制造，需要少就少制造。过去计算铜钱以万数，以几十万数，以亿数，以亿万万数。金属的生产，没有古与今的差异，怎么古代能生产现在却生产不了呢！"第三种责难是："老百姓的想法不能违背，风俗很难改变。老百姓喜欢银子，就是杀头也不顾忌，难道能废止吗？"我回答说："用粮食纳税时兼征铜钱，用布帛纳税时兼征铜钱，服劳役时也兼征铜钱，关税、盐税使用铜钱征收，商业买卖用铜钱征收；天下的钱都纳入国家之中。宫中的用度开销用铜钱，朝廷的开支用铜钱，百官的俸禄发放兼用铜钱，军队的给养兼用铜钱，草料豆麦的交易用铜钱；这样国家仓库中的钱全部散布到天下了。年年进年年出，如同挖开水的源头掘开大海，水流一刻也不会停息。老百姓只会担心钱太少了，即使用鞭子驱赶着他们去用银子，也不能够了。"

匪更

【题解】

《匪更》篇讨论的是变革的问题。什么需要变革，什么不需要变革，唐甄有着自己的判断标准。

唐甄认为，是否是老百姓喜欢的，这是变革的标准："君子行法，为从为更，何常之有！行之而民悦则行之，从其所欲也；行之而民不悦则不行，更其所不欲也。"唐甄的民本主义立场，随时都能体现出来。

"随时制法，因情制礼"，这是人人都能接受的变革理由，对那些主张因循旧法的人也是最好的反驳。唐甄以缁衣喻指时日已久的旧制，认为不顾老百姓的利益，"犹为谨守旧章，不敢逾越，是服敝缁衣也"。

唐甄更进一步指出，对新与旧、从与变，"唯精义者为能通天下之故，类民物之情"。只有这样的人才真正理解其中的真意，而不是拿件破衣服穿上，显得与众不同就认为是"变"。

句汇问曰[①]："《卿牧》《善任》《省官》《制禄》《达政》《更币》六篇之言，亩既闻之矣。然诸名物多寡之数[②]，行之久矣，至于今而欲尽更之，恐有所不可。"

【注释】

①句汇：应该是唐甄之友人，名亩。

②名物：事物。

【译文】

句汇问我说："《卿牧》《善任》《省官》《制禄》《达政》《更币》这六篇文章的观点，我都已经拜读了。但是众多事物，施行得很久了，现在想全部改变，恐怕也行不通。"

唐子曰："吾何欲变哉！顺情合义而仍之者也。于其所当正而正之，则职尽；于其所当省而省之，则官清；厚其禄，则臣劝；专其养，则民安；通其穷[①]，则财用足。如是，则上下同欲，民心大悦，自然之理，岂变之为乎！君子行法，为从为更，何常之有！行之而民悦则行之，从其所欲也；行之而民不悦则不行，更其所不欲也。

【注释】

①通其穷：就是将老百姓贫穷的原因疏通，也就是改变银子少的状况，这与《更币》篇中所说的"非穷于财，穷于银也"相呼应。通，疏通。

【译文】

我说："我哪里是想要改变呢！只不过顺着情理、合乎道义地来延续它们。对那些需要端正的就端正它，官员就会尽职尽责；对那些需要减少的就减少，官员就会清廉；增加俸禄，臣子就会互相劝勉；专一养护，老百姓就安定；改变银子少的状况，国家财用就充足。这样，则上下想法相同，老百姓内心就高兴，这是自然而然的道理，难道是因为改变而使它们这样的吗！君子按法行事，是遵从成法还是变更先例，哪有什么确定不变的规则！施行后老百姓高兴就实行，这是顺从了老百姓的需要；施行后老百姓不高兴就不再实行，这是改变老百姓所不想要的。”

“且衰世习行之政[①]，有必不可仍者。古人有言曰：‘圣人之兴也，不相袭而王；夏、殷、周之衰也，不易礼而灭[②]。’盖礼之既坏，如美木积久而有蠹朽，不可以为宫室。是故圣人之兴也，随时制法，因情制礼，岂有不宜者！

【注释】

①习行：常行。

②“古人有言曰”以下几句：语出《战国策·赵策二》。

【译文】

“况且衰败之世流行的制度，有些一定是不能继承的。古代有人说；‘圣人出现，不互相沿袭而称王；夏、商、周三代的衰败，是因为不改变礼制而灭亡。’大概礼制已经变坏了，就像漂亮的木材放时间长了已经被蛀虫蛀烂了，是不能够再拿来建造宫殿房屋的。所以圣人出现，顺应时代、人情来制订规章制度、礼仪规范，哪里有什么不合适的！

“《诗》云：‘缁衣之宜兮，敝，予又改为兮[①]。’物无敝而不改者。缁衣始制，亦尝美矣；及其敝也，衿倾袪错[②]，四垂纰离[③]，非复缁衣矣；犹复服之，以为不改其旧，可乎？及其改为之，其衿其袪，已非故缁。自緼七入[④]，出于新染。观其色，揽其度[⑤]，宛然故缁之初加于体也。以为改其旧，可乎？季世所行之政，昔尝以致治矣。及其既久，国家无事，君臣宴安，丧志成鄙[⑥]，未能远谋。官守不明，惠泽不行，名存而实亡，文饰益美，不顾百姓之便利。于斯之时，犹为谨守旧章，不敢逾越，是服敝缁衣也。

【注释】

①“《诗》云”以下几句：语出《诗经·郑风·缁衣》。

②衿（jīn）：古代衣服的交领，衣襟。袪（qū）：袖口，亦泛指衣袖。

③四垂：从四面垂下来。纰（pī）离：散乱。

④絚（gēng）：粗绳索。

⑤揽：通“览”，看。

⑥丧志：丧失远大的理想。

【译文】

“《诗经》说：‘黑色衣服很合身，穿坏了，我再做一件。’东西不破旧就不改做。缁衣刚开始制作的时候，也曾经很漂亮；等到破旧了，衣襟、袖口倾斜错脱，四周破烂散乱，再也不是从前的缁衣了；还重新穿上这样的衣服，以为不能改变这样的旧衣，可以吗？等到改做好这件衣服，它的衣襟与衣袖已经不是原来缁衣的襟和袖了。用绳子吊着它多次染色，就像刚染出的衣服一样。再看衣服的颜色和尺寸，好像刚刚穿上以前的缁衣一样。认为这是由改变旧衣服而来的，可以吗？末世施行的政策，以前是带来了治理效果的。但是使用得久了，国家太平无事，君臣安逸享乐，丧失了斗志变成鄙陋之人，不能深谋远虑。官员职责不明确，恩惠德泽没有施加，政策名存而实亡，表面文饰的工夫做得更漂亮，根本不管是否对老百姓有利。在这个时候，还谨慎地守着旧有的典章制度，不敢跨越一步，就是穿破缁衣的行为。

“有有为之君臣，奋兴在位；去因仍之旧法[①]，殚制作之精思[②]，慎虑时宜，讲论典礼，审量法度，归于百姓之便利，以发四海之尘蒙[3]。于斯之时，官堕其职守，民之苦于敝法久矣。一朝弃其旧而新是图，宜民宜俗，安之如固有之，是服新缁衣也。

【注释】

①因仍：沿袭。

②殚（dān）：尽，竭尽。

③尘蒙：被灰尘蒙住。

【译文】

“有些有作为的君臣，在位时奋发图强；去除那些因袭的旧制度，竭尽思虑进行制度设计，审慎地考虑时代需求，讨论典章礼制，审察法律制度，最后归结于是否对老百姓有利，来拭除蒙住国家的灰尘。在这种时候，官员丢掉了自己的职守，老百姓被过时的法律制度所苦已经很久了。一旦抛弃旧的制度设计新的制度，既适宜于老百姓又符合风俗习惯，老百姓习惯这种制度就像它们本来就有一样，也如同穿新缁衣。

“然则陈晦縿裂[1]，已属委弃[2]，取而服之，是谓变常。灿灿在身[3]，不易其制，委蛇合度[4]，是谓从旧。新旧之故，从变之宜，唯精义者为能通天下之故，类民物之情[5]。人君不明，执政不敏，司牧不勤，谨守旧制，恶政令之不行[6]，飞牒文示[7]，遍于天下，制为斩流之刑以惧之。卒之民玩坐废[8]，斩流亦不行[9]，朝廷亦不复问，谓之无官无政可也。《诗》曰：‘不愆不忘，率由旧章[9]。’其予言之谓矣！”

【注释】

①陈晦：陈旧而褪色。縿（xiāo）：缣帛。

②委弃：抛弃，丢弃。

③灿灿：色彩鲜艳的样子。

④委蛇（wēi yí）：同“逶迤”，随顺、顺应的样子。合度：合于尺度、法度，适宜。

⑤类：了解。

⑥恶（wù）：畏惧。《吕氏春秋·振乱》曰：“凡人之所以恶为无道不义者，为其罚也。”高诱注：“恶犹畏。”

⑦飞牒：快件文书。文示：犹文告。

⑧玩：轻慢。坐废：白白废弃不用。

⑨斩流：斩首与流放的处罚。

⑩不愆不忘，率由旧章：语出《诗经·大雅·假乐》。

【译文】

“但是对那些陈旧褪色布面都已经裂开的衣服，已经是属于要扔掉的了，再拿来穿上，这就叫改变惯常做法。如果穿在身上色彩鲜艳，不改变衣服样式很合身，尺寸刚好，就叫依从旧的。新与旧的原理，跟从与变化的适宜与否，只有深明道义的人才能通达天底下的这个道理，了解老百姓与万物的真实情形。君主不英明，执政大臣不聪敏，司徒等官员不勤劳，只是谨慎地死守旧的制度，又害怕政令不能贯彻执行，所以榜牒文书告示遍布整个国家，制定斩首、流放之类的刑罚来使老百姓害怕。但最终百姓轻慢而废弃不用，斩首、流放也不施行了，朝廷也不再过问。称这种情况为没有官员、没有政事也无不可。《诗经》中说：‘不犯过错不忘本，遵循旧制国太平。’我的话就是这个意思。”

用贤

【题解】

《用贤》篇的主题非常明确，就是治理好国家要用贤能的人。

唐甄认为："四海之大，凡百多士，必有能学达才者，用之将不胜用。"重要的是要给各具才能的人发挥才用提供机会，而这种机会更多是由"君之明昏"来制造的。明君能使人各尽其才，则野无遗贤；昏君虽有贤人而不用，则人无得尽其能。商纣王、周幽王有贤人而不用，导致自己身死国亡，这已经是传讲了数千年的失败治理案例。

可是要发现人才确实是个棘手的问题。唐甄认为，要采取合适的方式来测试人才，并且一定要在实践中检验人是否真的有才能，要看他们实际的功绩："盖才可伪，功不可伪，临民听政，长短贤不肖立见。"也有人认为，君主只有一个，官员却千千万万，就是一个人具有明察的能力也不能看清每个官员的能力大小，所以贪污腐败、结党营私的官员时时而有。如何解决这个难题呢？唐甄认为"唯元凶秉政本，霸天下，故群奸附势引朋，以朝廷为巢窟"。君主不正才有大臣不正，君主正则六卿正，六卿正则群牧正，这才是一个良性的连锁反应，才能生成一种廉洁的官场生态。

《书》曰："恭作肃，从作乂，明作哲，聪作谋，睿作圣[1]。"

《诗》曰:“国虽靡止,或圣,或否;民虽靡膴,或哲,或谋,或肃,或乂[2]。”此五者,人之恒德,生而各具。谓非然者,其必天无水、火、木、金、土,人无言、视、听、思、恭。五者唯圣人乃全,其次或兼四三德,其次或兼二三德,其下亦具一德。必有圣者,何患国论之无定[3];亦有哲、谋、肃、乂之一长者,何患才猷之无济[4]。吾不谓凡民皆然。愚夫愚妇,具五者之体而愚不及;士具五者之体而才或不达,学或不充。四海之大,凡百多士[5],必有能学达才者,用之将不胜用。

【注释】

①“《书》曰”以下几句:语出《尚书·洪范》。从,顺。乂,治。哲,智慧。谋,敏。

②“《诗》曰”以下几句:语出《诗经·小雅·小旻》。止,通“至”,极大。靡膴,无法度。膴,法。乂,治,指才德出众。

③国论:有关国家大计的言论、主张。

④才猷:才能谋略。

⑤凡百:一切。

【译文】

《尚书》中说:“仪容恭敬就能严肃,言论合乎道理就能够治理,观察清楚就能智慧不昧,听闻聪敏就能善于谋略,思考通达就能达到圣明。”《诗经》中说:“国家虽然不算大,也有天才也有凡夫;百姓虽然无法度,也有明智谋略富,也有干才责任负。”这五种是人固有的德行,人生来就都具备。说不是这样的人,那他就一定认为自然界没有金、木、水、火、土,人没有语言、视觉、听觉、思维、恭敬。这五种德行只有圣人才完全具有,次一等的可能兼有三四种,再次一等的可能兼有两三种,最下一等的也会具有一种。国家一定会有圣人,何愁没有治国言论;也有具备智慧、谋略、严肃、治理中一种长处的人，何愁有才能谋略的人不够用呢。我不是说所有的人都能做到这样。有些愚钝的人只具有盛装五种德行的身体，但才智浅而达不到要求；有些读书人具有盛装五种德行的身体，而才能达不到，学问不够。国家这么大，读书人这么多，一定有学问、才能充足的人，用都用不完。

然盛世常见多才，衰世常患无才，其故维何？《易》之《泰》曰："小往大来①。"是时肃、乂、哲、谋、圣在位，狂、僭、豫、急、蒙在野②，故见为多才。《否》曰："大往小来③。"是时狂、僭、豫、急、蒙在位，肃、乂、哲、谋、圣在野，故常患无才。夫泰否，非天为之，实人为之；大小往来，非时之泰否为之，实君之明昏为之。

【注释】

①小往大来：语出《周易·泰卦》。

②狂：狂妄。僭：僭越。豫：贪图安逸。急：急躁。蒙：欺瞒，蒙蔽。

③大往小来：语出《周易·否卦》。

【译文】

但是太平盛世人才常见，衰乱的时代常常担心没有人才，这是什么原因呢？《周易》的《泰》卦说："小而柔的坤道往外，大而强的乾道入内。"这个时候，严肃、有治理能力、智慧、有谋略、圣明的人在位，狂妄、僭越、贪图安逸、急躁、欺瞒的人不在位，所以表现为人才很多。《周易》的《否》卦说："正大的阳气消往而去，卑弱的阴气生长而来。"这个时候，狂妄、僭越、贪图安逸、急躁、欺瞒的人在位，严肃、有治理能力、智慧、有谋略、圣明的人不在位，所以常常担心人才不够。国家安泰还是困厄，不是天造成的，实际是人为的；好人与坏人的来去，并不是时代的安泰、困厄决定的,实际是由君主的明智与昏庸决定的。

纣有臣亿万,惟亿万心[①];周师至郊,无一人能御者,遂一战破纣之国。此亿万臣中,有陈《洪范》之箕子[②],若纣能早用之,则彝伦叙于有商[③],肃、乂、哲、谋、圣并为之用,武王之圣亦终为商之良臣,而有商岂至于灭亡!

【注释】

①亿万心:谓人心各不同,不能同心协力。

②陈《洪范》之箕子:见《思愤》篇注。

③彝伦:指伦常秩序。

【译文】

商纣王有臣子成千上万,但也有成千上万条心;周朝的军队到达京城郊外的时候,没有一人出来抵抗,所以一次战役就灭亡了商纣的国家。这成千上万的臣子中,就有进陈《洪范》的箕子。如果商纣王能尽早使用他,那么商代的伦常秩序都能井然有序,严肃、有治理能力、智慧、有谋略、圣明的人都能得到任用。武王就是再圣明,最终也是商代的一大良臣,而商代何至于灭亡啊!

幽王无道,尹氏、皇父乱政[①],小人盈朝。犬戎至郊,无一人能御者,遂弑幽王于骊山之下。当其时,有赋《小旻》之贤大夫[②],若幽王能早用之,则彝伦叙于西周,肃、乂、哲、谋、圣并为之用,犬戎虽强虣[③],亦终为周之外臣,而西周岂至于灭亡!

【注释】

①尹氏：见《鲜君》篇注。皇父：见《得师》篇注。

②《小旻》：见《敬修》等篇注。

③虣（bào）：同“暴”，凶暴，暴虐。《周礼·地官·大司徒》曰：“以刑教中，则民不虣。”

【译文】

周幽王残暴无道，尹氏、皇父这些人败乱国家政权，小人充斥朝廷。犬戎的军队到达京城郊外的时候，没有一个人能出来抵抗，于是在骊山下杀死了周幽王。这个时候，有写出《小旻》这种诗篇的贤能大夫，如果周幽王能尽早使用他们，那么周朝的制度秩序都能井然有序，严肃、有治理能力、智慧、有谋略、圣明的人都能得到任用，犬戎虽然强横凶暴，最终也是周朝的藩臣，西周何至于灭亡！

纣有此贤父师[①]，幽王有此贤大夫；二贤近在左右，人皆不知；其处于下位，沦于岩野者，又孰从而知之！然则纣、幽之世，其才奚不若汤、文之世！使以好色之心好德，以宠佞之心宠贤，则伊、傅、周、召比肩于朝。博而求之，如燧火源泉[②]，不可胜用。

【注释】

①父师：即太师，上古三公之一。

②燧火：钻燧所生的火。

【译文】

商纣有箕子这样贤能的太师，周幽王有这么贤能的大夫；两位贤人就在他们身边，但人们都不知道；那些身居下位，沦落在山野林岩之间的，谁又能知道他们呢！但是在商纣、周幽王的时代，有才的人哪里不如商汤、文武的时代！假使他们以喜欢美色的心来喜欢有德行的人，以宠爱佞幸的心来宠爱贤能的人，那么伊尹、傅说、周公、召公这样的贤人就会肩并肩站在朝廷中。广泛地搜求这样的人，他们就如同取火的燧石、泉水的源头，怎么也用不完。

有难之者，谓："知人之明，自古为难。友不知友，父不知子，兄不知弟，亦且不能自知。君虽哲，臣虽明，恐亦有所难知。"吾谓："友不知友者，无所试其友；父不知子者，无所试其子；兄不知弟者，无所试其弟；不自知者，无所自试。盖今学校实亡，无以教士，无以取士，唯冯于既试。今以非文之文教士取士，贤愚杂进，孰能为辨！

【译文】

有责难的人说："识别人才，从古至今都是最难的事。朋友不了解朋友，父亲不了解儿子，哥哥不了解弟弟，也可能自己不了解自己。君主虽然智慧，大臣虽然贤明，恐怕也有难于识得人才的时候。"我说："朋友不了解朋友，是没有用好的方法来测试朋友的才能；父亲不知道儿子，是没有用好的方法来测试儿子的才能；哥哥不了解弟弟，也是没有用好的方法来测试弟弟的才能；自己不了解自己，是没有自己测试自己的才能。大概现在学校实际上是不存在了，不能来教育读书人，没办法选拔读书人，只能凭借已有的测试。现在以不成文的文章来教育、选拔读书人，贤能的、愚蠢的都选拔进来了，谁能辨认得出来！

"譬如不耘之田，谷稗并生；纳稼于场[①]，谷稗并积；北碾南捶[②]，谷稗并下；簸筛既施，穅稗乃去，嘉谷乃得。士窃三试而进[③]，如在碾捶之前；迨授官考绩，犹簸筛既施，稗士乃去，谷士乃得。盖才可伪，功不可伪，临民听政，长短贤不肖立见。才虽混于始进，而不能掩于既试。又广之以内外大臣所荐，并用而试之，岂不可以得人，而何患人之难知！”

【注释】

①场：翻晒作物和脱粒的平坦空地。

②捶：用棍棒或拳头等敲打，这里指给庄稼脱粒。

③窃：同“察”，考察。

【译文】

“就好比那些不耕耘的田地，谷物和稗草长在一块；收割庄稼时放到晒场上，谷物和稗草堆积在一起；北边碾，南边捶，谷物和稗子一起被弄下来；用簸箕簸，用筛子筛后，稗子就被剔除了，谷物才能保留下来。读书人要三次考察、测试才能进入官场，如同谷物与稗子在碾、锤之前；等到授予官职、考核政绩，就像用簸箕簸，用筛子筛，稗子样的人就被剔除了，谷物样的人才能保留下来。大概才能可以伪装，但功绩是伪装不了的，面向老百姓处理政事，长处短处、贤能不贤能立即就表现出来了。选拔人才时虽然有些人在开始时混进来了，但不能在测试中掩饰自己。又把他和朝廷内外大臣推荐的大量人才一起使用测试，难道得不到人才吗，又何愁人才难以被了解！”

又有难之者，谓：“天子一人，庶官有万；虽至明有所不及[①]，虽至察有所不周。于是以私以贿，上下相援，以虐为能，以贪为良。其于贤者，恶其异己，以小过受降革之罪[②]。京朝之官，陷人夺位，援党助己，倾害之术，巧于仪、秦。结近侍，通宫掖[③]，以惑天子之耳目；能使黑白变行，功罪异状，将何以救之？”

【注释】

①至明：极为贤明。

②降革：降职与革职。

③宫掖：指皇宫。掖，掖庭。皇宫中的位于两旁的房子，是嫔妃居住的地方。

【译文】

又有人责难我说："君主只有一个，官员千千万万；即使极为圣明也有顾及不到的，即使明察秋毫也不能全部看到。所以有凭私交的，有行贿的，上下攀援依附，将暴虐的当成贤能的，将贪腐的当成贤良的。他们对于真正贤能的人，讨厌他们与自己不是同类，以小的过失为借口，冠以降职、革职的罪名。朝廷中的官员，陷害他人夺取官位，拉帮结派为自己助力，倾轧陷害他人的方法，比张仪、苏秦还要巧妙。结交君主身边亲近的侍臣，勾结宫中的嫔妃等人，来迷惑君主的耳目；能使黑与白改变性质，功与罪改变状态，拿什么来挽救这种情况？"

吾谓："水流湿，火就燥；不闻皋陶用驩兜之徒，驩兜用皋陶之徒。唯元凶秉政本[①]，霸天下，故群奸附势引朋[②]，以朝廷为巢窟。若天子用冢宰得人，冢宰总五卿得人，以共摄群牧，皆得其人；如网在纲，无一纶之不就理[③]，则百职无所容其奸。虽有奸者，亦化为良；而何患贤者不用，不肖者不去！是故君何以昏？自用则昏。君何以明？用人则明。恭己虚衷[④]，不敢自是；师冢宰而友五卿，举社稷以从。是谓以众明为一明，以众聪为一聪，不劳而天下大治。"

【注释】

①元凶：罪魁祸首。

②引朋：引为朋党。

③纶：丝线。

④衷：内心。

【译文】

我回答说："水流向湿润的地方，火漫延到干燥的地方；没有听说皋陶会使用驩兜这样的人，驩兜会使用皋陶这样的人。只有最恶毒的人掌握了国家政权，霸占天下，所以众多奸诈之人才会依附权势引来朋党，将朝廷变成作恶的巢穴。假若君主用得力的人做冢宰，冢宰用得力的人做五卿，一起来统摄百官，都能使用得当的人；就如同渔网上的纲绳，没有一根不依理路，这样百官中就没有奸臣容身的地方。即使有奸臣，也会变成良善之人；又担心什么贤能的人不能进用，不贤能的人不被除去！所以君主为什么会昏庸？刚愎自用就会昏庸。君主为什么圣明？使用人才就圣明。使自己恭敬，使内心谦虚，不敢自以为是；把冢宰当作老师，将五卿当成朋友，托举着江山跟从他们。这就是所说的将众人的聪明变成自己一个人的聪明，自己不用劳累国家却治理得非常好。"

六善

【题解】

“六善”是指参与国家治理的人应该具有的六种品质：违己、从人、慎始、循中、期成、明辨。

违己，指的是为官理政要善于反思，不要认为只有自己正确，“勿己之是，惟道之归”，合乎道理的才是正确的。从人，就是要善于听从他人正确的意见，虚心向他人学习，“人无贤愚，皆我师也。是谓从人”。慎始，就是万事在开始时一定要慎重思考，将可能的后果都考虑进去，“发政如发矢，矢发不可复反，政发不可复收”。政令要在发布前深思熟虑，这是关乎国计民生的大事。循中，就是要能持之以恒，不能中途而废；要掌握合适的节奏，就像农民种植庄稼，一年四季、年年月月有序生长。期成，就是常说的“慎终”。有很多人有好的开始，过程也非常不错，但结果却不理想，“小器易盈，志满则骄也”。其实不能慎终如始的原因，除了骄矜之外，是多种多样的。明辨，就是对上面说到的各种情况能真正辨别清楚，而非只是表面了解，“集人成己，始终一贯；物不能蔽，人不能欺”。只有这样，才算是具备为政能力了。

句汇问为政之道。唐子曰：“六善备，可以为政矣。”“何谓六善？”曰：“违己、从人、慎始、循中、期成、明辨，是谓六善[1]。”

【注释】

①违己：改变自己。违，改变。《后汉书·儒林传论》曰：“故人识君臣父子之纲，家知违邪归正之路。”

【译文】

句汇问及治理国家的方法。我说：“具备了六种善，就可以治理国家了。”“什么叫六善？”我说：“改变自己、善于听从他人、在开始时谨慎、遵循适中原则、期盼成功、辨别能力强，这就是所说的六善。”

“尧、舜，圣人之隽也，犹不敢自用；而况圣不及尧、舜者乎，况贤远于尧、舜者乎，况不贤不见尧、舜之履迹者乎[1]！《书》曰：‘有言逆于汝心，必求诸道；有言逊于汝心，必求诸非道[2]。’逆己，非逆；逊己，非逊；勿己之是，惟道之归，是谓违己。

【注释】

①履迹：事迹。

②“《书》曰”以下几句：语出《尚书·太甲》。逊，顺。

【译文】

“尧和舜是圣人中的俊杰，尚且不敢只按自己的意志行事；何况那些圣明赶不上尧、舜的人呢，何况那些贤能远远不及尧、舜的人呢，何况那些不贤能又看不见尧、舜事迹的人呢！《尚书》中说：‘有的话违逆了你的意愿，就一定要找出它合乎道理的地方；有些话顺从了你的意愿，就一定要找出他不合道理的地方。’违逆自己，不一定是真正的违逆；顺从自己，也不一定是真正的顺从；不要总认为自己是正确的，回归到道上来，这就是所说的改变自己。

“天下有天下之智，一州有一州之智，一郡一邑有一郡一邑之智，所言皆可用也。我有好[①]，不即人之所好；我有恶，不即人之所恶，众欲不可拂也。以天下之言谋事，何事不宜！以天下之欲行事，何事不达！《诗》曰：‘先民有言，询于刍荛[②]。’人无贤愚，皆我师也。是谓从人。

【注释】

①好：喜好。

②先民有言，询于刍荛：语出《诗经·大雅·板》。

【译文】

“天下人有天下人的智慧，一个州的人有一个州的人的智慧，一郡一县的人有一郡一县人的智慧，每个人说的话都可能有用。我喜欢的，不一定是别人喜欢的；我讨厌的，不一定是别人讨厌的，众人的意愿是不能违背的。用天下人正确的言论来谋划国事，什么事会不合宜！用天下人共同的想法来办事，什么事办不成！《诗经》中说：‘古人有话说得好：‘有事请教砍柴郎。’人无论是贤能还是愚钝，都可以作为我的老师。这就是所说的听从他人。

“凡事，见以为可，而其中有不可者焉；见以为不可，而其中有可者焉。惟一再思之[①]，更覆思之[②]；不必上智，其端必见，其识必及。若不思而遂行之，其为悔也后矣；不思而遂不行，其为惜也多矣。发政如发矢[②]，矢发不可复反，政发不可复收。《书》曰：‘若虞机张，往省括于度，则释[③]。’鹄之度在目中[④],不省则不见也。是谓慎始。

【注释】

①惟一:专一。再思:思考两次。

②覆:重复、反复。

③"《书》曰"以下几句:语出《尚书·太甲》。往省,反复观察。括,箭的末端。度,法度。

④鹄(gǔ):箭靶的中心。泛指靶子。

【译文】

"凡是事情,看上去可以的,这其中可能有不可以的地方;看上去不可以的,这其中可能有可以的地方。只要一而再、再而三地思考它;不必上等的智商,其中的端倪一定看得出来,他的见识也一定能到这个地步。如果不思考就行动,后悔就迟了;不思考也不行动,令人惋惜的事肯定多。发布政令就如同发射箭一样,射出的箭就收不回来了,已经发布的政令也不能再收回。《尚书》中说:'就像虞人射箭,弩机已经张开,定要去察看箭矢末端是否符合法度,然后发射。'靶子这一目标的位置就在自己眼中,不观察就看不到。这就是所说的开始时要谨慎。

"始非不慎也;迨其后有欲速而不达者,有厌倦而若忘者,遂有中道而废者矣。中道而废,则民多玩[①],后虽有作,不可为矣。《诗》曰:'不竞不絿,不刚不柔,敷政优优[②]。'又曰:'不震不动,不戁不竦[③]。'言不欲速也,毋厌倦也。如农夫之耕耘,四时不失序焉,日月见其长焉。是谓循中。

【注释】

①玩:轻慢。

②“《诗》曰”以下几句：语出《诗经·商颂·长发》。竞，竞争。絿（qiú），急躁。敷政，施行教化。优优，宽和的样子。

③不震不动，不戁（nǎn）不竦（sǒng）：语出《诗经·商颂·长发》。戁，恐惧，悚惧。竦，通“悚”，恐惧，惊惧。

【译文】

“刚开始时并不是不谨慎；等到后来有想快速到达而到达不了的，有因为厌倦了而好像忘记了的，于是有中途放弃的。中途放弃，老百姓就大多会变得轻慢，后面即使奋发图强，也不可能有所作为了。《诗经》中说：‘不相争也不急躁，不强硬也不温和，施行教化很宽和。’又说：‘不震惊也不摇动，不胆怯也不惶恐。’说的就是不要太快了，不要厌倦了。就如同农民耕种土地，一年四季的秩序不乱，一天天一月月看着庄稼慢慢长大。这就是所说的遵循适中的原则。

“始既已慎矣，中既已循矣，而有不保其终者，小器易盈，志满则骄也。宣王[①]，中兴之君也；及其德衰，而《小雅》之刺者三章[②]。桓公，五霸之盛也；及其气矜，而葵丘之叛者九国[③]。不啻此也。《书》曰：‘为山九仞，功亏一篑[④]。’武王，圣人也，召公犹虑其服九夷八蛮，或启侈心，而进一篑之戒；而况德本中人，智效一官者乎[⑤]？

【注释】

①宣王：即周宣王，周厉王之子，西周的第十一代君主。继位后任用召穆公、尹吉甫、仲山甫等，励精图治，使西周的国力得到短暂恢复，史称“宣王中兴”。

②三章：指《诗经·小雅》中的三篇：《祈父》《黄鸟》《我行其野》，相传为刺宣王之作。

③葵丘：地名，在今河南兰考。公元前651年，齐桓公汇集鲁、宋、卫、郑、许、曹等诸侯国在葵丘会盟。

④为山九仞，功亏一篑：见《取善》篇注。

⑤智效：智力足以担当。

【译文】

“开始时也很谨慎，中途也能遵行原则，却不能保证最终的结果，这是因为小器物容易满，志意满足就容易骄纵。周宣王是中兴之君，等到他的德行衰薄后，在《诗经·小雅》中就留下了三篇讽刺他的诗作。齐桓公是春秋五霸中最强的；等他意气骄矜，葵丘之盟后很多诸侯国背叛了他。不仅仅是这些。《尚书》中说：‘筑起九仞高的山，只差一筐土就成功了。’周武王是圣人，召公还担心他征服了九夷八蛮，可能打开他崇尚奢侈的心门，因而进陈“差最后一筐土”式的告诫；何况那些德行也只是中等，智商只能担任一个小官的人呢？

“是故政必期于有成也。无枢易拔[①]，无轴易脱，不可谓违己。左言则左，右言则右，不可谓从人。卿士盈廷，发难不已，不可谓慎始。牓牒申命[②]，日遵岁结，不可谓循中。考绩多良，治功不见，不可谓有成。若是者，辨之不明故也。集人成己[③]，始终一贯；物不能蔽，人不能欺。功之成，不于成成；立志发令，已立其成。明辨于此，而后六善备焉；六善备，可以为政矣。”

【注释】

①枢：门的转轴。

②牓牒：告示公文。申命：发布命令。

③集人：汇集他人的智慧。

【译文】

“所以从事国家治理一定是期望有所成就。没有转轴的门容易被移易，没有车轴的车轮容易脱落，这不能说是改变自己。左边的人说向左就向左，右边的人说向右就向右，这不能说是顺从别人。卿士充满朝廷，不停地提出责难，这不能说是开始时谨慎。告示公文发布命令，天天遵办年年具结，不能说是遵循适中的原则。考核政绩的时候都是优良，具体的治理功绩却见不到，不能说是有成就。像这种情况，都是不能辨别清楚的缘故。集中他人的智慧成为自己的主见，始终如一地坚持下去；外物不能遮蔽自己，他人不能欺骗自己。功业的完成，不是完成于它的成功之时；立下志向，发布政令，就已经确立了成功的趋向。辨别清楚这一点，然后六种善就能具备；六种善具备了，就可以从事国家治理了。”

恤孤

【题解】

抚育被遗弃的孤儿，这本是善举，但如果在其中搀入太多的阴暗因素，善举就会成为恶行。

在《恤孤》篇中，唐甄讲述了苏州育婴堂“收弃子”的善举。该善举确实造福一乡，但是这善举的背后却有阴暗之处：“诸乳妇多不良，第贪三百钱。得堂中之衣褓，皆用于己子；所养之子，置之不顾，故多病死。”育婴堂中的孤儿并不是都能得到实实在在的照顾，病死的孩子不少，确实是令人痛心的事！

唐甄指出：“而况天下之大，生民之多，饥无食，寒无衣，父母不得养，兄弟妻子离散，婴儿之委于草莽者，不知其数矣。”这才是唐甄真正忧虑的事。天底下有多少婴儿无依无养，被委弃于草丛中？“心为之痛而手不能援”，这种无奈无力感深深刺痛着唐甄的心。

所以唐甄在文末道出了自己的本意：如果君主能“使四海之民，家给人足，衣食饱暖”，实行像周文王那样的仁政，让普天下之人都过上好日子，还要育婴堂干什么呢？

苏州有育婴之堂，以收弃子。凡穷民之不得有其子者[1]，则送之堂中。愿育者怀之而去；衣褓医药，无不备焉。

月给乳妇之食三百钱，乳妇之记籍者三百余人[②]。岁费千余金，皆士大夫助之。此一乡之善事也。

【注释】

①有：保有。

②记籍：登记在册。

【译文】

苏州有育婴堂这样的机构，来收养被人抛弃的孩子。凡是穷苦老百姓不能养育自己孩子的，都送到育婴堂。愿意抚育的人可以抱走这些婴儿；衣服襁褓、医药用品，没有不具备的。每月给乳母伙食费三百文钱，登记在册的乳母有三百多人。每年花费一千多两银子，都是士大夫赞助的。这也是一乡的善事啊。

唐子贫，岁丰而家人恒饥。妻寄食于女家。仆原，有一男一女，以其妇佣乳于外，鬻其男于远方；女生一月，送之育婴堂。唐子不忍，常使视之。其所养之家，子死，愿以为己子，故育之专而无疾也。诸乳妇多不良，第贪三百钱[①]。得堂中之衣褓，皆用于己子；所养之子，置之不顾，故多病死。其籍记中，病者十二三，死者十一二矣。堂中虽有察婴之规，使从事者视之，不过月一至焉，岂能相与寝处，故病死者多也。自有此堂以来，所活者多矣；然念所不得全者，恒为戚戚焉。

【注释】

①第：副词，只，只是。

【译文】

我是个穷人，年成丰收而家里人却总是挨饿。妻子寄食在女儿家中。仆人唐原有一儿一女，因为唐原的妻子在外面当奶妈，将儿子卖到了很远的地方；女儿生下来一个月就送到了育婴堂。我不忍心，经常让唐原去看这个女孩。收养这个女孩的那户人家，亲生的孩子死了，愿意把这个孩子当成自己的孩子，所以专心养育，孩子很健康。乳母们大都不善良，只是贪图那三百文伙食费。拿到了婴育堂中的衣服、褓之后，都给自己的孩子用；所养育的孩子，则放到一边不管不顾，所以很多孩子都病死了。登记在册的孩子中，生病的占十分之二三，死去的占十分之一二。育婴堂中虽然有检查婴儿的规定，让专门的人负责这件事，但不过一个月才一次，不能跟孩子一起吃住，所以病死的孩子很多。自从有了这个育婴堂以来，所养活的孩子确实很多；但想起那些没有养活的孩子，我心里总是很难受。

一郡之中，虽有此善事，不过小补；而况天下之大，生民之多[①]，饥无食，寒无衣，父母不得养，兄弟妻子离散，婴儿之委于草莽者[②]，不知其数矣。当是之时，天地不能容其生，鬼神不能救其死，心为之痛而手不能援，吾其如彼何哉[③]！虽有仁人，尽出府库之财，尽发太仓之粟，以大赉四海[④]，亦犹之乎育婴堂也。

【注释】

①生民：人民。

②委：抛弃。

③其如彼何：能拿它怎么办呢！

④大赉（lài）：犹重赏。

【译文】

一郡之中，即使有这种善举，也不过是小小的补益；何况天下这么大，人民这么很多，挨饿而没有东西吃，受冻而没有衣服穿，不能赡养父母，兄弟、妻子、儿女等亲人四散分离，生下来的孩子丢弃在杂草丛中的，不知道有多少。在这个时候，天地没有他们容身的地方，鬼神也不能解救他们于死亡中，心中为他们深感悲痛却不能出手救援他们，我能怎么办呢？即使有仁慈之人，将储藏在仓库中的钱财、太仓中的粮食全都拿出来，用来重赏天下之人，也像那育婴堂一样啊。

吾尝观于田矣。天久不雨，诸苗将槁。吴中之人，农众而力勤，车汲之声[①]，达于四境。然灌东亩而西亩涸，灌南亩而北亩涸，人力虽多，无如之何。迨夫阳极阴起，蒸为云雾，不崇朝而遍于天下[②]，沛然下雨[③]，蒙蒙不休[④]。旦起视之，苗皆兴矣；沟塍蔓生之草[⑤]，皆苗甲青青矣。人力之勤，不如普天之泽也。以人譬苗，以雨譬政，若使四海之民，家给人足，衣食饱暖；父母之心，人皆有之，男子生而愿为之有室，女子生而愿为之有家；男有室以养其父母，女有家以遗其父母；惟恐生男生女之不多也。亦奚待于育婴堂哉！百尔君子，何不以文王治岐之政，陈于今天子之前乎！

【注释】

①汲：从井里取水，也泛指打水。

②崇：通“终”。

③沛然：充盛的样子。

④蒙蒙：细雨迷蒙的样子。

⑤沟塍（chéng）：沟渠和田埂。

【译文】

我曾经观察过种田。长时间不下雨，各种植物苗都将枯槁。吴中的人，农民众多而且极为勤劳，用水车汲水的声音响彻四方。但是东边的地刚灌溉好西边的地又干涸了，南边的地刚灌溉好北边的地又干涸了，劳力虽然很多，但是有什么办法呢。等到阳气到了极点阴气开始上升，蒸发为云雾，不用一个早晨的时间就遍及天下，下起大雨，连日不断。早上起来再看，禾苗都活过来了；沟渠和田埂中蔓延生长的野草，都叶子青青了。人再勤快，也比不了上天普降的大雨。将人比作禾苗，将大雨比作国家政令，假若要使天下的老百姓家富人足，吃得饱穿得暖；人人都有父母般的心愿，生下男孩希望他有妻室，生下女儿希望她嫁人成家；男子有妻室来赡养父母，女子有家庭来照顾父母；就怕儿女生得太少了。还要育婴堂干什么呢！诸位君子，何不将周文王治理岐山的政策，向当今的天子上言呢！

善游

【题解】

游历是古人重要的活动，“古之帝王圣哲，未闻以游为败德而绝其履迹也”。前圣先哲的游历活动留下了千古佳话。唐甄认为登山临水是人之常情：“人无贵贱，孰能闭户操作，暮春清秋不一睹山川景物乎！”不能因为太康、周穆王游历的事被人痛恨而否定人的这种情感需求；“夫二君荒淫昏髦，先自败德矣。”太康与周穆王是败德之人，与他们的游历是没有多少关系的。

唐甄论及的一个有意思的话题，就是对君主的游历要智慧地看待。为君不易，在其成长过程中的青少年阶段，受君父、师保等人的严格要求，行不逾矩，登山临水这些正常的人性需求都是不能满足的。这样造成的恶果，有可能是在幼主成年之后，“如久郁之阳，忽焉横泄；如久壅之川，忽焉溃决”，反弹为极度的奢靡淫乱。“天子虽尊，亦人也。善事君者，敬之如天而处之无异于人，同其情而平其施。”尊重君主的正常情感需求，其实是极其重要的君臣相处之道。唐甄的敏锐之处就是他看到了这一点，所以他对死谏之臣虽然敬佩，但完全不赞成。唐甄确实是有着不同于常人的进谏天赋。

君主如若善游，其实是一个了解民情民意的大好时机：“于斯时也，履亩，入舍，抚其妇子，视其寝处，观其稼之厚薄，察其藏之多寡，问其食之足不足。吏之清浊，狱之枉直，横征之有无，皆可问之。”这样的游历才是天下百姓最需要的。民心悦服，“山川之色，更益美观；浏览之怀，更为悦豫”，这才是天下最大的快乐。

唐甄在文中还提到了君主好色、好财、好器物、好宫室，这些都与游历有或多或少的联系。玩好游历，都是考验君主的心智与品行的东西。“好之乃见明德”，只有懂得什么是真正的喜好，才是有德之君。

陟高山而远望，游长川而安流①；望之苍然，临之漪如②；斯亦天下之美观，人情之所乐，君子所不废者也。是以黄帝游于釜山③，尧游于康衢④，舜游于四岳⑤，禹游于会稽⑥，文王乐于灵台⑦，武王浮于河流⑧，成王偕馌于南原⑨，周公举觞于洛水⑩，仲尼登太山，游于舞雩⑪，曾点浴于沂水⑫。由是观之，古之帝王圣哲，未闻以游为败德而绝其履迹也。

【注释】

①长川：长河。

②漪如：水波潋滟的样子。

③釜山：地名，在今河北保安南。《史记·五帝本纪》载黄帝合符釜山。

④康衢：四通八达的大路。

⑤四岳：中国古时指四方高山，即泰山、华山、衡山、恒山的总称。

⑥会稽：山名，在浙江绍兴东南。

⑦灵台：周文王所建。《诗经·大雅·灵台》曰：“经始灵台，经之营之，庶民攻之，不日成之。”

⑧河流：指黄河水流。

⑨馌(yè):送饭给在田野上耕作的人。

⑩觞:盛满酒的杯子,也泛指酒器。洛水:古水名,即今河南洛河。

⑪舞雩(yú):指舞雩台。《论语·颜渊》:"樊迟从游于舞雩之下。"

⑫曾点:孔子弟子。沂水:水名,在山东曲阜东南。

【译文】

登高山而远眺,顺长河安然顺流;远望郁郁苍苍,近临水波荡漾;这也是天下美景,人们都喜欢,也是君子乐此不疲的事。所以黄帝游历于釜山,尧游历在宽阔的道路上,舜游历于四岳,禹游历于会稽,周文王在灵台奏乐,周武王在黄河上浮游,周成王带着食物到南原慰劳百姓,周公在洛水上畅饮,孔子登上泰山,在舞雩台上游历,曾点到沂水边洗手净面。这样看来,古代的帝王圣贤哲人,没有听说过认为游历是道德败坏而拒绝游历的。

人见太康游而有穷拒河①,穆王游而淮徐作乱②,遂谓败德之事莫过于游。夫二君荒淫昏髦③,先自败德矣;百姓积怨,国事不修。虽不好游,亦有内起之变,外发之寇;岂待游而后致乱哉!昧于事君之道者,于其出游,不能因其势而利道之,即其事而奖掖之;徒立直谏之名,惩荒游之祸④:扼于殿上,沮于道中,引裾裂衣⑤,当车断靷⑥。忠则忠矣,我以为多事矣。

【注释】

①太康游而有穷拒河:《尚书·五子之歌》载:"太康尸位,以逸豫灭厥德,黎民咸贰。乃盘游无度,畋于有洛之表,十旬弗反。有穷后羿因民弗忍,距于河。"拒,抵御,据守。

②穆王:指周穆王。淮徐:指徐戎、淮夷。均为古族名,徐戎是东夷

的一支，淮夷居于淮河流域。徐戎在周初建立徐国，曾联合淮夷叛周。

③昏髦（máo）：昏愦，糊涂。

④惩：制止。

⑤引裾：拉住衣襟。

⑥靷（yǐn）：系于车轴，引车前行的皮带。

【译文】

人们见到太康游历而被有穷氏拦截在黄河边，周穆王巡游天下而徐戎、淮夷这些部族开始作乱，就认为败坏道德的事当属游山玩水。这两个君主荒淫昏庸，是他们自己早就道德败坏了；老百姓积累了很多怨恨，国家的事情根本不管。即使他们不喜欢游山玩水，也会有国内的变乱发生，也会有来自外部的敌寇入侵；难道只是游山玩水然后才导致了祸乱吗！没有明白事奉君主的道理，对君主的游历不能因势利导，根据这件事来鼓励它；只是树立一个忠言真谏的名声，来制止荒游产生的祸患：在朝廷大殿上扼腕叹息，在路上阻拦君主，拉着君主的衣裾把衣服都拉裂了，挡住君主的车连马拉车的皮带都弄断了。忠诚是忠诚，但我却认为这有点像多管闲事。

君子不拂人情，不逆众志，是以所谋易就，以有成功。揵锢闭幽者①，忧之象也；启辟涣散者②，乐之情也。鸟守故巢，亦翔于丛林；鱼潜在渊，亦泂于荡泽③。鱼鸟有情，何况于人？人无贵贱，孰能闭户操作，暮春清秋不一睹山川景物乎！

【注释】

①揵（jiàn）：同“楗”，关闭，堵塞。

②启辟：开辟。涣散：分散。

③洄：逆流而上。荡：广大。

【译文】

君子不违背人情，不违背众人的意志，所以所想的容易完成，也就容易取得成功。堵塞禁锢、幽独关闭，是有忧愁的象征；开启、分散，是快乐的常情。鸟儿会守着自己的巢穴，也会在丛林中飞翔；鱼儿隐藏在深渊中，也会洄游在宽广的大泽中。鱼儿和鸟儿都有感情，何况是人呢？人无论贵与贱，谁能够将自己关在房子里，不在暮春三月或清朗的秋天里去看看山川美景呢！

上古既远，淳风不作[①]，谀风日兴[②]；天子之势日尊，群臣之情日隔。一人无忌，有沼四海而囿八方之气[③]。当是之时，刚直之臣，不能匡君，耻于屈伏，乃不避杖夹斩磔之刑[④]，以与天子争胜，必欲伏至尊而使出我下[⑤]。郊社之外[⑥]，制之不使轻出；苑囿之中，制之不使轻入；天子则不得已而从之。又有道学师傅，正色拱立其侧，使天子严惮。非时之枝，不敢妄折；非名之菜，不敢妄食，亦不得已而从之。久之不便于私，郁郁不乐，乃渐畏正人而疏之矣。于是阴行乐于深宫，诸奴间入[⑦]，施其排斥，天子引以为助。始焉屈于名义，今也得遂其欲。如久郁之阳[⑧]，忽焉横泄；如久壅之川[⑨]，忽焉溃决。诛戮直臣，放流贤士，乾坤晦塞[⑩]，君臣昏迷。虽有善道者，亦无所施其术矣。

【注释】

①淳风：敦厚古朴的风俗。

②谀风：阿谀的风气。

③沼：水池，这里作动词，“当成水池”的意思。囿：菜园，果园。这里是动词“当成菜园”的意思。

④杖：杖打。夹：棍夹。斩：杀头。磔（zhé）：古代的一种酷刑。以车分裂人体。

⑤伏：使屈服。

⑥郊社：古代祭祀天地之处。

⑦间入：趁机而入。

⑧久郁：长期蕴蓄。

⑨壅：堵塞。

⑩乾坤：国家，天下。晦塞：晦涩不畅。

【译文】

上古已年代久远，醇厚古朴的风俗消失了，阿谀奉承的风气日益兴起；天子的权势日益尊贵，与大臣的情感联系日益疏隔。天子毫无顾忌，有将四海当作小池沼、将天地八方当作园囿的气概。这个时候，刚正的大臣也不能匡正君主，又耻于屈膝低伏，于是不畏避被杖责被斩杀的刑罚，与君主争胜负，一定要使君主屈服于自己之下。除了祭祀之外，制约君主不让他轻易外出；皇家园林中，制约君主不使他轻易进入；君主迫不得已只能听从。又有尊奉道学的老师，一本正经地站在他的旁边，使君主觉得害怕。不是应时的花枝不敢随意攀折；名不正的菜不敢随便吃，天子也不得已而听从。时间久了天子觉得自己不方便，闷闷不乐，于是慢慢地就畏惧正直的人而疏远他们。于是暗中在宫廷中找乐子，众多奴仆伺机进入，施展排斥异己的本事，君主将这样的人当作帮手。开始屈服于名声与道义的制约，现在就开始满足自己的欲望。就如同长久被遮蔽的太阳，忽地一下横冲而出；就如同长期被堵塞的河川，忽地一下崩溃决口。杀掉正直的大臣，流放贤能的人，天地因而变得昏暗闭塞，君主与大臣都昏庸迷乱。即使有善于引导的人，也没办法施展自己的才能啊。

人亦孰不欲遂其情[①]！天子虽尊，亦人也。善事君者，敬之如天而处之无异于人，同其情而平其施[②]。何必望其尊威，矫为亢直[③]，而犯之以其所不能受！古来死谏之臣，吾敬之难之而不深与之[④]，盖以是故也。

【注释】

①遂：满足。

②平其施：均平地施予。

③矫：假托，假称。亢直：刚强正直。

④难（nàn）：通“戁”。恭敬。

【译文】

人谁不想满足自己的欲望！君主虽然尊贵，但也是人。善于事奉君主的人，像尊敬天一样尊敬他，但与他相处时也不能异于普通人，认同他的内心感情而均平地施予。何必看着他的威严，假装刚强正直，用君主不能接受的事情去冒犯他呢！对古代那些以身死谏的大臣，我敬重他们却不太赞同他们，大概就是因为这个缘故吧。

好游者，人之恒情也。古有省耕之事焉[①]，亲民之事焉，巡岳之事焉[②]，礼也。于省耕，乐原野之旷；于亲民，乐田舍之逸；于巡行，乐山川之色；礼也而寓游之乐焉。于斯时也，履亩，入舍，抚其妇子，视其寝处，观其稼之厚薄，察其藏之多寡，问其食之足不足。吏之清浊，狱之枉直，横征之有无[③]，皆可问之。民即畏官，不敢以告；睹其形，察其情，知其苦乐，加之以素所咨访，吏之贤不肖，其安所遁哉！即以是行诛赏，虽偶行于一方，不周于五岳，四海之民闻而大悦，惟恐天子之不好游也。然则一举而政修治兴，民心悦服；山川之色，更益美观；浏览之怀，更为悦豫④，岂非天下之至乐哉！以此道君，不必谏止也。

【注释】

①省耕：古代帝王视察春耕。《孟子·梁惠王下》："春省耕而补不足，秋省敛而助不给。"

②巡岳：谓天子巡守邦国至四方之岳而封禅。

③横征：滥征赋税。横，蛮横。

④悦豫：高兴。

【译文】

喜欢游历是人之常情。古代有省察农耕这样的事，亲近老百姓的事，巡视四岳这样的事，都是符合礼制的。在省察农耕的过程中，因为原野的空旷而快乐；在亲近老百姓的过程中，因为田园生活的安逸而快乐；在巡行的过程中，因为高山大川的景色美而快乐；礼法就是这样寄寓于游历的快乐中。在这个时候，脚踏田间土地，进入农舍，抚慰妇女儿童，察看他们的起居之处，视察他们庄稼的好坏，察看家中积藏的多少，询问他们的粮食够不够吃。官吏的清廉与污浊，判案的冤枉与公正，是否有横征暴敛这样的事，都可以询问。老百姓即使畏惧官员，不敢以实情相告；但是通过看他们的形貌、观察他们的表情知道他们的痛苦与快乐，加上平时的咨询访问，官吏的贤能与否还能躲到哪里去呢！如果以这种方法来施行诛罚与奖赏，即使偶尔行走于某个地方，不周游五岳，天下百姓听了以后也会非常高兴，只担心君主不喜欢游历。这样的话，那么这一举动就使政教修明国家兴盛，百姓心悦诚服，高山大川的美景更加美丽；游览的心情更加喜悦，这难道不就是天下最快乐的事吗！这样来引导君主，就不需要劝阻了。

好色者，人之恒情也。闺房之内，和乐而制之以礼，谨慎而御之有节；其诸妃嫔，宠之而无奇巧之饰，宠之而无并后之嫌[1]，宠之而不启煽政之渐[2]，斯门内之善经也。好色其何伤？

【注释】

①并后：与皇后并重。

②煽政：干政。渐：端倪，迹象。

【译文】

好色是人之常情。闺房里面，和谐快乐而以礼来管理，谨慎并且有节制地与嫔妃交合；对诸嫔妃，宠爱她们但不让她们穿戴奇巧的服饰，宠爱她们但不会让人产生与皇后并重的嫌疑，宠爱她们但不能点燃她们煽惑政事的苗头，这是管理内宫最好的法则。好色又有什么坏处呢？

好财者，人之恒情也。苟非聚敛之君，取之必有制；取之有制，用之必有节。无功之赏，不易一钱[1]；无益之费，不易一金。惟其爱财，故不伤财，此富国之善机也[2]。好财其何伤？

【注释】

①易：通“赐”。

②机：计策，计谋。

【译文】

爱财是人之常情。如要不是索取无度的君主，取得财富一定是有法度的；取得财富有法度，使用财富也必定有节制。没有功劳，一文钱也不奖赏；没有益处，一两黄金也不花费。因为爱惜钱财，所以不会耗费资财，这是使国家富强最好的计策。爱财有什么害处呢？

好古器者，人之恒情也。夏后氏之雕戈[①]，殷人之玉钺[②]，周人之石鼓[③]，皆宝也。历数千载，雕戈在而夏安在？玉钺在而殷安在？石鼓在而周安在？有守器之感，斯有守国之虑矣。此修德之一助也。好古器其何伤？

【注释】

①雕（diāo）戈：刻镂之戈，也是戈的美称。

②玉钺：饰玉或玉制的钺，古代作为仪仗或用于殉葬。

③石鼓：东周初秦国刻石，形略像鼓，共有十个，上刻籀文四言诗，现存北京故宫博物院。

【译文】

喜欢古玩器物是人之常情。夏后氏时代的刻镂之戈，商代玉制的钺，周代的石鼓，都是国宝。经历了几千年，雕戈还在，但夏朝在哪里呢？玉钺还在，但商朝在哪里呢？石鼓还在，但周朝在哪里呢？有守护古器的感慨，就有守护国家的思虑。这是修养道德的一种辅助手段。喜欢古玩器物又有什么害处呢？

好宫室者，人之恒情也。栋宇太广，则不适；丹雘太丽，则不雅；台榭太高，则不安；苑囿太旷，则不周。不惟其广，惟其适；不惟其丽，惟其雅；不惟其高，惟其安；不惟其旷，惟其周。以天子之居，有儒生精舍之风[①]，如是好宫室，好之乃见明德矣。

【注释】

①精舍：学舍，书斋。

【译文】

喜欢华美的宫室是人之常情。屋宇太大，就不舒服了；颜色太华丽，就不正了；亭台楼阁建得太高，就会引起不安的感觉；园林太空旷，就不能周到。不求广大，只求舒服；不求华丽，只求雅正；不求高大，只求安全；不求空旷，只求周到。君主居住的地方，有着儒生书斋的风貌，喜欢这样的宫室才能体现君主的美德。

主进

【题解】

任用贤人治理政事，这是中国传统治理行为中一再被提及的命题，正如《主进》篇第一句话所说："为政亦多务矣，唯用贤为国之大事；治乱必于斯，兴亡必于斯，他更无所于由也，一于斯而已矣。"举贤用贤如此重要，所以唐甄在《用贤》等篇中一直在思考这一命题，《主进》篇也正是这种思考的继续。

如何识别贤人，实为千古难题。唐甄特别提到，人的善伪多诈，给识人用人带来了更大的困难："惟其所为，言貌皆真；营营往来，籍籍聚会，以图进取，孰能辨之！"

唐甄在本篇中给出的解决办法，就是用贤人来推荐贤人。物以类聚，人以群分，唐甄对此深信不疑。"是故求贤之道，勿问孰为贤，孰为不肖，当先观进贤之人。"只有贤人才会推荐自己的同类，这是有一定道理的。但是也不能要求所有的贤人都来推荐贤人，因为人各有所长，并非所有的贤人都有荐贤的能力："人各有其类，才各有所长。惟贤者乃能进贤，得贤者为进贤之人，使各举所知，所以引其类也。惟知贤者乃能用贤，得知贤者为用贤之人，使择决众之所举，所以用其长也。具斯二者，用贤之道无遗矣。"

唐甄更敏锐地指出，不仅贤人会类聚，君臣也会类聚。贤明之君，必然与贤明之臣为伍，昏君必然与奸臣为伍。这其实也是常见的君臣风景："惟贤君，然后能用贤臣；惟君能知人，然后能用知人之臣。"这样的例子并不少见。

为政亦多务矣，唯用贤为国之大事；治乱必于斯，兴亡必于斯，他更无所于由也，一于斯而已矣。然贤者难知也，天子欲用贤，何以知其贤而用之也？必也大臣荐于天子，内外群有司荐于大臣也。贤者难知也。有司欲进贤焉，何以知其贤而进之也？必也访之于乡人，访之于乡士大夫也。天子求贤于大臣，未可也；大臣求贤于有司，未可也；有司求贤于其乡，未可也。夫是皆进贤之人也，有司不求于其乡，将焉求？大臣不求于有司，将焉求？天子不求于大臣，将焉求？岂舍是而别有进贤之路哉？然则以为未可者，是何说也？是皆可以进贤，而不必其无私；即有无私者，不必其能知人，故以为皆未可也。

【译文】

治理国家的行政事务很多，但只有任用贤人是治国中最大的事；国家的治乱与之紧密联系，国家的兴亡与之紧密联系，其他的都没有什么关系，全部决定于这一点。但是贤人很难真正了解，君主想要任用贤人，怎么知道这个人贤能而任用他呢？必定要有大臣向天子推荐，朝廷内外的诸部门向大臣推荐。贤人很难真正了解。有关部门想要举荐贤人，怎么知道这个人贤能而举荐他呢？必定要到乡村中去寻访，到乡村中的读书人那里去寻访。君主向大臣求荐贤人，行不通；大臣向有关部门求荐贤人，行不通；有关部门向乡里求访贤人，行不通。这些都是举荐贤人的人，有关部门不向乡里求访贤人，还向哪里寻求呢？大臣不向有关部门求访贤人，还向哪里求访呢？君主不向大臣求访贤人，又向哪里求访贤人？难道放弃这种方法而另外有举荐贤人的途径吗？但以为这是行不通的，又是什么说法呢？这些人是都可以举荐贤人的，但不一定没有私心；即使没有私心，他也不一定识人，所以我以为都行不通。

且古之人多直，今之人多诈。古者听其言为君子之言，观其行为君子之行，其人诚君子矣。今也听其言为君子之言，观其行为君子之行，而其人则小人也。世尚道学，则为儒者；世尚文辞，则为名士①；世尚气节，则为直士；世尚功业，则为才士。惟其所为，言貌皆真；营营往来②，籍籍聚会③，以图进取，孰能辨之！以利达之徒入于多私者之门④，则以合进⑤；以矫饰之徒入于不知人者之门，则以罔进⑥。于是有举皆其阶，有位皆其窟矣。

【注释】

①名士：旧时指以学术诗文等著称的知名士人。

②营营：往来不绝的样子。

③籍籍：众口喧腾的样子。

④利达：功名利禄。

⑤合：投契。

⑥罔：欺骗。

【译文】

况且古时候的人大多正直，现代的人大多狡诈。古时候听这个人的言论是君子的言论，观察这个人的行为是君子的行为，这个人就确实是个君子。现在听这个人的言论是君子的言论，观察这个人的行为是君子的行为，但实际上这人就是个小人。世风崇尚道学，就有人伪装成儒生；

世风崇尚文章辞令，就有人伪装成名士；世风崇尚气节，就有人伪装成正直之人；世风崇尚功业，就有人伪装成才智之士。只是他们的所作所为，言论外貌都像真君子；他们来来往往，众声喧哗，聚在一起，以捞取进取的资本，谁能辨别得出来呢！崇尚功名利禄的人进入私心重的达官门下，就会因为投契被举进；虚伪夸饰的人进入不识人的官员门下，就会借助欺骗被举进。于是能举荐他的人都成为他向上爬的阶梯，有地位的人都成为他钻营的巢穴。

且彼进贤之人，其先进也，皆以是物也，岂鸟媒而致凤哉！是故求贤之道，勿问孰为贤，孰为不肖，当先观进贤之人。盖贤不肖各有其类。吾尝见夫鸟矣。彼乌也，集于乔木之上，其群飞而从之者，皆乌也，无异鸟也。又尝见夫鱼矣。彼鲫也，游于浅水之间，其群游而从之者，皆鲫也，无异鱼也。惟人亦然。从伯夷游者，必伯夷之所与也[①]，无盗跖之徒也；从盗跖游者，必盗跖之所与也，无伯夷之徒也。若使盗跖主进，而望其所进之人有若伯夷者，岂可得哉！是故明君察于群臣之中，得其大贤，处以上卿之位[②]，惟其言之是听，而不惑于谗慝之口，则列于朝廷者皆其类矣。列于朝廷者皆其类，则列于邦国之职者亦皆其类。各以类进，则贤才不可胜用矣。

【注释】

①所与：友好。

②上卿：古官名。周制天子及诸侯皆有卿，分上、中、下三等，最尊贵者谓“上卿”。

【译文】

况且那些举荐贤能的人，他们也是先前被举荐的，都是以这种方式被人举荐，用鸟作为媒介怎么能引来凤凰呢！所以求得贤人的途径，不要问谁是贤人，谁是不贤的人，应当先考察那些举荐贤人的人。大概贤能、不贤能的人都是因类而聚的。我曾经观察过鸟儿。那些乌鸦，聚集在高大的树木之上，跟从着一起飞翔的，都是乌鸦，没有其他鸟类。我又曾经观察过鱼儿。那些鲫鱼，在低浅的水中游动，跟从着一起游的，都是鲫鱼，没有其他鱼儿。人也是这样的。跟从伯夷游历的人，必定是伯夷喜欢的人，不会有盗跖这样的人；跟从盗跖游历的人，一定是盗跖所喜欢的人，不会有伯夷这样的人。如果让盗跖去举荐人，而奢望他所举荐的人有像伯夷的，怎么可能做到呢！所以贤明的君主在众大臣中考察，得到大贤之人，将他们安排在上卿的位置上，对他们言听计从，不被谗毁奸诈的人所迷惑，那么站在朝廷上的人就都是这样的人。站在朝廷上的都是这样的人，那国家各职位上也都是这样的人。这类人再推荐同类的人，那么贤能的人就用之不尽了。

然诸卿虽贤，若并责之以进贤，则又不可。吾欲籴乎[①]，必使善籴者转贩于衡、湘之间；左右虽多良贾，别有任使，不使之籴也。吾欲买马乎，必使善相马者求于秦、陇之间；左右虽多良工，别有任使，不使之买马也。何也？舍其所短，用其所长也。古之大臣，于政事无所不达，于社稷之长计无所不周，而独于知人或有所不及，此亦贤者之常也。放齐荐胤子[②]，佥荐鲧[③]；唐虞之臣且有不知人若是者，况其下乎！帝之试鲧者，当时洪水方急，未知有禹，惟鲧才有可用，姑且使之，非信佥之举鲧为知人也。人各有其类，才各有所长。惟贤者乃能进贤，得贤者为进贤之人，使各举所知，所以引其类也。惟知贤者乃能用贤，得知贤者为用贤之人，使择决众之所举，所以用其长也。具斯二者，用贤之道无遗矣。

【注释】

①籴（dí）：买进谷物。

②放齐荐胤子：尧的大臣放齐推荐尧的儿子丹朱，事见《尚书·尧典》。胤，后嗣，后代。

③佥：都，皆。鲧（gǔn）：亦作"鮌"，禹的父亲。传说为古代部落酋长，曾奉尧命治水，因筑堤堵水九年未治平水患，被舜杀死在羽山。

【译文】

但是众公卿虽然贤能，假若都责令他们进用贤人，那就又不可行。我想买粮食，一定会派遣善于买粮食的到衡水、湘水之间转购；我手底下虽然有很多好的生意人，对他们也会有别的安排，不让他们去购买粮食。我想买马，一定会派善于相马的人到秦、陇之间去购求；我手底下虽然有很多精良的工匠，对他们也会有别的安排，不让他们去购买马匹。为什么呢？弃用他们的短处，使用他们的长处。古代的大臣，对治理国家的事没有不精通的，对于国家长远的发展计划没有考虑不到的，但独独对于知人善任有达不到的，这也是贤能的人经常有的弱点。尧的大臣放齐推荐尧的儿子丹朱，众人都推荐鲧，唐尧、虞舜时代的大臣尚且有像这样不识人的人，何况在后来的世代呢！帝尧试用鲧，正是洪水泛滥的危机之时，不知道有禹，只有鲧的才能或许派得上用场，所以姑且用他，并不是尧相信众人都举荐鲧是知人。人都有自己的属类，才能也各有所长。只有贤人才能够推荐贤人，得到的贤人又作为举荐贤人的人，让他们各自举荐他们所知道的贤人，这样来招引他们的同类。只有识贤的人才能使用贤人，得到识贤的人作为使用贤人的人，让他们来选择、决定众人推举的人，这样来利用他们的长处。具备了这两点，使用贤人的办法就没有遗漏了。

岂惟臣有其类也，君亦有类焉；岂惟臣各有长也，君亦必善用其长焉。惟贤君，然后能用贤臣；惟君能知人，然后能用知人之臣。《书》曰："在受德暋，惟羞刑暴德之人，同于厥邦；惟庶习逸德之人，同于厥政[①]。"言纣德之不克类进者，皆其类也。《书》曰："文王、武王，克知三有宅心，灼见三有俊心，乃克立兹常事，司牧人，以克俊有德[②]。"言文、武知人，故能用贤以及天下之贤也。由是观之，惟君先正其身以为天下表[③]，卿士百职，罔非正人，天下不得其径而缘之[④]。又于诸大臣之中得知人者，委以推贤进能之任，非天下之良士，孰得而幸至哉！《诗》曰："嗟我怀人，置彼周行[⑤]。"向之所怀而不可得者，今皆置之周行，讲论道德，兴造功业，无不如意。诚如《秦誓》所思惟在一臣[⑥]，则能用众才，其利无穷，不其然乎？

【注释】

①"《书》曰"以下几句：语出《尚书·立政》。受，即纣，商纣王。暋（mǐn），强悍。羞，进献食物，后泛指进献。刑暴德，喜欢用刑、残暴的品德。同，谓共同参与某事。庶，众多。习，亲近。逸德，犹失德。

②"《书》曰"以下几句：语出《尚书·立政》。此句非唐甄完整引用原文，亦为意引。三有宅，指上古时常伯、常任、准人三种官职。《尚书·立政》中说："宅乃事，宅乃牧，宅乃准，兹惟后矣。"宅，任职，居官。三有俊，以事、牧、准三个标准选出的人才。

③表：表率。

④径：捷径。缘：攀附。

⑤嗟我怀人，置彼周行：语出《诗经·周南·卷耳》。周行，大道。

⑥《秦誓》所思惟在一臣：《尚书·秦誓》曰："昧昧我思之，如有一介臣，断断猗无他技，其心休休焉，其如有容。"

【译文】

岂止是大臣各有类别，君主也有类别；岂止是大臣各有所长，君主也要善于使用他们的长处。只有贤明君主，才能任用贤能的大臣；只有君主是能够知人的人，才能任用知人的大臣。《尚书》中说："到了殷王受即位，强悍，进用那些性情残暴的、只知道用刑的人，让这样的人充斥在国家中；让众多亲近失德的人，充斥在国家政务中。"说的就是商纣王的德性不能进用优秀的人，只能进用自己的同类。《尚书》中又说："文王与武王，都有懂得使用三宅之人的用心，都有能洞见三俊之才的心灵，所以能任用有德才的人掌管各项事务，以来成就自己的美德。"说的是文王、武王能识人，所以任用贤人，并任用这些贤人去使用天底下的贤人。这样看来，只有君主先端正自己做天下人的表率，公卿士大夫等百官，就没有不是正直的人，天下的人不能走捷径攀附他们。又从那些大臣中找到能识人的人，交给他们推举贤能的任务，要不是天下真正有才能的人，谁能侥幸来到君主身边呢！《诗经》中说："心中想念我丈夫，浅筐丢在大道旁。"以前心中怀想而不能得到的人，现在都站在大路上，一起讨论道德文章，建功立业，没有不如意的。正如《尚书·秦誓》中所说的，所思念的就是这样一位贤臣，他能够使用所有有才能的人，这种好处没有穷尽，难道不是这样吗？

柅政

【题解】

《柅政》篇中，唐甄认为国家难于治理，不是老百姓的原因，而是官员的原因。

首先，对于政令的执行，唐甄认为政令最后成为一纸空文，就是因为官员对政令的执行不力。所以虽然有好政策，但老百姓根本无法受惠于这些政策。

其次，官员的普遍心态，都认为自己为官一任如同一个旅客，只是短住几天就走了，“土地非我之产，府库非我之藏，民人非我之族党，于我何有焉！”所以为官无所作为、视政令为儿戏成为了官员的通病。这样的人，如何能治理好国家？

政令不能在全国贯彻执行危害极大，“官屋漏，官马瘦”这一谚语形象地说明了这一点。唐甄认为，官员“视民若忘，等于草茅”是极其可怕的，“忘民”必然导致民不聊生，天下大乱。对于“忘民”官员的治理，不是通过简单的奖励与惩罚就可以实现的。“悦于上官者，一秩之赏至；悦于大臣者，超迁之赏至；悦于近臣者，不次之赏至。”奖赏与惩罚如此不公正，所以都不再能作为促使官员向善的手段，也就不能用来治理官员了。

至于如何治理官员，唐甄的想法是有些悲观的：“然则官终不可治乎？是盖斯民之不幸，上天之不佑，非人之所能为也，则亦莫可如何也已矣。”最后唐甄想到了“不得大成，且求小补；不能普利，且图少济”的办法，那就是官员良知的复苏、德性的提高等。在唐甄的时代，他可能很难找到更好的方法来医治官不为民的顽疾。

天下难治。人皆以为民难治也；不知难治者，非民也，官也。凡兹庶民，苟非乱人，亦唯求其所乐，避其所苦，曷尝好犯上法以与上为难哉！论政者不察所由①，以为法令之不利于行者，皆柅于民之不良②，释官而罪民，此所以难与言治也。

【注释】

①所由：所从来，原因。

②柅（nǐ）：塞于车轮下的制动之木，引申为遏止、阻塞。

【译文】

国家很难治理。人们都认为老百姓难于治理；不知道难于治理的不是老百姓，而是官员。大凡老百姓，如果不是作乱的人，也都是只求快乐，躲避苦难，何尝喜欢触犯上面的法令而与上面的人为难呢！谈论国家治理的人不考察这其中的缘由，认为法令之所以不利于贯彻执行，都是由于老百姓不纯良，为官员开脱而怪罪于老百姓，这就是难于与这些人讨论国家治理的原因。

以诏令之尊威，上驰于下，下复于上，不待旬月而遍于海内矣①。人见其遍于海内，吾见其未尝出于门庭也②。盖遍于海内者，其文也；未尝出于门庭者，其实也。虽有仁政，百姓耳闻之而未尝身受之。此非有司之故而奚故哉！溪谷阻车③，蒺藜阻足④，今之有司，皆溪谷蒺藜也。

【注释】

①旬月：一个月。

②门庭：犹宫廷。《墨子·尚贤上》曰："门庭庶子，国中之众、四鄙之萌人闻之，皆竞为义。"

③溪谷：山谷，沟壑。

④蒺藜（jí lí）：一年生草本植物，果皮有尖刺。

【译文】

诏令的威严，自上飞速传达于下，下面再向上面回复执行得如何，不要一个月就遍及整个国家。别人看见政令传遍了整个国家，我却觉得它还未曾走出过朝廷的大门。大概遍及整个国家的，只是这些诏令的文字；未曾走出朝廷大门的，是诏令的实际内容。即使有仁政，老百姓只是听到了却未曾切身享受到政策的好处。这不是主管部门的原因又是什么原因呢！山谷沟壑阻碍车辆前行，蒺藜阻止脚步向前，今天某些主管官员，都是这样的溪谷、蒺藜。

若有司之尽乃心如佣之事其主，则善矣。佣何善乎？主人督之不使即于惰，而亦不肯自惰，虑不当于主人之意而逐我也①。计一日之工必无负于一日之酒食，计终岁之工必无负于终岁之廪粟。是以禾稼丰，畜牧蕃，而主人坐获其利焉。是主人之法令行于佣，而佣能不梶于其所行。何有司则不然邪？岂爵位不足以为荣邪？禄虽至薄，岂禄外自然之利不足以厚其家邪？何不若佣之忠于其主也？

【注释】

①当（dàng）：适合，符合。

【译文】

如果主管官吏都能尽心竭力，如同雇工对待自己的雇主，那就好了。雇工要怎么做才算好呢？雇主监督他不使他变得懒惰，他自己也不会懒惰，这是因为他会考虑到如果不能满足主人的意愿，就会将自己赶走。计算一天的工作量，一定不能对不起一天的伙食；计算一年的工作量，也不能对不起一年所给的粮食。所以这样就会庄稼丰收，牲畜兴旺，主人坐着就能收获利益。所以主人制定的规矩能在雇工中贯彻执行，而雇工也能不阻碍规矩的执行。为何主管官吏却不能这样呢？难道是授予他的爵位不足以使他引以为荣吗？即使俸禄微薄，难道俸禄之外那些自然跟随而来的利益不足以使他的家庭富裕吗？为何还不如雇工忠于雇主呢？

一官之所任，我代者前此几何人，代我者后此几何人。我在其间，一旅客之信宿耳①。土地非我之产，府库非我之藏，民人非我之族党，于我何有焉！今之为官者，不必贪邪，即廉能无过者，其存心莫不如是。不忍之心②，人孰无之？乃但知仕宦，不知道义，溺于父兄之为，习于流俗所尚，因仍而不知其非。由来已久，不可深责。朝廷所寄以牧民之任者，大官小官，自内至外，皆如是之人。上以文责下，下以文蒙上③，纷纷然移文积于公府，文示交于路衢④。始焉羽逝⑤，既而景灭⑥，卒不知其纷纷者何为也。如是千万职，外塞九州，内塞五门⑦，君臣上下，隔绝不通。虽有仁明之君，欲行尧舜之政，其何所藉以达于天下乎？

【注释】

①信宿：连宿两夜，谓两三日。

②不忍：不忍心。

③蒙：蒙骗。

④衢：四通八达的道路。

⑤羽逝：像羽毛一样飘逝。

⑥景：同“影”，影子。灭：消亡。

⑦五门：古代宫廷设有五门，自外而内为皋门、库门、雉门、应门、路门。这里借指京城。

【译文】

一个官位上的任职者，我取代之前的有几个人，取代我以后的又会有多少人。我在这个链条上，只不过是一个旅客住了几天罢了。这里的土地不是我的个人财产，官府仓库里的积藏不是我个人的积藏，这里的百姓也不是我的亲族和乡党，与我有什么关系！现在的为官之人，不一定贪婪奸邪，即使是那些廉洁能干的没有过错的人，内心也都是这样想的。恻隐之心，人哪个没有呢？但这些人只知道做官，不知道什么是道义，完全受父兄辈所作所为的影响，习惯于流行风俗所崇尚的，延续这种错误而不知道错了。这种风气由来很久了，也不能过度责怪他们。朝廷将管理老百姓的重任托付给他们，大小官员、朝廷内外，都是这样的人。在上位的人用文书责令在下位的人，在下位的人则拿文书来蒙骗在上位的人，来来往往，官府里堆满了公文，文告在四通八达的道路上来往飞驰。开始的时候像飞鸟一般飞逝，既而像影子一样消失，最终都不知道他们来往纷纷到底是为了什么。像这样的成千上万的官职，在外充满了九州大地，在内充斥宫廷，君与臣、上与下都被阻隔了，不能互通消息。虽然有仁德圣明的君主，想要推行尧、舜那样的治理，他又依凭什么来使这种治理推行到整个国家呢？

政不行于天下，岂徒无益，必有大害。谚曰：“官屋漏，官马瘦[①]。”推而广之，田园庐舍，一官屋也；父兄子弟，一官马也。心不在民，虽田园荒芜，庐舍倾倒，而不一顾也；虽父兄冻饿，子弟死亡，而莫之恤也。凡为官者，视为故然[②]。虽无不肖攘民之事，而视民若忘，等于草茅[③]。夫攘民之害小，忘民之害大。攘民者不多人，忘民者遍天下，是举天下之民委弃之也。疾不救者日深，至于四海困穷，民无以为生。有天下者其危矣哉！

【注释】

①官屋漏，官马瘦：这句谚语的意思大致是：公共的房屋因为没有人修葺维护，所以经常漏雨；公共的马匹因为没人喂养，所以瘦弱。

②故然：本然，本来应该这样。

③草茅：杂草。

【译文】

政令不能畅通地在国家中执行，不只是没有益处，还一定有大害。俗话说："官屋漏，官马瘦。"推广开来，老百姓的田园房舍，都是官家房屋；父母兄弟子女，都是官家马匹。心思不在老百姓身上，即使田地荒芜，屋舍倒塌，却完全不顾；即使父子兄弟挨饿受冻，子女死亡，也没有人体恤他们。凡是做官的人，都把这视作理所当然的事。即使没有干违法扰乱老百姓的事，但对老百姓像是忘记了一样，等同于杂草。那些扰乱老百姓的行为害处小，忘了老百姓的行为害处大。扰乱老百姓的人不多，忘了老百姓的人遍天下都是，这是将天底下的老百姓抛弃了。老百姓有了疾苦却不救助他们，疾苦日益加深，到最后整个国家的人都艰难窘迫，民不聊生。统治国家的人就很危险了呀！

然则治民先治官乎！三代既远，仕不由学，官焉而失其官也久矣[①]，将何以治之？治之以赏罚乎？赏罚者，圣人善世之大权[②]，然而难言之矣。圣人之赏，使天下之不善者皆悦其赏而迁于善；圣人之罚，使天下之善者亦兢兢焉恐入于罚而益修于善。此君子之所学以待用者也，然非所望于后世之赏罚也。世之降也，官之为善者不必赏，为不善者不必罚，孰慕不可必之赏而畏不可必之罚乎[③]！于是有术焉，能使赏不出于朝廷而出于我。悦于上官，悦于大臣，悦于近臣，是其术也。悦于上官者，一秩之赏至[④]；悦于大臣者，超迁之赏至[⑤]；悦于近臣者，不次之赏至[⑥]。赏自我操，罚焉能及！由是言之，赏罚不可以治官也明矣。

【注释】

①失其官：失去了做官的品格。

②善世：为善于世。

③不可必：谓不必然如此。

④一秩：官阶的一级。

⑤超迁：越级升迁。

⑥不次：不受等级限制，破格提升。

【译文】

那么要治理百姓就要先治理官吏吧！夏、商、周三代已经很遥远了，做官不需要通过学习，做了官但是失去做官的品格也很久了，要怎么来治理呢？用奖赏和惩罚来治理吗？奖赏和惩罚是圣人治理国家的重要权力手段，但现在这种手段真不好说了。圣人的奖赏，使天下不善良的人都喜欢他的奖赏而向善；圣人的处罚，使天下善良的人也战战兢兢唯恐遭受惩罚而更加向善。这就是君子用所学到的东西来等待有用于社会，但不能指望后代的奖赏与惩罚也有这样的效果。时代发展，官员中做善事的不一定会获得奖赏，做了坏事的人也不一定会受到惩罚，谁羡慕这种不一定的奖赏、畏惧不一定的惩罚呢！于是就有了机巧之术，能使奖赏不出自朝廷而出于我自己。取悦上面的官员，取悦大臣，取悦近侍，就是他们的巧术。取悦上面官员的，官升一级的赏赐就会到来；取悦大臣的，越级升迁的赏赐就会到来；取悦近侍的，破格提拔的赏赐就会到来。奖赏由我来操纵，惩罚哪能到我头上呢！从这一点来说，奖赏和惩罚不能治理官员就明白了。

然则官终不可治乎？是盖斯民之不幸，上天之不佑，非人之所能为也，则亦莫可如何也已矣。辗转思之[1]，不释于心。不得大成，且求小补；不能普利，且图少济。设为说之之言曰[2]："君之贵，非君赐乎？"必曰："然。""君之用，非出于民力乎？"必曰："然。""吾愿君之有以报君赐而勿忘民力也。今夫受人壶餐，必有以酬之；而况受人富贵，且以遗子孙乎！食粟，衣帛，必念所自，况今薄禄之时，官之衣食，非取于农而实资于农乎！

【注释】

①辗转：翻来覆去的样子。

②说之：劝说别人听从自己的意见。

【译文】

但是，官吏最终是不能够得到治理的吗？这大概是老百姓的不幸，上天不会保佑，不是人力可以做到的事，那也就没有什么好办法了。翻来覆去地思考这个问题，心里终究放不下。不能够从根本上治理官员，做一些小的补救也可以呀；不能够对整体有利，那就谋划帮助一小部分。假设有这样的话对他们说："您的富贵，难道不是君主赐予的吗？"他们必定说："是的。""您所有的用度，难道不是出于百姓的力量吗？"他们必定回答说："是的。""我希望您能报答君主的赏赐而不要忘记了老百姓的辛苦付出。现在接受别人的一壶水、一餐饭，也一定要回报一下；何况接受了别人的富贵，还能将这种富贵留给后世子孙呢！吃饭，穿衣，一定要想着这些来自哪儿，何况现在是俸禄微薄的时候，官员的衣食，不是取之于农民并且实际上依赖农民吗！

"仁者居其位，受其福，所以兢兢业业不敢自安者也。损人以益己，必不可为者也；损己以益人，亦不可为者也；有益于己，无伤于人，斯则可为者也。居今世而不悦于人，不但失官，且以得罪，诚不可以直道而行。曷若量己之力，以其半交人，以其半勤民事，察农桑，筑圩防[①]，计丰凶，除奸慝，则民亦少害矣。夫忠君爱民，无失其本心；保身远害，又不失于自利；斯两得之道也。内省有咎，孰若无咎？百姓诅之，孰若百姓祝之？乡党非之，孰若乡党称之？其请择于斯焉！"

【注释】

①圩（wéi）防：堤防，堤堰。

【译文】

"仁德的人居于其位，享受这种福祉，所以要兢兢业业，不敢自己贪图安逸享受。损害别人来为自己谋利益，一定是不能做的；损害自己来为别人谋利益，也是不能做的；对自己有益，也不伤害别人，这是可以做的事。生活在今天却不取悦于他人，不但会丢官，而且还会获罪，确实不能正道直行。何不根据自己的力量，用自己一半的精力交结人，另一半精力辛勤于老百姓的事务，视察农桑，修筑堤坝，做好丰收与灾荒的安排，除掉奸诈之人，那老百姓也就能少受些伤害了。对君主忠诚，爱惜老百姓,不要失去了为官的本心;保护自身,远离祸害,同时又能对自己有利;这是两全的方法。内心反省自己有错误,哪里比得上本来就没有错?受老百姓诅咒,哪里比得上老百姓祝福自己呢?受乡里乡亲的指责,哪里比得上乡里乡亲称赞自己呢?请自己做选择吧!”

惰贫

【题解】

因懒惰而致贫，这是贫穷最重要的原因。在《惰贫》篇中，唐甄用很短的篇幅来讲述“人生在勤”这个浅显但很多人都做不到的道理。

唐甄首先以自己家为例，来说明“丝不于市，线不于市，色不于市，织不于市”的自给自足，只要勤劳就可以做到。然后，再以一户严姓人家为例。这家人不仅种桑种不好，而且“桑不尽土，不蒴，不壅，机废不理，不畜，不蔬，故其贫甚于无艺者”。这种赤裸裸的懒惰一定会带来赤裸裸的贫穷。“察一乡之人，无大异者。以斯观之，谓吴地尽利，殆不然矣。”其实不仅是一乡之中，就是一国之中，游手好闲、不能尽地利而致贫困的现象也不在少数。

震泽之蚕半稼，其织半耕。沸卤渍卵[①]，蚕壮丝美。唐子以家室处于沈氏之庐，制服，安习线绵为经；寒，不及纬，市之；授诸严氏之妇沈孟。孟煮橡实之冠以为色[②]，登机而织，间以㜸乳嬉语[③]，不尽三日而成。孟裁，妻佐缝，服之甚康也。丝不于市，线不于市，色不于市，织不于市。

【注释】

①沸卤：即煮沸盐水。渍（zì）：腌渍，浸泡。

②橡实：即橡栗。栎树的果实。含淀粉，可食，味苦。

③爨（cuàn）：烧火煮饭。

【译文】

在震泽这个地方，养蚕的收益是种庄稼的一半，纺织的收益是种地的一半。用煮沸的盐水来浸泡蚕卵，蚕茧饱满，蚕丝华美。我一家人寄居在沈氏家里，要制作衣服的时候，女儿唐安学习将丝绵捻成丝线，做织布时要用的经线；天气冷了，还来不及制作纬线，就到集市上买回来；然后交给严氏的妻子沈孟。沈孟将橡栗顶端像帽子一样的覆盖物烧煮后给线染色，然后坐上织布机开始织布，中间还要做饭、哺乳，或者嬉戏、玩笑，不用三天就织成了。沈孟裁剪，我妻子负责缝制，做成的衣服非常舒适。丝不花钱，线不花钱，染色不用花钱，织布也不用花钱。

一妇之手，岁可断百匹[①]。严氏不耕，夫并作则倍；有事损十三。一亩之桑，获丝八斤，为紬二十匹[②]。夫妇并作，桑尽八亩，获丝六十四斤，为紬百六十匹。严氏故有土一亩，易桑，损十五，以食三口。岁余半资。菜茹荫桑[③]，瓜豆缘垣，牧豕阴霤[④]，放鸡邻疆[⑤]，抑又为利。严氏不然。桑不尽土，不翦[⑥]，不壅[⑦]，机废不理[⑧]，不畜[⑨]，不蔬[⑩]，故其贫甚于无艺者[⑪]。察一乡之人，无大异者。以斯观之，谓吴地尽利，殆不然矣。

【注释】

①断：治，这里指生产。

②紬（chóu）：粗绸，用废茧残丝纺织成的织物，如今之绵绸。

③菜茹：菜蔬。《汉书·食货志上》曰："还庐树桑，菜茹有畦。"

④霤（liù）：屋檐。

⑤疆：田界，田边。

⑥翦：用剪刀绞。

⑦壅：在植物根部培土或施肥。

⑧理：治理，整理。

⑨畜（xù）：饲养。

⑩蔬：种菜。

⑪艺：种植。

【译文】

一个女人的一双手，一年可以织布一百匹。严氏家不种地，丈夫与妻子一起养蚕织布收入可以增加一倍；如果碰上有事情发生，损失也就占十分之三。种一亩地的桑树养蚕，可以收获八斤蚕丝，可制成粗绸二十匹。夫妻一起劳动，种桑八亩养蚕，可收获蚕丝六十四斤，可制成粗绸六十匹。严氏本来有地一亩，如果用一半来改种桑树养蚕，来养活一家三口，一年收成有一半剩余。桑树间种满了蔬菜，墙角环绕种着瓜类与豆类作物，屋檐下养着猪，在田边养上鸡，或许又能有些收获。但严氏没有这么做。没有在地里种满桑树，不给桑树剪枝，不培土，织布机荒废在那里，不养家畜，不种蔬菜，所以他比那些不种地的人更穷。看这一个乡里的人，大概都差不多。这样看来，说吴地的地都利用好了，恐怕不是这样子。

教蚕

【题解】

《教蚕》篇的主题是教老百姓养蚕，发展经济。

唐甄首先讲到养蚕的好处，其一是“厚利”，其二是“无税，无荒，以三旬之劳，无农四时之久，而半其利”，用时少而见效快。

其次，唐甄论及了大力推广养蚕的可行性。按唐甄的说法，“今楚、蜀、河东及所不知之方，亦多有之。”这就是说，桑可以广泛种植，发展蚕桑没有地理环境的限制，只要不懒惰，都可以种桑养蚕。唐甄认为，要有专门的官员来负责管理、推进种桑养蚕：“古者田有官，是故弃为稷官。其后教民田者，谓之田畯。田既有之，桑亦宜然。其在于今，当责之守令。”这样一来“不出十年，海内皆桑矣”，老百姓就能获得更多实惠，过上好的生活。

吴丝衣天下[①]，聚于双林[②]；吴、越、闽、番至于海岛[③]，皆来市焉。五月，载银而至，委积如瓦砾[④]。吴南诸乡，岁有百十万之益。是以虽赋重困穷，民未至于空虚；室庐舟楫之繁庶，胜于他所。此蚕之厚利也。四月务蚕，无男女老幼，萃力靡他[⑤]。无税，无荒，以三旬之劳，无农四时之久，而半其利。此蚕之可贵也。

【注释】

①衣(yì):谓给人穿上衣服。

②双林:地名。在今浙江湖州南浔地区。

③番(pān):指广东。

④委积:聚积,堆积。瓦砾:破碎的砖头瓦片。

⑤萃力:聚集力量。靡他:亦作“靡它”,谓无二心。

【译文】

吴地产的丝做成衣服天下人都穿,吴地产丝聚集在双林这个地方;吴地、越地、闽地、广东以及海岛上的人,都来买丝绸。每年五月,各地的人带着银两来,银两堆积在地上就像瓦砾一样。吴地南部的众多乡村,每年都有百十万两的收益。所以虽然赋税繁重,老百姓生活困穷,但也不至于财力过于空虚;居室屋宇舟车的繁盛,超过其他地方。这就是养蚕带来的好处。每年四月份开始养蚕,无论男女老少,大家都不干其他的,全部力量都放在养蚕这事上。养蚕不用纳税,也不会有灾荒,只要劳动三十来天,不像种地那样一年四季都劳作,就能获得种地一半的收益。这就是养蚕的可贵之处。

夫蚕桑之地,北不逾淞①,南不逾浙,西不逾湖②,东不至海,不过方千里。外此,则所居为邻,相隔一畔③,而无桑矣。其无桑之方,人以为不宜桑也。今楚、蜀、河东及所不知之方,亦多有之。何万里同之,而一畔异宜乎?桑如五谷,无土不宜。一畔之间,目睹其利而弗效焉,甚矣民之惰也!

【注释】

①淞：水名，淞江。发源于江苏太湖，流经上海，入长江。通称吴淞江。

②湖：指太湖。

③畔：田界。《左传·襄公二十五年》曰："行无越思，如农之有畔，其过鲜矣。"杨伯峻注："畔，田塍。"

【译文】

能够养蚕种桑的地区，北边不超过吴淞江，南边不超过浙江，西边不超过太湖，东边不能到达海边，不过方圆千里。除此之外，即使居住的地方相邻，相隔可能只有一条田埂，也没有桑树。那些没有桑树的地方，人们以为不适宜种植桑树。现在楚地、蜀地、黄河以东及其他不知名的地方，也有很多桑树。为何万里之内是相同的，而一条田埂之间却差别这么大，合适吗？桑树就如同粮食一样，哪里都适宜栽种。一条田埂之间，看着有利益的事而不仿效学习，老百姓也太懒惰了！

三代以下，废海内无穷之利，使民不得厚其生，乃患民贫，生财无术。是犹家有宝藏而不知发，而汲汲腊腌果蔬之是鬻也[①]。盍亦谋诸此与！吾欲使桑遍海内，有禾之土必有桑焉，然亦非易也。盖安之久者难创，习之惯者难作。约法而民不信，施教而民不从，则树殖亦不可就。

【注释】

①汲汲：急切追求。

【译文】

夏、商、周以后，废弃天下能带来无穷利益的办法，使老百姓不能过上富裕的生活，才担心老百姓贫困，没有办法增加财富。这好像是家里有丰富的宝藏但不知道发掘，而只是匆匆忙忙地卖点腊货、腌菜、水果、蔬菜之类的东西。为何不在这一点上谋划呢？我想使整个国家都种植桑树，能种植水稻的地方必定栽种桑树，但也不容易实现。大概是安于现状太久就难于创新，习惯了就难有新的作为。制定法令而老百姓不信服，施行教化而老百姓不听从，所以桑树的种植也就不能成功了。

古者田有官，是故弃为稷官。其后教民田者，谓之田畯[1]。田既有之，桑亦宜然。其在于今，当责之守令。于务蚕之乡，择人为师，教民饲缲之法，而厚其廪给。其移桑有远莫能致者，则待数年之后，渐近而分之。而守令则省骑时行，履其地，察其桑之盛衰；入其室，视其蚕之美恶；而终较其丝之多寡。多者奖之，寡者戒之，废者惩之，不出十年，海内皆桑矣。昔吾行于长子，略著于篇，可以取法焉。

【注释】

①畯（jùn）：古代掌管农事的官。

【译文】

古代有专管田地的官员，所以弃就是农官。之后教老百姓种田的官，就叫田畯。种田有这样的做法，种桑也应该这样做。在当今，也应当由守令来负责。对那些养蚕的乡村，选择合适的人做师傅，教老百姓养蚕缫丝的方法，并且给他们丰厚的报酬。移植桑树时如果较远暂时不能移植到的，就等过几年之后，由近的地方再分给他们。而守令则需要省掉车骑，按时到乡村，察看桑树长势的好坏；进入农家房屋，视察蚕长得好与坏；最终比较产丝数量的多少。生产多的就奖励，生产少的就告诫，不养蚕的就惩罚，不要十年，整个国家都会种上桑树。以前我在长子县施行过这种做法，已经粗略地写成文章，可以用来效法。

省刑

【题解】

在《省刑》篇中，唐甄表达了自己反对重刑、减免刑罚的主张。

唐甄对当时存在的重刑、酷刑举例予以说明，如“山东习用重刑。杖以巨竹连根为之，长八尺，头径六寸，厚五寸，敦然方物也”。刑杖很特别，行刑更特别，在文章第一段的描述中已令人毛骨悚然，再加上第二段的巡抚赵祥星释囚之事以及后文提及的夹棍之刑，均见当时刑律之惨酷。

唐甄以自己治理长子县的亲身经历为例，来说明减省刑罚一样能治理好地方：“一年之间，令未尝不行也，政未尝不举，赋未尝不入也，豪强未尝不伏也，疑狱隐慝未尝不得其情也，关市桥梁传乘宾旅未尝不治也，四境之内未尝不安也。”所以唐甄对巡抚达良辅的言论“苟治事而事治，惩民而民服，斯可已矣，奚以重刑为”是非常赞赏的。

唐甄是有良知的读书人，一方面他主张“儒者计功”，要求治理一方的官吏实干惠民；另一方面他主张宽缓刑律，反对重刑治人。这两个方面其实都是唐甄实学思想的有机组成部分，都是他“计功”治理理想的外化。

莱阳盛九苞曰[①]：“山东习用重刑。杖以巨竹连根为之，长八尺，头径六寸，厚五寸，敦然方物也[②]。皂必长大强力者[③]。临杖，则裂犯者之裤覆足，以杖一拊臀[④]，却立寻丈[5]；扬杖后，抶地大呼跃进[6]，身杖俱下，乃一挞之，不闻挞声，但觉地动。一皂一杖；挞二十则易二十人，挞三十则易三十人，恐其再挞则力减也。

【注释】

①莱阳：旧县名，今属山东。盛九苞：生平不详。

②敦然：粗厚结实的样子。

③皂：专称下吏或杂役。

④拊（fǔ）：拍，击。

⑤寻丈：泛指八尺到一丈之间的长度。

⑥抶（chì）：鞭打。

【译文】

莱阳的盛九苞说："山东的官员习惯动用很重的刑罚。行刑用的杖，都是用巨大的竹子连根制作而成，长达八尺，杖头直径长六寸，厚五寸，是敦实厚重的东西。行刑的皂隶必须是身材高大强壮有力的人。要杖打犯人的时候，将犯人的裤子撕开，褪下覆盖住脚，首先用竹杖拍一下犯人的臀部，然后退后一丈许站立；将竹杖高高扬起，双脚顿地大喊着一跃而起，身体与竹杖一起落下，就这一下，听不见打人的声音，只觉得地在震动。一个皂隶只打一杖；打二十杖就换二十个人，打三十杖就换三十个人，这是担心他们打第二下力气就小了。"

"昔余七之叛也[1]，事既平，系狱当死者甚众。巡抚赵祥星讯之[2]。有一人枉者，祥星颦蹙而谓僚吏曰[3]：'是可矜[4]，吾欲释之，诸君以为何如？'僚吏皆起而揖于前曰：'此至仁至明，释之幸甚。'于是释之。故事，免死者必挞而后释之，挞之二十，舁出[5]，死矣。

【注释】

①余七：农民起义领袖。

②赵祥星（？—1693）：清官吏。康熙时由大理寺授山东巡抚。

③颦蹙（pín cù）：皱眉蹙额，形容忧愁不乐。

④矜：怜悯，同情。

⑤舁（yú）：抬，扛。

【译文】

"以前余七叛乱的时候，叛乱被评定后，被抓进大牢要处死的人很多。巡抚赵祥星来审讯他们。有一个人确实是被冤枉的，赵祥星皱着眉头对属吏说：'这人很可怜，我想放走他，大家认为如何？'属吏们都站起来向前作揖说：'这是极为仁德极为英明的举动，能放走他真是太好了。'于是就放掉了这个人。按照惯例，免死的人必须要先杖打后才能释放。这个人被打了二十杖，抬出去时就死了。

"夹棍以铁贯本①，置胫其间②，左右各五人并力曳之③。良久，乃合其末，左右击以巨棍，至百数十。异日复夹，胫肿如股④，不可入；皂举踵踏入⑤，复夹之。

【注释】

①本：引申指条状物体的根基部位或根端。

②胫：人的小腿。

③曳：牵引，拖。

④股：大腿。

⑤踵：脚后跟。泛指脚。

【译文】

"夹棍这种刑罚，是将铁贯穿在木棍中，将人的小腿放在铁棍中间，左右两边各五个人一起用力拉。过了很长时间才把夹棍合拢，这时左右两边的人要用大棍击打犯人上百下。隔天再次用铁棍夹犯人的小腿，这时犯人的小腿已经肿得像大腿那么粗了，根本放不进铁棍之间；皂隶用脚将犯人的小腿踩进铁棍之间，然后再重复这种刑罚。

“杖之毒者，前一杖却①，一杖中。盖一杖杖已，皮不少损而内肉糜烂，如腐瓜之瓤。出，以刀划去糜肉，得良药，十有半活者。皂得赂，则直挞之，血立溅，乃反不死。其毒如此。

【注释】

①却：停止。

【译文】

“执行杖刑歹毒的人，前一杖刚停止，后一杖紧跟着打中原来的地方。大概是一杖刚打完，皮肤没有什么损伤但皮下的肉却被打烂了，就像腐烂的瓜瓤。犯人抬出去以后，用刀将打烂的肉清除干净，敷上上好的药，十个中能活下去的大概只有五个。皂隶如果得了贿赂，就直直地用杖打，立刻就会血肉飞溅，但这种打法反而不致命。这些人就是这样歹毒。

“山东之民号为犷悍①，皆谓非重刑不能服之。又谓大吏有体，非重刑无以示尊威。是以沿习而然，虽有慈者不能改也。吴民号为柔弱，习用轻刑，故吴为幸。”

【注释】

①犷悍：粗野强悍，凶悍。

【译文】

“山东的老百姓向来有粗犷剽悍之称，都说不用重刑不能使他们服从。又说封疆大吏行为得体，不用重刑不能显示自己的威严。所以这种习气一直延续下来，即使有慈悲心肠的人也不能改变。吴地的老百姓号称温和软弱，习惯使用轻刑，所以吴地的老百姓就幸运一些。”

客有嘻者曰[①]：“吴刑虽轻，重者自重，不一于轻也。吾亲见巡抚杖伪为荐书者，血肉飞溅四傍[②]，四傍方丈之间，青草皆为赭地[③]。此亦何轻于山东！”

【注释】

①嘻：叹词，表示遗憾或悲恨。

②傍（páng）：旁边。

③赭（zhě）：红色。

【译文】

有一个客人悲伤地说：“吴地使用的刑罚虽然轻，但重刑同样很重，不是统一都用轻刑。我亲眼看见巡抚杖打一个伪造荐书的人，打得血肉向四周飞溅，四周一丈的范围内，青草都被血染成了红色。这哪比山东的轻啊！”

昔者唐子之治长子也，一年而罢。一年之间，治群杀数人之狱者二[①]，狱成，未尝加一杖于杀人者之身。内司谏曰[②]：“杀人，至恶也；杀数人，大狱也；而公不加一杖。从来号为慈吏者，未有过宽若此者也。公不忍于所当忍，吾恐民风日玩，从此得罪者愈多矣。”

【注释】

①群杀：多个人杀人。

②内司：衙门中的胥吏。

【译文】

以前我治理长子县的时候，一年就被罢免了。一年之中，审理了两起多人杀死几个人的案件，一直到案件结束，没有在犯人身上打过一杖。衙门的内司劝告我说："杀人犯罪大恶极，杀了几个人更是大案，而您一杖都没有打。以前那些有慈吏称号的人，也没有比您更宽容的。您在不该仁慈的地方仁慈了，我担心以后民风一天比一天刁玩，从此犯法的人会更多了。"

唐子曰："不然。彼杀人者，岂其始念则然哉①！逞一时之忿，自陷其身于死，而不徐为之虑也。既以一死抵一死，亦足蔽其辜矣②；又从而杖之，是淫刑也③。吾不加一杖者，是为至平，不为过宽。"

【注释】

①始念：一开始就有的想法。

②辜：罪，罪过。

③淫刑：滥用刑罚。

【译文】

我说："不是这样的。那些杀人的人，难道是一开始就想这样吗！因为发泄一时的愤怒，将自己置于死地，而不是慢慢思考的结果。既然以一条命抵了另一条命，也足以消除他的罪恶；现在又杖打他们，就是滥用刑罚。我不打他们一杖，是极为公平的，不是过于宽松。"

夫山西之民，非弱于山东也；长子之民，又号为多奸。唐子为吏一年，夹棍非刑，废而不用。俗用之杖，虽未能遽改，以从律之制，然且薄且减，亦不乖制。一年之间，令未尝不行也，政未尝不举，赋未尝不入也，豪强未尝不伏也[1]，疑狱隐慝未尝不得其情也，关市桥梁传乘宾旅未尝不治也，四境之内未尝不安也。

【注释】

①伏：通“服”。降服，屈服，服从。

【译文】

山西的老百姓并不比山东的老百姓软弱，长子县的老百姓又有奸诈的名声。我在那里为官一年，夹棍这些不正当的刑具，都废弃不用。平时使用的竹杖，即使不能立即改变，以遵循法律规定，但姑且减轻减少，也不违反规定。一年之中，政令没有不通行的，政事没有不完成的，赋税没有不上缴的，有权势而强硬的人没有不降服的，疑难案件、隐藏的冤案等没有不查到实情的，市场、桥梁、驿传、车乘、旅人等没有管理不好的，长子县境之内没有不平安的地方。

巡抚达良辅尝谓唐子曰：“百里之长，不患无威，奚以重刑为！重以刑之，既伤其体；归而疗治，又费其财；仁者弗为也。苟治事而事治，惩民而民服，斯可已矣，奚以重刑为！”

【译文】

巡抚达良辅曾对对我说：“百里的范围内，不要担心没有威信，要重刑有什么用！重刑惩治，伤害了人的身体；回去以后进行治疗，还要耗费钱财；有仁德的人不会这么做。如果政事治理好了，惩戒老百姓而老百姓服从了，这就达到目标了，还要重刑干什么呢！”

名称

【题解】

如何称呼别人和自己，唐甄在其他篇目中也论及这个问题，但在《名称》篇中讲得最为集中。

唐甄在文中对“晚”“某”“先生”这样的称呼如何使用才合乎礼仪，有详细的说明。这些称呼如果使用不当，不仅不符合礼仪规范，随便加上某些字，还会闹出笑话。如在“先生”前加上“老”字：“谓之为老，将短于春秋矣，不祥莫大焉！”

唐甄列举了几种重要的称呼不当的情况：太监本为奴仆，而现在称之为“内臣”，不当；“今之名地者，不以时而以古，非礼也”；“今之名官者，不以时而以古，非礼也”。唐甄还提及称皇上为“亵称”，则不知其所据为何。

需要指出的是，唐甄所论及的“名称”更多指对人的“称呼”，与孔子所说的“名不正，则言不顺”的“正名”不能等同视之；唐甄所说的“名”，只是孔子所说的“名”中的一种。

名者，序长幼，辨贵贱，别嫌疑[①]，礼之大者也。

【注释】

①嫌疑：疑惑难辨的事理。

【译文】

名称，是用来确定长和幼的次序，区分身份的尊贵和卑贱，辨别模糊不清的事理，是礼制中最重要的内容。

今也士而不仕或未仕，于贵者自称曰晚，非礼也。晚之者，齿长于我也，非以爵也。通谒于贵者，名之上不敢有所称，曰某而已，口称亦曰某[①]。若均举均仕，于先举先贵者则称曰晚。今也有等于我而长于我者，则不称晚，非礼也。齿之尊，犹爵之尊也。通谒于长者，或二十年以长，或三十年以长，虽非贵，则于名之上称曰晚，口称亦曰晚。

【注释】

①口称：口头称呼。

【译文】

现在有不为官或尚未为官的读书人，对地位尊贵的人自称为晚辈，这是不符合礼仪的。所谓“晚”，是指年龄比我大，而不是针对爵位来说的。通报拜见地位尊贵的人，名帖上不敢使用自己的称呼，写上“某”字就可以了，口头称呼也用“某”。若都是举人或者都已为官，对于先中举人先为官的人就称为晚辈。现在有年龄与我相等或年龄比我大的人，不称晚辈，这是不符合礼仪的。对年长的人尊敬，与对爵位高的人的尊敬是一样的。通报拜谒长者，有的人可能大二十岁，有的人可能大三十岁，即使地位不尊贵，在名帖上要称自己为晚辈，口头称呼自己也为晚辈。

今之称贵者，于先生之上，虽少，必加以老焉，非礼也。

于师曰先生，于贤曰先生，于高年曰先生[①]，可谓尊矣，奚假于老！古人于少之时曰富于春秋[②]；谓之为老，将短于春秋矣，不祥莫大焉！是故于贵者但称先生。

【注释】

①高年：老年人。

②富于春秋：谓年少，年轻。

【译文】

现在称呼地位高贵的人，在“先生”这个称呼之上，即使对方年龄小，也要加上一个“老”字，这是不符合礼仪的。对老师称呼为先生，对贤人称呼为先生，对年龄大的人称呼为先生，就已经很尊敬了，为什么还要借助“老”字呢！古人年少时说“富于春秋”；说别人老，就是说别人日子不多了，这样也太不吉利了！所以对尊贵之人只称呼为先生。

今之称天子曰皇上，非礼也。古者称王公卿大夫，若殿[①]，若阁[②]，若仆夫[③]，若执事[④]，若左右[⑤]，不敢斥之也，可以天子而斥之乎！将欲尊之，乃反亵之[⑥]。当称曰陛下。

【注释】

①殿：殿下，汉魏以后对诸侯王、太子、诸王的尊称。

②阁：古代多用于对尊显的人的敬称，后泛用作对人的敬称。

③仆夫：驾驭车马之人。泛指供役使的人，犹言仆人。

④执事：指供役使者，仆从。

⑤左右：近臣，侍从。

⑥亵：轻慢，侮弄。

【译文】

现在称呼天子为皇上,这是不符合礼仪的。古人称呼王侯、公卿、大夫这些人,使用像殿下、阁下、仆夫、执事、左右这样的称呼,没人会斥怪这样的称呼,称呼天子就要斥怪吗!本想尊重天子,现在反倒侮弄天子了。应该称天子为“陛下”。

明谓奄人为内臣①,非礼也。在列谓之臣②,有职谓之臣。奄人备洒扫,非臣也,奴也。奴也而臣之,是抗奴于公卿③,辱公卿矣。天子无外。奴也而内之,则股肱腹心之臣皆外乎?庶士庶民皆外乎④?是屏手足赤子于四夷⑤,无臣无民矣。是故为奏为文,勿曰内臣,但曰奄人。

【注释】

①奄人:宦官别称。

②在列:在位,在朝。

③抗:匹敌,抗衡。

④庶士:众士。庶民:众民,平民。

⑤屏(bǐng):放逐,摈弃。四夷:古代华夏族对四方少数民族的统称。含有轻蔑之意。

【译文】

明代称呼奄人为内臣,这是不符合礼仪的。在朝可以称之为臣,有职位者可称之为臣。奄人只是用来洒水打扫的,不是臣子,而是奴仆。奴仆而用臣称呼,是将奴仆的地位与公卿的地位相匹敌,这对公卿是侮辱。天子对人没有内外之分。将奴仆看作亲近的心腹,那么那些左右辅佐之臣与心腹大臣都是外人吗?众多的读书人、老百姓都是外人吗?这是摒弃兄弟、百姓于四夷之地,没有了大臣与百姓。所以写奏折、文章时，不要说内臣，只说奄人。

今之名地者，不以时而以古[1]，非礼也。以古名地，若为异代之土地，非今日之土地矣，悖莫大焉。是故出言为文，于苏州则曰苏州，勿曰姑苏；于吴江则曰吴江，勿曰松陵。

【注释】

①时：现时，当代。

【译文】

现在称呼地名，不用现时的而用古时的，这是不符合礼仪规范的。用古时的地名称呼某地，就好像这是以前朝代的土地，而不是现在的土地，这也太荒谬了。所以说话写文章，对苏州就说苏州，不要说姑苏；对吴江就说吴江，不要说松陵。

今之名官者，不以时而以古，非礼也。以古名官，若为异代之朝廷，非今日之朝廷矣，悖莫大焉。是故出言为文，于某部尚书、侍郎，则曰某部尚书、侍郎，勿曰太宰、少宰、大宗伯、少宗伯。

【译文】

现在称呼官员，不用现时的名称而用古时的名称，这是不符合礼仪规范的。用古代的名称称呼官员，就好像是以前朝代的朝廷，而不是现在的朝廷，这也太荒谬了。所以说话写文章，对某部尚书、侍郎，就说某部尚书、侍郎，不要说太宰、少宰、大宗伯、少宗伯。

除党

【题解】

《除党》篇论述朋党的危害以及除去朋党的重要性。

唐甄开篇即指出:“党者,国之危疾,不治必亡。”指出朋党的危害,如果不治理一定会使国家灭亡。然后再指出“苟达其故,中医皆能治之”,就是如果能对症下药,中等水平的医生就能治好这种顽疾。

如何治理朋党?唐甄认为:“然则治党之道无他,在绝其缘而已。绝其缘,则邪党不伐而自破,正党不解而自散。”就是说要铲除朋友互相依恃、攀附的东西,即唐甄所说的“招”“帅”:“名者,党之招也;势者,党之帅也。”

要治理朋党,作为君主,要知人、善用人。“君能以相用相,不以左右用相;相能以人用人,不以朋类用人。”这样一来,结成朋党的可能性就小了。同时,君主不能受那些“攻人”“争名”者的影响。这些人往往是“党人之雄”,君主对这种人要“谈笑而视之”:“上书若不闻其言,在朝若不见其人。始轻之,渐远之,徐废之,岁月之间,并其丑类沦澌而销亡矣。”对于聚众讲学这种行为也要警惕:“必如行于古者,学也;必不可行于今者,聚众以讲学也。聚众讲学,其始虽无党心,其渐必成党势。气节之争,由此而起;小人之敌,由此而立。若不以道学号世,不以气节凌人,小人无所于亹,亦不成党,甚为易制。”有些人只是嘴巴上标榜师法孔子、孟子，内心却完全不这样做，窃尊儒之名以为结党之实。对这种假道学，君主不仅要明辨，还要明令禁绝。君主要严厉惩罚那些“身退而去，寓书京师，制黜陟之权；处士巷居，公卿就而决是非，访贤不肖”的人，这是治理朋党的好方法。

最后，唐甄还和好友论及东林党人这一问题。东林党人是朋党吗？唐甄给出的答案是：“吾与子论党者，伤人国之沦亡，恶人心之中戾气，故明中和之道，以立治辨学，以为后世取法。吾乌知其何为附东林，何为攻东林；吾乌知其为东林、西林、南林、北林也！”唐甄认为自己要论述的主题是朋党之危害，而不是去鉴定谁是朋党。

唐子曰：“党者，国之危疾，不治必亡。”孙子曰[①]：“虽有扁鹊，无能为也。”唐子曰：“何必扁鹊，苟达其故，中医皆能治之。”曰：“是灭汉，灭唐，灭明，非人力之所能胜也。乃先生则易言之，何也？”唐子笑曰：“汉往矣，安得起汉党而治之以信于子[②]！唐往矣，安得起唐党而治之以信于子！明亡矣，安得起明党而治之以信于子！今有良药，可以一发而解固结之疾[③]，在吾与子之目前，而子不见也。”孙子愕然问其故。

【注释】

①孙子：不详何人。

②起：兴起。

③一发：表示数量，一次。固结：郁结。

【译文】

我说：“朋党是国家最危险的疾病，不治理肯定会亡国。”孙子说：“即使有扁鹊这样的神医，也无能为力。”我说：“何必一定要是扁鹊，如果知道其中的缘故，中等水平的医生都能治好。”孙子说：“朋党使汉代灭亡，使唐代灭亡，使明代灭亡，不是人力所能战胜的。但先生却说得这么容易，为什么呢？”我笑着说：“汉代已经过去了，怎能使汉代的朋党再兴起，然后把它治理好来使您信服呢！唐代已经过去了，怎能使唐代的朋党兴起，然后把它治理好来使您信服呢！明代已经灭亡了，怎能使明代的朋党兴起，然后把它治理好来使您信服呢！现在我有上好的药，可以一次解决这种郁结的疾病，就在我与您的面前，而您却看不到啊。”孙先生惊讶地问其中的缘故。

唐子曰：“良药者，今天下之势是也。昔者明之为党，邪者缘卿相，缘奄奴；正者缘气节，缘道学。如南濠之市，货别为行[①]，惟贾所投。凡人之求显名厚禄者，不入其党，不得也。当是时也，党之为势，固于人心，蔓于海内，若亡人之国而不与之俱亡者。及大清之有天下也，党人之长老犹有存者。后生习闻其术，攘臂而起[②]，如草枯而根萌，木斩而蘖生。郡邑之间，往往百十为群，更立社名，宴饮缔交，亦尝远近响应矣。然究则兽逸鸟散[③]，莫之禁而自废者，其故何也？

【注释】

①别：区分。行：商行。

②攘臂：捋起衣袖，伸出胳膊，形容激奋的样子。

③究：追究，查问。

【译文】

我说：“我所说的上好的药，就是当今天下的大势。以前明代的朋党，邪恶的攀附卿相和宦官；正义的依附有气节的人或者道学之人。就如同南濠的市场，根据货物分成不同的商行，就看商人投入哪个商行。

凡是想要求得显赫的名声与丰厚的俸禄的人，不加入朋党这些不可能得到。这个时候，朋党作为一种势力，稳固地扎根在人们心中，整个国家都受这种风气影响，这些是使国家灭亡但不会随着国家灭亡而灭亡的东西。等到大清朝统治天下，朋党中的年长者还有人在。年轻人中熟悉他们结党方法的，振臂而起，如同草虽然枯萎但草根又萌芽了，树枝被砍掉新枝又萌生了。府县之间，往往百十人为一群，另立社团的名称，宴会饮食，互相结交，也曾经有或远或近的人响应。但一旦追究起来，则会像鸟兽一样逃散，不用禁止就自我废止了，这是什么原因呢？

“名者，党之招也①；势者，党之帅也。今之将相功臣，其耳目心思与明俗异。名誉不足以动之，其权势又不得假而为我用，是无招无帅也。无招，则党不聚；无帅，则党不立；百官有司，救过保位之不暇，何党之能为！此所以不禁而自废也。昔之雄辨如锋者，今之杜口无言者也；昔之攻人必胜者，今之自守不足者也，未尝不拊掌大笑而称快也。然则治党之道无他，在绝其缘而已。绝其缘，则邪党不伐而自破，正党不解而自散。请悉其说：

【注释】

①招：商店招徕顾客的幌子、招牌等物。

【译文】

“名声是朋党的招牌，权势是朋党的统帅。现在的大将、宰相以及有功之臣，他们的眼界与心境都与明代的俗尚不同。名誉不能使他们心动，他们的权势又不能为结党之人所利用，所以没有招牌也没有统帅。没有招牌，朋党就不会聚集；没有统帅，朋党就不会建立；文武百官，挽救过错保住自己的地位都来不及，哪里还会结党营私！这就是朋党不用禁止就自己废止的原因。以前那些极具锋芒的雄辩之士，现在都成了缄默不言的人；以前那些攻击别人一定能获胜的人，现在自我防守都困难了，这未尝不令人拍掌大笑大呼痛快。所以治理朋党没有其他的办法，在于铲除他们所攀附的东西而已。铲除了攀附的东西，那么邪党不用去讨伐就自己破亡了，正党不用去解散就自己解散了。请让我详细来说说这其中的道理：

“用相者，天下之大事也。昔者明之季世，有免相者，众为行一二十万金①，辄得复相。凡相必有所由致。袁萃曰②：‘为相必赂内侍③，如树之托根。’然则相者，非国家之相，内侍之私人，众人之霸主也。人君虽庸，曷思其故：斯人也，何以得相乎？必使之行政而政举，任官而官治，而后从而用之也。何以免相乎？必使之行政而政不举，任官而官不治，而后从而免之也。

【注释】

①行：行贿。

②袁萃：不详其人。

③内侍：宦官。在宫中供使唤的人。

【译文】

“任用宰相是国家的大事。以前在明代末年，有宰相被罢免了的，众人为他出一二十万两黄金来打点，就可使他恢复宰相的职务。凡是做宰相的，都有做宰相的原因。袁萃说过：‘要做宰相，必须贿赂宦官，就像树要依托根系一样。’这样宰相不是国家的宰相，而是宦官的私人宰相，是党徒的霸主。君主即使昏庸，难道不会思考其中的缘故：这个人是靠什么做宰相的呢？一定要使他处理政事政事就能完成，让他任用官吏官吏就能管理好，然后根据这些再任命为宰相。为什么要罢免他的宰相职务呢？一定是使他处理政事政事不能办理好，让他任用官吏官吏也不能管理好，然后根据这些罢免他的宰相职务。

"《传》曰：'虽有高世之名，无尺寸之功者不赏①。'左右虽善毁，不能毁有功以为无功；左右虽善誉，不能誉无功以为有功。岂以无征之巧言遽决用舍哉②！君能以相用相，不以左右用相；相能以人用人，不以朋类用人。天下之士，皆知由党者不必得富贵，得富贵者不必由党，人亦何乐于为党乎！曷观之聚而为盗者乎！以贪戾之徒③，一夕相亲，厚于兄弟者，岂以义固哉？将以取人之财也。若为主人者，峻墙垣，谨防御，不与以钻逾之便④，虽驱之使为盗，不可得矣。此治邪党之法也。

【注释】

①虽有高世之名，无尺寸之功者不赏：语出《战国策·秦策五》姚贾说秦王。

②无征：没有根据。

③贪戾：犹贪利。

④钻逾：钻穴逾墙，指偷盗之类的行为。

【译文】

"史书中说：'即使有很高的名声，没有一点功劳的也不赏赐。'左右亲近的人即使善于毁谤别人，也不能把有功劳毁谤成没有功劳；左右亲近的人即使善于赞誉，也不能将没有功劳说成有功劳。怎能用没有根据的花言巧语就来决定任用谁、舍弃谁呢！君主能根据宰相的才能来任用宰相，不能根据亲近的人来任用宰相；宰相根据人的才能来任用人，不能根据朋党来用人。天下的人都知道通过朋党这种方式不一定能得到富贵，得到富贵也不一定要通过朋党这种方式，人又何必还乐于去结成朋党呢！何不看看那些聚起来做强盗的人！一帮贪利的人，只是一朝一夕的亲近相处就觉得比兄弟感情还深厚，这是靠道义而结成的稳固关系吗？是以掠取老百姓的财物为出发点结成的关系。如果主人将自家的围墙修得高峻，谨慎防范，不给那些钻洞爬墙的小偷机会，即使驱赶着那些人去做强盗，也不可能。这就是治理邪党的方法。

“直节之臣，国之宝也；道德之臣，王者之师也。匡君为直，攻人非直；让能为贤，争名非贤；是不可以不察也。有人焉，直谅之声震天下[①]，当国任职之臣，一有过失，非与于政之兴坏[②]，非与于天下之安危，必欲攻而去之。其气如战，其志如刃，其言如讼；视其鸣镝所向[③]，群起射之而不敢后。此党人之雄也。若是者，不必加戮也；戮之，适以坚其死而成其名。人君当谈笑而视之曰：‘此竖子无知也[④]。’上书若不闻其言，在朝若不见其人。始轻之，渐远之，徐废之，岁月之间，并其丑类沦澌而销亡矣[⑤]。

【注释】

①直谅：正直诚信。

②非与于：与之没有关系。

③鸣镝（dí）：即响箭。箭发射时有声音，故称。

④竖子：对人的鄙称，相当于现在所说的“小子”。

⑤沦澌：消失至尽。销亡：消失。

【译文】

“正直有节操的臣子，是国家的宝贝；有道德的臣子，是帝王的老师。

匡正君主的错误是正直，攻击他人就不是正直；让贤使能是贤人，争名夺利不是贤人；这一点不能不深察。有的人，正直诚信的声誉传遍天下，但一旦那些在国家任职的大臣有了过错，无关乎政事的兴废，也无关乎国家的安危，一定要攻击并除去这些大臣。他们的气势像作战，他们的斗志如刀锋，他们的言论如同打官司；一帮人看着他论锋所指的方向，群起攻之，生怕自己落后了。这样的人就是朋党中的雄强者。像这样的人，不必处死；杀掉他，恰恰可以坚定他们的必死之心而成就他们的名声。君主应该谈笑看着他们说：'这是小孩子的无知之举。'他上书君主就像没听到这回事，他在朝就像没看见这个人。开始时轻视他，渐渐地疏远他，慢慢地废除他，随着年月的流逝，他与他的同类就一起消失不见了。

“天下有行于今必如行于古者，有行于古必不可行于今者。必如行于古者，学也；必不可行于今者，聚众以讲学也。聚众讲学，其始虽无党心，其渐必成党势。气节之争，由此而起；小人之敌，由此而立。若不以道学号世，不以气节凌人，小人无所于蹙，亦不成党，甚为易制。

【译文】

“天底下有可以在当代施行、如在古代施行的东西，有在古代施行、但在当代不能施行的东西。如同在古代一样可以施行的，是学问；一定不能在当代施行的，就是聚众讲学。聚众讲学，刚开始时虽然没有结党之心，但慢慢地一定形成结党的趋势。有关气节的争论，也从此开始；小人的敌意，从此树立。如果不用道学来号召世人，不以气节来凌驾于人之上，小人也就没有地方挤在一块，也就不可能结成朋党，控制起来就容易多了。

“人君将欲风天下，勿畏非圣之谤，勿窃尊儒之名；当心法孔、孟[1]，不可口法孔、孟。于视朝之时，明言以告群臣曰：‘我不喜道学；有以道学进者，我必廷辱之。’则貌孔、孟者望风沮丧，不敢蚁引而进以窃位惑世。第讲于乡，教于里，虽非真学，其亦无害于天下。

【注释】

①法：效法。

【译文】

“君主想要风教天下，不要怕别人说自己不是圣人，不要窃取尊崇儒学的名声；应当从内心效法孔子、孟子，而不是嘴上说效法孔子、孟子。在上朝的时候，明确地告诉诸位大臣：‘我不喜欢道学；如果有人因为道学而被举进，我一定当庭羞辱他。’这样那些表面上学习孔子、孟子的人就闻风而垂头丧气了，不敢像蚂蚁互相引导那样进入朝廷，窃取权位迷惑世人。只是在乡村中讲和教，即使不是真学问，也不会对国家有什么危害。

“若夫身退而去，寓书京师，制黜陟之权；处士巷居[1]，公卿就而决是非，访贤不肖。此道学之大贼，法所必诛者也。明主处此，不谋于群臣，不按于法律，驱而斩之于市，而以徇于天下曰：‘吾欲使士为士，大夫为大夫；仕者尽其职，致仕者安于家。有不在其位而谋其政者，视此矣。’此治正党之法也。”

【注释】

①处士：本指有才德而隐居不仕的人，后亦泛指未做过官的士人。

【译文】

“像那些人离官而去，与京城书信往来，掌握罢黜升迁的大权；或者像处士一样居住在里巷之中，朝中的公卿大臣还跑到他这里来寻求决断是非的办法，向他访求谁贤能谁不贤能。这些人是道学的大贼，是法律一定要诛灭的。贤明的君主处理这种情况，不要与众大臣有太多商议，也不要完全依照法律，直接将这些人拉出去杀头，并且告示天下：‘我要使读书人成为读书人，大夫成为大夫；为官者恪尽职守，退休的人安居在家。有不在官位却越职干预政事的，参照这执行。’这就是治理正党的办法。”

孙子曰：“党不可以刑胜，征于前代矣；先生又欲行诛，毋乃疏于计乎？”唐子曰：“子何见之不明也！赏善刑恶，人主之柄也。刑赏由己，孰敢不服！若臣下窃以行私，则互相仇报，天下必乱。假使稷、契、夔、龙与皋陶朋比而诛四凶，则四凶之徒亦必计毙皋陶[①]；人心不服，亦将叛舜。夫权假于下[②]，舜且不得为任贤之君，皋陶且不得为执法之臣，况衰世之君臣乎！善乎吴修龄之言曰[③]：‘万历之朝无君矣，安得无党！’夫君失其为君，则致乱之衅，百出难料，不独党也。”

【注释】

①计毙：用计谋来消灭。

②假：借。

③吴修龄：清康熙时人，长于音韵之学。

【译文】

孙子说："朋党不能用刑罚来战胜，前代已经验证了；先生您又要使用诛杀的手段，恐怕是策略上的疏忽吧？"我说："您怎么就看不明白呢！奖赏善惩罚恶，是君主手握的权柄。惩罚与奖赏由君主确定，谁敢不服从！如果大臣盗用权柄来谋私利，就会互相仇视报复，天下一定会大乱。假使稷、契、夔、龙与皋陶结成朋党来诛杀共工、驩兜、三苗、鲧这四凶，那么，四凶的党徒也一定会设计来杀死皋陶；人心不服，也会背叛舜。如果权力给了下面的大臣，舜都可能成不了任贤使能的君主，皋陶也成不了执法如山的大臣，何况是衰乱时代的君臣呢！吴修龄的话说得好啊：'万历的朝廷是没有君主的，怎会没有朋党呢！'君主失去了成为君主的东西，那么招祸的因素就会层出不穷，难以预料，不只是朋党了。"

孙子曰："方以类聚[①]，物以群分[②]。东林[③]，亦贤者之所游也，其中多蹈仁行义之儒，奋不顾身，为国家去邪慝。先生论党而不别人，吾犹未慊[④]。昔人有言：'附东林者亦有小人，攻东林者必无君子。'此言是乎？非乎？愿因先生定之。"唐子拊掌而笑曰："古语云：'伐国不问仁人。'子奈何以此事问我哉！吾与子论党者，伤人国之沦亡，恶人心之中戾气，故明中和之道，以立治辨学，以为后世取法。吾乌知其何为附东林，何为攻东林；吾乌知其为东林、西林、南林、北林也！"

【注释】

①方以类聚：指同类事物相聚一处。

②物以群分：与"方以类聚"意思相同，指同类的东西或人常集聚在一起。

③东林：即东林书院，明万历间顾宪成倡议重修无锡东林书院，与高攀龙等人在书院讲学，有“东林党”之称。

④慊（qiè）：满足，满意。《孟子·公孙丑上》曰：“行有不慊于心，则馁矣。”赵岐注：“慊，快也。”

【译文】

孙子说：“同类事物总会相聚在一处，同类的人也总是相聚在一处。东林书院也是贤人游览的地方，这之中有很多行仁义的儒生，他们奋不顾身，要为国家除去邪恶诡慝。您讨论朋党而不能区别对待，我还是不满意。以前有人说：‘依附东林党的人中也有小人，攻击东林党的人中一定没有君子。’这话对吗？不对吗？希望先生您断定一下。”我拍手大笑着说：“古话说：‘不向仁人问询征伐别国这样的事。’您为什么拿这样的事来询问我呢！我和您讨论朋党，是感伤于国家灭亡，厌恶人心被暴戾之气所中伤，所以阐明中和的道理来探求治理之道，辨明为学之法，以给后人取法。我哪知道他们为什么依附东林党人，为什么要攻击东林党人；我哪知道他们是东林党、西林党、南林党还是北林党啊！”

贱奴

【题解】

从《贱奴》篇开始，与后续的《丑奴》《去奴》《耻奴》一起，都是唐甄对太监这一陋制的论述。如此集中地论述太监制度，在历代文集中应该也不多见。

唐甄首先指出，使用太监既有大患也有小患："凡奄人，小患七，大患三。小患乱国，大患灭国；小患难除，大患易除。"

像用酒色、奢侈的生活方式等来诱导君主脱离正道，这些都是太监带来的小患，但是像"天子孤矣""朝廷空矣""干戈起矣"这"三患"却是大患，其灾难性后果一定是毁灭宗庙社稷。

唐甄认为，治理国家靠的是制度："凡为国之道，善后有定制，乱制有定刑。"对太监的管理也要有相应的制度，如"凡阉人，传命于朝，见宰相，跪而致言，跪而受言，不得立焉"，等等。唐甄用制度来管理太监的思想是值得肯定的。

凡奄人，小患七，大患三。小患乱国，大患灭国；小患难除，大患易除。请先为之譬：凡人之居室者，以妾为妻，此患之大者也；爱妾之色，听妾之言，此患之小者也。父命曰：

“毋爱妾之色，毋听妾之言！”虽严父不能得之于顺子。曰：“毋以妾为妻！”虽悍子不敢逆慈父矣。盖法所不及，则不可禁；法之所及，则易禁也。

【译文】

大凡太监，小的祸患有七个方面，大的祸患有三个方面。小的祸患能使国家混乱，大的方面能使国家灭亡；小的祸患难于根除，大的祸患容易根除。请让我先用比喻的方法来说明：大凡人居家过日子，把妾当成妻，这是大患；喜欢妾的美貌，听信妾的话，这是小患。做父亲的命令：“不要喜欢妾的美色，不要听信妾的话！”即使是严厉的父亲也不能使孝顺的儿子听从。父亲说：“不要把妾当成妻！”即使是强横的儿子也不敢违背慈父的话。大概法律管不了的地方，就不能禁止；法律能管到的地方，就容易禁止。

凡奄人，道君以酒色①，道君以荒游②，道君以侈御③，道君以恶见正人。权臣因之，上隐无不闻，下巧无不达，国之大柄下移矣。明示以便进之门，邪曲进，贤正沮矣④。金入则死罪生，求拂则有功死⑤；刑不中，罚不中矣。此七患者，其患小。然刚明之君，或中其一二，法制无可加，诫训无所益，祖虽神圣，盖亦莫之如何也已矣。儿畜公卿⑥，奴使百司，狗奔将帅，天子孤矣；豕屠忠良，草刈善类，朝廷空矣；囚禁天子，羊驱天子，干戈起矣。是三患者，其患大，斩灭宗社而后已。然绝之甚易也，如拔茅根焉。

【注释】

①道：引导，诱导。

②荒游：纵欲迷乱，逸乐过度。

③侈御：奢侈的享用。

④沮：阻止。

⑤拂：违背。

⑥畜（xù）：饲养，养育。

【译文】

大凡太监，用酒色来诱导君主，用过度的游乐来诱导君主，用奢侈的生活来诱导君主，用厌恶见到正直的人来诱导君主。手握大权的大臣依附太监，君主的隐私没有不知道的，下面大臣的巧诈没有不能实现的，国家大权转移到下面大臣的手中。明白地昭示方便晋升的门道，这样搞歪门邪道的人进升，贤良正直的人则被阻挡。只要金钱进入了太监的口袋，犯了死罪也能活下来；违逆了他们，就是有功之人也会被处死；刑律不公正，处罚也就不会公正。这七个方面的祸患，危害小。但即使是刚直贤明的君主，也有可能犯上其中的一两个，法律不能处罚，告诫训示又没有益处，祖宗即使神明圣贤，大概也毫无办法。当权太监将公卿大臣当成儿孙来畜养，将文武百官当成奴才役使，将帅等成了为他们奔跑的猎犬，君主成了真正的孤家寡人；将忠良之人像猪一样屠杀，将善良的人像割草一样杀掉，朝廷就没有人才了；最后将君主囚禁起来，像驱赶羊一样驱赶君主，战争这样就爆发了。这三个方面的祸患，祸害大，一定要毁灭宗庙社稷后才会停止。但是断绝这种祸患也简单，要像拔茅草一样连根拔起。

凡为国之道，善后有定制[①]，乱制有定刑。明法不置丞相，其后孰敢言置之！譬之受室于祖[②]，桷腐则改斫之[③]，垩蚀则改镘之[④]，户不便则改辟之；其栋其楹[⑤]，百年不改也。夫小法时改，大法不时改。凡政皆然，奄人居其一焉。

【注释】

①善后:使结果完美。

②受:接受,继承。

③桷(jué):方形的椽子。

④镘(màn):瓦工抹墙用的抹子,引申为涂抹、粉刷。

⑤栋:屋的正梁。楹:厅堂的前柱。

【译文】

大凡治理国家的方法,有好的后果的做法就成为固定的制度,扰乱制度的行为要受到法律的惩罚。明代的法律规定不准设置丞相一职,后来的人谁敢建言说设置丞相呢!就好比从祖先那里继承来的房子,椽条腐烂了就重新砍斫一根,墙灰剥落了就重新粉刷,门不方便进出就重新换地方开一道门;但是正梁和柱子,就是一百年也不会换。小的法律可以不时地修改,根本大法就不能时不时修改。所有的政策都一样,太监制度就是其中的一项。

自公卿以下,凡有品秩者,皆助外治者也;凡左右之奄人,皆奴也。自后妃以下,凡有品秩者[①],皆助内治者也;凡宫中之女子,皆婢也。请著为典曰:“凡奄人,不授官,不任事,不衣黄[②],不服衮。后世人臣,有言立奄人之职司及使视戎事者[③],凌迟无赦。”

【注释】

①品秩:官品与俸秩。

②衣黄:穿黄色衣服,在古代为僭越行为。

③视:治理,处理。戎事:军事,战事。

【译文】

自公卿以下的官员,凡是有级别的,都是协助君主治理朝廷外事务的；凡是跟随君主左右的太监，都是奴仆。自皇后妃嫔以下，凡是有官品与俸秩的，都是协助皇后处理宫内事务的；凡是宫中的女人，都是奴婢。请求制定这样的制度："凡是太监，不授予官职，不委以职事，不穿黄色衣服，不穿衮服。后代的臣子，有说要给太监授予官位以及使太监处理军事的，都要凌迟处死，不会赦免。"

今士庶人之家，师至，友至，则敬而礼之。有童子者，奉壶餐而进，舍壶餐而坐，主人将云何，师将云何，友将云何？三公者，天子师也；九卿者，天子友也；奈何使奔走之奴与师友抗乎！请著为典曰："凡奄人，传命于朝，见宰相，跪而致言，跪而受言，不得立焉。传命于堂，见九卿，立而致言，立而受言，不得坐焉。遇百官于道，见而下马，过而上马，不得乘焉。抗公卿者斩，抗百官者流，大臣不言者死，小臣不言者革。"

【译文】

现在的普通人家，老师来了，朋友来了，会恭恭敬敬地以礼相待。有的童仆手捧着饮食侍奉客人，如果童仆放下饭菜自己坐下来，主人将怎样，老师将怎样，朋友将怎样？三公是君主的老师，九卿是君主的朋友，为何让这些供驱使的奴才与老师、朋友平起平坐呢！请求制定这样的制度："凡是太监，在朝堂上传达君主的命令，见到宰相要跪下说，跪下听，不得站立。到公堂上传达君主的命令，见到九卿要站着说，站着听，不能坐着。在路上遇见文武百官，一见到立即下马，他们走过去以后才能上马，不得骑着马。违抗公卿命令的太监要斩首，违抗文武百官命令的太监要流放，不这样主张的大臣就处死，小臣就革职。"

丑奴

【题解】

本篇，唐甄用“丑奴”二字形容太监的丑陋，足见其对太监之厌恶。

太监之丑陋，首先表现在相貌上。唐甄对这种丑陋的相貌，描述细腻具体，曲尽其妙：不似人身也、不似人面也、不似人声也、不似人情也，“四不似，人见之无不憎者”。

太监之丑，当然表现在自己切除生殖器这件事情上：“其求太监能忍若此，则其谋富贵何所不为。而犹欲得其忠于所事，何不思之甚乎！”对自己的身体都如此残忍毒辣，对其他人还有什么事干不出来呢！这样的人，唐甄目为人中之妖。

唐甄对太监这样的人妖的危害，见解极有创见：“凡物为妖，人知其妖，其害小；若人为妖，人不知其妖，其害大。”太监的危害，有几个君主能明察呢？

奄奴之祸，自古为烈，明著于前史。后世人君，且有爱之如美女而不见其为猛虎者，祸不可以为戒也。请无言其祸而言其丑：彼奴也，望之不似人身，相之不似人面，听之不似人声，察之不似人情。臃然[①]，磊然[②]，如瘿[③]，如魋[④]；盘然[5]，欷然[6]，如牛，如豕；不似人身也。有頄[7]，非男；无髯，非媪；虽少美如玉，索无生气；不似人面也。其声似童，不颖[8]；似女，不媚；似哑，成声；似狸[9]，成语；不似人声也。煦煦爱人[10]，亦复毒人；悯之则流涕如雨，恶之则斩杀如草；不似人情也。四不似，人见之无不憎者。

【注释】

①臃：粗大。

②磊：大。

③瘿（yǐng）：囊状肿瘤。多生于颈部，包括甲状腺肿大等。

④魋（tuí）：兽名。似小熊。

⑤盘：广大貌。

⑥欷（xī）：鼻息声。

⑦頄（kuí）：颧骨。

⑧颖（yǐng）：形容声音高。

⑨狸（lí）：兽名。豹猫，也称狸猫、山猫等。

⑩煦煦（xù）：和悦貌。

【译文】

太监带来的祸害，自古至今都是惨烈的，以前的史书中记载得很清楚。后代君主中，有的喜欢太监就像喜欢美女一样，看不到太监猛如虎般的危害，对太监制造的祸端不能引以为戒。请让我说说太监的丑陋而不说他们的祸害：那些太监，远看不像个正常人样，看面相不像人的脸面，听声音不像正常人的声音，仔细观察也不像正常人的感情。臃肿，肥大，像肿瘤，像魋；庞大，呼吸粗重，像牛，像猪；不像人的身体。有颧骨，却不是男人；没有胡须，又不是女人；虽然是美少年，又索然没有生气；不像人的面孔。说话时声音像儿童，但不尖脆；像女人，又不娇媚；像哑巴，又有声音；像狸，又能说话；不像人的声音。和悦爱人，也会伤人；怜悯人时会泪如雨下，讨厌人时像割草一样杀人；不像正常人的感情。这四不像，没有人见到不憎恶的。

今使仆之长大多鬣者服事其侧[①]，而使躄童疡婢进酒食于前[②]，吾且憎之，必易之乃快。彼奴何物也！而人君亲之爱之，苟不侍侧，则饮食不乐。是诚何心哉！

【注释】

①鬣（liè）：长而硬的胡须。

②躄（bì）：脚跛难行。疡（yáng）：指生疮。

【译文】

现在让一个高大长满胡须的仆人在旁边服侍，使跛脚的童仆、生疮的奴婢在跟前侍奉酒宴，我尚且会讨厌，一定要更换掉内心才舒服。那些太监是什么东西！君主却亲近他们喜欢他们，如果不侍奉在身旁，吃喝都不快乐。这到底是什么心态啊！

原其所以自宫者，使我心悸。肾为身根；掘身之根，其痛非常痛也，其害非常害也。今使人断一指以易王侯，虽有悍者不愿为之；而彼奴则为之。其求太监能忍若此，则其谋富贵何所不为。而犹欲得其忠于所事，何不思之甚乎！《何人斯》之诗[①]，善究小人之反侧，所谓“有靦面目，则不可极”[②]，彼犹未见奄奴之非面目也。若奄奴者，非鬼蜮之妖[③]，其人妖乎！人君奈何不畏，使妖在左右，饮食启处与俱乎[④]？其不祥大矣！

【注释】

①《何人斯》之诗：即《诗经·小雅·何人斯》。关于此诗，《毛诗》序认为是苏公刺暴公之事，也有论者指出这是一首讽刺同僚的诗。此诗首二句为："彼何人斯？其心孔艰。"其意为："请问他是什么人？心地阴险真可恨。"于此二句，似可见诗之大旨。

②有靦（tiǎn）面目，则不可极：语出《诗经·小雅·何人斯》："为鬼为蜮，则不可得。有靦面目，视人罔极。"靦，面貌。

③鬼蜮：鬼和蜮都是暗中害人的精怪。后以"鬼蜮"比喻用心险恶、暗中伤人的小人。

④启处：谓安居。

【译文】

推究太监割掉生殖器的原因，使我内心惊悸。肾是身体的根；把身体的根挖掉，这种痛不是一般的痛，这种危害不是一般的危害。现在假使让一个人砍掉一根手指来换取王侯的爵位，即使再彪悍的人也不愿意这么做；但那些太监却会这么做。他们为求得做太监能这样忍受，那么他们为谋求富贵还有什么事干不出来。可君主还想要他们能忠于自己，是多么欠缺思考啊！《诗经》中的《何人斯》这诗，善于探究小人的反复无常，说"你有颜面是人样，却比别人没定准"，诗人是还没有见过太监的非人面目。像太监这些人，不是鬼怪那样的妖孽，而是人妖吧！君主为什么不害怕，还让人妖在自己的身旁，吃喝起居都在一起呢？这太不吉祥了！

在昔宫中之妖，有玄鼋①，有黑眚②，彼实异物，人惧知避。若奄奴，则实人类，人所安也。凡物为妖，人知其妖，其害小；若人为妖，人不知其妖，其害大。汴中有狐③，变为美妇人，迷一男子。既而觉其非人，严拒之，狐亦不至。其后得一美妾，成疾而死。汴人为之语曰：“狐妖犹可，人妖杀我。”可以斯言为奄奴比也。

【注释】

①玄鼋（yuán）：蜥蜴。

②黑眚（shěng）：古代认为是由五行中的水气生的灾祸。因为五行中水为黑色，故称。

③汴：开封的别称。

【译文】

以前宫中的妖怪，有玄鼋、黑眚等，这些其实都是奇异之物，人害怕它们，知道躲避。像太监这样的人，实际上是人的同类，人们认为是安全的。大凡物成为妖，人们都知道这是妖，危害就小；如果人成为妖，人们不知道这是妖，危害就大了。汴梁城中有只狐狸，变成了一个美艳的妇人，迷住了一个男人。后来男人发觉了它不是人，就严词拒绝了女人，狐狸后来也就不来了。后来这个男人得到一个美艳的小妾，整天作乐，最后生病而死。汴梁人这样描述这件事：“狐狸这样的妖还可以拒绝，人妖却能杀死我。”可以拿这话来比喻太监的危害。

去奴

【题解】

革除太监这种陋制是唐甄特别关注的现实问题,《去奴》篇就是这种关注的表达。

《去奴》在开篇借魏叔子革除奄人的主张来开启自己的议论:“奄人不革,则小人必逞,君子必灾,家必内败,天下必亡,去之不待转计者也。”唐甄对革除奄宦陋制,立场是非常坚定的,他认为要根除这种制度,“不用奄人,则无自宫以幸进者。此除根之道也,非奄人得志而后谋去之,乃谓之除根也”。朝廷不使用太监自然就没有人做太监了,太监这一陋制自然消亡。

太监不能根除,最主要的原因在于使用太监的人不想革除这种陋制:“继世而为天子者,席疆土之富强,承先帝之侈丽,幼习于嬉戏之徒,长安于使令之给,是故溺于奄奴,与嬖色等。而况母后帝后以及妃嫔,皆所便习,不可以缺。”要不是帝王、后妃等人的享受心理作怪,根除太监之制又有何难!

针对魏叔子主张用女御代替太监的论点,唐甄指出这种做法在开国之君身上是可以实行的。这是因为开国之君大多出身草莽,长期生活在穷苦中,不仅知道治国以俭,而且欲望要少得多,侍御之人相应就少。

其实唐甄是希望所有君主都能节俭:“贵为天子,亦可以庶人之夫妇处之。缝纫庖厨，数妾足以供之；洒扫粪除，数婢足以供之。”他认为像普通夫妻那样生活，更能显示出国君的尊贵，这样的生活方式还要奄人何用？

魏叔子曰[①]：“用奄人始于周，夏、商以前无闻焉。唐昭宗尽诛宦官，其出监诸务者，皆令方镇杀之[②]。至庄宗即位，乃复求宦官。则此一二十年间，不用宦官亦明矣。然则奄人固未始不可革也。奄人既革，宫中之事，选粗健女子充之，以给力役[③]，备非常。若出纳命令，则于内外各设一庐，男子给事于外，女子给事于内。又于内外之间，选寡妇年五十六十者居之，以司出纳。如是，则奄人可革也。”

【注释】

①魏叔子：见《善施》篇注。

②方镇：指掌握兵权、镇守一方的军事长官，如唐代的节度使。

③给：供给。力役：干体力活。

【译文】

魏叔子说：“使用太监是从周代开始的，夏、商之前没有听说过。唐昭宗将宦官全部杀掉，那些派遣出朝监察政务的宦官，都命令镇守地方的人杀掉。到庄宗即位，才开始重新征召太监。在这一二十年中，不使用宦官也是很清楚的。但是太监制度本来不是不能革除的。太监革除以后，宫内的事，挑选高大健壮的女子来做，供给宫中的劳役，防备突发的事情。如果需要传达命令，则在宫廷内外各设置一间房子，男子负责宫外的事，女子负责宫内的事。又在宫廷内外之间，挑选年龄在五六十岁之间的寡妇居守，负责宫廷内外命令的传达。这样太监制度就可以革除了。”

唐子曰："叔子之言善矣哉！"奄人不革，则小人必逞，君子必灾，家必内败，天下必亡，去之不待转计者也[①]。蜀人谚曰："斩草不除根，萌芽依旧生。"除根若何？不用奄人，则无自宫以幸进者[②]。此除根之道也，非奄人得志而后谋去之，乃谓之除根也。

【注释】

①转计：反复考虑。

②自宫：男子割去自己的生殖器，自毁其身。幸进：希图侥幸升官。

【译文】

我说："魏叔子的话说得太好了！"太监制度不革除，小人就一定会得志，君子一定会遭遇灾祸，朝廷必定从内部开始衰败，国家一定会灭亡，去除这种制度根本不需要反复考虑。蜀地的人说："除草不除掉草根，一定会重新发芽再生。"要怎样除根？不使用太监，就不会有人自宫以希图侥幸升官。这就是除根的办法，不是等到太监得势后再想办法去除掉他们，把这种办法叫做除根。

叔子欲革奄人，固无疑矣；若其所策，给力役，备非常，吾未敢执焉。何也？东邻之家，不知西邻之事；环堵之子[①]，不可以权巨室之宜[②]；草莽之士，不可以妄意宫中之事。天子之宫，如大郡之城；宫中之人，如大郡之户口；其中给力役，备非常，恐未可以专恃女子也。即女子可为，必其亲近善谋之臣，于宫中之事，纤微悉知，其或可或不可，孰宜孰不宜，君臣协谋，乃可以为之也。岂可以草莽之士悬度而言之[③]，而望其从我哉！

【注释】

①环堵：指贫穷人家。

②权：衡量。

③悬度：无根据地揣测、估计。

【译文】

魏叔子想要革除太监，本来是没有疑问的；他所给出的对策，如使用粗壮的女人来做宫中力役，防备非常的变故，我却不敢持这样的观点。为什么呢？东边的邻居家，搞不清西边邻居家发生了什么事；身居陋室中的人，不能够去权衡巨大宫室合适与否；身处草野中的人，不能够随便猜测宫中的大事。君主的宫室，就像大都市的城池；宫廷中的人，就像大都市中的人口；为宫廷提供力役，防备突然发生的变故，恐怕不能只依靠女人。即使女人能够完成这个任务，必定要有亲近的善于谋划的大臣，对宫廷中的事大小都知道，哪些是可行的哪些是不可行的，哪些适宜哪些不适宜，君臣一起谋划，才可以完成。哪里能用那些草野之人的凭空猜测，听他们指指点点，而期望他们听从我们吗！

继世而为天子者，席疆土之富强[①]，承先帝之侈丽，幼习于嬉戏之徒，长安于使令之给[②]，是故溺于奄奴，与嬖色等。而况母后帝后以及妃嫔，皆所便习[③]，不可以缺。当是之时，虽有刚明之君，知其害而欲去之，其势如决痈割瘤，不可为也。

【注释】

①席：凭借，倚仗。

②使令：差遣，使唤。也指供使唤的人，即奴婢仆从。

③便习：习惯。

【译文】

继承王位而成为君主的，倚仗国家的富庶强盛，沿袭前代君主的奢侈华丽，从小就跟着那帮吃喝玩乐的人混在一起，长期习惯了使唤别人服侍自己，所以沉溺于太监与美色。何况皇太后、皇后以及其他嫔妃，都习惯了受太监的服侍，缺了他们还不行。这种时候，虽然有刚直贤明的君主，懂得太监的坏处而想清除这些人，情势却如同刺破脓疮割掉肿瘤，完全办不到了。

吾思之，叔子之策，不可以行于继世之君[①]，而可以行于开国之主。开国之时，去奄人如去草，除奄人之萌如除草之萌，固甚易也。何以决其然也[②]？开国之主，起于贫贱。当其贫贱之时，围十堵[③]，覆百榱[④]，身析薪[⑤]，妻执爨[⑥]。当是之时，若有一奴一婢以供使令，已过望矣。即起于侯服[⑦]，亦不过巨室之家耳。及其得天下，入亡国之宫，睹宫室之广大，观器玩妇女之众多，目则眩焉，心则移焉。其远虑之臣当进言曰："此天下之所以亡也，不可处也。"于是废其土以为民居，撤其埏埴楹桷以散于百姓[⑧]，量吾之所处而因其材以构焉。损亡宫之万亿，加故室之百十，亦已足矣。

【注释】

①继世：继承先世。

②决：分辨，判断。

③堵：古代筑墙的计量单位名。古代以版筑法筑土墙，一版之长，五版之高，为堵。

④榱（cuī）：屋椽。

⑤析薪：劈柴。

⑥执爨(cuàn):烧火煮饭。

⑦侯服:古代王城的外围,按距离远近划分的某个区域。夏制称离王城一千里的地方,周制称王城周围千里以外的方五百里的地区。

⑧埏埴(shān zhí):陶器。

【译文】

我思考这件事,觉得魏叔子的计策,不能够在继承王位的君主那儿实行,但可以在开国之君那儿实行。刚建立国家时,除去太监就像除去杂草一样,在太监制度刚开始萌芽时就除去,就像除去刚萌芽的杂草一样,本来就很容易。为什么可以这样判断呢?开国的君主,出身贫苦,地位低。当他们贫贱的时候,住在只有简单的墙、由一些椽子搭建的简陋房子里,亲自砍柴劈柴,妻子烧火做饭。这个时候,假若有一个奴仆一个婢女来使唤,就已经是奢望了。即使他是出身于边远地区的贵族,也不过是个大户人家而已。等到他取得了天下,进入亡国之君的宫殿,看着这些宫殿的高大宽广以及众多的器物女人,就头晕目眩,心荡神摇了。那些有长远考虑的大臣这时候应该向他进言:"这就是使国家灭亡的东西,不能够占有啊。"于是将这些宫殿废掉作为老百姓的居室,将砖瓦柱子及屋椽拆除分给老百姓,根据自己要住多大的房子找来合适的材料建筑房子。减损亡国之君居室的上万倍,给原来居室增加十倍百倍,也就足够了。

若新建京邑,创营宫室,亦可规焉。何以决其然也?城埤之固[①],甲兵之多,以御寇也;宫中其何御乎?庶司之繁[②],百官之众,以行政也,宫中其奚行乎?降及末世,宫中女子常数千人,多至万人。力役非常之事,非女子所能为,故不得不用奄人。女御奄人之多如此,吾不知其何有于国家也!

【注释】

①城埤（pì）：城墙。

②庶司：各级官署、衙门。

【译文】

如果重新建造京城，营建宫室，也要进行规划。如何来决定呢？城池修筑坚固，多配备军队，这是用来抵御敌寇的进攻；皇宫中有什么需要抵御的呢？官僚机构繁杂，文武百官众多，这是用来管理国家政务的，宫廷中要这么多机构和人员干什么呢？到了一个朝代的末年，宫廷中的女人常常有几千人，甚至上万人。供给力役、防备变故这样的事，不是女人所能做的，所以不得不用太监。女仆与太监的数量如此之多，我真不知道这对国家有什么用！

然则宫中无以多人为也，贵为天子，亦可以庶人之夫妇处之。缝纫庖厨[①]，数妾足以供之；洒扫粪除[②]，数婢足以供之。入则农夫，出则天子，内则茅屋数椽，外则锦壤万里[③]，南面而临天下，何损于天子之尊，而吾以为益显天子之尊也。且约身以处，益可以达于政事，何也？内外无远，出入甚便，贤人君子，不时接见，如左右手之相将也[④]，何治不闻乎？春省耕，秋省敛，入庐舍，尝麦菽，如赤子之在怀抱也，何隐不达乎？尚何藉于奄奴之出纳哉！

【注释】

①缝纫：泛指裁缝补缀等工作。庖厨：本指厨房，这里指做饭等日常生活事务。

②粪除：打扫，清除。

③锦壤：美丽的土地。

④相将：相偕，相共。

【译文】

这样看来宫廷中不需要这么多人来服侍，即使贵为天子，也可以像普通夫妻一样生活。缝制衣物，烧火做饭，有几个小妾就足够做这些了；洒扫事务，几个奴婢就可以做了。君主居家时是个农夫，面对天下就是国君，居家时只要几间茅房，面对天下就拥有万里锦绣江山，面朝南君临天下，完全不有损天子的尊贵，而且我觉得这更显示出天子的尊贵。况且君主以俭约来约束自己，这种益处是可以传递到国家政事处理等方面的，为什么呢？宫廷内外的距离不再遥远，进进出出很方便，贤人君子可以随时接见，就像左手与右手在一起，什么样的治理听不到呢？春天视察农耕，秋天视察老百姓的收成，进入农民家中，品尝豆、麦等新收获的农产品，就像孩子在母亲的怀抱，什么隐情会不知道呢？哪里还要借助太监来上传下达呢！

帝喾立四妃①，帝尧因之；舜不告而娶，不立正妃；夏增以九女，为十二人；殷增以二十七人，为三十九人；周增以八十一人，为百二十人。唐、虞、夏、商女御少，故不用奄人；周女御多，故用奄人。不从周，从夏、商；且不从夏、商，从唐、虞。时有古今，人无古今；人有古今，治无古今；无不可为者。

【注释】

①帝喾（kù）：传说中的五帝之一。

【译文】

帝喾有四个妃子，尧帝也继承了这种做法；舜帝没告诉父母就娶亲了，所以没有立正妃；夏朝时增加了九个妃子，一共是十二个；商朝时增加了二十七个，一共是三十九人；周朝时增加了八十一个，一共为一百二十人。唐尧、虞舜、夏、商时妃子少，所以不用太监；周代妃子多了，所以使用太监。不去追随周代的做法，而是追随夏代、商代的做法；甚至不追随夏代、商代的做法，而是追随唐尧、虞舜的做法。时代虽然有古有今，但人没有古今之分；人虽然有古今之分，但治理国家的方法没有古今之分；没有什么是不能做的。

夫女御少，则宫室小；宫室小，则奄人无用。以此治家治天下，其道已全，不独去奄人而奄人从可去也①。是故开国之去奄人，乃斩草除根之时，不可失也。

【注释】

①从：跟，随。

【译文】

妃子少了，宫室就会变小；宫室变小了，太监就用不着了。这样来治家与治国，方法就完备了，不用特地去除太监而太监可以随着一并去除了。所以在开国之初就去除太监，是斩草除根的好时机，不可丧失。

耻奴

【题解】

《耻奴》篇从人的生理特征出发，论及太监的可耻之处。

首先，唐甄从魏忠贤、魏朝与客氏的故实出发，提出疑问："奄人无阳者也，客氏何分于强弱而有所好恶于其间乎？固疑之矣。"

然后，唐甄从自己幼时亲历的故事出发，指出"太监性淫"，"奄之不可使混女也明矣"。太监和女人并不同，仍是男人，所以"奄虽无阳，乃使之鸡乘怨女，秽乱宫掖，其罪大于乱政矣"。这就是太监可耻、令人恶心的地方。

《耻奴》篇篇幅很短，但体现了唐甄高超的叙事能力。在《潜书》全书中，唐甄讲故事的地方其实并不太多，但在本篇中唐甄讲了两个故事来说明自己的观点，而且叙述生动，夹叙夹议，带给人的阅读感受是痛快淋漓的。

昔奄人魏忠贤与魏朝皆私客氏[①]，客氏厌朝之弱而喜忠贤之强。二奄尝拥客氏饮于乾清宫暖阁[②]，醉而相骂，声达于昏君之耳[③]。昏君呼之前而断之，则与忠贤而退朝，于是忠贤遂杀朝而专有客氏。奄人无阳者也，客氏何分于强弱而有所好恶于其间乎？固疑之矣。尝闻人言，奄人虽奄，精气自在，其阳虽不能如常人之具形，亦稍突长；又闻有异术能使阳长。固笑而弗信也。

【注释】

①魏忠贤（1568—1627）：明朝末期宦官，明熹宗时期任司礼监秉笔太监，兼掌东厂，极受宠信。与熹宗乳母客氏私通，排除异己，残害忠良，专断国政。崇祯即位后自缢。魏朝：明熹宗朝太监，魏忠贤初入宫时的引路人，对魏忠贤帮助极大。客氏（1531—1627）：熹宗乳母，被封为奉圣夫人，与魏忠贤勾结，专擅朝政，时称“客魏”。

②乾清宫：故宫内廷后三宫之一，始建于明永乐年间，明代时作为皇帝的寝宫，清代一般作为皇帝召见廷臣、批阅奏章、处理日常政务等之用。

③昏君：指明熹宗。

【译文】

从前，太监魏忠贤与魏朝都与客氏私通，客氏讨厌魏朝的软弱而喜欢魏忠贤的强悍。这两个大太监曾经服侍客氏在乾清宫的暖阁中饮酒，喝醉了互相对骂，骂声传到了昏君明熹宗耳朵里。熹宗将他们两个人叫到跟前替他们做评断，最后支持魏忠贤，斥退了魏朝，于是魏忠贤就杀掉魏朝独占了客氏。太监是没有阳物的，客氏是如何区分出这两个太监的强与弱而对他们有所好恶呢？本来就怀疑此事。我曾经听人说，太监虽然被阉割了，但精气还是存在的，他的阳物虽然不能像正常人那样形状完整，也能渐渐变长；又听说有奇异的方法使他们的阳物变长。我就笑笑，并不相信。

然吾尝亲见之矣。昔明南都溃[①]，众立鲁王于会稽[②]，号曰监国，南北奄人多从之者。一奄人死，有美妾二人。是时吾幼，从先君辟乱，居于鸡山。先君有所养勇士魏兴，据死奄之财物而攘其一妾[③]。兴尝荷戈卫先君于难，故先君嘉其劳而弗之罪也。凡令节，兴必使是妾入贺，而从拜于仆妇之列。诸仆妇则私问之曰："尔之从太监也，如夫妇矣；衾枕之间[④]，其状若何？"妾曰："太监性淫，不胜其扰。交接之际，其阳亦突出将寸。"由是观之，奄之不可使混女也明矣。

【注释】

①南都：明人称南京为南都。

②鲁王（1618—1662）：明太祖的第十世孙朱以海。崇祯十七年（1644）嗣王位，南明弘光元年（1645）监国于绍兴。

③据：占有。

④衾枕：指男女欢合。

【译文】

但是我曾经亲眼见到。以前明朝南都陷落时，一伙人在会稽拥立鲁王，号称兼管国事，南方与北方的很多太监都追随他。一个太监死了，他有两个美艳的小妾。当时我年龄很小，跟随父亲逃避战乱，住在鸡山这个地方。我父亲有一个供养的勇士叫魏兴，抢走了这个死去太监的财物，并且夺走他的一个小妾。魏兴曾经在危难时拿着武器保护了我父亲，所以我父亲为了嘉奖他的功劳就没有治他的罪。逢年过节，魏兴一定会让这个小妾来庆贺，与那些女仆们一起跪拜。那些女仆们私下问这个小妾："你以前与太监生活，如同夫妻一样；在行男女之事时，他的阳物什么样？"那个小妾回答说："太监生性淫荡，我不堪忍受他的骚扰。行男女之事时，他的阳物也会突起近一寸长。"由此看来，不能把太监与女人混同是很清楚了。

男女之别，礼之大防也[①]。奄若化为女子则可；不然，固男也。雄鸡无阳，以尾交；奄虽无阳，乃使之鸡乘怨女[②]，秽乱宫掖，其罪大于乱政矣。可耻孰甚焉！

【注释】

①大防：指重要的、原则性的界限。

②乘：欺凌，侵犯。

【译文】

男女有区别，这是礼仪的重要原则与界限。太监如果能变成女人也就罢了；不然的话，他们本来就是男人。公鸡没有阳物，就用尾巴交合；太监虽然没有了阳物，却让他们像公鸡一样与那些幽怨的宫女交合，使宫廷秽乱，这种罪行比扰乱朝政更严重。还有什么比这更无耻呢！

女御

【题解】

如何对待女人、女色，也是一个古人常常论及的话题。唐甄的《女御》篇就是谈论这个话题。

唐甄认为："好色者，生人之恒情；好之不以礼，有以丧家亡国者。罪好之者而并罪色，何不思之甚也！"这句话实际上讲了三层意思：其一，喜欢美色是人之常情，无可厚非；其二，好色，要好之以礼，不能越过礼法的边界；其三，责怪好色者而且一并责怪那些漂亮的女人，这是不经脑袋考虑的蠢识。

唐甄以美玉为例来说明这个道理：夏桀与商纣都喜欢美玉，他们最后的灭亡难道都怪美玉吗？

好色者，生人之恒情；好之不以礼，有以丧家亡国者。罪好之者而并罪色[①]，何不思之甚也！桀之亡于妹喜也，固也；纣之亡于妲己也，固也；幽王之亡于褒姒也，固也。三女子之为蛊而不可近焉[②]，固也。然女子，微也，弱也；可与为善，可与为不善，非若权臣之不可制，奸奄之不可亲也。使此三女子生于文王之世，入于文王之宫，处于窈窕之室[③]，后妃率之以采芣苡[④]，供祭祀，琴瑟以悦之，钟鼓以乐之，则此三女子皆窈窕之淑女也。

【注释】

①罪：归罪，责备。

②蛊：传说一种人工培育的毒虫。

③窈窕：深远的样子。

④芣苡（fú yǐ）：亦作“芣苢”，草名，即车前草。

【译文】

喜欢美色是人之常情；喜欢却不能用礼法来节制，就能使家庭毁灭，国家灭亡。指责好色的人并且一同指责美貌的女人，这是多么不会思考问题啊！夏桀因为妹喜而灭亡，这是事实；商纣王因为妲己而灭亡，这是事实；周幽王因为褒姒而灭亡，这是事实。这三个女人都像蛊虫一样不能亲近，也是事实。但是女人微小，柔弱，可以和她们一起行善，也可以与她们一起作恶；不像那些掌握大权的大臣不可控制，也不像那些奸诈的太监不可亲近。假使这三个女人生于周文王的时代，进入周文王的宫中，处于幽静的宫室内，其他后妃带着她们采集车前草来供给祭祀，弹琴鼓瑟、击鼓敲钟来使她们快乐，那么这三个女人都是窈窕淑女了。

女子之贤者鲜矣。如必以贤，世无姜嫄、任姒[①]，宫中遂虚无人乎！士之贤者鲜矣。如必以贤，世无周、召、毕、散[②]，周行遂虚无人乎！《诗》曰：“窈窕淑女，君子好逑[③]。”岂文王宫中百二十人皆贤乎？《诗》曰：“纠纠武夫，公侯好仇[④]。”岂文王之地，荆、梁、雍、豫、徐、扬独多贤乎？此无他，君德使然也。君有德，奸化为贤；君无德，贤化为奸。

【注释】

①姜嫄：后稷的母亲，帝喾之妻。任姒：太任和太姒。太任，周文王的母亲。太姒，周文王的妻子，武王的母亲。

②周、召、毕、散：即周公、召公、毕公、散宜生。

③窈窕淑女，君子好逑：语出《诗经·周南·关雎》。

④纠纠武夫，公侯好仇（qiú）：语出《诗经·周南·兔罝》。仇，同伴，朋友。

【译文】

女人很少有非常贤良的。如果女人个个都要求贤良，世上就没有了姜嫄、太任、太姒，宫中也就没有贤良的人了！读书人很少有非常贤良的。如果要求读书人个个都贤良，世上就没有周公、召公、毕公、散宜生了，周代的道路上就没有贤人了！《诗经》中说："贤良淑德的女孩，是君子的好配偶。"难道周文王宫廷中的一百二十人都贤良吗？《诗经》中又说："那威猛的武士，都是公侯的好帮手。"难道周文王的土地上，荆、梁、雍、豫、徐、扬这些地方唯独多贤人吗？这没有其他原因，都是君主的美德带来的。君主有德行，奸邪的人也会变成贤良的人；君主没有德行，贤良的人也会变成奸邪的人。

玉，美物也，君子佩以比德。然桀爱玉，载其宝玉以奔三嵏①；纣爱玉，衣其宝玉衣以入火。若曰"亡夏、殷者玉也"，其可乎？

【注释】

①三嵏：即"三朡"。夏代小国，在今山东定陶北。

【译文】

玉是美好的东西，君子佩戴美玉来比拟美德。但夏桀喜爱美玉，用车载着他的宝玉跑到了三嵏；商纣王喜爱美玉，穿着宝玉制成的衣服跳入大火中。如果说"灭亡夏、商的是美玉"，难道可以吗？

吴弊

【题解】

《吴弊》篇的内容就是讲述吴地的弊俗，这是唐甄在《潜书》中反复论述的风俗对社会影响巨大这一主题的继续与丰富。

吴地的弊俗之一，就是有人自掘祖坟，盗取其中的金银财宝来获利。这乍听出人意料，细想又在情理之中。“贫无所计”，人都穷得一无所有了，只能掘开祖先坟墓获得救命的财物。“吴中之人视为故然，未有以为不义而众诛之者。”这是多么荒唐又令人心酸的行为！

吴地的弊俗之二，就是出卖墓地。有人将自己的亲人从墓地中挖出，再将埋葬亲人的墓地转卖给他人以获利。

吴地的弊俗之三，就是“善讼”，即喜欢打官司。而为了打赢官司无所不用其极，“无不为也，无不忍也”。唐甄举了两个例子，一个是农民让自己的妻子诬告自己的叔父与她通奸；一个是“吴江有欲讼其所疾者而知其不可胜”，于是想出杀妻并栽赃已所痛恨的这个人。这些阴谋令人不寒而栗。

风俗是一个社会治理好坏的风向标。良风美俗一定来自国家有良善的治理，而恶俗恶习一定源于国家治理的失序、失败。

吴人发冢[1]，非异人，即其子孙也。贫无所计，则发其先祖父母之尸而焚之，而鬻其地，利其藏中之物。得利之厚者，有金玉之带、珠凤之冠、千金之木、珍异之宝。盖先世之贵者也。吴中之人视为故然，未有以为不义而众诛之者。

【注释】

①冢（zhǒng）：坟墓。

【译文】

吴地的人挖坟墓，这不是其他盗墓贼干的，而是坟主人的子孙干的。他们穷得实在没有办法了，就将祖辈父辈的坟墓挖开，将尸体烧掉，卖掉坟地，靠坟墓中的随葬品获利。获利丰厚的物品，有镶金嵌玉的佩带、镶嵌珠宝凤钗的冠、价值千金的木材、珍贵奇异的宝物。大概这些人的祖辈都是贵族。吴地的人将这视为当然，不认为是不道义的行为而加以诛伐。

昔予未葬亲，屋于他人之墓侧[①]。有语予者曰：“此有善地，公何不即此而葬乎！”问其所在，则指其墓曰：“即此是矣。公能以十金予其主人，则起其棺而去之矣。”予掩耳而走。

【注释】

①屋：盖屋，建屋。

【译文】

以前我父亲还没下葬，把尸体暂时放置在其他人的墓旁。有人告诉我说：“这儿有块好地，您何不将你父亲葬在这儿呢！”我问是什么地方，他指着那块墓地说：“就是这块墓地。您能给主人十两银子，就能让他把棺材挖出来抬走。”我捂着耳朵跑开了。

桐泾有墓[①]，人皆以为善，而葬之未得其所也。有富者求地，其孙请之曰："愿移先人于他所而敬献诸君。"富者大悦，增价至百二十金，而未之售也。

【注释】

①桐泾：地名，在今江苏苏州木渎镇。

【译文】

桐泾有块墓地，人们都觉得很好，但是没有人能够葬到这块地上。有一个富人想得到这块地，墓主的孙子说："我们愿意将祖先迁坟到其他地方，把这块地敬献给您。"富人听了非常高兴，将价格提高到一百二十两银子，但最终没有卖给他。

吴人善讼，凡所以求胜者，无不为也，无不忍也。震泽有农夫，欲讼其叔而知其不可。则谋之于母，使妇诬叔乱我[①]。妇不可，姑与夫交挞之；不从，将致之死。妇惧而从之。姑妇告之官，其叔不能辩也。乡人皆知其罔[②]，而亦不能为之辨。今狱未成也[③]。

【注释】

①乱：淫乱。

②罔：枉曲，不直。

③狱：讼案。

【译文】

吴地的人擅长打官司，凡是能够打赢官司的，没有不做的，没有不能忍受的。震泽这地方有个农民，想要告他的叔父，但知道没有证据。于是与他母亲商量，让他妻子诬告叔父与她通奸。这个农民的妻子不答应,婆婆与丈夫就轮流打她;还不听从,就把她快打死了。农民的妻子害怕了,只能服从。这个农民的婆婆与妻子将他的叔父告到官府,他的叔父根本就没办法说清楚。乡里的人都知道叔父是冤枉的,但也没办法替他辩解。至今还没有结案。

吴江有欲讼其所疾者而知其不可胜,乃夜与人谋曰:“尔即为我致之来,我断其头。”其人笑曰:“尔亦与之俱死矣。”曰:“不然。吾斩吾妻之头,明日挈二头而告于官,曰:‘是人通吾妻,并斩之矣。敢请死罪。’天下岂有无故而自杀其妻者哉!虽有明者,不能察也。于是除吾所疾,而吾且晏然,又有豪杰之名。子以为何如?”其人曰:“妙哉此计,非吾所能及也。”即起,往召所疾者。其婢窃闻之,而告其妻。其妻大惊,急奔之邻。入室视之,不见其妻矣,计遂不行。

【译文】

吴江有个人想起诉他所痛恨的人,但知道不能获胜,于是连夜与人商量:“你替我将这个人叫来,我取他的人头。”那人笑着说:“这样你也要和他一起死了。”这人说:“不会。我砍下我妻子的头,明天提着两颗人头到官府,说:‘此人与我的妻子私通,被我一起杀掉了。请求判我死罪吧。’天底下怎会有没有任何原因而杀死自己妻子的呢!即使有明察的人,也不能看清这一点。这样可以除掉我所痛恨的人,而我平安无事,还能获得豪杰的名声。您以为怎么样?”那人说:“这个计策太妙了,不是我能想得到的。”他即刻起身,去喊被痛恨的那个人。这人的婢女偷偷听到了他们的谋划,告诉了他的妻子。这人的妻子大吃一惊,急忙逃到邻居家里。这人到房里一看,妻子不见了,只能停止计划。

全学

【题解】

从《全学》篇开始，一直到《止杀》《厚本》诸篇，唐甄谈论的主题都没有离开过“用兵”这个主题。《孙子兵法》言：“兵者，国之大事，死生之地，存亡之道，不可不察也。”唐甄作为传统的知识分子，自然对《孙子兵法》这样的典籍了然于胸；又身丁乱世，亲历战争，对“用兵”之事自然有更高的关注度。

所谓“全学”，就是一个人的学习要全面：“全学犹鼎也，鼎有三足，学亦有之：仁一也，义一也，兵一也。一足折，则二足不支，而鼎因以倾矣。不知兵，则仁义无用，而国因以亡矣。”在传统的学习生活中，较为普遍的现象，确实是对仁、义的强调更重，用功更深，而对“兵”这一端用功的人要少很多。所以唐甄认为：“君子之为学也，不可以不知兵。”“夫兵者，国之大事，君子之急务也。”孔子与孟子都不能策马御敌，虽然他们成圣成贤，但其知识体系的圆满性其实是有缺陷的。

唐甄特别指出，用兵作战也需要天分。有些人天生就有带兵作战的能力，有些人练习用兵再多也打不了胜仗，所以：“暗于兵者，虽习犹不习也；明于兵者，虽不习犹习也。”

世界上聪明人那么多，但唐甄觉得可以与之谈论用兵的人却少之又少，这是因为有“三蔽”：“有三蔽焉：高者讲道，卑者夸文，谓武非我事，蔽一；视良将如天神，非常人所可及，蔽二；畏死，蔽三。”这“三蔽”就是置于当今社会，亦不无深意。更为可贵者，唐甄对“三蔽”提出了极为详细的解决方案，最后得出结论：“去此三蔽，兵之不可不学也明矣。”

在文中，唐甄还提到了“圣人之君”与“圣人之将”这样的理想组合：“以圣人之君，任圣人之将；以圣人之德，行圣人之谋；此所以天下和平，不闻有战争之事也。”但是这种理想组合在历史发展大潮中出现，毕竟不是高概率的事件。

唐甄随后就指出：“盖自秦以来，屠杀二千余年，不可究止。”帝王妄动兵戈，草刈生灵，从来就没有停止过。而那些武夫，“彼乌知君臣之道，社稷之长计！一旦得志而为将，杀无辜，虏妇女，掠宝货。纵之则毒人，禁之则拥兵不臣”。可见，“圣人之君”与“圣人之将”的组合要出现是何其难！

“善军者，使天下不烦军；善战者，使天下不欲战；善破敌者，使天下不立敌。”这可能就是唐甄认为的治军的最高境界。商汤、周文王就能训练出这样的军队，而秦国、项羽只能训练出虎狼之师。

君子之为学也，不可以不知兵①。

【注释】

①兵：军事，战争。

【译文】

君子研究学问，不能不研究军事。

有人于此，为子而不惭于曾参，为弟而不惭于叔齐，为臣而不惭于比干，为仁而能养民，为义而能修政，斯世之谓全学人矣。一旦社稷不幸，盗贼蜂起，远近惊溃；寇薄国都，君臣震慑。问左，左不应；问右，右不应；问大臣，大臣不应；问小臣，小臣不应。当是之时，国多孝子而父死于敌，国多悌弟而兄死于敌，国多忠臣而君死于敌，身为仁人而为不仁者虏，身为义人而为不义者虏。虽有周公之才之德，亦奚以为？

【译文】

现在有这样的人，作为儿子不逊色于曾参，作为弟弟不逊色于叔齐，作为大臣不逊色于比干，仁德能养育老百姓，道义能治理政事，这就是世人所说的学问全面的人。而一旦国家发生变故，贼寇此起彼伏，远近都惊慌崩溃；贼寇接近京城了，君主与大臣都震惊恐惧。问左边亲近之人有什么办法，左边的人回答不出来；问右边亲近的人有什么办法，右边的人回答不出来；问大臣怎么办，大臣不知道；问小臣怎么办，小臣不知道。这个时候，国家孝子很多，但父亲被敌人杀死了；国家有很多尊敬兄长的人，但兄长又被敌人杀死了；国家忠臣很多，但君主被敌人杀死了；自身是个有仁德的人，但被不仁德的人掳掠了；自身是个有道义的人，但被不道义的人掳掠了。即使有周公的才能与德行，这时又能怎么办呢？

学者善独身。居平世，仁义足矣，而非全学也。全学犹鼎也，鼎有三足，学亦有之：仁一也，义一也，兵一也。一足折，则二足不支，而鼎因以倾矣。不知兵，则仁义无用，而国因以亡矣。夫兵者，国之大事，君子之急务也。兽之有角，不时触也；噬及无患[①]，以角便也。身之有手，不时搏也；暴至无患，以手便也。国之有兵，不时刺也；敌至无患，以兵习也。

【注释】

①噬（shì）：啮啃，咬。

【译文】

研究学问之人往往长于独善其身。生活在太平盛世，有仁义就足够了，不需要有全面的学问。全面的学问如同一个大鼎，鼎有三只脚，学问也有三只脚：仁德是一只，道义是一只，军事是一只。一只脚断了，另外两只脚就不能支撑，整个鼎就倒了。不懂得军事，那么仁德与道义也没有用处，国家也会因此而灭亡。军事是国家大事，是君子最需要研究的事务。禽兽有角，不是用来时不时地去触撞他物；当别的禽兽来咬自己时，要做到没有祸患，只有用角是最方便的。人有手，不是用来时不时地与人搏击；当暴力来袭时，要做到没有祸患，只有用手是最方便的。国家有军队，不是用来时不时地去刺伤他人；敌人来了，要做到没有祸患，军队训练有素是最好的办法。

所贵乎儒者，伐暴而天下之暴除，诛乱而天下之乱定，养民而天下之民安。若鲁用仲尼，有齐寇而不能御；齐用子舆，有秦寇而不能御；社稷丘墟[①]，坟墓樵伐，何以为仲尼，何以为子舆？

【注释】

①丘墟：废墟，荒地。

【译文】

作为一个儒生最可贵的是，讨伐暴乱国家的暴乱就能被清除，诛杀作乱的人就能平定天下的暴乱，养育老百姓老百姓就能安定地生活。假如鲁国任用孔子，对齐国的进攻不能抵御；齐国任用孟子，对秦国的进攻不能抵御；国家变成了废墟，祖先坟墓上的树木被砍伐，要孔子有什么用，要孟子有什么用呢？

仁义之事，日行而不离。兵之象，常伏而不见；伏则为天下祥，见则为天下殃。是故仁义可习也，兵无可习也。士所与处者，妻子耳；引而置之众宾之间，犹色沮而语塞[①]，安见五万之众，十万之众也！士所守者，芦壁蕟户耳[②]；穿窬入焉，卧不敢起，安见河山之险与盗贼之猛也！士之威，或不行于疡童蹇婢[③]；安见如虎之将，如狼之卒也！士之智，或困于闾里小人；安见敌之诱我以不测也！士或遇蜂虿而色变[④]，触棘刺而失声；安见白刃交于睫，矢石集于身也！若此者，皆无可习者也；无可习，将焉学之？

【注释】

①色沮：神情颓丧。语塞：因气愤、激动等原因说不出话。

②蕟（fèi）：粗竹席。

③疡（yáng）：指生疮。蹇：跛着脚走路，行动迟缓。

④蜂虿（chài）：蜂和虿，都是有毒刺的螫虫。虿，蝎子一类的毒虫。

【译文】

仁义的事，要每天践行不舍。战争的征象，经常隐伏看不到；兵象隐伏国家就祥和，表现出来就是国家的灾祸。所以仁义可以练习，但战争不能练习。读书人相处最多的人，只是自己的妻子儿女而已；将他领出来置身于众多宾客中间，他脸色都变了，说话结结巴巴，哪里见过五万、十万大军呢！读书人所能守住的，也就是自己的茅草屋而已；有小偷穿墙进来，只能躺下装睡，不敢起来，哪里见过高山大河的险要与贼寇的凶猛呢！读书人的威慑力，可能对长了疮的孩童、跛脚的奴婢都不管用；哪里见过像老虎一样的猛将、像狼一样的士兵呢！读书人的智商，有可能街巷中的老百姓都能难住他；哪里能面对敌人用意料不到的计谋来引诱我军呢！读书人可能看见蜂、蝎子一样的毒虫就脸色大变，触碰到荆棘就失声惊叫；哪里能面对锋利的刀在眼前晃动，箭和垒石都飞向自己呢！像这些都不可能预先练习；不能预先练习，怎么学到这些本领呢？

天下有老于军中，拥众百万，而不知兵者矣；有朝废诗书，夕入帷幄[1]，貌若农夫，口不能言，一计而斩大将，再计而破敌国者矣。若是者，非以尽责夫人[2]。人有智愚，唯智者能之，非以尽责夫智。智有明于事而暗于兵者，有暗于事而明于兵者，唯智之明于兵者能之。暗于兵者，虽习犹不习也；明于兵者，虽不习犹习也。

【注释】

①帷幄：指天子决策之处或将帅的幕府、军帐。

②责：要求，期望。

【译文】

天底下有一辈子待在军队中，统率着百万大军、却不懂军事的人；有早上放下书本，晚上进入军帐中，外表像个农民，话都说不利索，一次谋划就能斩杀敌军的大将，两次谋划就能攻破敌国的人。像这种情况，不能要求所有人都能做得到。人有聪明与愚钝，只有聪明的人才能这样，不能要求所有聪明的人都能做得到。聪明有的表现在明察事理但对军事不在行，有的对事理不在行但特别长于军事，只有那些在军事上有智慧的人能做到。对领兵打仗不在行的，即使练习用兵也与不练习是一样的；对用兵在行的人，不练习也跟练习过了一样。

夫兵，犹火也。金以冶而成剑，木以斫而成耜[1]，水以甃而得饮[②]，土以陶而成器。斯四者，必得其师，习其艺，而后人得而用之。其于火也不然：寓于无形，流于一击；不求于邻，闭户自得；发于硝艾之微而能燎百里之原者[③]，惟所取也。岂若四者之事，必得其师，习其艺而后能哉！火之为物也，无乎不有：金中有之，木中有之，土中有之，石中有之。兵之为道也，亦无乎不有：圣人之言有之，传记有之，时势有之，盗窃之形有之，德怨有之，喜怒有之，所历山川，所过城邑有之。无意于兵，干戈弓矢非兵；有意于兵，耳目闻见皆兵，而何不可学之有！

【注释】

①耜（sì）：耒下铲土的部件，初以木制，后以金属制作，可拆卸置换。另一种说法，是耒、耜为独立的两种翻土农具。

②甃（zhòu）：以砖瓦等砌的井壁。

③硝：矿物名，主要有芒硝、硝石、朴硝等几种。艾：植物名，又名艾蒿，茎、叶皆可以作中药。

【译文】

兵，就像火一样。金属因为冶炼而成为宝剑，木材因为砍削而成为农具，泉水因为有了井壁才能取而饮用，泥土制成陶器才能成为器具。这四种东西，首先要得到老师的教育，学习技艺，然后人们才能得到来使用。火却不同：火寄寓于石头中，不见形迹，只要石头一撞击就点着了；不用求助于邻人，关起门来就可以得到；从硝石、艾香上产生的微小火光能燎百里之原，只要人愿意取就可以。哪里像上面这四种东西，一定要先找师傅，学习技艺，然后才能做到呢！火作为一种东西，无处不在：金中有火，木中有火，土中有火，石中有火。用兵的道理，也无处不在：圣人的言论中有，典籍的记载中有，时代发展大势中有，德行与怨恨中有，喜悦和愤怒中有，所走过的名山大川、所走过的城镇中有。心思不在军事上，盾牌、戈、弓箭都不是兵器；心思在军事上，耳朵听见的、眼睛看到的都是军事，什么不能学习呢！

夫世多智者，而无一人可与言兵者，何也？有三蔽焉：高者讲道，卑者夸文，谓武非我事，蔽一；视良将如天神，非常人所可及，蔽二；畏死，蔽三。其蔽如是，虽使太公复生于今，亦且习为懦儒，乌知兵为何如者哉！无惑乎士之不知兵也！

【译文】

世界上这么多聪明人，却没有一个可以与他来谈军事的，为什么呢？有三种东西在蒙蔽他们：学识高的人都在讲论道，学识低的人都在夸耀文辞，认为军事不是自己要关心的事，这是蒙蔽一；将能征善战的将领看成天神，不是一般人可以做到的，这是蒙蔽二；怕死，这是蒙蔽三。有这样的蒙蔽，即使让姜太公再生在今天，也会被训练成懦弱的儒生，哪里会知道用兵是什么！读书人不知道用兵也就不值得疑惑了！

请决三蔽：身为大将，仁义之声充于四海，战必胜，攻必取，功成，名立，相贤君，辅少主，致太平，百姓安宁，风俗敦厚，与貌孔、颜而追屈、宋者，果孰贤乎？一蔽决矣。

【译文】

请让我来解决这三种蒙蔽：自己身为大将，仁义的名声天下人都知道，每战必胜，每攻必取，功业有成，威名已立，给贤能的君主当宰相，辅佐年少的君主，使天下太平，百姓安宁，风俗淳厚，与那些外表像孔子、颜回，文辞赶得上宋玉、屈原的人相比，究竟谁更贤能呢！第一种蒙蔽解决了。

武安君曰[①]："兵者自然之理，何神之有！"吾盖深识乎斯言也。战胜者必胜，未有幸而胜者也；战败者必败，未有不幸而败者也。譬之乡里之中，有二少年，相与斗智角力，观者早决之矣。两军相蹙，声动天地，白日无光，飞鸟不过。一瞬之间，山崩，川溃，血流，尸横，此人所以心慑虑昏，若有鬼神，而不敢轻言兵也。

【注释】

①武安君：即白起，见《辨儒》篇注。

【译文】

武安君说："用兵是根据自然的道理，哪有什么神秘之处呢！"我大概是深深地懂得这句话的含义的。打胜仗必有打胜的原因，没有侥幸能获胜的；打败仗也一定有打败仗的原因，没有因为不幸而战败的。就如乡里中有两个年轻人，他们互相斗智斗勇，围观的人早就判断出胜负了。两军对峙，厮杀声震天动地，白天就如黑夜，连只鸟都飞不过。转眼间，山崩河决，血流成河，尸横遍野，这就是人之所以内心恐惧思虑昏乱，好像有鬼神一样，不敢轻率地来谈论用兵的原因。

智者则不然。伍什百千[①]，前后左右，系于一将。两军相遇，士卒虽众，不过两将，犹之乡里二少年，有异势而无异算也。彼以十万之众来，我以十万之众往。众相如也，彼怯我勇，则勇者胜。勇相如也，彼实我诈，则诈者胜。诈相如也，彼诈而我知之，我诈而彼不知，则知者胜。知相如也，彼知而发之疑，我知而发之决，则决者胜。决相如也，彼决而攻不善，我决而攻善，则善者胜。若自料不如，未见可胜，则固守封疆，俟衅而动[②]。此所谓自然之理而非神也。二蔽决矣。

【注释】

①伍什百千：均为古代军队的编制单位。

②衅（xìn）：缝隙，裂痕。

【译文】

智商高的人则不是这样。军队中的伍、什、百、千等基层单位，前后左右人员的配置，都系于一个将领身上。两军对峙，士兵虽然很多，但大将只有两个，这两个大将就如同乡里斗智斗勇的那两个年轻人，双方势力有不同但谋略没有不同。对方率领十万兵卒来攻，我率领十万兵卒迎战。双方人数一样，对方胆怯我勇猛，则勇猛的一方取胜。勇猛相当，对方诚实我使诈谋，则使诈的一方胜利。谋诈相当，对方的诡计我能识破，我的诡计对方不能识破，则有谋略的人胜。谋略相当，对方有谋略而发兵迟疑，我有谋略而发兵果断，那么果断的一方取胜。果断相同，对方果断但不善于进攻，我果断而又善于进攻，则善于进攻的人胜。如果自己觉得明显不如对方，没有发现可获胜的因素，就固守阵地，找到进攻的时机再行动。这就是所说的自然而然的道理，而不是有鬼神。第二种蒙蔽解决了。

兵，死门也，实天下之生门也。陷于死者，必不善用兵；善用兵者，必不陷于死。请试思之：受命为将，寄河山于橐下[①]，决兴亡于一战，存宗庙于呼吸之间，其任重矣，其机危矣，不能保一身，何以保天下哉！若势不可为，穷居不许身，临事不受命矣，无死道也。且为将者，流矢飞炮[⑤]，或所不免；至于谋臣，不操戈，不临敌，又何以死！若以为不然者，颜渊短命，伯牛恶疾[3]，岂在行阵哉？且人臣事君，官守言责，不敢爱死，何必将乎！三蔽决矣。去此三蔽，兵之不可不学也明矣。

【注释】

①纛（dào）：古时军队或仪仗队的大旗。

②炮：这里指炮石。

③伯牛恶疾：伯牛，孔子弟子冉耕的字。《论语·雍也》中记载："伯牛有疾，子问之，自牖执其手，曰：'亡之，命矣夫！斯人也而有斯疾也！斯人也而有斯疾也！'"后以"伯牛之疾"指不治的恶疾。

【译文】

战争，是通向死亡的门户，但这实际上又是天下人通向生的门户。陷于死亡的人，必定是不善于用兵的人；善于用兵的人，一定不会陷于死亡。请试着思考一下：领受君主的命令而成为大将，将江山托付于他的帅旗下，兴与亡决定于一次战役，宗庙祭祀就在一呼一吸之间，这种责任实在是太重大了，这种时机也着实危险，自己的性命都保不住，怎么能保全国家！如果确实不能做到，就隐居不仕，不自夸，有了战事不接受任命，这样就不会走上死路。况且成为将领，流矢与飞石，总有所不免；那些谋划的大臣，不拿武器，不面对敌人，又怎么会死！假若认为不是这样，颜回短命而死，伯牛身患重病，他们都上阵杀敌了吗？况且大臣事奉君主，谏官都不敢惜死，何况大将呢！第三种蒙蔽解决了。去掉了这三种蒙蔽，用兵不能不学就明晰了。

昔者黄帝伐涿鹿[1]，舜伐有苗，汤伐有夏，文王伐崇，武王伐纣。黄帝三战，其余则皆一战遂定天下。当是之时，以仁克暴，如水灭火，兵不复举，乱无余遗。其交兵之际，虽未免舆死扶伤之泣，然而天下和平，不闻有战争之事。是何也？其君皆圣人也，其将亦皆圣人。黄帝之将不闻；舜之伐有苗也，以禹为将；汤之图有夏也，以伊挚为谋臣；文王得吕望以为师；武王举天下诸侯及蛮夷之众，属之吕望而立为大将。以圣人之君，任圣人之将；以圣人之德，行圣人之谋，此所以天下和平，不闻有战争之事也。

【注释】

①涿鹿：地名，今属河北。

【译文】

以前黄帝讨伐涿鹿，舜讨伐有苗，商汤讨伐夏桀，文王讨伐崇，武王讨伐商纣。除了黄帝进行了三次战争外，其余的都是一战平定天下。这个时候，以仁德攻克残暴，如同用水灭掉火，用不着再次用兵，祸乱全部铲除。两军刚开始交战的时候，虽然难免有用车子拉死者、搀扶伤员的哭泣声，但天下太平，不会听到有战争的事。是什么原因呢？他们的君主都是圣人，他们的大将也是圣人。黄帝的大将已经不知道是谁了；舜讨伐有苗的时候，以禹为大将；商汤讨伐夏桀的时候，以伊挚作为谋臣；周文王得到了吕尚作为军师；周武王将天下的诸侯以及边远地区的少数民族，都交给吕尚并且任命他为大将。凭圣人样的君主，任用圣人为大将；以圣人的仁德，使用圣人的谋略，这就是天下太平、听不到有战争之事的原因。

及乎后世则不然。兵革一动，远者百余年，近者二三十年。屠绝百城，荆棘千里。杀人之事，盗贼居其半，帝王居其半。大乱既定，君臣安荣，海内之男女死者已十六七矣。

父母养子，惟恐不长[①]；三年怀抱，十年提携[②]；男为之室，女为之家；饥食寒衣，常恐失时。杀一人而非其罪，子孙不长[③]；杖一人而非其罪，人皆谪之。而一旦起而争天下，遂草刈之若此。盖自秦以来，屠杀二千余年，不可究止[④]。嗟乎，何帝王盗贼之毒至于如此其极哉！

【注释】

①长：长大成人。

②提携：牵扶，携带。

③不长：不长久，断绝。

④究止：穷究。

【译文】

等到了后世就不是这样了。只要战争一开始，多的一百多年，少的二三十年。上百座城市被屠杀光，千里原野长满了荆棘。杀人这件事，强盗贼寇干了一半，帝王干了一半。天下大乱被平定后，君主与大臣安享荣华，天下死去的男男女女已有十分之六七。父母养育子女，只担心他不能长大；在怀里抱三年，手把手拉扯十年；长大后男的为他娶妻，女的为她成家；饿了给吃的，冷了给穿的，常担心不合时宜。杀一个无罪的人，要诅咒杀人者断子绝孙；杖打一个无罪的人，人们都谴责他。而一旦战争爆发争夺天下，杀人就如割草一样。大概自秦朝以来，屠杀了两千来年，不能算清了。唉，帝王盗贼的祸害是多么严重啊！

古之君臣，虽任不求备[①]，才鲜兼长。然而无事则修政教，有事则为将帅，非二事也。世衰学敝，聪明之士，习为文辞，自矜大雅；以兵为凶器而恶闻之，以为非仁人之道而不言也，于是以兵事推之武夫。彼之为人，或白昼杀人，或掘冢劫室，或起于卒伍，出于盗贼。人见其俯首入户，有力如虎，则曰“此真将军也”。彼乌知君臣之道，社稷之长计！一旦得志而为将，杀无辜，虏妇女，掠宝货。纵之则毒人，禁之则拥兵不臣[②]。虽有拔城略地之功，而兵祸不解，常少宁日。此自秦以来所以杀人之多也。

【注释】

①备：完备。

②不臣：不守臣节，不合臣道。

【译文】

古代的君臣，虽然各有任职但不求全责备，才能很少能做到各个方面都擅长的。但国家无战事的时候就修明政治教化，有战事就充当统帅，这不是两件事。世道衰败学术凋敝，那些自以为聪明的读书人，研习作文，自我夸耀这才是高雅的事；认为战争是凶器而讨厌听到，认为这不是仁人之道而不讨论，于是把用兵这样的事归之于武夫。那些武夫，要么是白天杀人，要么是挖别人坟墓入室抢劫，要么是行伍出身，或本身就是盗贼。人们看见他们低着头进门，力气大得像老虎，就说“这是真正的将军”。这样的人哪里知道君臣之道与安定江山社稷的长远大计！这样的人一旦得志成为将领，就滥杀无辜，掳掠妇女，抢劫财宝。放纵他们他们就害人，禁止他们他们就聚集军队不守臣节。这些人即使有攻城略地的功劳，但战祸不会消除，国家不得安宁。这就是自秦代以来杀人这么多的原因。

乃世之论将者，谓戎事尚力[①]；使儒生御敌，如以卵投石也。是未明乎用兵之道也。夫斗力者，如两虎相搏，生死未知。以此待敌，则天下之事岂不殆哉[②]！所贵乎勇力者，不过使之登城，使之冲阵，使之先犯，使之间出[③]，是大将之所使，而不可为大将也。昔者贤君之任将也，如己身有疾，委之良医，必曰除疾易而体气无伤。《孙子》十三篇，智通微妙，然知除疾而未知养体也。

【注释】

①戎事：军事，战事。

②殆：危险。

③间：伺察。

【译文】

世人论及做将领的人，说战争崇尚的是力量；让儒生去抵御敌人，就如同以卵击石。这是不了解用兵之道啊。只斗力的人，就如同两只老虎搏斗，很难判断生死。用这样的人去抵御敌人，那天底下的事难道不危险了吗！之所以以勇武有力为贵，不过是使他们登城，使他们冲锋陷阵，使他们打先锋，或者使他们夜间突袭，这些是大将所要使用的本领，但光有这些还不能成为大将。以前贤能的君主任用大将，就像自己有了疾病，将自己委托给医术精良的医生，医生肯定告诉他说除去疾病容易，气血也不会受到伤害。《孙子兵法》共有十三篇，之中包含的智慧深奥玄妙，但也只是知道除去疾病而不知道养护身体。

夫为将者，智足于军[①]，未善也，军不可遍也；智足于战，未善也，战不可渎也[②]；智足于破敌，未善也，破一敌又有一敌也。善军者，使天下不烦军；善战者，使天下不欲战；善破敌者，使天下不立敌。是何也？凡人处安乐之时，常不见德。及其救之水火之中，则亲之如父母；御其暴己者，则敬之如君长。用兵之道，所以救诸水火而御人之暴者也，其见德易于为政。以兵行仁，何人不顺；以兵伸义，何乱不散！于是可以军而无战，战而无敌。虽不及汤文之兵，于以胜残去杀[3]，其庶几矣。

【注释】

①足：够得上某种程度和数量。

②渎：过度。

③胜残去杀：实行仁政，使残暴的人变化而行善，废除刑杀。《论语·子路》曰："善人为邦百年，亦可以胜残去杀矣。"

【译文】

做将领的人，智慧只能满足治军，不是好的将领，军队不可能遍及每个角落；智慧只能满足打仗，不是好的将领，战争是不能随便发动的；智慧只能满足破敌，不是好的将领，攻破一个敌人又会出现另一个敌人。善于治军的人，使天下不厌烦军队；善于作战的人，使天下人都不想打仗；善于破敌的人，使天下人都不树敌。是什么原因呢？大凡人处于安乐的时候，常常是看不见别人的功德的。等到别人将他从水深火热中解救出来，就对他亲近得像父母；替他们抵御了对自己施暴的人，就像尊敬君主和长辈一样尊敬他们。用兵的原理，就如同救人于水火、抵御那些施暴者，功德比处理政务更容易表现。用战争来行仁道，什么人会不顺从；用战争来伸张正义，什么祸乱不会被驱散！这时就可以做到有军队但没有战争，有战争但没有敌人。即使比不上商汤、周文王的军队，用来战胜残暴、制止杀戮，也差不多了。

夫兵以力胜，力以谋胜，谋以德胜，非学不可。自秦以来，以勇力智巧取天下者多矣，何必学！然而方之于古[1]，学之则为汤、文之兵，不学则为秦、项之兵。为汤、文之兵，不数战而天下定；为秦、项之兵，大小数十百战，杀戮数十百年而后天下定。二者相去岂不远哉！

【注释】

①方：比较，对比。

【译文】

战争凭借力量取胜，力量凭借谋略取胜，谋略凭借德行取胜，只有通过学习才行。自秦代以来，凭借勇力以及智谋夺取天下的人很多，何必要学习呢！然而与古代人相比，学习就能成为商汤、文王这样的军队，不学习就成为秦国、项羽那样的军队。成为商汤、文王这样的军队，不用打几次仗就能平定天下；成为秦国、项羽那样的军队，大大小小进行了上百次战争，杀戮了几十上百年，然后才能平定天下。这两者之间差别难道不远吗！

五形

【题解】

《五形》篇是唐甄论述用兵作战最重要的篇目。

唐甄在开篇提出，善用兵者有“三奇”：“不出所当出，出所不当出”，“不攻所当攻，攻所不当攻”，“不专主乎一军；正兵之外有兵，无兵之处皆兵”。这些都是实实在在的用兵之策。

唐甄以自己抢酒的故事来说明用兵贵智取。“善用兵者，乘惊为先”，要趁着敌军慌乱的时候进攻。“凡用兵之道，莫神于得机。”战机极为难得，稍纵即逝，所以唐甄说：“机者，天人之会，成败之决也。”用兵的时候，要使用好间谍人员：“善用谍者，用敌人之谍，不可不察也。”用兵时要区分什么是死地：“若夫粮食不继，后无军援，进不可战，退不可归，彼壮我竭，彼明我迷，此真死地也。”只有对这些都了解，才能一举克敌。

唐甄以自己的祖父“好奇谋而善用兵”、智退进犯达州之兵的事例来说明：“善用兵者，兼山渊龙虎之用，即显即隐，即常即变，使敌莫知所从，莫知所避，斯为神矣。”真正用兵如神的人，随机应变，莫测高深。

最后，唐甄认为：“夫兵者，死门也，不可以生心处之。”三军将士意志坚定，无畏死之心，“以能死之将，驱能死之众，如椎椎剡，鲜不破矣”。

鸡之斗者，两距相拒[1]，不知其他；狗之斗者，两牙相啮，不知其他。吾笑拙兵之智类鸡狗也。正道之上[②]，我之所往，敌之所来；我之所争，敌之所御，不可以就功[③]。善用兵者，不出所当出，出所不当出。无屯之谷[④]，无候之径[⑤]，无城之地，可以利趋[⑥]，能趋之者胜。必攻之地常固，必攻之城常坚，必攻之时常警，不可以就功。善用兵者，不攻所当攻，攻所不当攻。欲取其东，必击其西，彼必不舍西而备东；欲取其后，必击其前，彼必不舍前而备后。此人情所不虞也，能击之者胜。万人为军，不过万人；五万人为军，不过五万人；十万人为军，不过十万人。我有此众，敌亦有此众，不可以就功。善用兵者，不专主乎一军；正兵之外有兵，无兵之处皆兵。有游兵以扰之[⑦]，有缀兵以牵之[⑧]，有形兵以疑其目[⑨]，有声兵以疑其耳[⑩]。所以挠其势也[⑪]，能挠之者胜。此三奇者，必胜之兵也；少可胜众，弱可胜强。

【注释】

①距：雄鸡、雉等腿后面突出像脚趾的部分。

②正道：要道，主干道。

③就功：取得成功。

④屯（tún）：戍所，防区。

⑤候：“堠”的古字，指在边境侦察敌情的设施，哨所。

⑥利：疾，迅猛。

⑦游兵：机动部队。

⑧缀兵：指用以牵制敌方兵力的军队。

⑨形兵：指制造假象来迷惑敌人的一种战术。

⑩声兵：指虚张声势以迷惑敌人的军事布置。

⑪挠：扰乱，阻挠。

【译文】

鸡搏斗时，除用两个距抵抗外，不知道用其他的方式；狗搏斗时，互相用牙齿咬，也不知道用其他方式。我耻笑那些用兵拙劣的人的智商，就如同鸡、狗一样。战略要道上，我前去的地方，是敌军要来的；我争夺的，是敌军防御的，这样是不能取得成功的。善于用兵的人，当出兵时反而不出，不当出时反而出兵。没有屯兵的山谷，无人守候的小路，没有城镇的地形，可以快速前进，能快速前进的一方会获胜。必须进攻的地方常常是最险固的，必须进攻的城市常常是最坚固的，必定会进攻的时候常常是最警惕的，不能够取得胜利。善于用兵的人，不进攻那应当进攻的，而是进攻那不应当进攻的。想要夺取东边，必定先袭击西边，敌军一定不会放弃西边而防守东边；想要夺取敌军的后面，必定先袭击其前面，他们一定不会放弃前面而防守后面。这些是人情不会预料到的，能出击的人会获胜。一万人组成的军队，也不过是一万人；五万人组成的军队，也不过是五万人；十万人组成的军队，也不过是十万人。我有这么多人，敌军也有这么多人，这样作战不能够成功。善于用兵的人，不专门使用一个兵种；正规军外有其他军队，没有兵的地方都有兵。有机动部队来扰乱敌人，有牵制敌方的部队来牵制敌人，有制造假象的部队来迷惑敌军，有虚张声势的部队来迷惑敌军。这些都是用来扰乱敌军的气势，能顺利扰乱敌军的人获胜。这三种奇异的用兵，是必定能取得胜利的用兵方法；人数少的可以战胜人数多的，弱小的可以战胜强大的。

昔者唐子试于蜀，同舍生九人。有馈筒酒者[①]，五人者据之；四人者弱，争之不得也。乃择奴之捷者，教之曰："我噪而入，彼必舍瓮御我；汝疾入取之。"于是声噪而攻堂之左，彼果悉众御我于左。五人者胜而反饮[②]，已亡其酒矣。

善用兵者，如唐子之取筒酒，可谓智矣。

【注释】

①筒酒：犹瓮酒。

②反：同“返”，返回。

【译文】

以前我在四川参加科举考试的时候，同住的共有九个人。有人赠送了一瓮酒，五个人霸占着酒；其余四个人力量小，抢不到酒。我于是挑了一个动作敏捷的奴仆，教他这样做：“我大叫着冲进房中，这五个人一定会放下酒瓮来抵御我；你快速进入房中取走酒瓮。”于是我大叫着从大堂的左面进攻，他们果然全部都来左边抵御我。五人获胜后准备回去再接着喝酒，酒已经不见了。善于用兵的人，就像我夺取酒瓮一样，可以称得上是智取。

鼠之出也，左顾者三，右顾者再；进寸而反者三，进尺而反者再。吾笑拙兵之智类出穴之鼠也。人之情，始则惊，久则定；惊者可挠，定者不可犯。善用兵者，乘惊为先。敌之方惊，千里非远，重关非阻[①]，百万非众。人怀干麭，马囊蒸菽[②]，倍道而进，兼夜而趋，如飘风，如疾雷。当是之时，敌之主臣失措，人民逃散，将士无固志。乘其一而九自溃[③]，乘其东而西自溃，乘其南而北自溃；兵刃未加，已坏裂而不可收矣。

【注释】

①重关：险要的关塞。

②囊：用口袋装。

③乘：掩袭，追逐。

【译文】

老鼠出洞时，会左边多次看，右边多次看；前进一寸要后退三寸，前进一尺要后退两尺。我笑话拙劣用兵的智慧就如同出洞的老鼠。人之常情，开始的时候会惊慌，时间长了就镇定自若；惊慌的人可能被扰乱，镇定的人就不能侵犯了。善于用兵的人，一定要趁着敌人慌乱占领先机。敌军刚开始时的慌乱，千里之外也算不上远，重重关隘也算不上是险阻，百万大军也算不上多。士兵带着干粮，马背着用口袋装着的蒸好的豆类饲料，速度加倍向前推进，日夜兼程往前赶，如同大风迅雷。这个时候，敌方的君臣惊慌失措，老百姓四处逃散，将领和士兵都军心动摇。追击其中的一支军队另外的军队自然溃败，追击敌军的东边西边自然溃败，追击敌军的南边北边自然溃败；兵器都还没有使用，敌军就已经溃不成军了。

凡用兵之道，莫神于得机①。离朱之未烛②，孟贲之甘枕③，此机之时也。伺射惊隼，伺射突兔，先后不容瞬④，远近不容分，此用机之形也。机者，一日不再，一月不再，一年不再，十年不再，百年不再，是故智者惜之。古之能者，阴谋十年，不十年也；转战千里，不千里也。时当食时，投箸而起，食毕则失；时当卧时，披衣而起，结袜则失⑤；时当进时，弃家而进，反顾则失。不得机者，虽有智主良将，如利剑之击空；虽有累世之重⑥，百万之众，如巨人之痿处⑦；虽有屡战屡胜之利，如刺虎而伤其皮毛。机者，天人之会，成败之决也。

【注释】

①机：战机。

②离朱：古代传说中的人物，据说其目最明，能察秋毫之末于百步之外。烛：明察，洞悉。

③孟贲：见《敬修》篇注。

④瞬：眨眼。

⑤结：系，扎缚。

⑥累世：接连几代。重：威望。

⑦痿（wěi）：身体某部分萎缩或失去机能的病。

【译文】

大凡用兵的方法，没有比抓住战机更神妙的。离朱还没有明察，孟贲还在呼呼大睡，这就是好的战机。伺机射杀惊慌的鹰隼、突奔的野兔，先后容不得眨一下眼睛，远近容不得一分一毫的差错，这就是要抓住时机的形象说明。时机，一天中不会有两次，一月中不会有两次，一年中不会有两次，十年中不会有两次，一百年中不会有两次，所以有智慧的人极其珍惜。古代的能人，暗中谋划十年，其实不止十年；辗转千里作战，其实不止千里。时机在吃饭时出现，丢掉筷子立即起身，要是等到吃完饭再行动时机就失去了；时机在睡觉时出现，披上衣服马上起身，要是等到穿好袜子才行动时机就失去了；时机出现在应当前进时，家不要了也前进，回头看一下就失去了。不能掌握战机，即使有智慧的君主与善谋的良将，就如同利剑刺向空处；即使有几代树立的威望，有百万大军，就如同巨人身体某个部位萎缩了；即使屡战屡胜，也如同刺杀老虎而只伤到它的皮毛。时机，就是天与人的交会，是成与败的决定性因素。

唐子之少也，从舅饮酒。坐有壮士秦斯，力举千斤，战必陷阵。常独行山泽间[①]，手格执杖者数十人。舅指一客戏之曰："客虽羸也[②]，然好拳技，尝欲胜君；君其较之。"斯笑曰："来！"遂舍卮离席，方顾左右语而立未定也。客遽前击之，触手而倒。坐客皆大笑。夫以客当斯，虽百不敌也；然能胜之者，乘其未定也。善用兵者，如客之击秦斯，可谓智矣。

【注释】

①常：通“尝”，曾经。

②羸（léi）：瘦弱，疲惫。

【译文】

我年少的时候，有一次跟着舅舅喝酒。在座的客人中有一个叫秦斯的壮士，力气大得能举起千斤重的东西，作战时经常冲锋陷阵。他曾经一个人在山林川泽间行走，徒手与数十个手拿木棍的人格斗。舅舅指着一个客人和秦斯开玩笑说：“这位客人虽然身体羸弱，但喜欢拳术，曾经想打败您；您和他较量一下。”秦斯笑着说：“来吧！”于是放下酒杯离开席位，正左顾右盼与人说话，站都没有站稳。客人突然向前对秦斯发起攻击，手一碰到他秦斯就倒地上了。在座的客人都哈哈大笑。以那位客人对抗秦斯，即使一百个也打不过秦斯；但是之所以能打倒秦斯，是趁他立足不稳。善于用兵打仗的人，如同那个客人攻击秦斯，可以说是有智慧了。

取鹰者，设机系鸡，鹰见鸡而不见机，以縶其爪[①]。吾笑拙兵之智类饥鹰也。谍者[②]，军之耳也，有以谍胜，亦有以谍败。敌有愚将，可专任谍；敌有智将，不可专任谍。我有巧谍，彼乃故表其形，故声其令，故泄其隐以诱我。吾闻之，善用谍者，用敌人之谍，不可不察也。古之兵法曰：“置之死地而后生[③]。”彼设为死形以坚众心，非死地也。若夫粮食不继，后无军援，进不可战，退不可归，彼壮我竭，彼明我迷，此真死地也；虽太公、穰苴不能出[④]，兵之大忌也。知敌之情者，重险如门庭；不知敌之情者，目前如万里。笮渡之国⑤，索登之山，我能取之，不困其险，不中其谲者⑥，非有他巧，知敌之情也。

【注释】

①縶（zhí）：绊住。

②谍：间谍，侦探。

③置之死地而后生：语出《孙子兵法·九地篇》。

④穰苴（ráng jū）：即司马穰苴，又称田穰苴，春秋末期齐国人，齐国田氏家族田完的后代，极具军事才能。

⑤笮（zuó）：用竹篾绞拧而成的竹缆、竹索。

⑥谲（jué）：诡诈，欺诳。

【译文】

捕捉老鹰的人，设立机关，在机关中系上一只鸡，老鹰只见鸡而不见机关，因而被机关绊住了自己的爪子。我笑话用兵拙劣的人就像这种饥饿的老鹰。间谍，是军队的耳朵，有因为间谍而取胜的，也有因为间谍而失败的。敌人的将领愚蠢，可以专门使用间谍人员；敌人的将领智慧，就不能专门任用间谍。我军有机灵的间谍，敌军就故意透露他们的形迹、故意传播他们的命令、故意泄露他们的秘密来引诱我军。我听说，善于使用间谍的人，会利用敌方的间谍，这不可不明察。古代的兵法说："将自己置于死亡的境地，才能最后生存下来。"敌军制造死亡的外表来坚定士兵的斗志，这并不是真正的死地。如果粮食不够，后面又没有部队支援，前不能战斗，后没有退路，敌军强大我军力竭，敌军目标明确我军迷失目标，这才是真正处于死地了；即使是姜太公、司马穰苴也不能将其救出来，这就是用兵的大忌。了解敌军的情况，即使是重重险阻，也像进入自己的门庭一样简单；不了解敌人的情况，敌军在眼前也如相隔万里。用竹缆渡河才能到达的国家、用绳索才能登上的高山，我能攻取而不被它的险要困住，不落入他们狡诈的圈套中，不是有什么其他的巧妙办法，是因为掌握了敌军的情况。

昔者秦王好猎而扰民，下令猎于北郊。前日，民皆徙避之。有韩生者止之曰："王之爱子病三日矣，王心忧之，必不出。"已而果然。或问之曰："吾宿卫王宫，且不知王之爱子病也。子何以知之？"韩生曰："吾闻王之爱子好纸鸢[①]。吾登丘而望王宫之上，三日不见纸鸢矣，是以知之。"天下之物，见形可以测微，智者决之，拙者疑焉。料敌者如韩生之料秦王，可谓智矣。

【注释】

①纸鸢（yuān）：俗称鹞子，即风筝。相传为汉代韩信所制，古代曾用于军事通讯。

【译文】

以前秦王喜欢打猎，这样做总是扰乱老百姓的生活。有一次他下令到北郊打猎。打猎的前几天，老百姓都搬迁来避开他。有个姓韩的人制止他们说："大王最喜爱的儿子病了三天了，大王担心他，一定不会出去打猎。"后来果然如此。有人问他说："我在王宫中长期守卫，尚且不知道秦王最喜爱的儿子病了。您是怎么知道的？"韩生回答说："我听说秦王最喜爱的儿子喜欢放风筝。我爬上山丘向王宫上面眺望，三天没有看见风筝了，由此知道这事。"天底下的事物，看见形迹可以推测微小的东西，有智慧的人能够决断，拙劣的人就很疑惑了。预料敌人就如同韩生预料秦王，可以说是智慧的。

江上之妪，鬻绩而得钱，虚则开箧，实则谨钥[①]。善窃者因以为候。吾笑拙兵之智类江上之妪也。昔者唐子之大父郎中②，好奇谋而善用兵。当是之时，张献忠数十万之众，三道趋成都，屠梁万③，将道达而西④。达之守，号称万人，实不甲之卒⑤，不满千人。其守将欲弃城而走。郎中曰："父殡⑥，将焚城郭，流血，吾不可以独免，吾请先死之。"父兄子弟皆哭。

【注释】

①谨钥（yuè）：用钥匙谨慎地锁上。

②大父：祖父，这里指唐甄的祖父唐自华。郎中：官名。隋唐迄清，各部皆设郎中，分掌各司事务，为尚书、侍郎之下的高级官员，清末始废。

③梁万：地名，今重庆的梁平、万州区。

④达：地名，达州，今属四川。

⑤不甲：不穿戴盔甲，喻指无战斗力。

⑥殡：死者入殓后停柩以待葬。

【译文】

江边的老太太，卖纺织的东西换到钱，没钱的时候就把装钱的箱子打开，有了钱就将箱子锁死。那些惯于盗窃的人就以这个作为能否偷钱的征兆。我笑话那些用兵拙劣的人，他们的智商与江边那些老太太相似。以前我的祖父任郎中时，喜欢奇妙的计谋而善于用兵。在这个时候，张献忠几十万大军，分三路直奔成都，屠戮梁平、万县，将取道达州而向西。守卫达州的，当时号称有一万人，实际上都是盔甲都没有的非正规军，连一千人都不到。达州的守将想弃城逃走。我祖父说："我父亲去世了，还没下葬，敌军来了肯定会焚烧城郭，杀人流血，我不能单独幸免，我请求先死。"父母、兄弟、子侄等都大哭。

有少者曰："敢问死之何道也？"郎中曰："寇心争利大都，其行甚疾，奚用以小邑缓其行？是可以疑之，使之他道去也。寇去，吾及暇以修备，御之易矣。"乃率其私卒之敢死者数百人，逾斗磴而上①，伏于翳隘②。贼之前军，笑歌徐过。大呼突击之，斩首数十。贼惊，败退。生纵一人使告曰："吾之大军尽出南门阵矣，我守隘者也。贼能战，我其退而待贼，与之决死平沙之上。"于是贼果疑之，从他道去矣。郎中乃发其藏，有谷万斛，火谷五千③，麦如之，桐膏千篓④，蜡千斤，茧丝千两。招士修具，三旬而备。寇反，城不可附矣⑤。其后三攻三却之，城无堕堞焉⑥。

【注释】

①斗磴（dèng）：陡峭的石阶。斗，通"陡"。

②翳隘：隐蔽的关口。翳，遮蔽，隐藏。

③火谷：黍的别名。《礼记·月令》曰："（仲夏之月）天子乃以雏尝黍羞。"郑玄《注》曰："必以黍者，黍，火谷，气之主也。"

④桐膏：桐油烧烟制成的膏，为制墨原料。篓：量词。

⑤附：靠近。

⑥堞：城上呈齿形的矮墙，也称女墙。

【译文】

有年少的问道："请问怎么去死呢？"我祖父说："敌寇心里都想着到大都市去获取利益，他们走得很快，怎么会因为小县城而减缓行进速度呢？所以可以迷惑他们，让他们改道离去。贼寇离开了，我就能腾出时间来整修武备，抵抗他们就容易了。"于是率领自己的手下士卒中不怕死的几百号人，爬过陡峭的石阶登上山，潜伏在隐蔽的关口。敌军的先头部队谈笑着、唱着歌慢慢通过。祖父他们大喊着发动突然袭击，斩杀了几十个敌人。贼寇大惊，大败而退。我祖父留下一个活口，让他去告诉敌军："我们的大军已经全部出了南门，摆下阵势，我们是守卫关隘的。你们这些贼寇要是能作战，我们将退后等待你们，与你们在平原上决一死战。"于是贼寇果然起疑心了，改走其他道路离开。我祖父于是拿出所有的积藏，有谷物上万斛，黍五千斛，小麦与这一样多，桐油烧制成的膏一千箩，蜡一千斤，蚕丝千两。招募士兵修理战具，三十天就准备好了。贼寇返回，达州城已经不能靠近了。后来贼寇发起三次进攻，都被打退了，城上的女墙都没有堕坏的。

当是之时，非专攻之兵，道过之兵也。弱则拔之而行，强则舍之而去，是故轻敌示锐，趣进示强。犯劲敌以争小邑而后大都之利，彼必不为。此郎中之成其算者也。山能显而不能隐，渊能隐而不能显；龙能变而不能常，虎能威而不能变。善用兵者，兼山渊龙虎之用，即显即隐，即常即变，使敌莫知所从，莫知所避，斯为神矣。

【译文】

这个时候，达州的敌人不是专门来进攻达州的，而是取道经过的部队。达州如果守备薄弱他们就拿下达州再前进，如果守备强大就放弃达州离去，所以故意轻视敌人，是向他们表示自己是精锐之师；催促敌军前进，是表示我军的强大。去冒犯强劲的敌人以争夺小城而放弃大都的利益，他们一定不会这么做。这就是我祖父算计成功的地方。高山只能显露出来而不能隐藏，深渊只能隐藏而不能显露；龙能变化而不能保持不变，虎能威风凛凛而不能变化。善于用兵作战的人，兼具高山、深渊、蛟龙、猛虎的功用，或显或隐，或常或变，让敌人不知道该尊从哪个，也不知道往哪儿躲避，这就是用兵如神。

贵人之处，卫生常谨[①]。古谚曰："家累千金者，坐不垂堂[②]。"恐其伤肢体也。吾笑拙将之智类贵人之处也。夫兵者，死门也，不可以生心处之。有自完之心者，必亡；为退休之计者[③]，必破；欲保妻子，妻子必虏；欲全家室，家室必灭。善用兵者，有进无退，虽退所以成进；有先无后，虽后所以成先；有速无迟，虽迟所以成速；有战无守，虽守所以成战；有全无半，虽半所以成全。

【注释】

①卫生：养生，保护生命。

②坐不垂堂：不坐在屋檐下，恐瓦堕伤身。形容自爱、谨慎。

③退休：退兵休战。

【译文】

富贵之人处世，保护自己的生命常常很谨慎。古代的俗谚说："家有千金的富人，不坐在靠近屋檐的地方，恐屋瓦坠落伤身。"这是担心伤害了自己的身体。我笑那些用兵拙劣之人的智慧类似上面所说的贵人处世。战争，是通向死亡的门户，不能用求生的心态来对待。有自我保全之心的人，一定会灭亡；有退兵休战计划的人，一定会被攻破；想要保护妻子和儿女，妻子和儿女一定会被俘虏；想要保全家室，家室一定会被灭亡。善于用兵的人，只会前进不会后退，即使后退也是为了前进；只有争先不会落后，即使落后也是为了争先；只有迅速没有迟缓，即使迟缓也是为了迅速；只有出战没有固守，即使固守也是为了出战；只有全力以赴不会半途停止，即使半途停止也是为了全力以赴。

邳兵围三盗[①]，立俏如林[②]，几楼充闬[③]，盗斩围而出。以彼千百之众，其智其力，岂不三盗若也？而不能禽者[④]，趋生者怯，趋死者勇也。人之常情，棘迫肤则失色[⑤]，砭触趾则失声[⑥]；一旦临死莫逃，怒发气生，心无家室，目无锋刃，鬼神避之，金石开之，何战不克，何攻不取！故夫以能死之将，驱能死之众，如椎椎剡[⑦]，鲜不破矣[⑧]。

【注释】

①邳：下邳，县名。治所在今江苏睢宁西北古邳镇东。

②弰（shāo）：弓的末梢，借指弓箭。

③几椟：几案匣柜。泛指日用器具。闬（hàn）：里巷。

④禽：同“擒”，俘获。

⑤棘：泛指有芒刺的草木。

⑥砭（biān）：古代治病用的石针。

⑦剡（yǎn）：削，削尖。

⑧鲜（xiǎn）：少，很少。

【译文】

下邳的军队围捕三个盗贼，立起的弓像树林，几案柜子等充塞里巷，三个强盗最后还是杀出重围逃走了。以成百上千人的智慧与力量，难道比不上三个强盗吗？但是没有抓住强盗，是因为贪生的人胆怯，不怕死的人勇敢。人之常情，荆棘刺着皮肤就会变脸色，石针触刺脚趾就会大喊大叫；一旦面临死亡无处可逃，怒气暴发，心里也不牵挂自己的家室了，眼中也没有了兵器，那么鬼神也会躲着这种人，金石都会为之打开，什么样的战争不能获胜，什么样的城池不能攻下！所以以不怕死的将领，率领着不怕死的士兵，如同用椎子椎东西，很少有攻不破的。

审知

【题解】

所谓“审知”，就是人要认真审察自己的智商和能力，对自己有清醒的认识，有什么能力做什么事情，有多大能力做多大事情：“能行百里者则道百里，能行五六十里者则道五六十里；饭升米者则炊升米，饭合米者则炊合米；力能举百斤者则取百斤，不能百斤者则六七十四五十。”

人在很多时候都是不能正确认识自己的。“人病不自知，知病不能用，不可不审也。”这里面的原因很多，有些人“高望蔽之，倖心汩之也”，心被蒙蔽了，看不清自己，所以失败；有些人功劳尽居，大名尽取，爵禄尽得，但德不配位，贪心不足，亡国亡身都有可能。这些都是对自己没有正确认识的缘故。

正确认识自己，也就是能正确使用自己的才能。唐甄指出，人各有其用，以领兵作战为例：“夫壮者任兵事，巧者察兵势，二者不相易以为功。水火锋弦，谓之兵事；顺时观变，达情度务，谓之兵势。”

顺着此主题，唐甄特别指出，在用兵作战中要有实际的作战经验，才能真正取得战争的胜利。“若用兵之道，非身在军中，虽上智如隔障别色。故曰：‘百闻不如一见。’”只有真正在军队中成长起来的人，了解军队的真实情况，方能克敌制胜。所谓“倚锄而衍策，释锄而拜将；今日受命，明日克敌”的说法，都是“文辞之见，优偶之观”。

最后，唐甄还提到了君臣之间遇合的重要。天下不可能人人皆是圣人，“而皆可以成功者，以其得高世之贤主也”；有了贤能君主的赏识，才有可能获得成功。同时，君与臣是“相资”的关系：“主蔽，臣达之；臣蔽，主达之；主缺，臣补之；臣缺，主补之；主臣交资，乃能发不尽之谋，成无误之智。”君与臣互相赏识而成就功业，这是漫长的封建社会治理中的恒久话题。

量力而行则不竭，量智而谋则不困。譬之权焉[①]，移石于钧[②]，移钧于斤，则衡拔而权坠[③]。又譬则工焉，使金攻石[④]，使石攻木，则敛手而器不成。才有所不及，智有所不通也。

【注释】

①权：秤。

②石：量词，计算容量的单位。十斗为一石。钧：古代重量单位，四钧为石。

③衡：秤杆，秤。

④攻：治理，加工。

【译文】

根据自己的能力来办事就不会力竭，根据自己的智慧来谋划就不会被困扰。拿秤来打比方，称量重量为石的东西时要把秤砣移到钧的位置；如果将秤砣移到斤的位置，那么秤杆就会竖起来，秤砣会掉下去。又比如工匠，用金属来加工石头；如果用石头加工木材，那么工匠就会束手不干了，器物也做不成。这是因为才能有达不到的地方，智慧也有不能通达的地方。

聪明博达之士，读书、鉴古、审时、度势、口谈，指画[①]，皆能尽当世之形，决成败之机。及其遇主而行，受国任则危国，受兵任则败军。非其智不足也，其知之不自明也。能行百里者则道百里，能行五六十里者则道五六十里；饭升米者则炊升米，饭合米者则炊合米②；力能举百斤者则取百斤，不能百斤者则六七十四五十。手足口腹有然，岂心谋则不然？自辨之明者，如别黑白，权铢两③，量斗龠④。发议盈幄，不耻不兼，不耻不及。任信如发矢⑤，谢疑如蹈冰⑥。不自知而倖成，如骰博注⑦；自知而图成，如契取负⑧。古之人，运动如鬼神，功名震天地。人皆慕而迹之，不知其所择微也。

【注释】

①审时：分析时势。度（duó）势：估计其发展趋向。指画：指点，规划。

②合（gě）：盛物之器，即盒子。北魏贾思勰《齐民要术·种槐柳楸梓梧柞》："（梓）十年后……车、板、盘、合、乐器，所在任用。"石声汉注："'合'，即现在的'盒'字。"

③铢两：一铢一两，引申为极轻的分量。

④龠（yuè）：古代容量单位，为合的二分之一。

⑤任信：信任。相信而敢于托付。

⑥谢疑：杜绝猜疑。

⑦骰（tóu）：骰子。

⑧负：犹"正反"的"反"，指符契的另一半。

【译文】

聪明博学通达的人，读书、借鉴古法、审视时代、预测形势、口头谈论、指点规划，都能穷尽时代的形势，判断成败的时机。等他遇到赏识自己的君主而有所行动时，接受国家重任则使国家陷入危险，接受用兵的重任则使军队失败。并不是他智慧不够，是因为他没有自知之明。能走一百路就接受一百里远的道路，能走五六十里路就接受五六十里远的道路；能吃一升米的饭就煮一升米，能吃一盒饭就煮一盒米；力气能举起一百斤的重量就拿一百斤，不能举百斤就根据自己的能力拿六七十斤或四五十斤。手、脚、口腹是这样，心中的谋划难道就不是这样吗？能清楚辨别的人，就如同分辨黑与白，称量一铢一两，计量斗和龠一样。在帐幕中发表议论不以自己不渊博而羞耻，不以自己能力达不到而羞耻。信任别人就如同射箭一样，打消别人的疑虑就如同走在冰上一样小心。不知道而侥幸成功了，就像用骰子赌博下注；自己知道而追求成功，就像取符契的另外一半。古代的人，行动像鬼神一样，取得的功名震天动地。人们都羡慕他们，取法他们，不知道他们的选择是精微的。

若夫问兵如转丸①，问谋如抽绪②；辩言伟貌以倾世主，卒至功隳名败，为人笑辱者，非其智不足也；高望蔽之③，倖心汩之也④。立谋尚诡，临危尚决，取事尚短⑤，制事尚长；出言戒易⑥，谋功戒贪，图成戒幸。古之人，忠厚而不妄，故能以五慎成二奇⑦。功劳不可尽居，大名不可尽取，爵禄不可尽得。一不得当，大则覆军亡国，小则不保腰领⑧，非小祸也。故曰：用其所信，毋用所疑；用其所长，毋用所短；用其所熟，毋用所疏。此三者，自知之道也。

【注释】

①转丸：转动圆球，多用来比喻顺利、容易。

②抽绪：抽引丝头，比喻引申发挥。

③高望：追求过高的名望。

④倖心：侥幸之心，非分之想。汩（gǔ）：乱，扰乱。

⑤取事：完成事情。尚短：崇尚快速。

⑥易：轻率。

⑦五慎：五种要谨慎对待的事，不确指何事。如《五经七书·吴子》卷下曰："战将之所慎者五，一曰理，二曰备，三曰果，四曰戒，五曰约。理者，治众如治寡。备者，出门如见敌。果者，临敌不怀生。戒者，虽克如始战。约者，法令省而不烦。"奇：奇功。

⑧腰领：腰部与颈部。这两者都是人体的重要部位，断之即死，所以经常用来比喻致命之处。

【译文】

对那些人，问他们军事上的问题，就如同转球那么简单，问他们治国的谋略，如就如抽丝那样连绵不绝；雄辩的言论，伟岸的外貌，使君主为之倾倒，但最终功业不成名声败坏，为人耻笑羞辱，并不是他们的智谋不足；追求过高的名望遮蔽了自己，侥幸心迷惑了自己。确立计谋崇尚诡谲，面临危险崇尚果决，完成事情崇尚迅速，制定事业规划崇尚长远；说话要力戒将什么都说成很容易，追求功劳要力戒贪得无厌，图谋成功力戒侥幸。古代的人，忠诚纯厚，不狂妄，所以能以多种谨慎成就奇功。功劳不能完全归功于自己，好的名声也不能全部享有，爵位和利益不可全部自己占有。一旦处理不得当，大则使军队覆没，国家灭亡；小则不能保住性命，这可不是小祸。所以说，使用自己相信的，不用自己疑惑的；使用自己擅长的，不用自己不擅长的；使用自己熟悉的，不用自己生疏的。这三者，就是有自知之明的方法。

唐子至寿鹿之山[①]，李条侯请观骑射[②]。旦日，率其子弟家众，束马操弓，驰于寿鹿之右[③]。日中而毕，毕而饮酒。条侯曰："今日之事，骑之利钝，射之虚实[④]，队之胜负，子能审知其数乎[⑤]？"曰："不知也。"条侯曰："子儒生，固也。"唐子曰："子之言，见一而废二三者也。武王伐纣，太颠、闳夭不在干戈之列而与尚父分功[6]。夫壮者任兵事，巧者察兵势，二者不相易以为功。水火锋弦，谓之兵事；顺时观变，达情度务，谓之兵势。譬之于射，发者手臂，体立，目审，心度，皆命中者也。"

【注释】

①寿鹿之山：地名，不详何处。

②李条侯：唐甄的友人。

③右：西边。如果取面向南，则右为西。

④虚实：本义指真伪，这里指射中的有多少，没射中的有多少。

⑤数：规律。

⑥太颠：文王时的贤臣，曾协助周武王灭商纣。闳夭：见《权实》篇注。尚父：吕尚。

【译文】

我到寿鹿山去，李条侯邀请我观摩骑马射箭。第二天，李条侯率领他们家的子弟、仆人等，骑马拿弓，在寿鹿山的西边驰骋。一直到中午才结束，结束后一起喝酒。李条侯说："今天演习的事，马的精锐与驽钝，射箭命中的数目，队伍的胜负情况，您能清楚地知道其中的规律吗？"我回答说："不知道。"条侯说："您是个儒生，本来也不知道。"我回答说："您的话，只说对了其中的某一点，而没有看到其他方面。周武王讨伐商纣王，太颠、闳夭不在部队中，但与吕尚一起平分战功。身体强壮的人担任出兵进攻的事，思维巧妙的人观察用兵的形势，这两者的作用是不能互相替代的。水、火、刀锋、弓箭，叫兵事；顺应时世，观察变化，通晓敌情，谋划事务，这叫兵势。用射箭来作比方，发箭的是手臂，身体直立，眼睛观察瞄准，在心内计算，都是命中目标不能缺少的。"

条侯曰："然。一军之中，锻斫缝割之工[①]，医占文数之技[②]，有一不备，则不成军，况谋士乎！愿闻子之所能策[③]。"唐子曰："两石相击则明生[④]，两怒相搏则力生，两谋相倾则智生。善策者，因形计便，不可徒言也。人病不自知，知病不能用，不可不审也。天下之势，单少则平[⑤]，积多则神。今夫水一也，寿鹿之湖，坐盆而芰[⑥]，立艇而鱼。至于河海，叠波若丘山，神栖而龙兴。浮湖之法，不可以浮河；浮河之法，不可以浮海。岂有异水哉？积多之势异也。

【注释】

①锻：锻造。斫：砍削。缝：缝制。割：切割。

②医占文数：医药、占卜、天文、历数。

③策：谋划。

④明：火。

⑤单少：稀少，寡弱。

⑥芰：菱。

【译文】

条侯说："非常正确。一支部队中，负责锻造的、砍削的、缝制的、分割的工匠，负责医药、占卜、天文、历数的方技之人，有一种不具备，就不能成为一支部队，何况是谋略之士呢！请让我听到您的谋划。"我说："两个石头互相碰撞火星就产生了，两个怒气冲冲的人互相搏斗力气就爆发出来了，两个谋士互相倾轧智谋就产生了。善于策划的人，根据形势来便利地计划，不只是嘴上说说而已。人的缺点在于没有自知之明，知道了自己的缺点也不能改变，这一点不能不清楚。天下事物的发展形势，是稀少就平淡无奇，积累多了就会神妙。比如水都是一样的，寿鹿这个地方的湖水，坐着盆子就可以去采摘菱角，站在小艇上就可以打鱼。但到了大河大海，重重波涛如同山丘一样高耸，神仙在那里栖息，蛟龙在那里产生。在湖水中浮游的方法，不能用于在河里浮游；浮游大河的方法，不能用于在大海上浮游。难道是水不一样吗？积累多了，水势就有差异了。

“用寿鹿之众，用两河之众[①]，用江淮之众，用天下之众，其势亦然。今夫龙家之集，善贩布粟者，亦可以厚利；予之十数万金，使买盐丝珠犀，则谢未能任。非其智不足也，未尝适汉、广与大贾游也。仁暴强弱顺逆，胜败兴亡决焉，此可闲居而度者也。

【注释】

①两河：在不同时代所指地理范围不同。如唐安史之乱后，称河南、河北道为两河，宋代称河北、河东地区为两河。此处指河南、河北。

【译文】

“用寿鹿的老百姓，用河南、河北的老百姓，用长江、淮河的老百姓，用天下的老百姓，情势也与此相同。现在龙家的集市上，善于贩卖布帛、粮食的人，也可以赚得丰厚的利润；给他十多万两银子，使他去购买盐、丝绸、珠宝、犀角等，他就会谢绝说自己不能胜任。并不是他的智慧不够，是因为他不曾到汉江、两广与大商人共同游历。仁慈、残暴、强大、弱小、顺利、违逆，胜与败、兴与亡就由这些决定，这些可以悠闲地坐着估计出来。

“若用兵之道，非身在军中，虽上智如隔障别色[①]。故曰：‘百闻不如一见。’今我道北而来，河决坏道。次宿而问邳之道[②]，次邳而问徐之道，谓可履尘而逝矣[③]，然不免于陷蹄涂体[④]。何则？闻见之实异也。身在军中，百人为耳，千人为目，两敌之形皆熟知之。要塞山阨[⑤]，熟知地利；面背应逆[⑥]，熟知人心；远近离附，熟知援势；巧谍捷候，熟知敌隐；别道间谷，熟知奇伏；智力等类，熟知将能；信疑爱怨，熟知卒用；骑步水火，熟知技便[⑦]。危险尝之，岁月历之，是以谋可效，功可成也。乃曰倚锄而衍策[⑧]，释锄而拜将；今日受命，明日克敌。此文辞之见，优偶之观也。奚可用哉！”

【注释】

①隔障：隔着障碍物。

②次：留宿，停留。宿：古国名。在今山东东平东。邳：古地名。故地在今江苏邳县境。

③履尘：踩着灰尘。逝：往，去。

④陷蹄：马蹄被陷住。涂体：泥巴等涂脏身体。

⑤阨（ài）：通“隘”。指险阻之处。

⑥面背：人的面和背，这里指人心向背。应逆：应允与违逆。

⑦技便：技巧与擅长。

⑧衍策：演习韬略。

【译文】

“如果是用兵的道理，不是亲身在军队中，即使有上等的智力，也如同隔着障碍去分辨颜色。所以说：‘百闻不如一见。’现在我从北方取道而来，黄河决口，道路毁坏。住在宿地而问去邳地的道路，住在邳地而问去徐州的道路，虽说可以踩着灰尘而去，但是免不了陷住马蹄、泥巴弄脏身体。为什么？听到的与看到的不一样。亲身处于军队中，一百人做自己的耳朵，一千人做自己的眼睛，敌我双方的情形都熟悉了解。要塞山峡，熟悉了解地形优势；人心向背、顺应违逆，熟悉了解人心所向；远近离合，熟悉了解后援的形势；灵巧的间谍军候，熟悉了解敌人的隐蔽情况；

其他道路与隐蔽的山谷，熟悉了解奇兵埋伏；智力相等，熟悉了解将帅的能力；信任、疑虑、喜爱、怨恨，熟悉了解士兵的使用；骑兵、步兵、水、火，熟悉了解用兵的技巧。尝遍了各种危险，加上岁月的历练，所以计谋才有效果，功业可成。有人说倚扶着锄头就可以演习韬略，放下锄头就能封侯拜相；今天接受命令，明天就能战胜敌人。这只能在文章辞令中见到，在木偶戏中看到。怎么能用呢！”

条侯曰："善乎子之能慎审也①！知人者用人，自知者用于人。虽知之自明，必待知人者乃见。矢以弓利，可以穿重甲；马以御良，可以致千里。苟无其遇，虽太公之贤，不如闾里之少年；苟有其遇，虽偏才曲智②，亦得冯风顺流以就功名。此志士之所以白首长叹者也。

【注释】

①慎审：仔细审察。

②偏才：具有某一方面才能的人。曲智：小智。

【译文】

李条侯说："您能如此仔细地审察，真是太好了！了解他人的人利用别人，自我了解的人被别人利用。即使有自知之明，但一定要等到有懂得人的人出现，他才能表现出来。箭因为弓的劲利，可以穿过厚重的铠甲；马因为驾驭的人高明，可以行千里之远。假若没有好的际遇，即使有姜太公的贤能，也不如小巷中的年轻人；如果有好的际遇，即使是偏材与小智的人，也能够凭借着风、顺着水流而成就功名。这就是有志之士白发苍苍时叹息的原因。

"天下不皆圣人，长短者，才之常也；得失者，谋之常也。上焉者，一短不损十长，小失不伤大得；其次短不丧长，失不丧得；其次长短得失半。而皆可以成功者，以其得高世之贤主也。良冶有分金之炉，五金砂石，杂为一物；摄而火之①，五金五出，砂石别出。贤主用人，群谋杂进；区而别之，等而差之，各效其用，亦犹炉之分金也。奚啻是哉！大匠不能徒直②，定于墨绳；不能徒方，准于曲尺。此主之资于臣也。墨绳能直，有引之用③；曲尺能方，有相之用。此臣之资于主也。

【注释】

①火：用火冶炼。

②大匠：技艺高超的木匠。

③引：牵引，引导。

【译文】

"天底下不全是圣人，有长处与短板，是人才的常态；有得与失，是谋略的常态。最上等的，一个短处不会损毁十个长处，小的失误不影响大的收获；次一等的，短处不损毁长处，失误不损毁收获；其次的，长短与得失各占一半。但最后都能够成功，是因为他们能遇上卓绝的贤明君主。好的冶炼工匠有分出各种金属的冶炼炉，五种金属与砂石混杂在一起；将这堆杂物放进炉中用火烧炼，五种金属被分五次挑出来，砂石也被另外挑选出来。贤能的君主使用人材，各种各样的谋士一窝蜂拥进来；将他们进行区别，分成不同的等级，使他们发挥各自的作用，也就像冶金炉分拣金属一样。何止这一种情况啊！技艺高超的木工不能徒手画直线，要借助绳线与墨斗这样的工具；不能徒手画直角，要借助曲尺这样的工具来定准。这就是君主要借助大臣的地方。墨斗与墨绳能画直线，还需要有人来牵引；曲尺能画直角，还需要有人帮助。这就是大臣要借助君主的地方。

“主蔽，臣达之；臣蔽，主达之；主缺，臣补之；臣缺，主补之。主臣交资，乃能发不尽之谋，成无误之智。故夫智士之遇贤主，非但能尽其谋，才半而功倍，无不利矣。”

【译文】

“君主有不明白的地方，大臣使他明白；大臣有不明白的地方，君主使他明白；君主有缺点，大臣帮他弥补；大臣有缺点，君主帮他弥补。君主与大臣互相依靠，才能够生发出无穷无尽的谋略和没有失误的智慧。所以智慧之士遇上贤能的君主，不仅仅能完全发挥自己的谋略，而且能取得才半功倍的效果，无往而不利。”

两权

【题解】

《两权》篇也是体现唐甄治军思想的重要篇什，唐甄从内、外两个方面来论述如何治理军队。

唐甄首先以李自成与吴三桂用兵的缺陷为例引出自己的论证。李自成虽然有军事才能，但不知道营造巩固的后方，“不营家室，退无所据，虽有百胜之兵而不能支一日之溃也”，所以败亡是必然的结果。而吴三桂虽然有根基，但胸无大志，疑心太重，不善用人，不善纳谏，“昧于攻守之计，以至于亡”。

要自我巩固，唐甄列举了三个要素：“自固之计有三：地、食、法是也。”地，就是根据地，“因势之便而处，因民之宜而处，因粮之利而处，因敌之形而处。择其可而处之，则大功可就，大业可成”。没有巩固的根据地，一定不能长久。食，就是粮食生产。打仗无粮，一定灭亡。唐甄既指出要稳定农民，保障军粮供应：“军食之所赖，田税必轻于故籍以宽之，籴必增直以利农。”又指出要防止敌军夺取粮食。法，就是严明纪律，依法治军：“国中无法，虽众不一，其主可虏；军中无法，虽勇不齐，其将可禽。”

当然，自固之计更重要的是要能落到实处，要能够执行：“然而善用之则功可成，不善用之则终亦必亡。”

最后，唐甄主要讲到了将帅如何对待士兵的问题。虽然无外乎爱兵如子、与士兵同甘共苦这些经常谈及的话题，但不乏现实意义。

兵有两权[①]，内外是也。两得者兴，一得者亡。请设为易见之形，以明所度之必当于事[②]，而后效其说[③]。

【注释】

①权：权谋，谋略。

②度：思考，推测。

③效：证明，验证。

【译文】

治军有两种谋略，从内部治军和从外部治军。两种方法同时具备了国家就会兴盛，只具备一种国家就会灭亡。请让我假设一种容易理解的形式，来说明所推测的一定与事实相符合，然后再来验证这个说法。

今有勇士，力举数百斤，如挈瓶然。攘臂于市[①]，市之人百千聚而莫敢与之校，是岂不可以无胜于人哉？然而不能自养以致疾[②]，三日疾则力衰，五日疾则不能行，十日疾则不能起坐，虽有弱女子，可以扼其项而杀之矣。若是者，非无勇也，内虚必自尽也[③]。

【注释】

①攘臂：见《除党》篇注。

②自养：自奉，自给。致疾：生病。

③内虚：中医术语。指饮食消化后被身体吸收的营养物质不足而造成的虚弱。

【译文】

现在有个勇士，力气大得举起几百斤重的东西就如同提着个瓶子一样。他捋起衣袖伸出胳膊行走在大街上，闹市上的人成百上千聚集在一块也没人敢与他较量，这难道不是无人可以战胜他吗？但是这个人没能养好自己，生了病。只要病三天就力气衰弱了，病五天就不能走路了，病十天就不能起身，坐也坐不稳了，即使是个柔弱的女人也能掐住他的脖子杀掉他。像这样的人，并不是不勇猛，内虚定会使自己灭亡啊。

今有厚养之士，节食，远色，导气[①]，服药，身无疾病，可以长年。一日远行，不幸而遇杀夺之盗，力不如其强，器不如其利，与不如其众[②]，俯首而就死矣。若是者，能保于内而不能强于外也。

【注释】

①导气：摄气运息，是古代的一种养生术。

②与：同行的人。

【译文】

现在有个善于养生的人，他节制饮食，远离美色，摄气运息，服用丹药，身体没有疾病，可以长寿。可是某一天出远门，他不幸碰上了杀人越货的强盗，他力量不如他们强大，兵器不如他们锋利，同行的又不如他们人多，只有低着头被杀死。像这样的人，能保养身体但不能抵御外敌啊。

熟察于二者之形[①]，凡举事者[②]，有必胜之兵，而不能先自固；有自固之计[③]，而不能制胜，岂能幸存哉？同归于灭亡耳。请举二寇以观灭亡之实，而后效其策。

【注释】

①熟察:详察。

②举事:起义。

③自固:巩固自身的地位,确保自己的安全。

【译文】

详细考察这两种情形,大凡起兵用事,有了能打胜仗的军队,但是不能从内部做到巩固;有了自我巩固的谋划,却不能克敌制胜,怎能侥幸活下来呢?同样是走向灭亡。请让我以两个强盗的例子来看灭亡的实际情形,然后来验证我的谋略。

昔者有明既衰①,群寇蜂起。闯王以逋逃之孽②,率饥寒之民,由关中而东至于井陉③,南至于巩、洛④,至于汉、沔⑤;东至于荆,至于亳、泗⑥。越五州之地⑦,横行万里,疾于飘风。一二年之间,蹂践天下之半,破城屠邑,莫有能当之者。李自成袭用其锋,拥数十万之众,灌大梁⑧,败孙百谷之军⑨,入潼关⑩,帝西安,乘胜渡朝邑⑪,由大同而攻京师,如破鸟卵。其用兵可谓能矣,其事亦既成矣。乃一朝奔溃,无所复之,而破脑于田夫之耨锄。是何也?盖盗贼之行,不营家室,退无所据,虽有百胜之兵而不能支一日之溃也。

【注释】

①有明:明朝。有,词头。

②闯王:此指明末农民起义军领袖高迎祥。他去世后李自成被推举为闯王。逋逃:逃亡,流亡。孽:恶,邪恶。

③关中:古地名,古代所指具体范围不一,今指陕西渭河流域一带。井陉(xíng):山名,上有要隘名井陉口,为秦汉时军事要地。

④巩、洛：地名，巩县、洛县，都在今河南。

⑤汉、沔：水名，汉水、沔水。

⑥亳、泗：地名，亳县、泗县，均在今安徽境内。

⑦五州：指雍州、冀州、豫州、荆州、徐州。

⑧大梁：即开封。

⑨孙百谷：不详其人。

⑩潼关：关名，在今陕西。

⑪渡朝邑：在朝邑县东渡黄河。朝邑，治所在今陕西大荔。

【译文】

以前明王朝衰落的时候，众贼寇蜂拥而起。闯王高迎祥作为逃亡的罪人，率领饥寒交迫的老百姓，从关中出发，向东到达井陉山脉，向南到达巩县、洛县，以及汉水、沔水，再向东到达荆州，以及亳县、泗县。跨越五个州的土地，横行万余里，速度快得像大风一样。一两年的时间，就践踏了一半的国土，攻破屠戮城池，没有人能抵挡他们。李自成沿袭了他的锋芒，率几十万大军，决开黄河河堤水淹大梁，打败孙百谷的军队，进入潼关，在西安称帝；又乘胜在朝邑渡过黄河，经由大同进攻京城，如同击破鸟蛋一样。李自成用兵可以说是个能人，他起兵举事也已经成功了。但很快就被打得四散奔逃，无法挽回，最终被农民用锄头砸破了脑袋。这是什么原因呢？大概因为贼寇行事，不知道营造像家庭一样的后方，因此退却时没有根据地，即使他的军队打了一百次胜仗却不能支撑一次溃败。

吴三桂遭时附景[①]，身为王者，其军多宿将战卒；蓄积数十年，金钱之富，甲兵之多，等于京师。一日发兵反，天下震动。又有三叛为之助[②]，东西援结万余里。此其厚集之势，固于金城，虽有韩、白[③]，亦无如彼何矣。然此贼实不知兵，乃曰“我用兵天下无双”。当其出兵，次于澧[4]，即阻江而守，下令诸将曰：“毋得进兵！”其志得为南帝足矣。其为人，猜忌信谗，非其子弟亲戚不使。将兵有以策干之者[5]，绝不省览，曰：“此必书生腐言也。”及其败于平乡[6]，失桂阳、临武、蓝山、嘉禾、郴、庐陵、茶陵[7]，退守于衡；不能悔败自厉，乃急于称帝，凿平回雁峰[8]，上登行郊祀之礼[9]。卒至身死之后，尽亡境土，子孙诛绝，分裂身首，悬示天下。若是者何也？盖盗贼之智本无远略，不好计策，不下谋士，恃其强固之势，适以速其灭亡也。

【注释】

①吴三桂（1612—1678）：字长白，明时任辽东总兵，封平西伯，驻防山海关。遭时：遇上好时机。附景（yǐng）：依附别人。景：同“影”。

②三叛：指耿精忠、孙延龄、尚之信三人。

③韩：韩信。白：白起。

④澧：水名。

⑤干：干谒。

⑥平乡：即萍乡，今属江西。

⑦桂阳、临武、蓝山、嘉禾、郴、庐陵、茶陵：均为县名。在今湖南。

⑧回雁峰：衡山七十二峰之一。

⑨郊祀：古代于郊外祭祀天地，南郊祭天，北郊祭地。郊为大祀，祀为群祀。

【译文】

吴三桂碰上了好时机，又依附他人，身为平西王，他的部队中有经验的老将与士兵很多；他积蓄了几十年的力量，钱财之富，士兵之多，与朝廷能抗衡。他一朝起兵反叛，天下都震动。又有耿精忠、孙延龄、尚之信三支叛军为帮手，在东西沿线万余里的战线上帮助支援他。这是吴三桂长期积累的势力，固若金城汤池，即使有韩信、白起这样的用兵天才，也拿他没办法。但是吴三桂实际上并不懂用兵，还说什么“我用兵的才能，天下无人可比”。当他出动部队，驻扎在澧水边，就据守长江以南，对诸将下命令说：“不得进兵！”吴三桂的志向是在长江以南称帝就可以了。吴三桂的为人，生性多疑，听信谗言，不是他的子弟、亲戚不会重用。带兵的人有拿着策略求见他的，他绝对看都不看，还说：“这一定是读书人说的迂腐之言。”等到他在萍乡被打败，失去了桂阳、临武、蓝山、嘉禾、郴州、庐陵、茶陵等地，退守到衡阳；他不能反思自己的失败激励自己，却急于做皇帝，将回雁峰凿平，登上举行祭祀天地的大礼。最终自己死了之后，所占有的地盘全部丢失，子孙被杀光，身首分家，脑袋被悬挂起警示天下。像这样是什么原因呢？大概是贼寇的智慧本来就没有什么远大的谋略，不喜欢使用计谋，不能礼贤下士，依恃自己强大的势力，但这恰恰加速了自己的灭亡。

夫李寇之兵，蚩尤之兵也，而无本根，以至于亡。吴寇之所处，霸王之资也，而昧于攻守之计，以至于亡。使去两短，兼用两长，岂易敌哉？欲见兵之长短以决成败，无明于此者矣。

【译文】

李自成的军队就如同蚩尤的军队，没有根基，所以很快灭亡。吴三桂所处的形势，却是成霸成王的资本，但他对于攻与守的谋划不清楚，所以也灭亡了。假使去掉他们的短处，同时使用他们的长处，难道容易对付吗？想要以用兵的长处与短处来看成败，没有比这更清楚的了。

百金之贾，必有居处，以安妻子，固管籥[1]，结邻里，无盗窃之虞，乃可以转贩于四方。而况有十万数十万之众以经营天下，不先为自固之计，岂可以有为哉？自固之计有三：地、食、法是也。地者，非定咸阳，非定河内，非定金陵；因势之便而处，因民之宜而处，因粮之利而处，因敌之形而处。择其可而处之，则大功可就，大业可成。夫龙有所止之渊，而后可以兴风云；虎有所伏之穴，而后可以腾山谷，搏取百兽。此地之为固一矣。

【注释】

①管籥：开锁的钥匙。籥，通“钥”，锁钥。

【译文】

有百两银子的商人，必定有固定的居所，来安定妻子和儿女，管好钥匙，与邻居交好，不用担心盗贼，才可以到四方去做生意。何况有十万乃至数十万大军来统治国家，不首先制定巩固自己地位的计划，哪里会有什么作为呢？巩固自己地位的计划有三个方面：根据地、粮食、军法。根据地，不一定是咸阳，不一定是河内，不一定是金陵；根据形势的需要而灵活处理，根据老百姓的需要而灵活处理，根据粮食供应的便利而灵活处理，根据敌人的形势来灵活处理。选择适宜的地方作为根据地，则大功可成，大业可成。龙有栖止的深渊，然后才可以兴起风云；老虎有潜伏的洞穴，然后才可以奔腾在山谷中，搏杀群兽。这是根据地作为巩固自己地位的一条。

军食之所赖，田税必轻于故籍以宽之[1]，籴必增直以利农。破一城必有食粟，走一军必有弃粮[2]。民藏不可取，野积不可掠，富室不可贷。取之不溢滋[3]，其取者必厚。恐敌有伪为贾人贵籴以空我者，阴戒四境，粟米有入无出。如是，则堡屯庐舍皆实[④]，人人各自为守；守障万人可当十万人，十步之沟可当百步，一丈之垒可当十丈。士卒之有父母妻子者，饱暖安乐，寄于百无一虞之地；虽兵出屡年，转战千里，无有贰心。此食之为固一矣。

【注释】

①故籍：原来登记的数量。宽：减少。

②走：赶跑。

③溢滋：增加。

④堡：堡子。有围墙的村镇。屯：村庄。庐舍：房屋，住宅。

【译文】

军中粮草的依靠，田税一定要比原来登记的数量少，以使老百姓宽松；买入粮食必须提高价格，以对农民有利。攻破一座城池一定会缴获粮食，赶走一支军队必定得到丢弃的粮食。老百姓的储蓄不能夺取，野外的积藏不可掠夺，也不能向富裕的家庭借粮食。获取粮食不过度增加，才有机会获得更多的粮食。担心敌军伪装成商人，高价买走粮食使我军缺粮，暗中在四方边境戒严，粮食只能进不能出。只有这样，才能使村镇、村庄、房舍等都粮食充足，人人都可以自己防守；把守城寨关隘的一万人可顶十万人，十步宽的壕沟可顶一百步宽的，一丈高的堡垒可顶十丈高的。士兵中有父母妻子孩子的，让他们吃饱穿暖，把他们寄居在非常安全的地方；即使每年出兵作战，千里征伐，这些士兵也不会有另外的心思。这是粮食作为巩固自己地位的一条。

国中无法，虽众不一，其主可虏；军中无法，虽勇不齐，其将可禽。不可以草创之始，人心未集，姑为因之。不私于故，不偏于亲，尊卑有等，冠服有章①，文武之官，各尽其职。典兵者不侵民，牧民者不构兵②。文武之课③，一级不苟迁，一级不苟降。有罪必刑，战后必诛，虽亲昵不赦。有劳者必厚其赏，有功者必尊其爵，虽仇疾不吝。如是，则人心信服，不为苟免，不为幸望，不约而同，不戒而遵。此法之为固一矣。诚能自固如是，是山止川行之势也④。以战必胜，以攻必取者也。

【注释】

①章：标记，以文彩作为不同等级的标记。

②构（gòu）：图谋。

③课：考核，考查。

④山止川行：像山一样不可攀援，像流水一样不可阻挡。

【译文】

一个国家中没有法律，即使人口众多但不统一，这个国家的君主就可能被俘虏；军队中没有法律，将士虽然勇猛但不会齐心协力，这个部队的将帅也可能被活捉。不能够在事业初创的时候，人心还没有凝聚，就姑且因袭。不因为是故旧而有私心，不偏袒亲戚朋友，尊与卑各有等级，穿戴都有不同的花纹来标记身份，文武百官都能恪尽职守。掌管军队的人不侵扰老百姓，管理老百姓的人不干涉军队。对文武官员的考核，不随意升迁一级贬官一级。有罪一定惩罚，战争结束后一定诛杀，即使是亲近的人也不赦免。出了力的一定重加赏赐，有功的一定提高他们的爵位，即使是仇人也不吝啬。这样，老百姓内心就信服了，不做苟且幸免的打算，没有侥幸的心思，不用约定行动自然同一，不要戒饬就会遵守。这是法律作为巩固自己地位的一条。如果确实能这样来巩固自己的地位，就是高山静止、大河奔流一样的气势。如此作战一定能胜利，攻城一定能夺取。

然而善用之则功可成，不善用之则终亦必亡。何也？天下之贤士，所以弃父母妻子，或载父母妻子而委身于干戈之际者，盖欲就其功名，取封侯之爵以遗子孙也。三军之众，不惜断脰破脑[1]，陷阵登城者，盖欲自拔于行伍之中以取爵禄也，其次亦不失赏赐以置田庐也。若乃遗机失谋，数战不利，数举无功，二年三年，甲敝兵钝，战气消竭，豪杰失望，思归丘陇[2]。人心解散，不可复振，此坐而自亡之道矣。

【注释】

①脰（dòu）：颈项。

②丘陇：田园。

【译文】

但是善于运用这些东西的就可以成功，不善于运用的最终也会灭亡。为什么呢？天底下的贤能之人，之所以抛弃父母妻子儿女，或者用车拉着父母妻子儿女而寄身于战争边缘，大概就是想成就功名，取得封侯这样的爵位来留给子孙后代。三军众多将士，不害怕断头破脑、冲锋陷阵登城作战，大概是想使自己被提拔于行伍之中，来取得爵位和俸禄；其次也是想多得赏赐，来置买田地和房子。如果丧失机会谋划不利，几次出战都没取得胜利，数次用兵都没有成功，两年三年过去了，盔甲破了兵器钝了，士气消耗已尽，豪杰之士失望，一心想回到家园。人心离散了，就不能够再振作起来，这是坐等自我灭亡的做法。

天下多群盗，袪扱囊括[1]，可次取也。若有大敌，非我克彼，即彼克我，虽支将游旗[2]，积累千百功，而决机则在于一日，成功则定于一战。夫人情，兴则附，衰则去；诚能一大战而胜，兵威震世，义声盈耳，则人心归附，豪杰响应。地有所不略，略一而得十；城有所不攻，攻一而得十；军有所不破，破一而得十。夫用兵之道，过重与过轻同失。及锐乘间③，不失其时，则天下之势集于我矣。其有重于进兵者未能先决胜于己也？

【注释】

①袥：衣袖。扱（xī）：收取。囊：口袋。

②支将：主将以外中高级军官的一种统称。

③及：乘，趁。锐：旺盛的气势。乘间：利用机会。

【译文】

天下盗贼蜂起，对这些人用袖子和口袋就能装下，挨个就能消灭他们。假若大敌当前，不是我战胜他，就是他战胜我，即使是支将游旗，积累了千百次战功，但决定胜负的机会往往就在于一天，成功往往就决定于一次战役。人之常情，气势旺盛人们就会归附，衰败就会离开；如果确实打一次大仗能就取得胜利，军威震惊世人，仁义之声誉到处传扬，那人心就会归附，豪杰之士就会如影随形跟从。不是所有的地盘都可以占领，占领一个地方就等同于得到十个地方；不是所有的城池都要攻取，攻下一座城就等同于得到十座同样的城；不是所有的军队都要攻破，攻破一支军队就等同于攻破十支这样的军队。用兵的原理是，过于看重或过于轻视都同样可能失去。借着士兵的锐气，乘着敌人矛盾，不失时机，那么天底下有利的形势都会集中于我军。难道有大举进兵却不能先坐操胜算的人吗？

昔者齐乱而管仲用之，燕弱而乐毅用之，六国散而信陵君用之。遂能霸天下，举强齐，挫暴秦者，诚能修武教而得士心也。十万人为军，勒为五军[①]，军二万人，伍合于十，十合于百，百合于千，千合于万，左合于右，后合于前，前后左右合于中，而提于元帅[②]。一知相应，一气相贯，如亿万丝为一绳，曲绾直引[③]，无不如意，不见一丝之异。此整而不可乱之兵也。整而不可乱，然后可使。感德然后畏威，畏威然后感德。

【注释】

①勒：统率，部署。

②提：率领。

③绾（wǎn）：牵，拉住。

【译文】

从前齐国动乱，管仲利用了这个时机；燕国弱小，乐毅利用了这个时机；六国离散，信陵君利用了这个时机。于是能称霸天下、攻破强大的齐国、挫败残暴的秦国的原因，确实是能够修整军事，得到士兵的拥护。十万人成为一支部队，分为五军，每军两万人，五这种单位合在十这种单位中，十这种单位合在百这种单位中，百这种单位合在千这种单位中，千这种单位合在万这种单位中，左边合于右边，前面合于后面，前后左右又合于中间，最后由元帅统摄。一呼百应，一气贯通，就像亿万根丝拧成一根绳子，牵拉好弯的直的，都没有不合自己意的，不会看到一根不同的丝。这就是整齐而不混乱的部队。只有这种整齐而不混乱的部队，才可用于作战。士兵为恩德感动才会敬畏威严，敬畏威严才会感动于恩德。

士卒未安不先寝，未食不先食，草食不甘食[①]，疾病必视药[②]；赏赐俘财，尽以分赐，日烹牛豕飨众。亲之如此，士卒爱之如父母矣。止舍有度[③],临战有节,违于法者即诛之,不少假于将帅[④]。于是士卒既爱且畏,无不愿效者。此能死而不可走之兵也。能死而不可走,然后可使。

【注释】

①草食:粗劣的食物。

②视药:察看汤药。

③止舍:驻扎宿营,安顿休息。

④少假:稍微宽容。

【译文】

士兵没有安顿停当将领不先睡觉,士兵没有吃饭将领不先吃饭,士兵吃粗劣的食物将领不吃好东西,士兵生病将领一定亲自察看汤药;有赏赐或者缴获的财物,全部分给大家,每天杀牛宰猪来犒劳大家。对士兵如此亲爱,士兵也会像对待父母一样爱戴将领。驻扎宿营有制度,作战有法纪,违反法纪者就诛杀,对将领也不稍稍宽容。这样一来,士兵既爱戴又敬畏将领,没有不愿意效死力的。这就是能死战而打不退的军队。能死战而打不退的军队,才能用于作战。

有如是之众,得以变化从心,合而不狃[①],散而不乱,进而不佻[②],退而不先,隐而不惑[③],危而不慑。我可以挠敌,敌不可以挠我;我可以入敌,敌不可以入我。以是方行天下[④],诛暴救民,乃有成也。

【注释】

①狃(niǔ):囿,局限。

②佻(yáo):宽缓,迟缓。

③惑：令人不解。

④方行：遍行。方，通“旁”。

【译文】

有了这样的部队，才能根据情况随心所欲地变化，部队聚合起来没有局限，分散开来不会混乱，前进时不迟缓，撤退时不争先，隐蔽时不会糊涂，有危险时不害怕。我军能扰乱敌军，敌军却不能扰乱我军；我军能够深入敌军，敌军却不能深入我军。这样遍行天下，诛灭暴乱，拯救百姓，才能成就功业。

受任

【题解】

《受任》篇讨论如何接受任命这个传统的话题。

择木而栖，择人而任，这是古代读书人的常规思维，唐甄当然也不能免俗，他同样认为："成败去就，谨于所择者，功名之门也。"

唐甄认为，人在五种情况下是不接受任职的：其一，时机不对，不接受；其二，主人不贤，不接受；其三，"用违其才"，不接受；其四，用人不专，不接受；其五，权幸主宰，不接受。只有"入室而谋，处幄而议，食以其食，衣以其衣，属之以心腹，倾之以密机"，才会"国安与安，国危与危，国亡与亡"。唐甄接受任职的标准其实并不高，他的任职理想，无非就是有一个能尽情挥洒才情的相对干净的舞台。

在本篇中，唐甄提及的三个事例很有意思。第一个事例是糜虫这个女人嫁人的事。嫁人如择主而事，开始时就要谨慎，没有后悔药。第二个和第三个事例的含义是相同的，申甫此人，"既无车，又无战士，驱市人以当强敌，以是败死"，无能至极；而孙传庭虽号称善于用兵，但对形势根本没有准确的判断，最后轻率出兵，"驱千万人之肉，委于虎狼之口，而身受败军之辱！"这与白起长平之役中坑杀赵军有何区别！这些均是无真正才能的人，居其职亦是尸位素餐。

能成大功者，必不败功；能成大名者，必不败名。且毋审其智能[①]，毋论其权用[②]。出身必有所主[③]，行道必有所由[④]。立于不败之地，行于不穷之道，乃可以恣我之为也[⑤]。功名之道，无幸无不幸。智者必成，不成必非智；智者必不败，败必非智。是何也？两合则成[⑥]，两违则败。见可成则就之，见不可成则避之。成败去就，谨于所择者，功名之门也。

【注释】

①且：姑且，暂且。

②权用：谋略，才干。

③出身：从事某种事情、职业。

④行道：实践自己的主张或所学。所由：所自，所从来。

⑤恣：满足，尽情。

⑥两合：指个人的智慧与社会需要，要两相符合。

【译文】

能成就大功业的人，一定不会自己败坏自己的功业；能成就好名声的人，也一定不会自己败坏自己的名声。暂且不去考察他的智慧与能力，也不讨论他的谋略与才干。从事自己的职业一定有主攻方向，践行大道一定有所从来。挺立于不败的境地，行走在无终极的大道上，才能够尽情尽性而有作为。取得功名的方法，没有幸运与不幸运的区别。聪明的人一定能成功，不成功的人一定不聪明；聪明的人一定不会失败，失败的人一定不聪明。是什么原因呢？个人的智慧与社会需要两相符合就能成功，互相违背就会失败。如果发现能够成功就趋近，如果发现不能够成功就躲避。成功与失败、离开与留下，对于所选择的谨慎的，是功名的大门。

朽木不可雕也，粪土之墙不可画也[①]。善雕者必于楸檀[②]，善画者必于垩素。有工于此，取彼腐材墨质[③]，率然而运斤[④]，率然而施采。及其无成，人皆曰："非其技之不良，所遇之非材也。"智者必笑曰："是尚不能辨材别质，即其技可知矣。"贫贱者，人之常处也。璞玉不出[⑤]，于玉无伤。有拙工者，剖而琢之，不能名器，玉乃伤矣。苟无其遇，宁休于户牖，食于贱业，保其妻孥；不慕荣贵，所以守璞也。

【注释】

①朽木不可雕也，粪土之墙不可画也：语出《论语·公冶长》："朽木不可雕也，粪土之墙不可圬也。"这是孔子批评宰予无可救药的话。

②楸（qiū）：木名，木材质地细密，可供建筑、造船等用。檀：木名。

③墨质：墨黑色质地。

④率然：轻率的样子。

⑤璞玉：包在石中而尚未雕琢的玉。

【译文】

腐烂的木头雕刻不出美丽的花纹，肮脏的墙不能画出漂亮的图案。善于雕琢的人一定是在楸木、檀木上雕刻，善于绘画的人一定是在白色墙壁、素绢上作画。现在有这样的工匠，拿那些腐朽的木头，或在墨黑色质地的墙或纸上，轻率地挥动刀斧，涂抹颜色。等到他们什么也做不出来，所有人都会说："并不是他们技艺不高超，碰到的材料不够好啊。"有智慧的人一定会笑着说："连材料质地都区分不清楚，那么他的技艺如何也就能知道了。"贫贱是人的常态。包在石头中未雕琢的玉不剖开，对玉没有伤害。如果有拙劣的工匠将石头剖开来雕琢，不仅做不成名贵的器物，还损伤了这块宝玉。如果没有好的遇合，宁愿在家中休息，依靠贫贱的职业生活，养活自己的妻子儿女；不贪慕荣华富贵，来守护自己璞玉般的品质。

万金之贾，行于道涂，必挟善射者为之卫。盗至则引弓待之，不轻发也；发必洞胸[①]，必穿胁[②]，必贯颅。一发不中，则刃镞已加其体矣。天下之大，非特万金之富也；万人之敌，非特一盗之智也；豪杰之身，非特一矢之用也。是何轻于委身者之不如发矢也？

【注释】

①洞胸：穿过胸部。

②胁：身躯两侧自腋下至腰上的部分。亦指肋骨。

【译文】

富有万金家产的商人，在大道上行走，一定会带长于骑射的人来保卫自己。强盗来了就拉开弓严阵以待，不轻易发射；箭一旦射出必定穿胸而过，射穿肋骨，射穿脑袋。如果一次没有射中，那么强盗的刀箭就会砍射在自己身上。天下这么大，不是只有富有万金家产的富人；上万人的敌军，也不都是只具有一个强盗那样智商的人；英雄豪杰这样的人，也不只是一支箭的作用。为什么轻易就委身于他人，还不如一枝射出的箭呢？

是故君子有不受任者五：不遇其时，不受；不得其主，不受；用违其才，不受；任属不专[①]，不受；权臣持之，嬖幸市之[②]，不受。君子非不勇于受任也，其重若此者，恐其隳功毁名[③]，辱国残命也。士当巷居[④]，隐见惟己，人不得致也。出而干主，任之犹轻[⑤]，言之犹浅，去留亦惟己，人不得泥也[⑥]。若夫入室而谋，处幄而议，食以其食，衣以其衣，属之以心腹[⑦]，倾之以密机。当是之时，国安与安，国危与危，国亡与亡，义不可去矣。

【注释】

①任属：信用托付。

②嬖幸：被宠幸的人，指姬妾、倡优、侍臣等。

③隳（huī）：毁坏，废弃。

④巷居：居住于里巷中，指隐居。

⑤犹：连词，如果。

⑥泥（nì）：阻滞，滞留。

⑦心腹：指机要重任。

【译文】

所以君子不接受任命的情况有如下五种：没碰上好时机，不接受任命；没碰上贤明的主人，不接受任命；被任用时与自己的才能不相符，不接受任命；信用托付不专一，不接受任命；由权奸之臣把持，由被宠幸之人买卖，不接受任命。君子并不是不勇于接受任命，之所以这么重视这件事，是害怕断送功业，毁坏名声，使国家受辱，残害生命。作为士，应该隐居在街巷中，隐居与出世都由自己决定，其他人不能左右。出仕干谒君主，如果不能委以重任，如果建言没有分量，那么是去是留也由自己决定，别人不得阻止。如果被延请入宫廷中出谋划策，身处帷幄之中讨论国家大事，享受应该获得的俸禄，将机要重任托付给他，将国家机密全部告诉他。这种时候，要与国家同安定，共危亡，从道义上说不能离开。

唐子之治长子也，有讼夺其妻者，曰："麋虫许嫁我矣[①]。"夺妻者曰："麋虫昨日嫁我矣。"问麋虫以谁愿也，不愿夺妻者。唐子曰："汝休矣[②]！朝夺而夕讼焉，犹可也。"主义之既厚，犹女子之既宿也；道不行而欲去之，是縻虫之悔也。《诗》曰："靡不有初，鲜克有终[3]。"能慎于初，则有终矣。

【注释】

①縻虫：长子县一个女人的名字。

②汝：指縻虫。

③靡不有初，鲜克有终：见《任相》篇注。

【译文】

我治理长子县的时候，有个人控告另一个人夺走了他的妻子，说："縻虫已经答应嫁给我了。"那个夺人妻子的人说："縻虫昨天就嫁给我了。"问縻虫愿意嫁给谁，她不愿意嫁给那个夺妻的人。我于是说："你算了吧！如果早上被夺走晚上就来打官司，也还可以回去。"君主对自己情谊深厚，自己就如同已经与别人同宿过的女人；自己的主张不能施行而想离去，这就如同縻虫的悔恨吧。《诗经》中说："万事开头讲得好，很少能有好收场。"只有在开始时谨慎的人，才会有好的结果。

君子之始得君也，观其聪明，观其用舍，观其诚伪，观其度量，观其将相之臣，观其左右之人。皆可矣，试之以言论；既合矣，博之以仁义[1]；既合矣，进之以奇谋。直之不怒也[2]，深之不疑也[3]，专之不参也[4]，夫然后可以效死而不去。是以谏受，言悟，才达，智顺[5]，功名可成，福禄可长也。

【注释】

①博：获取，得到。

②直：以……为有理，以……为正义。

③深：情意厚。

④专：专断，擅自行事。参：参与，这里指干预。

⑤顺：通“训”。教导，教训。

【译文】

君子刚得到君主的赏识，要观察君主是否能明察明听，是否能正确用人，是真诚还是虚伪，他的度量如何，他的将相大臣怎么样，他的左右又怎么样。如果都可以，就用言论来测试他；如果合得来，就用仁义思想来获得他的信任；如果合得来，就向他进献治国理政的谋略。君主认为他有理就不会发怒，认为他情真意切就不会怀疑，让他专断而不干预，这样就拼死报效而不离去。所以进谏能被接受，忠言能被领悟，才华能够发挥，智慧能够教导，这样就能功成名就，能够长久地享有福禄了。

汪子著申甫之《传》①，曰：“申甫居嵩山之中②，学古兵法，长于用车。愍帝使之将③，既无车，又无战士，驱市人以当强敌，以是败死，非其不善用兵也。”唐子曰：“申甫善用车，请以车喻。有车于此，圆其轴，方其毂，茅其缠牵④，躄其骖服⑤，善御者将笑而去之乎，抑鞭箠牛马而强驱之乎？以此决事，知申甫之无能为矣。”

【注释】

①汪子：即汪琬（1624—1691），字苕文，号钝翁，晚号尧峰。清初学者，与侯方域、魏禧合称明末清初散文三大家。

②申甫：明代僧人，好谈兵。因金声推荐授都司佥书，后拔为副总兵，在与清军作战中阵亡。

③愍帝：指明思宗朱由检。清廷谥为庄烈愍皇帝。

④缠牵：本为“束缚牵制”之义，这里指牵引用的绳子。

⑤躄（bì）：足不能行。骖服：指驾车的马。

【译文】

汪琬曾撰作《申甫传》，说："申甫居住于嵩山之中，学习古人流传下来的兵法，擅长使用车战。崇祯皇帝任命他为大将，既没有车，也没有士兵，他就驱使城中的老百姓来抵挡强大的敌军，所以战败而死，并不是他不擅长用兵作战。"我说："申甫善于使用车战，就请让我以车战来打比方。现在有车摆在这里，车轴是圆的，车毂是方的，牵马的绳子是茅草做的，驾车的马是跛腿的，善于驾车的人是笑着离去呢，还是用鞭子将牛马打死而强行驱赶战车呢？由此来看，可知申甫没有本事了。"

昔者唐子问于陈盟曰[①]："先生熟明事，敢问明之亡也，亦有人乎？"曰："有孙传庭者[②]，虽古良将不能过也。其在关中，休兵不动，曰：'卒未练，未可用也。'朝使数趣之[③]，不得已引兵而出，一战大败，贼遂入关。惜哉，孙子不败，明其未亡乎！"唐子曰："先生之言失于此矣。善用兵者，生卒亦胜[④]；不善用兵者，练卒亦败[⑤]；善用兵者，怯者亦死[⑥]；不善用兵者，勇者亦走[⑦]。且孙子之所将，未必皆市人也。大敌卒至，亦可以未练谢乎[⑧]？凡用兵之道，危伏于安，安伏于危；死伏于生，生伏于死。惟达变者能见其微而用其巧。是姑勿论，论孙子之所处。若果不可出，将在军，君命有所不受。宁伏剑而死，必不辱身；宁伏剑而死，必不辱名；宁伏剑而死，必不辱军；宁伏剑而死，必不辱君。古之白起是也。奈何驱千万人之肉，委于虎狼之口，而身受败军之辱！以此决事，知孙子之无能为矣。"

【注释】

①陈盟(1584—1661):字无盟,天启进士。清军统一江南后出家为僧,名德藏。

②孙传庭(1593—1643):明末振武卫(今山西代县)人,字伯雅,号白谷。万历进士。曾俘获高迎祥,大败李自成。后为李自成所败,战死阵前。

③趣(cù):督促,催促。

④生卒:未经训练的士兵。

⑤练卒:精兵。

⑥死:拼死作战。

⑦走:逃跑。

⑧谢:推辞,拒绝。

【译文】

以前我问陈盟说:“先生您熟悉明代的事,请问明代灭亡,也有人为因素起作用吧?”陈盟说:“有个叫孙传庭的人,即使是古代的良将也不能超过他。他驻守关中的时候,按兵不动,说:‘士兵还没训练好,不能用于作战。’朝廷多次派人催促他,他不得已带兵出战,一战就大败,贼寇于是入关了。可惜啊,孙传庭要是没有战败,明代也许不会灭亡吧!”我说:“先生您的话也不正确。善于用兵,即使新兵也能打胜仗;不善于用兵,训练有素的士兵也会打败仗;善于用兵,胆小的士兵也能拼死作战;不善于用兵,勇猛的士兵也会逃跑。况且孙子所带领的部队,也不全是市民吧。大敌突然到来,也能用士兵没有训练来推辞吗?大凡用兵作战的道理,危险潜伏于安全中,安全潜伏于危险中;死亡潜伏于生机中,生机潜伏于死亡中。只有善于变通的人才能看到这些细微的地方并且巧妙地加以运用。这些暂且不论,只讨论一下孙子当时的处境。假若果真不能出兵,大将在军中,君主的命令也可以不接受。宁可伏剑自杀,也不使自身受辱;宁可伏剑自杀,也不使自己名声受辱;宁可伏剑自杀,也不使军队受辱；宁可伏剑自杀，也不使君主受辱。古代的白起就是这样的人。怎么可以驱赶着上千万人的肉体，送到饿虎饿狼的嘴里，自己也遭受战败的耻辱！这样来判断这件事，可知孙子没有本事了。”

利才

【题解】

人才是国家发展的最重要力量。在《利才》篇中，唐甄论述了人才难得，要懂得保护、利用好人才。

在漫长的封建社会，事奉帝王，同僚相争，都可能给人带来杀身之祸。唐甄说："处险而安者，鄙夫也；处险而险者，君子也。"这是告诫世人，要懂得规避危险，不轻言死。特别是那些豪杰，他们是国家的依靠，"而肯冒梃刃，婴木索乎？彼夫义激气愤，解带自决，暴虎冯河而不反；世皆壮之，称为烈士。是愚夫悍妇之行也，君子不为也"。

接着，唐甄提出君子"四不死""三死"之说，即君子在什么时候不能白白丢了性命，在什么情况下得慷慨赴死。"身死而大乱定，则死之；身死而国存，则死之；身死而君安，则死之。"这都是唐甄这样的读书人的气节与家国情怀。

最后，唐甄还认为："君子之当大任，立身于必不死，设心于必死。必不死，以善其用也；必死，以坚其志也。"如果必须赴死，身死则国存，就一定要意志坚定，"志坚则才利"，不能瞻前顾后，犹豫不决。

功名，险道也；君臣，险交也。不必直谏而险，直言亦险；不必临战而险，立朝亦险；不必事暴君而险，事贤君亦险。我之所谓险者，非安其位，保其爵禄也；非不虑患，不避祸也。致我之道[1]，以任重安邦也。夫任重者，功罪同迹[2]，信谗相参[3]。非必为之而辄危也，或出于万有一危[4]，则危矣。处险而安者，鄙夫也；处险而险者，君子也。

【注释】

①致：招致。

②迹：至，蹈。

③相参：相互掺杂。

④万有一危：一万份安全中有一份危险，指极偶然的事。

【译文】

追求功与名，是危险的道路；君与臣的交往，是危险的交往。直接进谏未必危险，说话正直也危险；参战未必危险，在朝为官也很危险；事奉暴君未必危险，事奉明君也危险。我所说的危险，并不是指保全官位、保全爵禄，也不是不考虑祸患、不躲避灾祸。君主招致我的原因，是要委以重任、安定国家的。那些肩负重任的人，总是功劳与罪过同时存在，信任与谗毁相互掺杂。并不是一定这样做就会有危险，有时有万分之一的危险性，就很危险了。身处危险之中而苟安的人，是庸俗浅陋的人；身处危险之中而感觉到危险的存在，才是君子。

死者，人之所甚重也。昔者先师饮食有方，衣服有度[1]，著之于经，不厌其繁。所以养其体气，固其寿命，是力学，修身，建业之所先也。人之常情，揃脱爪发[2]，必相不践履之地乃委置之[3]。是何也？甚爱其身，且惜其身之所弃也。况豪杰之身，家国倚之，而肯冒梃刃[4]，婴木索乎[5]？彼夫义激气愤，解带自决，暴虎冯河而不反[6]；世皆壮之，称为烈士。是愚夫悍妇之行也，君子不为也。

【注释】

①先师饮食有方，衣服有度：指《论语·乡党篇》中记载孔子乡居时衣服饮食合度得宜。先师，指孔子。

②揃（jiǎn）：剪断，剪下。

③委：放置。

④梃刃：棍棒和刀。

⑤婴：系，戴。木索：刑具。木指"三木"，古代加在犯人颈、手、足上的三件刑具。索即绳索，用以拘系犯人。

⑥暴虎冯（píng）河：典出《诗经·小雅·小旻》："不敢暴虎，不敢冯河。"暴虎，空手和老虎搏斗。暴，徒手搏击。冯河，徒涉过河。冯，徒涉，蹚水。比喻冒险行事，有勇无谋。

【译文】

死亡，是人们特别重视的事情。以前孔子饮食得法，穿着合度，这些都不嫌繁杂地记载在儒家经籍文献中。这样来养护自己的气血，稳固自己的寿命，这是努力学习、修养身心、建功立业的先决条件。人的常情，剪掉的指甲，脱落的头发，一定要找一个人踩不到的地方给放置起来。这是什么原因呢？是因为特别爱惜自己的身体，也爱惜身上掉落下来的东西。何况那些英雄豪杰，是家和国的依靠，却肯顶着棍棒与刀剑、戴着刑具吗！那些受道义所激、义愤填膺的人，解下衣带上吊自杀，空手搏虎，徒步渡河而不回头；世人都认为这是壮举，称这样的人为壮烈之士。其实这些都是愚蠢之人、泼妇的行为，君子是不这样干的。

君子有四不死：权奸擅命[1]，天子敛手[2]；欲救而逆之，如冶炉燎羽耳[3]。当是之时，君子不死也。朋党相訾[4]，有伏戎焉[5]。自贤而非人，自白而浊人，祸不移影[6]。当是之时，君子不死也。兴废用舍，非所以安危者则不争；抗言争之[7]，或以激怒。当是之时，君子不死也。大命既倾[8]，人不能支。君死矣，国亡矣；非其股肱之佐，守疆之重臣，而委身徇之[9]，则过矣。当是之时，君子不死也。此四不死者，死而无益于天下，是以君子不死也。君子有三死：身死而大乱定，则死之；身死而国存，则死之；身死而君安，则死之。自尧、舜以至于今，成大功，立大名，受大封，扬名后世，泽流子孙者多矣，奚为以死期哉？

【注释】

①权奸：指弄权作恶的奸臣。擅命：擅自发号施令，不受节制。

②敛手：缩手，束手。

③燎：烧。

④訾（zǐ）：诋毁，指责。

⑤伏戎：埋伏军队或刺客。

⑥移影：指经过了一段时间。

⑦抗言：高声说话。

⑧大命：天命。

⑨徇：通“殉”。为某一种目的而死。

【译文】

君子不为以下四种情况丢性命：奸臣执掌大权，君主束手不管；想要挽救国家而冒犯他们，这就像羽毛掉进了冶炼炉中一样。在这时候，君子不能为这样的事丢性命。朋党之间互相指责，就像有军队或刺客在身旁埋伏着。自认为贤能而批评别人平庸，自认为清白而别人昏浊，没过一段时间灾祸就降临在自己头上。在这时候，君子不能为这样的事丢性命。兴复、废毁、采用或舍弃，不是关系到国家安危的就不争论；大声地争辩这些，有可能激怒对手。在这时候，君子不能为这样的事丢性命。天命已经倾覆，没有人能支撑；君主都死了，国家也灭亡了，不是君主倚重的辅佐大臣，或者是守卫边疆的重臣，而以身殉国，这就做错了。在这时候，君子不能为这样的事丢性命。这四种不能死的情况，就是死了也对国家没有什么好处，所以君子不会为这样的事而死。君子在如下三种情况下会献出生命：自己献出生命天下的大乱能平定，则可以献出生命；自己死了但国家得以保存，则可以献出生命；自己死了而君主能平安，则可以献出生命。从尧、舜一直到现在，成就大的功业、树立大的名声、接受大的封赐、名垂后世、恩泽流被子孙后代的非常多，为什么非得期待着去送死呢？

不知君子之当大任，立身于必不死，设心于必死。必不死，以善其用也；必死，以坚其志也。天下之险，莫如蜀江，莫如沧海。然江海者，商舟由之以致富利，乌可废也？道黄陵、新聂者①，必熟识没石②；适裸人黑齿者③，必谨候风占④。是舟人立身于必不死，而后人民赖有舟楫，殊方之货毕至焉。隐中之谗⑤，同体之忌⑥，权幸之处⑦，邪正之交，宫庭之异同，君嗣之便逆⑧，敌人之疑间⑨，若是者，皆功途之没石、风占也，不能谨辟之，曲遂之⑩，则身危功败，为天下笑矣。

【注释】

①道：取道，经过。黄陵：指黄牛峡，在今湖北宜昌东约40公里的长江之中。新聂：地名，不详何地。

②没石：没入水中的石头暗礁。

③适：去，往。裸人：即裸国，传说中的古国名。因为这里的老百姓

都不穿衣服，所以称裸国。黑齿：古国名，所指不一。

④风占：预测风向。

⑤隐中：隐伏其中。

⑥同体：结为一体，地位相当。

⑦权幸：指有权势而得到帝王宠爱的奸佞之人。

⑧便：顺，顺从。逆：违背。

⑨疑间：猜忌离间。

⑩曲遂：曲意顺从。

【译文】

要懂得君子担当重任，身体要立于一定不死的境地，而心中要有必死的信念。一定不能死，是为了要更好地发挥自己的作用；有必死的信念，是要坚定自己的志向。天底下的险要之地，没有比得上流经蜀地的长江，没有比得上苍茫的大海。但是长江与大海，商人的船只是凭借它们获得财富和厚利，怎么可能废弃呢？取道黄陵峡、新聂这些地方，一定要熟悉牢记那些隐没江中的礁石；到裸人国、黑齿国这些地方，一定要谨慎地预测风向。所以只有驾船的人立于不死之地，然后人们才能依赖这些船渡河，远方的货物才能全部运载而来。隐伏于暗处的谗言，来自同伴之间的猜忌，与受帝王宠幸的奸佞之人相处，邪恶与正义的交锋，宫廷中的异端与同路人，君主继承人的奉迎与忤逆，敌对之人的猜疑与离间，像这些，都是追求功名途中的礁石、风向。不能够谨慎地避开，曲意去顺从，那么就会自身危险，功业难成，成为天下人的笑柄了。

吾闻之：立功者，才也；卒功者，智也；审定者[①]，心也；达险者，志也。才者剡也[②]，志者椎也。天下重器，举之难举也；命数不常，测之难测也。江海之险，虽善操舟，或千百而一二覆焉。是以君子为学既成，得君而行，必先委死生于不计。苟以死存心，以死立志，谐妻泣之而不顾，爱女牵之而不顾，昵子随之而不顾。临事之时，处之必静，见之必明，思之必熟，行之必决。虽谋不及太公，亦可以成太公之功；虽才不及管仲，亦可以成管仲之功。今夫矢一也，以弱弓发之，或不能杀人；以强弓发之，则可以贯甲。志坚则才利，亦犹弓之发矢也。

【注释】

①审定：审查决定或审阅评定。

②剡（yǎn）：削尖，这里指尖利的工具。

【译文】

我听说过：能建立功业，靠的是才华；能最终完成功业，靠的是智慧；审查决定，靠的是内心；通过险境，靠的是意志。才能是锋利的工具，意志是椎击的工具。国家重器，要举起来是很难的；命运无常，要预测它是很难的。大江大海凶险，即使善于驾舟，千百次航行中也总有一两次倾覆。所以君子学有所成，得到君主来事奉，就一定要将生死置之度外。如果将必死的信念存于心中，以必死作为心志，和顺的妻子伤心哭泣也不回头，钟爱的女儿拉着他也不回头，亲昵的儿子跟在身后也不回头。遇到事情时，一定会冷静处理，一定会明察，一定会熟虑，一定会行动坚决。即使计谋赶不上姜太公，也可以成就姜太公那样的功业；即使才能比不上管仲，也可以成就管仲那样的功业。现在箭都是一样的，用软弱的弓来发射，可能连人都杀不死；用强劲的弓来发射，则可以贯穿坚硬的铠甲。意志坚定才华就会变得锐利，也就像张弓射箭一样。

昔者蜀大乱而食人肉，冉邻起兵①。冉邻者，唐子未娶之女之父也。遣二人者为谍于寇。闻有猎人者于途②，一人惧而欲反；其一人曰："进死于釜[③]，退死于法。等死耳[④]，其行乎！第疾走，慎毋怯而反顾。"比肩而走，一人不反顾，一人数反顾。一反顾，逊不反顾者五步；再反顾，逊不反顾者十步，卒之追者及之。反顾者肉糜于釜；不反顾者乌逝隼集而反命，得寇之形，以战胜焉。由是观之，以死心处死地者成，以生心处死地者败。成败之间，勇怯之分也。

【注释】

①冉邻：不详其人。

②猎人：据唐甄后文之意，这里的猎人应该是猎杀人、食人肉者。

③釜（fǔ）：古代的炊器。

④等：等同。

【译文】

以前蜀地发生大暴乱，出现吃人肉的惨象，冉邻率兵造反。冉邻是我没有娶作妻子的那个女孩的父亲。冉邻派了两个人到敌军中作间谍。这两个人听说路上有人猎杀人，一个就想返回；另一个人说："前进是死在锅里，退后就死于军法。同样是个死，还是前行吧！只管快跑，千万不要因为害怕而回头。"两个人肩并肩往前跑，其中一个不回头，另一个回了几次头。回一次头，比不回头的那个人就落后五步；再回一次头，比不回头的那个人就落后十步，最后追赶的人追上了他。那个回头的人成为锅中的肉粥；不回头的那个人如同乌鸦飞逝、隼鸟降落一样回来复命，拿到了敌寇的地形图，从而打了胜仗。由此看来，以必死的心处于必死的地方就能成功，以求生的心处于必死的地方就会失败。成功与失败，就在于勇敢还是胆怯。

仁师

【题解】

《仁师》篇讲仁者之师。何谓仁者之师？能生民之兵，就是仁者之师。“古之用兵者，皆以生民，非以杀民。后之用兵者，皆以杀民，非以生民。”

唐甄指出：“德者，乳也；兵者，药也，所以除疾保生也。”兵，是用来除疾保生的重要力量，但是自汤、武之后，兴兵动杀者比比皆是。而最令人发指的举兵行杀行为莫过于屠城：“夫城之大者数万户，小者亦万千户。市集攘攘，老幼嬉嬉，妇子依依。一旦尽杀之，尸横屋宇，血满沟浍。”而屠城的原因大致有两个：“恐其反为敌守也；以威未至之城，使不敢拒我也。”唐甄以其祖父的经历为例，反驳了这两个原因的荒谬。

更为可笑者，像张献忠这样的嗜杀者如果侥幸得志，“立宗庙，建社稷，兴礼乐，定制度，与天下更始，群臣谀之，史官赞之，必谓德比唐、虞，功高汤、武矣”。还会成为德高之君，何其荒诞！

唐甄认为，君主才是兴兵杀人的真凶：“将卒杀人，人主不知，谓之不明；知而不问，谓之不仁。不明不仁，不可以为天下主！”这与下一篇《室语》的相关论述完全一致。将骄卒悍，是师之不仁的重要原因；无限满足将领与士兵的欲望，是师之不仁的又一重要原因。这样的军队都是杀人如麻的虎狼之师。

唐甄理想中的仁师，是“王者之师”。这样的军队，“士卒爱畏，以将帅为父母，以将帅为神明。率而用之，强如猛虎；止而休之，柔如群羊。其视敌国，如视父母之仇；其见良民，如见邻里之人”。只有这些管理有效的军队，才能战必胜，攻必取。仁义之师在战争中只有两种情况是不得不杀人的：一种是歼灭不义之师，还天下百姓以太平；一种是惩罚战场上不听指挥、不守纪律或临阵逃脱的人，严明军队的纪律。

战争的破坏性太强，不好战，不兴兵，这是唐甄军事思想中最重要的部分。

古之用兵者，皆以生民，非以杀民。后之用兵者，皆以杀民，非以生民。兵以去残而反自残，奈何袭行之而不察也①！

【注释】

①袭：沿袭。

【译文】

古代用兵的人，其目的都是使老百姓活下去，而不是杀死老百姓。后代用兵的人，都是为了杀死老百姓，而不是使他们活下去。军队是用来去除残暴的，现在反而残害自己，为何还沿袭这样做却不察觉呢！

古之贤主，受命于天，为民父母，实有慈心。不握而提①，不怀而抱。痛民之陷于死，兵以生之；恐民之迫于危，兵以安之，如保赤子。德者，乳也；兵者，药也，所以除疾保生也。

【注释】

①提：这里指扶持。

【译文】

古代的贤能君主，接受天命，作为老百姓的衣食父母，是有着慈爱心肠的。虽然不会握着每个人的手，但却一直提携帮助着每个人；虽然不会将每个人放在怀里，但却一直爱护着每个人。痛心老百姓身陷死亡，所以用军队帮助他们生存；担心老百姓被危险逼迫，所以用军队安定他们，好像保护着婴儿一样。仁德，就像乳汁；军队，就像药物，是用来除去疾病保护生命的。

汤武之后，道与谋为二，德与力为二。群雄并起，武力上人者得之。其君其将，皆惨刻少恩[①]，谲诈无实，惟利天下，利爵土，无救民爱人之意。非屠府县百十城，杀无辜数千百万人，绝烟火，绝鸡犬之声千百里者，不可以得天下。

【注释】

①惨刻：凶狠刻毒。

【译文】

在商汤、周武王之后的世代，大道与谋略一分为二，仁德与力量一分为二。群雄蜂起，在武力方面超过别人的人得天下。这种国家的君主与将领都残暴刻薄，奸诈不诚实，他们只想得到天下，得到爵禄与土地，完全没有拯救老百姓、爱惜老百姓的意思。不是那种屠戮上百座州城、县城，杀害千百万无辜的老百姓，使人间烟火灭绝、成百上千里鸡鸣狗吠之声灭绝的人，不能得到天下。

自二千年以来，时际易命，盗贼杀其半，帝王杀其半。百姓之死于兵者，不可胜道矣，可不哀乎？有帝王者出，岂不号为义兵哉？而不免于杀者五：诱降而杀，受降而杀，掠其刍粮而杀，冒上首功而杀[①]，忿其城之不下而杀。五杀之恶，莫大于屠城。夫城之大者数万户，小者亦万千户。市集攘攘[②]，老幼嬉嬉[③]，妇子依依[④]。一旦尽杀之，尸横屋宇，血满沟浍。夫倾沸鼎以灌蚁穴，虽有忍者不为，而何以忍此！

【注释】

①冒：贪图。上：通“尚”。崇尚，看重。

②攘攘（rǎng）：纷乱貌。

③嬉嬉：和乐貌。

④依依：依恋不舍的样子。

【译文】

两千年以来，时代际会，天命更易，贼寇杀掉一半人，帝王杀掉一半人。死于战争中的老百姓不可计数，能不令人悲痛吗？有想做帝王的人产生后，难道不都声称自己是义军吗？但还是免不了在如下五种情况下杀戮：杀被诱降的人，杀投降的人，抢劫别人的粮食并且杀掉这些人，贪图看重首功而杀人，因城池久攻不下、攻下后愤怒杀人。以上五种杀人中最残暴的，莫过于屠城。一座城大的有几万户，小的也有成千上万户。城市中人群熙熙攘攘，老人孩子和睦安乐，妇女儿童相依相偎。一旦屠城，屋子里都是尸体，血流满了水沟。把鼎中沸腾的水灌进蚂蚁的巢穴，即使残忍的人也不会这么做，却怎么忍心屠城呢！

夫屠城者有二见：恐其反为敌守也；以威未至之城，使不敢拒我也。是其为谋，亦极拙矣。夫危险之地，人必避之；宽仁之主，众必归之。昔者张献忠之寇蜀也，屠梁、万，将至达，唐子之大父郎中号于众曰：“贼至必屠，其俯首而死乎，抑杀贼而死乎？”众皆愤曰：“宁杀贼而死。”其后三攻三却之，终不能拔。然则屠城者，是使之拒我也，是使之为敌守也。请设言之[1]：若屠一城而千百城皆下，释一城而千百城皆守，屠一城而千百城皆为我守，释一城而千百城皆为敌守，问："仁者为之乎？"曰："不为也，虽有天下不愿也。"

【注释】

①设：假设。

【译文】

屠城的人持有两种观点：担心城中的人反过来成为敌军的守备力量；以这种方式来威慑那些还没有攻下的城池，使之不敢抵抗我军。这些谋略也太拙劣了。那些极其危险的地方，人们一定想办法躲避；宽厚仁慈的君主，老百姓一定会归附他。以前张献忠在蜀地为寇时，屠掉了梁县、万县两座城市，快要打到达州时，我的祖父号召众人说："贼寇来了一定会屠城，我们是低头就死，还是杀掉盗贼战死呢？"大家都愤怒地说："宁愿杀贼而死。"后来，贼寇三次攻城三次被打退，始终不能攻下城池。这样看来，屠城只会使老百姓抵抗我们，只会使老百姓成为别人的守备力量。请让我用假设来说明这一点：假若屠一座城能拿下千百座城，放过一座城而使千百座城成为敌军的守备，屠掉一座城而千百座城都成为我的守备力量，放过一座城而千百座城都成为敌人的守备力量，请问："有仁德的人会这样做吗？"我说："不会这样做，即使拥有整个天下也不会这么做。"

昔者张献忠驱江夏之民于江[1]，驱华阳之民于江[2]，江夏之江壅，华阳之江不流。积手与山齐，积骭与山齐[3]，积耳与丘齐，积鼻与丘齐。使献忠既得天下，立宗庙，建社稷，兴礼乐，定制度，与天下更始[4]，群臣谀之，史官赞之，必谓德比唐、虞，功高汤、武矣。有天下者，屠一城是即一城之献忠，杀一无辜之人是即一人之献忠；特以大功既成，贵为天子，民安其治，无议之者，遂自矜其功，亦人忘其毒。天道好还[⑤]，不可不信，不可不畏。杀人之子孙，亦或杀其子孙；戮人之宗族，亦或戮其宗族。天伏其诛[⑥]，鬼畜其厉[⑦]，不可以贵免也，不可以力除也。

【注释】

①江夏：县名。在今湖北武汉。

②华阳：县名。在今四川成都。

③骭（gàn）：胫骨，也指小腿。

④更始：重新开始。

⑤天道好还：指天道循环，报应不爽。

⑥天伏其诛：上天会诛灭他。

⑦鬼畜其厉：指佛教六道轮回中对沦落饿鬼道和畜生道的简称。厉，恶鬼。

【译文】

以前张献忠把江夏县的老百姓赶到长江里，把华阳县的老百姓赶到长江里，江夏的长江段因为尸体堆积被堵塞，华阳的长江段因为尸体水都不流动了。死人的手和腿堆积得像山一样高，死人的耳朵和鼻子堆积得像小丘。假使张献忠得到了天下，立了宗庙，复兴礼乐，制定制度，与天下人一起除旧布新，大臣一定会阿谀奉承他，史官也会赞美他，一定说他仁德可以比肩唐尧、虞舜，功劳高过商汤、周武王。拥有天下的这个人，屠杀一座城还是那个屠杀一座城的张献忠，杀一个无辜的人还是那个杀一个无辜之人的张献忠；只是因为他的大功已经完成，成为尊贵的天子，老百姓安心于他的统治，没有人再议论他，于是开始夸耀自己的功劳，人们也忘记了他的狠毒。但是天道循环，这一点不能不相信，不能不敬畏。杀掉了别人的子孙，也会有人杀掉他的子孙；屠戮了别人的宗族，也有人屠戮他的宗族。上天会诛灭他，鬼畜会惩处他，不会因为他高贵而免除，也不会因为他有勇力而免除。

主臣一心，上下共体，内外同气，何细不闻，何隐不达？海内之境，如身之肤；生民之众，如肤之毛，未有拔一毛而身不知者。将卒杀人，人主不知，谓之不明；知而不问，谓之不仁。不明不仁，不可以为天下主！

【译文】

君主与大臣同一条心，上下一体，内外同心，什么细微的事情不会听到，什么隐情不会上达？国家这一地域，就如同身体的皮肤；众多老百姓，如同皮肤上的毛发，没有拔掉一根毛而身体不知道的。将帅与士兵杀人，君主却不知道，这就是君主不贤明；知道却不过问，这就是不仁德。不贤明不仁德，不能够做天下之主！

天下之害，莫大于将骄卒悍。将骄卒悍，杀人则勇，杀敌则怯；取宝货妇女则勇，取城郭军垒则怯。若然者，主不能用将，将不能用众；欲得其力，务厚其恩，乃适其所欲而恐或伤其意①。此杀戮之不可法禁也。蜀人谚曰："宁逢恶虎，不逢善兵。"欲为斯民主，而杀人之恶甚于猛虎，岂不异乎！

【注释】

①适：悦乐，满足。

【译文】

天底下的祸害,没有比将帅骄横、士兵彪悍更大的。将帅骄横、士兵彪悍,杀老百姓时勇敢,杀敌人时胆怯;夺取财宝女人时勇敢,夺取城池堡垒时胆怯。像这样的话,君主不能任用好将领,将领不能任用好士兵;想要他们卖力,就要向他们多施恩,于是就尽情满足他们的欲望而担心伤害他们的心意。这就是杀戮不能用法律禁止的原因。蜀地有句俗话说:“宁愿碰上凶恶的老虎,也不要碰上被善待的士兵。”想要成为这些老百姓的君主,但杀人比老虎还要凶狠,这难道不奇怪吗!

老聃曰:“慈,故能勇[①]。”斯言未善。非慈无以救民,非勇无以行慈。是何也?善用将者,将军之命执于人主之手;不善用将者,人主之命执于将军之手。善用众者,士卒之命执于将军之手;不善用众者,将军之命执于士卒之手。人主不能进退大将,大将不能齐偏将[②],齐小将,齐队长,齐卒伍,必为乱兵,何以救民?不如委而去之,耕于垅上,毋为祸主。

【注释】

①慈,故能勇:语出《老子》第六十七章。

②齐:整治,整理。

【译文】

老子说:“仁慈,所以能够勇敢。”这话说得不对。不仁慈就不能够拯救老百姓,不勇敢也无法施行仁慈。为什么这么说呢?善于使用将领的君主,将领的命运掌握在君主手中;不善于使用将领的君主,君主的命运掌握在将领的手中。善于使用士兵的将领,士兵的命运掌握在将军手中;不善于使用士兵的将领,将领的命运掌握在士兵手中。君主不能进用、废黜大将,大将不能整治偏将、小将、队长、士兵,这必定会成为一支乱军，如何去拯救老百姓？不如放弃这样的军队，解甲归田，不让自己成为罪魁祸首。

吾闻王者之师，士卒爱畏，以将帅为父母，以将帅为神明。率而用之，强如猛虎；止而休之，柔如群羊。其视敌国，如视父母之仇；其见良民，如见邻里之人。是以战必胜，攻必取；所过无闭户之虞，所处无犬吠之警，制之得其道故也。

【译文】

我听说王者之师，士兵爱戴、敬畏将帅，视将帅为自己的父母，视将帅为神灵。率领他们出征，强悍得如同猛虎；停下来让他们休整，温柔得如同群羊。他们看待敌国，就像看待父母的仇人；他们看待一般百姓，如同看待邻里之人。所以出战必胜，攻城必克；他们经过的地方不用担心老百姓给吃闭门羹，所停留的地方对百姓不会稍有惊扰，这是治军有道的缘故。

凡用兵之道，有不得不杀者二：曰杀敌，曰自杀。昔者武王伐纣，战于牧野，纣兵不能敌，倒戈而走。尚父乘之，追奔逐北[①]，血流漂杵[②]。当是之时，天下诸侯、蛮夷君长皆从。此不再举之势也[③]。若尚父不急乘之[④]，纣得以七十万之众，退守数千丈之城，犹足以自固。围其国都，未必能克；旷日淹月，士卒懈怠，诸侯解体，虽尚父不能无败。是以乘其败北，并力奋进，如疾风卷蓬，使不得稍聚，一战遂定天下；杀戮虽多，四海之民不知兵革之苦。此不得已而杀敌者也。《书》曰："不愆于六步七步，乃止齐焉；不愆于四伐、五伐、六伐、七伐，乃止齐焉。尔所不臧，则于尔有戮[5]。”此不得已而自杀者也。

【注释】

①追奔逐北：即“追亡逐北”，追击败逃的敌人。

②血流漂杵：血流成河，能漂起木杵，形容杀人极多。

③再举：再次采取行动。

④乘：掩袭，追逐。

⑤“《书》曰”以下几句：语出《尚书·牧誓》。该篇原文为：“今予发，惟恭行天之罚。今日之事，不愆于六步七步，乃止齐焉。夫子勖哉！不愆于四伐、五伐、六伐、七伐，乃止齐焉。勖哉夫子！尚桓桓，如虎如貔，如熊如罴，于商郊。弗迓克奔，以役西土。勖哉夫子！尔所弗勖，其于尔躬有戮。”唐甄引文与原文差异较大。愆，超过。

【译文】

大凡用兵的原则，不得不杀人的情况有两种：杀敌与自杀。以前周武王讨伐商纣王，在牧野交战，纣王的士兵不能抵挡，临阵倒戈逃走。姜太公趁势出击，追杀逃跑的敌军，血流成河，连杵都漂浮起来了。这个时候，天下的诸侯、蛮夷之国的君主都追随武王。这是一举平定天下、不用再次采取行动的势头。如果姜太公不紧急追赶，商纣王就能够率领七十万大军，退守到数千丈的坚固之城中，完全能够自守。包围他的都城，不一定能攻下；积日累月，士兵松懈疲怠，诸侯陆续离开，即使是姜太公也不能不败。所以趁着敌军战败，拼全力前进，像大风卷走蓬草，使它们不能稍稍聚集，一战就平定了天下；杀死的人虽然很多，但天下老百姓不知道战争之苦。这是迫不得已而杀敌。《尚书》中说：“不要超过六步七步，就停下来整齐队伍；在刺杀中不要超过四次、五次、六次、七次，就停下来整齐队伍。假如你们做不好，我就要杀掉你们。”这是迫不得已而自己杀死自己人。

不得已而杀敌，不得已而自杀，仁人盖伤之矣。若夫敌人向义，武教克修，亦有不杀一人而获敌者，亦有不戮一卒而克敌者。惟敌之强，势不并立，不得不杀；将卒之悍者，鞭杖不足，贯耳不足[1]，不得不杀。蜀人谚曰："长痛不如短痛。"久乱不定，长痛也；一战之杀、一令之诛，短痛也。以短痛去长痛，是之谓杀以成仁。

【注释】

①贯耳：古代以箭穿耳的刑罚。

【译文】

迫不得已而杀死敌人，迫不得已而杀死自己人，有仁德的人也会为之伤心。如果那些敌人心中向往道义，能修治武备教化，也有不杀一个人就能战胜敌人的情况，也有不杀一个士兵就能战胜敌人的情况。敌人力量强大，势难两立，不得不杀人；将领士兵太强悍的，鞭打杖责都不足以使他们屈服，贯耳这样的刑罚也不足以使他们屈服，不得不杀人。蜀地有句民谚说："长痛不如短痛。"长期混乱不能安定，这是长痛；一次战争的杀戮，一个命令的诛杀，这是短痛。用短痛来除去长痛，这是用杀戮来成就仁德。

夫兵有不动，动必伤人。不伤于己，亦伤于敌。凡用兵之地，拘牛豕[1]，输粟麦，广樵牧，具楼橹[2]，其费必空。凡用兵之地，耕废，机废，工废，贾废，市废，其养必竭。凡用兵之地，窜谷翳丛[3]，暴日蒙霜[4]，老羸僵涂，婴孩委莽，其伤必多，奚必刃矢？是三者，皆致死之道也。一战之死，已不可数，何况百战；一日之死，已不可数，何况五年，何况十年！是以仁人之于兵也，不欲久处。成功必速，罢兵必早，乃能救民。其孰能之？其必好谋能断，仁义充于天下者乎！

【注释】

①拘：捉，抓。

②具：置备，准备。楼橹：古代军中建于地面或车、船之上，用来瞭望、攻守的无顶盖的高台。

③翳（yì）：遮蔽，隐藏。

④暴（pù）：晒。

【译文】

军队要么不动，一动必定就会伤人。不被自己伤害，也会被敌人伤害。大凡战争发生的地方，捉捕牲畜，输送粮食，到处打柴放牧，建起瞭望的高台，这些花费一定会耗空国库。大凡战争发生的地方，农耕荒废，织机荒废，手工荒废，商业荒废，集市荒废，生养人的资源就一定会枯竭。大凡战争发生的地方，人们窜入山谷躲入草丛，被太阳晒被霜冻，年老体弱的人死后尸体僵直倒在路上，婴儿被丢弃在草丛中，这种伤亡一定会很多，哪里一定是刀箭呢？这三者，都是致老百姓于死地的途径。一次战争的死亡人数已经无法计算了，何况是成百次战争；一天的死亡人数已经无法计算了，何况五年、十年！所以有仁德的人对于战争，不会让它长久持续。必定要快速取得成功，早日罢兵，才能拯救老百姓。谁能做到这一点呢？必定是善于谋划能决断，仁义充塞天地之间的人吧！

室语

【题解】

《室语》即“家语”，是唐甄在家中与家人之间的对谈。从一次普通的家宴中，唐甄领悟到的还是有关国家治理的道理。

唐甄认为：“自秦以来，凡为帝王者皆贼也。”说这话是需要巨大勇气的，只有内心刚直之人才能出此掷地有声之语。唐甄极为反感的事情就是统治者滥杀无辜，草菅人命，无视百姓生死。这是他在《止杀》篇等篇什中反复论述的主题。在本篇中，唐甄从杀一条鱼再到抢老百姓一匹布、一斗粟，回到自己的核心观点：“杀一人而取其匹布斗粟，犹谓之贼；杀天下之人而尽有其布粟之富，乃反不谓之贼乎！”那些杀天底下的老百姓、侵占他们财产的人，何人不是民贼？而真正的杀人凶手就是君主：“大将杀人，非大将杀之，天子实杀之；偏将杀人，非偏将杀之，天子实杀之；卒伍杀人，非卒伍杀之，天子实杀之；官吏杀人，非官吏杀之，天子实杀之。杀人者众手，实天子为之大手。”唐甄是真正感受到了老百姓有多苦，才在君主高压统治的政治环境下为此骇人之言的。

唐子居于内，夜饮酒。己西向坐，妻东向坐，女安北向坐，妾坐于西北隅。执壶以酌，相与笑语①。唐子食鱼而甘，问其妾曰："是所市来者，必生鱼也。"妾对曰："非也。是鱼死未久，即市以来；又天寒，是以味鲜若此。"于是饮酒乐甚。忽焉拊几而叹[②]。其妻曰："子饮酒乐矣，忽焉拊几而叹，其故何也？"唐子曰："溺于俗者无远见。吾欲有言，未尝以语人，恐人之骇异吾言也[③]。今食是鱼而念及之，是以叹也。"妻曰："我，妇人也，不知大丈夫之事；然愿子试以语我。"

【注释】

①相与：共同，一道。笑语：谈笑，说笑。

②拊（fǔ）：拍，击。

③骇异：惊诧，惊异。

【译文】

我闲居在家，晚上与家人一起饮酒。我向西而坐，妻子向东而坐，女儿唐安向北而坐，妾坐在西北角。大家推杯把盏，一起说笑。我吃鱼时觉得很鲜美，就问妾说："这条鱼买来的时候一定是条活鱼。"妾回答说："不是的。这条鱼还没死多久就买来了；而且天又冷，所以味道这么鲜美。"于是又高兴地喝酒。突然我拍着几案叹息起来。妻子说："您刚才喝酒还很高兴，突然就拍着几案叹息，这是什么原因呢？"我说："沉溺在世俗中人的没有远见。我有些话想说，但从来没有对人说过，是担心别人听到我的话后感到惊异。今天吃这条鱼时又想到了这一点，所以叹息。"妻子说："我是女流之辈，不懂得大丈夫的事情；但希望您试着告诉我。"

曰："大清有天下，仁矣。自秦以来，凡为帝王者皆贼也。"妻笑曰："何以谓之贼也？"曰："今也有负数匹布，或担数斗粟而行于涂者，或杀之而有其布粟，是贼乎，非贼乎？”曰：“是贼矣。”

【译文】

我说：“大清朝统治天下，应该是较为仁德的。从秦代以来，凡是做帝王的都是民贼。”妻子笑着说：“为什么说是民贼呢？”我说：“现在有人背着几匹布或者担着几斗粮食在路上行走，有人杀掉这个人并且占有了他的粮食与布匹，这些人是不是盗贼呢？”妻子说：“是盗贼。”

唐子曰：“杀一人而取其匹布斗粟，犹谓之贼；杀天下之人而尽有其布粟之富[①]，乃反不谓之贼乎！三代以后，有天下之善者莫如汉。然高帝屠城阳[②]，屠颍阳[③]；光武帝屠城三百[④]。使我而事高帝，当其屠城阳之时，必痛哭而去之矣；使我而事光武帝，当其屠一城之始，必痛哭而去之矣。吾不忍为之臣也。”

【注释】

①尽有：完全占有。

②高帝：指汉高祖刘邦。城阳：古县名，故治在今山东菏泽东北。

③颍阳：古县名，故治在今河南许昌西南。

④光武帝：指东汉光武帝刘秀（前5—57）。

【译文】

我说：“杀掉一个人夺取他的布匹粮食，都要称之为贼；杀掉天底下的人完全占有他们的布匹、粮食这些财物，反而不能叫盗贼吗！夏、商、周三代以后，将天下治理得好的当属汉代。但是汉高祖屠戮了城阳、颍阳；光武帝屠戮了三百座城。假使让我事奉汉高祖，在他屠戮城阳时，我一定会痛哭着离开他；假使我事奉光武帝，在他开始屠戮一座城时，我一定会痛哭着离开他。我不忍心做他们的臣子。”

妻曰：“当大乱之时，岂能不杀一人而定天下？”唐子曰：“定乱岂能不杀乎！古之王者，有不得已而杀者二：有罪，不得不杀；临战，不得不杀。有罪而杀，尧、舜之所不能免也；临战而杀，汤、武之所不能免也；非是，奚以杀为？若过里而墟其里①，过市而窜其市②，入城而屠其城，此何为者？大将杀人，非大将杀之，天子实杀之；偏将杀人，非偏将杀之，天子实杀之；卒伍杀人，非卒伍杀之，天子实杀之；官吏杀人，非官吏杀之，天子实杀之。杀人者众手，实天子为之大手。

【注释】

①里：古代地方行政组织。自周代开始建立，后代多沿袭，其制不一，有二十五家、五十家、七十二家、八十家、一百家为一里的。墟：使变成废墟。

②窜：骚扰。

【译文】

妻子说：“当天下大乱的时候，哪能一个人不杀就平定天下呢？”我说：“平定叛乱哪能不杀人呢！古代的帝王，迫不得已杀人的情况只有两种：面对有罪的人，不得不杀人；面对战争，不得不杀人。杀有罪的人，就是尧、舜也不能避免；在战争中杀人，就是商汤、周武王也不能避免；如果不是这两种情况，为什么要杀人呢？如果经过里巷就使里巷变成废墟，经过闹市就骚扰闹市，进入城中就屠戮全城，这到底是干什么？大将杀人，并不是大将在杀人，实际上是君主在杀人；偏将杀人，并不是偏将在杀人,实际上是君主在杀人;士兵杀人,并不是士兵在杀人,实际上是君主在杀人;官吏杀人,并不是官吏在杀人,实际上是君主在杀人。杀人的手表面上很多,但实际上君主是只大手。

“天下既定,非攻非战,百姓死于兵与因兵而死者十五六①。暴骨未收,哭声未绝,目眦未干②,于是乃服衮冕③,乘法驾④,坐前殿,受朝贺,高宫室,广苑囿,以贵其妻妾,以肥其子孙。彼诚何心,而忍享之!若上帝使我治杀人之狱,我则有以处之矣。匹夫无故而杀人,以其一身抵一人之死,斯足矣;有天下者无故而杀人,虽百其身不足以抵其杀一人之罪。是何也?天子者,天下之慈母也,人所仰望以乳育者也。乃无故而杀之,其罪岂不重于匹夫?”

【注释】

①兵:第一个“兵”指当兵,第二个“兵”指战争。

②目眦(zì):眼眶。

③衮冕:衮衣和冠冕。古代帝王与上公的礼服和礼冠。

④法驾:天子车驾的一种。天子的卤簿分大驾、法驾、小驾三种,其仪卫之繁简各有不同。

【译文】

“天下已经安定了,没有攻伐没有战争,老百姓死于当兵或被当兵的杀死的占到十分之五六。暴露野外的尸骨还没收敛,亲人的哭声还没有停止,眼眶上的泪还没有干,有人却穿戴上帝王的礼服和礼冠,乘上天子的车驾,坐在正殿接受百官朝贺,高筑宫室,广建园林,使其妻妾尊贵,子孙后代富贵。他究竟是什么心肠,而忍心享受这些!如果上天让我来处理杀人的案件,我就有理由处决他们了。普通老百姓无故杀掉一个人,就要一命抵一命，这就足够了；拥有天下的人无故杀人，即使有一百个身体也不能抵他杀死一个人的罪行。这是为什么呢？因为天子是天下百姓的慈母，人们敬仰期望着他的哺育。他却无故杀人，他的罪行难道不比普通人更重？"

妻曰："尧、舜之为君何如者？"曰："尧、舜岂远于人哉！"乃举一箸指盘中之余鱼曰："此味甘乎？"曰："甘。"曰："今使子钓于池而得鱼，扬竿而脱，投地跳跃，乃按之椹上而割之[①]，刳其腹[②]，劀其甲[③]，其尾犹摇。于是煎烹以进，子能食之乎？"妻曰："吾不忍食也。"曰："人之于鱼，不啻太山之于秋毫也[④]；甘天下之味，亦类于一鱼之味耳。于鱼则不忍，于人则忍之；杀一鱼而甘一鱼之味则不忍，杀天下之人而甘天下之味则忍之。是岂人之本心哉[⑤]？尧、舜之道，不失其本心而已矣。"

【注释】

①椹（zhēn）：亦作"枮"，砧，垫板。

②刳（kū）：剖开。

③劀：剖杀。

④不啻：无异于，如同。

⑤本心：天性，天良。

【译文】

妻子说："尧、舜作为君主怎么样？"我说："尧、舜也许远远超过常人啊！"于是我举起一根筷子指着盘中剩下的鱼说："这鱼的味道鲜美吗？"妻子说："鲜美。"我说："现在假如您在池塘边钓鱼，有鱼上钩，你甩竿而起，鱼儿掉在地上跳个不停，就把这鱼按在砧板上切，破开鱼肚子，剔去鱼鳞，这鱼的尾巴还在摇动。接着将鱼煎炸烹调好端上桌，您能吃吗?”妻子说:“我不忍心吃了。”我说:“人对于鱼而言，无异于泰山与鸟的毫毛；喜欢天下的美味，也与喜欢这鱼的味道类似。对于鱼还不忍心，对于人却忍心了；杀一条鱼觉得鱼的味道鲜美还不忍心，杀天底下的人而认为天下的味道为美味，却能忍受。这难道是人的天性吗? 尧、舜的治理之道，就是不丢失这份天性罢了。”

妾，微者也；女安，童而无知者也。闻唐子之言，亦皆悄然而悲，咨嗟欲泣[1]，若不能自释焉。

【注释】

①咨嗟:叹息。

【译文】

我的妾是个微不足道的人，女儿唐安是个懵懂无知的孩子。她们听了我的话也都面有悲伤的神色，叹息着都快掉下眼泪了，好像不能释怀了。

止杀

【题解】

战争带给人们的伤痛，对于唐甄这种经历明清易代战乱的人来说，感受会更深刻。所以在《止杀》等篇章中，他多次表明了他的厌战观点。

唐甄认为："周、秦以后，君将豪杰，皆鼓刀之屠人；父老妇子，皆其羊豕也。"对战争的残忍酷烈，唐甄揭露得入木三分。唐甄反战止杀，其途径是寄希望于君子"全此不忍之心"，即要有同情心。这种同情心，拿富贵不换，拿圣人的称号不换，拿天道也不换。

之所以拿富贵不换，是因为"覆军屠城，以取封侯，是食人之肉以为侯禄"，这不是有同情心的人能做得出来的。之所以拿圣人的称号不换，是因为"上古圣人，以德胜，不以兵胜"。周武王牧野之战杀人过多，就被唐甄批评为"武王之德，圣而未尽善，上不逮舜，下逊文王"。之所以拿天道也不换，是因为"世唐际虞，天之仁也；溺楚屠蜀，天之虐也。推吾不忍之心，吾欲谏天之虐，敢谑天之虐；吾欲反天之虐，敢助天之虐！"好的世代是天道之仁，坏的世代是天道之虐，唐甄期盼的是用好天道之仁，消除天道之虐；他所说的不易的天道，就是天之仁道。

悲哉！周、秦以后，君将豪杰，皆鼓刀之屠人；父老妇子，皆其羊豕也。处平世无事之时，刑狱冻饿，多不得毕命[①]；当用兵革命之时，积尸如山，血流成河，千里无人烟，四海少户口。岂不悲哉！岂不悲哉！

【注释】

①毕命：老死，寿终。

【译文】

悲哀啊！周代、秦代以后，君主、将相与豪杰之士，都是拿着刀的屠夫；老人和妇女儿童，都是他们的羊、猪。处于太平没有战事的时候，遭受刑罚，受冻挨饿，大多不能寿终；当战争发生、改朝换代之时，尸体堆积如山，血流成河，千里没有人烟，国家人丁稀少。难道不是很悲哀吗！难道不是很悲哀吗！

君子之于天下也，无他道也，惟全此不忍之心而已矣。推是心也，富贵不以易[①]；不惟富贵不以易，圣人不以易，天道不以易。何以言之？覆军屠城，以取封侯，是食人之肉以为侯禄也，其忍之乎？覆天下之军，屠天下之城，以取天下，是食天下人之肉以为一人养也，其忍之乎？故曰富贵不以易也。

【注释】

①易：交换。

【译文】

君子对天下，没有其他所谓的“道”，只有保全自己的一颗“不忍之心”罢了。推究这颗心，就是拿荣华富贵也不交换；不仅是拿荣华富贵不交换，就是拿“圣人”的称号、天道等也不会交换。为什么这么说？使敌军覆没、屠戮城池来取得封侯的奖赏，这是吃人肉来获取爵位俸禄啊，忍心这么做吗？使天下的军队覆没，屠戮天下的城池来夺取天下，这是吃天下人的肉来养一个人啊，忍心这么做吗？所以说拿富贵也不交换。

奚以言圣人不以易也？善哉孟子不信“血流漂杵”之言也[①]！《武成》之书[②]，史佚记之[③]，周公裁之，岂有不信；而不信之者何？武王，圣人也，不可以非之，非之则伤诛暴之义；不可以是之，是之则后世以为口实，而遂其肆杀之恶。非之是之，两有所不可，故归咎于史臣之诬[④]，使人反求诸心而戚然自得之也[⑤]。此孟子之善为言也。

【注释】

①孟子不信“血流漂杵”之言：语出《孟子·尽心下》：“尽信书则不如无书，吾于《武成》，取二三策而已矣。仁人无敌于天下，以至仁伐至不仁，而何其血之流杵也？”

②《武成》之书：指《尚书·武成》篇。其中记载：“会于牧野，罔有敌于我师。前徒倒戈，攻于后以北，血流漂杵。”孟子对《尚书·武成》的记载是不相信的，孔颖达也认为：“自攻其后，必杀人不多，血流漂杵，甚之言也。”

③史佚：西周初期史官、天文家、星占家。亦称“尹佚”。周武王时任太史。曾辅佐武王伐纣，与姜尚及周、召二公并称“四圣”。

④诬：虚假，歪曲。

⑤戚然：警惕的样子。

【译文】

为什么说拿圣人的美名也不会交换？孟子不相信“血流漂杵”这话，真是太正确了！《武成》这篇文章，是史佚记载的，周公裁定的，哪会不信实呢；之所以不相信的原因是什么呢？周武王是圣人，是不能够指责的，指责他就会损害他诛杀暴虐之人的道义；也不能够赞成他，赞成他就会成为后人的借口，来满足他们肆意杀戮的罪恶。批评与赞成两者都不行，所以将它归咎于史官的错误，让人反过来向自己的内心探求，内心有触动而能有所得。这就是孟子善于立言的地方。

若论其实，上古圣人，以德胜，不以兵胜。杀人之多，自牧野之战始。盖武王之德，圣而未尽善，上不逮舜，下逊文王。文王伐崇，崇人不服，退修政教而伐之，不战而服。武王自度德有未至，势已克殷，恐释此不取，殷之君臣惧而改过，结好民心，淬厉守备[①]，后且难以加兵。故战一日而破殷，以致杀人之多如此也。血流漂杵，念之心堕。我若于当日与于从伐之列，必痛哭而去之，从夷、齐于首阳之上矣。故曰圣人不以易也。

【注释】

①淬厉：同“淬砺”，激励，磨炼。

【译文】

如果论事实，上古的圣人，以仁德取胜，而不是用武力取胜。杀人多，是从牧野之战开始的。大概武王的仁德，虽然圣明但并不是尽善尽美，向上赶不上舜，向下比周文王差。周文王讨伐崇，崇地的老百姓不服从，周文王退回修治政事教化再去讨伐崇地，不战而使崇人服从。周武王自己认为德行还没有达到，大势已经快要征服殷商了，担心这时若不攻取，殷商的君臣恐惧而改正自己的过错，交结民心，加强武装守备，之后攻取就很难了。所以交战一天就攻破了殷商，导致杀了这么多人。血流成河，漂起了木棒，一想到这些就心碎了。我要是当时也跟从在征伐的队伍中，一定会痛哭着离开，跟随伯夷、叔齐到首阳山上。所以说拿圣人的美誉也不换。

奚以言天道不以易也？占天之书：五宫之星或失常①，及五星入犯②，皆兵大起。岁星与太白斗③，荧惑行逮太白④，填星与水、火、金合，太白出入失常，辰星入太白⑤，皆兵大起。日晕异象⑥，月蚀五星，皆主兵乱。由是观之，兵未起而象见于天。

【注释】

①宫：古代历法，以周天三百六十度的十二分之一，即三十度为一宫。古代划分星空的区域，也称为宫。

②五星：指水、木、金、火、土五大行星，即东方岁星（木星）、南方荧惑（火星）、中央镇星（土星）、西方太白（金星）、北方辰星（水星）。入犯：侵入。《宋史·天文志三》："流星犯之，外国使来；入犯左角，兵起。"

③斗：古时谓星体相互撞击。

④逮：及，及至。

⑤辰星：即水星。

⑥日晕：日光通过云层中的冰晶时，经折射而形成的光学现象。日晕是围着太阳生成的环形，带有彩色，被看做天气变化的预兆，通称风圈。

【译文】

为什么说拿天道也不换呢？占卜天象的书中说道：五宫的星象有时位置失常，以及五星互相撞犯，都是大战将要爆发的征兆。木星与金星相斗，火星运行时追上金星，土星与水星、火星、金星相汇合，金星出入不正常，水星进入金星的运行区域，都是大战将要爆发的征兆。太阳出现光晕的异常现象，月亮被五星侵蚀，都是大战将要爆发的征兆。这样看来，战争还没有爆发，在迹象上就能表现出来。

然则屠杀生民，非人之所得为也，天也。夏、殷以前，不见此象，虽或有乱，兵起旋弭。春秋之世，兵虽不戢[①]，无大胜败，或交和而退。至于七雄之世[②]，杀人如乱麻。武安君为将，斩首之数，见于史者已九十八万矣。其他杀人之多，非数所及。

【注释】

①戢（jí）：收敛，止息。

②七雄：指战国时秦、楚、燕、齐、韩、赵、魏七强国。

【译文】

但是屠杀老百姓，并不是人所能够做的事，是上天的安排。夏、商以前，没有出现过这样的天象，即使有时候有动乱，但战事一起又立即停止了。春秋时，战事虽然没有停息，但没有大胜或大败，或者是讲和而退兵。到了战国七雄的时代，杀人如麻。武安君白起担任大将时，斩首士兵的数量，史书中有记载的就有九十八万人。其他杀人的数量，不是数量能统计的。

十九代以来[①]，不可胜举。若我生逢斯时，所熟闻之者：张献忠空江夏之民，尽蹙之于江，江水千里不可饮。及其据成都，成都屋宇市货之盛，比于姑苏钱塘，皆尽屠之。遣兵四出，杀郡邑之民。恐其报杀无实，命献其头。头重难致，命献其手。道涂之间，弥望更多山丘[②]；迫而视之，皆积头积手也。蜀民既无可杀，饮食作乐，亦为不乐，乃自杀其卒。是时献忠之卒百三十万人，先杀其新附者；已过大半，又无可杀，方欲杀延安初起之人，而身已为禽矣。

【注释】

①十九代：指始自秦、汉，终于明、清时的中国各朝代。

②弥望：充满视野，满眼。

【译文】

之后的十九代以来，杀了多少人不能枚举。若是就我所出生的时代而言，最熟悉的就是：张献忠将江夏的老百姓全部驱赶出来，将他们赶进长江淹死，千里长江水都不能再饮用了。等到他占据了成都，成都的房屋商铺阜盛，可以跟姑苏、钱塘等地方相比，张献忠将成都全部屠戮。张献忠派兵四处出击，屠杀州郡县乡的老百姓。他担心部队虚报军功，命令献上被杀士兵的人头。头太重难于送达，又命令将被杀者的手献上。一路上远望好像有很多山丘；走近一看，都是堆积的头和手。蜀地的老百姓杀光了，饮食作乐也觉得不快乐，于是开始杀自己的士兵。当时张献忠的士兵有一百三十万人，先杀那些刚投降不久的；杀掉一大半，又没有人可杀了，就想杀延安那些最初起兵的人，但这个时候张献忠自己也被抓起来了。

献忠之杀人也，告于天曰："天生百物与人，人无一物报天，不杀何用？欲杀尽蜀民，乃出杀中原，杀吴、楚，杀闽、越，杀滇、黔，杀尽四海之人！自天地开辟以来，生民之种，自我杀尽，此后无复生人。"其志愿乃尔也[①]。自周、秦以来，杀人之毒，至此为极。

【注释】

①乃尔：如此。

【译文】

张献忠杀人的时候，会对天说："上天产生了万物和人，但人没有一点东西回报上天，不杀掉有什么用呢？我想杀光蜀地的人，然后再出蜀地杀光中原的人，杀光吴地、楚地的人，杀光闽地、越地的人，杀光滇地、黔地的人，杀光天下的人！自从天地开辟以来，人种被我全部杀光，以后就再也没有活着的人了。"他的内心愿望就是这样的。自周代、秦代以来，杀人最狠毒的人，到这时达到了极点。

悲哉！天实为之，谓之何哉！《诗》曰："天之方虐，无然谑谑①。"吴人谓范蠡曰②："子毋助天为虐。"夫干羽服苗③，圣人之仁也；血流漂杵，圣人之虐也。世唐际虞，天之仁也；溺楚屠蜀，天之虐也。推吾不忍之心，吾欲谏天之虐，敢谑天之虐？吾欲反天之虐，敢助天之虐？故曰天道不以易也。

【注释】

①天之方虐，无然谑谑：语出《诗经·大雅·板》。谑谑，喜乐貌。

②范蠡：春秋末期越国大夫。原为楚国人，曾助越王勾践复国，之后隐去，成为富商。

③干羽：一般指古代舞者所执的舞具。文舞执羽，武舞执干。也代指文德教化。

【译文】

悲哀啊！这实际是上天做的，还能说什么呢！《诗经》中说："上天正要施展他的残暴，不要再嘻嘻哈哈的。"吴地的人对范蠡说："您不要帮助天作恶啊。"用礼乐征服三苗，这是圣人的仁德；血流成河，漂起木棒，是圣人的暴虐。碰上唐尧盛世，际遇虞舜太平，这是上天的仁德；让楚人溺亡，屠戮蜀地百姓，这是上天的暴虐。推广我的同情心，我想劝谏上天不要再施虐，怎敢拿上天的暴虐开玩笑？我想反抗上天的暴虐，怎敢帮助上天施虐？所以说拿天道也不能换。

厚本

【题解】

在《厚本》篇中，唐甄看问题眼光的独特，又表现出来了。

当朋友向他赞颂某人医术高明，甚至可以起死回生时，唐甄指出："夫良医者，不祥之人也；馆良医者，不祥之家也。"如果所有人都"恃医"而不知道预防疾病、厚植身体的根本，拖着一个"中虚"的躯体，如何能有健康的生活？世界上绝大部分疾病，都是因为六种外疾、五种内疾作用的结果，有疾而后求医，"盖亦危矣"；身体已经生病了，"石鑱毒熨以攻其外，汤液酒醪以攻其内；疾虽除而劖刺肌肤"，这时候医术再好的医生，也不能还给人一个健康的身体。

所以，人只有爱惜身体，懂得养生，才会无疾。同样，唐甄借魏叔子之言阐明了另一个道理："唐子之言，非啻论养生也，其可以达于治天下乎！"身有养，国亦有养。天下之所以大乱，也是"内贼""外寇"这两种因素作用的结果。"内贼"就是虐政、厚敛等，"内贼"既成，外寇必兴，国家就是这样陷入风雨飘摇的局面中的。所以养国就是"治国有道，政事修明，农贾乐业，衣食滋殖，德洽中国，抚有四夷"。这样国家就是健康的。一个国家，"尊良将者，不祥之朝也；非君子之所愿也"。尊良将与尊良医，背后的隐忧其实都一样。

昔金陵有病蛊而将绝者[1]。有良医来自霍丘[2]，一针之而苏[3]，再针之而起，五进之汤液而愈。人相传以为神。于是富贵之家有疾者，厚其金币而致之馆。凡有疾者奔趋之而不得其闲，无疾者亦皆愿识其面焉。客有颂言于唐子者，曰："其术之神若是，其所居之乡复何疾病之忧！"

【注释】

①病蛊：患蛊疾。绝：死。

②霍丘：县名，今安徽霍邱。

③针：用针或针状物刺。苏：苏醒。

【译文】

以前金陵有个患蛊疾的人快要死了。有一个来自霍丘的医术精良的医生，他只给病人扎一针病人就苏醒了，给病人扎上第二针病人就可以起身了，喝了五次药病就全好了。人们都传这个人是神医。于是富贵人家有生病的，花费很多钱财将他请到家中。但凡有生病的人都争着去看病，使这位医生一刻也不能空闲，就是没有病的人也都想跟他见上一面。有客人在我面前称颂他，说："这个人医术如此神妙，他居住的乡村哪里还会担心生病呢！"

唐子曰："若子之言，是致疾之媒[1]，戕人之斧也[2]。使人恃医而不谨疾，以至于丧其身者，必子之言也夫！夫良医者，不祥之人也；馆良医者[3]，不祥之家也。

【注释】

①媒：媒介。

②戕：残害，杀害。

③馆：寓居，留宿。

【译文】

我说："像您这样的话，正是招致疾病的媒介，杀害人的斧头。使人们依恃医生而不小心预防疾病以致丢了性命的，一定是您的这些话吧！医术精良的医生是不祥之人，良医寓居的地方是不祥之家啊。

"人惟自伤则中虚①，中虚而后有疾，有疾而后求医。至于求医②，盖亦危矣；虽生也，其不与于死也有几！无自伤则中实③，中实则无疾，虽有扁鹊，无所用之。天有六气：阴、阳、风、雨、晦、明也，过则为灾。阴淫寒疾④，阳淫热疾⑤，风淫末疾⑥，雨淫腹疾⑦，晦淫惑疾⑧，明淫心疾⑨。此六者，自外寇者也⑩。

【注释】

①惟：由于。

②至于：达到。

③中实：里面坚实。

④淫：过度。寒疾：指因感染寒邪所致的疾病。

⑤热疾：古指热性过盛所致的病症。

⑥末疾：四肢的疾患。

⑦腹疾：腹泻等肠胃病。

⑧惑疾：迷乱之病。指精神失常。

⑨心疾：劳思、忧愤等引起的疾病。也指心脏病。

⑩寇：侵略，侵犯。

【译文】

"人由于自己伤害自己才导致体内虚弱，体内虚弱后才会生病，生病后才会去找医生。到了要去找医生的地步，大概也已经很危险了；即使活着，离死也差不了多远了！不自己伤害自己就体内充实，体内充实就没有疾病，即使有扁鹊这样的神医也用不上。天地之间有六种气：阴、阳、风、雨、晦、明，这六种气太多就会成为灾难。阴气太过就会生寒疾，阳气太过就会生热疾，风气太过就会患四肢的疾病，雨气太过就会患腹泻的疾病，晦气过多就会患迷乱之病，明气过多就会得心病。这六种病，都是外在因素侵入体内的结果。

“人有五情[①]：思、气、味、饮、色也，过则为灾。思淫心疾，气淫肝疾，味淫脾疾，饮淫肺疾，色淫肾疾。此五者，内自贼者也[②]。五贼日蚀，则渐伤而中虚，以成内疾；其或六寇乘之，以成外疾。于是不惜多金以求良医。不幸而医不良，不能除疾，或反益其疾而致死。即有良医，石鑱毒熨以攻其外[③]，汤液酒醪以攻其内[④]；疾虽除而劖刺肌肤[⑤]，动伤经脉，已大其创而不易复矣。

【注释】

①五情：指五种致病因素。

②贼：伤害。

③鑱（chán）：刺。毒熨：以药物熨帖患处。

④酒醪：汁滓混合的酒。后泛指酒。

⑤劖（chán）：刺，砭刺。

【译文】

“人有五种致病因素：思虑、生气、美味、饮食、美色，这五种因素过多就会成为灾害。思虑过度就会患心疾，生气过度就会患肝疾，吃得多脾就会生病，喝得多肺就会生病，好色过度肾就会生病。这五种因素，是从体内伤害自己。这五种害人因素天天侵蚀人的身体，身体就会渐渐受伤而体内虚弱，最后成为内疾；如果外在因素这个时候乘虚而入，就会成为外疾。于是不吝惜重金去找好的医生。运气不好碰上了庸医，不仅不能除去疾病，还可能使病加重而丢了性命。即使有良医，用石针刺，用药物熨帖来治疗外部，用药物、酒等来治疗内部；病虽然治好了但肌肤被刺，经脉都受到了伤害，这种创伤很大，就不容易恢复了。

“是故君子以父母之身，常谨于疾，唯恐或伤。无伤则中实①，中实则五藏时序②，灾害不生。即天地不平，六气偏淫，尧水汤旱出其时③，北冻南炎易其候，灾殃流行，疫疠时作，而不中于谨疾者之身，中实故也。若是，则岂惟无疾，亦且长年④。

【注释】

①中实：里面坚实。

②时序：健康有序。

③尧水汤旱：比喻水旱无常。

④长年：长寿。

【译文】

“所以，君子从父母那里得到身体，一定要时常预防疾病，唯恐受到伤害。不受伤害就体内充实，体内充实则五脏六腑运行健康有序，疾病就不会产生了。即使天地出现不平衡的现象，六种气都过度了，尧帝时那样的水灾、商汤时那样的旱灾都在当时出现了，北边寒冷南边炎热的气候改变了，灾害流行，瘟疫不时产生，但小心预防疾病的人的身体不受伤害，这是因为体内充实的缘故。若能做到这样，哪里只是没有疾病，还可以长寿。

“尝闻古有真人，修身不死；今虽未见其人，而其道在是矣。惟道无神，技乃有神。神以有所救而见，无所救，何神哉？”

【译文】

“曾听说古时候有真人，修身养性，长生不死；现在虽然见不到这样的人，但他所提倡的道却在这里。只有道不神妙，技才神妙。神妙是因为有要救助的人才表现出来，没有人要救，又有什么神妙呢？”

唐子为是言也，人之听之，忽焉若弗闻也[1]。是时魏叔子在吴[2]，有以唐子之言告之者，叔子动容曰：“唐子之言，非啻论养生也，其可以达于治天下乎！

【注释】

①忽：忽略。

②魏叔子：即魏禧（1624—1681），明末清初江西宁都人，字叔子，号裕斋，一号勺庭。明诸生，入清后不仕。治文史，长于教文。著有《魏叔子集》《日录》《左传经世》等。

【译文】

我说这样的话，听到的人很快就忽略了，好像从来没有听到过。当时魏叔子正好在吴地，有人将我的话告诉了他，叔子动容地说：“唐子的话，不仅仅是在讨论养生啊，大概可以用于治理天下吧！”

“天下之乱有二：内贼、外寇是也。虐政亟行[1]，厚敛日加；又遇凶岁，米麦不登，家室罄悬[2]，民无所顾赖。始则一人为窃，既而十人为盗；继则望风蜂起，千百为贼，剽掠乡聚；久则数万人为军，称帅称王，攻城杀吏，而乱成矣。若使茅屋之中,有数石粟,数匹布,妇子饱暖,相为娱乐,孰能诱之蹈不测之祸以为奸雄之资哉?盖内贼之起,皆由于国家空虚也。

【注释】

①虐政:残暴的政策法令,残暴的统治。亟(jí):疾速。

②罄悬:空无所有。磬,通“罄”。

【译文】

“天下大乱的根源有两个:一个是来自内部的盗贼,一个是从外部侵入的敌寇。暴虐之政横行,对老百姓征收的赋税一天天加重;再碰上年成不好,米麦等粮食歉收,家家户户都家徒四壁,老百姓无依无靠。刚开始的时候只有一个人盗窃,接着十个人盗窃;再后来大家蜂拥而起,千百人成为盗贼,抢劫乡村;时间久了几万人就组成了军队,自称为王、元帅,攻占城池,杀掉官吏,祸乱就形成了。假使老百姓的茅屋中有几石粮食、几匹布,妇女儿童能吃饱穿暖,可以一起娱乐嬉戏,谁能引诱他们踏入这种无法揣测的祸患,而成为那些奸雄利用的资本呢?大概内部盗贼的兴起,都是由于国家财政空虚。

“虐政亟行,厚敛日加;又遇凶岁,米麦不登[①];边境萧条,餫馈不继[②];戍卒逃亡,将帅贰心,于是四夷日夜窥伺中国,以图获利。始则小侵,驱掠牛羊;既而深入,猎子女玉帛;久则转战中原,攻围京师,而乱成矣。若治国有道,政事修明,农贾乐业,衣食滋殖,德洽中国,抚有四夷,则蛮貊不得我衅[③],必且奉贡和好,长为外藩矣。盖外寇之入,皆由于国家空虚也。

【注释】

①登：成熟，丰收。

②餫（yùn）：运粮以赠人。

③蛮貊（mò）：古代对南方和北方落后部族的称呼，后来也泛指四方落后部族。

【译文】

“暴虐之政横行，对老百姓的搜刮日益加重；又碰上年成不好，米麦等粮食歉收，边境一派萧条景象，运输粮饷都跟不上；守边的士兵都逃跑了，将帅都心怀鬼胎，于是四方边境的少数民族时刻地盯着中原地区，企图捞到好处。开始的时候是小打小闹侵犯，驱迫抢劫牛羊；后来逐渐深入，抢夺妇女儿童以及其他财宝；再后来就是征战中原地区，围攻京城，祸乱就这样酿成了。如果治国有道，政事处理得井井有条，农民和商人都安居乐业，衣食都有增长，仁德能滋润整个国家，据有四夷，那些蛮貊之邦就不敢挑衅我们，必定带着贡品来求和结好，长期成为我们外围的屏藩了。大概外部敌寇的侵入，就是因为国家实力空虚的原因。

“内外绎骚[①]，君臣忧惧，博求智谋之士，勇武之夫。于是穰苴之属乃至矣[②]，拜为上将，受命而出。秘谋奇计，出入鬼神。诛贼于内，以次扫除；御寇于外，一月三捷。献俘告庙[③]，君臣相贺。宗庙社稷，危而复安。若非得良将而用之，何以有此功烈哉！然当是时，父兄子弟，肝脑涂地；舆尸载伤，哭声满野；城堡毁堕，田土荒芜；百千里之间，不闻鸡犬之声。国家之福，百姓之祸也；朝庭之所贺，仁人之所吊也。勿谓乱已，其乱方大；勿谓疾平，其疾方深。然则是良将者，不祥之人也；尊良将者，不祥之朝也，非君子之所愿也。

【注释】

①绎骚：骚动。

②穰苴：春秋时齐国将领。任司马，又称司马穰苴。通兵法。齐景公时率兵击退晋、燕军队。后遭谗害发疾而死。

③献俘：古代的一种军礼。打了胜仗以后以所获俘虏献于宗庙，来显示战功。

【译文】

内部与外部都骚动不安，君主与大臣都担忧恐惧，广泛地搜求有智慧谋略和勇猛的人。于是像穰苴这样的人就来到了，拜为上将，领受命令出征。各种密谋奇计运用得神出鬼没。对内诛杀盗贼，渐次扫除祸害；对外抵御敌寇，一个月获得几次大捷。举行献俘于祖庙以告祭先祖，君臣互相庆贺。国家又转危为安。如果不是得到好的将领来用，怎么会有这等功业呢！但在这个时候，父亲兄长以及子侄辈肝脑涂地；用车子拉着尸体，载着伤兵，哭声充满四野；城堡都毁坏了，田地都荒芜了；成百上千里的地方，听不到鸡鸣狗吠的声音。这是国家的福气，却是老百姓的灾祸；朝廷庆贺的，正是仁德之人凭吊的。不要说祸乱停止了，祸乱其实正在变大；不要说疾病已经痊愈了，疾病其实正在加重。这么说来，这些良将是不吉祥的人，尊崇良将的也不是吉祥的朝廷，这不是君子所希望的。

“是故明德之君，不侈其尊富强大也。以为我实民之父母，民实我之男女，唯恐其衣食之不足，居处之不安，日夜念之不忘。其大臣必用忠厚之人，其外牧必用慈惠之人，与我同忧，与我同爱。劝农功，课桑麻，厚蓄积，惩奢靡。虽有凶年，民不知灾。谷不可胜食，财不可胜用，而天下大富矣。衣食足而知廉耻，廉耻生而尚礼义，而治化大行矣。

【译文】

“所以贤明仁德的君主，不因为自己的尊贵富裕强大而奢侈。他认为自己实际上是老百姓的父母，老百姓实际就是自己的儿女，只担心他们吃穿不够，住得不安，日日挂念这些而不忘记。他的大臣一定会用那些忠厚的人，他的地方官一定会用那些仁爱的人，能与君主同忧患，同爱民。鼓励老百姓重视农业，种桑植麻，增加积蓄，惩治奢侈腐化。即使有不好的年成，老百姓也不知道有灾祸这件事。粮食吃不完，钱财用不完，天下就很富足了。衣食充足老百姓就懂得廉耻，有了廉耻就会崇尚礼义，治理教化就会大行于天下。

“然而明主不自满也。既厚之以生养，又承之以节俭；卑前殿，陋后宫，布衣，蔬食，陶器，素舆[①]，犹歉然不敢自安[②]，恐厉民以自养也[③]。于是富日益富，安日益安。中国之民，和乐相忘；远夷之君，慕义永服。继世之子孙，苟非不肖，谨守成宪，虽千百世无变可也。当是之时，甲兵敝于武库，良马仅供服乘，虽有穰苴之将，无所用之。以此养生，以此治天下，皆长久之道也。”

唐子闻之曰：“叔子诚知言哉！”

【注释】

①素舆：俭朴的车驾。

②歉然：惭愧的样子。

③厉民：虐害老百姓。

【译文】

“但是贤明的君主不会因这个而自我满足。已经使老百姓的生活条件变好了，又教育他们要节俭；将自己的正殿修建得低矮，后宫也要简朴,穿粗布衣服,粗茶淡饭,使用陶制器具,使用简单的车子,这样做还觉得内心愧疚不能安心,还担心虐害百姓来奉养自己。于是富裕的日子更富足,安宁的日子更安宁。中国的老百姓和睦快乐,无所顾忌;远方夷狄的君主,羡慕我们的道义,永远臣服于我朝。后世的子孙,如果不是不肖子孙,小心谨慎地守护着原有的法规制度,就是百世千世以后也不会发生什么变化。这个时候,盔甲与兵器在仓库里变破败了,好马只供人骑乘,即使有司马穰苴这样的将领,也没机会使用了。这样来养生,这样来治理天下,都是长治久安的办法。”

我听了后说:“叔子确实是个听得懂话的人!”

有归

【题解】

《有归》中的“归”，其意为归向何处，指向何方。

唐甄首先指出，归，要归向“身”。自有生民以来，一切活动都是为了人的身体：“人之生也，身为重。”唐甄从包牺氏教人制作渔网开始追溯，目光历商汤、周武王、汉高祖、宋太祖等贤明君主，一直到“饥与之一饭，寒推之一衣”这样的微小善举，层层论证着这一观点。唐甄持论如此，这都是植根于他思想深处的关心民生、注重实干的精神，也是晚明实学思潮的生动表达。

当然，谈论“生”，就不可避免要谈到“死”。唐甄认为：“生可治，死不可治；故生可言，死不可言也。”圣人身体消亡了，但精神不会消亡。孔子、孟子这样的圣人都知道死亡的意义，之所以不谈论死亡，是因为向一般人讲明白死亡很困难；更重要的是，如果人人都明白了死亡，就不会再关心“生”，老百姓的“生路”也就都给堵死了。所以，圣人只讨论“生”，而“死”，就留给人自己慢慢去领悟。

人之生也，身为重。自有天地以来，包牺氏为网罟[①]；神农氏为耒耜[②]，为市货；轩辕氏、陶唐氏、有虞氏为舟楫[③]，为服乘，为杵臼[④]，为弓矢，为栋宇；禹平水土；稷教稼穑；契明人伦；孔氏、孟氏显明治学，开入德之门。皆以为身也。

【注释】

①包牺氏：即伏羲氏，古代传说中的三皇之一。相传其始画八卦，又教民渔猎，取牺牲以供庖厨，因称庖牺。网罟（gǔ）：捕鱼及鸟兽的工具。

②神农氏：古代传说中的三皇之一，教民务农，故称神农氏。又传说他曾尝百草，治病救人。

③轩辕氏：即传说中的黄帝，姓公孙，居于轩辕之丘，故名轩辕。曾在阪泉战胜炎帝，在涿鹿战胜蚩尤，诸侯尊为天子，后人以之为中华民族的始祖。有虞氏：古部落名，传说其首领为舜。

④杵臼：杵与臼，舂捣粮食或药物等的工具。

【译文】

人这一辈子，身体最重要。自从有了天地以来，伏羲氏教人们制作渔网；神农氏教人们制农具、进行商品买卖；轩辕氏、陶唐氏、有虞氏教导人民制作船只、车辆、杵臼、弓箭、房屋；大禹治水；后稷教人们种植庄稼；契教人们明白人伦关系；孔子、孟子向人们阐明如何治学，开启进入道德的门径。这些都是为了人的身体。

圣人好生之德，保人之身，日夜忧思，不遑宁处[①]，群生各遂，以迄于今。今吾与众君子众庶人，处此安乐之居，行于仁义之途，孰非十圣人之功哉？奚啻十圣人哉！若汤、武以及汉、宋之祖，救一时之民，保数世之安，其功亦大矣。奚啻商、周、汉、宋哉！凡一代之兴，世虽多乱，亦有贤君，赖以小康。其时守一方、惠一邑者，皆有功于人者也。奚啻是哉！即不吝施者，饥与之一饭，寒推之一衣，亦有功焉。道者，道此；学者，学此，岂有他哉！泽被四海，民无困穷，圣人之能事毕矣，儒者之效功尽矣。

【注释】

①宁处：安处，安居。

【译文】

圣人有爱惜天下苍生的品德，保护人的身体，日夜忧虑，住都住得不安稳，老百姓才能过上好日子，一直发展到今天。现在我与众君子、老百姓一起，生活在这安适欢乐的世间，行走在仁义的大道上，哪一点不是这十位圣人的功劳呢？何止是这十位圣人呢！像商汤、周武王以及汉代、宋代的开国之祖，拯救当时的老百姓，保护着几个世代的安宁，这种功劳也很大了。何止是商、周、汉、宋这些朝代呢！大凡一个朝代的兴起，世道虽然很混乱，也会有贤能的君主出现，老百姓依赖他过上幸福的生活。那个时候守护一个地方、惠及一个县城的人，都是对老百姓有功劳的人。何止是这些呢！就是那些不吝啬施舍的人，别人饿了给一顿饭，冷了送一件衣服，也是有功劳的人。所谓"道"，这就是"道"；所谓学习，就是学这些，哪里还有其他的！恩泽施及整个国家，老百姓没有贫穷困苦的，圣人所能做的事也就完成了，儒生要完成的功业也完成了。

然犹有说焉：圣人保天下之身，无异于保己之身；圣人保己之身，则不同于保天下之身。治天下而天下治矣，功在天下，己于何归？生尽，其遂尽乎？身亡，其遂亡乎？如徒以身而已，一年十二月，一月三十日，一日九十六刻[①]，一刻之间，万生万死。草木之根枝，化为尘土；鸟兽之皮骨，化为尘土；人之肢体，化为尘土。忽焉而有，忽焉而无。天地成毁，虽不可见，当亦无异于人物焉。圣人小不同于人物之无知，大不同于天地之无为，而谓其灭则俱灭焉，必不然矣。不知，不智；知而不言，不仁。孔、孟岂有不知，何为不言？非不言也，不可言也。

【注释】

①刻：古代的计时单位，但标准并不相同，有一昼夜分为百刻的，有一昼夜分为一百二十刻的。

【译文】

但也还有另外的说法：圣人保护老百姓的身体，无异于是在保护自己的身体；圣人保护自己的身体，却不同于也保护了老百姓的身体。圣人治理天下，天下得到了治理，功劳是天下人的，与自己有什么关系呢？生命结束了，这也就结束了吗？身体死亡了，这也就不存在了吗？如果只是为了身体，一年十二个月，一个月三十天，一天九十六刻，就是一刻之中，生与死的人都成千上万。草木的根和枝叶，变成了尘土；鸟兽的皮毛和骸骨，变成了尘土；人的身体，变成了尘土。忽然就产生了，忽然又消亡了。天与地的成功与毁灭，即使看不见，应当也与人、物的兴亡没有差别。圣人与普通人、物的无知有小的不同，与天地的无为又有大的不同，因而说圣人的身体与精神一同消亡，必定不正确。不知道死亡，是没有智慧；知道但不说出来，是不仁德。孔子、孟子怎会不知道死亡，为什么不说呢？并不是不说，是不能说明白。

圣人治天下，治其生也。生可治，死不可治；故生可言，死不可言也。縗麻飨祀[①]，事死也，非明死也。圣人若治死，必告人以死之道。则必使露电其身[②]，粪土富贵，优偶冠裳；则必至于政刑无用，赏罚无施；则必至于君为虚位，世无所主。夫天下之智者一二，愚者千万；为善者少，为恶者多。而生死之理，又不可以众著。君既为虚位，世既无所主，智不胜愚，善不胜恶。恶者起而为乱，如鸟搏兽噬，莫为之救。即有一二能修者，亦无以立于天地之间，生人之道绝矣。是故圣人以可言者治天下，以不可言者俟人之自悟。于是智愚善恶，皆可从治。然则孔、孟不言，非以是故而奚故哉？甄也生为东方圣人之徒，死从西方圣人之后矣③。

【注释】

①縗（cuī）麻：粗麻布丧服。

②露电：朝露易干，闪电瞬逝。比喻迅速逝去或消失。

③生为东方圣人之徒，死从西方圣人之后：即追随孔子等圣人与追随佛家思想。

【译文】

圣人治理天下，是治理天下生的方面。生可以治理，死不能治理；所以生是可以讨论的，死却不能讨论。丧服祭祀等，是事奉死去的人，不是来讨论死亡的。圣人如果治理死亡，必须要告诉人们死亡的道理。这样就一定要使身体迅速消失，将富贵看成粪土，将衣冠服饰等身份标志看成是戏子的服饰；一定会使国家的政令和刑罚不起作用，不需要施加奖赏与惩罚；也一定会达到君主形同虚设、国家没有君主的地步。天下有智慧的人可能只有一两个，愚蠢的人却千千万万；做善事的人很少，作恶的人却很多。但生与死的道理，又不能让天底下所有的人都明白。君主既然形同虚设，国家也没有了君主，智慧的人就战胜不了愚蠢的人，善良的人战胜不了邪恶的人。邪恶的人起来作乱了，就如同鸟兽搏斗撕咬，没有人能挽救。即使有一两个人有能力做这件事，也没有办法立足于天地之间，使老百姓活下去的路就堵死了。所以圣人用可以说明白的道理来治理天下，对那些不可能说明白的，就等着人们自己去领悟。所以智慧的、愚蠢的、善良的、邪恶的，都可以治理好。这样看来，那么，孔子、孟子不说明，不是这个原因又是什么原因呢？我唐甄活着是东方圣人的学生，死后就做西方圣人的学生了。

潜存

【题解】

《潜存》篇可视为《潜书》的序言，但又不止于序言。

在本篇中，唐甄交代了本书的主要内容与文本框架，即："历三十年，累而存之，分为上下篇：言学者系于上篇，凡五十篇；言治者系于下篇，凡四十七篇，号曰《潜书》。"《潜书》共四大版块，九十七篇，前两个版块讨论学术思想，后两个版块涉及社会治理。

然而唐甄更多写到自己怀才不遇、报国无门的困境，这是一个经纶满腹、心系民瘼的灵魂无可奈何的浩叹。唐甄既写伊尹、傅说、姜尚等人因人而闻达，也自嘲相貌朴陋、性格固执而被人视作异类。但他自信，虽然"四十而后志于学"，但"略知圣人治天下之法"，度才权世，"可以一试"。唐甄通过与其女婿王闻远的对话这种方式，既剖析自己性格褊狭、不能容人的缺点，也不吝赞自己"能进言"、可以"从容咨询"、能知人善任的长处。

唐甄膺服孟子，视其治理思想为"圣人之治"，而且这种治理思想的特点是"其事庸，其用近"，即孟子治理思想的务实、亲民等特点更吸引唐甄，更符合他务实的精神追求。当然唐甄也深知自己的治理理想无法实现，"立言"成为他"事功"理想的最佳选择，所以就有了《潜书》的问世。

圣人之道将行，其必天达之，人荐之，而后得闻于时以行其道。是故伊尹以人闻，傅说以梦闻，太公以卜闻。厥后圣人道衰，天命不佑，治道不兴。以孔子、孟子之圣，梦不以告，卜不以告，人不以告，而终于困穷，况其次焉者乎？况其下焉者乎？

【译文】

圣人的道将要实行时，一定有上天帮助他，有人荐举他，然后才能闻名于当时，来推行自己的大道。所以伊尹通过他人而被听闻，傅说因为周武王的梦境而被听闻，姜太公因为周文王的占卜而被听闻。之后圣人的大道衰微了，天命不再保佑老百姓，国家治理之道不再昌盛。孔子、孟子这样的圣明，他们没有通过梦境被告知，没有通过占卜被告知，没有通过别人被告知，在穷困潦倒中终其一生，何况那些能力比他们差的人呢？

甄，下士也，貌朴而言讷[①]，人皆易之[②]，以为窒焉而不知天下之务者也。学非今学，言非今言，人皆略之而不与之言，而亦不得有言也。天薄吾貌而违吾才，虽欲贾所长，岂可得哉？吾少不知学，四十而后志于学。窃闻圣人之道而略知圣人治天下之法，勤于诵读，笃于筹策[③]。鸡鸣而兴，夜分而寝，以度才权世，可以一试矣。如或知我，怀此以往焉可也。

【注释】

①朴：淳朴，朴实。讷（nè）：说话迟钝，口齿笨拙。

②易：轻视。

③筹策：谋划，揣度。

【译文】

我唐甄是个才德差的人，容貌朴陋而不善言谈，人们都轻视我，认为我闭塞而不知道如何治理天下。我所学的不是现在流行的学问，所讨论的也不是当今都在讨论的问题，所以人们都忽略我而不与我交谈，我也不能去交谈。上天使我相貌平平而又使我的才能不得施展，我即使想出卖自己的长处，难道可以得到这样的机会吗？我年少时不知道学习，四十岁以后才立志向学。私下学习圣人之道，对圣人治理天下的方法多少有些了解，勤奋地诵读经典，勤于探索治国策略。鸡刚打鸣时就起床，半夜才睡觉，使我衡量人才，治理世事，觉得可以一试。如果有人懂得我，我心怀这些去归附他就可以了。

声弘尝问于我曰[①]："先生可以为相乎？"曰："不能也。吾褊而不能忍[②]，隘而不能容，明而迟于决，不足以任之矣。""然则先生何所长？"曰："吾不能身任，而能进言。使我立于明主之侧，从容咨询[③]，舍其短而用其长，以授之能者而善行之，可以任官，可以足民，可以弭乱[④]。不出十年，天下大治矣。"

【注释】

①声弘：王闻远字声弘，是唐甄的学生，又是其女婿。

②褊（biǎn）：心胸狭隘，性情急躁。

③从容：不慌不忙，沉着镇静。咨询：征求意见。

④弭乱：平息或制止动乱。

【译文】

声弘曾经问我说："先生您可以做宰相吗？"我说："不能。我气量狭小不能忍耐，狭隘而不能容人，明察但不能快速决断，不能够胜任。”“那么先生您有什么擅长的？”我说：“我不能身负大任，而能向上进言。假设让我站立在贤明君主的身旁，从从容容地回答君主的询问，舍弃有关官员的短处而发挥他们的长处，将重担交给有能力的人使他们充分发挥才能，可以委任官职，可以使老百姓富足，可以平定叛乱。不超过十年，天下就能治理好了。”

曰：“自汉及明，良臣众矣；先生可方于古之何人？”曰：“皆非吾之所及为也。自尧、舜以下，其言浑矣[①]。孔子乃明言之，孟子又益显之。自闻孟子之言，而后知圣人之治天下，其事庸[②]，其用近。如布帛之必可暖，谷肉之必可饱；妇人孺子皆可听其言而知之；一曲之士皆可遵其言而用之[③]。甄虽不敏，愿学孟子焉。四十以来，其志强，其气锐，虽知无用于世，而犹不绝于顾望。及其困于远游，厄于人事[④]，凶岁食糠粞，奴仆离散，志气销亡，乃喟然而叹曰：‘莫我知也夫！’不忧世之不我知，而伤天下之民不遂其生。郁结于中，不可以已，发而为言。有见则言，有闻则言。历三十年，累而存之，分为上下篇：言学者系于上篇，凡五十篇；言治者系于下篇，凡四十七篇，号曰《潜书》。上观天道，下察人事，远正古迹，近度今宜，根于心而致之行，如在其位而谋其政，非虚言也。”

【注释】

①浑：混沌不明。

②庸：平常。

③一曲：一隅。曲，局部，片面。

④人事：指仕途。

【译文】

声弘说："从汉代到明代，贤良的臣子很多；先生您觉得自己可以与谁相比较呢？"我说："都不是我能赶得上的。自从尧、舜以来，人们所说的都混沌不明。孔子才能够说明白，孟子使之更明显。自从听了孟子的言论，然后才理解圣人治理天下，事情很平常，但其用处都切近老百姓。如同布帛一定能使人温暖，粮食与肉一定可以吃饱肚子；妇女儿童都可以听他们的言论而明白；见识片面的人都可以遵照他们的言论而使用。我虽然算不上聪明人，但是愿意向孟子学习。四十岁以后，我的意志坚强，士气锐不可当，虽然知道不会为世所用，但我还是不会放弃希望。等到外出游历时受困，仕途遭受困厄，遇到年成不好吃糠谷碎米，奴仆都离散了，我的志气也渐渐消亡了，于是长叹着说：'没有人懂我啊！'我不担忧世人不了解我，只是伤心天下的老百姓不能过上好日子。内心忧郁不能够停止，因此有感而发，写下了这些文字。有所见、有所闻，都会写下来。历经三十年，把这些积累保存下来，分为上、下两篇：讨论学术问题的放在上篇，一共有五十篇；讨论社会治理的放在下篇，一共有四十七篇，书名为《潜书》。向上观察天的运行规律，向下了解人情世故，远的方面求证于古人之迹，近的方面考虑与当代社会相适宜，扎根于内心而体现在自己的行动中，就好像在什么位置上干什么事情，不是说空话。"

声弘曰："先生之言，不身见之[①]；传诸其人，可以为王者师矣。"曰："吾何敢当子之称。吾言之附于圣人之言，譬细流之赴江海，小大虽殊，其为水则一也。《书》纪帝王之政；《易》明吉凶之理；《诗》知人情，得政宜；《礼》鉴三代之经纬；《春秋》辨邪正，以合于先王之礼。孔氏、孟氏之门人,述其师言,明白简易。六籍混成[②],得之以辨;古圣之言不显,得之以烛。圣人之学,莫明于斯矣。至圣至神莫能外,愚夫愚妇皆可行,岂有所不及者乎?是故譬吾之所言,如江海细流,固有然矣。不敢妄续圣人之言,又安敢自异于圣人之言哉!君子不为无用之言。吾之言又譬诸一瓢之汲[③],可以饮食;一车之力,可以灌溉。窃有微用,不敢让焉。"

【注释】

①身见:亲身实现。

②六籍:即"六经",指《诗》《书》《礼》《乐》《易》《春秋》六部儒家经典。

③一瓢之汲:用一只瓢舀来的水。

【译文】

声弘说:"先生您的这些言论,可惜不能亲身实现它;如果能够传授给恰当的人,您可以成为帝王的老师。"我说:"我哪里敢承受您的这个称呼。我的言论是依附于圣人的言论,好像细小的溪流奔赴大江大海,小与大虽然有差别,但作为水却是一样的。《尚书》记载帝王的政事;《周易》明辨吉凶的道理;《诗经》使人懂得人的感情,知道如何为政才合适;《礼经》借鉴夏、商、周三代的治理经验;《春秋》明辨什么是邪什么是正,以合于先王的礼法。孔子、孟子的学生,阐述他们老师的言论,明白又简单易行。六经浑然一体,因此得到辨明;古代圣王说得不显明的地方,因此得到显露。圣人的学问,没有比这更明白的了。极圣明极神妙的人也不能例外,普通老百姓都可以践行,难道有遍及不到的吗?所以将我所说的话比成汇向大江大海的涓涓细流,本来就是有道理的。我不敢狂妄地接着圣人的话来说,又哪里敢说自己的言论比圣人更新异呢!君子不说无用的话。我的言论又好比大江大海中汲取的一瓢水,可以喝;一架水车的力量，可以用来灌溉。如果我还有点微薄的用处，那我就不谦让了。”

声弘曰：“先生所言，治化之大，性命之微[①]，无所不备。苟非身至，何以知之！吾未识先生所造[②]，其亦廓然于圣人之道者乎[③]？”曰：“不然。吾之学圣人之道也，犹未至京师而向往者也。身始出门，而望数千里之远，虽未及至，而道由里数门入，备问而熟闻之，如既见之者。然苟非知之，其何以行？”

【注释】

①性命：本性。

②造：学业等达到某种程度或境界。

③廓然：远大的样子，这里做动词，使变得远大。

【译文】

声弘说：“先生您所说的话，治理教化这些大的方面，本性这些微小方面，没有不具备的。如果不是亲身经历，怎么会了解这些！我不知道先生学问达到了哪重境界，但不也是对圣人之道的光大吗？”我说：“不是这样的。我学习圣人之道，好像是人还没有到京城但内心是向往的。身体刚刚出门却看向数千里之外的远方，人虽然还没到，而经由里巷的数个门进入，全面了解因此熟悉了情况，如同已经看见了。如果不知道这些，如何能到达呢？”

中华经典名著

全本全注全译丛书

（已出书目）

周易
尚书
诗经
周礼
仪礼
礼记
左传
韩诗外传
春秋公羊传
春秋穀梁传
孝经·忠经
论语·大学·中庸
尔雅
孟子
春秋繁露
说文解字
释名
国语
晏子春秋
穆天子传
战国策
史记
吴越春秋
越绝书
华阳国志
水经注
洛阳伽蓝记
大唐西域记
史通
贞观政要
营造法式
东京梦华录
唐才子传
大明律
廉吏传
徐霞客游记

读通鉴论
宋论
文史通义
鬻子·计倪子·於陵子
老子
道德经
帛书老子
鹖冠子
黄帝四经·关尹子·尸子
孙子兵法
墨子
管子
孔子家语
曾子·子思子·孔丛子
吴子·司马法
商君书
慎子·太白阴经
列子
鬼谷子
庄子
公孙龙子(外三种)
荀子
六韬
吕氏春秋
韩非子
山海经
黄帝内经
素书
新书
淮南子
九章算术(附海岛算经)
新序
说苑
列仙传
盐铁论
法言
方言
白虎通义
论衡
潜夫论
政论·昌言
风俗通义
申鉴·中论
太平经
伤寒论
周易参同契
人物志
博物志
抱朴子内篇
抱朴子外篇
西京杂记
神仙传

搜神记
拾遗记
世说新语
弘明集
齐民要术
刘子
颜氏家训
中说
群书治要
帝范 · 臣轨 · 庭训格言
坛经
大慈恩寺三藏法师传
长短经
蒙求·童蒙须知
茶经 · 续茶经
玄怪录 · 续玄怪录
酉阳杂俎
历代名画记
唐摭言
化书 · 无能子
梦溪笔谈
东坡志林
唐语林
北山酒经(外二种)
折狱龟鉴
容斋随笔
近思录
洗冤集录
传习录
焚书
菜根谭
增广贤文
呻吟语
了凡四训
龙文鞭影
长物志
智囊全集
天工开物
溪山琴况 · 琴声十六法
温疫论
明夷待访录 · 破邪论
潜书
陶庵梦忆
西湖梦寻
虞初新志
幼学琼林
笠翁对韵
声律启蒙
老老恒言
随园食单
阅微草堂笔记
格言联璧

曾国藩家书

曾国藩家训

劝学篇

楚辞

文心雕龙

文选

玉台新咏

二十四诗品·续诗品

词品

闲情偶寄

古文观止

聊斋志异

唐宋八大家文钞

浮生六记

三字经·百家姓·千字文·弟子规·千家诗

经史百家杂钞

搜神记
拾遗记
世说新语
弘明集
齐民要术
刘子
颜氏家训
中说
群书治要
帝范·臣轨·庭训格言
坛经
大慈恩寺三藏法师传
长短经
蒙求·童蒙须知
茶经·续茶经
玄怪录·续玄怪录
酉阳杂俎
历代名画记
唐摭言
化书·无能子
梦溪笔谈
东坡志林
唐语林
北山酒经(外二种)
折狱龟鉴
容斋随笔
近思录
洗冤集录
传习录
焚书
菜根谭
增广贤文
呻吟语
了凡四训
龙文鞭影
长物志
智囊全集
天工开物
溪山琴况·琴声十六法
温疫论
明夷待访录·破邪论
潜书
陶庵梦忆
西湖梦寻
虞初新志
幼学琼林
笠翁对韵
声律启蒙
老老恒言
随园食单
阅微草堂笔记
格言联璧

曾国藩家书

曾国藩家训

劝学篇

楚辞

文心雕龙

文选

玉台新咏

二十四诗品·续诗品

词品

闲情偶寄

古文观止

聊斋志异

唐宋八大家文钞

浮生六记

三字经·百家姓·千字文·弟子规·千家诗

经史百家杂钞